D0594843

BELGIQUE
LUXEMBOURG
Bruxelles, Flandre, Wallonie, Grand-Duché de Luxembourg

Collection sous la responsabilité d'Anne Teffo

Ont contribué à l'élaboration de ce guide :

Rédaction	Bram De Vos (Éditions LANNOO SA), Dirk De Moor & Johan Van Praet (read me - a content company), Julien Van Remoortere
Cartographie	Michèle Cana, Géraldine Deplante, Dominique Defranchi, Thierry Lemasson, Marc Martinet, APEX Cartographie, DzMap Algérie, Alain Baldet, Geneviève Corbic, Virginie Bruno, Fabienne Renard, Gaëlle Wachs
Iconographie	Ch. Bastin, B. Brillion, J. Evrard, J. Compernolle, J. Darthet, P. de Franqueville, J. De Meeter, Y. Duhamel, B. Pérousse, Ph. Gajic, KMSK Anvers, A. Kouprianoff, S. Van den Bossche (Picture This)
Informations pratiques	Institut belge de statistique INS
Conception graphique	Laurent Muller (couverture), Agence Rampazzo (maquette intérieure)
Mise en page	Keppie & Keppie
Régie publicitaire	michelin-cartesetguides-btob@fr.michelin.com
et partenariats	*Le contenu des pages de publicité insérées dans ce guide n'engage que la responsabilité des annonceurs.*
Contacts	Michelin Cartes et Guides Le Guide Vert 46, avenue de Breteuil 75324 Paris Cedex 07 📞 01 45 66 12 34 – Fax : 01 45 66 13 75 LeGuideVert@fr.michelin.com www.cartesetguides.michelin.fr www.ViaMichelin.com

Parution 2008

Le Guide Vert,
la culture en mouvement

Vous avez envie de bouger pendant vos vacances, le week-end ou simplement quelques heures pour changer d'air ? Le Guide Vert vous apporte des idées, des conseils et une connaissance récente, indispensable, de votre destination.

Tout d'abord, **sachez que tout change**. Toutes les informations pratiques du voyage évoluent rapidement : nouveaux hôtels et restaurants, nouveaux tarifs, nouveaux horaires d'ouverture… Le patrimoine aussi est en perpétuelle évolution qu'il soit artistique, industriel ou artisanal… Des initiatives surgissent partout pour rénover, améliorer, surprendre, instruire, divertir. Mêmes les lieux les plus connus innovent : nouveaux aménagements, nouvelles acquisitions ou animations, nouvelles découvertes enrichissent les circuits de visite.

Le Guide Vert **recense** et **présente ces changements** ; il réévalue en permanence le niveau d'intérêt de chaque curiosité afin de bien mesurer ce qui aujourd'hui vaut le voyage (distingué par ses fameuses 3 étoiles), mérite un détour (2 étoiles), est intéressant (1 étoile). Actualisation, sélection et évaluation sur le terrain sont les maîtres mots de la collection, afin que Le Guide Vert soit à chaque édition le reflet de la réalité touristique du moment.

Créé dès l'origine pour **faciliter et enrichir vos déplacements**, Le Guide Vert s'adresse encore aujourd'hui à tous ceux qui aiment connaître et comprendre ce qui fait l'identité d'une région. Simple, clair et facile à utiliser, il est aussi idéal pour voyager en famille. Le symbole 👥 signale tout ce qui est intéressant pour les enfants : zoos, parcs d'attractions, musées insolites, mais également animations pédagogiques pour découvrir les grands sites.

Ce guide vit pour vous et par vous. N'hésitez pas à nous faire part de vos remarques, suggestions ou découvertes ; elles viendront enrichir la prochaine édition de ce guide.

Anne Teffo
Responsable de la collection
Le Guide Vert Michelin

ORGANISER
SON VOYAGE

VILLES ET SITES

À l'intérieur des deux rabats de couverture, la **carte générale intitulée « Les plus beaux sites »** donne :

   une vision synthétique des principaux lieux traités ;
   les sites étoilés visibles en un coup d'œil.

Dans la partie « **Découvrir les sites** » :

   les **destinations principales** sont classées par pays, puis par ordre alphabétique à l'intérieur de chaque région;
   les **destinations moins importantes** leur sont rattachées sous les rubriques « Aux alentours » ou « Circuits de découverte »;
   les **informations pratiques** sont présentées dans un encadré vert dans chaque chapitre.

L'index permet de retrouver rapidement la description de chaque lieu.

SOMMAIRE

COMPRENDRE LES PAYS

DÉCOUVRIR LA BELGIQUE

DÉCOUVRIR LE LUXEMBOURG

Canal à Turnhout.
J. Compernolle

QUAND ET OÙ PARTIR

Le pays au fil des saisons

Les meilleurs moments pour partir sont les mois de juin, juillet, août et septembre quand il fait doux. Pour les inconditionnels de la plage - en l'occurrence, celle qui longe la mer du Nord de La Panne à Knokke - juillet et août sont les meilleurs moments. Mais ce sont également les vacances d'été et il est alors difficile de se loger. Prenez donc soin de réserver vos billets d'avion ou de train ainsi que les hôtels longtemps à l'avance. Au printemps et en automne, les forêts d'Ardenne et du Luxembourg prennent des couleurs magnifiques. C'est la période des randonnées dans les vallées de la Semois, de la Meuse, de la Sûre, de l'Eisch, parsemées de petits villages de charme, de châteaux et d'abbayes. L'hiver est la période par excellence pour découvrir les villes d'art : Bruxelles, Anvers, Gand, Bruges…

Nos propositions d'itinéraires

Anvers (Antwerpen) et la Campine

160 km en 4 jours, dont 2 à Anvers, avec départ de cette ville

Ce tour débute à Anvers, « métropole de la Flandre », ville dynamique et attachante. Après la découverte du vieux centre, dirigez-vous vers Brasschaat, aux villas cossues, et la réserve naturelle de Kalmthout. Remontez dans le temps au béguinage de Hoogstraten superbement restauré, puis longez la frontière belgo-hollandaise en passant par Baarle-Hertog, petite enclave belge aux Pays-Bas. Il est alors temps de faire une halte à Turnhout, capitale de la carte à jouer. Pour la suite, deux petites

Église à Hoogstraten

villes agréables au cœur de la Campine anversoise : Geel et Herentals. Le périple se termine à Lierre, charmante petite ville connue pour ses délicieuses tartelettes.

Anvers et le pays de l'Escaut

100 km en 4 jours, dont 2 à Anvers, avec départ de cette ville

Au départ d'Anvers, capitale des jeunes créateurs de mode belges, vous irez à St-Nicolas, au centre du pays de Waas. Poursuivez ensuite vers Tamise, qui possède le plus long pont métallique de Belgique, et Bornem, couronné de son imposant château.En suivant l'Escaut, vous arrivez à St.-Amands, qui dévoile la personnalité d'Émile Verhaeren. Avant d'atteindre Malines, ville chargée d'histoire vous passerez par le Fort de Breendonk, camp de concentration de l'époque nazie.

Bruxelles et les deux Brabant

200 km en 5 jours, dont 2 à Bruxelles, avec départ de cette ville

L'itinéraire part de Bruxelles, ville encore trop souvent méconnue du grand public. Vous traverserez ensuite le Brabant flamand et le Brabant wallon aux doux paysages vallonnés. Après avoir visité le Jardin botanique de Meise, vous arriverez à Louvain. Faîtes étape au musée royal de l'Afrique centrale à Tervuren et arrêtez-vous à la Fondation Folon à La Hulpe. Qui ne connaît pas Waterloo avec sa butte du Lion, son champ de bataille et son musée Wellington ? La dernière partie de l'itinéraire est consacrée à la découverte des ruines de l'abbaye de Villers-la-Ville, de la collégiale Ste-Gertrude à Nivelles, de la basilique de Hal, fleuron du gothique brabançon, et pour terminer des châteaux de Beersel et de Gaasbeek.

Le Hainaut

350 km en 5 jours, avec départ de Tournai

Tournai, fleuron du patrimoine belge, est le point de départ de l'itinéraire. Puis la route passe par Ath, cité des Géants, Attre et Soignies, capitale de la pierre bleue. Arrêtez-vous à Écaussinnes-Lalaing et son impressionnant château fort, puis au château de Seneffe qui vous présente sa belle collection d'argenterie. La route se dirige vers La Louvière, capitale de la région du Centre, et le domaine de Mariemont. On arrive au cœur du pays des « gueules noires » : Charleroi, Marcinelle et son ancien charbonnage du Bois du Cazier, et Mont-sur-Marchienne avec son musée de la Photographie, situé dans un ancien couvent. Ensuite, vous partez à la découverte de la Thudinie avec l'abbaye d'Aulne et la charmante petite ville de Thuin. La route descend vers Walcourt, ancienne place forte et les barrages de l'Eau d'Heure où vous pouvez vous adonner à quelques activités sportives. Aux confins de la France, le magnifique petit théâtre rococo du château de Chimay accueille des concerts. La route remonte vers Beaumont et Binche, la cité du carnaval. Pour terminer en beauté, on visite le canal du Centre, joyau d'architecture industrielle, la ville de Mons, dominée par son beffroi, et le château de Belœil, entouré de douves.

Les Ardennes

700 km en 9 jours, dont 1 à Liège, avec départ dans cette ville
Partez de Liège, ville chaleureuse et accueillante, au riche passé historique. À Blégny-Trembleur, visitez l'ancien charbonnage avant de filer vers le village de Theux. Ensuite, gagnez Spa, la seule ville thermale que compte la Belgique. Pour un bol d'air, allez au parc naturel des Hautes Fagnes avant de prendre la direction de Malmedy formant jadis avec Stavelot une principauté ecclésiastique. Taillé sur mesure pour les amoureux de la nature, le trajet suit la vallée de l'Amblève, puis la vallée de l'Ourthe pour atteindre La Roche-en-Ardenne, haut lieu du tourisme estival. Vous partez à la découverte du monde mystérieux de la grotte de Han et de la ville de St-Hubert, capitale de la chasse. La route descend vers l'Euro Space Center, consacré à la navigation spatiale, puis vers Florenville. On arrive à Orval, connue pour ses ruines et sa célèbre bière d'abbaye, puis à Bouillon, dominé par son château médiéval. Gagnez ensuite la petite localité de Vresse-sur-Semois, jadis un important centre de la culture du tabac. L'itinéraire remonte vers Dinant où vous visitez la citadelle. La route longe la Meuse pour atteindre Namur, capitale politique de la Wallonie.

Le Nord-Est

160 km en 4 jours, dont 1 à Liège, avec départ de cette ville
Au départ de Liège, cité ardente et ville natale de Simenon, le trajet vous mènera à Tongres, ville d'Ambiorix. Puis vous vous arrêterez à Hasselt, chef-lieu de la province du Limbourg et connu pour son excellent genièvre. Le musée de plein air de Bokrijk évoque la vie d'antan en Flandre. La ville de Diest, ancien fief de la dynastie d'Orange, possède un des plus beaux béguinages du pays. Avant de gagner Tirlemont, la cité du sucre, vous passerez par Aarschot, petite ville du Hageland. Le trajet s'achève par St-Trond,

que l'on visite de préférence au printemps lors de la floraison des arbres fruitiers.

Le Grand-Duché de Luxembourg

300 km en 5 jours, dont 1 à Luxembourg, avec départ de cette ville
Le circuit commence par la ville de Luxembourg dont les vieux quartiers et les fortifications figurent sur la liste du patrimoine mondial de l'Unesco. Après une halte à Mondorf-les-Bains, réputé pour ses eaux bienfaisantes, vous traverserez la vallée de la Moselle où vous pourrez déguster quelques crus de qualité. Puis le paysage change : vous arriverez à Echternach, bon point de départ pour découvrir la Petite Suisse luxembourgeoise au relief accidenté. Par Diekirch, réputé pour sa bière, vous gagnerez Vianden, où séjourna Victor Hugo. La route remonte la pittoresque vallée de l'Our, avant de rejoindre Clervaux où vous visiterez le château. Au cœur des Ardennes luxembourgeoises, vous découvrez Wiltz, puis le petit village pittoresque d'Esch-sur-Sûre, blotti au milieu de collines boisées. Par la vallée de l'Eisch, parsemée de petits villages paisibles, vous regagnerez la capitale.

La Flandre orientale

150 km en 3 jours, dont 1 à Gand, avec départ de cette ville
La visite de la vieille ville de Gand ne saura vous laisser indifférent. Avant de prendre la direction de Courtrai, passez par Audenarde, renommé pour ses verdures. La Lys parcourt un paysage verdoyant et idyllique, parsemé de petits villages charmants : Machelen et son musée Raveel, Deinze, Ooidonk avec son château de style hispano-flamand, Deurle et Laethem-St-Martin qui ont inspiré de nombreux artistes.

La Flandre occidentale

200 km en 4 jours, dont 2 à Bruges, avec départ de cette ville
Bruges est une ville charmante. Son vieux centre a vraiment tout pour vous séduire : monuments historiques, musées renommés et canaux romantiques. Ne ratez pas non plus la petite ville de Damme, cité d'Uylenspiegel, avant d'aborder le littoral. Les inconditionnels de la plage auront l'embarras du choix entre Knokke-Heist, Blankenberge, Le Coq, Ostende et Coxyde. Prenez le temps de découvrir la région du Westhoek avec Furnes et sa superbe Grand-Place, et Poperinge, cité du houblon. Avant de remonter vers Bruges, faites une halte à Ypres, fortement touché par la Grande Guerre, et Torhout, dominé par son église St-Pierre.

À FAIRE AVANT DE PARTIR

Où s'informer?

Ceux qui aiment préparer leur voyage dans le détail peuvent rassembler la documentation utile auprès des professionnels du tourisme des deux pays. Outre les adresses indiquées ci-dessous, sachez que les coordonnées des offices de tourisme ou syndicats d'initiative des villes et sites décrits dans le corps du guide sont données systématiquement à la fin de chaque chapitre (« Informations utiles »).

OFFICES BELGES DU TOURISME

En France

Office Belge du Tourisme Wallonie-Bruxelles – *Boulevard Saint-Germain 274, 75007 Paris -* 01 53 85 05 20 - *fax 01 40 62 97 48 - info@belgique-tourisme. fr - www.belgique-tourisme.net.*
Tourisme Belgique Flandre & Bruxelles – *BP 143, 75 363 Paris Cedex 08 -* 01 56 89 14 40 - *fax 01 56 89 14 50 - contact@tourismebelgique.com - www. tourismebelgique.com.*

En Belgique

Toerisme Vlaanderen – *Rue du Marché aux Herbes 63, 1000 Bruxelles -* 02 504 03 90 - *fax 02 504 02 70 - www. toerismevlaanderen.be.*
Info Tourisme Wallonie-Bruxelles – *rue Saint-Bernard 30, 1060 Bruxelles -* 070 22 10 21 (€ 0,17/mn) - *fax 02 513 04 75 - www.belgium-tourism.be ou www.opt.be.*

OFFICES LUXEMBOURGEOIS

En France

Office National du Tourisme – *rue Cambacérès 28, 75008 Paris -* 01 47 42 90 56 - *fax 01 40 07 00 43 - info@visitluxembourg. org - www.visitluxembourg.lu.*

Au Luxembourg

Office national du tourisme – *Gare centrale, Boîte postale 1001, 1010 Luxembourg -* 042 82 82 10 - *fax 042 82 82 38 - www.ont.lu.*

À Bruxelles

Office du Tourisme – *Avenue de Cortenbergh 75, 1000 Bruxelles-* 02 646 03 70 - *fax 02 648 61 00 - www.visitluxembourg.be.*

FÉDÉRATIONS TOURISTIQUES DES PROVINCES BELGES

Anvers - Toerisme Provincie Antwerpen, *Koningin Elisabethlei 16, 2018 Anvers -* 03 240 63 73 - fax 03 240 63 83 - www. tpa.be.
Brabant wallon - Fédération touristique du Brabant wallon, *Bâtiment Archimède, Bloc D, avenue Einstein 2, 1300 Wavre -* 010 23 63 31 - fax 010 23 63 54 - www.brabantwallon.be.
Hainaut - Fédération du Tourisme de la province de Hainaut, *rue des Clercs 31, 7000 Mons -* 065 36 04 64 - fax 065 33 57 32 - www.hainauttourisme.be.
Liège - Fédération du Tourisme de la province de Liège, *bd. de la Sauvenière 77, 4000 Liège -* 04 237 95 26 - fax 04 237 95 78 - www.ftpl.be.
Limbourg - Toerisme Limburg, *Willekensmolenstraat 140, 3500 Hasselt -* 011 23 74 50 - fax 011 23 74 66 - www. toerismelimburg.be.
Luxembourg - Fédération touristique du Luxembourg belge, *quai de l'Ourthe 9, 6980 La Roche-en-Ardenne -* 084 41 10 11 - fax 084 41 24 39 - www. ftlb.be.
Namur - Fédération du Tourisme de la province de Namur, *av. Reine Astrid 22/2, 5000 Namur -* 081 74 99 00 - fax 081 74 99 29 - www.ftpn.be.
Flandre orientale - Toerisme Oost-Vlaanderen – *Het Metselaarshuis, Sint-Niklaasstraat 2, 9000 Gand -* 09 269 26 00 - fax 09 269 26 09 - www. tov.be.
Brabant flamand - Toerisme Vlaams-Brabant, *Provincieplein 1, 3010 Louvain -* 016 26 76 20 - fax 016 26 76 76 - www. toerisme.vlaamsbrabant.be.
Flandre occidentale - West-Vlaanderen, Westtoer, *Koning Albert I-laan 120, 8200 Sint-Michiels (Bruges) -* 050 30 55 00 - fax 050 30 55 90 - www.westtoer.be.
En Belgique et au Luxembourg, les Offices de tourisme et syndicats d'initiative sont signalés par i (information). En néerlandais, ils sont nommés Dienst voor Toerisme ou VVV (Vereniging voor Vreemdelingen Verkeer).

L'innovation a de l'avenir quand elle est toujours plus propre, plus sûre et plus performante.

Formalités

DOCUMENTS IMPORTANTS

Papiers d'identité

Pour un voyage de moins de trois mois, il suffit aux citoyens de l'Union européenne d'être en possession d'un passeport en cours de validité ou d'une carte d'identité. Les enfants mineurs voyageant seuls doivent être en possession d'une autorisation de sortie signée par les parents, délivrée par le commissariat de police.

Documents pour votre véhicule

Permis de conduire national ou international. Les automobilistes doivent être en possession d'une attestation d'assurance valable (carte verte) et d'un certificat d'immatriculation. Une remorque d'un poids supérieur à 750 kg doit recevoir l'approbation du Ministère du Transport et de l'Infrastructure et doit figurer sur la carte verte ; poids inférieur à 750 kg : uniquement certificat d'enregistrement.

Assurance voyage

Une bonne assurance voyage est recommandée. Renseignez-vous auprès de votre compagnie d'assurance.

ANIMAUX DOMESTIQUES

Depuis le 1er octobre 2004, tout animal domestique voyageant dans l'Union européenne avec son propriétaire ou à titre commercial devra être identifié, vacciné contre la rage et être en possession d'un passeport européen fourni et rempli par un vétérinaire (www.agriculture.gouv.fr).

SANTÉ

Afin de profiter de la prise en charge de leurs frais médicaux aux Pays-Bas, les citoyens de l'UE et de la Suisse doivent demander la carte européenne d'assurance maladie (valable un an). Les Français doivent s'adresser auprès de leur caisse d'assurance maladie, au moins 15 jours avant le départ (renseignements sur le site www.cleiss.fr).

Les voyageurs qui prennent régulièrement des médicaments peuvent demander un passeport médical à leur médecin traitant, lequel mentionne les informations concernant la maladie et les médicaments nécessaires. Informez-vous à temps auprès de votre mutuelle ou de votre compagnie d'assurance privée sur les modalités de fonctionnement si vous deviez avoir besoin d'une assistance médicale et/ou de médicaments en Belgique ou au grand-duché de Luxembourg.

Se rendre dans le pays

EN VOITURE

Artères – La Belgique et le grand-duché de Luxembourg sont situés au cœur de l'Europe et disposent dès lors d'excellentes connexions avec les pays environnants via un réseau national et international étendu d'autoroutes. L'E 40 traverse le pays de Bruges à Liège en passant par Gand et Bruxelles. L'E 17 relie Anvers à Gand et Courtrai. L'E 411 va de Namur à Arlon selon un axe sud-est et se prolonge dans l'A6 jusqu'à Luxembourg. L'E 25 relie Liège à Arlon. L'E 19 relie Anvers à Mons au sud, en passant par Bruxelles.

Le grand-duché de Luxembourg est traversé par l'E 25 et l'E 44. Vous trouverez des informations sur www.cita.lu.

Informations sur Internet – Le site Internet www.viamichelin.fr offre une multitude de services et d'informations pratiques : calcul d'itinéraires, cartes du pays, plans de villes, sélection d'établissements du Guide Michelin Hôtels et Restaurants. Pour définir l'itinéraire entre votre point de départ en France et votre destination en Belgique ou Grand Duché de Luxembourg, consultez également les cartes Michelin n° 721 France, n° 716 Belgique.

EN TRAIN

Au départ de la gare du Nord de Paris, le Thalys (TGV) relie plusieurs fois par jour la gare du Midi de Bruxelles. Le trajet dure environ une heure et demie. Pour tout renseignement et toute réservation, consulter le site Web *www.thalys.com*.

Les autres grandes villes en France sont également reliées par le chemin de fer à la Belgique et au Grand-duché. Pour obtenir des réductions, penser à se renseigner auprès de la SNCF en France et la SNCB en Belgique.

Depuis juin 2007 vous pourrez rejoindre la capitale du Luxembourg directement depuis Paris (gare de l'Est) en TGV. Le trajet dure un peu plus de 2 heures. Pour de plus amples informations sur les liaisons avec le grand-duché de Luxembourg, adressez-vous aux **Chemins de fer luxembourgeois, Service Renseignements** ✆ 2489-2489 - www.cfl.lu.

voyage

La télé comme point de départ

Partez à la rencontre
de l'inoubliable

LE DOC DE LA SEMAINE
Tous les jeudis à 20h50

Frottez-vous à d'autres cultures

J'IRAI DORMIR CHEZ VOUS
Tous les samedis à 18h45

Saisissez les plus
grands espaces

SAMEDI ÉVASION
Tous les samedis à 20h50

... ALLEZ JUSQU'AU BOUT DE VOS RÊVES

EN CAR

De Paris, plusieurs liaisons journalières sont assurées par la compagnie **Eurolines** – *av. du Général-de-Gaulle 28, BP 313, 93541 Bagnolet Cedex -* 🕿 *08 92 89 90 91 ou 01 43 63 00 66 - www.eurolines.fr.*

EN AVION

La plupart des compagnies aériennes desservent l'aéroport de Bruxelles-National à Zaventem. Se renseigner auprès de son agence de voyages afin de connaître les conditions en vigueur, les vols charters et les vols à prix réduits.

Air France – *av. des Champs-Élysées 119, 75008 Paris, renseignements et réservations :* 🕿 *0820 320 820 - www.airfrance.fr.*

Brussels Airlines – *Aéroport de Bruxelles-National, 1930 Zaventem - informations et réservations :* 🕿 *0892 6 400 30 (France) -* 🕿 *0900 22 00 30 (Suisse) - www.brusselsairlines.com.*

Le grand-duché possède un aéroport moderne à 6 km au nord-est de la capitale. Des liaisons régulières avec Paris sont organisées.

Luxair – *2987 Luxembourg - informations et réservations* 🕿 *2456 1 - www.luxair.lu*

Argent

DEVISES

Le 1er janvier 2002, l'euro a été introduit.

BANQUES

Les banques sont généralement ouvertes de 9h à 12h30 et de 14h à 15h30 (vendredi 16h ou 19h à proximité de grands centres commerciaux) ; au centre des villes : de 9h à 15h30 ; certaines agences bancaires sont ouvertes le samedi matin.

Au Luxembourg, les banques sont ouvertes de 8h30 à 12h30 et de 13h30 à 16h30. Elles sont fermées le samedi et le dimanche

CARTES DE CRÉDIT

Les principales cartes de crédit internationales (Mastercard, Visa, Eurocard, American Express, Diners Club) sont acceptées dans presque tous les commerces, hôtels et restaurants. Le *Guide Michelin Belgique-Luxembourg Hôtels & Restaurants* signale les cartes de crédit acceptées par les hôtels et les restaurants sélectionnés par ses soins, lorsque ces établissements permettent ce genre de paiement. La délivrance de billets dans les distributeurs automatiques (nombreux dans les grandes villes) se fait par le système Bancontact qui exige de taper son code personnel.

LE PAYS PRATIQUE

Adresses utiles

EN CAS DE PROBLÈME

Police fédérale : ☎ *101 en Belgique - 113 au Luxembourg.*
Service d'incendie et service de secours médical : ☎ *100 en Belgique - 112 au Luxembourg.*

Se déplacer

EN VOITURE

Voir également les informations dans la section « se rendre dans le pays ».

Réseau routier

Le réseau routier comprend des autoroutes et des routes régionales. Les routes régionales sont indiquées le plus souvent par des flèches bleues à lettres et chiffres blancs, les autoroutes par des flèches vertes à lettres et chiffres blancs. Les échangeurs (nœuds routiers) sont munis de numéros ; ces numéros figurent également sur les cartes Michelin.

Routes à péage

En Belgique, seul un tunnel est à péage : le tunnel Liefkenshoek.

Limitation de vitesse

En Belgique et au Luxembourg, une limitation de vitesse de 120 km par heure sur les autoroutes, 90 km par heure sur les routes ordinaires et 50 km par heure dans les agglomérations est appliquée. Il existe également des zones où la vitesse est limitée à 30 km. Au grand-duché de Luxembourg, les limitations sont les mêmes qu'en Belgique, à l'exception des autoroutes. Votre vitesse maximale y sera de 130 km par heure (110 km par heure en cas de conditions météorologiques défavorables).

Ceinture de sécurité

Le port d'une ceinture de sécurité est obligatoire, tant à l'intérieur qu'à l'extérieur des agglomérations.

Assistance en cas de panne ou d'accident

En cas d'accident grave en Belgique, vous pouvez appeler jour et nuit le numéro 100 (services d'urgence) ou le numéro 101 (police fédérale). Au Grand-Duché, ce sont le 112 (services d'urgence) et le 113 (police). Les automobilistes en détresse sur les grandes artères peuvent utiliser les bornes d'appel, lesquelles sont indiquées par des panneaux.

En cas de panne ou d'accident, vous pouvez faire appel jour et nuit à l'assistance de **Touring Assistance**. Sur autoroute, utilisez les bornes d'appel. Sur les autres routes, appelez le numéro suivant : ☎ *070 344 777 - www.touring.be.*
Le **VTB-VAB** – ☎ *070 344 666 - www.vab. be*, ainsi que le **Royal automobile club de Belgique** – ☎ *02 287 09 11*, assurent également une assistance en cas de panne sur la route.
Au grand-duché de Luxembourg, l'**Automobile club du grand-duché de Luxembourg**, assure une assistance en cas de panne, ☎ *26 000 - www.acl.lu.*

Se loger et se restaurer

LES ADRESSES DU GUIDE

Pour la réussite de votre séjour, nous avons sillonné la Belgique et le Luxembourg pour repérer les chambres d'hôte, les hôtels et les restaurants les plus représentatifs des deux pays, que ce soit par leur position remarquable ou par leur cuisine traditionnelle. Nous avons pris en compte tous les types de budget.
Toutes les maisons ont été visitées avec le plus grand soin. Toutefois, il peut arriver que des modifications aient eu lieu depuis notre dernier passage : faites-nous le savoir. Vos remarques et suggestions seront les bienvenues !

MODE D'EMPLOI

Au fil des pages, vous découvrirez nos « carnets pratiques » : ils proposent une sélection d'adresses à proximité des villes ou des sites touristiques auxquels ils sont rattachés dans le guide. Lorsque cela était nécessaire, nous avons clairement indiqué la route à suivre pour vous y rendre. Dans chaque carnet, les hôtels et restaurants sont classés en trois catégories de prix pour répondre à toutes les attentes.
Dans la catégorie ⊖ , vous trouverez des hôtels et des chambres d'hôte sobres et bien tenus qui proposent des chambres doubles pour moins de 75 € et des restaurants où, sans renoncer à la qualité, vous dépenserez moins de 25 € (sans la boisson) pour un repas comprenant une entrée, un plat et un dessert.

Si votre budget est un peu plus large, piochez dans la catégorie ⊖⊖ , vous y trouverez des hôtels plus confortables, souvent pleins de charmes, et des restaurants plus traditionnels. Les tarifs vont de 75 à 110 € pour l'hébergement, toujours pour une chambre double, et de 25 à 40 € pour le repas.

Pour ceux, enfin, qui souhaitent se faire plaisir le temps d'un repas ou d'une nuit, ou veulent rendre leur séjour inoubliable, la catégorie ⊖⊖⊖ signale de grandes maisons et des chambres d'hôtes offrant un confort maximal dans une atmosphère luxueuse qu'agrémente très souvent l'originalité des lieux, ainsi que des restaurants qui raviront les palais les plus délicats. Les prix pratiqués sont, bien entendu, à la hauteur des lieux.

L'HÉBERGEMENT

Nous vous conseillons vivement d'effectuer vos réservations longtemps à l'avance, notamment lors d'un week-end si vous devez vous rendre à dans une ville d'art ou lorsqu'une fête a lieu dans la localité. Sachez que de nombreux établissements pratiquent des tarifs intéressants ou proposent des forfaits économiques pour des week-ends ou des séjours prolongés.

LES HÔTELS

Pour chaque établissement, le premier prix indiqué est celui d'une chambre double en basse saison et le second celui d'une chambre double en haute saison. Le petit déjeuner est généralement compris, mais il arrive que les petits établissements ne pratiquent pas cette formule. Dans ce cas, le prix du petit déjeuner est indiqué immédiatement après celui des chambres.

Pour des séjours courts dans les grandes villes, ne pas hésiter à consulter une agence de voyages pour obtenir un forfait train + hôtel, ou avion + hôtel.

LES CHAMBRES D'HÔTES

Vous êtes reçu directement par les habitants qui vous ouvrent leur maison. Sachez qu'une durée minimum de séjour est souvent demandée, et que les cartes de crédit sont rarement acceptées. Cependant, les chambres d'hôte vous offrent une ambiance plus intime et plus familiale qu'un hôtel, à des prix compétitifs. Pour plus de renseignements, vous pouvez contacter **Taxistop** – r. Fossé-aux-Loups 28/1, 1000 Bruxelles - ℘ 070 22 22 92 - www.taxistop.be ou **Bed & Brussels** – r. Kindermans 9, 1050 Bruxelles - ℘ 02 646 07 37 - www.bnb-brussels.be.

LES CAMPINGS

La Belgique possède plus de 500 terrains aménagés répartis en 4 catégories. Ils sont très chargés en juillet et août. Au grand-duché, il existe plus de 100 terrains aménagés. Les campings permettent de se loger, pour un prix abordable, dans un cadre souvent verdoyant. Ils disposent généralement d'un restaurant, d'un bar et d'un petit magasin d'alimentation, et parfois même d'une piscine. Certains mettent à disposition des bungalows ou des mobile homes d'un confort moins spartiate. Pour toute information, adressez-vous à la **Fédération internationale de Camping et de Caravanning** – r. des Colonies 18-24, boîte 9, 1000 Bruxelles - ℘ 02 513 87 82 - www.ficc.be.

Le camping sauvage, c'est-à-dire en dehors des terrains officiels, est interdit. Une liste des campings au grand-duché de Luxembourg est disponible auprès des services touristiques. Pour des renseignements sur les campings privés, s'adresser à Camprilux; www.camprilux.lu.

LES AUBERGES DE JEUNESSE

Elle sont réservées aux membres. La carte peut être facilement obtenue auprès de n'importe quelle auberge affiliée à la Fédération. Elle est valable un an. Les auberges de jeunesse sont accessibles aux voyageurs individuels, aux familles et aux groupes. Il n'existe pas de limite d'âge. Pour plus d'informations, renseignez-vous auprès **des Auberges de Jeunesse** – r. de la Sablonnière 28, 1000 Bruxelles - ℘ 02 219 56 76 - www.laj.be ou de la **Vlaamse Jeugdherbergcentrale** – Van Stralenstraat 40, 2060 Antwerpen - ℘ 03 232 72 18 - www.vjh.be. Pour le grand-duché, contactez la **Luxembourg Youth Hostel Association** – r. du Fort Olisy 2, 2261 Luxembourg - ℘ 026 27 66 40 - www.youthhostels.lu.

HÉBERGEMENT RURAL

Vous obtiendrez aux adresses suivantes des informations sur les différentes formules de séjour à la campagne (tourisme à la ferme, gîtes ruraux, chambres d'hôte, campings).

Accueil champêtre en Wallonie – chaussée de Namur 47, 5030 Gembloux - ℘ 081 60 00 60 - www.accueilchampetre.be.

Belsud – r. Saint-Bernard 30, 1060 Bruxelles - ℘ 070 22 10 21 - www.belsud.be.

Fédération des Gîtes de Wallonie – av. Prince de Liège 1, 5100 Jambes (Namur) -

ViaMichelin

Clic je choisis, clic je réserve !

RÉSERVATION HÔTELIÈRE SUR

www.ViaMichelin.com

Préparez votre itinéraire sur le site ViaMichelin pour optimiser tous vos déplacements. Vous pouvez comparer différents parcours, sélectionner vos étapes gourmandes, découvrir les sites à ne pas manquer… Et pour plus de confort, réservez en ligne votre hôtel en fonction de vos préférences (parking, restaurant...) et des disponibilités en temps réel auprès de 60 000 hôtels en Europe (indépendants ou chaînes hôtelières).

- *Pas de frais de réservation*
- *Pas de frais d'annulation*
- *Pas de débit de la carte de crédit*
- *Les meilleurs prix du marché*
- *La possibilité de sélectionner et de filtrer les hôtels du Guide Michelin*

MICHELIN

Une meilleure façon d'avancer

℡ 081 31 18 00 - www.gitesdewallonie. net.

Tourisme Rural – chaussée de Namur 47, 5030 Gembloux - ℡ 081 60 00 60 - www. accueilchampetre.be.

Vlaamse Federatie voor Hoeve- en Plattelandstoerisme – Diestsevest 40, 3000 Leuven - ℡ 016 28 60 35 - www. plattelandstoerisme.be ou www.hoeve-toerisme.be.

Association pour la Promotion du Tourisme rural au grand-duché de Luxembourg - ℡ 042 82 82 20 - www. gites.lu.

LA RESTAURATION

Pour répondre à toutes les envies, nous avons sélectionné des restaurants typiques, mais aussi classiques ou exotiques. Et des lieux plus simples, où vous pouvez grignoter une salade composée, une tarte salée, une pâtisserie ou déguster des produits régionaux sur le pouce.

... ET AUSSI

Si d'aventure vous n'avez pas trouvé votre bonheur parmi toutes nos adresses, vous pouvez consulter *Le Guide Michelin Belgique-Luxembourg Hôtels & Restaurants*. Pour chaque établissement, le niveau de confort et de prix est indiqué, outre de nombreux renseignements pratiques. Le symbole « Bib Hôtel » renvoie à des hôtels de qualité, avec une majorité de chambres doubles à moins de 80 € à la campagne et de 100 € dans les villes et les principaux centres touristiques (prix pour 2 personnes, sans petit-déjeuner). Les bonnes tables, étoilées pour la qualité de leur cuisine, sont très prisées par les gastronomes. Le symbole « Bib Gourmand » sélectionne les restaurants qui proposent une cuisine soignée à moins de 34 € et à moins de 36 € à Bruxelles et à Luxembourg (boissons non comprises).

Santé

URGENCES

Numéro de service d'urgence : voir « La Belgique et le Luxembourg en pratique ».

PHARMACIES

Les pharmacies (*apotheken* en néerlandais) sont le plus souvent ouvertes de 8h30 à 18h30. Lorsqu'une pharmacie est fermée, les noms et adresses des pharmacies de garde à proximité sont affichés.

Le pays pratique de A à Z

ACHATS

Dans les grandes villes, la plupart des magasins restent également ouverts pendant la pause déjeuner. Les autres sont ouverts de 9h à 12h(30) et de 14h à 18h(30). Ils sont le plus souvent fermés le dimanche. Les boulangeries artisanales sont ouvertes le dimanche matin.

HANDICAP

Un certain nombre de curiosités décrites dans le guide (musées, châteaux, abbayes, etc.) sont accessibles aux handicapés et signalées à votre attention par le signe &. Pour plus de renseignements concernant l'accessibilité aux handicapés des musées en Flandre et à Bruxelles, consultez le site www.museumsite. be.Vous pouvez également contacter les différentes fédérations belges de tourisme (*voir adresses dans « À faire avant de partir »*) qui disposent d'informations sur l'accessibilité aux monuments et sites et aux infrastructures de logement.

Pour de plus amples renseignements sur les conditions d'accessibilité, nous vous conseillons toutefois de téléphoner préalablement au musée que vous souhaitez visiter.

HORAIRES DE VISITE

Les heures d'ouverture et tarifs sont indiqués dans la description des curiosités. Considérez ces informations avec la circonspection nécessaire : tant les tarifs que les heures d'ouverture sont susceptibles d'évoluer. Il peut donc être utile de téléphoner au préalable. Les prix indiqués sont valables pour les personnes seules n'ayant pas droit à une réduction.

JOURS FÉRIÉS

Sont fériés en Belgique : 1er janvier, dimanche et lundi de Pâques, 1er mai (fête du travail), Ascension, dimanche et lundi de Pentecôte, 21 juillet (fête nationale), 15 août (Assomption), 1er novembre (Toussaint), 11 novembre (Armistice) et 25 décembre (Noël). Certaines fêtes locales peuvent entraîner la fermeture des services publics (fête de la Communauté flamande: 11 juillet; fête de la Communauté française: 27 septembre). Au Luxembourg, les jours fériés sont les mêmes qu'en Belgique, sauf le jour de la fête nationale (23 juin) et le 11 novembre.

MUSÉES ET MONUMENTS

La plupart des musées ferment leur billetterie une demi-heure, voire une heure avant la fermeture même. En général, les musées sont fermés le lundi. Dans de nombreux musées, les sacs doivent être déposés au vestiaire. En outre, l'usage du flash est généralement interdit.

POSTE

Les bureaux de poste sont ouverts de 9h à 12h et de 14h à 17h ; dans le centre des grandes villes de 9h à 17h ; ils sont fermés le samedi et le dimanche, mais un certain nombre de grands bureaux sont ouverts le samedi matin.

Vous pouvez acheter des timbres dans les bureaux de poste et dans un certain nombre de Points Poste (points de vente dans des lieux très fréquentés, notamment les supermarchés, magasins de proximité et maisons communales ; vous les reconnaîtrez à un logo Point Poste).

TÉLÉPHONE

Outre les cabines téléphoniques à pièces (de plus en plus rares), d'autres cabines permettent de téléphoner avec une carte téléphonique. Ces cartes sont disponibles dans les points de vente Belgacom, les bureaux de poste, les gares et dans certains magasins, p. ex. les marchands de journaux.

Numéros de renseignements nationaux : 1307 pour la Belgique et 11817 pour le grand-duché de Luxembourg.

Appels Internationaux

Pour téléphoner depuis l'étranger vers la Belgique : composez le 00 + 32 + l'indicatif de la zone sans le 0 puis le numéro de l'abonné.

Téléphoner vers le grand-duché : 00 + 352 + le numéro de l'abonné.

Pour téléphoner depuis la Belgique et le Luxembourg vers la France : composez le 00 + 33 + l'indicatif de la zone sans le 0, suivi du numéro de l'abonné.

Les tarifs sont plus bas le week-end, les jours fériés ainsi qu'en semaine de 18h à 8h.

À FAIRE ET À VOIR

Activités et loisirs de A à Z

Pour toute information sur la pratique des activités sportives, vous pouvez contacter les offices de tourisme locaux dont les adresses figurent pour chaque chapitre sous la rubrique « informations utiles ».

ALPINISME

Quelques rochers surplombant la Meuse et l'Ourthe sont assez escarpés pour permettre la pratique de l'escalade. Informations : Belgian Climbing Network (BCN), www.belclimb.net.

CHASSE

On trouve le petit gibier et le gibier d'eau principalement au Nord du sillon Sambre et Meuse, le gros gibier (sanglier, cerf, chevreuil) en Ardenne. Il faut posséder, soit un permis de chasse, soit une licence de chasse. Pour plus de renseignements, s'adresser au Royal St-Hubert Club, *av. Lambermont 410, 1030 Bruxelles - ℘ 02 248 25 85 (pour la Flandre) et 02 242 07 67 (pour la Wallonie et Bruxelles).*

ÉQUITATION

On la pratique dans tout le pays. Certaines agences organisent des week-ends d'équitation. Des courses hippiques ont lieu à Ostende, Groenendael, Watermael-Boitsfort, Kuurne et Sterrebeek (trotteurs), Waregem (steeple-chase). Vlaamse Liga voor de Paardensport, *Klossestraat 64, 9052 Zwijnaarde, ℘ 09 245 70 11.* Wallonie/Bruxelles: Ligue équestre Wallonie-Bruxelles, *chaussée de Gramptine 118, 5340 Gesves, ℘ 083 23 40 70.*

Cavaliers sur la plage.

Ch. Bastin et J. Evrard/MICHELIN

Toute information concernant les courses peut être obtenue auprès du Jockey Club de Belgique, *chaussée de La Hulpe 53, 1180 Bruxelles, ℘ 02 672 72 48.*

KAYAK

Plusieurs rivières se prêtent, sur une partie de leur parcours, à la descente en kayak ou en canoë. Sur l'Ourthe, la Semois, la Sûre et l'Amblève, des organisations louent des kayaks. La descente de la Lesse en barque ou en kayak est une excursion classique. Fédération royale belge de canoë : *Route de Pessoux 68, 5590 Haversin, ℘ 083 68 80 22.*

PARCS NATURELS

Ces parcs englobent vallées, forêts et villages, dont on veut assurer la protection. On distingue les parcs naturels nationaux, créés à l'initiative de l'État, et les parcs régionaux dont la création relève d'un autre pouvoir public.
En Belgique, citons :
– **Le parc naturel national des Hautes Fagnes-Eifel**. Accès depuis Sankt-Vith par la N 676.
Au Luxembourg :
– **Le parc naturel germano-luxembourgeois**. Accès depuis Vianden par la route n°50.

PÊCHE

On pratique en Belgique toutes sortes de pêches. Il faut posséder un permis valable un an, que l'on se procure dans un bureau de poste. Renseignements : Service de la Pêche du Ministère de la Région Wallonne, *av. Gouverneur Bovesse 100, 5100 Jambes, ℘ 081 32 74 88; www.wallonie.be.* Une brochure La Pêche en Luxembourg belge peut être obtenue à l'Office belge de tourisme à Paris (*voir ci-dessus*).

PLAISANCE

La côte possède quelques ports de plaisance : Zeebrugge, Blankenberge, Ostende, Nieuport. Fédération francophone du Yachting Belge, *av. du Parc d'Amée 90, 5100 Jambes, ℘ 081 30 49 79.* Vlaamse Vereniging voor Watersport, *Beatrijslaan 25, 2050 Antwerpen, ℘ 03 219 69 67.*

RÉSERVES NATURELLES

Il s'agit de territoires strictement protégés par les régions ou gérés par des

NOUVELLES CARTES MICHELIN
Laissez-vous porter par votre imagination.

Avec les nouvelles cartes Michelin, voyager est toujours un plaisir :
- Nouveau : carte Départements à relief image satellite
- Nouveau : carte Régions en papier indéchirable
- Qualité des informations routières, mises à jour chaque année
- Richesse du contenu touristique : routes pittoresques et sites incontournables
- Maîtrise de l'itinéraire : votre route selon vos envies

www.cartesetguides.michelin.fr

associations privées comme Natagora (Wallonie et Bruxelles) et Natuurpunt (Flandre). Quelques-unes de ces réserves sont ouvertes au public, du moins en partie. Dans certaines, la visite n'est possible que sous la conduite d'un guide.

En pays flamand, on peut citer :

– **De Kalmthoutse Heide** (*voir « Aux alentours » dans Anvers*). On y arrive depuis Anvers par le R 1 (périphérique d'Anvers). Prendre la sortie 5, puis, la N 11 en direction de Kapellen. Un peu avant la frontière belgo-hollandaise, vous prenez la N 111.

– **Le Zwin** (*voir Knokke-Heist*). On y accède depuis Bruges par la N 376, puis par la N 49 en direction de Knokke-Heist et la N 384 qui longe la côte.

En Wallonie, citons :

– **Les Hautes Fagnes** (*voir Hautes Fagnes*). On y parvient depuis Spa par la N 629.

– **La réserve naturelle de Furfooz** (*voir Dinant*). Accès depuis Dinant par la N 95, puis la N 910.

– **L'étang de Virelles** (*voir Chimay*). Accès depuis Chimay par la N 53, puis la N 589.

SKI NAUTIQUE

On le pratique notamment sur la haute Meuse (à Wépion, Profondeville, Yvoir et Waulsort), à Liège, Mons, Manage et Ronquières, sur le lac de l'Eau d'Heure et sur le canal Albert. Fédération francophone du ski nautique belge, *r. de Tervaete 11, 1040 Bruxelles*, ✆ *02 734 93 73*.

SPORTS D'HIVER

Le climat ardennais est suffisamment rigoureux pour qu'à faible altitude se produisent parfois d'abondantes chutes de neige entre décembre et mars. Dans les provinces de Liège, Namur et de Luxembourg, des pistes ont été aménagées pour la luge ou le ski. On trouve alors à proximité le matériel nécessaire en location. Pour tout renseignement, s'adresser à la Fédération du tourisme de la province de Liège, de Namur ou de Luxembourg (*voir adresses ci-dessus*). Vous pouvez également consulter le site Web *www.catpw.be ou appelez le téléphone de neige*, ✆ *080 22 74 74*.

AUTRES SPORTS

La renommée du cyclisme belge n'est plus à faire. Parmi d'autres sports couramment pratiqués en Belgique, citons la natation, le tennis, le bowling, le tir aux pigeons d'argile nommé tir aux clays, et la balle-pelote, jeu fréquent en Wallonie.

Pour le Grand-Duché, une brochure éditée par l'O.N.T. (Office national de tourisme) donne tous les renseignements utiles.

Que rapporter

Vous n'aurez pas de mal à trouver vous-même les rues commerçantes des villes que vous visiterez. Si vous ne trouvez toujours pas votre bonheur, testez les bonnes adresses qui vous sont proposées dans les « carnets pratiques » des villes et sites décrits dans le guide.

Par province ou région, nous vous proposons une petite liste de produits locaux.

Flandre occidentale : kletskoppen (fines gaufrettes au beurre et aux amandes), potjesvlees (veau, lapin ou poulet), babeluttes (caramels durs au beurre), speculoos, mastelles (biscuits à l'anis) et knopen (petits gâteaux au beurre au sucre brun).

Flandre orientale : pain au sucre, tarte au maton (tarte avec un mélange de fromage frais, de petit-lait et de pâte d'amande ; uniquement dans la région de Gramont), mokken (biscuit aux amandes à la cannelle ou à l'anis), mastelles (biscuits à l'anis).

Anvers : Antwerpse handjes (sablets ou chocolats fourrés), élixir d'Anvers (liqueur d'herbes douce), Lierse vlaaikens (tartelettes aux prunes).

Bruxelles : cramiques (pain aux raisins), pain au sucre, manons (pralines fourrées de crème), kriek, gueuze, lambic (bières spéciales).

Limbourg : sirop de pommes et de poires, genièvre.

Hainaut : tarte al djote (tarte au fromage à la betterave, herbes et oignons), spantôles (pâtisserie sucrée), macarons.

Namur : couques (biscuit dur aux épices), flamiche (tarte au fromage).

Liège : potkès (fromage frais salé), pèkèt (genièvre), pain d'épice, élixir de Spa (sorte de liqueur chartreuse), baisers de Malmedy (meringues fourrées de crème).

Luxembourg : maitrank (boisson apéritif d'Arlon).

Grand-duché : Veianer Kränzercher (pâtisserie en forme de couronne de pâte à choux), cassis, pralines, bières, vins de Moselle.

De plus amples détails dans les chapitres consacrés à la gastronomie et à la bière.

Régalez-vous
à petits prix!

Découvrez
les bonnes petites tables
du guide Michelin

Ces 490 restaurants, distingués par un «Bib Gourmand» dans le guide Michelin France, vous proposent un menu complet (entrée + plat + dessert) de qualité à moins de 28 € en Province, et 35 € à Paris.

www.cartesetguides.michelin.fr

Événements

Nous ne mentionnons ici que les événements les plus importants. D'autres sont cités dans les carnets pratiques sur fond vert que vous trouverez dans la partie « Découvrir ». Des listes détaillées sont disponibles auprès des offices de tourisme ou sur leurs sites Internet sous « Agenda ».

BELGIQUE

Sa., dim., lun. après l'Épiphanie
Renaix – Zotte Maandag

Jeu., vend., sam., dim., lun. et mardis gras
Eupen – Carnaval et Rosenmontag

Sa., dim., lun. et mardis gras
Blankenberge – Carnaval
Malmedy – Carnaval

Dim., lun. et mardis gras
Alost – Carnaval
Binche – Carnaval

Chaque dimanche pendant le carême
Ligny – Représentation de la Passion (réservation recommandée) ; ✆ 071 88 54 47

Mi-carême (dim.)
Hal – Carnaval
Fosses-la-Ville – Cortège carnavalesque avec les Chinels (*voir sous Namur, Environs*)
Maaseik – Cortège carnavalesque
Stavelot – Cortège carnavalesque avec les Blancs Moussis

Dernier dim. de fév.
Gramont – Cortège folklorique et lancer de craquelins

Premier sam. de mars
Ostende – Bal du rat mort

Carnaval à Alost.

S. Van den Bossche

Vendredi saint
Lessines – Procession de pénitence à 20h (*voir sous Lessines*)

Samedi saint
Coxyde – Marché aux fleurs annuel

Lundi de Pâques
Hakendover – Procession à cheval à 10h00 (*voir sous Tirlemont*)

Deuxième dim. de mai
Ypres – Cortège des chats tous les trois ans : 2009

Dim. précédant l'Ascension
Malines – Procession de Notre Dame de Hanswijk

Ascension
Bruges – Procession du Saint-Sang

Ascension et vend., sam. et dim. suivant l'Ascension
Blankenberge – Fêtes portuaires

Troisième dim. de mai
Thuin – Marche militaire en l'honneur de saint Roc

Dernier week-end de mai
Arlon – Fête du maitrank (*voir sous Arlon*)

Dimanche de Pentecôte
Hal – Cortège de Marie à 15h (les années paires)

Lundi de Pentecôte
Gerpinnes – Marche militaire
Soignies – Grand Tour et cortège historique (*voir sous Soignies*)
Écaussinnes-Lalaing – Goûter matrimonial (*voir sous Soignies*)

Dim. qui suit la Pentecôte
Walcourt – Procession religieuse et militaire (*voir sous Philippeville*)
Mons – Le « Lumeçon » et la procession au car d'or (voir sous Mons)
Renaix – Fiertellommegang

Premier week-end de juin
Ligny – Marche commémorant la dernière victoire de Napoléon (*voir sous Waterloo*)

Deuxième w.-end de juin
Tournai – Journées des quatre cortèges

Dernier w.-end de juin
Oostduinkerke – Fêtes des crevettes et cortège aux crevettes

Juil.
Saint-Hubert – Juillet musical et Académie d'été (stages)
Blankenberghe – Bénédiction de la mer

Tongres – Procession (tous les sept ans : 2009)

Juil.-août

Villers-la-Ville – Représentations théâtrales dans les ruines de l'abbaye

Stavelot – Vacances-Théâtre et festival de musique de chambre

Watou – Été de la poésie

Premiers mar. et jeu. de juil.

Bruxelles – Ommegang à 21h. Réservation : *Tourisme, Hôtel de ville, Grand Place* ✆ 02 513 89 40

Premiers vend., sam. et dim. de juil.

Rock Werchter – Festival international pop-rock

Dim. suivant le 5 juillet

Gistel – Procession de Sainte-Godelieve (*voir sous Ostende, Environs*)

Deuxième sem. de juil.

Schoten – Festival de danse folklorique

Spa – Les Francofolies de Spa (chanson française)

Troisième sem. de juil.

Gand – Fêtes gantoises

Le dim. le plus proche du 22 juil.

Jumet – Marche militaire (*voir sous Charleroi*)

Dernier dim. de juil.

Furnes – Procession de pénitence à 15h30

Août

Spa – Festival de théâtre de Spa

Hasselt – Ommegang de la Madone Virga Jesse (tous les sept ans : 2010)

14, 15 et 16 août

Bruxelles – Tapis de fleurs sur la Grand-Place (les années paires)

Dim. suivant le 15 août

Ham-sur-Heure – Marche militaire

Quatrième dim. d'août

Ath – « Ducasse » (voir sous Ath)

Jeu. qui suit le 4ᵉ dim. d'août

Dendermonde – Ommegang traditionnel géants

Dernier dim. d'août

Blankenberghe – Corso fleuri

Deuxième moitié d'août

Overijse – Fêtes du raisin (*voir sous Louvain, Environs*)

Mar. qui suit le dernier dim. d'août

Waregem – Waregem Koerse, Grand Steeple-Chase de Flandre (*voir sous Audenarde, Environs*)

Coxyde – 1ᵉʳ dim. de sept. Cortège « Hommage à la peinture flamande » (tous les deux ans : 2008)

1ᵉʳ w.-end de sept.

Saint-Hubert – Journées internationales de la chasse et de la nature

3ᵉ w.-end de sept.

Namur – Fêtes de Wallonie : Échassiers (voir sous Namur)

Poperinge – Fêtes du houblon (tous les trois ans : 2008)

29 sept. ou le dimanche qui suit

Nivelles – Procession de Sainte-Gertrude (*voir sous Nivelles*)

Dim. suivant le 11 oct.

Lierre – Procession de Saint-Golmmaire

3 nov.

Saint-Hubert – Fêtes de Saint-Hubert

Dim. suivant la Toussaint

Scherpenheuvel – Cortège aux flambeaux à 14h30 (*voir sous Diest*)

Dim. précédant le 14 nov.

Tongerlo – Pèlerinage de Saint-Siardus

Déc.

Bruges, Bruxelles, Liège, Cantons de l'Est, Anvers – Marchés de Noël

Bastogne – Foire aux noix (*voir sous Bastogne*)

LUXEMBOURG

Lundi de Pâques

Nospelt-Luxemburg – Éimaischen

Le mar. suivant la Pentecôte

Echternach – Procession de danse à 9h30

Mai-juin-juil.

Echternach – Festival international de musique classique

Juil.

Wiltz – Wiltz Festival (théâtre et musique)

Sept.

Vallée de la Moselle – Fête du vin et du raisin à Grevenmacher, Schwebsange

POUR PROLONGER LE VOYAGE

Nos conseils de lecture

OUVRAGES GÉNÉRAUX

Belgique, R. Hanrion (Paris, Seuil, coll. Petite Planète)

L'économie des pays du Benelux, F. Gay et P. Wagret (Paris, PUF, coll. Que Sais-je ?)

Le siècle de la Belgique, Marc Reynebeau (Bruxelles, Racine)

HISTOIRE

Charles Quint, Otto de Habsbourg (Bruxelles, Racine)

Histoire des Belges, H. Dorchy (Bruxelles, De Boeck)

Histoire de la Belgique, G.-H. Dumont (Bruxelles, Le Cri)

Les racines de la Belgique, Jean Stengers (Bruxelles, Racine)

Waterloo 1815, l'Europe face à Napoléon, A. Bruylants, Ph. de Callatay, E. Évrard, J. Logie et J.-H. Pirenne (Liège, Du Perron)

ART ET ARCHITECTURE

Le Guide de l'Architecture en Belgique, Linda Van Santvoort, Michiel Heirman (Bruxelles, Racine)

Belgique romane (coll. Zodiaque)

Architecture romane, Mathieu Piavaux, Albert Lemeunier, Marie-Christine Laleman, Johnny Demeulemeester, Laurent Deléhouzée (Bruxelles, Racine)

Architecture gothique en Belgique, Marjan Buyle, Jan Esther, Thomas Coomans, Luc-Francis Génicot (Bruxelles, Racine)

Architecture Renaissance et Baroque en Belgique, Rutger Tijs (Bruxelles, Racine)

*Architecture du XVIII*e *siècle en Belgique*, Marie Fredericq-Lilar, Dirk Van de Vijver, Jean Van Cleven, Jean-Christophe Hubert, Christophe Vachaudez, Luc Dhondt (Bruxelles, Lannoo)

*Le XIX*e *siècle en Belgique*, Jos Vandenbreeden, Françoise Dierkens-Aubry (Bruxelles, Racine)

Bruxelles, Capitale de l'Art nouveau, F. Borsi, H. Wiener (Bruxelles, Racine).

Art nouveau en Belgique, Jos Vandenbreeden, Françoise Dierkens-Aubry (Bruxelles, Racine)

Art déco et modernisme en Belgique, Jos Vandenbreeden, France Vanlaethem (Bruxelles, Racine)

Architecture contemporaine en Belgique, Geert Bekaert (Bruxelles, Racine)

L'Art en Belgique, 1975-2000, s.l.d. Flor Bex (Fonds Mercator)

Bruegel, Philippe et Françoise Robert-Jones, (Snoeck-Ducaju, Gand)

D'Ensor à Magritte, Michael Palmer (Bruxelles, Racine)

Magritte, Jacques Meuris, (Taschen, Cologne)

Pierre Alechinsky, D. Abadie, W. Van den Bussche (Fonds Mercator)

Sculpture en Belgique, Michel Lefftz (Bruxelles, Racine)

OUVRAGES RÉGIONAUX

Éditions Du Perron (Liège) : *collection Ville aux Cent Visages* (Bruxelles, Liège, Anvers, Namur).

Le patrimoine majeur de Wallonie (Éd. du Perron, Alleur-Liège)

Le patrimoine civil public de Wallonie (Éd. du Perron, Alleur-Liège)

Le patrimoine industriel de Wallonie (Éd. du Perron, Alleur-Liège)

LITTÉRATURE

La littérature belge d'expression française, R. Burniaux et R. Frickx (Paris, PUF, coll. Que Sais-je ?)

À travers la Belgique, Alexandre Dumas (Paris, Entente)

Le Chagrin des Belges, H. Claus (Paris, Robert Laffont)

Les Éblouissements, Pierre Mertens, (Seuil, Paris)

Œuvre intégrale, de Jacques Brel (Paris, Robert Laffont)

Simenon, biographie, P. Assouline (Paris, Julliard)

Une enfance gantoise, Suzanne Lilar

LE Guide Vert

Dans la même collection, découvrez aussi :

France Régionaux
- Alpes du Nord
- Alpes du Sud
- Alsace Lorraine
- Aquitaine
- Auvergne
- Bourgogne
- Bretagne
- Champagne Ardenne
- Châteaux de la Loire
- Corse
- Côte d'Azur
- Franche-Comté Jura
- Île-de-France
- Languedoc Roussillon
- Limousin Berry
- Lyon Drôme Ardèche
- Midi-Pyrénées
- Nord Pas-de-Calais Picardie
- Normandie Cotentin
- Normandie Vallée de la Seine
- Paris
- Pays Basque et Navarre
- Périgord Quercy
- Poitou Charentes Vendée
- Provence

France Villes
- Bordeaux
- Deauville
- Lille
- Lyon
- Marseille
- Montpellier
- Nantes
- Nice
- Reims
- Saint-Malo
- Strasbourg
- Toulouse

Idées de week-ends

- La France sauvage
- Les plus belles îles du
  littoral français
- Paris Enfants
- Promenades à Paris
- Week-ends aux
  environs de Paris
- Week-ends dans les vignobles
- Week-ends en Provence

Europe
- Allemagne
- Berlin
- Autriche
- Vienne
- Belgique
  Luxembourg
- Budapest et la Hongrie
- Bulgarie
- Croatie
- Ecosse
- Espagne Atlantique
- Espagne du Centre Madrid
  Castille
- Espagne Méditerranéenne
  Baléares
- Andalousie
- Barcelone et la Catalogne
- Angleterre Pays de Galles
- Londres
- Grèce
- Pays Bas
- Irlande
- Italie du Nord
- Italie du Sud Rome Sardaigne
- Florence et la Toscane
- Rome
- Sicile
- Venise
- Moscou Saint-Pétersbourg
- Pays Baltes
- Pologne
- Portugal
- Prague
- Roumanie
- Scandinavie
- Suisse

Monde
- Canada
- Égypte
- Maroc

Le béguinage de Bruges.
J. Darthet

PAYSAGES ET RÉGIONS

De la mer du Nord en terre flamande aux forêts profondes des Ardennes, des paysages variés se succèdent dans ce pays relativement petit qu'est la Belgique. Plages de sable fin, dunes, polders, régions vallonnées, terres de bruyère, vallées et plateaux se fondent harmonieusement. Tout comme au Grand-Duché de Luxembourg où forêts, vallons, vignobles et « côtes » dessinent un ensemble très pittoresque.

Le petit village de Mesnil-Eglise en Famenne.

Ch. Bastin et J. Evrard/MICHELIN

Le territoire belge

Il s'étend sur une superficie de 30 528 km² et compte 10 396 421 d'habitants (2003). Avec 339 habitants au km², la Belgique est l'un des pays les plus densément peuplés d'Europe. La circulation des personnes et des marchandises bénéficie d'une infrastructure remarquable (nombreuses voies navigables et un réseau routier très dense) et les déplacements entre domicile et lieu de travail y trouvent une ampleur gigantesque.

Le pays se divise en trois régions.

LA BASSE BELGIQUE

La Basse Belgique (*jusqu'à 100 m d'altitude*) est formée par les provinces d'**Anvers** (1 688 533 habitants le 1ᵉʳ janvier 2006), du **Limbourg** (814 641 habitants), de **Flandre Orientale** (1.389.199 habitants) et de **Flandre Occidentale** (1.141.853 habitants) dont les chefs-lieux sont respectivement Anvers, Hasselt, Gand et Bruges.

La côte

Elle s'étend sur 66 km de front rectiligne. De belles plages de sable fin en ont fait un grand lieu de villégiature, mais elles n'ont guère favorisé l'implantation de ports. La côte ne possède qu'un lieu abrité, l'embouchure de l'Yser où est situé Nieuport. Zeebrugge est un port de pêche artificiel.

Actuellement bordé par des digues, ou par un épais cordon de **dunes**, le littoral a beaucoup évolué depuis le Moyen Âge. C'était jadis une terre amphibie parcourue d'innombrables voies d'eau qui ont connu un envasement progressif comme celui de l'estuaire du Zwin, à l'origine de la ruine du commerce de Bruges. D'autre part, le travail de l'homme a complété les transformations naturelles en créant, au-delà des dunes, une région de polders.

Les polders

S'ils n'ont pas l'ampleur des polders des Pays-Bas, ils ont été aménagés de la même manière. Ce sont d'anciens marais asséchés et drainés que des écluses protègent des fortes marées. La vaste étendue des polders possède une terre très fertile qui se prête parfaitement à l'agriculture.

La Campine

Cette plaine entre l'Escaut, la Meuse et le Demer s'étale sur les provinces d'Anvers, du Brabant et du Limbourg et se prolonge aux Pays-Bas. Les sables et les cailloux charriés en masse par les fleuves ont fait de la Campine une terre pauvre et marécageuse où ne croissent que de la bruyère et des pins sylvestres.

Peu peuplée, elle était jadis le lieu de prédilection des monastères (Postel,

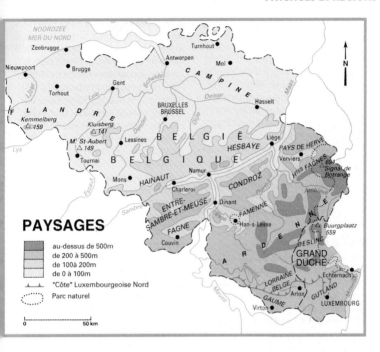

PAYSAGES

- au-dessus de 500m
- de 200 à 500m
- de 100à 200m
- de 0 à 100m
- "Côte" Luxembourgeoise Nord
- Parc naturel

0   50 km

Westmalle et Tongerlo) ; quelques terres ont été défrichées au 19ᵉ s. ; d'autres reçurent une fonction militaire (Leopoldsburg, fondé en 1850). Au 20ᵉ s., la région a accueilli le Centre d'études nucléaires de Mol (1952) et quelques industries favorisées par la présence du canal Albert, creusé en 1939. Sa seule richesse naturelle était la houille dont les gisements, découverts à la fin du 19ᵉ s., près de Genk, ont été abandonnés car ils ne satisfaisaient plus aux exigences actuelles de rentabilité.

Une autre région sablonneuse

Vallonnée par endroits, cette région sablonneuse s'étend entre les polders de la côte, la Lys et l'Escaut. Plusieurs collines pointues sont le résidu de terrains plus résistants : les monts **Kemmel**, **Kluisberg** et **St-Aubert**. L'agriculture est pratiquée plus intensivement que dans la Campine et la population est beaucoup plus dense. Les champs cultivés sont bordés de rideaux de peupliers.

Le sol ancien, d'accès aisé, permet l'exploitation de nombreuses carrières (le porphyre de Lessines et Tournai). D'autres régions sont densément boisées comme le **Houtland** près de Torhout. Au Moyen Âge, la présence de cours d'eau a favorisé le développement de l'industrie drapière qui perdure encore de nos jours dans l'industrie textile aux alentours de Courtrai, Tournai et Gand.

LA MOYENNE BELGIQUE

Les provinces du **Brabant Flamand** (chef-lieu : Louvain 1.044.063 habitants le 1ᵉʳ janvier 2006), du **Brabant Wallon** (chef-lieu : Wavre, 366.433 habitants) et du Hainaut (chef-lieu : Mons 1.289.862 habitants) constituent avec la Région de Bruxelles-Capitale (1.018.029 habitants) le cœur du pays. Du point de vue géologique, cette région est formée par un plateau crétacé d'altitude modérée (*de 100 à 200 m d'altitude*) qui s'élève graduellement vers le Sud, en direction du haut massif ardennais, jusqu'à près de 200 m. Son sol relativement fertile permet à la fois la culture et l'élevage.

La **Hesbaye** à l'est, le **Hainaut** à l'ouest sont des plateaux couverts de lœss, particulièrement fertiles. Les villages se dissimulent dans le fond des vallées. Les fermes sont grandes et isolées. Les bâtiments, en calcaire, en grès ou en brique souvent blanchies à la chaux, se répartissent autour d'une vaste cour centrale à laquelle on accède par un porche unique, parfois monumental.

Au sud de la Moyenne Belgique, à la jonction du massif ardennais, une longue vallée a été creusée par la Sambre et la Meuse, de Charleroi à Liège, et se prolonge dans le Borinage (Mons). Cette fracture géologique a fait apparaître des couches carbonifères qui constituent le **bassin houiller**. Sur ce « sillon Sambre-Meuse » (région liégeoise, Charleroi, La Louvière) se situent les plus fortes concentrations d'industrie métallurgique.

LES ARDENNES OU LA HAUTE BELGIQUE

Namur (458.534 habitants le 1er janvier 2006), **Liège** (1.040.006 habitants) et **Luxembourg** (258.541 habitants) sont les trois provinces qui forment la Haute Belgique (*à partir de 200 m d'altitude*). Leurs chefs-lieux respectifs sont Namur, Liège et Arlon. Vestiges d'un massif montagneux primaire et usé, les Ardennes sont le prolongement de l'Eifel allemand. Dans cette région, connue pour ses forêts du temps des Romains (le terme Ardenne est dérivé du nom de la déesse Arduinna), on distingue la Basse et la Haute Ardenne.

Basse Ardenne

D'altitude moyenne (200 à 500 m), c'est un ensemble de plateaux situés au sud de la Meuse : le **Condroz**, une région assez fertile, composée de calcaire et de schiste, ayant pour capitale Ciney, l'**Entre-Sambre-et-Meuse** au sud de Charleroi, les dépressions de la **Famenne** (capitale : Marche-en-Famenne) et de la **Fagne**, des régions de schiste et de grès, marécageuses et boisées. Entre ces plateaux, s'inscrivent des vallées très encaissées, celles de la Lesse, de l'Ourthe et de la Meuse. Le **pays de Herve**, région humide vouée à l'élevage, et la région de Verviers se rattachent à la Basse Ardenne. Le **pays des Rièzes et des Sarts**, au sud de Couvin, à plus de 300 m d'altitude, est une émergence du socle ardennais.

Haute Ardenne

Ce sont des plateaux bombés de plus de 500 m. Les crêtes les plus dures forment la zone inhospitalière des Hautes Fagnes, avec le point culminant du pays, le **Signal de Botrange** (694 m). Sur son sol imperméable, très humide, se sont développées les tourbières. Une partie de ces régions a été reboisée de conifères. Les vallées sinueuses, comme l'Amblève, sont plus avenantes.

Pauvre en ressources, défavorisée par des difficultés de communication et par un climat rigoureux, la Haute Ardenne, restée longtemps à l'écart du développement du pays, s'est ouverte de nos jours au tourisme.

La **Lorraine belge** (Arlon) et la **Gaume** (Virton) appartiennent géologiquement à la partie sud du Luxembourg.

Le Grand-Duché de Luxembourg

S'étendant sur une superficie de 2587 km², le Grand-Duché de Luxembourg compte environ 460 000 habitants (2003) dont un cinquième réside dans la capitale, Luxembourg (77 325 habitants). Le pays est constitué de deux régions géographiques très différentes.

Au nord, l'**Oesling** (les Ardennes luxembourgeoises), plateau qui fait la jonction entre les Ardennes et l'Eifel, culmine à 559 m (Buurgplaatz). Tout comme les Ardennes, cette région peu peuplée en raison de son climat rigoureux se consacre principalement au tourisme.

Au sud, le **Gutland** (ou Bon Pays), de climat plutôt doux, car moins élevé, s'incline légèrement vers la Lorraine française. Formé de couches superposées de grès et de calcaire, alternant avec de l'argile et de la marne, la région se prête à l'agriculture. Le vignoble luxembourgeois se situe dans le sud-est du Gutland,

Le prieuré de Godinne.

sur les coteaux regardant la Moselle. Des industries se sont établies aux alentours de Esch-sur-Alzette.

Entre les roches dures du massif ancien et les roches tendres, l'érosion a créé des « côtes », longues crêtes abruptes, orientées est-ouest, de tracé irrégulier et couvertes de forêts de hêtres. Celle du nord traverse le pays d'Arlon à Echternach en longeant le Nord de la Petite Suisse luxembourgeoise. Celle du sud s'étend le long de la frontière et se prolonge en Belgique jusqu'au sud de Virton.

Les grottes

Sur le plateau moyen ardennais, une véritable couronne de rivières circonscrit la région du Condroz. Ce sont la Meuse, l'Ourthe et la Lesse qui, sur le pourtour du plateau, ont creusé de profonds sillons à travers schiste et calcaire. Des gouffres se sont formés, comme le **Fondry des Chiens** à Nismes, ou différents types d'abîmes nommés chantoirs (Vallon des Chantoirs à Sougné-Remouchamps). L'eau pénétrant dans ces gouffres dissout la couche calcaire. Il se forme ainsi des rivières souterraines dont certaines ne sont que le parcours souterrain d'une rivière de surface, telle la Lesse qui disparaît près de Han pour reparaître 10 km plus loin. Elle y traverse la fameuse **grotte de Han**. La Salle du Sabbat dans

la **Grotte de Rochefort** est également impressionnante. Le plus souvent, la rivière souterraine a tendance à pénétrer plus en profondeur. Ainsi le lit plus ancien, de niveau supérieur, n'est plus inondé qu'en période de forte crue. On peut parfois circuler en bateau dans la galerie inférieure : à **Remouchamps**, le trajet atteint 1 km. Les grottes de Goyet, de Furfooz et de Han étaient habitées à l'époque préhistorique.

La formation de concrétions

Au cours de sa circulation souterraine, l'eau abandonne le calcaire dont elle s'est chargée en pénétrant dans le sol. Ainsi se créent des concrétions aux formes fantastiques dont les représentations les plus connues sont les **stalactites**, colonnes descendant de la voûte. Les **stalagmites** s'élèvent, à l'inverse, du sol vers le plafond. Une juxtaposition de stalactites forme des draperies, une stalactite et une stalagmite réunies constituent un pilier.

Les « excentriques » sont de fines concrétions qui, produites par cristallisation, n'obéissent pas aux lois de la pesanteur et se développent souvent en diagonale. Généralement en calcite, de couleur blanche, les concrétions sont parfois teintées par la présence de minerais, l'oxyde de fer donnant une couleur rouge, le manganèse une couleur marron, etc.

HISTOIRE

Née officiellement en 1830, la Belgique aura connu, durant les siècles précédents, moult tutelles étrangères. Au 15e siècle, aux mains des ducs de Bourgogne, elle vit un véritable âge d'or, tant sur le plan artistique qu'économique. Sous l'ère espagnole, elle voit les dix-sept provinces des Pays-Bas se désunir, et son futur cadre territorial se dessiner. La Belgique doit encore passer sous la domination successive des Autrichiens, des Français et des Hollandais avant de conquérir définitivement son indépendance. Mais à peine réalisée, l'unité entre Wallons et Flamands qui lui a donné naissance apparaît bientôt comme un défi permanent à la continuité du pays. Et la transformation de la Belgique en un État fédéral à la fin du 20e siècle ne fait qu'officialiser la fracture linguistique et communautaire qui n'a cessé de ressurgir tout au long de son histoire mouvementée.

Ch. Bastin et J. Evrard/MICHELIN

Buste de Charles Quint, attribué à Konrad Meit, musée Gruuthuse, Bruges.

CELTES ET ROMAINS

Avant J.-C. – Les Belges, d'origine celtique, résistent vainement à Jules César, qui les soumet en 57. Trois ans plus tard, une révolte des Éburons, conduits par Ambiorix, est réprimée.

1er au 3e s. – **Paix romaine** : la Belgique actuelle est partagée en 3 provinces romaines : Belgique Première (capitale Trèves), Belgique Seconde (Reims), Germanie Seconde (Cologne). Tongres et Tournai sont des villes importantes.

4e -5e s. – Invasions barbares : des Francs s'installent en Toxandrie (Campine) et au Luxembourg. C'est la première évangélisation.

DES MÉROVINGIENS À LA FÉODALITÉ

5e s. – Tournai passe sous la domination des Francs Saliens. Childéric, père de Clovis, donne naissance à la dynastie mérovingienne. Clovis, après sa conversion, fait de Tournai le siège d'un évêché.

7e s. – Seconde évangélisation. Éclosion de grandes abbayes.

843 – **Traité de Verdun** : partage de l'Empire carolingien entre la France à l'ouest de l'Escaut, la Germanie et, entre les deux, un territoire étroit allant de la mer du Nord à la Méditerranée attribué à Lothaire Ier. À la mort de ce dernier, son territoire est partagé en trois : Italie, Bourgogne et **Lotharingie** (la Belgique actuelle sans la Flandre) dont les limites correspondent à peu près à la Belgique actuelle sans la Flandre (qui dépend de la couronne de France).

862 – Baudouin Bras-de-Fer devient premier comte de **Flandre**.

962 – La Lotharingie est rattachée au Saint Empire romain germanique.

963 – Un seigneur mosellan, Sigefroi, fonde le comté de Luxembourg.

980 – **Notger**, prince-évêque de **Liège**, acquiert le pouvoir temporel sur son territoire.

Début 11e s. – La Flandre s'agrandit aux dépens des territoires de l'Empire : c'est la Flandre impériale. Le comte de Flandre est à la fois vassal du roi de France et de l'empereur.

12e-13e s. – Émancipation des villes flamandes : du 12e au 14e s., le fait marquant est l'essor du commerce, notamment dû au tissage de la laine. La richesse des cités donne naissance à une autonomie communale. C'est l'âge d'or de Bruges. Bien que vassale du roi de France, la Flandre a partie liée dans son activité économique avec l'Angleterre et l'Empire germanique et il y a scission entre le peuple qui voit son intérêt économique, et les nobles soutenus par les Français. Le roi de France **Philippe Auguste** a de grandes prétentions sur les États du Nord et une coalition se forme contre lui : les Flamands sont soutenus par le roi anglais Jean sans Terre et l'empereur germanique Othon IV, mais en 1214 Philippe Auguste sort vainqueur de la **bataille de Bouvines** dont le grand perdant est le comte de Flandre Ferrand.

1300 – Philippe le Bel annexe la Flandre, mais la population se révolte et le 11 juillet 1302 la **bataille des Éperons d'or** se termine par la victoire du peuple flamand sur la chevalerie française de Philippe le Bel.

1308 – Henri VII de Luxembourg devient empereur germanique.

1337 – La **guerre de Cent Ans** éclate entre la France et l'Angleterre. Révolte à Gand.

1354 – Le comté de Luxembourg est érigé en duché.

1369 – Le duc de Bourgogne **Philippe le Hardi** épouse Marguerite de Male, fille du comte de Flandre Louis de Male.

TUTELLE ÉTRANGÈRE

Les ducs de Bourgogne

1384 – À la mort de Louis de Male, Philippe le Hardi hérite de ses possessions et la Flandre devient alors partie du duché de Bourgogne.

1429-1477 – Règne des ducs de Bourgogne **Philippe le Bon** et **Charles le Téméraire** : une grande période de prospérité. Au moment de son mariage avec Isabelle de Portugal, Philippe le Bon fonde l'**ordre de la Toison d'or**. Par l'acquisition du Luxembourg en 1441, il complète l'unification des « pays de par-deçà » (par opposition avec la Bourgogne, pays de par-delà). Les ducs de Bourgogne sont entourés d'une somptueuse cour, incomparable centre d'art.

En 1468, Charles le Téméraire détruit Liège révoltée et annexe la principauté. À sa mort en 1477, sa fille **Marie de Bourgogne** hérite de ses possessions et se marie avec Maximilien d'Autriche. L'aigle bicéphale prend la place de l'écusson bourguignon.

Les Habsbourg

1482-1519 – À la mort de Marie de Bourgogne, **Maximilien** as (nom donné par opposition au Pays Haut, haute Allemagne, son pays). En 1494, Maximilien abandonne les Pays-Bas à son fils **Philippe le Beau**. En 1496, celui-ci épouse Jeanne, fille des Rois Catholiques d'Espagne. En 1500 à Gand naît leur fils Charles, le futur **Charles Quint**. Celui-ci est élevé en Flandre en partie par sa tante, **Marguerite d'Autriche**, fille de Maximilien, qui gouverne après la mort de Philippe le Beau en 1506.

1519-1555 – Le règne de Charles Quint : à la mort de Maximilien, Charles Ier roi d'Espagne devient l'empereur Charles Quint. Son empire « où le soleil ne se couche jamais » comprend les possessions bourguignonnes, l'Empire autrichien et l'Espagne avec toutes ses colonies d'Amérique et d'Asie. Il agrandit le territoire des Pays-Bas vers le nord et vers le sud. En 1548, Charles Quint érige en « cercle de Bourgogne » avec Bruxelles pour capitale, la Franche-Comté et les Dix-Sept provinces des Pays-Bas.

Le régime espagnol

1555-1598 – Règne de Philippe II d'Espagne : en 1555, Charles Quint renonce aux Pays-Bas en faveur de son fils Philippe II. Autant Charles Quint était attaché à son pays d'origine et l'avait protégé, autant son fils est avant tout espagnol. Ce fervent catholique lutte contre les iconoclastes protestants qui ravagent les églises catholiques. Sous son règne explose le sentiment national des Pays-Bas, et la lutte pour les libertés politiques va de pair avec la lutte des calvinistes pour la tolérance religieuse. En 1567, le **duc d'Albe**, Espagnol qui avait été nommé gouverneur des Pays-Bas, est envoyé par Philippe II pour extirper l'hérésie calviniste et lutter contre la révolte des Pays-Bas. C'est alors que se situe l'exécution des comtes d'Egmont et de Hornes à Bruxelles. En 1576 à Anvers se déchaîne la « furie espagnole », suivie par celle de Gand. Philippe II est alors obligé de concéder la **pacification de Gand** libérant les Dix-Sept provinces des Pays-Bas des troupes espagnoles. En 1579, après que la **confédération d'Arras** eut réuni les provinces catholiques qui ont choisi de demeurer dans l'obédience espagnole, les provinces protestantes forment l'**union d'Utrecht** (sept provinces des actuels Pays-Bas), puis la république des Provinces-Unies.

1585 – chute d'Anvers ; scission définitive entre les Pays-Bas du Nord et du Sud.

1598-1621 – Règne des **archiducs Albert et Isabelle**, fille de Philippe II.

1648 – Par le **traité de Münster**, Philippe IV d'Espagne reconnaît l'indépendance des Provinces-Unies et leur cède le nord du Brabant, le nord du Limbourg et la Flandre zélandaise. Le cadre territorial de la future Belgique se dessine.

1659-1678 – Le **traité des Pyrénées** entre la France et l'Espagne fait passer l'Artois sous la souveraineté française et décide du mariage de Louis XIV et Marie-Thérèse d'Espagne. Celle-ci, d'après une coutume du Brabant favorisant les enfants du premier lit, devrait hériter par sa mère de toute cette région. Louis XIV déclare en 1663 la **guerre de Dévolution** aux Pays-Bas espagnols pour récupérer l'héritage de sa femme. Il annexe alors le sud de la Flandre (Lille). La Triple-Alliance arrête cette guerre qui se termine par le **traité d'Aix-la-Chapelle**. Mais Louis XIV, en 1672, déclare la **guerre de Hollande**, qui s'achève par le **traité de Nimègue** en 1678 ; la Flandre et le Hainaut sont alors amputés.

Les Pays-Bas autrichiens

1701-1713 – **Guerre de Succession d'Espagne**. Charles II d'Espagne est mort sans descendance et laisse comme héritier Philippe d'Anjou, petit-fils de sa sœur Marie-Thérèse et de Louis XIV. Mais l'Angleterre, la Hollande, le Danemark et les princes allemands appuient l'archiduc d'Autriche contre la France pour qu'il obtienne la succession.

1742-1748 – Guerre de Succession d'Autriche : Louis XV envahit les Pays-Bas du Sud et, par le traité d'Aix-la-Chapelle, ceux-ci sont à nouveau annexés à l'Autriche.

1780-1789 – Le despotisme éclairé de l'**empereur Joseph II** ne tient pas compte des particularismes locaux, ce qui suscite une révolte de la part

des populations : le fait national belge devient une réalité. En 1789, la révolution brabançonne chasse les Autrichiens et réunit à Bruxelles les états généraux. Les Autrichiens sont expulsés temporairement.

La domination française

1795 – Après les victoires de Jemappes (1792) et de Fleurus (1794), la France républicaine annexe les Pays-Bas autrichiens et la principauté de Liège. Elle institue neuf départements qui deviendront les neuf provinces.

Le royaume des Pays-Bas

1814 – Chute de Napoléon. Les Pays-Bas du Nord et du Sud forment le royaume des Pays-Bas dont le souverain Guillaume Ier devient en outre grand-duc du Luxembourg.

1815 – **Bataille de Waterloo** suivie par le **congrès de Vienne**. Eupen et Malmedy sont alors attribués à la Prusse.

1830 – La Belgique va conquérir définitivement son indépendance aux dépens de la Hollande, maîtresse des Belges depuis le congrès de Vienne à la suite de la révolution bruxelloise. La Belgique renonce à la Flandre zélandaise, au Brabant du Nord et à une partie du Limbourg. La partie germanophone du Luxembourg reste à Guillaume Ier.

DE L'INDÉPENDANCE À NOS JOURS

1831 – La conférence de Londres reconnaît l'indépendance de la Belgique. La Constitution est promulguée et la couronne est remise à Léopold de Saxe-Cobourg-Gotha qui devient roi des Belges sous le nom de **Léopold Ier** (1831-1865). Guerre belgo-hollandaise.

1839 – Guillaume Ier reconnaît l'indépendance belge. La Belgique surmonte de graves difficultés économiques (disette en Flandre 1845-1848) et s'engage dans la « révolution industrielle ». Le Luxembourg, uni économiquement à l'Allemagne depuis 1842, connaît un grand essor industriel.

1865-1909 – Règne de **Léopold II**.

1890 – **Indépendance du Luxembourg. Adolphe de Nassau** est grand-duc de 1890 à 1905. **Guillaume IV** lui succède (1905-1912).

1894 – Le suffrage universel est établi en Belgique.

1908 – Le **Congo**, propriété de Léopold II depuis 1885, devient colonie belge.

Bastogne Historical Center.

1909 – **Albert Iᵉʳ** devient roi des Belges.

1912 – **Marie-Adélaïde** devient grande-duchesse de Luxembourg.

1914-1918 – **Première Guerre mondiale**. L'Allemagne occupe le Luxembourg et presque toute la Belgique dont Albert Iᵉʳ, le Roi-Soldat, dirige la résistance : prise de Liège, de Namur, de Bruxelles, d'Anvers. L'armée belge se replie sur le littoral : bataille de l'Yser à laquelle met un terme l'inondation des polders. Le front se reporte sur le saillant d'Ypres, puis les monts de Flandre.

1919 – Au traité de Versailles, la Belgique récupère Eupen, Malmedy, Moresnet, St-Vith. La **grande-duchesse Charlotte de Luxembourg** succède à sa sœur Marie-Adélaïde contrainte d'abdiquer.

1922 – Union économique belgo-luxembourgeoise ou UEBL.

1934 – Mort accidentelle d'Albert Iᵉʳ à Marche-les-Dames. **Léopold III** lui succède (1934-1944). L'année suivante, en 1935, la reine Astrid, épouse de Léopold III, meurt dans un accident de voiture à Küssnacht en Suisse.

1940-1944 – **Seconde Guerre mondiale**. L'Allemagne occupe la Belgique et le Luxembourg. Bataille des Ardennes et siège de Bastogne.

1944-1951 – Après la guerre se déclenchent de violentes manifestations liées à la « question royale ». Charles de Belgique, frère de Léopold II, devient alors régent.

1948 – Union douanière Benelux : **Bel**gique-**Ne**derland-**Lux**embourg.

1951 – Confronté à la menace d'une véritable guerre civile, Léopold III abdique en faveur de son fils qui devient roi des Belges sous le nom de **Baudouin Iᵉʳ**.

1957 – La Belgique et le Luxembourg sont membres de la C.E.E. (Communauté économique européenne). Bruxelles est la capitale de la C.E.E.

1960 – L'Union économique Benelux, instituée en 1958, entre en vigueur. Le gouvernement Eyskens accorde l'indépendance au Congo qui devient le Congo-Kinshasa, puis le Zaïre. Mariage du roi Baudouin avec doña Fabiola de Mora y Aragón.

1964 – **Jean de Nassau**, grand-duc de Luxembourg, succède à la grande-duchesse Charlotte.

1966 – L'OTAN s'établit à Bruxelles.

1977 – Accord prévoyant trois régions fédérées : Bruxelles, Flandre, Wallonie.

1980 – Vote de la régionalisation : nouvelles institutions en Flandre et en Wallonie.

1989 – La région de Bruxelles-Capitale dispose désormais d'un pouvoir législatif (conseil) et d'un pouvoir exécutif (gouvernement).

1993 – Mort de Baudouin Iᵉʳ. **Albert II** lui succède. Par l'accord dit de « la St-Michel », la Belgique devient un État fédéral, composé de trois régions (Flandre, Wallonie et Bruxelles-capitale) et de trois communautés (flamande, française et germanophone).

1996 – Le scandale Dutroux éclate. L'arrestation de Marc Dutroux, inculpé de l'enlèvement, de la séquestration, du viol et de la mort de plusieurs jeunes filles, provoque une grande émotion auprès de la population belge. Quelques mois plus tard, 300 000 personnes participent à la « Marche Blanche », exprimant ainsi leur soutien aux parents des enfants disparus.

2000 – Jean de Nassau abdique en faveur de son fils, **Henri de Nassau**.

2001 – Faillite de la compagnie aérienne belge Sabena, la faillite la plus importante dans l'histoire de la Belgique. Les accords du Lambermont accordent des compétences supplémentaires aux régions et aux communautés et le refinancement des communautés.

2002 – Introduction officielle de l'euro.

2005 – La Belgique fête le 175e anniversaire de son indépendance.

13 décembre 2006 – La chaîne de télévision francophone RTBF diffuse un faux journal d'information dans lequel elle affirme que la Flandre vient de déclarer unilatéralement son indépendance. L'émission brise un tabou et suscite de nombreuses réactions chez les Flamands et les Wallons.

10 juin 2007 – Les élections législatives sont remportées par les démocrates-chrétiens flamands et par les libéraux francophones. Les deux groupes ne parviennent pas à s'entendre sur l'évolution des institutions fédérales. Les Flamands réclament plus d'autonomie, les francophones refusent. Début d'une crise politique sans précédent dans le pays.

ART ET ARCHITECTURE

Au cours des siècles, la Belgique et le Luxembourg ont vu affluer sur leurs territoires des peuples porteurs de grands courants artistiques : Romains, Français, Allemands, Bourguignons, Autrichiens, Espagnols, Hollandais y ont laissé leurs empreintes. Cependant, des styles bien spécifiques et originaux y sont nés et se sont développés : l'art mosan, dans la principauté de Liège, et l'art flamand, particulièrement florissant sous les ducs de Bourgogne, ont donné de véritables chefs-d'œuvre.

Ch. Bastin et J. Evrard/MICHELIN

La cathédrale de Tournai.

De la préhistoire à l'Empire carolingien

Quelques mégalithes (Wéris) subsistent de l'époque préhistorique. Les fouilles pratiquées dans les villes occupées par les Romains ont fourni une multitude d'objets attestant de l'habileté des artisans : poterie, verrerie, monnaies, bronzes, statuettes en terre cuite et bijoux. C'est surtout dans les environs de **Tongres** qu'ont été découverts un grand nombre d'objets antiques. Le **pays des Trévires** (Arlon et Luxembourg) a livré d'innombrables statues, des stèles votives, des monuments funéraires dont des bas-reliefs. Du 5e au 10e s., dans les régions dominées par les Francs Saliens (Tournai) et les Francs Ripuaires (Arlon et Luxembourg), le mobilier funéraire comprenait des armes en fer damasquiné, des bijoux et des broches en bronze ou en or, sertis de verroterie. Peu de monuments architecturaux de cette période ont été conservés. Les seuls exemples qui subsistent encore sont l'église mérovingienne d'Arlon (5e s.) et le complexe abbatial de Nivelles avec ses trois églises du 7e s. Charlemagne, installé à Aix-la-Chapelle, introduit le christianisme dans son empire. Il est à la source d'un renouveau culturel qui se manifeste dans l'art de la miniature. Les églises carolingiennes de Lobbes et de Theux sont caractéristiques par leur avant-corps, leur plafond en bois, leurs piliers carrés, la tribune située à l'ouest de la nef.

L'art roman (11e-12e s.)

Cette période voit le développement des villes et des abbayes. La Belgique actuelle est divisée en deux parties : à l'ouest de l'Escaut, la Flandre appartient à la France, tandis que les régions situées à l'est et traversées par la Meuse relèvent de l'Empire germanique. L'art roman se répand surtout le long des voies commerciales que constituent ces deux vallées. Deux courants se forment, l'art scaldien (de Scaldis : Escaut) et l'art mosan (de Meuse), qui ne manquent pas d'originalité, même si les églises présentent bien des points communs dans leur architecture : plan basilical, transept, chœur à abside, plafond plat en bois.

ART ROMAN SCALDIEN

Dans les régions scaldiennes dévastées par le passage des hordes normandes, l'architecture romane apparaît dans des édifices isolés, telle la collégiale St-Vincent de Soignies. Puis, la construction de la **cathédrale de Tournai** entraîne au 12e s. celle de plusieurs églises s'inspirant du même style. La tour à la croisée du transept, les tourelles sur la façade ouest et, à l'intérieur, des tribunes et des galeries de circulation d'influence normande caractérisent ces monuments. Plusieurs édifices civils, notamment le Château des Comtes et la maison de l'Étape à Gand, la Tour Burbant à Ath et quelques habitations à Tournai, appartiennent aussi à l'art scaldien : au-dessus du rez-de-chaussée aux ouvertures en plein cintre, les fenêtres, partagées en deux par une colonnette, s'alignent entre deux cordons de pierre.

Dans la région, dès le 12e s., la sculpture, favorisée par la présence de la pierre tournaisienne, est remarquable : portails et chapiteaux (cathédrale de Tournai), fonts baptismaux (Zedelgem, Termonde).

ART ROMAN MOSAN

On appelle ainsi l'art qui, au 11e et surtout au 12e s., s'est développé dans le diocèse de Liège, c'est-à-dire dans la vallée de la Meuse et son arrière-pays. Déjà important foyer artistique à l'époque gallo-romaine, la **principauté de Liège**, qui comprenait Aix-la-Chapelle, subit l'influence de l'art carolingien. Plus tard, grâce à des relations particulièrement développées avec l'archevêché de Cologne (dont dépend le diocèse de Liège) et le Rhin, c'est l'influence du style roman rhénan qui se fait sentir. Au 13e s., l'influence française prédomine : c'est la fin de l'art mosan en architecture.

Architecture

L'**architecture romane** de la région mosane conserve un certain nombre de composantes de l'art carolingien dont elle est en quelque sorte le prolongement. Tout d'abord, l'architecture ottonienne, qui se répand en Allemagne au 10e s. et au début du 11e s. sous l'empereur Otton Ier, influence une partie de la **collégiale de Nivelles**. Nivelles appartenait alors à l'évêché de Liège, qui relevait de l'Empire. Au 12e s., l'avant-corps devient plus imposant, il est flanqué de tourelles d'escalier (St-Denis et St-Jean à Liège), ou plus rarement de deux tours carrées (St-Barthélemy de Liège). L'église est décorée à l'extérieur d'arcatures lombardes. L'abside se double parfois d'une galerie extérieure (St-Pierre à St-Trond). L'église possède souvent une crypte, et

parfois un beau cloître (Nivelles, Tongres). Plusieurs de ces caractéristiques se retrouvent dans la partie la plus tardive de la collégiale de Nivelles et dans de nombreuses églises rurales (Hastières-par-delà, Celles, Xhignesse).

Dinanderie et orfèvrerie

La **dinanderie** (qui doit son nom à la ville de Dinant), art de fondre et de battre le cuivre ou le laiton, pratiquée dans la vallée de la Meuse, d'abord à **Huy** puis à **Dinant**, est probablement à l'origine d'une importante tradition d'orfèvrerie liturgique qui se répand dans tout le pays mosan et produit des châsses, reliquaires, croix et reliures d'une grande richesse. L'orfèvre **Renier de Huy** exécute probablement, de 1107 à 1118, les fameux fonts baptismaux en laiton de St-Barthélemy à Liège, d'une perfection classique exceptionnelle pour l'époque.

Par la suite, les œuvres deviennent plus complexes, plus chargées et les matériaux plus variés. **Godefroy de Huy** emploie l'émail champlevé dans la plupart de ses réalisations, notamment le chef-reliquaire du pape saint Alexandre exposé au musée du Cinquantenaire à Bruxelles. Ce véritable chef-d'œuvre fut réalisé pour l'abbaye de Stavelot, dirigée à l'époque par le célèbre moine bénédictin Wibald. Autre fleuron de l'art mosan, l'autel portatif de Stavelot (également exposé au musée du Cinquantenaire) illustrant des scènes extraites de l'Évangile et de la Bible. **Nicolas de Verdun**, qui marque la transition romano-gothique, exécute la châsse de Notre-Dame pour la cathédrale de Tournai en 1205. Au début du 13e s., le frère **Hugo d'Oignies** cisèle des œuvres délicates et raffinées qui sont visibles à Namur, au couvent d'Oignies. Bien des œuvres anonymes, telles la châsse de Visé (12e s.) ou celle de Stavelot, du 13e s., appartiennent à l'art mosan.

Sculpture

L'art mosan fournit d'excellentes sculptures en bois : le Christ de Tongres, les célèbres Vierges en majesté nommées **Sedes Sapientiae** (Siège de la Sagesse) comme celles de Walcourt du musée d'Art religieux et d'Art mosan.

Les **sculptures en pierre** sont également intéressantes, en particulier les chapiteaux (Tongres), les bas-reliefs (Vierge de Dom Rupert, au musée Curtius à Liège). Beaucoup d'églises mosanes possèdent des fonts baptismaux dont la cuve est sculptée de quatre têtes d'angle (Waha) et le pourtour décoré de rinceaux, d'animaux (St-Séverin).

L'art gothique (13e - 15e s.)

ÉDIFICES RELIGIEUX

Dans les édifices religieux, l'art rhénan s'éclipse au bénéfice du gothique français importé par les communautés monastiques venues de France ou diffusé par l'intermédiaire de Tournai. Cependant, l'art gothique apparaît plus tardivement en Belgique qu'en France. Sa première manifestation est la construction du **chœur de la cathédrale de Tournai** (1243), inspiré de celui de la cathédrale de Soissons. Des variantes propres à la Belgique ou à certaines régions peuvent être observées. L'église gothique est plus large en Belgique qu'en France et souvent moins élevée. Par contre, la tour servant de clocher est très imposante.

Gothique scaldien

Cette variante du gothique perpétue les caractères apparus à l'époque romane sous la forme d'un triforium et d'une tour carrée à la croisée du transept, mais sa principale particularité est la présence de fenêtres à trois lancettes, ou **triplets**. Le plus bel exemple du gothique scaldien est l'**église St-Nicolas** à Gand. Notre-Dame de Pamele (1235-1300) à Audenarde relève aussi de ce style.

Gothique brabançon

Dans le Brabant, le style gothique ne fait son apparition qu'au 14e s. Les architectes, sculpteurs et tailleurs s'inspirent des grandes cathédrales françaises (Sts-Michel-et-Gudule à Bruxelles), mais les modifications qu'ils apportent créent un style particulier qui se répand au-delà de la province (cathédrale d'Anvers).

L'église brabançonne, large édifice à trois nefs et déambulatoire à chapelles rayonnantes, se distingue par la présence d'une tour massive formant porche à l'ouest (la tour de la cathédrale St-Rombaut à Malines en est l'exemple le plus remarquable) et ses chapelles latérales surmontées de pignons triangulaires. Le transept fait souvent défaut (basilique de Hal) ainsi que les rosaces qui sont remplacées par de grandes baies.

L'intérieur est très caractéristique. La nef est portée par de robustes piliers cylindriques, dont les chapiteaux sont ornés, à l'origine, d'une double rangée de feuilles de choux frisés. À ces piliers, s'adosseront par la suite de grandes statues d'apôtres. La voûte est d'un gothique encore peu évolué. Les chapelles des collatéraux communiquent entre elles,

Le beffroi de Mons.

formant ainsi de nouvelles nefs. Enfin, le triforium est parfois remplacé par une balustrade très ouvragée, sans galerie de circulation. La basilique de Hal en est un des plus beaux exemples.

BEFFROIS, HALLES ET HÔTELS DE VILLE

Dès la fin du 13e s., l'originalité des architectures se manifeste, surtout en Flandre, dans les **édifices communaux** : beffrois, halles et hôtels de ville. L'industrie drapière florissante favorise la création et la croissance des villes. Pour défendre leur prospérité, les habitants obtiennent des privilèges et des chartes urbaines garantissant le libre exercice de leur commerce. Ces précieux documents sont conservés en lieu sûr, notamment au beffroi. Les bourgeois construisent pour leurs réunions et leurs affaires des monuments imposants. Témoignant d'une autonomie locale jalousement défendue et d'une vie communale active, ces édifices s'ordonnent autour de la Grand-Place.

Beffrois

Symbole de la puissance communale (le clocher affichant la puissance ecclésiastique), le beffroi se dresse sur la Grand-Place. Il est parfois isolé, comme à Tournai et à Gand, ou englobé dans un édifice communal, halles (Bruges, Ypres) ou hôtel de ville (Bruxelles). Il est conçu comme un donjon avec échauguettes et mâchicoulis. Dans les fondations, on trouve la prison ; au-dessus, deux salles superposées avec, en saillie, une bretèche ou balcon d'où se font les proclamations. On y conserve aussi les chartes. Au sommet, la salle des cloches composant le carillon et la loge des guetteurs, porteurs de trompes. Enfin, couronnant l'ensemble, une girouette symbolisant la cité : dragon (Gand), lion des Flandres, guerrier, saint (Bruxelles) ou personnage local (Audenarde).

Halles

Le développement de la commune allait de pair avec celui de la draperie : au 15e s., il y avait à Gand 4 000 tisserands sur 50 000 habitants.

Les halles se composent d'un bâtiment rectangulaire scindé à l'intérieur en vaisseaux formant marché couvert ; à l'étage sont disposés des locaux de réunions ou des entrepôts. Les plus belles sont celles de Bruges, commencées à la fin du 13e s., et celles d'Ypres, construites à la même époque et rééditifiées après la Première Guerre mondiale. À Bruges comme à Ypres, les halles englobent le beffroi car, jusqu'à la fin du 14e s., elles servent généralement de maison communale.

Hôtels de ville

Les plus beaux hôtels de ville (Bruges, Louvain, Bruxelles, Audenarde) sont édifiés à partir de la fin du 14e s., alors que se fait déjà sentir le déclin du commerce du drap. Bruges donne l'exemple avec son hôtel de ville construit en 1376. Il ressemble encore à une chapelle. Après celui-ci, viendra l'hôtel de ville de Bruxelles. Les hôtels de ville de Louvain et de Gand sont achevés sous la Renaissance, et celui d'Audernarde constitue une synthèse des précédents.

À l'extérieur, la façade est ornée de niches abritant les statues des comtes et comtesses de Flandre et des saints patrons de la cité. Au 1er étage, la grande salle des Échevins, faisant office de salle de réunion ou de salle des fêtes, est décorée de tapisseries ou tableaux représentant l'histoire de la ville ou la vie de son saint patron, et comporte toujours une cheminée monumentale. À Damme, le rez-de-chaussée de l'hôtel de ville abrite les halles.

Demeures et maisons des corporations

Le style gothique se manifeste également dans les demeures et maisons de corporations flamandes, notamment à Bruges où se crée un style bien particulier, de tendance flamboyante, qui se perpétue au 16e s. : les fenêtres ont à l'origine surmontées d'un tympan décoré, par la suite fenêtres et tympans sont réunis sous une accolade, ce qu'on appelle la **travée brugeoise**.

Toutes les réunions des corporations avaient lieu en leurs sièges, où les biens de la guilde étaient conservés. Les façades richement décorées, ornées de la statue du saint patron ou d'un animal symbolique, témoignent du rôle de premier plan que les corporations jouaient dans la société. Les plus belles maisons de corporations gothiques se dressent encore sur le Quai aux Herbes à Gand.

RETABLES EN BOIS ET STALLES

Pendant la seconde moitié du 15e s. et au début du 16e s. se développa en Brabant (Bruxelles, Louvain) à Anvers et Malines une école de sculpture qui produisit d'innombrables retables en bois, remarquables pour leur finesse d'exécution et leur réalisme empreint de pittoresque et d'une facture encore gothique. Parmi ces **retables brabançons**, outre celui d'Hakendover (1430), le plus ancien

Détail de la châsse de Saint-Remacle.

conservé en Belgique et aussi l'un des plus élégants, il faut signaler le magnifique retable de saint Georges (1493) par Jan Borreman exposé au musée du Cinquantenaire à Bruxelles.

La même veine pittoresque se manifeste dans la sculpture des stalles dont les accoudoirs et les miséricordes (supports de sièges) s'ornent, dans les églises brabançonnes, de figures satiriques pleines de fantaisie, illustration sans pitié des vices humains. Celles de Diest sont parmi les plus remarquables.

LES ARTS DÉCORATIFS

En Belgique le gothique fait surtout preuve d'originalité dans la **décoration** des intérieurs de monuments religieux ou civils. Le travail du bois (retables, statues, stalles, poutres) est remarquable, de même que celui de la pierre, ainsi qu'en témoignent les **jubés** flamboyants de Lierre, Walcourt et Tessenderlo. L'orfèvrerie mosane disparaît après le 13ᵉ s. ; en revanche, les dinandiers, répandus dans tout le pays, exécutent de magnifiques chandeliers, fonts baptismaux et lutrins. La peinture et la tapisserie produisent à cette époque des œuvres exceptionnelles.

La Renaissance (16ᵉ s.)

L'influence italienne n'est que superficiellement ressentie et seulement à partir de 1530 environ.

ARCHITECTURE

Alors que les édifices religieux conservent le style gothique, la Renaissance italienne apparaît dans les édifices civils. Bien que l'hôtel de ville d'Audenarde (1526-1530) et la cour intérieure du palais des Princes-Évêques à Liège (1526) restent pour la plupart fidèle à l'esprit gothique, ils annoncent déjà la Renaissance. À Anvers, l'hôtel de ville (1564), construit par **Cornelis Floris de Vriendt** (1514-1575) ainsi que les maisons de corporations de la Grand-Place (fin du 16ᵉ s.), traduisent un goût nouveau. Celui-ci touche surtout les façades où apparaissent des colonnes engagées, des pilastres, des statues (hôtel de ville d'Anvers), des frises (ancien greffe à Bruges), des pignons soulignés de volutes et couronnés de statues (hôtel de ville de Furnes). Les fenêtres sont souvent surmontées de tympans moulurés, apport régionaliste hérité du gothique.

En fait, l'ampleur et l'exubérance de la décoration ont permis de qualifier de **pré-baroque** le style Renaissance dans les Flandres.

Dans la deuxième partie du 16ᵉ s., sous la domination espagnole, un style nommé **hispano-flamand** se développe dans les châteaux. Il se caractérise par la présence de bulbes, comme à Ooidonk, de tourelles, comme à Rumbeke, ou de pignons à redans, comme à Beersel. Ces éléments décoratifs donnent aux édifices une silhouette pittoresque et caractéristique.

SCULPTURE

La sculpture Renaissance en Belgique s'exprime pour la première fois dans le jubé de la collégiale Ste-Waudru à Mons, œuvre du Montois **Jacques Du Brœucq** (vers 1500-1584), dont seulement quelques reliefs et statues en albâtre ont été conservés. Malgré les représentations iconographiques encore traditionnelles, l'artiste arrive à développer un style personnel. **Cornelis Floris de Vriendt**, architecte de l'hôtel de ville d'Anvers, est aussi le réalisateur du magnifique tabernacle de Léau. Les œuvres de **Jérôme Duquesnoy l'Ancien** (vers 1570-1641), connu pour son Manneken Pis, rappellent celles de Cornelis Floris, notamment dans le tabernacle d'Alost. Sculpteur de Charles Quint, **Jean Mone** (mort vers 1548), originaire de Metz (France), est l'auteur de monuments funéraires (Enghien, Hoogstraten) et de retables (Hal) dans la plus pure ligne italienne.

L'art baroque (17ᵉ s.)

Le début du 17ᵉ s. correspond à une ère de tranquillité après les guerres de Religion et d'Indépendance. L'Espagne est alors représentée par les archiducs Albert et Isabelle, tenant une cour fastueuse à Bruxelles. Ces souverains catholiques font construire de nombreux édifices religieux. Cependant, jusqu'au milieu du siècle, le grand centre artistique est encore Anvers où Rubens meurt en 1640.

ARCHITECTURE RELIGIEUSE

Au début du siècle, la basilique de Montaigu, surmontée d'un dôme, et réalisée par **Cobergher** à la demande des archiducs, marque l'apparition du style baroque en Belgique. Puis, de nombreux édifices religieux de la Compagnie de Jésus, tels St-Charles-Borromée à Anvers, St-Loup à Namur, St-Michel à Louvain, s'inspirent de l'église du Gesù édifiée à Rome au siècle précédent.

À la fin du siècle, plusieurs abbatiales de prémontrés adoptent le style baroque : Grimbergen, Averbode, Ninove. Ce sont des édifices grandioses dont le plan en forme de croix tréflée est prolongé par un chœur particulièrement long ; celui-ci est réservé aux moines. Ces églises sont parfois surmontées d'une coupole comme à Grimbergen.

ARCHITECTURE CIVILE

Quelques édifices civils sont à signaler, tel le **beffroi de Mons**.

Le plus bel ensemble urbain relevant du style baroque est la **Grand-Place de Bruxelles**. Réédifiée après le bombardement de 1695, elle témoigne d'une verve décorative débridée tout en restant tributaire d'un certain esprit Renaissance encore visible dans l'ordonnance des ordres dorique, ionique et corinthien, qui rythme les façades, et dans les balustrades de certains frontons.

En pays mosan, les maisons du 17e s., très caractéristiques, n'affichent aucune fantaisie, avec leurs murs de brique entrecoupés de rangées de pierre de taille entre lesquelles s'ouvrent de hautes fenêtres à meneaux, comme le musée Curtius à Liège.

SCULPTURE

Nombre d'églises de l'époque sont ornées à l'intérieur de sculptures de l'Anversois **Artus Quellin le Vieux** (1609-1668), très influencé par Rubens, ou de son cousin **Artus Quellin le Jeune** (1625-1697). Au Malinois **Luc Fayd'herbe** (1617-1697), élève de Rubens, on doit de colossales statues adossées aux colonnes de la nef et des retables. **François Duquesnoy** (1597-1643), fils de Jérôme, travaille surtout à Rome. Il est connu pour ses angelots ou « putti », gracieuses figurines de marbre, de terre cuite ou d'ivoire. Il serait l'auteur, ainsi que son frère **Jérôme Duquesnoy le Jeune** (1602-1654), d'innombrables crucifix d'ivoire tous semblables par leur finesse et leur élégance (château de Spontin).

À Liège, **Jean Del Cour** (1627-1707), qui fut collaborateur du Bernin à Rome, sculpte d'élégantes effigies de madones et de saints.

Enfin, l'Anversois **Henri-François Verbruggen** (1655-1724) s'illustre dans le travail du bois : ses confessionnaux de Grimbergen, précédés de personnages grandeur nature, montrent un mouvement et une vigueur remarquables. Ils furent très imités par la suite.

Verbruggen crée aussi, à la cathédrale des Sts-Michel-et-Gudule de Bruxelles, le prototype de ces chaires à prêcher, nommées en Belgique **chaire de vérité**, représentant Adam et Ève chassés du paradis terrestre. Il faut signaler enfin, les stalles d'Averbode, de Floreffe, de Vilvorde, ornées de personnages, qui sont remarquables.

Le 18e siècle

ARCHITECTURE

Le baroque subsiste dans les édifices religieux, mais à la fin du siècle, sous la domination de Charles de Lorraine (1744-1780), se répand le **style néoclassique**. La **place Royale de Bruxelles** est aménagée dans ce style par les architectes français Guimard et Barré. **Laurent Dewez** (1731-1812), architecte de ce gouverneur, construit dans le même style l'abbatiale d'Orval (1760), aujourd'hui détruite, puis celle de Gembloux (1762-1779) et enfin celle de Bonne-Espérance (1770-1776).

SCULPTURE

La sculpture baroque prolifère encore dans les églises. Les chaires deviennent **rococo**, comme l'élégant ensemble réalisé en chêne et marbre à St-Bavon de Gand, par **Laurent Delvaux** (1696-1778) qui adoptera par la suite le style néoclassique. **Théodore Verhaegen** (1700-1759), outre plusieurs chaires, exécute à Ninove un exubérant confessionnal aux figures majestueusement sculptées dans le bois. **Michel Vervoort le Vieux** (1667-1737) est l'auteur de chaires et de confessionnaux garnis de statues comme ceux de l'église St-Charles-Borromée à Anvers.

ARTS DÉCORATIFS

Les arts décoratifs sont à l'honneur au 18e s. : tapisserie, dentelle, céramique de Tournai, ébénisterie de Liège. Les meubles liégeois, inspirés du style français, garnissent de riches intérieurs aux murs tendus de cuirs peints et de tapisseries (musée d'Ansembourg, Liège). Dans la province de Liège, la richesse de l'aménagement intérieur des châteaux contraste avec la sobriété de l'architecture liégeoise (Aigremont).

Le 19e siècle

ARCHITECTURE

Au début du 19e s., le style néoclassique triomphe à Bruxelles (théâtre royal de la Monnaie, Hospice Pacheco), à Gand (Grand Théâtre, Palais de Justice, Université) et à Anvers (Théâtre Bourla).

La fin du siècle voit le goût pour les pastiches de styles anciens et les **styles néo**, dont le plus bel exemple est le palais de Justice de Bruxelles de style gréco-romain, conçu par **Poelaert** (1817-1879). D'autres exemples de style néo sont l'abbaye néogothique de Maredsous (1872, J.B. Béthune), les Galeries St-Hubert à Bruxelles en style néo-renaissance (1846, J.P. Cluysenaar) et l'église néo-byzantine Ste-Marie à Schaarbeek (1845, L. Van Overstraeten). Les **éclectiques** ne se contentent pas d'un seul style mais combinent des éléments empruntés au vocabulaire historique. La **Gare centrale d'Anvers** (1895-1905, L. De la Censerie) et le quartier Zurenborg avec la Cogels-Osylei à Berchem près d'Anvers en sont les exemples les plus remarquables.

Cependant, à partir de 1890, quelques architectes en révolte contre le plagiat du passé cherchent à renouveler formes et matériaux.

SCULPTURE

Guillaume Geefs (1805-1883), représentant du néoclassicisme, est l'auteur de la statue de Léopold Ier au sommet de la colonne du Congrès à Bruxelles. À partir de 1830, le romantisme et le goût pour le quattrocento s'expriment dans les sculptures de **Charles Fraikin** (1817-1893) et de **Julien Dillens** (1849-1904). Celui-ci participe avec Rodin, exilé, à la décoration de la Bourse de Bruxelles. **Thomas Vinçotte** (1850-1925) compose le groupe de chevaux impétueux de l'arc de triomphe du Cinquantenaire. **Jef Lambeaux** (1852-1908) séduit par sa fougue et son élan rappelant Jordaens (fontaine Brabo à Anvers). **Constantin Meunier** (1831-1905), d'abord peintre, se tourne vers la sculpture en 1885 ; il s'accorde à l'ère industrielle nouvelle et s'attache à représenter l'homme au travail, le mineur en plein effort.

L'Art nouveau

Courant artistique typique de la Belle Époque, l'Art nouveau jouit de nos jours encore d'une renommée internationale. Doit-il son succès aux formes florales audacieuses et à la décoration élégante en fer forgé ou plutôt au coup d'œil auquel

Les galeries St-Hubert à Bruxelles.

n'échappe aucun détail et au raffinement du savoir-faire ? Un fait est certain, quiconque visite la maison de Victor Horta à Bruxelles ne peut rester insensible à tant d'harmonie et d'esthétique.

LES DIFFÉRENTS COURANTS EUROPÉENS

L'Art nouveau, mouvement artistique international de la période 1893-1914, naît de façon convergente dans plusieurs pays européens où il porte des noms différents. En premier lieu, vient le mouvement franco-belge qui se caractérise par une ligne organique et asymétrique, inspirée par la nature. Le terme Art nouveau est emprunté au nom de la galerie d'art que Samuel Bing ouvrit à Paris à la fin du 19e s. Le terme allemand « Jugendstil », issu de la revue Die Jugend publiée à partir de 1896, désigne davantage la tendance géométrique de ce style. En Autriche, l'on parle de « Sezessionsstil » dont les représentants les plus importants sont Josef Hoffmann et les « Wiener Werkstätte » (les ateliers viennois). En Espagne, apparaît le « Modernismo » avec Antonio Gaudí et en Angleterre, enfin, le « Modern Style » (le mouvement « Arts and Crafts » avec William Morris et la Glasgow School of Art avec Charles Rennie Mackintosh). En dépit des caractéristiques propres, le lien qui unit ces mouvements européens est avant tout la volonté de rompre avec l'historicisme dominant.

L'ART NOUVEAU BELGE

Lorsqu'à la fin du 19e s., les différents styles néo et l'éclectisme triomphent, quelques jeunes architectes en révolte contre le plagiat du passé cherchent à renouveler formes et matériaux ; ils créent un tout nouveau style. La première maison Art nouveau, l'Hôtel Tassel (1893), est l'œuvre de l'architecte gantois **Victor Horta** (1861-1947). La même année, **Paul Hankar** (1859-1901), appartenant à la tendance plus géométrique de l'Art nouveau, construisit sa propre maison à St-Gilles (Bruxelles). Deux ans plus tard, **Henry Van de Velde** (1863-1957) fit ériger la villa Bloemenwerf à Uccle (Bruxelles) dans un style qui rappelle les cottages anglais.

L'Art nouveau en Belgique n'avait rien d'un style artistique ordinaire. Ses inspirateurs étaient de jeunes intellectuels libres-penseurs et avant-gardistes, qui étaient souvent associés au mouvement socialiste. Ce sont eux qui en 1896 chargèrent l'architecte Horta de la construction de la célèbre **Maison du Peuple** à Bruxelles. Celle-ci fut démolie dans les années 1960 malgré un concert de protestations internationales. Parmi la clientèle de Horta, figurent des personnages progressistes de la vie économique, politique et sociale, tels l'industriel Solvay ou les propriétaires des magasins Waucquez.

MATÉRIAUX ET FORMES

Il faut attendre l'Art nouveau pour que le fer, l'acier et le verre, nouveaux matériaux déjà utilisés dans les usines, gares et halles, deviennent apparents dans les habitations et ne soient plus dissimulés sous briques ou plâtrage. D'ailleurs, non contents de renouveler uniquement la forme, les adeptes de l'Art nouveau se mirent en quête d'une nouvelle esthétique des matériaux. Il en fut de même pour la conception de l'espace où la fonctionnalité prit le dessus. C'est ainsi que Victor Horta révolutionna le plan de l'habitation en créant un puits de lumière autour duquel les pièces sont organisées.

L'Art nouveau se rallie aussi au principe du « Gesamtkunstwerk » (œuvre d'art totale). La construction et le langage des formes de l'habitation étant totalement différents des styles courants, les architectes se virent contraints de concevoir aussi sols de mosaïque, vitraux, clenches, rampes d'escaliers, charnières, lampes, tapis et meubles. Van de Velde poussa le raffinement jusqu'à assortir les tentures, la vaisselle et les toilettes de sa femme à leur intérieur. Tous ces objets aux courbes sinueuses étaient fabriqués par des artisans spécialisés, mais leur coût élevé, dans un climat socio-économique en pleine mutation, ne contribua pas à prolonger l'essor de l'architecture Art nouveau.

L'ART NOUVEAU À BRUXELLES

Bruxelles est la capitale de l'Art nouveau par excellence. De la période 1893-1914, on a répertorié plus de 500 façades d'une valeur exceptionnelle, c'est-à-dire plus que dans toute autre ville au monde. La plupart de ces maisons se trouvent dans les faubourgs de la capitale belge. Parmi les bâtiments de Victor Horta subsistant encore de nos jours, citons sa propre maison, l'actuel **Musée Horta** (1898-1901) à Saint-Gilles, les **Magasins Waucquez** (1903-1906) qui abritent aujourd'hui le Centre belge de la Bande Dessinée, et l'**hôtel Van Eetvelde** (1895-1898). D'autres maisons importantes de style Art nouveau à Bruxelles sont : **Old England** (1899), abritant actuellement le musée des Instruments de Musique, de Paul Saintenoy, la **Maison du peintre de St-Cyr** (1900) de Gustave Strauven, remarquable par l'étroitesse de sa façade et son exubérance, la **Maison Cauchie** (1905), habitation de Paul Cauchie, et sa

Les Magasins Waucquez à Bruxelles.

Le quartier Zurenborg à Anvers.

façade-affiche, et l'**hôtel Hannon** (1901) de Jules Brunfaut. Signalons également l'intérieur de la **Maison Cohn-Donnay** (1904, actuellement le café-restaurant « De Ultieme Hallucinatie ») de Paul Hamesse. Le célèbre **Palais Stoclet** (1905-1911), conçu par l'autrichien Josef Hoffmann et les « Wiener Werkstätte » pour la famille Stoclet, annonce la fin de l'Art nouveau et le début du modernisme.

L'ART NOUVEAU DANS LE RESTE DU PAYS

La ville d'Anvers est également réputée pour ses magnifiques maisons Art nouveau, notamment dans le **quartier Zurenborg**, illustrant à merveille la diversité des styles fin de siècle. Les demeures de style Art nouveau, dans ce quartier remarquablement bien préservé, sont de Jos Bascourt, Jules Hofman et Frans Smet-Verhas. C'est à ce dernier que l'on doit aussi l'immeuble **Les Cinq Continents** (1901). La maison du peuple libérale **Help U zelve** (1881) de Van Averbeke et Van Asperen mérite également d'être citée.

À Gand, les adeptes du nouveau style étaient les architectes Geo Henderick et Achiel Van Hoecke-Dessel tandis qu'à Liège, les personnalités les plus importantes étaient Paul Jaspar et Gustave Serrurier-Bovy, ce dernier surtout dans le domaine de l'ébénisterie et des arts décoratifs.

De l'art déco à l'époque contemporaine

Grands noms de l'architecture belge, Victor Horta et Henry Van de Velde n'ont pas fait d'émules à l'époque moderne et contemporaine. En raison de sa situation au cœur de l'Europe, la Belgique a toutefois réalisé une synthèse parfois unique des styles d'avant-garde nombreux et divergents des pays voisins.

ARCHITECTURE

Le palais Stoclet (1906-1911, Josef Hoffmann) eut une énorme influence sur l'évolution de l'architecture tant en Belgique qu'à l'étranger. Façades blanches, toits plats et volumes géométriques annoncèrent déjà l'architecture moderne et trouvèrent partout des adeptes. La Première Guerre mondiale mit toutefois un frein à ce développement, car en général la préférence fut donnée à la reconstruction des villes dévastées dans les styles historiques, tentant ainsi de renouer avec les traditions et les certitudes d'avant-guerre. Mais l'évolution se poursuivit. Parmi les mouvements architecturaux en Belgique pendant l'entre-deux-guerres, nous nous limiterons ici aux deux styles les plus importants : l'Art déco et le modernisme.

L'Art déco

L'Art déco (le terme est dérivé de l'« Exposition internationale des Arts décoratifs et industriels modernes » organisée à Paris en 1925) est un mouvement qui s'inscrit entre le modernisme et l'architecture traditionnelle. Les formes cubiques rigoureuses sont encore parées d'éléments traditionnels : colonnes sans chapiteau, frises et plafonds à caissons. Les pavements de mosaïque, les carrelages colorés habillant les sols et les éléments en argent, acier et laiton étaient très en vogue. Tout comme pour l'Art nouveau, la construction et l'intérieur forment un ensemble harmonieux selon le principe sacro-saint du « Gesamtkunstwerk ». Quelques exemples d'édifices de style Art déco à Bruxelles sont la Basilique de Koekelberg (1920-1970, **Albert Van Huffel**), l'hôtel de ville de Forest (1925-1936, **J.B. Dewin**), l'Institut National de Radiodiffusion, place Flagey (1933-1939, **Joseph Diongre**) et le Palais des Beaux-Arts (1919-1928), l'une des dernières œuvres de **Horta**. **Antoine Pompe** et **Jef Huygh** sont d'autres représentants importants de ce courant.

Le modernisme

Tout comme l'acier et la fonte servirent au 19e s. à créer de nouvelles constructions, les modernistes introduisirent l'utilisation du béton armé et le système du vitrage. Les lignes abstraites, la sobriété des ornements et les volumes simples et pures étaient typiques du mouvement moderniste. Les formes mais aussi les techniques étaient nouvelles. La pénurie de logements de l'après-guerre plaça les architectes devant un nouveau défi : construire rapidement des habitations sociales bon marché. Ce fut l'éclosion des cités-jardins dans les années 1920 : « Floréal » et « Le Logis » à Watermael-Boisfort réalisés par les architectes **Jean J. Eggerickx** et **Louis Van der Swaelmen**, « Klein Rusland » à Zelzate et « Kapelleveld » à Woluwé-St-Lambert de **Huib Hoste** et la Cité moderne à Berchem-St.-Agathe de **Victor Bourgeois**. D'autres représentants importants du modernisme sont **Henry Van de Velde** (Bibliothèque universitaire de Gand, 1932-1935), **Eduard Van Steenbergen** (Athénée royal de Deurne, 1936), **Louis Herman De Koninck**, **Gaston Eysselinck** et **Marcel Leborgne** construisent des habitations dans le style de Le Corbusier, et **Léon Stynen** (Casino d'Ostende, 1948).

De 1945 à nos jours

Après la Seconde Guerre mondiale, Bruxelles s'attaque à la reconstruction avec acharnement. L'axe nord-sud est enfin achevé et plusieurs complexes monumentaux sont érigés, tels le nouvel immeuble de la Banque nationale, la Cité administrative (1958-1984) et le World Trade Center (1969). Le Mont des Arts retrouve un nouveau look et on commence la construction de la Bibliothèque Royale (1949-1964).

Symboles de la modernité, les « tours » dans les années 1950, servent surtout de logements sociaux (ensemble d'habita-tions, quartier du Kiel, Anvers). L'architecture moderne des années 1960-1970 compte parmi ses représentants les plus importants le militant social **Renaat Braem**, **Roger Bastin** (Musée d'Art moderne à Bruxelles, 1973), **Jacques Dupuis**, **Claude Strebelle** et **Charles Vandenhove** (Campus universitaire du Sart Tilman près de Liège, 1960), **André Jacqmain** (Université Catholique de Louvain à Louvain-la-Neuve, 1972) et **Lucien Kroll** (La Mémé ou Maison Médicale sur le terrain de l'U.C.L. – Université Catholique de Louvain – à Woluwe-St.-Lambert, 1975). **Bob Van Reeth** (Café « Zuiderterras » à Anvers, 1987), **Bruno Albert** (École des Hautes Études Commerciales à Liège, 1994), **Jo Crepain**, **Willem-Jan Neutelings** (Caserne Hollain à Gand, 1993-1998), **Xaveer De Geyter**, **Christian Kieckens**, **Stéphane Beel** (Musée Roger Raveel à Machelen-aan-de-Leie, 1999), **Paul Robbrecht** et **Hilde Daem** (Concertgebouw à Bruges, 2002) représentent la jeune génération d'architectes.

SCULPTURE

La période impressionniste est surtout illustrée par **Rik Wouters** (1882-1916) qui laisse éclater sa spontanéité dans des réalisations très enlevées comme *La Vierge folle*.

George Minne (1866-1941) jette les bases de l'expressionnisme qui a comme principaux représentants **Oscar Jespers** (1887-1970) et **Joseph Cantré** (1890-1957). **Georges Grard** (1901-1984) célèbre l'image sensuelle du corps féminin. Dans les années 1920, l'art abstrait fait déjà une apparition dans les œuvres de **Victor Servranckx**. Parmi les pionniers de l'après-guerre, citons **Maurice Carlier** et **Félix Roulin** (né en 1931) qui martèle dans le cuivre un monde très personnel en insérant des fragments de corps humain (mains, bouches, jambes, etc.) dans des reliefs. **Jacques Moeschal** (né en 1913), architecte et sculpteur, jalonne les autoroutes et les espaces urbains de ses œuvres d'acier ou de béton. **Vic Gentils** (1919-1997) réalise des assemblages avec du matériel de récupération. **Pol Bury** (né en 1922), héritier des surréalistes et proche du groupe **COBRA**, s'est attaché depuis les années 1950 à concevoir des sculptures où le mouvement est toujours présent. L'Anversois **Panamarenko** (né en 1940) fait l'analyse de la relation entre l'art et la science moderne. Ses aéronefs et autres « avions » sont à la fois ludiques et poétiques.

La peinture

Jan Van Eyck, Pierre-Paul Rubens, Pieter Bruegel, James Ensor et René Magritte sont les grands noms belges de la peinture d'Europe occidentale. Synthèse unique des influences de leur époque, leurs œuvres fascinent encore le spectateur du 21e siècle.

LES PRIMITIFS FLAMANDS

Le 15e s. est l'âge d'or de la peinture flamande. Un courant naturaliste est déjà apparu dès la fin du 14e s. avec Hennequin de Bruges ou Jean Bandol, dessinateur des cartons de la tapisserie *L'Apocalypse* d'Angers (France), et Melchior Broederlam, de Ypres, peintre des retables de la chartreuse de Champmol, en Bourgogne. Leur art reste cependant très proche de la **miniature** où les Flamands d'ailleurs excellent, sous l'égide des ducs de Bourgogne. Au début du 15e s., les frères Pol, Jean et Herman de Limbourg, miniaturistes des *Très Riches Heures du duc de Berry* (château de Chantilly, France), montrent un réalisme descriptif étonnant.

L'art des primitifs flamands délaisse le cadre restreint de la miniature pour s'attaquer à de nouveaux supports et formats. Guidés par l'esprit du siècle, ces artistes, qui occupent une place de choix dans la société de leur époque, vont observer le réel avec un souci d'objectivité qui révolutionnera la composition.

Le plus grand peintre innovateur est **Jan Van Eyck** (probablement né vers 1390/1400 à Maaseik dans le Limbourg et mort à Bruges en 1441) dont le retable de *L'Agneau mystique* (église St-Bavon, Gand), par son utilisation de la perspective, du détail réaliste et de couleurs vives adoucies par la lumière, reste une des merveilles de la peinture occidentale. On lui a longtemps attribué, à tort, l'invention de la peinture à l'huile.

À la même époque travaille à Tournai **Robert Campin** (vers 1379-1444) que la plupart identifient avec le maître de Flémalle. Il a pour élève le Tournaisien Rogier de la Pasture, mieux connu sous le nom de **Rogier Van der Weyden** (vers 1400-1464), qui devint le peintre officiel de la ville de Bruxelles en 1436. Ses compositions pathétiques sont imprégnées de mysticisme, tandis que ses portraits sont remarquables par la précision et la netteté du dessin. Ses vierges au doux visage ovale et au large front firent école.

Après avoir étudié dans l'atelier de Van der Weyden, **Dirk Bouts** (1415-1475), originaire de Haarlem (Pays-Bas), s'établit à Louvain en 1468. Si dans ses tableaux, le dépouillement et la sobriété de la composition dénotent l'influence de Van der Weyden, le style est bien caractéristique : l'impassibilité des expressions, tempérée par la finesse de la touche, la richesse des coloris et la minutie du décor donnent à ses peintures un cachet nordique.

Après Van Eyck, l'école de Bruges compte **Petrus Christus** (né à Baarle vers 1420 et mort à Bruges vers 1473), bon portraitiste dont les réalisations se caractérisent par la richesse du coloris, et l'Allemand **Hans Memling** (vers 1435-1494) qui offre dans ses tableaux une séduisante synthèse des caractères picturaux de l'époque, tant dans ses compositions religieuses suaves et recueillies que dans ses admirables portraits d'une maîtrise exceptionnelle. **Gérard David** (vers 1460-1523) en est le continuateur. Ce dernier des grands primitifs réalise d'excellentes compositions aux coloris saturés et aux ombres parfois profondes. À Gand, les tableaux religieux aux personnages populaires réalistes de **Hugo Van der Goes** (vers 1440-1482) apportent un souffle nouveau.

LA RENAISSANCE ET LE MANIÉRISME (16E S.)

Au début du 16e s., la Renaissance italienne ne trouve que peu de résonance dans l'art flamand. À cette époque, le gothique flamboyant domine encore, et les rares éléments de style renaissance n'y portent pas ombrage. Anvers, qui sur le plan économique prend le relais de Bruges, devient alors le foyer artistique le plus important des Pays-Bas méridionaux.

Le premier peintre qui s'inspire de la Renaissance est **Quentin Metsys** (1466-1530). Ami d'Érasme, il présente un style teinté d'influence italienne qui annonce le maniérisme anversois. Ses disciples **Patinir** (1485-1524) et **Henri Blès** (mort en 1560), deux artistes mosans, sont d'habiles paysagistes.

Des artistes comme **Jan Gossaert** (vers 1478-1532) et **Barend van Orley** (vers 1492-1542) entreprennent le voyage en Italie et, à leur retour, répandent l'italianisme que poursuivent **Pieter Coecke van Aelst** (1502-1550, œuvrant à Anvers) et **Lambert Lombard** (1505-1566, œuvrant à Liège).

Vers 1550 se développe le maniérisme dont les principaux représentants sont l'Anversois Frans Floris (vers 1516-1570), son élève **Maarten de Vos** (1532-1603), et le Brugeois **Pieter Pourbus** (vers 1523-1584). **Pieter Bruegel l'Ancien** (vers 1525-1569) fait également partie de cette génération. Son style unique le hausse toutefois au-dessus de ses contemporains. Ses tableaux où abondent les détails pittoresques sont le reflet de la vie au Brabant au 16e s. Son fils, Pieter Bruegel le Jeune (vers 1564-1638), dit Bruegel d'Enfer, l'imite avec talent.

LES 17E ET 18E SIÈCLES

Le 17e s. est, comme le 15e s., un âge d'or de la peinture avec Anvers comme principal centre artistique. **Pierre-Paul Rubens** (1577-1640), artiste universel, dont le style baroque exubérant exprime la joie de vivre et la sensualité, réalise l'accord entre le réalisme flamand et l'harmonie italienne. Il peint de nombreux tableaux religieux, mais s'adonne aussi à l'art du portrait et du paysage. **Antoine Van Dyck** (1599-1641), qui vécut en Angleterre à partir de 1632, est sans doute l'élève et le collaborateur le plus talentueux de Rubens. Ce technicien extraordinaire, au style très raffiné, est l'auteur d'œuvres souvent mélancoliques, mais aussi de tableaux religieux et d'élégants portraits.

Autre élève et assistant de Rubens, **Jacob Jordaens** (1593-1678) préfère les scènes populaires truculentes et colorées.

Parmi les autres artistes de la même époque, citons **Frans Snijders** (1579-1657), peintre animalier qui se spécialise également dans les natures mortes, et son élève **Paul de Vos** (vers 1591-1678) dont le frère **Cornelis de Vos** (vers 1584-1651) est un portraitiste exceptionnel. Jan Bruegel, nommé **Bruegel de Velours**, est connu pour ses peintures de fleurs et de paysages. Son gendre, **David Teniers le Jeune** (1610-1690), met à la mode le genre rustique. **Jan Siberechts** (1627-1703) est un paysagiste important tandis que **Daniel Seghers** (1590-1661) réalise des tableaux de fleurs. **Adriaen Brouwer** (vers 1605-1638), mort jeune, réalise de magnifiques tableaux de genre.

Le 18e s. s'attarde un peu dans les peintures religieuses de **Pieter Jozef Verhaghen** (1728-1811), continuateur de Pierre-Paul Rubens.

LES 19E ET 20E SIÈCLES

Au début du 19e s., on assiste au plein essor du néoclassicisme dont le principal représentant est le portraitiste **François-Joseph Navez** (1787-1869), élève du Français Jacques-Louis David, en exil à Bruxelles. Le romantisme fait son apparition en 1830 avec **Gustaaf Wappers** (1803-1874), **Nicaise de Keyser** (1813-1887) et **Antoine Wiertz** (1806-1865). Ce dernier, au style visionnaire, est considéré

L'Adoration des mages de Rubens.

comme un précurseur du symbolisme et du surréalisme en Belgique.

En 1868, la Société libre des Beaux-Arts à Bruxelles réunit les peintres réalistes **Félicien Rops** (1833-1898), qui réalisera ultérieurement des œuvres de caractère érotique, **Alfred Stevens** (1823-1906) un portraitiste de talent et les artistes inspirés par le monde des ouvriers **Charles de Groux** (1867-1930) et **Constantin Meunier** (1831-1905).

À l'exception d'Émile Claus (1849-1924) qui dépeint la vie tranquille à la campagne et de **Théo Van Rysselberghe** (1862-1926) qui adopte la technique pointilliste de Seurat, les peintres de la fin du 19e s. ignorent les courants nouveaux et notamment l'impressionnisme. **Henri Evenepoel** (1872-1899) retrace l'existence quotidienne, tandis que **Henri De Braekeleer** (1840-1888) donne une poésie lumineuse aux scènes de la vie bourgeoise. **Jakob Smits** (1855-1928) est le peintre de la Campine. Les œuvres de **William Degouve de Nuncques** (1867-1935), **Xavier Mellery** (1845-1921) et **Fernand Khnopff** (1858-1921), peintre d'étranges femmes sphinx ou méduses, se rattachent au **symbolisme**.

Encore empreintes d'impressionnisme et de symbolisme, les toiles du jeune **Ensor** (1860-1949) font preuve d'un grand talent et d'originalité. Les masques et squelettes qui animent ses œuvres tardives annoncent déjà le surréalisme.

Vers 1900, la peinture belge retrouve un nouvel essor grâce au **groupe de Laethem-St-Martin**, du nom d'un petit village près de Gand. Les artistes les plus importants de la première génération de Laethem sont le paysagiste **Valerius** de Saedeleer (1867-1941) qui peint à la manière de Bruegel, le sculpteur Georges Minne et Gustaaf van de Woestijne (1881-1947) qui, avec ses personnages tout simples, rejoint le symbolisme. Entre 1905 et 1910, la seconde vague de Laethem est expressionniste. Parmi les principaux représentants de cette école, citons Albert Servaes (1883-1966) qui verse dans le mysticisme, Gustave de Smet (1877-1943) et Frits van den Berghe (1883-1939) dont les œuvres ont un caractère plutôt surréaliste. Leur chef de file, Constant Permeke (1886-1952) réalise des paysages et personnages dotés d'une force tranquille qui expriment, de même que ses sculptures, un lyrisme un peu primitif.

Le fauvisme a été dans le Brabant un mouvement aussi important que l'expressionnisme en Flandre. Le chef de file est Rik Wouters (1882-1916) dont les tableaux sont teintés de constructivisme (influence de Cézanne). Jean Brusselmans (1884-1953) qui puise son inspiration dans ce qui l'entoure (femmes du peuple, ouvriers, paysages, intérieurs pauvres), Léon Spilliaert (1881-1946) qui réalise surtout de paisibles paysages et des natures mortes, et Edgar Tytgat (1879-1957) se réclament aussi de l'expressionnisme.

Le surréalisme s'affirme avec René Magritte (1898-1967) et ses univers fantastiques où la technique précise est mise au service de l'imaginaire. Paul Delvaux (1897-1994) peint des femmes nues errant dans des décors de théâtre. L'art abstrait eut en Belgique ses représentants et théoriciens avec Joseph Peeters (1895-1960) et Victor Servranckx (1897-1965) dont les œuvres géométriques rappellent Fernand Léger.

Au lendemain de la Seconde Guerre mondiale, en juillet 1945, naquit une nouvelle vague d'art abstrait avec la création de la Jeune Peinture Belge qui réunit Gaston Bertrand, Louis van Lint, Anne Bonnet, Antoine Mortier et Marc Mendelson. En 1948, le groupe COBRA (Copenhague, Bruxelles, Amsterdam) est fondé par le Belge Christian Dotremont. Le Danois Asger Jorn, le Néerlandais Karel Appel et le Belge Pierre Alechinsky (1927) en sont les principaux représentants. COBRA se veut une manière d'être, une forme d'art ouvertes à toutes les expériences.

Depuis 1960, les peintres belges ont suivi les grands courants internationaux sans perdre leur identité. L'œuvre de Roger Raveel (1921) se caractérise par des silhouettes abstraites aux couleurs vives. Avec Raoul De Keyser (1930), Raveel est considéré comme l'un des chefs de file du mouvement « Nouvelle Vision », proche du nouveau réalisme. La monochromie domine les compositions de Marthe Wéry (1930), tandis qu'Octave Landuyt (1922) retrace plutôt un monde magique. Parmi les artistes belges de renommée internationale, figure Marcel Broodthaers (1924-1976) dont l'art conceptuel, exprimé dans des assemblages de moules et d'œufs, fait fi des valeurs établies. On retrouve la même d'ironie dans les réalisations de Jacques Charlier (1939). La relation entre l'individu et l'univers est au cœur de l'œuvre de Thierry de Cordier (°1954). Jan Fabre (1958) est surtout connu pour ses dessins au bic bleu, ses assemblages et ses productions dramatiques, tandis que Lili Dujourie (1941) et Marie-Jo Lafontaine (1950) pratiquent l'art de la vidéo. Les pastels poétiques de Jean-Michel Folon (1934) méritent également d'être cités.

La repasseuse de Rik Wouters.

Au fil des tissus

Si aujourd'hui elle occupe une place plutôt discrète dans le domaine des arts décoratifs, la tapisserie a été autrefois l'un des plus beaux fleurons de la vie artistique dans les Pays-Bas méridionaux. Chaque cour européenne se devait tout simplement de posséder au moins une suite de tapisseries flamandes !

L'ART D'HABILLER LES MURS

Destinée à l'ornementation des murs des châteaux ou des églises, la tapisserie serait apparue en Europe à la fin du 8e s. Elle s'y développa surtout à partir du 14e s. et prit en Flandre une importance considérable. Au début du 16e s., Bruxelles possède plus de 1 500 artisans tapissiers. Les tapisseries tissées en Flandre sont commandées par les plus grands princes de l'Europe, par les rois d'Espagne et par le pape.

Technique et sujets

La tapisserie est réalisée sur un métier où des fils de trame colorés et des fils de chaîne de couleur neutre s'entrecroisent pour former des motifs. La trame est constituée de fils de laine souvent mêlée de soie, d'or ou d'argent. Les motifs s'inspirent d'un modèle peint ou « carton ». Si la chaîne est horizontale, le métier est dit de **basse lice** ; si elle est verticale, il s'agit d'un métier de **haute lice** (le premier cas est le plus courant en Belgique).

Les premières tapisseries furent surtout des compositions religieuses. Plus tard, apparurent les tableaux historiques, les scènes de chasse, les allégories, les scènes mythologiques. Plusieurs tapisseries illustrant le même thème forment une tenture ou une suite.

LES PRINCIPAUX CENTRES DE PRODUCTION

Dans les Pays-Bas méridionaux, Tournai, Bruxelles et Audenarde étaient les trois principaux centres de production.

Tournai

Le principal centre de production est d'abord Arras, sous la domination des ducs de Bourgogne. La prise de la ville par Louis XI, en 1477, entraîne son déclin. Tournai, déjà entrée en concurrence avec Arras, va complètement la supplanter.

Les compositions tournaisiennes sont sans bordure ; l'histoire y est représentée en plusieurs scènes étroitement juxtaposées. On n'y observe pas d'espace vide : entre les personnages aux vêtements sompteux s'inscrivent des végétaux. L'ensemble est d'ailleurs très stylisé, même lorsque le sujet s'inspire d'un tableau comme la **Justice de Trajan et d'Herkenbald** (musée d'Histoire de Berne), réalisée d'après des œuvres de Van der Weyden, qui aujourd'hui ont malheureusement disparu. On peut citer parmi les plus fameuses réalisations tournaisiennes : *La Tonte des moutons*, *L'Histoire de Gédéon* (disparue) (1449-1453) et *L'Histoire d'Alexandre* (1459), tissées pour Philippe le Bon, et *La Bataille de Roncevaux* (deuxième moitié du 15e s.).

Bruxelles

Dès le 14e s., la tapisserie est en honneur à Bruxelles. Cependant, les plus anciennes tapisseries bruxelloises connues remontent à la seconde moitié du 15e s. : en 1466, les ducs de Bourgogne passent leur première commande. Au début, les compositions de technique très raffinée sont d'esprit encore gothique : **David et Bethsabée** (début du 16e s.).

La tapisserie bruxelloise atteint son apogée à la fin du 15e s. Un nouveau style se crée sous l'impulsion de **Barend van Orley** (vers 1488-1541) : la composition devient monumentale, les scènes sont désormais présentées avec une grande recherche et ne traitent qu'un seul sujet, soigneusement mis en valeur : personnages vêtus de sompteux costumes, paysages enrichis d'édifices Renaissance, plantes minutieusement reproduites, bordures chargées de fleurs, de fruits et de grotesques, animaux ou arabesques. À partir de 1525, on distingue dans l'encadrement les initiales BB (Bruxelles Brabant). À Van Orley, on doit la série des **Honneurs**, exécutée pour Charles Quint vers 1520, la **Légende de Notre-Dame-du-Sablon** (1515-1518) et les **Chasses de Maximilien**, que réalisa Guillaume de Pannemaker, membre d'une talentueuse famille de tapissiers. Dans ces dernières, la nature est dépeinte d'une façon remarquable. Raphaël exécute les cartons des **Actes des Apôtres** (1515-1519) commandés par le pape Léon X. Le peintre **Pieter Coecke van Aelst** est l'auteur des cartons des *Péchés capitaux* et de *L'Histoire de saint Paul*. La *Légende d'Herkenbald* (1513) et la série des **Vertus et des Vices** sont également admirables.

En 1662, est créée à Paris la Manufacture Royale des Gobelins. Bien que Bruxelles perde sa suprématie, les commandes continuent à affluer. De nombreuses tapisseries comme *Les Triomphes du St-Sacrement* y sont effectuées d'après des cartons de **Rubens**. Elles se distinguent par leur sens dramatique, leur effet de perspective et l'importance de leur encadrement. **Jordaens** réalise également plusieurs cartons : *Proverbes et Vie à la campagne*. À la même époque, **Anvers**, **Bruges**, **Enghien** et **Grammont** tissent également des tapisseries. À la fin du 17e s. et au 18e s., les cartons de Rubens sont encore utilisés, mais la mode est aux sujets rustiques et les paysages et kermesses de **David Teniers le Jeune** sont fréquemment reproduits.

Audenarde

À Audenarde, où la tapisserie prospère pendant la deuxième moitié du 16e s., les sujets ont toujours été d'un genre plus modeste qu'à Bruxelles. Le 18e s. voit le triomphe des **verdures**, tapisseries où sont représentés plantes et paysages boisés et que confectionnaient déjà depuis le 16e s. d'autres centres comme Enghien et Grammont. Audenarde imite aussi, tout comme Bruxelles, les tableaux rustiques de David Teniers le Jeune.

LA TAPISSERIE AUJOURD'HUI

À la fin du 18e s., la mode des cuirs dorés, des étoffes en soie et des papiers peints entraîna le déclin de la tapisserie. Au 20e s., celle-ci connut un renouveau à Malines avec la Manufacture royale de Tapisseries De Wit, à Audenarde et à Tournai où s'est créé en 1945 le groupe Force Murale animé par Roger Somville et Edmond Dubrunfaut.

ABC d'architecture

Architecture religieuse

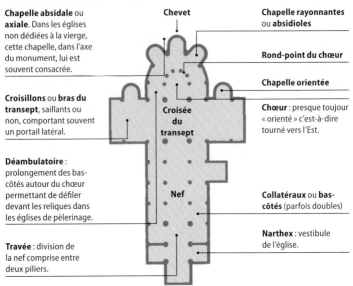

Chapelle absidale ou **axiale**. Dans les églises non dédiées à la vierge, cette chapelle, dans l'axe du monument, lui est souvent consacrée.

Chevet

Chapelle rayonnantes ou **absidioles**

Rond-point du chœur

Chapelle orientée

Croisillons ou **bras du transept**, saillants ou non, comportant souvent un portail latéral.

Croisée du transept

Chœur : presque toujours « orienté » c'est-à-dire tourné vers l'Est.

Déambulatoire : prolongement des bas-côtés autour du chœur permettant de défiler devant les reliques dans les églises de pèlerinage.

Nef

Collatéraux ou **bas-côtés** (parfois doubles)

Narthex : vestibule de l'église.

Travée : division de la nef comprise entre deux piliers.

ANVERS – Coupe longitudinale de la cathédrale (14e-16e s.), transept et chœur

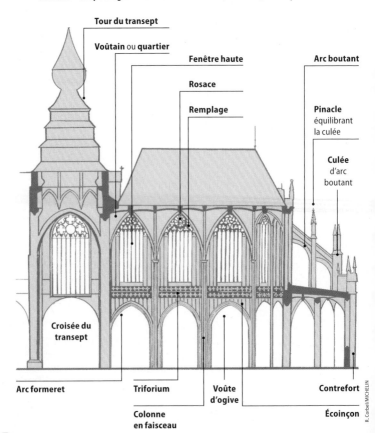

Tour du transept

Voûtain ou **quartier**

Fenêtre haute

Rosace

Remplage

Arc boutant

Pinacle équilibrant la culée

Culée d'arc boutant

Croisée du transept

Arc formeret

Triforium

Voûte d'ogive

Colonne en faisceau

Contrefort

Écoinçon

R. Corbel/MICHELIN

BRUXELLES – Façade de la cathédrale des Saints Michel-et-Gudule (14ᵉ-15ᵉ siècle)

Baie aveugle

Grande verrière

Tympan

Tour-clocher quelquefois terminée par une flèche

Galerie avec balustrade ajourée

Contrefort

Gâble

Pinacle

Trumeau

Portail

R. Corbel/MICHELIN

57

CULTURE

Peu connues hors des frontières, les lettres belges sont prolifiques, marquées par le terroir, surtout chez les Flamands, et d'une incontestable originalité. En revanche, qui ne connaît les aventures de Tintin, les exploits de Lucky Luke, les frimousses bleues des Schtroumpfs, les péripéties de Blake et Mortimer et les gaffes de Gaston ? Nés sous la plume d'innombrables auteurs belges de bandes dessinées, ces héros de papier ont conquis le cœur du public dans le monde entier.

Littérature

BELGIQUE FRANCOPHONE

Dans les siècles passés, le pays eut des chroniqueurs célèbres : au 14e s., Froissart, né à Valenciennes et mort à Chimay ; Philippe de Commines, au 15e s. ; Jean Lemaire de Belges, né à Bavay au 16e s. Au 18e s., un mémorialiste, le prince de Ligne, se distingua par son cosmopolitisme.

Depuis plus de 100 ans s'est développé en Belgique un mouvement littéraire original et vivant.

Après le grand précurseur **Charles De Coster**, auteur du célèbre *Uylenspiegel* (1867), l'époque du groupe « La Jeune Belgique » (1881) vit surgir des romanciers comme l'Anversois Georges Eekhoud (1854-1927), **Camille Lemonnier** (1844-1913) (*Un Mâle*, 1881), des poètes comme le Gantois Van Lerberghe (1861-1907), qui écrivit en 1904 l'exquise *Chanson d'Ève*, l'Anversois Max Elskamp (1862-1931), **Georges Rodenbach** (1855-1898) connu pour son recueil des Vies encloses et son roman *Bruges la Morte* (1892). Certains ont acquis la gloire universelle, tels le grand poète **Émile Verhaeren** (1855-1916) et le Gantois **Maurice Maeterlinck** (1862-1949), dramaturge mystérieux et triste de *Pelléas et Mélisande*, mais aussi essayiste de *La Vie des abeilles* et prix Nobel en 1911.

Parmi les générations qui ont suivi, citons les poètes **Maurice Carême** (1899-1978), Robert Goffin (1898-1984), Jean de Boschère (1878-1953), **Marcel Thiry** (1897-1977), auteur de *Toi qui pâlis au nom de Vancouver*, Marie Gevers (1883-1975) qu'on a comparée à Colette, le Bruxellois Franz Hellens (1881-1972), également romancier, tourné vers le fantastique, Pierre Nothomb (1887-1966), à qui l'on doit aussi quelques romans (*La Vie d'Adam*).

Le Montois **Charles Plisnier** (1896-1952) est un romancier célèbre (prix Goncourt pour *Faux Passeports*). **Fernand Crommelynck** (1886-1970) est connu pour sa pièce pleine de truculence, *Le Cocu magnifique* (1921). **Michel De Ghelderode** (1898-1962) est un dramaturge fécond et audacieux.

Il faut rendre hommage à **Maurice Grevisse** (1895-1980), auteur du *Bon Usage* (1936), et à M. Joseph Hanse (1902-1992), auteur du *Nouveau Dictionnaire des difficultés du français moderne*, ouvrages de référence grammaticale et linguistique.

Ont acquis une renommée internationale : le Namurois **Henri Michaux** (1899-1984) qui a adopté la nationalité française, le Liégeois **Georges Simenon** (1903-1989), père du fameux inspecteur Maigret, lancé en 1930, et auteur de nombreux romans d'analyse, l'essayiste **Suzanne Lilar** (1901-1992) à qui l'on doit des œuvres comme *Le Journal de l'Analogiste*, *Le Couple* et *Une enfance gantoise*, l'historien **Carlo Bronne** (1901-1987), ou la romancière **Françoise Mallet-Joris** (née en 1930), pseudonyme de Françoise Lilar, auteur de romans et d'essais.

L'auteur-compositeur de chansons (*Le Plat Pays, Ne me quitte pas, Quand on n'a que l'amour*), **Jacques Brel** (1929-1978) peut prendre rang parmi les poètes de Belgique. Il faut également citer l'auteur bruxellois **Pierre Mertens** (né en 1939) qui reçoit en 1987 le Prix Médicis pour son roman *Les Éblouissements*. En 1996, ce même prix prestigieux est attribué à la romancière, scénariste et psychanalyste **Jacqueline Harpman** (née en 1929) pour *Orlanda*. D'origine flamande, **Liliane Wouters** (née en 1930) publie des pièces de théâtre et des essais. Auteur de *La Place du mort*, **Jean-Luc Outers** (né en 1949) est responsable du Service général des Lettres et du Livre auprès du ministère de la Culture de la Communauté française. Les romans d'**Amélie Nothomb** (née au Japon en 1967) se caractérisent par un style simple et direct.

Plusieurs institutions défendent la littérature d'expression française : l'Académie royale de langue et de littérature françaises de Belgique (1921) et l'Association des Écrivains belges.

BELGIQUE FLAMANDE

Née au 12ᵉ s., la littérature flamande s'affirme au 13ᵉ s. avec la poétesse Hadewijch et **Jacob van Maerlant**, poète et moraliste, et, au 14ᵉ s., avec le mystique **Ruusbroec l'Admirable**, considéré comme le père de la prose néerlandaise.

Au 19ᵉ s. se signalent l'Anversois **Hendrik Conscience**, auteur romantique de romans et de nouvelles, et le grand poète catholique **Guido Gezelle**.

Au 20ᵉ s. apparaissent de nombreux poètes parmi lesquels **Karel Van de Woestijne** (1878-1929), sensuel et mystique et le moderniste expressionniste **Paul Van Ostaijen** (1896-1928). Au nombre des romanciers figurent Cyriel Buysse (1859-1932), **Stijn Streuvels** (1871-1969) qui puise son inspiration dans le plat pays du sud-ouest (*Le Champ de lin*), **Herman Teirlinck** (1879-1967), fécond romancier et aussi dramaturge, Willem Elsschot (1882-1960), **Ernest Claes**, aux récits malicieux, **Félix Timmermans** et Gérard Walschap (1898-1989).

Après 1930, la poésie est dominée par **Jan Van Nijlen** (1884-1965), **Richard Minne** (1891-1965), **Karel Jonckheere** (1906-1993), **Anton Van Wilderode** (1918-1998) et **Christine D'Haen** (née en 1923).

Vers 1948 apparaît une seconde vague moderniste où se distinguent le Brugeois **Hugo Claus** (né en 1929), également dramaturge (*Andréa ou la Fiancée du matin*, 1955 ; *Vendredi*, 1970), romancier (*La Canicule*, 1952 ; *L'Étonnement*, 1962 ; *Le Chagrin des Belges*, 1983) et poète, Paul Snoek (1933-1983) et **Hugues Pernath** (1931-1976).

Le roman flamand compte **Marnix Gijsen** (1899-1984), révélé par un conte philosophique (*Joachim van Babylon*, 1948) ; **Louis Paul Boon** (1912-1979), prosateur réaliste passionné (*Route de la Chapelle*, 1953 ; *Menuet*, 1955) et peintre de surcroît ; **Johan Daisne** (1912-1978), auteur de *L'Homme au crâne rasé* (1947) et de *Un soir, un train* (1950) dont André Delvaux a tiré des films (1965 et 1968) ; **André Demedts** (1906-1992) ; **Hubert Lampo** (né en 1920) ; Ward Ruyslinck (né en 1929) ; Jef Geeraerts, né en 1930, qui s'intéresse au problème congolais (*Je ne suis qu'un nègre*, 1961 ; Gangrène I-IV, 1968-1977) ; **Ivo Michiels** (né en 1923), dont les recherches formelles s'inscrivent dans le contexte de l'avant-garde européenne (*Le Livre Alpha*, 1963). Parmi la jeune génération, citons **Leo Pleysier** (né en 1945), **Walter van den Broeck** (né en 1941), **Eriek Verpaele** (né en 1952), **Erik de Kuyper** (né en 1942), **Monica van Paemel** (née en 1945), **Kristien Hemmerechts** (née en 1955), **Herman Brusselmans** (né en 1957), **Tom Lanoye** (né en 1958) ainsi que les poètes **Leonard Nolens** (né en 1947) et Herman de Coninck (1944-1997), disparu trop jeune.

Jean Ray (1887-1964), né à Gand, publia sous le nom de John Flanders des contes noirs en néerlandais et, en français, des romans fantastiques parmi lesquels Malpertuis (1943) adapté au cinéma en 1972.

LUXEMBOURG

Le Luxembourg a quelques écrivains de langue française tel Marcel Noppeney (1877-1966).

Un poète d'expression luxembourgeoise, **Michel Rodange** (1827-1876), a écrit le roman *De Renert*, version inspirée *du Roman de Renart*.

Le Neuvième Art en Belgique

Éditant chaque année près de 40 millions de BD, la Belgique fait figure de proue ! La plupart des ouvrages paraît en français, seulement un cinquième des albums est publié en néerlandais. Cette différence s'explique par l'évolution de la BD dans les années 1930-1940. À cette époque, les bandes dessinées étaient incluses dans les quotidiens. En Wallonie, cela prit la forme d'un supplément hebdomadaire, tandis qu'en Flandres, la BD prenait place chaque jour parmi les articles du journal (Nero de Marc Sleen, 1944). La BD évolua donc plus rapidement en Wallonie au point de devenir un média indépendant à part entière, à la différence de la Flandre où les auteurs de bandes dessinées continuaient de dépendre des journaux.

Si vous voulez en savoir plus sur l'histoire de la BD belge, une visite s'impose au **Centre belge de la Bande dessinée** à Bruxelles où l'on peut admirer non seulement les dessins originaux des maîtres classiques, mais aussi les ouvrages des auteurs de BD de la nouvelle génération.

LES DIFFÉRENTES ÉTAPES

Scénariste et dessinateur

La bande dessinée naît d'une étroite collaboration entre un scénariste et un dessinateur. Le **scénariste** invente l'histoire, rédige les dialogues, choisit le découpage des cases et la position des personnages, et décrit les décors. Le **dessinateur** met le scénario en images. Après le crayonné des personnages, viennent le montage des vignettes et de la planche, et le croquis à l'encre de Chine. Un **lettreur** calligraphie le texte. Ensuite, les originaux en noir et blanc sont envoyés chez l'éditeur qui, après approbation, en reproduit un « bleu » sur lequel le **coloriste** apporte les couleurs. La bande dessinée est alors prête pour l'impression.

Studios de BD

Certains auteurs de BD allient les tâches de scénariste et de dessinateur, composant eux-mêmes l'histoire et le dessin. C'était le cas de Hergé. Son succès grandissant le contraignit à engager des collaborateurs et il créa les **Studios Hergé**, inspirés du modèle américain : une équipe composée de documentalistes, de coloristes, de dessinateurs spécialisés dans les décors, vêtements et véhicules, de spécialistes en encres, etc. Ce système devait permettre de poursuivre l'œuvre du père spirituel du héros (comme c'est le cas pour les personnages de Willy Vandersteen). Mais, à l'instar de bien d'autres créateurs, Hergé eut un avis différent et décida d'emmener ses héros avec lui dans la tombe.

DEUX ÉCOLES, DEUX COURANTS

La Belgique connaît deux écoles de bandes dessinées, l'une à Bruxelles et l'autre à Marcinelle. Toutes deux publiaient dans un journal et mettaient en scène un héros ou un leader autour duquel gravitaient les autres personnages.

L'école de Bruxelles

Bruxelles est indissociable du fameux **Tintin** ; il vit le jour le 10 janvier 1929 dans Le Petit Vingtième, supplément hebdomadaire pour enfants du quotidien bruxellois Le XXᵉ Siècle. Ce jeune reporter est la création géniale de Georges Rémi (1907-1983), dit **Hergé** (nom composé des initiales de son nom R.G.). Le fidèle Milou, l'irascible capitaine Haddock et le lunatique Tournesol l'accompagnent dans ses multiples aventures autour de la planète. 17 ans plus tard, le 26 septembre 1946, parut, sous la direction de Hergé, le Journal de Tintin. Tout auteur de la légendaire bande dessinée bruxelloise a été édité par ce journal : **E.P. Jacobs** qui allait se rendre célèbre avec ses héros Blake & Mortimer (1946), **Jacques Martin** et sa série historique Alix l'Intrépide, (1948) et Lefranc (1952), **Willy Vandersteen** qui, parmi de nombreuses autres BD, se tailla un franc succès avec Bob et Bobette (1945), et **Bob De Moor** qui

Centre belge de la Bande dessinée (à Bruxelles).

fut le principal collaborateur de Hergé pendant plus de trente ans.

L'école bruxelloise se caractérise par son réalisme, tant au niveau du récit et des héros que des décors. Les textes relativement longs sont placés dans des bulles rectangulaires tandis que le dessin au graphisme particulièrement soigné et les personnages sans ombre se conforment à ce qu'on appelle la « ligne claire ».

L'école de Marcinelle

Spirou était le héros de l'école de Marcinelle (un faubourg de Charleroi). Né le 21 avril 1938 sous la plume de Rob-Vel pour le Journal de Spirou, ce groom espiègle fut repris en 1941 par Jijé et en 1946 par Franquin. Le pivot et l'inspirateur de cette école fut **Joseph Gillain** (1914-1980), alias **Jijé** qui en plus de Spirou créa d'autres séries telles que Jerry Spring, Tanguy et Laverdure. Parmi ses élèves et collaborateurs les plus renommés, citons **Franquin**, le père spirituel du Marsupilami (1952) et de l'antihéros Gaston Lagaffe (1957), **Morris** dont le cow-boy Lucky Luke (1947) conquit la sympathie du monde entier, **Peyo** qui inventa les Schtroumpfs en 1958, **Roba**, le père de Boule et Bil (1959) et le scénariste **Charlier**.

À l'encontre des dessinateurs de BD de Bruxelles, l'école de Marcinelle est caractérisée par un dessin souple, faisant usage d'ombres. Les textes sont en général caricaturaux et humoristiques et placés dans des bulles arrondies. Les décors sont très simplifiés ou n'existent pas.

ARTS ET TRADITIONS POPULAIRES

De la fête des chats haute en couleur au célèbrissime carnaval de Binche, le folklore est encore extrêmement important et vivace en Belgique. Cortèges, processions et kermesses se déroulent tout au long de l'année. Le moindre prétexte est l'occasion d'un défilé, d'une manifestation, d'une réunion publique. La richesse culturelle de la Belgique et du Luxembourg se dévoile également à travers une délicieuse cuisine, se déclinant en d'innombrables spécialités régionales.

La Grand-Place de Louvain.

J. De Meester

Le charme envoûtant des villes

Symboles de l'autonomie municipale et de la fierté médiévale des villes belges et surtout flamandes, le beffroi, l'hôtel de ville et les halles sont d'imposants monuments, et pourtant, ils ne créent pas à eux seuls l'atmosphère de ces villes qui émane tout autant du charme des canaux, de la musique allègre des carillons, de la tranquillité des béguinages, de l'ambiance chaleureuse des cafés et des « estaminets ».

GRANDS-PLACES

La Grand-Place, appelée « Grote Markt » en pays flamand, est encadrée par les principaux monuments de la cité, dont l'hôtel de ville, les halles et le beffroi, et par les maisons de corporations. Elle était autrefois le centre d'activités de la ville. C'est sur la Grand-Place qu'avaient lieu les mises au pilori, les exécutions, les marchés, et que les principales réjouissances, représentations théâtrales, cortèges, processions, cavalcades, kermesses et foires déroulaient leurs fastes. Les Grands-Places les plus célèbres sont celles de Bruxelles, de Bruges, d'Anvers et de Malines. D'une superficie de 3,19 ha, la Grand-Place de Saint-Nicolas (Sint-Niklaas) est la plus grande en Belgique.

CARILLONS

Depuis des siècles, les carillons égrènent leurs notes mélodieuses aux heures de répit de la vie trépidante des villes. Quand par une après-midi ensoleillée, l'on flâne le long des terrasses aux alentours de la cathédrale d'Anvers, on n'est pas surpris d'observer les nombreux amateurs de musique se laisser bercer par ces concerts « célestes » tout en dégustant une bière fraîche. Le carillon n'est pas toujours installé dans le clocher de l'église (comme à Anvers et à Malines), mais il se trouve aussi parfois dans le beffroi (comme à Gand et à Bruges). Le mot carillon vient de « carignon » qui désigne un ensemble de quatre cloches. Ces cloches de ton différent étaient toujours reliées à une horloge (la première horloge publique apparaît en 1370) et on les faisait jouer avant la sonnerie de l'heure. Longtemps, elles furent frappées à la main au moyen d'un marteau, mais à la fin du 15e s. fut créé le premier carillon mécanique qui était actionné par le mécanisme de l'horloge. La découverte du clavier joué avec les poings, utilisé pour la première fois en 1510 à Audenarde, permit d'augmenter le nombre de cloches, tandis que l'invention du péda-lier, en 1583 à Malines, autorisa l'emploi de bourdons. L'art de fondre les cloches s'étant remarquablement perfectionné, la plupart des carillons importants comptent de nos jours au moins 47 cloches. Les plus célèbres en Belgique se trouvent à Malines (49 cloches), Bruges et Anvers (47 cloches), Nieuport (67 cloches), Gand (52 cloches) et Florenville (48 cloches). Malines possède une école de carillonneurs de renommée internationale.

Jaquemarts

À partir du 14e s., certains beffrois s'ornent d'une horloge animée de jaquemarts. Ces personnages en métal frappant les heures avec un marteau sur une petite cloche sont une curiosité que l'on trouve entre autres à Courtrai, Nivelles, Bruxelles (Mont des Arts), Virton, Lierre et St-Trond.

Béguinages

Les béguinages sont aujourd'hui des lieux de quiétude et de silence, mais ce n'était pas toujours le cas autrefois. Bien que souvent situés un peu à l'écart et entourés de murs, la plupart des béguinages bruissaient d'activités dans le passé. Les béguines formaient d'ailleurs une communauté florissante de femmes non mariées et de veuves au sein de la ville. Celles qui s'y retiraient étaient tenues à certaines observances, comme le port du costume, la présence aux offices et l'exercice de travaux manuels. Contrairement aux ordres religieux, les béguines ne prononçaient pas des vœux éternels de pauvreté et de chasteté et elles étaient libres de quitter la communauté à tout moment. C'est ce qui explique la popularité de la vie de béguine, surtout parmi les femmes seu-les qui y trouvaient refuge et sécurité en période de troubles. Pendant la journée, les béguines vaquaient librement à leurs occupations : soigner les malades, faire de la dentelle, filer et tisser. À la nuit tombante, le béguinage fermait ses portes et toutes les béguines devaient être rentrées. La « grande demoiselle » était à la tête de la communauté et chacune lui devait obéissance.

On ignore l'origine exacte des béguinages. Selon certains, la première institution de ce genre aurait été créée à la fin du 12e s. par Lambert le Bègue à Liège. Cependant, la tradition attribue la fondation des béguinages à sainte Begge qui fut la supérieure d'un couvent à Andenne où elle mourut en 694. Au 13e s., les béguinages prirent leur forme définitive de maisonnettes serrées autour de leur église dans des enclos indépendants avec plusieurs portes d'entrée. Beaucoup de béguinages ont été détruits lors des mises à sac iconoclastes en 1566 et reconstruits à la fin du 16e et du 17e s.

Ces béguinages paisibles et silencieux furent des lieux de mysticisme. Il en reste environ une vingtaine dans le nord du pays. Certains d'entre eux sont encore habités par des congrégations religieuses (les bénédictines à Bruges), des personnes âgées, des associations culturelles et parfois même des étudiants et des professeurs d'université comme à Louvain. Depuis 1998, treize béguinages flamands figurent sur la liste du Patrimoine mondial de l'Unesco. Ce sont les béguinages de Hoogstraten, Lierre, Malines (Grand Béguinage), Turnhout, Saint-Trond, Tongres, Termonde, Gand (Petit Béguinage), Sint-Amandsberg, Diest, Louvain (Grand Béguinage), Bruges et Courtrai.

Le béguinage de Courtrai.

Maisons-Dieu

C'étaient des sortes d'asiles pour vieillards ou miséreux, financés par des corporations. Ils formaient des rangées de maisonnettes basses en brique, blanchies à la chaux, avec une porte et une fenêtre surmontées d'une haute lucarne et d'une cheminée. On trouve encore des maisons-Dieu à Bruges et au musée du Folklore à Gand qui a été aménagé dans l'ancien hospice des Enfants Alyn du 14ᵉ s.

Estaminets

Estaminet est un mot wallon qui désigne le café. C'est le lieu où l'on se rencontre pour boire une chope de bière, jouer aux cartes, discuter, et où se réunissent les colombophiles, les « coulonneux ». Bien entendu, on peut venir y boire une simple tasse de café. Quelques estaminets célèbres à Bruxelles sont *In 't Spinnekopke*, *La Grande Porte* et *À la Bécasse*.

Fêtes et traditions

L'origine religieuse ou profane de ces manifestations folkloriques remonte souvent loin dans le passé et évoque des légendes ou des mystères anciens. Le passage des peuples d'origines diverses sur le territoire belge n'a fait qu'enrichir ce patrimoine. Sans cesse, les fêtes se multiplient et d'anciennes coutumes revivent. Dans les villes flamandes, les corporations ont joué un grand rôle ; en Wallonie, l'influence de la Picardie se fait notoirement sentir.

Tout est organisé longtemps à l'avance par les membres des différentes **sociétés** ou confréries, et la préparation de la fête mobilise les énergies des mois durant. Le jour dit, on se déguise, on se retrouve, on se restaure, et la bière coule à flots. Peu de choses ont changé au fil du temps, si l'on compare les peintures du 16ᵉ s. de Pieter Bruegel l'Ancien avec les fêtes populaires actuelles.

LE CARNAVAL ET LE CARÊME

Le **carnaval** est fêté un peu partout en Belgique. Probablement de source païenne, cette manifestation qui se déroule le jour du Mardi gras a été présentée par l'église catholique comme symbole des réjouissances précédant le Carême.

Les trois carnavals les plus célèbres de Belgique se déroulent à Binche, Eupen et Malmedy. À **Binche**, les festivités durent trois jours et les célèbres **Gilles** n'apparaissent que le jour du Mardi gras. Seuls les hommes Binchois de naissance ont le privilège d'endosser le costume aux couleurs éclatantes. Au rythme du tambour, ils parcourent les rues de la ville. Pendant l'immense cortège qui a lieu l'après-midi, les Gilles lancent des oranges dans le public, et la fête se termine par le rondeau devant l'hôtel de ville.

Eupen est connu pour son carnaval de type rhénan qui commence le Lundi gras, le **Rosenmontag**. Tout comme dans beaucoup d'autres villes, défile un joyeux cortège de groupes costumés et dansants, le Prince Carnaval et sa suite fermant la marche.

Quant à **Malmedy**, son « Cwarmê » se distingue du carnaval des autres villes par ses représentations satiriques qui ont lieu le lundi dans le patois local. Les fameuses **Haguètes** – plutôt de mauvaise fréquentation – prennent un malin plaisir à enserrer les chevilles des spectateurs à l'aide de leur « happe-chair », sorte de pince articulée en bois.

Parmi les carnavals les plus renommés en Flandre, citons ceux d'Alost et d'Ostende. À **Alost**, le dimanche précédant le mercredi des Cendres, a lieu un cortège de géants et de chars, à caractère satirique, mettant en scène les événements de l'année écoulée. Le lundi est organisé le jet d'oignons, **Ajuinworp**, et le Mardi gras est le jour des travestis grotesques, les **Voil Jeannetten**.

Le carnaval d'Ostende a lieu le premier week-end de mars et comprend un cortège de mille feux et de masques (Cimateirelichtstoet), un bal de charité costumé (**Bal du Rat Mort**) et le jet des sabots (Kloefenworp).

La **mi-carême**, le jeudi de la 3ᵉ semaine du carême, constitue un moment de répit dans cette période d'austérité. Elle est particulièrement fêtée à **Stavelot** avec les **Blancs-Moussis**, amusants personnages portant un masque au nez rouge et revêtus d'un habit blanc à capuchon qui évoquent l'époque où les moines de l'abbaye de Stavelot participaient au carnaval. Pendant le cortège, ils lancent des confettis et frappent les spectateurs avec des vessies de porc gonflées.

À **Fosses-la-Ville** défilent les élégants **Chinels** (du nom de polichinelle). Ces irrésistibles farceurs ne ratent pas une occasion de caresser de leur sabre les mollets des filles et d'arracher les cigarettes des hommes. À Maaseik également, la mi-carême est une fête très animée.

À **Ligny**, tous les dimanches du carême, se déroule le **Jeu de la Passion**, série de tableaux évangéliques faisant allusion au monde moderne. Le Vendredi saint, à Lessines, a lieu la célèbre **procession des Pénitents** : ceux-ci en cagoule, portent à travers les rues les instruments de la Passion et le corps du Christ.

Un autre usage pratiqué pendant le carême est la **décapitation de l'oie** par des cavaliers dans les provinces d'Anvers et de Liège. Dans d'autres villes, on allume de grands **feux de carême** où l'on brûle parfois un mannequin. Le plus célèbre est celui de Grammont, « le Tonnekensbrand », où l'on met le feu à un tonneau après le jet de craquelins.

LES GÉANTS ET MARIONNETTES

En Belgique, beaucoup de cortèges folkloriques et carnavalesques comportent des **géants**. Si les géants se sont multipliés depuis le début du 20e s., il semble pourtant qu'il s'agisse d'une coutume qui remonte au 15e s. Née en Belgique, elle a été transmise à l'Espagne par le biais de l'occupation espagnole.

Le premier personnage gigantesque est probablement apparu lors d'une procession religieuse ou d'un « Ommegang » où il symbolisait Goliath ou saint Christophe. Goliath est d'ailleurs toujours présent à la **ducasse d'Ath** où il est surnommé monsieur Gouyasse.

Peu à peu interviennent des personnages profanes et même le cheval Bayard, chevauché par les quatre fils Aymon (à Termonde, Ath et Bruxelles). Les géants sortent aussi à Nivelles (Argayon, Argayonne, leur fils Lolo et le cheval Godet), Grammont, Lierre et Arlon.

Parmi les géants les plus connus, citons : Polydor, Polydra et le petit Polysorke à Alost, Cagène et sa compagne Florentine à Beloeil, Pie, Wanne et leur fils Jommeke à Tervuren, Baudouin IV le bâtisseur et Alix de Namur à Braine-le-Comte.

Le théâtre de **marionnettes** apparaît à **Liège** au 19e s. et connaît un grand succès avec son fameux **Tchantchès**. La marionnette liégeoise est mue par une tringle fixée au sommet de la tête ; elle est sculptée en bois, peinte et couverte d'étoffes. Le répertoire fait appel aussi bien à l'histoire qu'à la légende ou à la vie moderne ; il est plutôt destiné aux adultes. De la même époque date le théâtre fondé par **Toone** à **Bruxelles** dont le héros actuel est Woltje qui parle un savoureux patois bruxellois. Le répertoire conserve ses classiques (Les Quatre fils Aymon, Thyl Uylenspiegel) tout en s'enrichissant de pièces nouvelles. Il existe aussi des théâtres de marionnettes à Anvers, Gand et Malines, où le répertoire est joué dans le patois local.

LES PROCESSIONS, JEUX ET DRAMES

L'homme du Moyen Âge savait rarement lire et les **processions** devinrent un instrument didactique sur le thème de la Bible. En plus des personnages habituels qui évoquaient les apôtres, les prophètes ou les anges, on vit apparaître des chars sur lesquels étaient représentés des tableaux vivants illustrant des épisodes de l'histoire religieuse. Aujourd'hui, ces processions sont souvent accompagnées de cortèges historiques hauts en couleurs et perdent en conséquence quelque peu de leur caractère religieux.

La procession la plus impressionnante est celle du **Saint-Sang** à **Bruges**. Tout aussi importantes sont les fêtes de la Madone **Virga Jesse** à **Hasselt** qui n'ont lieu que tous les sept ans. D'autres présentent un caractère champêtre. Les fidèles, derrière la statue ou la châsse du saint, parcourent plusieurs kilomètres à travers champs – plus de 30 à Renaix – en priant et en chantant.

La **procession des Pénitents** qui a lieu à **Furnes** est une survivance de l'occupation espagnole. Coiffés d'une cagoule, les pénitents portent chacun une croix et participent au fameux chemin de croix. Un peu à l'image des mystères d'autrefois, les **jeux** d'origine religieuse et médiévale sont la reconstitution d'événements légendaires. L'un des plus connus est celui de **Rutten** (Russon) qui évoque le meurtre de **saint Évermeire** au 7e s. Chaque année, au cours d'un cortège costumé, la vie de **saint Hubert** est commémorée dans la ville du même nom.

À **Mons**, se déroule la procession du **Car d'Or** à laquelle participent des confré-

Théâtre royal de Toone à Bruxelles.

Y. Duhamel/MICHELIN

Procession du Saint-Sang à Bruges.

ries de métiers portant leur patron et la statue de la Vierge. Le Car d'Or contenant les reliques de sainte Waudru clôture le cortège. Après la procession, un spectacle historique, dit **Lumeçon**, représente le combat entre le bien et le mal. À **Ellezelles**, le **sabbat des sorcières** évoque chaque année l'exécution de cinq sorcières en 1610. À **Vielsalm**, les « **Macrâlles** », sorcières jeteuses de sort, sont les vedettes d'une réjouissance comique. En revanche, pendant la **Fête des chats** à **Ypres**, ce sont les félins, complices des sorcières, qui jouent le premier rôle. Des chats en peluche sont jetés du haut du beffroi pour conjurer le diable et la sorcellerie. À **Wingene**, les **fêtes bruegeliennes** illustrent des tableaux de l'illustre peintre.

DUCASSES, KERMESSES ET ARBRES DE MAI

Le mot **ducasse** vient du mot dédicace ; en wallon, c'est l'équivalent du mot **kermesse** qui en néerlandais signifie « foire à l'occasion d'une messe solennelle ». Les deux termes désignent la fête patronale de la ville ou du village. Cette fête, où les joies profanes se mêlent aux cérémonies religieuses, a conservé quelques aspects de son origine religieuse : la messe et la procession, mais aussi des jeux traditionnels, des concours, parfois un marché et une kermesse classique viennent s'y ajouter. Les ducasses les plus connues sont celles d'Ath et de Mons.

Le 30 avril, le 1er mai ou dans le courant du mois de mai, certaines villes plantent avec solennité un **arbre de mai**, symbole du renouveau : c'est le cas à Hasselt, Genk et Tongres. À Bruxelles, cet arbre s'appelle le « Meyboom » ou « Arbre de Joie » (plantation en août).

DÉFILÉS ET MARCHES

Merveilleusement reconstitués, de fastueux **défilés** font revivre les grandes heures d'antan : ainsi, chaque année, l'**Ommegang** à Bruxelles, présidé pour la première fois en 1549 par Charles Quint et sa cour, ou, à Bruges, le **Cortège de l'Arbre d'Or**, évoquant tous les cinq ans le règne des souverains bourguignons. Les premières **marches militaires** de l'Entre-Sambre-et-Meuse qui commencent fin mai datent du 17e s. On suppose qu'elles trouvent leur origine dans la nécessité de protéger les processions en périodes de troubles. Le cérémonial strict et le port d'uniformes napoléoniens sont remarquables. Les marches les plus connues sont celles de **Gerpinnes** (35 km), **Ham-sur-Heure** et Thuin.

FÊTES ET COUTUMES POPULAIRES

Outre les processions, cortèges, défilés et drames cités ci-dessus, la Belgique compte bien d'autres fêtes et coutumes populaires, telles par exemple les **Fêtes gantoises** à Gand, les **Fêtes de Wallonie** à Namur et les **Fêtes d'Outremeuse** à Liège. Pendant plusieurs jours, la ville est sens dessus dessous : artistes ambulants, concerts, marchés, cortèges, théâtre de marionnettes, stands de toutes sortes créent une animation inhabituelle. Dans différentes stations balnéaires ont lieu des bénédictions de la mer, et **Coxyde** organise tous les ans la **Fête de la Crevette** où l'on peut voir les traditionnels pêcheurs de crevettes à cheval.

Il existe des sports populaires tels la **colombophilie** et les concours de **pinsons** et de coqs. Parmi les sports villageois traditionnels, citons le jeu de quilles, la balle pelote et le tir à l'arc. Les jeux de drapeaux et les combats d'échasseurs se déroulent surtout lors des cortèges historiques et des fêtes folkloriques. Enfin, la plus grande fête des enfants est celle de **Saint-Nicolas** qui, accompagné du Père Fouettard, leur apporte des cadeaux le 6 décembre.

Les délices de la table

Bon vivant, le Belge sait apprécier les mérites d'une table bien garnie. En effet, la gastronomie belge ne se limite pas au traditionnel « moules-frites », mais vous propose de nombreuses spécialités régionales à la fois succulentes et raffinées : le savoureux hochepot, le fameux jambon d'Ardenne, les délicieuses asperges à la flamande, le fromage de Herve piquant, les divines « pralines », les gaufres de Liège ou de Bruxelles… qui ne se laisserait pas tenter ?

Les pralines belges.

Y. Duhamel/MICHELIN

LA BELGIQUE

Pour les connaisseurs, la diversité et la qualité de la cuisine belge ne sont plus un secret. Après la France, la Belgique est considérée, à juste titre, comme le pays ayant la meilleure tradition culinaire d'Europe. Les cuisines des deux pays sont très proches l'une de l'autre par leur style, mais les spécialités régionales ajoutent une gamme de variétés inouïe.

Le repas belge

Les potages aux légumes, les bouillons de viande ou de volaille sont servis au début des repas, avec du pain et du beurre qui, en Belgique, accompagnent plutôt le potage que les autres plats.

À la place du potage, vous pouvez prendre une entrée : du jambon ou du saucisson d'Ardenne, des fruits de mer, des crevettes fraîches, des croquettes de crevettes ou de fromage.

Comme plat de résistance, les spécialités du terroir sont nombreuses : le **waterzooi gantois** (soupe de poulet ou de poisson), le **hochepot flamand** (pot-au-feu de morceaux de porc, bœuf et mouton), l'**oie à la mode de Visé** ou, si la chasse est ouverte, un morceau de gibier dont l'Ardenne abonde. Si vous préférez du poisson ou des crustacés, il y a au menu des **moules**, de l'**anguille au vert**, (revenue au beurre avec une sauce au persil, cerfeuil, oseille, sauge, citronnelle et estragon, finement hachés), une sole ou une truite. Les **frites**, dont raffolent les Belges, accompagnent pratiquement tous les plats de résistance.

Pour clôturer le repas d'une petite touche sucrée, laissez-vous tenter par un délicieux morceau de tarte aux fruits, au sucre ou à la rhubarbe.

Viande, poisson et volaille

La bière est aussi un ingrédient de la cuisine belge et s'utilise dans la préparation de certains plats, comme les **carbonades flamandes** (bœuf braisé aux oignons, épices, vinaigre et sucre mouillé de bière ou d'eau) et le **lapin aux pruneaux**. D'autres spécialités de viande sont les **choesels de Bruxelles** (abats avec sauce au madère et aux champignons), le **filet américain** (steak tartare), le **filet d'Anvers** (viande de bœuf ou de cheval fumée) et la **potjesvlees** (terrine de veau, de lapin ou de poulet). Le **coucou de Malines** est une variété de poulet. L'**escavèche** (poisson frit conservé dans une marinade aux aromates) et la **friture de la Moselle** (poisson à chair blanche frit) comptent aussi parmi les spécialités.

Légumes

Parmi les savoureux plats de légumes, citons les jets de houblon à la sauce mousseline (en mars), les chicons ou witloof de Bruxelles (endives) au jambon, gratinés ou étuvés, les choux de Bruxelles et les asperges à la flamande (avec du persil et un œuf dur écrasé).

Fromages

L'amateur de fromage aura l'embarras du choix. En effet, il existe en Belgique pas moins de cent sortes. Les fromages les plus connus sont le Herve bénéficiant d'une Appellation d'Origine Protégée (AOP) depuis 1996, le Maredsous, le Passendale, le Chimay, le Nazareth, l'Orval et le fromage de Bruxelles. Les **doubles** (deux crêpes fourrées de fromage de Herve ou de Maredsous) sont délicieuses ainsi que les **potkès** ou **boulettes de Huy** (fromage blanc salé de Huy).

Pain et sucreries

La réputation des chocolats et des pralines (chocolats fourrés) belges n'est plus à faire ; les gaufres de Bruxelles et de Liège sont également très appréciées.

Les boulangeries en Belgique présentent non seulement une grande diversité de pains, mais aussi des spécialités de la région : la **couque** (pain sucré et aromatisé à Bruxelles, pain d'épice dur au miel à Dinant), le **craquelin** (brioche fourrée de sucre), le **nœud** (biscuit au beurre et à la cassonade), le **cramique** (pain brioché aux raisins), le **pistolet** (petit pain rond) et le **mastel** (pain biscotté à l'anis). Les **Lierse vlaaikens** (tartelettes de Lierre), la **tarte au maton** (tarte au fromage blanc, lait battu et aux amandes), la **flamiche** (tarte au romedenne, fromage local, servie chaude), la **tarte al djote** (tarte aux bettes, fromage, œufs, lardons et crème, servie chaude) et la **tarte au stofé** (tarte au fromage blanc, œufs, amandes et pâte de pommes) sont délicieuses !

En accompagnement du café, on sert souvent un **speculoos** (biscuit sec à la cassonade), des **kletskoppen** (galettes fines au beurre, aux amandes et noisettes), des **mokken** (macarons à la cannelle ou à l'anis), des **spantôles** (biscuit de dessert dont le nom est celui d'un canon célèbre) ou des **lukken** (gaufrettes au beurre de forme ovale). Goûtez aussi les **manons** (chocolats fourrés de crème fraîche), les **babeluttes** (caramels durs au beurre) et les **baisers de Malmedy** (meringues fourrées à la crème chantilly).

Boissons

La bière est, en Belgique, la boisson nationale. Mais dans la plupart des restaurants, on sert surtout du vin. La Belgique produit également des alcools et des liqueurs, notamment l'**élixir d'Anvers** (une liqueur aromatisée sucrée) et l'élixir de Spa (une sorte de chartreuse). Le **genièvre** que l'on boit pur ou fruité (citron, pomme, groseille, …) est distillé surtout à Hasselt. À Liège, le genièvre s'appelle **péket**. Le **Maitrank** arlonais est un apéritif original.

LE LUXEMBOURG

Quelques spécialités sont à signaler : le cochon de lait en gelée, le jambon d'Ardenne fumé ou cru, les viandes fumées. Le plat national est le **Judd mat Gaardebounen**, collet de porc fumé aux fèves des marais. En saison, on peut manger du gibier.

Tout cela s'arrose de **vin de Moselle** ou de bière qui est de consommation très courante. Les **liqueurs** luxembourgeoises (mirabelle, quetsche, cassis, prune, poire, sureau et marc) sont renommées.

On déguste la tarte aux quetsches en septembre et, en saison, les **Veianer Kränzercher**, petites couronnes de pâte à choux. Le **kachkéis** est un fromage paysan au sel (cancoillotte).

Au pays de la bière

De fermentation basse ou haute, blonde ou brune, douce ou amère, aigrelette ou sucrée, légère ou corsée, fruitée ou épicée, filtrée ou trouble… nulle part ailleurs, il n'existe autant de variétés de bière qu'en Belgique.

Le speculoos.

Y. Duhamel/MICHELIN

Bières belges.

La bière est la boisson nationale belge. Le Belge en consomme en moyenne 98 l par an. Le pays compte plus de 100 brasseries dont la plupart est située en Flandres (le mot bière dérive du néerlandais « bier »). Les principaux producteurs de bière sont Stella Artois, Jupiler (groupe Interbrew) et Alken-Maes. La production de la bière n'est pas seulement l'apanage des brasseries, les abbayes en perpétuent la tradition séculaire depuis le Moyen Âge.

La bière était déjà connue dans l'Antiquité, puis chez les Gaulois qui l'appelaient « **cervoise** ». Au Moyen Âge, le brassage de la bière était le privilège des monastères. Tout comme le vin, la bière a été pendant longtemps une boisson plus potable que l'eau.

LE PROCESSUS DE FABRICATION

Le **malt** est obtenu à partir de l'orge, céréale cultivée dans de grandes parties de l'Europe du Nord. Les grains d'orge sont trempés dans l'eau, ce qui provoque leur germination. L'orge germée est ensuite séchée, placée dans une touraille, puis réduite en farine : c'est le **maltage** ; le malt constitue la matière première de la bière. Selon les différents processus de séchage, l'on obtient différentes sortes de malt qui donneront à la bière sa couleur définitive après le brassage.

Le **brassage** consiste à transformer le malt, finement moulu, en jus sucré : le **moût**. C'est la partie la plus importante de la fabrication de la bière qui consiste à faire tremper le moût dans de l'eau chaude, opération pendant laquelle l'amidon contenu dans le moût est transformé en sucre maltose. La variété de bière ainsi obtenue dépend de la durée d'infusion et des paliers de température choisis. Dans la plupart des brasseries, on utilise encore à cet effet des cuves en cuivre. L'ajout de houblon pendant l'ébullition donne à la bière sa saveur et son amertume.

Le **houblon** est une plante grimpante qui peut atteindre 5 à 7 m de haut. La cueillette a lieu en septembre. Seul les cônes sont utilisés pour la préparation de la bière. Les principales régions productrices de houblon en Belgique sont Alost et Poperinge.

Une fois le moût refroidi, la **fermentation** commence sous l'action de la levure dont on a ensemencé les grandes cuves. Cette opération dure quelques jours, pendant lesquels le moût se change en alcool et gaz carbonique. Selon la température et la durée de fermentation, on obtient trois types de bières.

Les différents types de bière

Les **bières de fermentation basse** sont des bières blondes du type « Pilsener » appelées couramment « pils ». La fermentation et surtout la garde ou maturation se font à basse température, notamment à 9 °C et 0 °C. Les pils les plus connues sont la Stella Artois, la Jupiler et la Maes.

Les **bières de fermentation haute** s'obtiennent grâce à une température « haute » de 24-28 °C à laquelle succède généralement une maturation à 13-16 °C, sorte de deuxième fermentation en tonneau ou en bouteille. La plupart des bières dites « spéciales » en font partie. La méthode de fabrication des **bières de fermentation spontanée** consiste à laisser la fermentation se développer spontanément, sans apport de levure. Après un temps de conservation assez long, de 2 à 3 ans dans de vieux tonneaux à vin, la bière porte le nom de « **Lambic** . Ce procédé ne se pratique que dans les environs de Bruxelles. Selon les spécialistes, c'est la bière la plus pure et la plus naturelle, une bière unique au monde…

À VOTRE SANTÉ…

La Belgique compte plus de 400 bières différentes commercialisées sous plus de 800 noms. Ne vous contentez pas de demander une « bière », mais faites votre choix parmi l'assortiment infini de bières « spéciales ».

Le Lambic

Le Lambic sert au brassage de différentes autres bières. Après une période de conservation assez longue, la bière est soutirée en bouteilles où se produit une deuxième fermentation. Elle devient ce qu'on appelle la **Gueuze**, une bière pétillante et acide. La **Kriek** doit sa couleur rouge et son goût fruité aux cerises que l'on a fait macérer dans du Lambic. La **Framboise** est fabriquée selon le même procédé, mais avec des… framboises. Les producteurs les plus connus de Lambic sont Belle Vue, St-Louis et Gambrinus.0

Les trappistes et bières d'abbaye

La réputation de la bière trappiste belge, encore toujours brassée dans des abbayes, n'est plus à faire. Parmi les cinq abbayes qui fabriquent de la trappiste, Orval, Chimay et Westmalle jouissent d'une grande renommée, d'autres bières trappistes sont brassées à Rochefort et Westvleteren. Parmi les bières d'abbaye, citons celles de Corsendonk, Leffe, Maredsous, Grimbergen et Affligem.

Les autres bières spéciales

Les bières blanches (Hoegaarden, Brugs Tarwebier) ont une couleur pâle et sont troubles. Les bières rouges (Rodenbach, Petrus) sont typiques de la Flandre occidentale et ont un goût âpre. Les bières brunes (Liefmans) sont plutôt sucrées et s'emploient surtout en cuisine. Les Saisons de Wallonie sont des bières artisanales locales qui sont généralement soutirées dans des bouteilles de vin. La Palm et la De Koninck sont des ales ambrées ; l'ale la plus connue en Wallonie est la Vieux Temps. Parmi les bières les plus fortes, citons, la Duvel, la Hapkin et la Delirium Tremens. Et l'on ne compte plus les bières locales : Brigand, Kasteelbier et Kwak en Flandres, Bush Beer et La Chouffe en Wallonie, pour n'en citer que quelques-unes.

LA BELGIQUE ET LE LUXEMBOURG AUJOURD'HUI

S. Van den Bossche

Panneau de signalisation en néerlandais et en français à Bruxelles.

La Belgique

Un pays trilingue

Trois langues sont employées en Belgique : le néerlandais en Flandre (parlé par environ 60 % de la population belge), le français en Wallonie (parlé par près de 39 % des Belges) et l'allemand dans la région d'Eupen (la minorité germanophone représente un peu moins de 1 % de la population). La frontière linguistique correspond à peu près aux limites des provinces. Bruxelles, sorte d'enclave en pays flamand, est bilingue avec une majorité francophone.

La querelle linguistique

L'existence de la frontière linguistique remonte au 4e ou 5e s., époque où Rome abandonne aux Germains la partie nord du pays ; dans le sud, plus fortement latinisé, le langage gallo-romain résiste à la germanisation malgré l'occupation par les Francs Saliens. Pour les Francs, « Walha » (d'où vient le mot « wallon ») signifiait étranger.

En Flandre, une littérature d'expression néerlandaise se développe dès le 12e s., mais connaît une éclipse quasi totale après la scission des Pays-Bas à la fin du 16e s. C'est seulement sous le gouvernement de Guillaume Ier, de 1814 à 1830, qu'est favorisée une certaine renaissance du néerlandais. Par réaction, les constituants de 1831 imposent le français comme seule langue officielle. Depuis, l'antagonisme parfois violent qui oppose

Flamands et francophones domine considérablement la politique intérieure du pays. Afin de mieux comprendre cette matière extrêmement difficile et compliquée, nous vous proposons ci-dessous quelques dates-clés.

La « loi de l'égalité » (aussi appelée loi Coremans-De Vriendt) de 1898 prévoit que toutes les lois soient promulguées à la fois en français, et en néerlandais qui devient alors la seconde langue officielle du pays.

En 1930, l'université de Gand est flamandisée ; en 1932, l'unilinguisme régional dans le domaine de l'administration est substitué au bilinguisme, sauf à Bruxelles.

Les lois linguistiques des années 1962-1963 fixent la frontière linguistique. La Belgique est divisée en quatre régions linguistiques : la Flandre, la Wallonie, la région de langue allemande et l'arrondissement bilingue de Bruxelles-Capitale comprenant les 19 communes bruxelloises. Les communes de Comines et de Mouscron situées en Flandre Occidentale font désormais partie de la province du Hainaut ; les communes des Fourons en pays liégeois sont rattachées à la province du Limbourg. Les francophones jouissent de « facilités linguistiques » dans six communes de la périphérie bruxelloise.

De violentes manifestations (symbolisées par le slogan *Walen buiten* ou les Wallons dehors) entraînent en 1968 la scission de l'université de Louvain et provoquent la chute du gouvernement de l'époque.

La réforme de l'état de 1970 confirme l'existence de quatre régions linguistiques et reconnaît l'existence de trois communautés culturelles, notamment les communautés culturelles néerlandaise, française et allemande. Les réformes de l'état consécutives (1980, 1988 et 1993) ont transformé l'état unitaire belge en un état fédéral.

Organisation politique et administrative au niveau fédéral

La Belgique est une monarchie constitutionnelle, parlementaire et représentative. Sa Constitution date de 1831 et a connu plusieurs révisions dont la dernière remonte à 1993.

Le roi choisit le Premier ministre qui constitue son gouvernement. Le pouvoir législatif est exercé par les 2 Chambres : le Sénat (71 sénateurs) et la Chambre des représentants (150 députés). Les élections législatives se déroulent tous les quatre ans au suffrage universel direct. L'état fédéral exerce des compétences dans les matières suivantes : les finances, la politique étrangère, la défense nationale, la justice, la police fédérale, la sécurité sociale, etc.

Organisations politiques et administratives liées aux communautés et régions

D'une part, il existe 3 **communautés** : la communauté flamande, la communauté française et la communauté germanophone. Elles ont en charge les affaires culturelles, l'emploi des langues, l'enseignement et la coopération entre les communautés. Les communautés sont également compétentes pour les matières « personnalisables », c'est-à-dire la politique de la santé et l'aide aux personnes. À part la communauté germanophone, les communautés ne disposent pas vraiment d'un territoire.

D'autre part, le pays est partagé en 3 **régions** : la région bilingue de Bruxelles-Capitale, la région flamande et la région wallonne, qui sont responsables en matière d'économie, de logement, d'emploi, d'environnement, de la rénovation rurale et de la conservation de la nature, d'agriculture, d'aménagement du territoire, de travaux publics, etc.

Le territoire de la région de Bruxelles-Capitale se limite aux 19 communes bruxelloises. La région wallonne comprend les cinq provinces wallonnes : le Hainaut, Namur, Liège, le Brabant Wallon et le Luxembourg ; les cinq provinces qui composent la région flamande sont Anvers, le Brabant Flamand, la Flandre Occidentale, la Flandre Orientale et le Limbourg.

Chacune des communautés et des régions disposent d'un conseil (assemblée législative) et d'un gouvernement (pouvoir exécutif) à l'exception de la région flamande, dont les compétences sont exercées par le conseil et le gouvernement de la communauté flamande. Les mandataires des conseils régionaux sont élus tous les cinq ans au suffrage universel.

Divisions administratives

La Belgique est divisée en 10 provinces. Chaque province a un chef-lieu où est installé le conseil provincial.

Le Luxembourg

Trilinguisme

Dans le Grand-Duché situé entre l'Allemagne, la France et la Belgique, trois langues sont parlées. Le luxembourgeois ou Lëtzebuergesch, dialecte francique-mosellan, est depuis 1984 la langue nationale. L'allemand, proche du luxembourgeois, est utilisé comme langue de base à l'école. Le français est la langue culturelle et administrative ; il est enseigné dans toutes les écoles et à tous les niveaux.

Organisation politique

La Constitution date du 17 octobre 1868 et a été révisée à plusieurs reprises (la dernière modification remonte à 1999). Le pouvoir exécutif est détenu par le grand-duc qui choisit le Premier ministre. Ce dernier désigne alors ses ministres afin d'organiser son gouvernement. Le pouvoir législatif appartient à la Chambre des députés dont les 60 membres sont élus tous les cinq ans au suffrage universel direct.

Les maisons des corporations
sur la Grand-Place à Bruxelles.
Y. Duhamel/MICHELIN

Bruxelles★★★

Brussel

1 018 029 HABITANTS (AGGLOMÉRATION)
CARTES MICHELIN Nᵒˢ 716 G 3, ET POUR L'AGRANDISSEMENT PLIS 21 ET 22, ET 533 L 17.
PLAN MICHELIN Nᵒ 44 BRUXELLES – VOIR AUSSI LE GUIDE VERT BRUXELLES.

Située au cœur de la Belgique, Bruxelles est une ville pleine de contrastes et de paradoxes. Cité flamande à l'origine, elle s'est presque entièrement francisée au cours des siècles passés. En dépit des vagues de démolitions successives, dont Bruxelles fut victime, la ville a su conserver son caractère chaleureux et convivial. Capitale de l'Art nouveau par excellence, la cité est riche en monuments et musées. Mais Bruxelles la cosmopolite ne se limite pas au « pentagone ». Les 19 communes dont se compose la Région de Bruxelles-Capitale incitent à la découverte : Laeken, la royale, les quartiers animés d'Ixelles, St-Gilles à l'ambiance décontractée, Koekelberg et son imposante basilique, les quartiers chic du sud…

▶ **Se repérer** – La ville se trouve au centre d'un nœud routier important. On pourrait même dire que toutes les autoroutes belges mènent au ring R0 (ou boulevard périphérique) de Bruxelles.

👁 **À ne pas manquer** – Grand-Place ; Galeries St.-Hubert ; Serres royales (Laeken) ; Cathédrale des Sts.-Michel-et-Gudule ; Musée d'Art ancien ; Musée des Instruments de Musique.

🕐 **Organiser son temps** – Au moins deux journées entières sont nécessaires pour faire connaissance des principales curiosités de la capitale. Compter une semaine pour découvrir également les dix-huit communes périphériques de la Région Bruxelles-Capitale.

👫 **Avec les enfants** – Le Muséum des Sciences naturelles, le Centre belge de la Bande dessinée et évidemment le Manneken Pis.

👣 **Pour poursuivre le voyage** – Louvain, Malines, Hal et Waterloo.

Vue du Mont des Arts.

Comprendre

Un Moyen Âge sans histoire – Bruxelles apparaît à la fin du 10ᵉ s. lorsque Charles, duc de Basse-Lotharingie, s'y installe et s'y fait construire un château dans l'île St-Géry, formée par les bras d'une petite rivière, la Senne. Le site est marécageux : il est nommé Bruocsella, mot franc signifiant « établissement dans les marais ».

Bruxelles devient une étape commerciale entre Cologne et la Flandre tandis que se développe la draperie.

Signe de prospérité, l'église St-Michel, édifiée sur une colline, prend le titre de collégiale en 1047 ; elle est placée alors sous l'invocation de sainte Gudule, vierge dont la piété triomphe du diable qui éteint sa lanterne lorsqu'elle se rend à ses dévotions.

Les premiers remparts s'élèvent au 12e s. Une nouvelle enceinte est construite de 1357 à 1379. Détruite sur ordre de Napoléon, elle est marquée de nos jours par la couronne de boulevards appelée Petite Ceinture. Des sept portes fortifiées, il ne reste que la porte de Hal, au sud.

Durant tout le Moyen Âge, des conflits opposent artisans et bourgeois, mais la commune reste fidèle à son prince.

Au 15e s., sous l'impulsion de la bourgeoisie marchande et des ducs de Bourgogne, Bruxelles s'adonne aux arts. On y érige un magnifique hôtel de ville, orné de peintures de Rogier Van der Weyden (détruites en 1695).

Dès la fin du siècle, la tapisserie de Bruxelles produit des œuvres remarquables.

Les malheurs de la capitale des Pays-Bas – Au 16e s., la ville fête l'avènement de Charles Quint qui est couronné à Ste-Gudule en 1516. La gouvernante Marie de Hongrie s'installe en 1531 à Bruxelles qui remplace peu à peu Malines comme siège du gouvernement central des Pays-Bas. C'est au palais du Coudenberg que Charles Quint abdique en octobre 1555, transmettant à son fils Philippe II ses pouvoirs sur les Pays-Bas.

Sous Philippe II, Bruxelles est mêlée aux troubles religieux du 16e s. : ses bourgeois protestent par les armes contre le régime espagnol symbolisé par le duc d'Albe. En 1568, l'échafaud du **comte d'Egmont** et celui de son compagnon, le comte de Hornes, se dressent sur la Grand-Place. Egmont, capitaine général des Flandres, avait été condamné pour avoir soutenu le comte de Hornes et Guillaume de Nassau dans la révolte des Pays-Bas contre Philippe II.

En 1575, la ville, qui s'était affranchie de la tutelle espagnole, est reprise par Farnèse. En 1695 la guerre de la Ligue d'Augsbourg vaut à Bruxelles d'être assaillie par le maréchal français de Villeroi sur l'ordre de Louis XIV qui veut ainsi dégager Namur assiégée. Du centre de la ville, il ne reste que des ruines. Un grand effort de reconstruction est réalisé.

Après le passage du gouverneur Charles de Lorraine qui contribue à son embellissement, Bruxelles devient, sous la domination française, en 1795, chef-lieu du département de la Dyle. Elle reprend en 1815 son rôle de capitale qu'elle partage en alternance avec La Haye pendant 15 ans.

Une terre d'accueil – Bruxelles ne compte plus les célébrités françaises qu'elle a hébergées au 19e s. Le peintre Jacques-Louis David, proscrit en 1816, y passe les dix dernières années de sa vie. C'est le lieu de rassemblement des politiciens français s'opposant à Napoléon III : Barbès, Proudhon, Blanqui. Victor Hugo séjourne sur la Grand-Place en 1852 ; Baudelaire effectue là – sans succès – une série de conférences en 1864 ; c'est aussi tout près de la Grand-Place, en 1873, que Verlaine tire sur Rimbaud qui menaçait de l'abandonner ; il sera incarcéré à la prison de l'Amigo, puis à Mons.

La capitale de la Belgique – À la suite de la Révolution de 1830 marquée par les « **Journées de septembre** » à Bruxelles, les provinces belges sont séparées de la Hollande. Le pays devient indépendant ; c'est le royaume de Belgique avec pour capitale Bruxelles où le roi **Léopold Ier** fait son entrée solennelle le 21 juillet 1831 (depuis lors, le 21 juillet est le jour de la fête nationale).

À partir de 1830 et particulièrement à la fin du siècle, la ville prend un essor considérable. 1834 marque la fondation de son Université libre. C'est de la gare de l'Allée verte qu'a lieu, en 1835, la première liaison ferroviaire d'Europe (Bruxelles-Malines). En 1859 est érigée la colonne du Congrès commémorant le Congrès National qui promulga la première Constitution belge.

La rage urbanistique de l'après-guerre – De nombreuses maisons bruxelloises ont été laissées à l'abandon et des centaines d'autres détruites à des fins de spéculation. Un des exemples les plus retentissants de cette pratique fut la démolition de la très

Le roi-Bâtisseur

Sous l'impulsion du roi **Léopold II** (1865-1909) sont entrepris d'importants travaux qui renouvellent la physionomie de la capitale. À l'initiative d'Anspach, le Haussmann bruxellois, on trace les grands boulevards centraux. On aménage de nombreux parcs, dont celui de Laeken. On construit d'imposants monuments, notamment le palais du Cinquantenaire et son arcade, le musée de Tervuren, reliés entre eux par l'avenue de Tervuren, et la basilique de Koekelberg, achevée en 1970 et desservie par la grandiose avenue Léopold-II. Citons encore, parmi une multitude d'édifices : le musée d'Art ancien, la Bourse, le théâtre de la Monnaie, le palais de Justice. La façade du palais royal date de cette époque.

célèbre **Maison du Peuple** de Horta dans les années 1960. Même un concert de protestations internationales n'y fit rien. Certains quartiers populeux, dont le quartier Nord et le quartier de l'Europe, furent complètement rasés. Des constructions nouvelles, tout en hauteur, supplantèrent les anciennes. L'aménagement de la jonction ferroviaire souterraine entre les gares du Midi et du Nord (1911-1914 et 1935-1952) changea profondément l'aspect du quartier situé entre la ville haute et la ville basse. On y érigea de nombreux immeubles et des complexes de bureaux dont la Banque Nationale, de Marcel van Goethem, et la Cité administrative (Groupe Alpha, 1958-1984). La physionomie du Mont des Arts s'en trouva bouleversée. Sur le plateau du Heysel, les palais du Centenaire, datant de 1935 furent, construits pour l'Exposition universelle. 1958, année de la deuxième Exposition universelle tenue au Heysel, vit la construction de l'**Atomium** et le percement des tunnels de la **Petite Ceinture**. Depuis lors, une pléthore d'édifices ont contribué à la modernisation de la ville : l'immeuble de la BBL (1959) sur l'avenue Marnix, la Bibliothèque royale (1969), le centre européen du Berlaymont (1969) et le musée d'Art moderne (1973-1984). La faculté de médecine de l'Université catholique de Louvain est implantée à Woluwe-St-Lambert. Lucien Kroll y construit la multicolore **Mémé** (Maison médicale) et la station de métro Alma. À Watermael-Boitsfort, quelques immeubles de bureaux remarquables jalonnent la chaussée de La Hulpe et le boulevard du Souverain : l'immeuble circulaire de Glaverbel (1963), le siège de la Royale Belge (1966-1967 et 1985) et le siège de la société CBR (1968-1970), caractérisé par sa façade ajourée.

Une nouvelle politique urbanistique – La mentalité change progressivement sur le plan urbanistique, notamment sous l'impulsion de nombreux comités de quartier et d'organisations comme l'ARAU (Atelier de Recherche et d'Action urbaines) et le Sint-Lukasarchief. À l'exception de l'îlot Sacré, le cœur historique de la ville aux abords de la Grand-Place, où de nombreuses maisons anciennes ont été conservées, plusieurs quartiers bruxellois ont été rénovés. De nombreux édifices ont par ailleurs été restaurés : la Monnaie, le Botanique, le Kaaitheater, les Halles de Schaerbeek, l'église Notre-Dame-de-la-Chapelle, l'église Ste-Marie, la cathédrale des Sts-Michel-et-Gudule, l'ancienne caserne des pompiers de la place du Jeu-de-Balle, les studios du Kaaitheater, l'Old England…

Outre une série d'immeubles gigantesques dans le quartier Nord (complexe Baudouin, North Gate, etc.), le quartier de l'Europe (Parlement européen) et le quartier du Midi (terminal TGV), on relève aussi quelques beaux projets de moindre envergure, comme les complexes d'habitations et de commerces édifiés dans la rue de Laeken et la rue du Marché-au-Charbon.

Découvrir

GRAND-PLACE★★★

La « plus belle place » qu'admira Victor Hugo, le « riche théâtre » que célébra Jean Cocteau, est unique au monde. Il faut la voir aux heures matinales lors du marché aux fleurs ou la nuit lorsque les illuminations, soulignant ses dorures, lui donnent un relief étonnant. Depuis 1998, la Grand-Place est classée au patrimoine mondial de l'Unesco.

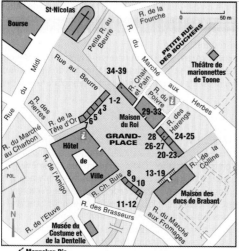

BRUXELLES
Grand-Place
MAISONS DES CORPORATIONS

1-2	Le Roi d'Espagne
3	La Brouette
4	Le Sac
5	La Louve
6	Le Cornet
7	Le Renard
8	L'Étoile
9	Le Cygne
10	L'Arbre d'Or
11-12	La Rose et le Mont Thabor
13-19	Maison des ducs de Brabant
20-23	Le Cerf, Joseph et Anne, l'Ange
24-25	La Chaloupe d'Or
26-27	Le Pigeon
28	La Chambrette de l'Amman
29-33	Maison du Roi
34-39	Le Heaume, Le Paon, Le Petit Renard et Le Chêne, Sainte Barbe, L'Âne

Les maisons des corporations

Bâties après la destruction de la ville par les Français en 1695 et restaurées au 19e s., elles entourent la Grand-Place de leurs belles façades baroques. En général, les trois ordres, ionique, dorique et corinthien, s'y superposent ; le tout est surmonté de pignons à volutes et décoré de sculptures, de motifs dorés et de pots à feu.

En faisant le tour de la place dans le sens contraire des aiguilles d'une montre, on voit :

1-2 Le Roi d'Espagne ou maison des Boulangers, surmontée d'un dôme et d'une girouette dorée, représentant la Renommée.

3 La Brouette, maison des Graissiers.

4 Le Sac, maison des Tonneliers et des Ébénistes.

5 La Louve, maison des Archers. Elle porte un groupe sculpté représentant Romulus et Remus allaités et, au second étage, les quatre statues de la Vérité, du Mensonge, de la Paix et de la Discorde.

6 Le Cornet, maison des Bateliers. Son pignon affecte la forme d'une poupe de frégate.

7 Le Renard, maison des Merciers. Au-dessus du rez-de-chaussée court une frise sculptée. Au sommet, statue de saint Nicolas.

8 L'Étoile. Sous l'arcade, le mémorial 't Serclaes, par Dillens, assurerait le bonheur à ceux qui y posent la main.

9 Le Cygne, maison des Bouchers.

10 L'Arbre d'Or, maison des Brasseurs occupée en partie par la Confédération des brasseries en Belgique. Elle est surmontée de la statue de Charles de Lorraine. Dans les caves est installé le **musée de la Brasserie** : reconstitution d'une brasserie du 17e s. avec les accessoires de préparation de la bière ; une salle évoque les techniques ultramodernes du brassage. *℘ 02 511 49 87 - lun.-vend. 10h-17h, w.-end 12h-17h - fermé 1er mar. du mois, 1er janv., 25 déc. - 4 €.*

13 au 19 Maison des ducs de Brabant. Son imposante façade (1698) surmontée d'un beau fronton sculpté et d'un attique dans le style de l'Italien Palladio dissimule six maisons de corporations. Une rangée de bustes des ducs de Brabant orne les pilastres.

24-25 La Chaloupe d'Or, maison des Tailleurs.

26-27 Le Pigeon, maison des Peintres, où Victor Hugo séjourna en 1852.

28 La Chambrette de l'Amman. L'amman était un magistrat représentant le duc de Brabant.

Hôtel de ville

℘ 02 279 43 65 - avr.-sept. : visite accompagnée mar.-merc. 14h30, dim. 11h30 ; oct.-mars : mar.-merc. 14h30 - fermé 1er janv., 1er mai, 1er et 11 nov., 25 déc. - 3 €.

De pur style gothique, il date des 13e et 15e s. Au début du 15e s., il ne comprenait que l'aile gauche et un beffroi, et avait pour entrée principale l'actuel escalier des Lions. Il fut agrandi de l'aile droite, légèrement plus courte. L'ensemble est dominé par une tour construite par Van Ruysbroeck, merveille d'élégance et de hardiesse (96 m), que surmonte un saint Michel de cuivre doré.

À l'intérieur, belles tapisseries de Bruxelles, en particulier celles de la salle Maximilienne.

Maison du Roi

℘ 02 279 43 50 - tlj sf lun. 10h-17h (w.-end 13h) - fermé 1er janv., 1er mai, 1er et 11 nov., 25 déc. - 3 €.

Reconstruite au 19e s. d'après les plans de 1515, c'est l'ancienne halle au pain, puis maison du Duc où ne résida en fait aucun roi. Elle abrite le **musée de la Ville de Bruxelles**. Il renferme des œuvres d'art, des collections retraçant l'histoire de la ville ainsi que de nombreuses industries d'art bruxelloises.

Au rez-de-chaussée, parmi les peintures et retables des 15e et 16e s., on admire le paisible *Cortège de noces*, attribué à Pieter Bruegel l'Ancien, et le *Retable de Saluces*, chef-d'œuvre du début du 16e s. Parmi les tapisseries bruxelloises se distingue celle qui représente la légende

Y. Duhamel/MICHELIN

Hôtel de Ville.

de N.-D.-du-Sablon (1516-1518) d'après des cartons attribués à B. Van Orley. Les collections de porcelaines et d'argenterie constituent de beaux exemples d'art décoratif bruxellois. Remarquer dans la salle consacrée à la sculpture gothique les huit prophètes provenant du portail de l'hôtel de ville.

Au 1er étage, des tableaux, gravures, photos et autres objets, dont une maquette de Bruxelles au 13e s., illustrent la croissance de la ville et les transformations qu'elle a connues au cours des siècles.

Le 2e étage évoque l'histoire des Bruxellois, des origines à nos jours. La dernière salle contient des habits offerts au Manneken Pis.

Partir de la Grand-Place et prendre la rue de l'Étuve.

Manneken Pis

Le Manneken Pis, appelé aussi « Petit Julien », a été sculpté par Jérôme Duquesnoy l'Ancien en 1619 et alimentait le quartier en eau. Ce petit garçon potelé (manneken : petit bonhomme), dont le geste naturel s'accompagne d'une grâce charmante, symbolise la goguenardise et la verdeur brabançonnes. Pour sauvegarder la décence ou plutôt pour honorer le plus célèbre et « le plus ancien citoyen de Bruxelles », la coutume est de lui offrir un vêtement : depuis Louis XV, qui fit don d'un bel habit à la française, jusqu'à la Military Police, donatrice d'un uniforme, tous les pays ont participé à cette garde-robe qui occupe une salle du musée de la Ville de Bruxelles.

Se promener

DES MAROLLES AU MONT DES ARTS EN PASSANT PAR LE SABLON★★

Pour le début de cet itinéraire, se reporter au plan III, E3, et pour la suite, au plan IV.

Entre la porte de Hal, l'église N.-D.-de-la-Chapelle et le palais de Justice, le quartier de Marolles était traditionnellement le berceau d'une population d'ouvriers et de laissés-pour-compte. Cependant, le « Marollien » authentique se fait de plus en plus rare : sa gouaille si pittoresque a presque déserté les rues et les cafés du quartier.

Partir de la Place du Jeu-de-Balle.

Place du Jeu-de-Balle

Sur cette grande place située au cœur du populaire **quartier des Marolles** se tient un **marché aux puces** *(tlj 7h-14h)*.

S'engager dans la rue Blaes. Tourner à droite dans la rue des Capucins, puis prendre à gauche la rue Haute et à droite la rue de l'Épée. Là, prendre l'ascenseur qui rejoint la place Poelaert.

Place Poelaert

Au sommet du Galgenberg ou « mont de la Potence » (là, se trouvait le gibet de la ville), cette place est dominée par l'immense **palais de Justice**, conçu par Poelaert et réalisé entre 1866 et 1883. L'entrée principale se fait par un vaste péristyle ouvrant sur la grandiose salle des Pas perdus. De la terrasse, on découvre une vue étendue sur la ville basse et sur le quartier des Marolles, avec N.-D.-de-la-Chapelle. ℰ 02 508 64 10 - *tlj sf w.-end 8h-15h - fermé j. fériés, w.-end et juil.*

Retourner à la rue Haute et poursuivre son chemin.

Église N.-D.-de-la-Chapelle★

www.catho.be - tlj 9h-19h (été), 9h-18h (hiver).

Si le transept (13e s.) est de style roman, la majeure partie de l'édifice présente les caractéristiques de l'art gothique brabançon ; on remarque en particulier à l'extérieur l'alignement des pignons latéraux et la tour-porche. Le peintre Pierre Bruegel l'Ancien fut inhumé dans cette église en 1569 ; son mémorial en marbre noir, surmonté d'une copie de Rubens, le *Christ remettant les clefs à saint Pierre*, se trouve dans la 4e chapelle du bas-côté droit. Ce qui frappe immédiatement le visiteur, c'est le contraste entre l'obscurité du transept et du chœur, et la clarté de la nef. Les colonnes de la nef centrale sont ornées de chapiteaux à feuilles de chou frisé et de statues d'apôtres, dont certaines sont attribuées à Lucas Fayd'herbe et à Jérôme Duquesnoy le Jeune. Le chœur néo-gothique est décoré de peintures de Charle-Albert, qui est aussi l'auteur des 9 vitraux. La chapelle du St-Sacrement, à gauche du chœur, abrite le monument funéraire en marbre des Spinola, datant de 1716. Dans la 5e chapelle du bas-côté droit, on observera un intéressant triptyque exécuté par Hendrik de Clerck en 1619 ; dans la 4e chapelle du collatéral gauche, belle **statue** en bois de sainte Marguerite d'Antioche (vers 1520).

Prendre la rue Joseph Stevens qui mène au Grand Sablon.

Église N.-D.-du-Sablon.

Place du Grand-Sablon★
Encadrée de façades anciennes, c'est la place élégante de Bruxelles avec ses magasins d'antiquaires, ses nombreux cafés et ses restaurants chic.

Église N.-D.-du-Sablon★
www.catho.be - tlj 7h-18h, w.-end 8h-18h.
Ce bel édifice flamboyant était à l'origine la chapelle de la guilde des Arbalétriers. La légende raconte qu'en 1348 la pieuse Béatrice Soetkens, ayant vu en songe la statue d'une Vierge, l'apporta d'Anvers à Bruxelles dans une barque et en fit don aux arbalétriers. Devenu lieu de pèlerinage, le sanctuaire dut être agrandi vers 1400 et fut terminé vers 1550 par le portail principal. Le « sacrarium », petite construction très décorée destinée à abriter le Saint-Sacrement, a été accolé à l'abside en 1549.
À l'**intérieur**, on admire le chœur très élancé : entre de hautes verrières s'allongent de fines colonnettes. La chaire date de 1697. Le croisillon sud est orné d'une belle rosace. Les chapelles des bas-côtés communiquent entre elles à la manière braban-çonne ; leurs arcatures possèdent, comme celles du chœur, des écoinçons historiés. Au-dessus de l'entrée se trouve la statue *N.-D.-à-l'Arbre*. Près du chœur se situe la **chapelle sépulcrale des Tour et Taxis** (ou Tassis), famille d'origine autrichienne qui fonda en 1516 la poste internationale. Le décor de marbre noir et blanc est l'œuvre de Lucas Fayd'herbe. Une statue de sainte Ursule, en marbre blanc, est due à Jérôme Duquesnoy le Jeune.
Traverser la rue de la Régence.

Place du Petit-Sablon★
Transformée en square, cette place est entourée de colonnes portant 48 charmantes statuettes en bronze représentant les métiers bruxellois. À l'intérieur du square se trouvent les statues des comtes d'Egmont et de Hornes par Fraikin et celles des grands humanistes du 16ᵉ s. Au sud-est s'élève le **palais d'Egmont** ou d'Arenberg, où ont lieu les réceptions internationales. Au nord, dans la **rue des Six-Jeunes-Hommes**, de jolies maisons anciennes ont été restaurées.
Poursuivre la rue de la Régence. On passe devant le musée d'Art ancien (voir plus loin dans « visiter »).

Place Royale★
Au sommet du Coudenberg (montagne froide), cette place aux proportions élégantes, de style Louis XVI, fait partie du quartier réaménagé à la fin du 18ᵉ s. par Charles de Lorraine. Bâtie par les architectes français Guimard et Barré, la place est dominée par l'**église St-Jacques-sur-Coudenberg**.
Du centre où se dresse la statue de Godefroy de Bouillon, belle vue sur la tour de l'hôtel de ville, la coupole de la basilique de Koekelberg (vers le nord) et le palais de Justice (vers l'ouest).
Prendre la rue Royale, puis immédiatement à droite.

Place des Palais
Vaste esplanade, elle est dominée par le **Palais royal** dont la façade à colonnade en arc de cercle fut construite sous Léopold II. Un drapeau, au sommet, signale la

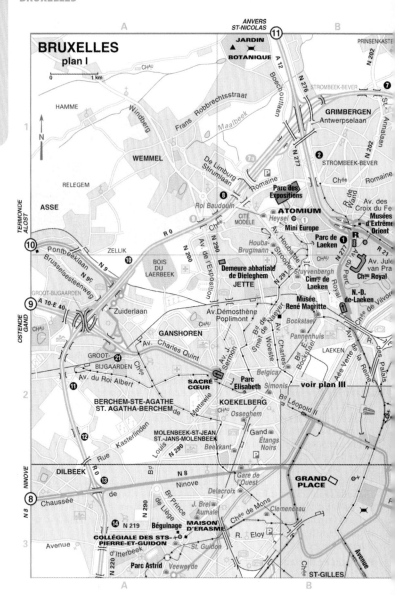

BRUXELLES
plan I

0   1 km

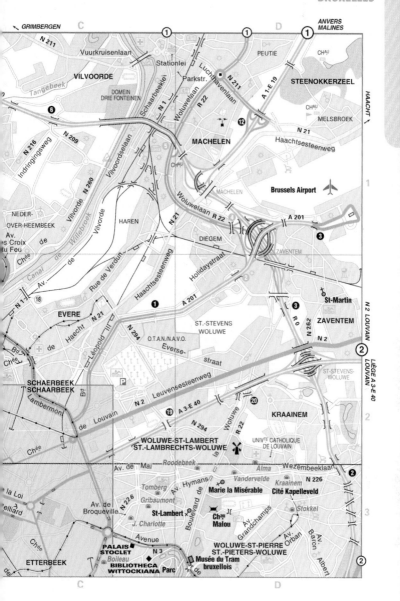

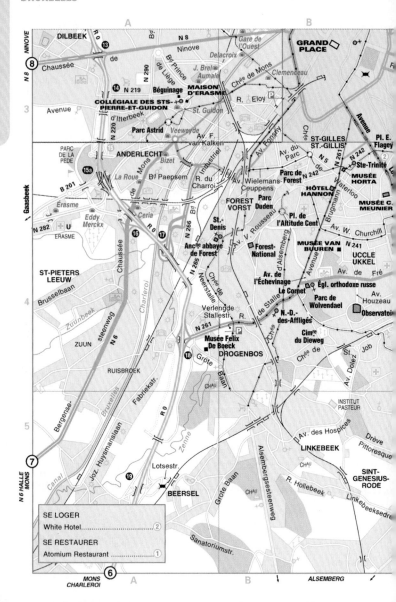

SE LOGER

White Hotel.....................................②

SE RESTAURER

Atomium Restaurant ....①

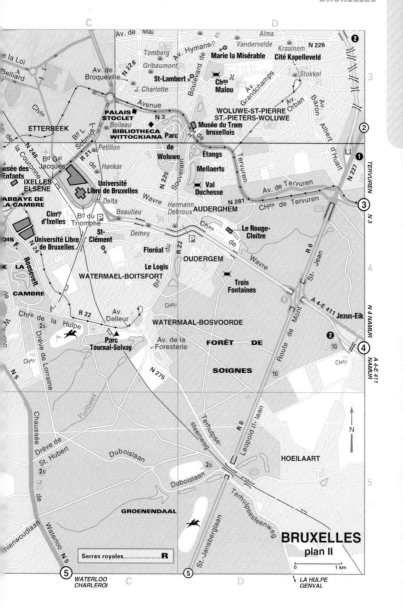

Serres royales..................**R**

BRUXELLES
plan II

0   1 km

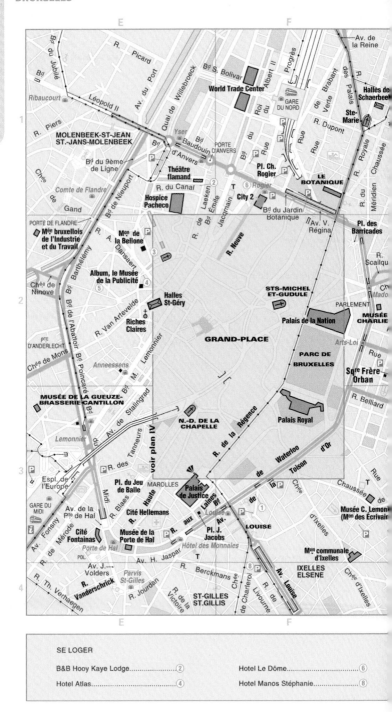

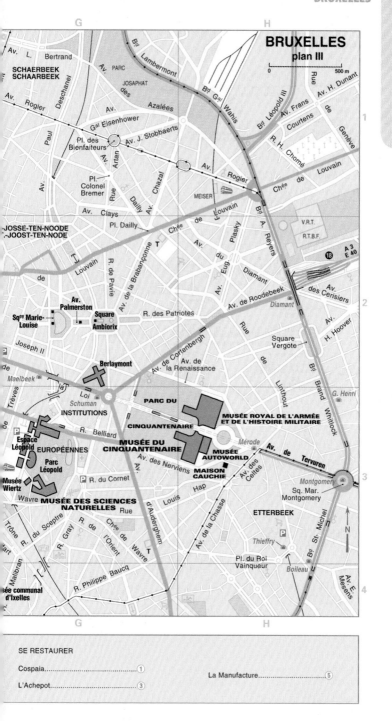

BRUXELLES
plan III

0   500 m

SCHAERBEEK
SCHAARBEEK

PARC
JOSAPHAT
des
Azalées

Av. L. Bertrand
Bd Lambermont
Bd Gal Wahis
Bd Léopold III
Av. Frans
Av. H. Dunant
Rue
Courtens
de
Genève
R. H. Chomé

Av. Rogier
Deschanel
Gal Eisenhower
Av. J. Stobbaerts
Av. Rogier
Chée de Louvain
Paul
Av.
Artan
Pl. des
Bienfaiteurs
Chazal
MEISER
Av. Louvain
Bd A. Reyers
V.R.T.
R.T.B.F.
A 3
E 40

Pl. Colonel Bremer
Rue Dailly
Av. Clays
Pl. Dailly
Chée de Louvain
Av. du
Plasky
Av. Eug.
Diamant
Av. de Roodebeek
Diamant
Av. des Cerisiers

JOSSE-TEN-NOODE
JOOST-TEN-NODE
de
Louvain
R. de Pavie
Av. de la Brabançonne
T
Av. du
Rue

Sqre Marie-Louise
Av. Palmerston
Square Ambiorix
R. des Patriotes
Av. de Cortenbergh
Square Vergote
Av. H. Hoover

Joseph II
de
Maelbeek
Trèves
Berlaymont
Av. de la Renaissance
Bd Brand Whitlock
G. Henri
Linthout

Loi
Schuman
INSTITUTIONS
R. Belliard
PARC DU CINQUANTENAIRE
MUSÉE ROYAL DE L'ARMÉE ET DE L'HISTOIRE MILITAIRE

Espace Léopold
EUROPÉENNES
Parc Léopold
MUSÉE DU CINQUANTENAIRE
Av. des Nerviens
MAISON CAUCHIE
Mérode
MUSÉE AUTOWORLD
Av. de Tervuren
Av. des Celtes
Montgomery
Sq. Mar. Montgomery

Musée Wiertz
R. du Cornet
Louis
Hap
Av. de la Chasse
ETTERBEEK
St-Michel
N

Wavre
MUSÉE DES SCIENCES NATURELLES
Rue
d'Auderghem
Thieffry
Pl. du Roi Vainqueur
Boileau
Av. E. Mesens

Trône
R. du Sceptre
R. Gray
R. de
Chée de Wavre
de l'Orient

Malibran
R. Philippe Baucq
sée communal d'Ixelles

85

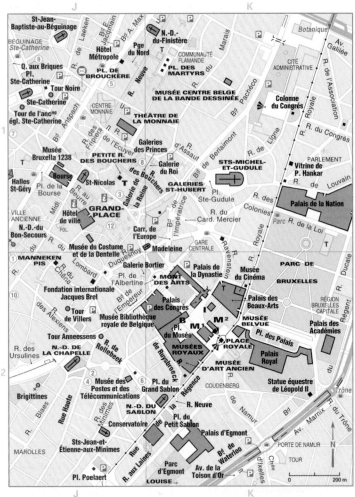

BRUXELLES
plan IV

SE LOGER

B&B Downtown BXL ....①

Hotel Aris ....③

Hotel Metropole ....⑤

Hotel Pacific ....⑦

Welcome Hotel ....⑨

SE RESTAURER

Aux Marches
de la Chapelle ....②

La Cantine ....④

Lola ....⑥

Ogenblik ....⑧

Resource ....⑩

't Kelderke ....⑫

Appartements de
Charles de Lorraine ....**B**

Hôtel Ravenstein ....**I**

Musée d'Art moderne ....**M¹**

Musée des Instruments de
Musique (Old England) ......**M²**

Théâtre de
marionnettes de Toone ....**T**

présence du souverain dans le pays. À l'intérieur, la **salle du Trône**★, de 1872, ornée de grands lustres, est somptueuse. *℘ 02 513 89 40 (Office de tourisme TIB) - fin juil.-déb. sept. : tlj sf lun. 10h30-16h30 - gratuit.*

À l'est de la place, le **palais des Académies**, de 1823, est l'ancienne résidence du prince d'Orange. À l'ouest de la place, en contrebas de la rue Royale, se dissimule **le palais des Beaux-Arts**, édifié de 1922 à 1928 par Victor Horta, où se déroulent de nombreuses et importantes manifestations culturelles (expositions, concerts, théâtre). Il abrite en outre le **musée du Cinéma**. *℘ 02 507 83 70 –www.bozar.be - tlj à partir de 17h30, jeu. à partir de 14h30 - 2 €.*
Traverser la place des Palais.

Parc de Bruxelles★
C'est l'ancien terrain de chasse des ducs de Brabant, qui fut transformé en jardin à la française au 18e s. par le Français Barnabé Guimard et l'Autrichien Joachim Zinner, et peuplé de statues dont la charmante *Fillette à la coquille* de A. de Tombay.
Revenir à la place Royale, puis descendre la rue en passant devant le musée des Instruments de Musique (voir plus loin dans « visiter »).

Hôtel Ravenstein
Sur la rue Ravenstein, cet hôtel des 15e et 16e s. présente une façade flanquée d'une tourelle ainsi qu'une jolie cour intérieure.

Palais des Congrès
S'élevant de l'autre côté de la rue Ravenstein, il abrite dans une aile le **palais de la Dynastie**. Au-dessus de l'arcade : horloge à jaquemart représentant des personnages historiques et folkloriques.
Du sommet du jardin, belle vue sur la flèche de l'hôtel de ville précédée d'une rangée de maisons reconstruites dans le style flamand.
Descendre le Mont des Arts, traverser la place de l'Albertine, et prendre la rue de la Madeleine.

Galerie Bortier
Construit d'après les plans de l'architecte Jean-Pierre Cluysenaar, ce passage couvert (1848) au décor inspiré de la Renaissance est le royaume des bouquinistes.

BOURSE, MONNAIE ET CATHÉDRALE★★
visite : 1/2 journée
Pour cet itinéraire, se reporter au plan IV (début de la promenade en J1).
Partir de la place de la Bourse.

Bourse
Cette imposante construction (1868-1873), qui rappelle l'Opéra de Paris de Charles Garnier, a été construite par Léon Suys. L'inspiration est classique bien que sa simplicité soit vaincue par une abondance décorative. Plusieurs artistes ont collaboré au programme sculpté, dont Auguste Rodin.
Derrière la Bourse, dans la rue au Beurre, se dresse la petite **église St-Nicolas**, contre laquelle se pressent de vieilles demeures. À l'intérieur, le chœur est désaxé par rapport à la nef, et l'on remarque une toile attribuée à Rubens, *La Vierge et l'Enfant endormi*. *Renseignements : A. Bertholet, ℘ 02 513 80 22.*
Gagner la Grand-Place (voir dans « découvrir »). S'engager dans la rue Chair-et-Pain qui mène à la Petite rue des Bouchers.

Petite rue des Bouchers★
Dans cette ruelle bordée de restaurants touristiques siège le célèbre **théâtre de marionnettes de Toone**. *℘ 02 217 04 64 - séances vend.-sam. 20h30, sam. également à 16h, pour les autres jours, se renseigner - durant l'entracte : visite libre du Musée de Toone - tous les spectacles se jouent en bruxellois français - fermé dim., 1er janv., lun. de Pâques et de Pentecôte - 25 déc. - 10 €.*
Prendre à droite la rue des Bouchers.

Galeries royales St-Hubert★★
Au début de la rue de la Montagne, l'architecte Cluysenaar construisit en 1846 une élégante façade classique animée de pilastres. La partie centrale est décorée de sculptures et de la devise « Omnibus omnia » (tout pour tous).
La **galerie du Roi** et la **galerie de la Reine**, avec leur élévation classique sur trois niveaux, sont couvertes d'une voûte de verre en plein cintre tendue sur une fine armature métallique.
Les galeries St-Hubert servent de cadre à des magasins de luxe, des salons de thé élégants et des restaurants.

Petite rue des Bouchers.

Croisant la rue des Bouchers jalonnée de restaurants, la galerie de la Reine se prolonge sur la gauche par la **galerie des Princes**, et s'achève rue de l'Écuyer par une grande façade reprenant les thèmes architecturaux du parvis.
Revenir à la rue des Bouchers. Continuer tout droit par la rue Grétry. Tourner à droite dans la rue des Fripiers.

Théâtre de la Monnaie★
Tickets : bureau de location : 📞 *070 23 39 39. Administration :* 📞 *02 229 12 00 - www. lamonnaie.be.*
Après un incendie survenu en 1855, le théâtre fut reconstruit par Poelaert. Depuis la place de la Monnaie, on voit bien que la salle a été surélevée lors de l'importante rénovation réalisée en 1985-1986. Dans le hall d'entrée, les formes lyriques aux couleurs vives (plafond) de Sam Francis contrastent avec les lignes austères (pavement) de Sol LeWitt. Transformé en salle de réception, le salon Royal a été décoré par Charles Vandenhove, avec la collaboration de Daniel Buren et de Giulio Paolini, autres artistes de renom international.
Traverser la rue du Fossé-aux-Loups.

> **Prélude à l'indépendance**
> Le théâtre de la Monnaie fut le témoin d'un épisode historique le 25 août 1830. Alors qu'on y représentait *La Muette de Portici* par Auber, et qu'on y entonnait le célèbre « *Amour sacré de la patrie* », les spectateurs déclenchèrent une rébellion, prélude des fameuses « Journées de septembre ».

Rue Neuve
Grande artère piétonne commerçante où se dresse l'**Église N.-D. du Finistère**.
Prendre la rue aux Choux.

Place des Martyrs★
Conçu en 1774-1775, cet ensemble urbain, malheureusement laissé à l'abandon, fait depuis des années l'objet d'une restauration. Au centre se trouve le monument dédié aux morts de la révolution de 1830 par Guillaume Geefs (1838).
Prendre la rue du Persil, puis tourner à droite dans la rue du Marais. Par la rue des Comédiens, on arrive au boulevard de Berlaimont qui longe la Banque nationale.

Cathédrale des Sts-Michel-et-Gudule★★
📞 *02 217 83 45 - www.catho.be - mai-oct. : tlj 7h-18h (w.-end à partir de 8h).*
L'ancienne collégiale des Sts-Michel-et-Gudule partage avec Malines, depuis 1962, le titre de cathédrale de l'archidiocèse de Malines-Bruxelles.
« Nef ancrée au cœur de Bruxelles », c'est un très beau monument de style gothique élevé en plusieurs étapes : le chœur est du 13e s., la nef et les collatéraux des 14e et 15e s., les tours du 15e s. Les chapelles rayonnantes ont été ajoutées aux 16e et 17e s. Les deux tours de la façade, puissantes et élancées, ont été construites par Van Ruysbroeck. Partant du chevet où apparaît pour la première fois le style gothique brabançon, on gagne le porche du transept sud ; celui-ci est surmonté d'une statue de sainte Gudule et date du 15e s.

Intérieur – La nef, brabançonne, est sobre et imposante. Aux colonnes sont adossées les statues des douze apôtres (17ᵉ s.). On remarque la chaire baroque, par H.F. Verbruggen, où sont représentés Adam et Ève chassés du paradis terrestre.

Noter la différence entre le collatéral sud du 14ᵉ s., soutenu par des colonnes alors que le collatéral nord du 15ᵉ s. frappe par la légèreté du faisceau de nervures.

Le chœur, très pur de ligne, est la partie la plus ancienne de l'édifice actuel. Dans l'axe du chœur, la chapelle Maes comprend le très beau retable de la Passion attribué au sculpteur Jean Mone. La chapelle du St-Sacrement abrite le trésor de la cathédrale. Parmi les objets d'art religieux, citons la très belle *Vierge et l'Enfant* attribuée à Conrad Meit.

Les **vitraux**★ sont remarquables. Au fond de la nef, la tribune s'orne d'un

Cathédrale des Sts-Michel-et-Gudule.

Y. Duhamel/MICHELIN

Jugement dernier de 1528 aux couleurs éclatantes (présence d'un vert et d'un bleu intenses). Le transept est éclairé par deux riches verrières (16ᵉ s.), au fort beau dessin (architecture, perspective, modelé), exécutées d'après les cartons de Bernard Van Orley : l'une, dans le bras nord, représente Charles Quint et Isabelle de Portugal, l'autre, dans le bras sud, Louis II, roi de Hongrie, et son épouse Marie, sœur de Charles Quint. De très beaux vitraux (16ᵉ s.) décorent la chapelle du St-Sacrement, à gauche du chœur, tandis que d'autres du 17ᵉ s., d'un esprit tout rubénien, garnissent la chapelle de la Vierge à droite du chœur ; ils représentent des épisodes de la vie de la Vierge et, au-dessous, les portraits des donateurs.

Des fouilles ont permis de découvrir, dans la nef, les vestiges d'un avant-corps de type rhénan-mosan ainsi que les murs d'une église romane (vers 1047-1150).

Visiter

LES GRANDS MUSÉES DU CENTRE

Autour du Mont des Arts Plan IV K2

Musée d'Art ancien★★★

Rue de la Régence 3, 1000 Bruxelles - ℘ *02 508 32 11 - www.fine-arts-museum.be - tlj sf lun. 10h-17h - fermé 1ᵉʳ janv., 2ᵉ je. de janv., 1ᵉʳ mai, 1ᵉʳ et 11 nov., 25 déc. - 5 € (Musée d'Art moderne inclus) - gratuit 1ᵉʳ merc. du mois à partir de 13h.*

Occupant un palais de style classique exécuté par Alphonse Balat de 1874 à 1880 et prolongé d'une aile moderne, ce musée est universellement connu pour ses admirables primitifs flamands et les œuvres célèbres de Bruegel l'Ancien et de Rubens.

15ᵉ-16ᵉ s. – Cette section renferme de véritables trésors de l'école flamande ainsi que des écoles française, allemande, hollandaise, italienne et espagnole. L'un des tableaux les plus anciens est *Scènes de la vie de la Vierge*, exécuté par un maître anonyme des Pays-Bas méridionaux (vers la fin du 14ᵉ s.).

L'œuvre du Tournaisien Rogier de La Pasture, dit **Van der Weyden**, est représentée par les portraits d'*Antoine, grand bâtard de Bourgogne*, et de *Laurent Froimont*, merveilleux dans leur simplicité, ainsi que par une magnifique *Pietà* (salle 11) dont le caractère dramatique est renforcé par une lumière rougeoyante. Dans la même salle se trouve une œuvre de celui qui fut le maître de Van der Weyden, **Robert Campin**, que certains identifient avec le **Maître de Flémalle** : son *Annonciation*, qui est une variante du panneau central du *Triptyque de Mérode* exposé dans les Cloîtres de New York, est remarquable par le coloris, la douceur du visage de la Vierge et la précision avec laquelle sont traités les différents objets. Dans la *Pietà* de **Petrus Christus** dont les œuvres sont si rares, se sent l'influence de Van Eyck dont il suivit l'enseignement. Les deux panneaux de la *Justice de l'Empereur Othon*, l'un des principaux chefs-d'œuvre de **Dirk Bouts**, avaient été commandés en 1468 pour l'hôtel de ville de Louvain comme « tableaux de justice » ; ils représentent une erreur judiciaire. De **Hans Memling**, le

Musée d'Art ancien.

Brugeois, on admirera la *Vierge à l'Enfant*, pleine de tendresse, et le *Martyre de saint Sébastien* au très beau fond représentant une ville flamande. **Jérôme Bosch** s'illustre avec un *Calvaire avec donateur*, où le paysage est tout en nuances chromatiques, et une copie d'atelier de son célèbre triptyque de la *Tentation de saint Antoine*. De **Hugo Van der Goes**, on remarquera *La Vierge et l'Enfant*, œuvre magnifique dont émane une certaine froideur due aux couleurs choisies par l'artiste. La *Vierge à la soupe au lait* de **Gérard David**, le dernier des grands primitifs, frappe par son côté intimiste. **Quentin Metsys** conserve les grands traits des primitifs flamands, mais teintés par l'influence italienne ; il annonce le maniérisme anversois comme le montrent le triptyque de la *Lignée de sainte Anne* et plusieurs *Vierge à l'Enfant*. **Jan Gossaert**, dit Mabuse, portraitiste et peintre de cour, montre ici une autre facette de son art avec *Vénus et l'Amour*, une des premières œuvres à sujet mythologique dans la peinture flamande. De **Bernard Van Orley**, peintre de Marguerite d'Autriche : volet du *Retable de la confrérie de la Sainte-Croix*.

La salle 31 est une véritable consécration de l'œuvre de **Bruegel l'Ancien**. Plusieurs de ses chefs-d'œuvre y sont réunis et témoignent de l'étendue de son talent et de son registre. La *Chute des anges rebelles* montre l'influence de Jérôme Bosch sur Bruegel à ses débuts. L'ironie, le réalisme du détail, la sérénité du paysage qui lui sont si caractéristiques se manifestent dans le fameux *Dénombrement de Bethléem* et dans la *Chute d'Icare*, tableau étrange où certains ont voulu voir des symboles alchimiques.

Les salles réservées au **legs Delporte** renferment un panneau primitif des Pays-Bas, *Calvaire et résurrection*, les jolis panneaux ronds de Grimmer représentant les Saisons et un remarquable Bruegel l'Ancien, *Paysage d'hiver avec patineurs et trappe aux oiseaux*.

17e-18e s. – Les œuvres de cette période sont réunies dans les salles, autour du grand hall dans les galeries rénovées. **Rubens** y est représenté par des tableaux de premier ordre : on y voit son talent pour réaliser de grandes toiles religieuses avec l'*Adoration des Mages* aux très beaux coloris, la *Montée au Calvaire* et le *Martyre de saint Liévin*, ainsi que des œuvres plus intimistes avec, salle 52, les fameuses *Têtes de nègre* et un *Portrait d'Hélène Fourment* plein de malice et de séduction. **Jordaens** occupe aussi une place importante : on remarquera dans la salle 57 plusieurs de ses œuvres : l'*Allégorie de la fécondité*, peinture très vivante à la sensualité aiguë, *Le Roi boit* et *Suzanne et les vieillards*. De bonnes œuvres de Corneille de Vos, Van Dyck, Teniers, Frans Hals et de paysagistes et peintres de genre hollandais complètent ces collections exceptionnelles.

Musée d'Art moderne★★
Rue de la Régence 3, 1000 Bruxelles - ℘ 02 508 32 11 - www.fine-arts-museum.be - tlj sf lun. 10h-17h - fermé 1er janv., 2e jeu. de janv., 1er mai, 1er et 11 nov., 25 déc. - 5 € (Musée d'Art ancien inclus) - gratuit 1er merc. du mois à partir de 13h.

Inauguré en 1984, le complexe comprend deux parties. Le bâtiment néoclassique de la place Royale abrite les collections de peinture et de sculpture du 19e s. Les collections de statues, de peintures et de dessins du 20e s. sont exposées dans la partie souterraine de l'immeuble de la place du Musée, érigé par les architectes Bastin et Beek autour d'un puits de lumière profond de 8 niveaux.

19e s. – La collection du 19e s. est consacrée au **néoclassicisme** (Jacques-Louis David, *Marat assassiné*, de 1793, au niveau -2), au romantisme (niveau -2), au **réalisme** (niveau -1) et au **luminisme** (Émile Claus, *Portrait de Jenny Montigny*, au niveau 2). Le symbolisme (niveau 2) est représenté par Fernand **Khnopff**, avec le *Portrait de Marguerite, Memories* et le mystérieux *Des Caresses*. À noter aussi les œuvres des impressionnistes et néo-impressionnistes français au niveau 3 (Gauguin, Bonnard, *Nu à contre-jour*, Vuillard, Seurat), sans oublier *Le Penseur* de Rodin. Une large place est faite à l'œuvre du Flamand **James Ensor** (*Une coloriste*, 1880, *Les Masques scandalisés*, 1883 et *Squelettes se disputant un hareng saur*, 1891), qui incarne la transition entre le 19e s. et le 20e s. Toujours au niveau 3, des œuvres de Rik Wouters et quelques statues émouvantes de George Minne.

20e s. – Le niveau -3, consacré à l'art contemporain, expose des sculptures blanches grandeur nature de Georges Segal (moulages en plâtre de modèles vivants), des œuvres d'Anselm Kiefer (*Bérénice*, 1989), de Henry Moore, de Pol Bury, de Nam June Paik, de Sam Francis, de Claes Oldenburg et de Francis Bacon.

La descente dans les différents niveaux permet de suivre l'évolution des courants artistiques tels que fauvisme, expressionnisme, jeune peinture belge, COBRA, phases, surréalisme, groupe Zéro, etc. On admirera notamment des œuvres de **Rik Wouters** (*Dame en bleu devant une glace*, 1912 ; *Le Flûtiste*, 1914), un très bel ensemble de **Léon Spilliaert** (*La digue*, 1909 ; *Baigneuse*, 1910), les représentants de la deuxième école de Laethem-St-Martin (**Permeke**, **Gustave De Smet** et **Frits Van den Berghe**) ; l'abstraction est représentée par **Servranckx**, Baugniet, Peeters ; les futuristes belges (P. de Troyer et J. Schmalzigaug) et les membres de COBRA (**Pierre Alechinsky**, **Karel Appel**). Les œuvres de **Delvaux** (*Trains du soir, Pygmalion, La Voix publique*) et de **Magritte** témoignent de l'importance que le surréalisme, tout comme le symbolisme au 19e s., a connue en Belgique. Une salle est consacrée à chacun de ces deux maîtres. La salle Georgette et René Magritte réunit les œuvres qui appartenaient aux collections (*L'Homme du large, Le Mariage de minuit, L'Empire des lumières*, 1954, *Le Joueur secret*), ainsi que celles léguées par la veuve du peintre (*La Magie noire, Le Galet, Le Domaine d'Arnheim*). On remarquera aussi des œuvres de Wilfredo Lam, Hans Hartung, Joan Miró, Max Ernst, Paul Klee, Giorgio de Chirico, **Marcel Broodthaers**, Arman…

Le niveau -8 est plus particulièrement consacré à l'art contemporain tant belge (Michel Mouffe, Mark Luyten, Dan Van Severen, Bernd Lohaus, Marthe Wéry, Jan Vercruysse, Walter Swennen, Jef Geys, Jan Fabre) qu'étranger (Dan Flavin, Donald Judd, Ulrich Ruckriem, Tony Cragg).

Musée des Instruments de Musique★★★ (MIM)

℘ 02 545 01 53 - www.mim.fgov.be - tlj sf lun. 9h30-16h45, w.-end 10h-16h45 - fermé 1er janv., 1er mai, 1er et 11 nov., 25 déc. - 5 €, gratuit 1er merc. du mois à partir de 13h.

Deux bâtiments se partagent le MIM : le splendide bâtiment Art nouveau **d'Old England** (1898-1899) de l'architecte Paul Saintenoy et l'édifice de style néoclassique de B. Guimard. Le premier fut une commande de la société britannique du même nom qui s'implanta à Bruxelles en 1886. La restauration a redonné à ces anciens magasins toute leur splendeur d'antan.

C'est dans ce bâtiment Art nouveau que le musée des Instruments de Musique (MIM), de renommée internationale, a élu domicile en juin 2000. Sur quatre étages ont été rassemblés quelque 7000 instruments de toutes les régions du monde et de toutes les époques. Un casque permet au visiteur de découvrir le son de chaque instrument. Il y découvrira des chants de carnaval aussi bien que des arias célèbres, interprétés par des instruments rudimentaires ou des instruments électroniques modernes. Le Jardin d'Orphée est une véritable aire de jeu pour les enfants de 4 à 10

Le musée des Instruments de Musique.

ans. Les enfants handicapés, malvoyants et malentendants peuvent également découvrir les collections au moyen de toutes sortes de jeux. Enfin, le restaurant du MIM est le lieu idéal pour terminer la visite du musée. Situé au sommet du bâtiment Art nouveau, il offre une des plus belles vues sur le centre historique de Bruxelles.

Musée BELvue★

Place des Palais 7, 1000 Bruxelles - ✆ 070 22 04 92 - www.belvue.be - tlj. sf lun., juin-sept. : 10h-18h ; oct.-mai : 10h-17h - fermé: 1ᵉʳ janv., Pâques, 1ᵉʳ mai et 25 déc. - 3 €.

Construit entre 1776 et 1777, l'hôtel Bellevue, de style néoclassique, abritait jadis un hôtel de luxe pour voyageurs. Le bâtiment fut incorporé au Palais royal et servit de résidence à la princesse Clémentine, fille de Léopold II, et au futur Léopold III. Il abrite actuellement un musée consacré à **l'histoire de la Belgique**, de la révolution de 1830 à l'État fédéral d'aujourd'hui.

Accès au **site archéologique du Coudenberg**. Des fouilles ont permis de dégager des vestiges importants du palais du Coudenberg, ancien palais ducal détruit par un violent incendie survenu en 1731. Flanquée de tours polygonales, la Magna Aula, ou grande salle d'apparat, fut construite sous le règne de Philippe le Bon. Charles Quint y abdiqua en 1555. À proximité, se trouve la rue Isabelle, également souterraine, par laquelle l'archiduchesse Isabelle se rendait à la cathédrale.

Appartements de Charles de Lorraine

Place des Musées 1, 1000 Bruxelles - ✆ 02 519 53 11 - merc. et sam. 13h-17h - fermé j. fériés, dernière sem. d'août, entre Noël et Nouvel An - 3 €. Les appartements sont actuellement fermés pour une période indéterminée pour cause de dépollution (amiante) et de rénovation.

Au nord-ouest de la rue du Musée s'élève la façade néoclassique du palais de Charles de Lorraine ; il s'agit de la seule aile conservée d'un bâtiment que le gouverneur des Pays-Bas fit construire entre 1756 et 1780 à l'emplacement de l'ancien hôtel de Nassau. De nos jours, le cabinet des estampes et la section de chalcographie de la Bibliothèque royale occupent le rez-de-chaussée. Un escalier monumental, au pied duquel s'élève une statue représentant Hercule (1770) sous les traits du gouverneur par Laurent Delvaux, mène au 1ᵉʳ étage. On admire un salon rond décoré d'un pavement de marbre – remarquer la rosace de 28 marbres belges – et cinq pièces restaurées abritant un **musée** consacré au 18ᵉ s. dans les Pays-Bas sous la domination autrichienne et la principauté de Liège.

Bibliothèque royale de Belgique

Mont des Arts, 1000 Bruxelles. Visite obligatoirement accompagnée uniquement pour groupes sur demande auprès du Service éducatif. ✆ 02 519 53 57 - www.kbr.be - fermé 1ᵉʳ janv., lun. de Pâques, 1ᵉʳ mai, jeu. de l'Ascension, lun. de Pentecôte, 21 juil., 15 août, 1ᵉʳ, 2, 11 et 15 nov. et la sem. entre Noël et Nouvel An.

Cette bibliothèque, née au 15ᵉ s., lors du règne des ducs de Bourgogne, est ouverte au public depuis 1839 et fut transférée au Mont des Arts en 1969. Elle renferme cinq millions de volumes, de magnifiques collections que l'on peut consulter sur place : manuscrits et imprimés, estampes et dessins, cartes et plans, monnaies et médailles.

Le bâtiment englobe la **chapelle de Nassau** ou chapelle St-Georges, vestige de l'ancien palais de Nassau. De style gothique flamboyant (1520), elle sert de cadre à des expositions temporaires.

Cabinets de donations – Les cabinets de donation comprennent une reconstitution du cabinet de travail d'Émile Verhaeren à St-Cloud, près de Paris, et de celui de Michel de Ghelderode à Schaerbeek, ainsi qu'un cabinet consacré au souvenir d'Henry Van de Velde et de son ami Max Elskamp.

Musée de l'Imprimerie – Série de machines et presses de la fin du 18ᵉ s. au début du 20ᵉ s., illustrant l'histoire de l'imprimerie (typographie, taille-douce, lithographie, offset) et de la reliure-dorure. *Visites guidées sur réservation. ✆ 02 519 53 56 - tlj sf w.-end 9h-16h45 - mêmes jours de fermeture que pour la Bibliothèque royale - gratuit.*

Autour de la Grand-Place Plan IV J1

Bruxella 1238

À gauche de la Bourse, r. de la Bourse. ✆ 02 279 43 50 - visite accompagnée 1ᵉʳ merc. du mois 11h15 (français), 14h (néerlandais) - rendez-vous à la Maison du Roi, Grand-Place - 3 €.

À l'emplacement d'un ancien couvent de franciscains, fondé en 1238, se situe un petit musée archéologique. Lors des fouilles en 1988, on a trouvé des vestiges de l'ancienne église et du couvent, de nombreux caveaux ainsi que des ossements et des fragments de céramique.

Musée du Costume et de la Dentelle

Rue de la Violette 12, 1000 Bruxelles - ☎ 02 512 77 09 - tlj sf merc. 10h-12h30, 13h30-17h, w.-end 14h-17h - fermé 1er janv., 1er mai, 1er et 11 nov. et 25 déc. - 3 €.

Ce musée est consacré aux divers artisanats du costume du 17e au 20e s. : dentelle de Bruxelles, broderie, passementerie.

Au nord du centre

Centre belge de la Bande Dessinée★★ Plan IV, K1

☎ 02 219 19 80 - ♿ - tlj sf lun. 10h-18h - fermé 1er janv., 25 déc. - 7 €.

Le centre est installé dans le magnifique bâtiment Art nouveau dessiné par Victor Horta en 1903 pour les magasins Waucquez (textile en gros).

On pénètre dans un hall aux vastes dimensions éclairé par un réverbère qui lui confère une allure de place publique. De ce hall, autour duquel ont été aménagés librairie, bibliothèque et restaurant, part un monumental escalier de pierre aux balustrades en ferronnerie, qui mène vers les collections du musée.

À l'entresol, une exposition explique les différentes étapes de l'élaboration d'une bande dessinée (scénario, dessin, coloriage, impression) tandis que « le trésor » abrite plus de 7 000 planches originales des plus grands de la BD présentées par roulement de 200. En vis-à-vis, une galerie suit l'actualité de la BD.

Le 1er étage, sous l'immense verrière, est le cadre de grandes expositions temporaires, tandis qu'en façade, le **musée de l'Imaginaire** nous invite à redécouvrir l'univers des grands héros de la bande dessinée belge et leurs créateurs : Tintin (Hergé), Gaston Lagaffe (André Franquin), Blake et Mortimer (Edgar Pierre Jacobs), Lucky Luke (Morris), les Schtroumpfs (Peyo), etc.

Le dernier étage du centre abrite le **musée de la BD moderne**. Il retrace l'évolution du neuvième art européen depuis 1960.

Centre belge de la Bande dessinée.

Le Cinquantenaire

Parc du Cinquantenaire Plan III

Créé en 1880 lors de l'exposition du Cinquantenaire de l'indépendance de la Belgique, il entoure un grand palais dont les deux ailes sont réunies par une monumentale arcade, due à l'architecte Girault (1905). À l'arrière du palais se situent deux halles à charpentes métalliques datant de 1888. L'aile et la halle du Nord abritent le musée de l'Armée, la halle du Sud l'exposition Autoworld, et l'aile sud le musée du Cinquantenaire.

Musée du Cinquantenaire★★★

Une partie des salles peut être fermée pour des raisons de personnel. S'adresser à l'accueil.

Les héros de la BD sur les pignons bruxellois

Un véritable parcours consacré au neuvième art a été mis en place ces dernières années. De nombreux personnages de BD belges décorent ainsi une dizaine de façades et de murs du centre de la ville : **Brousaille** au Plattesteen, **Bob et Bobette** dans la rue de Laeken, **Néron** de Marc Sleen aux halles St-Géry, un **Cubitus** inspiré de Manneken Pis dans la rue de Flandre, **Quick et Flupke** en compagnie de l'agent 15 dans la rue Haute… sans oublier la grande statue de **Gaston Lagaffe** au boulevard Pacheco, qui ouvre le chemin vers le Centre belge de la Bande Dessinée, dans la rue des Sables, en bas des marches. La brochure ad hoc peut être obtenue au TIB, Hôtel de Ville, sur la Grand-Place - ☎ 02 513 89 40.

*02 741 72 11 - www.mrah.be - tlj sf lun.
9h30 (w.-end et j. fériés 10h)-17h - fermé
1er janv., 1er mai, 1er et 11 nov., 25 déc - 5 € -
gratuit 1er merc. du mois à partir de 13h.*
Les collections sont extrêmement riches,
surtout en ce qui concerne l'Antiquité,
les arts décoratifs et les civilisations non
européennes.

**Antiquité (Proche-Orient, Grèce,
Rome, Égypte)** – Au rez-de-chaussée
(niveau 0) sont évoquées les civilisations
du Proche-Orient (Palestine, Chypre,
Mésopotamie). De l'entresol, on découvre la **maquette de Rome**, montrant
la capitale de l'Empire romain au 4e s.,
réalisée à l'échelle 1/400 (*commentaire
enregistré avec illuminations*). Le niveau I
est consacré à la civilisation romaine.
Le niveau II a trait à **Rome** (galerie
des portraits), à l'**Étrurie**, à la **Grèce**
(céramique à figures rouges et figures
noires). La grande colonnade reconstituée d'Apamée témoigne des missions

Musée du Cinquantenaire.

Y. Duhamel/MICHELIN

belges menées en Syrie. Vue plongeante sur la fameuse **mosaïque d'Apamée** qui
forme, au milieu de la grande cour intérieure, un fabuleux tapis où s'affrontent
chasseurs et bêtes fauves. Le niveau III abrite la section Égypte : à signaler, un
fragment d'un des plus anciens livres des morts, la **Dame de Bruxelles**, statue
qui remonte vers 2 600 avant J.-C., et le très beau bas-relief représentant la **reine
Tiy**, épouse d'Aménophis III. Le niveau IV renferme une maquette en plâtre du
complexe funéraire de Djeser à Saqqarah.

Les civilisations non européennes – Les salles de l'**Amérique** (niveau I) exposent de très beaux ensembles d'art précolombien et ethnographique. Remarquer le
magnifique manteau de plumes du 16e s., la monumentale divinité assise provenant
du Mexique, représentant probablement Xochiquetzal ainsi qu'un ornement en forme
de double volute (Colombie, 600-1550).

Les collections **Micronésie** et **Polynésie** (niveau I) présentent des objets archéologiques et ethnologiques exposés par thème. Le musée possède une des légendaires
statues de l'île de Pâques.

La section **Inde**, **Chine** et **Sud-Est asiatique** (niveau II) illustre les arts, les religions
et les traditions de l'Inde (bronze de Siva Nataraja du 13e s.), de la Chine (2 bodhi-
sattvas, vers 1200), du Viêtnam (céramique), de l'Indonésie, de la Thaïlande et du
Tibet (riche collection de thang-kas, représentations religieuses et symboliques
faites par les lamas).

Industries d'art – La **salle aux trésors** (niveau 0) présente d'une façon passionnante
de magnifiques objets religieux, dont l'**autel portatif de Stavelot** (vers 1150-1160)
en laiton et émaux champlevés, le chef-reliquaire du pape Alexandre Ier, et de très
beaux ivoires, notamment **le diptyque de Genoelselderen**.

Les salles des arts décoratifs du Moyen Âge au baroque (niveau I) abritent des **tapisseries** qui rivalisent par la finesse de leur exécution et la splendeur de leurs coloris : du
début du 16e s., *La Légende de N.-D.-du-Sablon* et l'*Histoire de Jacob*. Parmi les **retables**
en bois, celui de **saint Georges** par Jan Borreman (1493) frappe par l'intensité de vie
de ses personnages.

Le mobilier est extrêmement précieux : beaux cabinets anversois et reconstitution des
vitrines conçues par Victor Horta en 1912 pour la joaillerie bruxelloise Wolfers.

Au niveau II, des salles ont trait à la verrerie (101 pièces de M. Marinot), aux textiles à
la céramique et à la dentelle (**couvre-lit d'Albert et Isabelle**, 1599).

La section des **voitures hippomobiles** (niveau 0) abrite des carrosses, des traîneaux,
des selles.

Le **musée du Cœur** (niveau I) présente une étonnante collection de cœurs, léguée
par le cardiologue Boyadjian.

Archéologie nationale – Les salles (niveau 0) présentent des objets (outils, bijoux,
céramique) depuis le paléolithique à l'époque mérovingienne provenant des fouilles
effectuées en Belgique, ainsi que des reconstitutions (tombes, habitation romaine).

Musée royal de l'Armée et d'Histoire militaire★

Parc du Cinquantenaire 3, 1000 Bruxelles - ☎ 02 737 78 11, www.klm-mra.be - tlj sf lun. 9h-12h et 13h-16h45 - la section Air et la cafétéria sont ouvertes sans interruption - audio-guides disponibles - gratuit.

Situé au cœur de Bruxelles et à deux pas des institutions européennes, le Musée Royal de l'Armée et d'Histoire Militaire (MRA) raconte plus de **10 siècles d'histoire militaire** et d'évolution de l'armement. Le parcours proposé par ce musée est riche et diversifié : à côté de **dizaines d'armures et de centaines d'uniformes**, on peut admirer un impressionnant **ensemble d'avions et de blindés** de toutes les époques et de toutes les tailles. Une toute nouvelle exposition (quelque 700 m²) sur la **Seconde Guerre mondiale** offre une vision particulière sur les événements d'un passé récent. Sans oublier le beau **panorama★** de Bruxelles depuis le sommet des Arcades.

Musée Autoworld ★★

Parc du Cinquantenaire 11, 1000 Bruxelles - ☎ 02 741 89 80 - www.autoworld.be - ♿ - avr.-sept. : 10h -18h ; oct.-mars : 10h-17h, w.-end 10h-18h - fermé 1ᵉʳ janv., 25 déc. - 6 €.

On peut admirer sous la haute verrière de la halle sud du palais du Cinquantenaire quelque 350 véhicules, principalement des automobiles. Si l'exposition comprend des voitures de membres du Royal Veteran Car Club, la majeure partie des véhicules présentés provient de la prestigieuse **collection Ghislain Mahy**.

Né à Gand en 1901, Mahy a réussi à rassembler en quarante ans plus de 800 véhicules automobiles. Souvent en piteux état lors de l'achat, le collectionneur s'est attaché à leur rendre vie dans son atelier de réparation ; ainsi, près de 300 voitures sont actuellement en parfait état de marche. En 1944, Mahy achète sa première voiture : une Ford de 1921 ; sa collection comprendra d'ailleurs un grand nombre de voitures américaines. Parmi les véhicules d'origine française se remarquent une voiturette Léon Bollée de 1896, une Renault 14 CV de 1908, à capot dit « en chapeau de gendarme », une luxueuse Delage des années 1920 et une Hispano-Suiza de 1935. Les marques Bentley, Daimler, Humber, Jaguar et Rolls-Royce – remarquer la magnifique Silver Ghost de 1921 – sont de dignes représentants de la fabrication anglaise, tandis qu'Adler, Mercedes, Horch et Opel évoquent celle de l'Allemagne. Alfa Romeo, Fiat et Lancia témoignent du raffinement italien.

La fabrication belge mérite plus particulièrement l'attention : les firmes Belga Rise, FN, Fondu, Hermes, Imperia, Miesse, Nagant et Vivinus sont représentées, sans oublier la célèbre marque **Minerva**. Au départ constructeur de cycles, puis de motocyclettes, l'Anversois Sylvain de Jong présente son premier prototype Minerva en 1902. Si la gamme comprend au départ 3 modèles, celle-ci ne cessera de croître jusque dans les années 1930. La firme acquiert une solide réputation pour le grand confort qu'offrent ses superbes automobiles dont le moteur est très silencieux. En 1930, Minerva dispose d'une gamme allant de 12 à 40 CV. Mais la belle époque de la voiture de luxe se termine ; la clientèle se tourne vers des marques moins coûteuses et 1934 voit la faillite de Minerva.

Le musée possède une quinzaine de Minerva ; la plus ancienne date de 1910 et appartenait à la cour de Belgique à l'époque du roi Albert Iᵉʳ.

Autoworld.

Y. Duhamel/MICHELIN

L'Auto Design Story au 1ᵉʳ étage présente l'évolution du design de la voiture depuis ses origines à nos jours.

Maison Cauchie★

R. des Francs 5 - ☎ 02 673 15 06 - visite accompagnée (45mn) 1ᵉʳ w.-end de chaque mois 11h-13h, 14h-18h - fermé Noël, Nouvel An - 4 €.

La maison personnelle (1905) de l'architecte et décorateur Paul Cauchie présente une étonnante façade presque entièrement décorée de sgraffites, technique proche de la fresque.

Autour du Parlement

Palais de la Nation Plan IV K1

Visite accompagnée pour groupes seulement (1h30) sur demande préalable auprès de la Chambre des Représentants, Service des Relations publiques et internationales, 1008 Bruxelles, ☎ 02 549 81 36.

Situé au nord du parc de Bruxelles, il a été édifié sous Charles de Lorraine et restauré après l'incendie de 1883. C'est le siège de la Chambre des repré-

Maison Cauchie.

sentants et du Sénat : la **salle des Séances du Sénat★** est décorée d'une façon particulièrement raffinée.

Colonne du Congrès Plan IV K1

Conçu et inauguré par Poelaert en 1859, ce monument commémore le Congrès national qui promulgua, au lendemain de la révolution de 1830, la Constitution belge. La colonne est surmontée de la statue de Léopold Iᵉʳ (Guillaume Geefs). Au pied du monument, deux lions gardent la tombe du Soldat inconnu. De l' « Esplanade » aménagée entre les édifices de la Cité administrative s'offre une intéressante vue d'ensemble sur la ville.

Musée Charlier★ Plan III F2

Av. des Arts 16 - ☎ 02 218 53 82 - mar.-vend. 12h-17h - 5 €. Riche amateur d'art, Henri Van Cutsem acheta en 1890 deux maisons mitoyennes à St-Josse. Après avoir fait unir les deux façades, il chargea son ami Victor Horta d'y concevoir des verrières afin d'éclairer ses collections. Puis il proposa à l'artiste Guillaume Charlier (1854-1925) d'y emménager. Ce dernier, légataire universel de son mécène à sa mort, en 1904, hérita de cet hôtel particulier et fit construire un musée à Tournai, par Victor Horta, pour accueillir les collections de toiles impressionnistes de H. Van Cutsem. Ce musée conserve un grand nombre de tableaux et de sculptures d'artistes différents, mais également d'intéressantes collections de mobilier, de tapisseries et d'objets décoratifs.

LE QUARTIER DU BÉGUINAGE

Église St-Jean-Baptiste-au-Béguinage Plan IV J1

☎ 02 217 87 42 - www.catho.be - lun.-sam. 10h-17h - des travaux de rénovation peuvent entraîner une modification des heures de visite.

Dans un quartier paisible, elle dresse sa belle façade à trois corps de style baroque flamand (1676). L'**intérieur**, où la décoration baroque s'est plaquée sur des structures gothiques, présente de belles proportions. L'entablement, au-dessus des grandes arcades, est très rythmé ; il s'appuie, à la jonction des arcs, sur des têtes d'anges ailées. Sous la chaire de 1757 figure saint Dominique terrassant l'hérésie.

On admire les tableaux du Bruxellois **Van Loon** et de différents artistes flamands. Le béguinage, qui compta jusqu'à 1 200 béguines, a disparu au 19ᵉ s.

À proximité s'élève l'**église Ste-Catherine**. On a conservé la **tour** de l'ancienne église et la **tour Noire** ; celle-ci est un vestige de la première enceinte de la ville.

Maison de la Bellone Plan III E2

☎ 02 513 33 33 - ♿ - août-juin : tlj sf lun. et w.-end 10h-18h - fermé j. fériés - gratuit.

Cette belle demeure patricienne de la fin du 17ᵉ s. n'est pas visible de la rue. Elle abrite la Maison du spectacle (expositions et centre de documentation, bibliothèque).

LE QUARTIER DE L'EUROPE Plan III G2 et G3

Muséum des Sciences naturelles★★★

R. Vautier 29, Bruxelles - 📞 02 627 42 38 - www.sciencesnaturelles.be - tlj sf lun. 9h30-16h45, w.-end et vac. scol. (sf juil.-août) 10h-18h - fermé 1ᵉʳ janv., 1ᵉʳ mai, 25 déc. - 7 €, gratuit 1ᵉʳ merc. du mois à partir de 13h.

La Galerie des Dinosaures, récemment rénovée, abrite la plus grande 👥 **exposition de dinosaures** en Europe: plus de 30 squelettes sur 3000 m², de nombreux modules interactifs, des œuvres d'art… Vous vous retrouverez nez à nez avec de gigantesques animaux préhistoriques tels que le dinosaure T-Rex, le stégosore, le diplodocus, le tricératops et autres animaux géants. Mais les véritables vedettes de cette galerie restent **les fossiles originaux des iguanodons** de Bernissart. Des animations multimédia rendent la vie à ces squelettes. En quelques secondes, vous parcourerez plusieurs dizaines de millions d'années.

D'autres salles présentent des sujets aussi divers que l'évolution de l'Homme, les mers du jurassique et du crétacé, ou encore les animaux qui peuplent les deux pôles. Un vivarium permet d'observer principalement des arachnides. La salle des baleines impressionne par ses nombreux squelettes de cétacés, parmi lesquels celui du plus grand mammifère de tous les temps : la baleine bleue. On peut également voir une magnifique collection de **coquillages** et d'**insectes**, aussi que de **minéraux**. Dans les salles « Copains cachés », le visiteur fait plus ample connaissance avec les animaux de la ville: grenouille, chauve-souris, renard, tortue…

Le musée organise régulièrement des expositions temporaires en cherchant à faire participer activement les enfants de tous âges. Dans « X-tremes » (octobre 2008 - août 2009), le muséum entraîne ses visiteurs dans les lieux les plus extrêmes de notre planète.

Y. Duhamel/MICHELIN

Muséum des Sciences naturelles-Institut Royal.

Musée Wiertz

R. Vautier 62 - 📞 02 648 17 18 - tlj sf lun. 10h-12h, 13h-17h, un w.-end sur deux (prière de se renseigner) aux mêmes heures - fermé 1ᵉʳ janv., 2ᵉ jeu. de janv., 1ᵉʳ mai, 1ᵉʳ et 11 nov., 25 déc. - gratuit. À deux pas du Muséum des Sciences naturelles, ce musée est installé dans l'ancien atelier et maison de l'artiste Antoine Wiertz. Ce peintre visionnaire fut le précurseur du symbolisme et du surréalisme en Belgique. Les compositions de la grande salle surprennent par leur monumentalité. Remarquer également la macabre *Inhumation précipitée*.

Berlaymont

Au rond-point Schuman, ces bâtiments (1967) en forme de X ont été construits à l'emplacement d'un couvent fondé au 17ᵉ s. par la comtesse de Berlaymont. Ils accueillent, de même que le bâtiment Charlemagne juste à côté, la Commission européenne.

Les squares

À deux pas du Berlaymont s'étend un quartier planifié à partir de 1875 par l'architecte Gédéon Bordiau. Cet exemple d'urbanisme moderne aux maisons de style éclectique

et Art nouveau mérite une promenade. Remarquer l'**hôtel Van Eetvelde**★ (1895-1898) au n° 4 de l'avenue Palmerston (187), une brillante réalisation de Victor Horta ainsi que la **maison du peintre de St-Cyr** (1900), située au n° 11 du square Ambiorix. Ce bâtiment réalisé par Gustave Strauven est remarquable par son étroitesse.

AU SUD DE BRUXELLES

St-Gilles Plan III E4
Cette commune possède de nombreux immeubles de style Art nouveau dont le plus bel exemple est la maison de Victor Horta.

Musée Horta★★ Plan II B4
Rue Américaine 25, 1050 Bruxelles - ☎ 02 543 04 90 - tlj sf lun. 14h-17h30 - fermé j. fériés - 5 €.
Le musée est installé dans les deux étroites maisons que l'architecte Victor Horta avait construites entre 1898 et 1901 pour en faire son habitation et son atelier. Dans ses Mémoires, Victor Horta écrivait : « Si l'on veut bien se rendre compte de ce que dans chaque maison je dessinais et créais le modèle de chaque meuble, de chaque charnière et clenche de porte, les tapis et la décoration murale… », ce travail immense a donné une merveille d'harmonie et d'élégance, un remarquable témoignage de l'Art nouveau, où le verre et le fer sont rois, où la courbe et la contre-courbe se marient avec grâce. L'**escalier** est une des plus belles décorations de Horta : la légèreté de la structure métallique est soulignée par la lumière dorée diffusée par les vitraux de la verrière et les reflets multiples des miroirs.

Hôtel Hannon★ Plan II B4
Av. de la Jonction 1, 1060 Bruxelles - ☎ 02 538 42 20 - mi-août-mi-juil. : tlj sf lun. 13h-18h - fermé j. fériés - 2,50 €.
Cette demeure Art nouveau fut construite en 1903 par l'architecte Jules Brunfaut (1852-1942) et décorée par les Français Louis Majorelle et Émile Gallé, fondateur de l'École de Nancy. Elle a longtemps été laissée à l'abandon, aussi le mobilier a-t-il disparu pour l'essentiel. Le bâtiment est actuellement occupé par une galerie de photos, en hommage à l'industriel Édouard Hannon qui fut un photographe de talent.
Juste à côté, au n° 55 de l'avenue Brugmann, se trouve la maison dite « **Les Hiboux** » qui a été construite par Édouard Pelseneer en 1895.

Ixelles
Située au-delà de la porte Louise, cette commune est actuellement une des plus importantes de l'agglomération. L'**avenue Louise** fut créée au milieu du 19e s. pour relier le bois de la Cambre au centre de la ville ; aujourd'hui, on y trouve d'élégants magasins de mode.

Maison communale d'Ixelles Plan III F3
C'était la résidence de la Malibran : la célèbre cantatrice avait épousé en 1836 le violoniste belge de Bériot et mourut la même année à la suite d'une chute de cheval.

Musée communal d'Ixelles★ Plan III G4
R. J. van Volsem 71 - ☎ 02 515 64 21 - tlj sf lun. 13h-18h30, w.-end 10h-17h - fermé j. fériés légaux - gratuit pour collections permanentes.
Inauguré en 1892 dans les bâtiments d'un ancien abattoir, agrandi en 1973 et partiellement restructuré en 1994, ce musée contient une excellente collection de peintures et de sculptures des 19e et 20e s. où de célèbres artistes belges et français sont représentés : on y voit un dessin de Dürer, *La Cigogne*, et des affiches originales de Toulouse-Lautrec (le musée en possède 29). Des salles sont consacrées à des expositions temporaires de qualité.

Musée Constantin Meunier★ Plan II B4
R. de l'Abbaye 59 - ☎ 02 648 44 49 – visite sur rendez-vous.
Il est installé dans la demeure et l'ancien atelier de cet artiste (1831-1905) qui, tour à tour sculpteur et peintre, se consacra à dépeindre le monde du travail.

Abbaye N.-D.-de-la-Cambre★★ Plan II C4
Au sud des étangs d'Ixelles s'élève cette ancienne abbaye cistercienne. Elle est occupée de nos jours par l'École nationale supérieure d'architecture et des arts décoratifs dite « La Cambre » et par l'Institut géographique national.
La belle **cour d'honneur**, avec son logis abbatial flanqué de pavillons d'angle et ses communs sur plan semi-circulaire, forme un ensemble du 18e s. très harmonieux.
L'**église** date du 14e s. Elle abrite, dans la nef, un admirable **Christ aux outrages**★ d'Albrecht Bouts, un chemin de croix dû à Anto Carte (1886-1954) et, dans le bras nord du transept, la châsse (17e s.) de saint Boniface, Bruxellois devenu évêque de Lausanne et mort dans le monastère au 13e s. ☎ 02 648 11 21 - 9h-12h, 15h-18h.
Dans la chapelle de la Vierge (bras sud du transept), la voûte s'appuie sur des consoles sculptées de personnages et d'animaux symboliques.

Bois de la Cambre★ Plan II C4

C'est une oasis de verdure dont le paysage vallonné enserre un lac propice au canotage.

Université (Université Libre de Bruxelles) Plan II C4

Le campus du Solbosch, proche de l'avenue F. Roosevelt, se trouve sur le territoire de Bruxelles. L'ULB, fondée en 1834, s'y est installée dans les années 1920. Le campus de la Plaine, sur le site de l'ancienne plaine de manœuvre, créé dans les années 1970, se trouve bien à Ixelles. Les deux campus sont proches du cimetière.

Cimetière d'Ixelles Plan II C4

Dans ce cimetière est enterré le général Boulanger qui, réfugié à Bruxelles après sa tentative de coup d'État, se donna la mort en 1891 sur la tombe de sa maîtresse (avenue 3). Sur la tombe de Charles de Coster, statue de Thyl Ulenspiegel (avenue 1).

Forest Plan II B4

Église St-Denis★ – *℘ 02 344 87 19 - tlj sf w.-end 10h-11h, jeu.-vend. 15h-16h - en dehors de ces heures, s'adresser au secrétariat, r. des Abbesses 15.* Au pied de la colline et non loin de Forest-National, ce charmant édifice gothique abrite le tombeau de sainte Alène (12e s.). Située autour d'une vaste cour intérieure, l'ancienne abbaye de Forest abrite un centre culturel. Du côté de la place St-Denis, beau portail de style Louis XVI.

Uccle Plan II B4

Musée David et Alice van Buuren★★ – *Av. Léo Errera 41 - ℘ 02 343 48 51 - www. museumvanbuuren.com - tlj sf mar. 14h-17h30 - 10 €.* Construite en 1928, la maison du banquier-mécène David van Buuren présente une architecture extérieure typique de l'Ecole d'Amsterdam. L'intérieur, chef-d'oeuvre de l'Art Déco offre un ensemble unique aménagé par des décorateurs belges, français et hollandais. Mobilier rare, tapis, vitraux, sculptures et tableaux du 15e au 20e s. sont restés à leur place dans un cadre intime. Le musée possède la plus grande collection privée de tableaux du peintre Gustave van de Woestyne.

D'une superficie de plus d'un hectare, les jardins plongent le visiteur dans un écrin de verdure. À la fin des années 1920, Jules Buyssens conçoit le jardin pittoresque et la grande roseraie. Dans les années 1960, René Pechère crée le labyrinthe (avec des sculptures de Willequet) et le jardin du cœur.

Musée Van Buuren - Le Jardin du Cœur.

Parc de Wolvendael

À l'intérieur de ce vaste parc se trouve un petit pavillon de style Louis XVI.
À la limite du parc, le **Cornet** est une charmante auberge de 1570 où serait passé Ulenspiegel. À côté, l'**église orthodoxe russe** reproduit la silhouette d'une église de Novgorod.

Watermael-Boitsfort Plan II C4

Église St-Clément – Avec sa nef et sa tour romane du 12e s., elle conserve un cachet campagnard.

Cités-jardins « Le Logis » et « Floréal » – *Près du square des Archiducs.* Construites entre 1921 et 1929, elles servirent de référence à la politique de logement social en Belgique. Fin avril-début mai, on peut admirer le magnifique spectacle rose de leurs cerisiers du Japon en fleur.

À L'EST DE BRUXELLES

Pour les curiosités ci-dessous, voir plan II.

Préservant un caractère rural jusque dans l'entre-deux-guerres, les deux communes de Woluwe (prononcer Woluwé), aujourd'hui essentiellement résidentielles, sont très étendues.

Woluwe-St-Lambert

Chapelle de Marie la Misérable – Cette charmante chapelle fut érigée en 1360 en l'honneur d'une jeune fille pieuse qui, ayant refusé les avances d'un jeune homme, fut accusée par celui-ci de vol et enterrée vivante. À l'endroit de sa mort se produisirent des miracles.

Non loin au nord se dresse, dans un petit bois, un vieux **moulin à vent** à pivot (*accès par l'avenue de la Chapelle-aux-Champs*).

Au sud, dans un vaste parc, le **château Malou**, du 18e s., domine un étang. Il est maintenant réservé à des activités culturelles.

À Woluwe-St-Pierre, le joli site des **étangs Mellaerts** est très fréquenté l'été.

Woluwe-St-Pierre

Palais Stoclet★ – *Av. de Tervuren 279-281. Ne se visite pas.* Cette magnifique demeure aux formes pures fut construite par l'illustre architecte autrichien **Josef Hoffmann**. Le chantier, auquel ont collaboré les sculpteurs Powolny, Luksch et Metzner, ainsi que le très célèbre peintre **Gustav Klimt**, s'étala sur six années (1906-1911). L'extérieur est devenu une référence classique de l'architecture du début du 20e s. La perfection de l'exécution et la modernité des volumes ont magistralement résisté au temps. Remarquer la magnifique tour d'escalier ornée de quatre figures et d'un demi-cercle en bronze du sculpteur Metzner.

Bibliotheca Wittockiana★ – *R. du Bémel 21. Visite par le conservateur, uniquement sur rendez-vous sf exposition temporaire -* ☎ *02 770 53 33 - tlj sf lun. et dim. 10h-17h - fermé j. fériés - 3 €.* Ce musée renferme l'importante collection de reliure appartenant à l'industriel Wittock. La réserve précieuse compte environ mille cent volumes dont des reliures rares du 16e au 20e s. La collection des hochets s'étend sur quarante siècles d'histoire à partir de la période hittite. À l'étage, une salle de lecture permet de consulter des livres de documentation.

Musée du Tram bruxellois – *Av. de Tervuren 364b -* ☎ *02 515 31 08 - www.mtub.be -* ♿ *- avr.-sept. : w.-end et j. fériés 13h30-19h - 5 € (le billet donne droit à un aller-retour en tramway des années 1930 vers la forêt de Soignes ou le Cinquantenaire, compter environ 1h). Fermé pour raison de travaux jusqu'en juin 2008.* Logé dans un ancien dépôt de la Société des transports intercommunaux de Bruxelles (STIB), le musée retrace l'évolution des transports en commun à l'aide de vieux trams et bus, panneaux didactiques et documents.

Auderghem

Le Rouge Cloître – À l'est subsiste ce monastère de la forêt de Soignes, où le peintre Hugo Van der Goes séjourna jusqu'à sa mort en 1482. Les dépendances abritent un **Centre d'art**, des ateliers d'artistes (ouvert au public sous certaines conditions) ainsi qu'un **Centre d'information de la forêt de Soignes**.

Non loin, dans les bois au sud de la chaussée de Wavre, se dresse le **château forestier de Trois Fontaines** dont il ne subsiste qu'un petit bâtiment de briques rouges.

Au nord, un vaste parc entoure le **château de Val Duchesse** où fut élaboré le traité de Rome et la charmante **chapelle Ste-Anne** du 12e s.

À L'OUEST DE BRUXELLES

Pour les curiosités ci-dessous, voir plan II.

Anderlecht

Maison d'Érasme★★ – *Rue du Chapitre 31 -* ☎ *02 521 13 83 - www.erasmushouse. museum - tlj sf lun. 10h-17h - fermé 1er janv., 25 déc. - 1,25 €.* Construite en 1468 et agrandie en 1515, le « Cygne » était l'une des maisons du chapitre d'Anderlecht où logeaient les membres de la communauté et leurs hôtes illustres. En 1521, le plus célèbre lui donna son nom : Érasme (1469-1536).

Derrière les murs de briques d'un enclos ombragé, cinq pièces au mobilier gothique et Renaissance, où pénètre une lumière tamisée, évoquent l'ombre du « prince des humanistes ».

En parcourant le rez-de-chaussée, on découvre la chambre de rhétorique, la salle du chapitre abritant des peintures de maîtres dont la superbe *Adoration des Mages* de Jérôme Bosch, le **cabinet de travail d'Érasme**, avec sa simple écritoire, les portraits du philosophe par Quentin Metsys, Dürer et Holbein (copie).

Au pied de l'escalier, statue du 16e s. qui représenterait Érasme en pèlerin.

À l'étage, la **salle blanche**, ancien dortoir, abrite de précieuses éditions originales, dont la première édition de l'*Éloge de la folie*, des portraits gravés d'Érasme et de ses contemporains.

Collégiale des Sts-Pierre-et-Guidon★ – *Travaux en cours.* ✆ 02 521 74 38 - tlj sf w.-end 9h-12h, 14h-17h30. Ce bel édifice gothique flamboyant date des 14e et 15e s., sa flèche du 19e s. À l'intérieur, on verra, dans la chapelle N.-D.-de-Grâce, des vestiges de fresques (vers 1400) illustrant la vie de saint Guidon, mort en 1012 et très vénéré comme patron des paysans et protecteur des chevaux. La crypte (fin du 11e s.) renferme la pierre tumulaire de saint Guidon.

Béguinage – Fondé en 1252 et partiellement reconstruit en 1756, il a été restauré.

Musée de la Gueuze-Brasserie Cantillon★ Plan III E3 – *R. Gheude 56 -* ✆ 02 521 49 28 - tlj sf dim. 9h (sam. 10h)-17h - fermé dim. et j. fériés - 3,50 €. Cette dernière brasserie artisanale de la capitale permet de suivre les différentes étapes de la fabrication du lambic, de la kriek, de la gueuze et du faro de tradition.

AU NORD DE BRUXELLES

Koekelberg

Basilique nationale du Sacré-Cœur★ Plan I A/B 2 – ✆ 02 425 88 22. *Église : été : 8h-18h ; hiver : 8h-17h - gratuit. Accès à la galerie-promenoir et à la coupole (ascenseur ; vue panoramique sur Bruxelles) : été : 9h-17h ; hiver 10h-16h - 3 €. Musée Sœurs Noires : merc. 14h-16h et sur demande - 1,50 €. Musée d'Art religieux moderne : jeu. et vend. 14h-16h et sur demande.* Commencée en 1905, elle fut consacrée en 1951 et terminée officiellement seulement en 1970. Le dôme de cet immense édifice en brique, béton et pierre s'élève à 90 m au-dessus de la colline de Koekelberg. Contre l'abside se dresse un grand Christ en croix de George Minne. À l'intérieur, les murs revêtus de terra-cota jaune d'or circonscrivent un très vaste espace ; le transept atteint 108 m de longueur. On remarque surtout le **ciborium**, au-dessus du maître-autel : il est surmonté d'un calvaire et de quatre anges en bronze, agenouillés, exécutés par Harry Elström. De nombreux **vitraux** diffusent une lumière colorée ; ceux de la nef ont été réalisés d'après les cartons d'Anto Carte.

L'architecte gantois Albert Van Huffel n'a laissé aucun espace inoccupé. Sous le sol de l'immense édifice, il a prévu des salles de réunion, une crypte, un théâtre, une chapelle de semaine et l'habitation du concierge.

Jette Plan I B

Demeure abbatiale de Dieleghem – *Renseignements : M. Guy Paulus -* ✆ 02 476 25 94 - *pas d'heures d'ouverture fixes.* Seul vestige d'une abbaye fondée au 11e s., elle abrite la petite collection Moreau-Genot comprenant un bel ensemble de porcelaine (France, Delft, Bruxelles) des 18e et 19e s. Au 2e étage se trouve le **musée communal du Comté de Jette** qui retrace l'histoire de la commune depuis la préhistoire.

Musée René Magritte – *Rue Esseghem 135 -* ✆ 02 428 26 26 - www.magrittemuseum. be - *tlj sf lun. et mar. 10h-18h - 7 €.* René Magritte habita et travailla pendant 24 années dans cette maison. La demeure était aussi le quartier général des surréalistes belges, qui s'y réunissaient chaque semaine. Des 19 pièces que compte l'habitation, 17 sont ouvertes aux visiteurs. On y découvre des œuvres originales de l'artiste ainsi que des documents, des objets, des lettres et des photos.

Laeken

Église N.-D.-de-Laeken – ✆ 02 478 20 95 - *tlj sf lun. 14h-17h - Crypte : dim. 14h-17h - gratuit.* Construite par Poelaert dans le style néo-gothique, elle abrite les tombeaux de la famille royale (**crypte**) et une *Vierge* du 13e s., très vénérée. Dans le cimetière, on voit le chœur gothique de l'ancienne église ainsi que des tombes de nombreuses célébrités. Remarquer *Le Penseur* de Rodin qui signale la sépulture de Jef Dillens.

Château royal de Laeken – Situé dans la partie orientale (*non accessible au public*) du parc de Laeken, c'est la résidence habituelle des souverains de Belgique, bien que le roi Albert II ait choisi de rester dans sa demeure toute proche du Belvédère. Au-delà des grilles d'entrée, on aperçoit sa façade rééditfiée en 1902 par l'architecte Girault. En face se dresse, dans un parc public, le monument érigé à la mémoire de Léopold Ier.

Serres royales de Laeken★★ – *Se renseigner* 📞 *02 551 20 20 - visibles quelques jours (qui varient chaque année) au printemps (avr.-mai) - 2 €.*

Plus au nord du domaine royal. Ces édifices au splendide décor architectural, et très riches au point de vue botanique, sont malheureusement rarement ouverts au public. Les serres furent construites vers la fin du 19e s. par l'architecte Alphonse Balat (1819-1895). Plusieurs galeries et pavillons aux plantes exotiques relient les deux axes principaux, l'Église de fer (*non accessible au public*) et le magnifique Jardin d'hiver qui impressionne par ses dimensions. Ce véritable palais en verre, fer, fonte et acier est une synthèse audacieuse d'ingéniosité technique et esthétique.

Musées d'Extrême-Orient – 📞 *02 268 16 08 - www.mrah.be - tlj sf lun. 10h-17h - fermé 1er janv., 1er mai, 1er et 11 nov., 25 déc. - 4 € - gratuit 1er merc. du mois à partir de 13h.* Face à la tour japonaise, le gracieux édifice du **pavillon chinois** (1901-1909) fut construit par l'architecte Alexandre Marcel. Le kiosque et les boiseries extérieures furent exécutées à Shanghai. Remarquer au rez-de-chaussée le salon Delft orné de dessins illustrant les fables de La Fontaine. Belle collection de porcelaines sino-japonaises manufacturées pour l'exportation, dont les pièces sont exposées par roulement.

Une galerie-tunnel creusée sous l'avenue J. Van Praet relie le pavillon chinois et la Tour japonaise. Le pavillon d'entrée de la **Tour japonaise** (1901-1904) correspond au porche réédifié du *Tour du monde* de l'Exposition universelle de Paris en 1900, réalisé par Alexandre Marcel et racheté à la fermeture par Léopold II. La tour et l'aile abritant le grand escalier ont été construites à Bruxelles par ce même architecte. L'ornementation architecturale fut exécutée au Japon. Expositions temporaires. La **fontaine** voisine est la reproduction de la célèbre *fontaine de Neptune* à Bologne par Jean Bologne.

Ouvert depuis 2006 dans une dépendance du Pavillon chinois récemment restaurée, le **Musée d'Art japonais** présente, en permanence mais par rotations régulières, les riches collections japonaises appartenant aux Musées royaux d'Art et d'Histoire. Celles-ci témoignent avec éclat de la maîtrise que les Japonais ont exercée dans les arts du métal (armures, sabres,…), de la laque, de la peinture (estampes), de la xylographie, du textile (kimonos), de la céramique et de la sculpture.

Heysel

Atomium★ – 📞 *02 475 47 22 - www.atomium.be - tlj. 10h-18h (caisse fermée à 17h30) - 9 €.* Témoin de l'Exposition universelle de 1958, l'Atomium domine de ses 102 m le plateau du Heysel. Symbole de l'âge atomique, il représente une molécule de cristal de fer agrandie 165 milliards de fois. Sa structure, en acier revêtu d'aluminium, est composée de 9 sphères de 18 m de diamètre, reliées entre elles par des tubes de 29 m de long et 3 m de diamètre, dans lesquels on peut circuler. Un ascenseur mène à la sphère supérieure d'où l'on bénéficie d'un panorama de Bruxelles. L'Atomium a été entièrement restauré en 2006. Au pied de l'Atomium s'étend **Bruparck**, vaste site récréatif comprenant Mini-Europe, le complexe cinématographique Kinepolis, Océade, piscine tropicale géante, et The Village, ensemble de cafés et de restaurants.

On aperçoit, plus loin au nord, les **palais du Centenaire**, dans le parc des Expositions, aménagé pour l'Exposition universelle de 1935.

Mini-Europe – 📞 *02 478 05 50 - www.minieurope.eu -* ♿ *- fin mars-juin : 9h30-18h ; juil.-août : 9h30-20h ; sept. : 9h30-18h ; oct.-deb. janv. : 10h-18h ; attention : dernière entrée 1h avant fermeture - 12,20 €.* Tous les pays membres de l'UE sont représentés ici à travers 350 maquettes (échelle 1/25) de bâtiments ayant une valeur culturelle, historique et symbolique. Ainsi se trouvent rassemblés dans un parc de 2,5 ha l'Acropole d'Athènes, des réalisations danoises du temps des Vikings, l'hôtel de ville de Louvain (15e s.), une copie de l'austère monastère de l'Escurial (16e s.) que fit élever Philippe II au nord-ouest de Madrid et des maisons bordant des canaux d'Amsterdam (17e s.). Quelques créations contemporaines animent le parc, tels la fusée Ariane, le TGV et un jumbo-ferry. À noter aussi : le jeu didactique sur le fonctionnement des institutions de l'UE « Spirit of Europe ».

Aux alentours

WATERLOO

19 km au sud. - Sortir par ⑥ du plan II. Description, voir ce nom.

BEERSEL

14 km au sud.

Ce bourg possède un joli château fort en briques, construit entre 1300 et 1310. Une restauration réalisée à partir de gravures qui le représentent à la fin du 17e s. lui a rendu son éclat d'antan. Avec sa couronne de douves où se reflètent les chemins de ronde à mâchicoulis, ses trois tours à échauguettes et pignons à redans, il a une

Château de Beersel.

allure très romantique. 📞 *02 359 16 46 - déb. mars-mi-nov. : tlj sf lun. 10h-12h, 14h-18h ; mi-nov.-fin fév. : sam. et dim. 10h-12h, 14h-18h - fermé janv. - 2,50 €.*

ALSEMBERG
14 km au sud.

Dans cette commune de l'entité de Beersel, au sommet d'une colline, se dresse la magnifique **église Notre-Dame** de style gothique tardif (14ᵉ-16ᵉ s.). Elle fut restaurée en profondeur par J. et M. Van Ysendijck à la fin du 19ᵉ s. Outre une Vierge romane du 13ᵉ s., encore très vénérée de nos jours, une grille de chœur rococo, une chaire de vérité monumentale et des confessionnaux baroques, on peut y admirer des tableaux anciens.

Le **Papiermolen Herisem** se trouve au n° 20 de la Fabriekstraat, dans la vallée du Molenbeek, à la limite de la commune de Tourneppe (Dworp). Cet ancien moulin à papier est recensé pour la première fois dans les archives en 1536. Il appartient à la famille Winderickx depuis 1763 qui le convertit à la fabrication du carton en 1858. Après 50 ans d'inactivité, le complexe a été restauré et rouvert au public. Le visiteur découvre ainsi sur le vif comment le papier et le carton étaient fabriqués au siècle dernier. La vieille machine à vapeur est encore en activité et chacun peut encore suivre le processus de fabrication de papier à la main. 📞 *02 381 07 70 - www.herisem. be - mars.-nov. : tlj 10h-16h ; 1ᵉʳ et 3ᵉ w.-end du mois 10h-18h - fermé j. fériés - 4,50 €.*

HUIZINGEN
16 km au sud.

D'une superficie de 91 ha, le **Domaine provincial** est un domaine récréatif comprenant des plaines de jeu, des terrains de sports, des piscines et des sentiers de promenade. On y trouve aussi un superbe parc avec un **jardin de rocaille** de 75 ares (1200 plantes différentes), un jardin pour aveugles et un arboretum de 55 ha. 📞 *02 383 00 20 - ♿ - tlj de 9h au coucher du soleil - 2,50 €.*

GAASBEEK
12 km au sud-ouest.

Château de Gaasbeek, parc et jardin-musée★★
(Kasteel van Gaasbeek, park en Museumtuin)

📞 *02 531 01 30 - avr.-déb. nov. : tlj sf lun. 10h-18h - 5 € (4 € hors expositions). Parc : tlj 8h-20h (oct.-mars jusqu'à 18h) - gratuit. Jardin-musée : 📞 02 454 86 33 - réserver à l'avance - gratuit.*

Très restauré à la fin du 19ᵉ s., situé en bordure d'un parc vallonné, il abrite un riche musée. L'ensemble a été légué par son propriétaire en 1921, et depuis 1981 appartient à la communauté flamande. Le célèbre comte d'Egmont y passa les trois dernières années de sa vie. Le **musée** conserve un beau mobilier, des tableaux, une multitude d'objets anciens et de magnifiques **tapisseries** (Tournai, 15ᵉ s., Bruxelles, 16ᵉ et 17ᵉ s.), dont les cinq épisodes de l'histoire de Tobie (escalier d'honneur). La salle des archives conserve le testament de Rubens. De la terrasse, la vue sur la campagne évoque les œuvres de Bruegel l'Ancien qui vint peindre cette région du Pajottenland, en particulier à St-Anna-Pede : on reconnaît l'église de cette localité sur un de ses tableaux.

MEISE
14 km au nord.

Jardin botanique★★ (Plantentuin)
℘ 02 260 09 70 - www.br.fgov.be - &
- tlj 9h30 - 16h, 16h30, 17h, 17h30, 18h ou
18.30 u (selon la saison) - fermé : 1er janv.,
25 déc. - 4 €.

Située au nord de Bruxelles, cette localité
est surtout connue pour son domaine de
Bouchout qui accueille le Jardin botanique. L'aspect du parc est déterminé par
les implantations scientifiques, les massifs
boisés alternant avec les pelouses, les
étangs et les arbres remarquables plantés
en solitaires. Au hasard de sa promenade
et en fonction de la saison, le visiteur
découvrira des collections d'hortensias,
de magnolias, de rhododendrons, de chênes et d'érables. Au **palais des Plantes**,
un circuit fléché parcourt un univers de
plantes tropicales et subtropicales. Il ne
faut pas manquer la serre dite « à Victo-

Jardin botanique.

ria » aux « palettes des peintres ». Le château où mourut l'impératrice Charlotte, sœur du
roi Léopold II et veuve de Maximilien, empereur du Mexique, accueille des expositions
temporaires. Mirant ses tours crénelées dans les eaux paisibles des anciennes douves,
il forme un joli tableau.

GRIMBERGEN
16 km au nord par l'A 12 jusqu'à Meise, puis prendre à droite.

Église abbatiale des Prémontrés
C'est un des plus intéressants ensembles d'architecture et de décoration baroques
de Belgique (1660-1725). Restée inachevée, elle présente un chœur très allongé que
prolonge une tour carrée. L'intérieur tient sa majesté de la hauteur des voûtes et de
la coupole. Il conserve un riche mobilier, notamment les quatre **confessionnaux★**
où alternent allégories et personnages de l'Ancien et du Nouveau Testament, par le
sculpteur anversois Hendrik Frans Verbruggen. Les **stalles**, du 17e s., sont intéressantes.
L'église renferme en outre 15 tableaux d'anciens maîtres flamands (17e-18e s.).
La **grande sacristie** (1763), à gauche du chœur, est décorée de lambris remarquables ;
au plafond, la fresque et les grisailles sont consacrées à saint Norbert, fondateur de
l'ordre.
Dans la petite sacristie, beaux tableaux du 17e s.

ZAVENTEM
10 km à l'est par la chaussée de Louvain, puis à gauche.

Église St-Martin (St.-Martinuskerk)
Elle possède un intéressant tableau de Van Dyck : *Saint Martin partageant son manteau.*

Circuit de découverte

FORÊT DE SOIGNES★★
59 km au sud-est. Sortir par T du plan.

Tervuren★
Au nord-est de la forêt de Soignes, le **parc★** de Tervuren aux pelouses soignées, où
s'égrènent de beaux étangs, était à l'origine un rendez-vous de chasse apprécié. Des
châteaux et jardins successifs firent sa gloire du 13e au 19e s. *Accès principal du parc
en voiture par la place de l'Église.*

Musée royal de l'Afrique centrale★★ (Koninklijk Museum voor Midden-Afrika)
*Parking Leuvensesteenweg - ℘ 02 769 52 11 - www.africamuseum.be – guide du visiteur
disponible au musée ou sur commande via publications@africamuseum.be - tlj sf lun.
10h-17h (w.-end 18h) - fermé 1er janv., 1er mai, 25 déc. - 4 €.*
En 1897, le roi Léopold II de Belgique avait organisé dans le cadre du Palais colonial
une exposition sur le Congo qui présentait la faune, la flore, l'art et l'ethnologie de
ces contrées lointaines. Cette exposition obtint un tel succès qu'elle devint un musée

permanent pour lequel l'architecte Girault construisit entre 1904 et 1910 le bâtiment actuel avec sa façade de style Louis XVI.

Les collections du musée présentent un vaste panorama de l'Afrique. Les sculptures et autres objets ethnographiques offrent un choix de pièces représentatives de divers groupes ethniques, et en particulier des deux foyers majeurs de cette forme d'expression artistique : l'Afrique centrale, avec une place privilégiée pour l'ancien Congo belge, et l'Afrique occidentale. Cet établissement est aussi un centre scientifique de recherches fondamentales sur le continent africain.

Visite – Une vingtaine d'objets - masques, statues, souvenirs des explorateurs Stanley et Livingstone - donne au visiteur un aperçu de tout ce qu'il peut découvrir dans le musée. Des informations détaillées sur ces pièces sont fournies dans « La clé du musée «, un nouveau guide du visiteur disponible au musée ou sur commande via publications@africamuseum.be.

En dépit d'un contexte social en pleine mutation, ici et en Afrique, l'exposition permanente actuelle reflète encore la vision européenne de l'Afrique des années 1960. Un certain nombre d'interventions dans les salles replacent la présentation actuelle dans son contexte historique. Des panneaux de texte, des films et des archives photograhiques visent à présenter de manière objective l'esprit de la période coloniale. Une des priorités des responsables est la rénovation et le réaménagenemt des lieux. La fin de cette métamorphose est prévue vers 2010.

Revenir au centre de Tervuren et suivre la signalisation pour l'Arboretum.

Musée royal de l'Afrique centrale.

Arboretum géographique★

☏ 02 769 20 81 - visite du lever au coucher de soleil - promenades limitées aux sentiers et pelouses - gratuit.

L'arboretum géographique de Tervuren, créé en 1902, occupe une partie du bois des Capucins. Il est divisé en deux sections : nouveau et ancien continent, et rassemble des espèces forestières de climat tempéré, classées par région : chênes, ormes, frênes, bouleaux et conifères, mais aussi des essences exotiques. On remarque les grands résineux de la zone du Pacifique tels que les séquoias et les douglas.

Jezus-Eik

Dans cette localité nommée en français **N.-D.-au-Bois** convergent les promeneurs qui viennent s'y restaurer et déguster une de ces fameuses tartines au fromage blanc, aux oignons et aux radis, spécialité de la région de Bruxelles.

Forêt de Soignes★★

Cette superbe forêt témoigne, sur 4 380 ha, de l'ancienne **forêt charbonnière**, située à l'ouest de la forêt ardennaise, où l'on fabriquait, du temps des Romains, du charbon de bois. De magnifiques hêtres se pressent sur le territoire vallonné de cet ancien rendez-vous de chasse. Maints vestiges de domaines abbatiaux occupent le creux des vallons : ainsi **Groenendael** (Groenendaal), beau **site★** romantique jalonné d'étangs qui fut célèbre du 14ᵉ au 18ᵉ s. pour son abbaye. Là vécut au 14ᵉ s. le grand mystique **Jan van Ruusbroec**, surnommé l'Admirable.

En dehors des grandes voies de circulation, de nombreux sentiers et allées cavalières, quelques pistes cyclables permettent des promenades agréables.

La Hulpe

Parmi les collines se disséminent résidences et châteaux. Le **domaine Solvay**, propriété de 227 ha, qui appartenait à la famille de l'industriel Solvay, a été légué à l'État.

Le **parc★** magnifique, parsemé d'étangs, est dominé par un château de 1840. ℘ 02 653 64 04 - visite du parc 8h-21h (hiver 18h) - gratuit. Plus loin, la ferme du **château** abrite la **fondation Folon★**. Dans une mise en scène remarquable, ce musée fort intéressant présente une sélection de 300 œuvres dont le célèbre artiste Jean-Michel Folon (1934-2005) n'a pas voulu se séparer. ℘ 02 653 34 56 - tlj sf lun. 10h-18h (dernière entrée 17h) - 7,50 €.

Parc de La Hulpe.

Lac de Genval

Rendez-vous de week-end des Bruxellois : vaste, il permet la pratique de nombreux sports nautiques ; boisé, ses abords autorisent de belles promenades.

Château de Rixensart

℘ 02 653 65 05 - fin mars-déb. avr. à fin sept. : visite accompagnée (40mn) dim. et j. fériés 14h-18h - 4 €.

Imposant quadrilatère de briques flanqué de tourelles d'angle, de style Renaissance, il date du 17ᵉ s. Le domaine appartient depuis plus d'un siècle à la famille de Merode dont l'un des membres, Félix de Merode, fit partie du gouvernement provisoire en 1830. L'une des filles de ce dernier épousa le célèbre écrivain catholique français Montalembert.

L'**intérieur** renferme en particulier de belles tapisseries (Beauvais, Gobelins), des peintures françaises (Valentin, Nattier) et une collection d'armes rapportées de la campagne d'Égypte par le mathématicien français Monge.

Bruxelles pratique

Informations utiles

Code postal : *1000*.

Indicatif téléphonique : *02*.

Tourisme Information Bruxelles TIB – *Hôtel de Ville, Grand-Place, 1000 Bruxelles - 02 513 89 40 - fax 02 513 89 40 - tourisme@brusselsinternational.be - www. brusselsinternational.be.*

TIB Gare du Midi – *Hall central.*

Office de Promotion du Tourisme (OPT) – *Marché-aux-Herbes 63, 1000 Bruxelles - 02 504 03 90 - fax 02 513 04 75 - info@opt. be - www.opt.be.*

Transports

En avion – Brussels Airport se trouve à Zaventem, à 12 km au nord de Bruxelles. Il est relié au centre par une ligne de train : l'Airport City Express qui s'arrête à Bruxelles-Nord, Bruxelles-Centrale et Bruxelles-Midi. Durée du trajet : de 20 à 27mn. La ligne de bus n° 12 fonctionne entre l'aéroport et le centre de Bruxelles.

En train – Le Thalys (TGV) relie Paris (Gare du Nord) à Bruxelles (Bruxelles-Midi) en 1h25. *Info :* 08 36 35 35 36 - www.thalys. com.

Pour se déplacer en ville

En voiture – Lorsque l'on se rend à Bruxelles en voiture, la meilleure solution consiste à laisser la voiture dans un des nombreux parkings que compte la ville et de continuer son parcours à pied. En effet, les principales curiosités du centre sont assez proches les unes des autres.

En taxi – Les principales compagnies de taxis sont les Taxis Verts, 02 349 49 49, et les Taxis Oranges, 02 349 46 46. Il existe également les Taxis Tours faisant des visites guidées au tarif du taximètre; se renseigner directement auprès des compagnies.

En transports en commun – Un plan du réseau est distribué gratuitement aux guichets de la STIB, la société bruxelloise de transports en commun. La carte d'un jour permet d'utiliser (jour de l'oblitération) toutes les lignes du réseau urbain de la STIB de façon illimitée. On peut également opter pour un billet simple ou une carte de tram (5 ou 10 voyages). *Renseignements :* 02 515 20 00 - www.stib.be.

En vélo – Cyclocity: des vélos robustes et confortables, 24h/24, 7j/7 dans tous les sites stratégiques de Bruxelles grâce à un maillage de stations de location, distantes d'environ 300 mètres, www.cyclocity.be.

En métro – Le métro dessert principalement le centre-ville, ainsi que certains quartiers de l'agglomération (Heysel, Anderlecht, Auderghem, Woluwe-St.-Pierre). Aucune ligne de métro ne desservant l'aéroport, empruntez le train (SNCB) (*voir En avion*).

L'art dans le métro – Saviez-vous que le métro bruxellois est un véritable musée d'art moderne souterrain ? Pas moins de 40 stations de métro ont en effet été décorées par 54 artistes belges, dont certains sont célèbres, comme Alechinsky et Dotremont (station Anneessens), Pol Bury et Paul Delvaux (station Bourse), Folon (station Montgomery) et Somville (station Hankar).

La brochure « L'Art dans le métro » de la STIB donne un aperçu de toutes les œuvres et des stations où elles sont exposées.

Visites

Visites guidées – **La Fonderie** (*r. de Ransfort 27 -* 02 410 99 50) met l'accent sur le patrimoine industriel et social de Bruxelles et propose notamment une découverte du port de Bruxelles en bateau et une visite d'entreprises de la région bruxelloise en activité. **De Boeck Sightseeing Tours** (*r. de la Colline 8 -* 02 513 77 44), organise des visites guidées en autocar ; l'**ARAU** (*bd Adolphe Max 55 -* 02 219 33 45) propose des circuits de découverte Art nouveau et Art déco ; **Arcadia** (*r. du Métal 58 -* 02 534 38 19), et **Itinéraires** (*r. de l'Hôtel des Monnaies 157 -* 02 539 04 34) organisent des visites guidées à thème; **Audio guides** à louer au T.I.B. pour découvrir la Grand Place et ses environs (*TIB Hôtel de Ville, Grand-Place, 1000 Bruxelles -* 02 513 89 40) ; **Pro Vélo** (*r. de Londres 15 -* 02 502 73 55) propose des balades à vélo dans Bruxelles durant l'été.

Se loger

B&B Downtown BXL – *rue Marché au Charbon 118, 1000 -* 0475 29 07 21 - www. downtownbxl.com - 3 ch. 65 €. Charmante adresse, très fréquentée en raison de sa proximité avec la Grand Place et de ses tarifs abordables. Les trois chambres confortables sont toutes situées à un étage de cette maison de maître (sans ascenseur). Les carrelages blancs et le comptoir dans la salle du petit-déjeuner rappellent encore la boucherie qui y était autrefois installée.

B&B Hooy Kaye Lodge – *quai aux Pierres de Taille 22, 1000 -* 02 218 44 40 - www.hooykayelodge.com - 3 ch. 95/110 €. Maison de maître majestueuse dont les étages supérieurs sont aménagés en confortables et spacieuses chambres d'hôtes. Les vieilles poutres en bois et le mobilier parfaitement choisi leur donnent un cachet particulier.

Hôtel Atlas – *rue du Vieux Marché aux Grains 30, 1000 -* 02 502 60 06 - www. atlas.be - 83 ch. 75/200 €. Hôtel central à l'intérieur contemporain dans une maison de maître du 19e s. Les chambres rénovées offrent tout le confort moderne.

White Hotel – *avenue Louise 212, 1050 -* 🖉 *02 644 29 29 - www.thewhitehotel. be - 53 ch. 85/135 € -* 🗔 *15 € -*
🅿. Tout est blanc dans cet hôtel design abordable sur la très active avenue Louise. Chaque chambre a été dessinée par un designer belge différent. Le salon est également design, avec une salle de petit-déjeuner, des PC, un bar et une bibliothèque. L'hôtel met des vélos à la disposition de ses hôtes.

Hôtel Métropole – *place de Brouckère 31, 1000 -* 🖉 *02 217 23 00 - www. metropolehotel.be - 298 ch. 100/450 € -*
🅿. Depuis plus de 100 ans, cet élégant palace reçoit des hôtes du monde entier. Hall néoclassique, club-bar, café au décor luxuriant, restaurant gastronomique et chambres luxueusement aménagées.

Welcome Hotel – *quai au Bois à Brûler 23, 1000 -* 🖉 *02 219 95 46 - www. brusselswelcomehotel.be - 15 ch. 95/150 € -* 🅿. La réception ressemble à toutes les autres, mais aux étages, les chambres invitent à un voyage à travers le monde : marocaine, africaine, indienne ou japonaise, il y en a pour tous les goûts! Décoration pensée jusque dans les moindres détails.

Hôtel Le Dôme – *boulevard du Jardin Botanique 9, 1000 -* 🖉 *02 218 06 80 - www.hotel-le-dome.be - 125 ch. 87/214 €.* La façade art déco date de 1900 mais toutes les chambres sont rénovées et offrent le confort d'aujourd'hui. Brasserie offrant des préparations belges. Cet hôtel est situé à proximité de la gare du Nord et des rues commerçantes animées.

Hôtel Aris – *rue Marché aux Herbes 78-80, 1000 -* 🖉 *02 514 43 00 - www. arishotel.be - 55 ch. 94/230 € 🗔 -* 🅿. Hôtel à la façade majestueuse entre la Grand Place et la gare Centrale. Chambres fonctionnelles et modernes.

Hôtel Pacific – *rue A. Dansaert 57, 1000 -* 🖉 *02 213 00 80 - www. hotelcafepacific.be - 12 ch. 138/189 € 🗔.* Cette vieille maison de maître, située dans une rue « branchée », a été récemment transformée en hôtel de charme. Chambres très soignées à la décoration et au mobilier design, éclairage tamisé. Pâtes et tapas au restaurant.

Hôtel Manos Stéphanie – *chaussée de Charleroi 28, 1060 -* 🖉 *02 539 02 50 - www.manoshotel.com - 50 ch. 150/270 € 🗔 -* 🅿. Cet hôtel, situé non loin de la gare du Midi, s'est inspiré pour son intérieur des styles Louis XV et Louis XVI. Chambres aménagées de façon élégante et luxueuse. Salle de petit-déjeuner avec verrière.

Se restaurer

La Cantine – *rue Haute 72, 1000 -* 🖉 *02 512 88 98 - fermé dim. soir - menu 10 €.* Nouveau restaurant dans le quartier des Marolles. Aménagement jeune, ludique

Hôtel Métropole.

avec un clin d'œil aux années 1950. L'entrée la moins chère coûte 1 euro seulement. Ne vous attendez pas à des sommets de gastronomie mais le cadre est agréable et le service, cordial.

L'Achepot – *place Ste-Catherine 1, 1000 -* 🖉 *02 511 62 21 - www.achepot.be - fermé dim. et j. fériés - menu 25 €.* L'Achepot est surtout connu pour ses plats de viandes, mais il propose également plusieurs poissons du jour. Les restaurants situés autour de la place Ste-Catherine servent essentiellement du poisson.

't Kelderke – *Grand Place 15, 1000 -* 🖉 *02 513 73 44 - menu 10/28 €.* Découvrez la cuisine belge populaire dans un cadre original sur la Grand Place. Parmi les spécialités figurant à la carte, stoemp (potée), carbonades flamandes, boudin noir et rognons sauce moutarde.

Lola – *place du Grand Sablon 33, 1000 -* 🖉 *02 514 24 60 - www.restolola.be - menu 40 €.* Il y a toujours foule dans cette brasserie contemporaine ouverte tous les jours. Elle est située sur une jolie place, et la cuisine belge qu'elle propose est délicieuse.

Atomium Restaurant – *square de l'Atomium, 1020 -* 🖉 *02 479 58 50 - www. belgiumtaste.be - menu 10/30 €.* Ce restaurant se trouve dans le monument le plus connu de Belgique, l'Atomium. On y mange à 100 m de hauteur, ce qui permet de découvrir Bruxelles d'une manière originale. Certes, les prix sont un peu trop élevés pour la qualité proposée, mais la vue et l'expérience offrent une compensation. Le restaurant dans la sphère supérieure a été entièrement rénové, tout comme le monument lui-même.

Ogenblik – *galerie des Princes 1 -* 🖉 *02 511 61 51 - www.ogenblik.be - fermé dim. - menu 11/38 €.* Au milieu des nombreux pièges à touristes de l'Îlot Sacré, l'Ogenblik est une garantie d'originalité et de qualité. Aménagé comme une brasserie moderne aux petites tables proches les unes des autres, il propose de délicieuses préparations belges et bruxelloises.

La Manufacture – *rue Notre-Dame du Sommeil 12-20, 1000 -* 🖉 *02 502 25 25 - www.manufacture.be -*

menus 14 € le midi, 30/70 € le soir.
Restaurant installé dans une ancienne
fabrique de sacs à main, un peu à l'écart
des circuits touristiques. Une adresse
idéale pour un excellent déjeuner dans un
décor superbe à un prix acceptable.

Aux Marches de la Chapelle –
place de la Chapelle 5, 1000 - ℘ *02 512 68 91 -*
www.lesbrigittines.com - fermé sam. midi
ainsi que dim. et j. fériés - menu 25/50 €.
Cuisine franco-belge classique dans ce
restaurant convivial à l'aménagement art
déco. La carte offre un bel équilibre entre
viandes et poissons. Préparations réalisées
à base de produits frais. Service cordial.

Resource – *rue du Midi 164, 1000 -*
℘ *02 514 32 23 - www.restaurantresource.*
be - fermé dim. et lun. - menu 25 € le midi,
40/65 € le soir. Le meilleur du Slow food,
dans un cadre moderne. La carte privilégie
les poissons et les « légumes oubliés » et
renouvelle les plats traditionnels. Des
saveurs intactes, une présentation
surprenante et des vins soigneusement
sélectionnés

Cospaia – *rue Capitaine Crespel 1,*
1050 - ℘ *02 513 03 03 - www.cospaia.be -*
fermé vend. - menus 19,50 € le midi, 45/75 €
le soir. Un architecte et un chef cuisinier se
sont associés pour donner naissance à une
gastronomie raffinée dans un cadre
mystérieux et branché. Ne serait-ce que
pour son concept et sa décoration, le lieu
vaut la visite.

Faire une pause

👁 **Bon à savoir** Sous la Bruxelles
européenne et cosmopolite vit encore
une ville qui a su préserver sa truculence
et sa jovialité. On y trouve quelques
vieilles **spécialités** traditionnelles, tels
les caricoles, les gaufres ou les speculoos,
mais aussi les pralines, les pistolets
(petits pains), les cramiques et les
craquelins. Pour se restaurer de façon
plus consistante on goûtera les tartines
de fromage blanc, et bien sûr les moules-
frites. Et on arrosera le tout avec
quelques verres de gueuze, de lambic, de
faro, de kriek ou de bière blanche.

Café – Brasserie Le Métropole – *place*
De Brouckère 31 - ℘ *02 219 23 84 - fermé*

Galeries St-Hubert.

Y. Duhamel/MICHELIN

dim. Situé au rez-de-chaussée de l'hôtel
du même nom, cet établissement possède
un intérieur magnifique richement décoré
(fin 19e s.) et une grande terrasse. Plats
froids, large choix d'apéritifs, de jus de
fruits frais, de boissons chaudes et de
bières.

Le Cirio – *rue de la Bourse 18 -*
℘ *02 512 13 95 - pas de jour de fermeture.*
L'intérieur en style belle époque vaut à lui
seul une visite. Vous pouvez en outre y
savourer tranquillement un « half en half »
(mousseux et vin blanc).

De Markten – *rue du Vieux Marché aux*
Grains 5 - ℘ *02 512 34 25 - www.demarkten.*
be - ouvert en semaine 9h-20h (le vend.
jusqu'à 17h). Café-restaurant agréable et
lumineux avec terrasse. La carte propose
toute une série de plats de petite
restauration, allant de la ciabatta à une
sélection de salades, et quantité de
boissons. Des concerts y sont également
organisés de temps à autre.

Maison des Crêpes – *rue du Midi 11 -*
℘ *0475 95 73 68 - ouvert 11h-23h - fermé*
lun. Avec ses 100 ans d'âge, ce lieu est
sûrement l'une des plus anciennes
crêperies de Bruxelles. La maison propose
également des salades. Elle dispose
d'une terrasse.

De Skieven Architek – *place du Jeu de*
Balle 50 - ℘ *02 514 43 69 - ouvert tlj à partir*
de 5h30 du matin. L'un des cafés les plus
conviviaux de la ville se trouve dans les
Marolles. Au milieu des peintures murales,
des tableaux et des photos, vous
dégusterez les bières maison, les bières au
fût, comme « La Samaritaine », une
délicieuse kriek), des trappistes, des
gueuzes, etc. La carte propose « le vrai
stoemp » et des carbonades flamandes,
mais aussi du potage et des sandwichs.
Vous pouvez également y acheter des
journaux et des revues de qualité.

Achats

Marchés – Un marché de brocanteurs et
d'antiquaires se tient tous les samedis et
dimanches matin au Grand Sablon.
Signalons encore le marché aux puces
(tous les matins, mais surtout le dimanche,
place du Jeu-de-Balle), Marché aux fleurs
et aux plantes *(Grand-Place – mars-fin*
oct. : mar.-dim. 8h-18h), sans oublier le
populaire marché du Midi (dimanche),
près de la gare du Midi.

Chocolatier Pierre Marcolini – *rue des*
Minimes (Grand Sablon) 1 - ℘ *02 514 12 06*
- www.marcolini.be - ouvert tlj. Bruxelles
compte un grand nombre de
chocolatiers, mais celui-ci se démarque
par son originalité dans la combinaison
de saveurs et l'esthétique de ses pralines.
Ce tenant du commerce équitable réalise
également des desserts, des biscuits et
des sorbets.

Pour celui qui veut en savoir plus sur
l'histoire du chocolat, ne pas manquer le
musée du Cacao et du Chocolat – *rue*

de la Tête d'Or 9/11, 1000 Bruxelles -
℡ *02 514 20 48 - info@mucc.be - www.
mucc.be - mar.-dim. 10h-16h30 - fermé lun.
sf vac. et juil.-août - 5 €.*

Le Palais des Thés – *place de la Vieille
Halle aux Blés 45 -* ℡ *02 502 45 49 - ouvert tlj
11-18h30.* Grand assortiment de thés et
d'accessoires, avec des produits
classiques, des primeurs et des raretés.
Possibilité de dégustation. Intérieur frais
et contemporain.

En soirée

The Music Village – *rue des Pierres (Grand
Place) 50 -* ℡ *02 513 13 45 - www.
themusicvillage.com - ouvert pdt les
concerts, réservation via le site internet
souhaitable.* Offre musicale variée avec
des musiciens de qualité, belges ou
étrangers. Possibilité de dîner avant les
représentations.

Toone VII – *Petite rue des Bouchers-
Impasse Schuddeveld 21 -* ℡ *02 511 71 37.*
Établissement populaire typiquement
bruxellois abritant un petit théâtre de
marionnettes. Spectacles en dialecte de la
capitale, en français bruxellois,
néerlandais, anglais et allemand.

Opéra National – *Pl. de la Monnaie -
*℡ *070 23 39 39 (bureau de location) - www.
lamonnaie.be.* Opéras, ballets modernes et
musique classique.

BOZAR – *Palais des Beaux Arts*, édifié par
le maître de l'Art nouveau Victor Horta,
haut lieu de la vie culturelle et artistique,
rue Ravenstein 23 - ℡ *02 507 82 00 (info et
tickets) - www.bozar.be.*

**Théâtre National de la Communauté
française de Belgique** – *Bd Anspach 85 -
*℡ *02 203 41 55 - www.theatrenational.be.*
Le principal théâtre de la Belgique
francophone. Répertoire classique et
contemporain.

Théâtre Royal des Galeries – *Galerie du
Roi 32 -* ℡ *02 513 39 60 - www.
theatredesgaleries.be - en soirée, dim. en*

matinée. Répertoire classique et
contemporain.

Théâtre Royal du Parc – *R. de la Loi 3 -
*℡ *02 505 30 30 (location) - www.
theatreduparc.be.* Répertoire de pièces
classiques et mises en scène à grand
spectacle.

Kaaitheater – *Pl. Sainctelette 20 -
*℡ *02 201 59 59 (location) - www.
kaaitheater.be.* Musique classique et
ballets modernes.

Sports et loisirs

Brussels Card : 24h/48h/72h : en plus de
la gratuité sur les transports publics STIB,
la Brussels Card donne accès à une
trentaine de musées. Elle est fournie avec
un guide et des réductions de 25% dans
de nombreuses boutiques, restaurants,
institutions et attractions. (TIB Hôtel de
Ville Grand Place). Il existe trois cartes, à
durée variable : 72, 48 ou 24 heures, au
prix respectif de 33, 28 ou 20 €.

Bruparck – *Bd du Centenaire 20 -
*℡ *02 474 83 77 - www.bruparck.com.* À
deux pas de l'**Atomium**, grand complexe
de détente et de loisirs aux centres
d'intérêt variés : gigantesque cinéma
multiplexe, **Mini-Europe** (maquettes des
principaux monuments européens),
Océade (piscine et jeux aquatiques) et
The Village où se concentrent bars et
restaurants.

Événements

*www.bruxellesinternational.be: toutes les
infos sur les événements– rubrique agenda*

Tous les ans

- Festival du film fantastique (avril)
- Ouverture des Serres Royales de Laeken
(fin avril – début mai)
- Brussels Jazz Marathon (début mai)
- Kunstenfestival des Arts – Kaaitheater,
20, square Sainctelette - t 070 222 199 -

Opéra National.

www.kfda.be - pdt le mois de mai. Ce festival urbain cosmopolite et multiculturel présente durant trois semaines des arts scéniques et plastiques du monde entier. Le festival se déroule dans des théâtres et des maisons des arts.

- Les nuits Botanique (mai)
- Fête de la Musique (juin)
- Couleur Café (juin)
- Fête nationale (21 juillet)
- L'Ommegang – Grand Place - t 02 512 19 61 - www.ommegang.be - l'ommegang *se déroule le 1er jeu. de juil. et le mar. précédent.* Ce spectacle historique symbolise l'entrée à Bruxelles de l'empereur Charles Quint en 1549. Le magnifique spectacle représente une période où les souverains et la noblesse étaient encore les patrons, une période heureusement révolue.

- Eu'ritmix (août)
- Visite du Palais royal (août – september)
- Designers week end (septembre)
- Nuit blanche (fin septembre)
- Journées du Patrimoine (mi-septembre)
- Plaisirs d'hiver (marché de Noël et festivités) : tout le mois de décembre.

Tous les deux ans

- Biennale Art Nouveau (WE d'octobre 2009)
- Parcours de stylistes (octobre 2008)
- Europalia (2009)
- BRXL Bravo (mars 2009)
- Zinneke Parade (mai 2008)
- Tapis de Fleurs sur la Grand-Place (mi-août 2008)

Le temple égyptien dans le Jardin zoologique d'Anvers. Ch. Bastin et J. Évrard/MICHELIN

DÉCOUVRIR LA FLANDRE

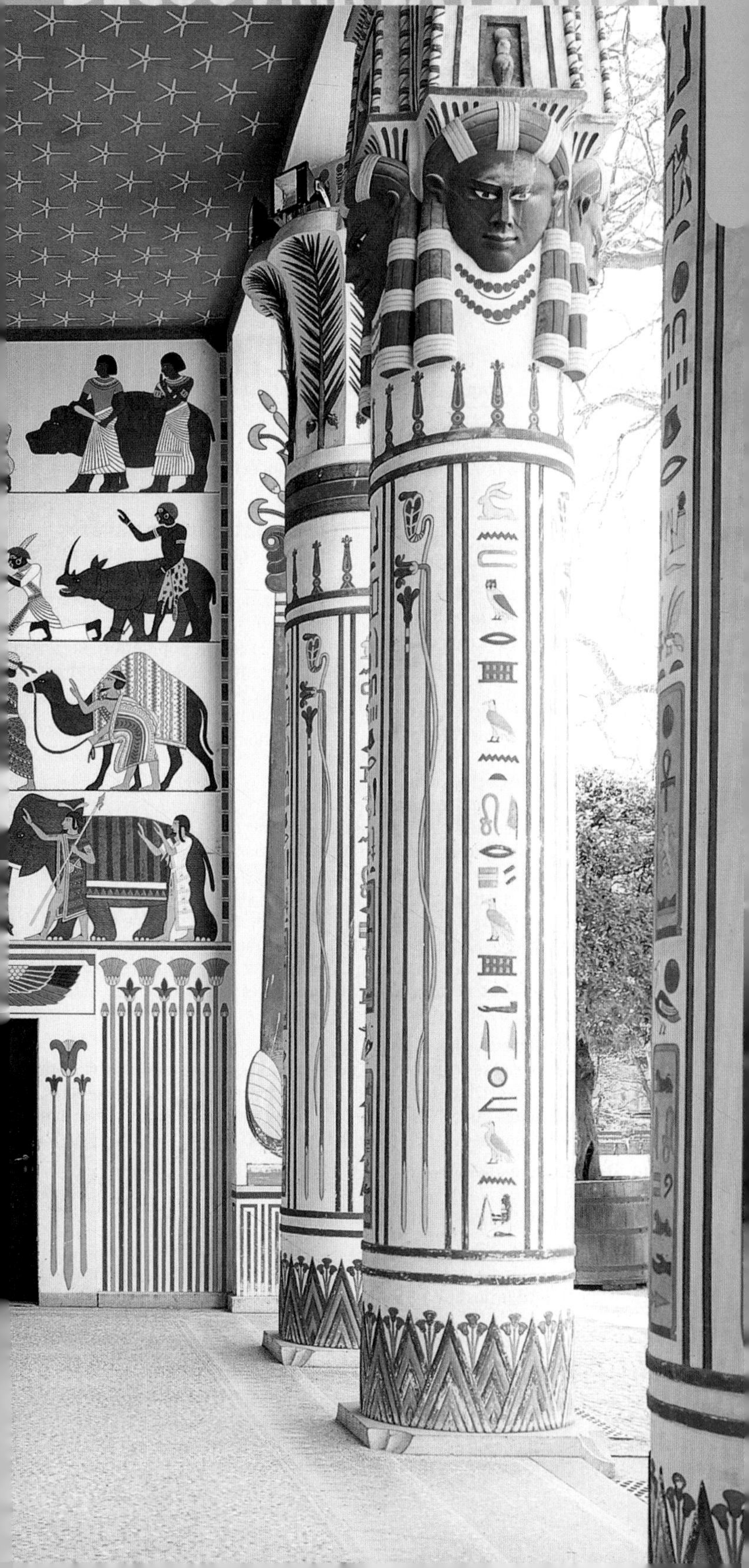

Aarschot

27 867 HABITANTS
CARTES MICHELIN N°s 716 H 3 ET 533 O 17 – BRABANT FLAMAND.

Dans la région du Hageland, la petite ville d'Aarschot (prononcer « arskot »), bâtie sur les rives du Demer, est dominée par la haute tour de sa collégiale. Autrichiens et Bourguignons au 15e s., Espagnols au 16e s. se livrèrent au pillage de la ville. En 1782, l'empereur d'Autriche Joseph II en fit raser les fortifications. Né à Aarschot, le peintre Pieter Jozef Verhaghen fut le continuateur des maîtres du 17e s., dont les toiles ornent nombre d'églises, en particulier à Louvain où le peintre finit ses jours.

▶ **Se repérer** – Aarschot se trouve entre Louvain et Diest. La ville est au croisement de la N 10 et de la N 19. On peut également accéder à la ville par l'E 314 (sortie 22).

👁 **À ne pas manquer** – Collégiale Notre-Dame.

🕐 **Organiser son temps** – Quelques heures suffisent pour visiter la ville et l'église.

👫 **Avec les enfants** – Le château de Horst.

👣 **Pour poursuivre le voyage** – Louvain, Tirlemont et Malines.

Visiter

Collégiale Notre-Dame (O.-L.-Vrouwekerk)
Réouverture prévue pour Pâques 2003.
📞 *016 56 97 05 (Office de tourisme).*
Le chœur de ce bel édifice en grès ferrugineux local date du 14e s., la nef du début du 15e s. Formant façade, la tour culmine à 85 m de hauteur. Sa partie inférieure est égayée par l'alternance de calcaire et de grès.
En entrant, belle perspective sur la nef aux lignes élancées soulignées par les

Les « batteurs de pavés »
C'est le sobriquet des habitants d'Aarschot. Il leur vient de l'époque où les gardes, au cours de leur ronde, battaient les pieds sur les pavés pour rassurer la population. Près de la Grand-Place, une sculpture amusante de « Kasseistamper », surmontant une fontaine, illustre cette appellation.

cannelures des arcs doubleaux. Le chœur où se retrouvent les coloris de la tour est masqué par un jubé flamboyant. Surmonté d'une croix triomphale du 15e s., celui-ci est décoré de scènes de la Passion et de la Résurrection. La chaire et les confessionnaux sont de style baroque flamand (17e s.). Dans le chœur, stalles (1515) aux sculptures satiriques et lustre en fer forgé, de 1500, attribué à Quentin Metsys. Une chapelle à droite du déambulatoire abrite une toile de P.-J. Verhaghen : *Les Disciples d'Emmaüs*. Dans une chapelle à gauche, remarquable peinture sur bois, anonyme, de l'école flamande (16e s.) : **Le Pressoir mystique** ; à la prédelle, les sept Sacrements. La statue miraculeuse de N.-D. d'Aarschot (1596) trône dans le bras gauche du transept.

Ancien béguinage (Begijnhof)
Près de la tour de l'église se dresse une maison Renaissance. Un peu plus loin s'alignent les quelques demeures (17e s.) subsistant du béguinage fondé en 1259. On aperçoit, à droite, les **moulins des Ducs** (16e s.), sur le Demer, et, à gauche, un enclos, charmante reconstitution du béguinage, appartenant à un hospice.

Tour St-Roch (St.-Rochustoren)
Sur la Grand-Place.
Au Moyen Âge, la tour du 14e s. en grès brun faisait office de tribunal.

Point de vue
On a une bonne vue d'ensemble de l'agglomération depuis la **tour d'Orléans** (Orleanstoren), vestige des anciens remparts.

Aux alentours

St.-Pieters-Rode (Rhode-St-Pierre)
8 km au sud. Sortir par la route de Louvain (Leuven), prendre peu après à gauche en direction de St.-Joris-Winge la N 223, puis à droite.
👫 Jolie construction polygonale entourée d'eau, le **château de Horst** fera bientôt l'objet d'une restauration. Il est flanqué d'un donjon du 14e s. qui est, avec le

porche d'entrée, le seul vestige de l'édifice détruit en 1489 par les troupes de l'empereur Maximilien. Le reste de la demeure, en brique à cordons de pierre, date des 16e et 17e s. Les dépendances en face du château abritent un café ainsi qu'un centre d'accueil.

Aarschot pratique

Code postal : *3200.*
Indicatif téléphonique : *016.*
Toerisme Aarschot – *Elisabethlaan 103, 3200 Aarschot - 016 56 97 05 - fax 016 56 97 22 - dienst.toerisme@tiscali. be - www.aarschot.be.*

Alost
Aalst

77 372 HABITANTS
CARTES MICHELIN Nᵒˢ 716 F 3 ET 533 J 17 – PLAN DANS LE GUIDE ROUGE BENELUX – FLANDRE ORIENTALE.

Ayant jadis joué un rôle prépondérant dans la lutte d'émancipation des travailleurs du textile, Alost est de nos jours un important centre commercial et industriel. Mais la ville est avant tout célèbre pour son carnaval haut en couleur.

- **Se repérer** – Au bord de la Dendre, dans la province de Flandre orientale, Alost est situé à mi-chemin entre Bruxelles et Gand. Accessible par l'autoroute E 40/A 10 Bruxelles-Ostende ou par la N 9.
- **À ne pas manquer** – La vue de la Grand-Place, depuis la statue de Dirk Martens ; le superbe carnaval.
- **Organiser son temps** – Prévoir une demi-journée.
- **Avec les enfants** – Le célèbre cortège de carnaval.
- **Pour poursuivre le voyage** – Bruxelles et Gand.

Visiter

Grand-Place (Grote Markt)
Au centre de cette place irrégulière se dresse la statue de **Dirk Martens**, natif d'Alost, introducteur de l'imprimerie en Flandre (1473).

Maison des Échevins★ (Schepenhuis) – Ce beau bâtiment du 15e s., peut-être le plus ancien en son genre des Pays-Bas, a subi une restauration en profondeur au 19e s., suite à un incendie. Il conserve du 13e s. le côté droit et la façade postérieure à pignon à redans et aux arcatures trilobées.

Une charmante **bretèche** flamboyante (16e s.) égaye, à droite, la façade principale. Elle servait de cadre aux proclamations des lois par le bailli. Le **beffroi**, élancé mais un peu grêle, date du 15e s. ; il porte la devise communale « Nec spe nec metu » (ni par l'espoir ni par la crainte) au-dessous de deux niches abritant deux guerriers, symbolisant le comte de Flandre et celui d'Alost.

Maison des échevins.

Bourse d'Amsterdam (Beurs van Amsterdam) – Édifice à arcades du 17e s., montrant une jolie façade de brique et pierre, quatre frontons à volutes et un campanile à bulbe. Jadis, les membres de la **chambre de rhétorique** se réunissaient à la bourse d'Amsterdam.

Hôtel de ville – L'hôtel de ville de style néoclassique (19e s.) présente au fond de la cour une élégante façade rocaille du 18e s.

Collégiale St-Martin (St.-Martinuskerk)

Cet édifice en grès, gothique flamboyant, a été construit en style brabançon par Herman de Waghemakere et un membre de la famille Keldermans.

La nef est restée inachevée, mais l'**ensemble★** formé par le transept et le chevet à déambulatoire et chapelles rayonnantes a belle allure.

Intérieur – Il est d'une noble simplicité (piliers ronds et chapiteaux feuillus à la manière brabançonne). Remarquer le collatéral du transept et le triforium, limité à une simple balustrade ajourée.

Dans le bras droit du transept : grande composition de Rubens, *Saint Roch, patron des pestiférés*, dont le cadre aurait été exécuté d'après un projet de l'artiste.

À gauche, des traits rubéniens apparaissent dans la peinture de Gaspar De Crayer.

Dans le chœur, à gauche, splendide **tabernacle★** de marbre noir et blanc sculpté en 1604 par Jérôme Duquesnoy l'Ancien ; les trois tourelles juxtaposées sont ornées de charmantes statuettes (Vertus, Évangélistes, Pères de l'Église, anges porteurs des instruments de la Passion).

La première chapelle du déambulatoire à droite renferme une Adoration des Bergers, attribuée à Ambroise Francken, qui y manifeste des influences nettement italiennes. On remarque, dans la 4e chapelle, la dalle funéraire de Dirk Martens et, dans la chapelle axiale, des vestiges de fresques de la fin du 15e s., d'un dessin fin et délié.

Quelques Alostois célèbres

👁 Le curé **Adolf Daens** et son frère, l'imprimeur et éditeur Pieter Daens dénoncèrent l'injustice sociale qui régnait à Alost à la fin du 19e s. Ils prirent ouvertement parti pour les ouvriers du textile, exploités par les patrons, et se retrouvèrent rapidement en conflit avec les dirigeants catholiques conservateurs de l'époque, placés sous la direction de Charles Woeste. En 1833, ils fondèrent le Christene Volkspartij (parti populaire chrétien), le mouvement politique et social du **daensisme**, qui lutta pour l'émancipation des travailleurs et la flamandisation de la vie publique en Flandre.

👁 Louis-Paul Boon (1912-1979) s'inspira de cette problématique dans son roman *Pieter Daens, of hoe in de negentiende eeuw de arbeiders van Aalst vochten tegen armoede en onrecht* (Pieter Daens, ou la lutte des travailleurs alostois contre la pauvreté et l'injustice au 19e s.). L'histoire sociale du peuple flamand est le thème central de l'œuvre de ce grand écrivain et artiste flamand. Bien que la ville d'Alost occupe une place de choix dans les ouvrages de ce « tendre anarchiste », son œuvre va au-delà de la simple chronique régionale et Boon a même été proposé pour le prix Nobel de littérature.

Musée communal d'Alost (Stedelijk Museum Aalst)

Oude Vismarkt 13 - ☎ 053 73 23 45 - tlj sf lun. 10h-12h, 13h-17h, w.-end 14h-18h - fermé j. fériés, de Noël au 3 jan. et lors des festivités du carnaval - entrée gratuite.

Le musée est installé dans l'Ancien Hôpital, un beau complexe de bâtiments fondé en 1243 et remanié du 16e au 19e s. Ce musée est consacré à l'histoire de la ville et de la région ainsi qu'à quelques Alostois célèbres : le curé Daens (des photos et des panneaux explicatifs illustrent, d'une façon intéressante, le daensisme) le peintre paysager Valerius De Saedeleer (né à Alost en 1867), l'écrivain et artiste Louis Paul Boon. Enfin, le musée le carnaval d'Alost à travers les siècles et abrite aussi une collection d'art contemporain.

Aux alentours

Ninove

11 km au sud par la N 45. ☎ 054 33 78 57 (Office de tourisme) - 9h-17h.

Ninove a été illustré par une abbaye de prémontrés, fondée au 12e s. et dont subsiste la belle église abbatiale (17e-18e s.). Elle renferme un remarquable ensemble de **boiseries★**.

Alost pratique

Informations utiles

Code postal : 9300 (Alost).

Indicatif téléphonique : 053.

Service de promotion de la ville - section tourisme – *Grote Markt (Belfort - Gebiedshuisje), 9300 Aalst -* ℘ *053 73 22 70 - fax 053 73 22 73 - toerisme@aalst.be - www.aalst.be.*

Tourisme / VVV – *Stadhuis, Centrumlaan 100, 9400 Ninove -* ℘ *054 32 38 85 - fax 054 32 38 49 - toerisme@ninove.be - www.ninove.be.*

Se loger

🍴🍴🏠 **Keizershof Hotel** – *Korte Nieuwstraat 15 -* ℘ *053 77 44 11 - www.keizershof-hotel.com - 67 ch. 120/200 €* ⌷ - 🅿. Hôtel moderne situé dans le centre d'Alost, à quelques minutes à pied de la Grand-Place. Confort contemporain. Chambres dotées de toutes les commodités. Bar et salle de fitness.

Se restaurer

🍴🍴 **Borse van Amsterdam** – *Grote Markt 26 -* ℘ *053 21 15 81 - fermé pdt le carnaval, les 3 dernières sem. d'août, merc. soir et jeu. - menus 10 € le midi et 30 € le soir.* Restaurant installé dans un bâtiment historique près de la Grand-Place. Cuisine belge traditionnelle et petite restauration. En façade, agréable terrasse sous les arcades avec vue sur la Grand-Place.

Événements

👥 Le carnaval d'Alost – le plus grand de Flandre – débute le dimanche précédant le mercredi des Cendres par un grand cortège de chars et de groupes à caractère ludique. Il s'inspire des principaux événements politiques de l'année écoulée et des personnes qui y ont joué un rôle. Le lundi, le second défilé est précédé du jet d'oignons (*ajuinworp*) du haut de l'hôtel de ville et des édifices avoisinants. Le mardi, le carnaval connaît son paroxysme avec les « Voil Jeanetten », un cortège de travestis aux accoutrements grotesques. *www.aalst.be/carnaval.*

Anvers ★★★

Antwerpen

461 580 HABITANTS
CARTES MICHELIN Nᵒˢ 716 G 2, PLIS 8 ET 9 POUR L'AGRANDISSEMENT ET 533 L 15 – ANVERS.

Berceau des jeunes créateurs belges, ville portuaire de premier ordre, plaque tournante du commerce du diamant, Anvers a su conserver le charme typique des cités flamandes. C'est un véritable plaisir de flâner dans les ruelles et sur les vastes places de la vieille ville. Les nombreux monuments historiques, les théâtres, les boutiques à la mode, les restaurants dernier cri et les galeries d'art lui confèrent un charme incomparable.

- **Se repérer** – Accès par l'autoroute E 17 depuis Gand ou par l'E 19 depuis Bruxelles. Située sur l'Escaut, la ville est reliée à la rive gauche (Sint-Anneke) par trois tunnels routiers (Kennedytunnel, Waaslandtunnel et Liefkenshoektunnel). Le St.-Anna-tunnel à la St.-Jansvliet est uniquement accessible aux piétons et cyclistes.

- **À ne pas manquer** – Cathédrale Notre-Dame; Grand-Place; Musée Plantin-Moretus/Cabinet des estampes; Musée royal des Beaux-Arts.

- **Organiser son temps** – Prévoyez au moins deux jours.

- **Avec les enfants** – Le Jardin zoologique, une croisière sur l'Escaut ou dans le port, une circuit en tramway touristique.

- **Pour poursuivre le voyage** – Gand, Malines et Bruxelles.

Comprendre

Des origines mystérieuses

La première occupation du site remonterait au 3ᵉ s. Le nom de la ville semble dériver du mot « aanwerpen » signifiant « les alluvions ». Cependant, une légende née au 16ᵉ s. l'attribue à l'exploit du guerrier romain Silvius Brabo. D'après celle-ci, Brabo avait provoqué le géant Druon Antigon, pilleur des bateaux transitant sur l'Escaut, lui avait coupé la main et l'avait jetée dans le fleuve. Ainsi s'expliquerait la présence sur les armes d'Anvers, à côté d'un château (le Steen), de deux mains coupées (hand-werpen : jeter la main).

L'âge d'or (15ᵉ et 16ᵉ s.)

Au 11ᵉ s., la ville s'entoure de ses premiers remparts et au 13ᵉ s. débute son essor commercial. Au 15ᵉ s., la ligue hanséatique y fonde un établissement. Anvers concurrence déjà Bruges dont le port commence à s'ensabler.

Le 16ᵉ s. décide de la fortune de la ville. Les Portugais, ayant découvert la route des Indes, fondent à Anvers, au début du siècle, un comptoir chargé de distribuer en Europe les épices et objets précieux rapportés des pays lointains. En 1515 y est construite la première bourse du commerce ; la ville est alors protégée par Charles Quint et compte plus de 100 000 habitants. Une nouvelle bourse des valeurs, mise en place en 1531, ainsi que l'utilisation de techniques bancaires modernes (lettres de change et de crédit) font d'Anvers un marché mondial. Au milieu du siècle, l'imprimerie s'y développe : Christophe Plantin en est le principal animateur. Vers 1560, Anvers est la deuxième ville d'Europe après Paris. C'est aussi l'âge d'or sur le plan architectural avec la construction de la cathédrale, de la maison des Bouchers, de celle des Brasseurs, de l'hôtel de ville, ainsi que sur le plan artistique, avec l'école anversoise représentée par Quentin Metsys, Joachim Patinir, Gossaert et Bruegel.

La décadence

Sous Philippe II, catholique intransigeant, l'Inquisition entraîne des guerres de Religion qui mettent un terme à cette prospérité. En 1566, la cathédrale est ravagée et profanée par des calvinistes iconoclastes ; une répression très dure, menée par le duc d'Albe, s'ensuit, et en 1576, la garnison espagnole met la ville à feu et à sang : c'est la « furie espagnole ».

Les calvinistes anversois ayant pris part à la révolte contre les Espagnols, un an de siège sera nécessaire à Alexandre Farnèse, gouverneur des Pays-Bas, pour reprendre la ville en 1585. En 1648, le traité de Münster décrète la fermeture de l'Escaut. La navigation n'y sera rétablie qu'en 1795.

Une place convoitée

La ville reste aux Français en 1794. Bonaparte, venu en 1803, reconnaît la position privilégiée d'Anvers, « pistolet braqué sur l'Angleterre ». Il développe le port, dont il fait creuser le premier bassin : c'est le bassin Bonaparte ou Bonapartedok.

En 1914, Anvers résiste à l'armée allemande du 28 septembre au 9 octobre, ce qui permet aux troupes belges de se replier sur l'Yser à Nieuport. Peu après sa libération, en septembre 1944, et malgré les bombardements, le port d'Anvers fonctionne à plein.

Un nouvel essor lié au port

De nos jours, Anvers est le principal débouché de la Belgique, sa métropole commerciale et un important centre industriel. Le port est en pleine expansion et son centre de gravité s'est déplacé vers le Nord jusqu'à la frontière néerlandaise. Il s'étend sur 13 780 ha, comprend 127 km de rives, 949 km de voies ferrées, 1 400 ha de bassins, un important matériel de manutention et d'énormes entrepôts. La création, au Nord du Kanaaldok, d'un important bassin a permis d'augmenter considérablement les possibilités d'amarrage. Sept écluses (sluis) font communiquer l'Escaut avec les bassins. Celle de Berendrecht, inaugurée en 1988, la plus grande du monde avec ses 763 000 m^3, mesure 500 m de long sur 68 m de large ; celle de Zandvliet a une capacité de 613 000 m^3.

Le trafic du port d'Anvers, qui est tributaire de l'économie de la Belgique, dépend aussi de sa fonction de transit vers l'Allemagne, la France, les Pays-Bas, la Suisse et l'Italie. À l'importation, il porte sur les produits pétroliers, les minerais, les charbons, les produits forestiers, les grains, les matières premières chimiques et, à l'exportation, sur les engrais, les ciments, les produits sidérurgiques et chimiques. Pour entreposer les marchandises, Anvers s'est doté d'excellentes installations lui permettant de jouer un rôle essentiel dans le domaine de la distribution. Liées à la présence du port, d'importantes activités industrielles s'exercent dans la zone portuaire : raffineries de pétrole, montage automobile, industries alimentaires, construction et réparation navales.

Se promener

LE VIEUX CENTRE★★★ Plan II

Dédale de places, de rues étroites et de passages, la vieille ville frappe par la multitude de niches abritant des madones ; il semble qu'il y en a plus de 300. Elles étaient souvent le chef-d'œuvre de sculpteurs candidats à la guilde de St-Luc.

Partir de la Grand-Place.

La fontaine de Brabo et les maisons des corporations sur la Grand-Place.

Grand-Place ★ (Grote Markt)

Dominée par la flèche élancée de la cathédrale, cette place irrégulière est encadrée par les maisons des corporations (16e et 17e s.) qui montrent une façade très haute, presque entièrement vitrée, surmontée d'un pignon à redents ou à volutes, hérissé souvent de fins pinacles.

En regardant l'hôtel de ville, on admire à droite cinq belles maisons pour la plupart de style Renaissance, fin du 16e s. : l'Ange Blanc, surmonté d'un ange, la maison des Tonneliers (statue de saint Matthieu), celle de la **Vieille Arbalète**, très haute, surmontée de la statue équestre de saint Georges, celle des Jeunes Arbalétriers, de 1500, et la maison des Merciers (aigle).

Hôtel de ville (Stadhuis)

Pour les visites, s'adresser au Gidsenwerking - ℘ 03 220 01 03 - gidsenwerking@stad. antwerpen.be.

Il a été construit en 1564 par Cornelis Floris. Sa façade longue de 76 m mêle avec bonheur les éléments flamands (lucarnes, pignons) à ceux de la Renaissance italienne (loggia sous le toit, pilastres entre les fenêtres, niches). L'ordonnance austère des hautes fenêtres à meneaux est égayée par le riche décor de la partie centrale. L'intérieur a été complètement remanié au 19e s.

Fontaine de Brabo (Brabofontein)

Œuvre fougueuse de Jef Lambeaux (1887), la fontaine rappelle le geste légendaire de Silvius Brabo brandissant la main du géant Druon. L'eau s'écoule directement sur les pavés de la place.

Prendre la rue Wisselstraat, traverser la rue Oude Beurs pour prendre la Hofstraat.

Ancienne Bourse (Oude Beurs)

Tlj sf w.-end 9h-17h - fermé j. fériés légaux.

L'ancienne bourse du commerce date de 1515. Le bâtiment est occupé de nos jours par des services publics. Derrière sa façade classique, on découvre une charmante cour pavée, entourée de portiques et dominée par une tour de guet.

Revenir à la rue Oude Beurs et prendre à droite la Vleeshouwersstraat. On passe devant la maison des Bouchers (voir plus loin dans « visiter »). Poursuivre jusqu'au Veemarkt.

Église St.-Paul ★ (St.-Pauluskerk)

Entrée par le Veemarkt. ℘ 03 232 32 67 - www.topa.be - mai-sept. : 14h-17h - gratuit, trésor 1 €.

Au cœur du quartier des marins, cette église de style gothique flamboyant faisait à l'époque partie d'un vaste complexe monastique. Commencée au début du 16e s., achevée en 1639, l'église St-Paul est surmontée d'un clocher baroque (1680). Gravement endommagée par un incendie en 1968, la restauration récente a redonné au bâtiment sa splendeur d'antan. Adossé à l'église, un étonnant calvaire du 18e s. de style rustique.

L'**intérieur★★** majestueux est richement décoré d'un mobilier baroque. Les belles boiseries aux confessionnaux encadrés de grands personnages expressifs datent du 17e s. Le bas-côté gauche comprend 15 peintures ayant pour thème les mystères du

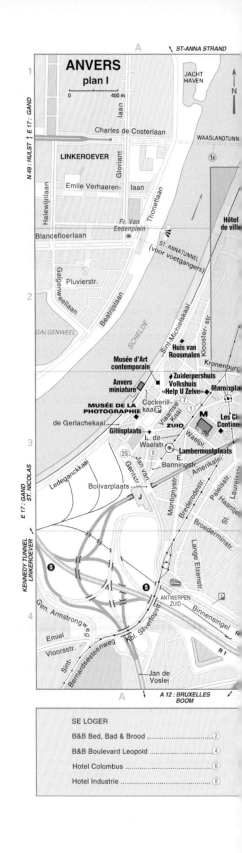

ANVERS
plan I

0   400 m

ST-ANNA STRAND

JACHT HAVEN

N 49 : HULST ↑ E 17 : GAND

Charles de Costerlaan

WAASLANDTUNN

LINKEROEVER

Emile Verhaeren- laan

Hôtel de ville

Fr. Van Eedenplein

Blancefloerlaan

ST-ANNATUNNEL (voor voetgangers)

Pluvierstr.

SCHELDE

GALGENWEEL

Huis van Roosmalen

Musée d'Art contemporain

Zuiderpershuis

Anvers miniature

Volkshuis «Help U Zelve» Marnixpla

MUSÉE DE LA PHOTOGRAPHIE

Cockerill kaai

Les Ci Contine

de Gerlachekaai

ZUID

Gillisplaats

L. de Waelstr

Lambermontplaats

Ledeganckkaai

E. Banningstr.

Bolivarplaats

ANTWERPEN ZUID

Binnensingel

Gen. Armstrongwe

Emiel Vloorsstr.

Bernardsesteenweg

Jan de Voslei

A 12 : BRUXELLES BOOM

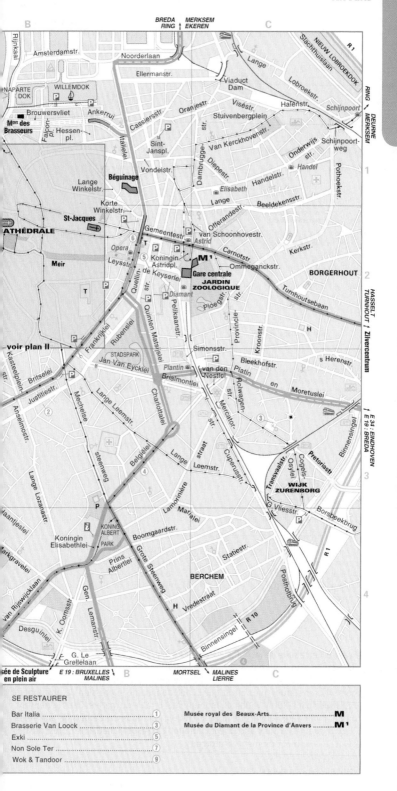

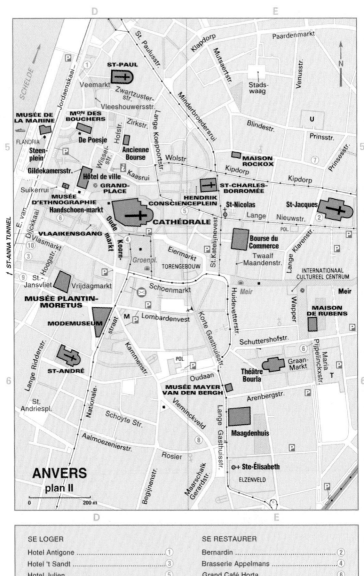

ANVERS
plan II

0   200 m

SE LOGER		SE RESTAURER	
Hotel Antigone	①	Bernardin	②
Hotel 't Sandt	③	Brasserie Appelmans	④
Hotel Julien	⑤	Grand Café Horta	⑥
Hotel Matelote	⑥	Kapitein Zeppos	⑧
Hotel Prinse	⑦	Zuiderterras	⑩
Hotel Scheldezicht	⑨		

Rosaire. Cette suite de tableaux a été réalisée par des peintres de l'école anversoise de premier plan, notamment Rubens, Jordaens et Van Dyck. Remarquer la *Flagellation* par Rubens, œuvre témoignant d'une émotion profonde. Le chœur entouré de nombreuses statues, plus étroit que la nef, donne une impression de profondeur accentuée par la surélévation du monumental retable de marbre. Dans le transept, on peut voir deux œuvres de Rubens (1609) : *Adoration des Bergers* (à gauche) et *Dispute au sujet du Saint-Sacrement* (à droite). Le **trésor** (Schatkamer) présente des objets religieux et ornements liturgiques.
Revenir à la Grand-Place.

Gildekamersstraat
Cette rue étroite derrière l'hôtel de ville, dont le nom signifie rue des Maisons-des-Guildes, est bordée d'une belle rangée de maisons anciennes.
Regagner la Grand-Place et prendre le Oude Koornmarkt.

Vlaeykensgang★

Un porche au n° 16 du **Oude Koornmarkt** donne accès à cette pittoresque ruelle du vieil Anvers, qui a conservé un aspect villageois.

Handschoenmarkt

Devant la façade de la cathédrale, cette place triangulaire, où se tenait le marché aux gants, est cernée de vieilles demeures. Un puits attribué à Quentin Metsys – ferronnier devenu, selon la légende, peintre par amour – dresse son gracieux couronnement de fer forgé dominé par Brabo brandissant la main du géant. Il se trouvait jusqu'en 1565 devant l'hôtel de ville.

Cathédrale ★★★ (Kathedraal)

La cathédrale.

Y. Duhamel/MICHELIN

℘ *03 213 99 51 - www.dekathedraal.be - 10h-17h (sam. 15h), dim. 13h-16h - fermé 1er janv., pdt les offices - 2 €.*

Le monument le plus admirable de la ville d'Anvers, le plus vaste de Belgique, d'une superficie de près d'un hectare, a été entrepris vers 1352, en commençant par le chevet, et terminé seulement en 1521, l'ensemble restant cependant très homogène. Plusieurs bâtisseurs se succédèrent : Jacob Van Thienen, Jan Appelmans et son fils Peter, Jan Tac, Everaert Spoorwater, Herman et Dominique de Waghemakere et Rombout Keldermans.

La restauration récente a permis de mettre au jour une partie des vestiges de l'église romane, quelques caveaux de l'époque gothique *(archéocrypte dans le chœur)* ainsi que des peintures murales des 15e et 16e s.

La **tour★★★** – Miracle de richesse et de légèreté, la tour s'élève à 123 m de hauteur. Construit en un siècle par plusieurs architectes, le magnifique clocher contient un carillon de 47 cloches. La deuxième tour est restée inachevée. Au pied de celle-ci, quatre personnages semblent construire avec ardeur ; cet hommage à l'architecte Peter Appelmans est dû au ciseau de Jef Lambeaux (1914).

Depuis le 16e s., une étrange coupole à bulbe coiffe la croisée du transept.

Intérieur – Il est d'une ampleur exceptionnelle avec ses 7 vaisseaux, ses 125 piliers sans chapiteaux, ses 117 m de longueur pour 65 m de largeur au transept. De nombreuses **œuvres d'art**, remarquables, relèvent la majesté du lieu.

Dans la nef centrale, la **chaire**, sculptée par Michel van der Voort, en 1713, surprend avec ses escaliers aux rampes couronnées d'oiseaux, sa ronde d'angelots turbulents qui planent sous une Renommée tombant du ciel. La cuve repose sur 4 figures féminines représentant les 4 continents (l'Europe, l'Afrique, l'Asie et l'Amérique).

Les toiles de Rubens sont nombreuses : au-dessus du maître-autel, une **Assomption** (1626) séduit par son coloris fragmenté de touches lumineuses ; dans le bras gauche du transept, l'**Érection de la Croix** (1610) destinée à l'église Ste-Walburge, est une composition en diagonale, typique du baroque ; dans le bras droit du transept, la **Descente de Croix** (1612) est d'une facture plus classique : le corps du Christ, exsangue, et son linceul blanc s'y détachent sur un fond sombre et sur le rouge du vêtement de saint Jean, tandis que resplendit la blondeur de Marie-Madeleine et que le divin supplicié semble glisser, à peine retenu, vers les bras de Marie d'une pâleur livide. Commandé par la corporation des arquebusiers dont le patron était saint Christophe, tous les thèmes illustrés dans ce retable représentent des « porteurs de Christ » : saint Christophe, Marie portant le Christ en son sein pendant la Visitation, le corps du Christ porté pendant sa descente de croix et Jésus porté par Siméon pendant la présentation au temple. À droite, dans la deuxième chapelle du déambulatoire se trouve la **Résurrection** de Rubens (1612). Le **Jugement dernier**, peint par De Backer, reproduisant sur ses volets la famille Plantin, se trouve dans la 4e chapelle du déambulatoire. Parmi les autres œuvres d'art, on remarquera le sarcophage baroque de l'évêque Capelle (1676), par Quellin le Jeune, un triptyque de *Jésus parmi les Docteurs*

par Frans Francken le Vieux (1586), un *Saint François* par Murillo, *La Cène* par Otto Venius et *Les Noces de Cana* par Martin de Vos.
Continuer sur le Oude Koornmarkt.

Église Saint-André ★ (Sint-Andrieskerk)
Entrée par la Sint-Andriesstraat 5 - 📞 *03 232 03 84 - www.topa.be - avr.-oct. : 14h-17h - entrée gratuite.*
Cette église en gothique tardif fut érigée au début du 16ᵉ s. par les pères augustins dans un quartier jadis populaire, devenu aujourd'hui celui de la mode et des antiquaires. L'édifice a connu une histoire mouvementée. À l'intérieur, le baroque domine. Le maître-autel, orné d'un groupe statuaire représentant l'Assomption, provient de l'abbaye St-Bernard de Hemiksem. La pièce maîtresse est la magnifique chaire réalisée en 1821 par J.-B. Van Hool et J.-F. Van Geel. Elle représente en grandeur nature la vocation de saint André et de son frère Pierre. L' œuvre surprend par le réalisme des personnages : les deux pêcheurs, abordés en plein travail par Jésus et invités à le suivre pour devenir des pêcheurs d'hommes, sont entourés de leur matériel de pêche et immergés dans un décor naturaliste de rochers et de végétation. On remarquera aussi le monument funéraire de la reine d'Écosse Mary Stuart et la statue en marbre de saint Pierre (1658) par Artus Quellin l'Ancien.

DU QUARTIER LATIN À ST-CHARLES-BORROMÉE
Partir de la Komedieplaats, la place où se trouve le théâtre Bourla. **Plan II**

Théâtre Bourla (Bourlaschouwburg)
Au cœur du « Quartier Latin », lieu fort agréable où se trouvent de nombreux cafés et restaurants, ce théâtre de style néoclassique est l'œuvre de l'architecte de la ville Pierre Bruno Bourla. La façade présente des colonnes engagées encadrant des bustes d'auteurs et de compositeurs célèbres. Au-dessus de l'attique, les muses accompagnées d'Apollon. Dans le premier hall, le plafond est décoré par l'artiste anversois Jan Vanriet.
Tourner à droite, puis prendre de nouveau à droite la Schuttershofstraat et gagner le Wapper, où se situe la maison de Rubens (voir plus loin dans « les musées et monuments du centre »).

Meir
C'est par excellence la rue commerçante de la ville. L'ancien palais royal du 18ᵉ s. de style rococo, résidence de nombreux souverains, se dresse à l'angle du Wapper et du Meir. Le bâtiment est en cours de restauration. Le premier étage deviendra un espace muséal dédié à histoire du bâtiment (ouverture prévue pour fin 2008).
Suivre la Lange Klarenstraat, puis prendre à droite la Lange Nieuwstraat.

Église St-Jacques (St.-Jacobskerk)
📞 *03 225 04 14 ou 0498 33 04 05 - www.topa.be - avr.-oct. : 14h-17h - fermée pdt les offices - 2 €.*
L'**intérieur★** de cette église flamboyante est richement orné dans le goût baroque. Parmi les tableaux, on peut voir, dans le bas-côté droit, une *Madone* d'Otto Venius ; dans le déambulatoire, à droite, *La Vocation de saint Pierre* par Jordaens.
Derrière le chœur, dans la chapelle funéraire de Rubens, on admire une de ses dernières toiles, *La Madone et les saints* (1634). La chapelle voisine renferme un tableau de Jordaens, *Saint Charles guérissant les pestiférés de Milan*.
Dans une salle à l'arrière de l'église est exposée l'horloge gothique restaurée dont l'origine se situerait dans la seconde moitié du 15ᵉ s.
Qui le souhaite peut faire un crochet jusqu'au béguinage en prenant à gauche la Parochiaanstraat. Traverser le St.-Jacobsmarkt, puis la Frans Halsplein. Par la Rozenstraat et l'Ossenmarkt gagner le béguinage.

Béguinage (Begijnhof) Plan I
Rodestraat 39 - 9h-17h - gratuit.
Les maisons se serrent à l'abri de leur clôture de briques. La rue, grossièrement pavée, encadre un verger ceinturé de haies. Une église, reconstruite au 19ᵉ s., est ornée de tableaux de Jordaens. Un oratoire abrite un *Christ aux liens*.
Revenir à l'église St-Jacques et suivre la Lange Nieuwstraat en direction du centre.

Bourse du Commerce (Handelsbeurs) Plan II
Ce bâtiment est provisoirement fermé au public.
Enclavée dans un pâté de maisons qu'elle domine de son dôme vitré, la bourse du Commerce s'ouvre sur quatre rues en croix.
La première bourse, construite par Dominique de Waghemakere, étant devenue trop étroite, une nouvelle, réalisée par le même architecte, fut inaugurée en 1531. Elle

Façade de l'église St-Charles-Borromée.

fut très animée au 16e s. Détruite en 1858 par un incendie, elle a été reconstruite en 1872 par l'architecte Schadde, dans le même style, et présente une halle intérieure à galeries superposées coiffée d'une superbe verrière.
Continuer sur la Lange Nieuwstraat.

Chapelle St-Nicolas (St.-Niklaaskapel)

Derrière la chapelle St-Nicolas du 15e s. qui héberge un théâtre de marionnettes (Poppenschouwburg Van Campen) se dissimule une charmante petite cour bordée de bâtiments anciens.
Prendre à droite le Sint-Katelijnevest, ensuite tourner à gauche dans la Wolstraat pour gagner la Hendrik Conscienceplein.

Place Hendrik Conscience★ (Hendrik Conscienceplein)

Cette place tranquille, pavée à l'ancienne, forme un ensemble très homogène avec ses bâtiments des 17e et 19e s. et la façade de l'église St-Charles-Borromée.

Église St-Charles-Borromée★ (St.-Carolus Borromeuskerk)

☎ 03 231 37 51 - tlj sf dim. 10h-12h30, 14h-17h - fermée pdt les offices - gratuit.
Sa belle façade baroque de « style jésuite » s'épanouit largement en trois registres classiques avec un médaillon central exécuté d'après un dessin de Rubens et deux lanternons en retrait. À l'arrière, accolé à l'abside, un élégant clocher baroque.
Construite par les jésuites Aguillon et Huyssens de 1615 à 1621, sous le vocable de St-Ignace, l'église prit par la suite le nom de St-Charles-Borromée. Malgré l'incendie de 1718 qui détruisit en grande partie le bâtiment, l'intérieur reste remarquable. Les plafonds peints par Pierre-Paul Rubens et Antoine Van Dyck dans les bas-côtés furent malheureusement la proie des flammes. L'édifice, voûté en berceau, possède des tribunes donnant sur la nef par de hautes galeries très lumineuses. Le chœur a conservé sa parure de marbre.
L'*Assomption* de Rubens dans la chapelle de la Vierge, et d'autres retables commandés, en 1620, à l'artiste pour orner cette église se trouvent aujourd'hui au musée des Beaux-Arts de Vienne en Autriche. Le maître-autel ne possède pas moins de trois tableaux. Grâce à un système ingénieux qui fonctionne encore de nos jours, il est possible de changer les peintures en fonction du besoin liturgique.
Sous les arcades court une boiserie du 18e s. : entre chaque confessionnal gardé par quatre anges, des médaillons retracent les vies de saint Ignace (au sud) et de saint François Xavier (au nord).

Musée (Kantkamer) – On visite la galerie, la crypte funéraire, la sacristie décorée de hauts-reliefs en stuc de Hansche ainsi que les pièces du musée contenant des collections de dentelles anciennes. *Merc. 10h-12h, 14h-16h, jeu. sur demande - 1,50 €.*
Revenir à la Wolstraat, puis prendre à gauche le Minderbroedersrui. Tourner immédiatement à droite dans la Keizersstraat.

Maison Rockox★ (Rockoxhuis)

☎ 03 201 92 50 - tlj sf lun. (sf lun. de Pâques et de Pentecôte) 10h-17h - fermé 1er-2 janv., Ascension - 2,50 € - gratuit vend.
Ami de Rubens, Nicolas Rockox (1560-1640), bourgmestre d'Anvers et humaniste,

était un fervent collectionneur d'objets d'art.

Sa demeure patricienne du 17ᵉ s., restaurée, a été transformée en musée. (Une projection audiovisuelle en français, néerlandais et anglais retrace l'histoire culturelle d'Anvers entre 1560 et 1640.) On y admire un magnifique mobilier (bahuts dits « ribbanken », cabinets d'ébène finement décorés), de belles pièces de céramique, une riche collection de peinture où figurent en particulier Patinir, Van Dyck (deux études d'une tête d'homme), Jordaens, Teniers le Jeune, Rubens, Momper, Snyders (*Marché aux poissons à Anvers*, Pieter Bruegel le Jeune (copie des *Proverbes* de Bruegel l'Ancien).

Les musées et monuments du centre

AU SUD DU SCHOENMARKT ET DU MEIR Plan II

Musée Plantin-Moretus/Cabinet des Estampes★★★
Vrijdagmarkt 22-23 – ℘ 03 221 14 50 - www.museumplantinmoretus.be - tlj sf lun.(sf lun. de Pâques et de Pentecôte) 10h-17h - fermé 1ᵉʳ-2 janv., 1ᵉʳ mai, Ascension, 1ᵉʳ-2 nov., 25-26 déc. – 6 €.

Ce musée magnifique occupe 34 pièces de la maison et de l'imprimerie construite par le célèbre imprimeur Plantin et agrandie aux 17ᵉ et 18ᵉ s. par ses descendants, les Moretus. Par sa décoration comprenant un beau mobilier ancien, des tapisseries, des cuirs dorés, des tableaux, par ses riches bibliothèques, sa collection typographique et ses collections de dessins, de gravures, de manuscrits anciens et d'éditions précieuses, ce musée fournit une évocation saisissante de l'histoire de l'humanisme et du livre ancien dans les Pays-Bas aux 16ᵉ et 17ᵉ s.

Le « Prince des imprimeurs »

Tourangeau venu à Anvers en 1549, Christophe Plantin y devient en 1555 imprimeur à l'enseigne du Compas d'or : ce compas illustre sa devise « Labore et Constantia », la pointe mobile représentant le travail et la pointe fixe la constance.

La perfection des ouvrages sortis de ses seize presses (les Estienne, en France, n'en possédaient que quatre), sa réputation de culture et d'érudition lui valurent l'estime des plus grands hommes de son temps, dont le roi Philippe II, qui fait de lui son imprimeur officiel et lui accorde le monopole de la vente des ouvrages liturgiques en Espagne et dans les colonies espagnoles. Tout en collaborant avec son ami le gouverneur et marchand Jérôme Cook, il a donné naissance à la fameuse école de gravure anversoise dont Rubens sera plus tard le chef. La plus belle réussite typographique de Plantin est sa Biblia Regia, imprimée en 5 langues (hébreu, syriaque, grec, latin et araméen). Il meurt en 1589.

Intérieur – *Suivre la numérotation des salles*. Autour de la magnifique cour intérieure avec ses fenêtres en vitraux sertis de plomb et encadrées de vigne vierge, on parcourt le grand salon décoré de portraits par Rubens, la boutique, la chambre des correcteurs, le bureau de Plantin et celui de Juste Lipse, érudit ami de Plantin. Dans l'imprimerie, on découvre des presses des 16ᵉ, 17ᵉ et 18ᵉ s. sur lesquelles on imprime encore aujourd'hui *Le Bonheur de ce monde*, sonnet composé par Plantin.

Au 1ᵉʳ étage sont exposées la fameuse *Biblia Regia* ou *Biblia Polyglotta* ainsi que la bible de Gutenberg dont il ne reste que treize exemplaires. On admirera les bibliothèques comprenant plus de 25 000 ouvrages anciens et la salle Max Horn qui possède une collection de littérature française des 16ᵉ, 17ᵉ et 18ᵉ s. dans des éditions originales magnifiquement reliées. Le 2ᵉ étage abrite la fonderie.

Musée de la Mode★★ (MOMU) (Modemuseum)
Nationalestraat 18 - ℘ 03 470 27 70 - www.momu.be - tlj sf lun. 10h-18h - fermé 1ᵉʳ-2 janv., 25, 26 et 31 déc. – 6 € of 4 € (suivant les expositions).

Au cœur du quartier branché des jeunes stylistes belges, ce musée flambant neuf a élu domicile dans un immeuble de la fin du 19ᵉ s., joliment réaménagé par l'architecte Marie-Josée Van Hee. Les collections permanentes sont présentées par thèmes régulièrement renouvelés, ce qui permet de découvrir à la fois des pièces historiques (costumes, bel ensemble de dentelle ancienne, accessoires, tissus) et contemporaines, et de suivre l'évolution de la mode à travers le temps. Le bâtiment accueille également la Flanders Fashion Institute et le département Stylisme de l'Académie des Beaux-Arts.

Musée Mayer van den Bergh★★

Lange Gasthuisstraat 19 - ☎ 03 232 42 37 - www.museummayervandenbergh.be - tlj sf lun. (sf lun. de Pâques et de Pentecôte) 10h-17h (dernière entrée 16h30) - fermé 1ᵉʳ-2 janv., 1ᵉʳ mai, Ascension, 1ᵉʳ-2 nov., 25-26 déc. - 4 €, 6 € pour billet combiné Maison de Rubens, d'autres tarifs sont en vigueur lors des expositions - entrée gratuite le dernier merc. du mois.

Installé dans une maison de style néogothique du début du 20ᵉ s., ce musée possède un remarquable ensemble d'œuvres d'art réunies par le collectionneur Fritz Mayer van den Bergh (1858-1901), qui montra un véritable génie dans ses achats de sculptures médiévales, d'enluminures, d'ivoires, de tapisseries et de peintures.

Au **rez-de-chaussée**, on remarquera cinq beaux portraits de Cornelis de Vos, deux statues-colonnes provenant du cloître de Notre-Dame-en-Vaux à Châlons-sur-Marne (12ᵉ s.) et un panneau sur bois de Simeone et Machilone de Spolète (13ᵉ s.) représentant des scènes de la vie de la Vierge. Le triptyque du *Christ en Croix avec couple de fondateurs* de Quentin Metsys (15ᵉ s.) montre le talent de ce peintre (remarquer la beauté et la sérénité du paysage contrastant avec l'air tourmenté des personnages).

Au **1ᵉʳ étage** sont réunis de très jolis ivoires byzantins et gothiques, mais l'attention se portera sur le groupe sculpté *Jésus et saint Jean* par le maître Heinrich de Constance (environ 1300) et sur un diptyque néerlandais de petit format - probablement un autel de voyage - représentant la *Nativité et saint Christophe* (au revers la *Résurrection du Christ*).

La pièce maîtresse du musée est incontestablement le tableau de Bruegel l'Ancien **Margot l'Enragée★★** (*De Dulle Griet*), vision apocalyptique de la guerre dans des coloris « incendiaires » remarquables. À côté, *Les 12 proverbes flamands* montrent une autre facette du remarquable talent de Bruegel. De ses fils, le *Dénombrement de Bethléem* et *Paysage d'hiver*.

Maagdenhuis

Lange Gasthuisstraat 45 - ☎ 03 223 56 20 - tlj sf mar. 10h (w.-end 13h)-17h - fermé j. fériés, 2 janv., 11 juil., 26 déc. - 2,50 €.

Une partie de cet ancien orphelinat des filles a été transformée en musée. On y voit de nombreuses peintures (Rubens, Saint Jérôme par Van Dyck), des sculptures et une belle collection de bols de céramique anversoise du 16ᵉ s.

Chapelle Sainte-Élisabeth (St.-Elisabethgasthuiskapel)

Visite uniquement pour groupes sur demande préalable. Se renseigner Lange Gasthuisstraat 45, 2000 Antwerpen, ☎ 03 223 56 20 (guichet d'accueil du Maagdenhuis ; demander M. Christiaans).

Cette chapelle fait partie de l'ancien hôpital Ste-Élisabeth (13ᵉ s.) désaffecté en 1986 et restauré pour devenir un centre culturel (Elzenveld). La nef de style gothique brabançon aux chapiteaux ornés de feuilles de choux frisés date du début du 15ᵉ s. ; le chœur de la même longueur a été ajouté entre 1442 et 1460. La décoration baroque est dominée par le maître-autel en marbre noir et blanc d'Artus Quellin le Jeune surmonté d'une statue de la Vierge. Parmi les œuvres d'art, on remarquera les tableaux de Godfried Maes et de Frans Francken le Jeune.

Pierre-Paul Rubens, le prodige d'Anvers

Né en exil le 28 juin 1577 près de Cologne où son père, échevin d'Anvers, soupçonné d'hérésie, s'était réfugié, Rubens pénètre pour la première fois dans un Anvers dévasté à l'âge de 12 ans, après la mort de son père. Il est d'abord élève de Verhaecht et de Van Noort, puis de 1594 à 1598, il travaille dans l'atelier du peintre Otto Venius et passe maître de la guilde de St-Luc.

Après un séjour en Italie, il revient en 1608 à Anvers, qui connaît une période de paix sous les archiducs Albert et Isabelle. Au fur et à mesure que les commandes affluent, le peintre est poussé à créer un véritable atelier. C'est alors l'apothéose de Rubens et de son école. Flamand et cosmopolite, catholique et humaniste, Rubens incarne le génie de la ville. Diplomate au service des souverains, il unit en peinture les acquisitions de l'italianisme à la tradition flamande.

Ses élèves ou collaborateurs portent des noms prestigieux : Jan Bruegel dit Bruegel de Velours et les trois Anversois Jordaens, Van Dyck et Snyders. Son influence s'étend à la sculpture représentée par les Quellin et Verbruggen et à l'architecture baroque.

Il meurt à Anvers en 1640 ; son corps repose dans l'église St-Jacques.

Ch. Bastin et J. Evrard/MICHELIN

La Maison de Rubens.

Maison de Rubens★★ (Rubenshuis)

Wapper 9-11 - ℘ 03 201 15 55 - www.rubenshuis.be - tlj sf lun. (sf lun. de Pâques et de Pentecôte) 10h-17h - fermé 1er-2 janv., 1er mai, Ascension, 1-2 nov., 25-26 déc. - 6 €, gratuit le dernier merc. du mois.

En 1610, un an après son mariage avec Isabelle Brant, Rubens achète cette maison bourgeoise. Après de nombreux travaux d'agrandissement et la construction d'un immense atelier, Rubens fait de sa demeure un somptueux palais. C'est dans cette maison que le peintre passe la plus grande partie de sa vie et que la plupart de ses œuvres sont créées. Sa femme, dont il a eu trois enfants, étant morte, il se remarie quatre ans plus tard avec la très jeune Hélène Fourment ; cinq enfants naîtront de cette union et seront élevés sous ce toit (*Voir également encadré page précédente*).

Visite – *Billets en vente au pavillon d'accueil, en face du musée.* Cet ensemble a été reconstitué en 1946. Dans l'aile gauche, les pièces d'habitation de style flamand sont ornées de cuirs dorés, de meubles du 17e s. et de nombreux tableaux. Remarquez dans la salle à manger le célèbre autoportrait de Rubens. Dans l'aile droite, l'atelier est surmonté d'une tribune d'où les amateurs contemplaient ses tableaux.

Dans la cour, on admire la façade baroque de l'atelier avec ses bustes de philosophes et ses évocations mythologiques. Un portique relie les deux pavillons et s'ouvre sur un jardin par trois arches que Rubens a reproduites sur certaines toiles.

Le jardin du 17e s. a été redessiné d'après les tableaux et gravures de l'époque.

ENTRE L'ESCAUT ET LA GRAND-PLACE Plan II

Musée d'Ethnographie★★ (Etnografisch museum)

Suikerrui 19 - ℘ 03 220 86 00 - www.etnografischmuseum.be - tlj sf lun. (sf. lun. de Pâques et de Pentecôte) 10h-17h - fermé 1er-2 janv., 1er mai, Ascension, 1er-2 nov., 25-26 déc. - 4 €, gratuit le dernier merc. du mois..

Au rez-de-chaussée, le visiteur est accueilli par les statues et masques de la collection d'Afrique noire. Tout comme les objets précieux et les objets usuels, ils ont souvent une signification magique et sont utilisés pour des danses et cérémonies rituelles. Le pouvoir inspirateur de ces objets « primitifs » pour l'art occidental moderne appa-raît clairement lorsque l'on observe les masques de Songye (Congo) et les coupes de Mbuun (Congo). La section Pacifique (Océanie) met l'accent sur les peuples de Mélanésie, où le rang social et le culte des ancêtres jouent un rôle important. Le tambour à fente verticale des Nouvelles-Hébrides symbolise le rang social élevé, tandis que les belles statues taillées dans les fougères arborescentes servent à des rites funéraires. Il en va de même pour le poteau d'ancêtre, encore appelé « bis », des Asmats de Nouvelle-Guinée. On observera également les statues ancestrales (coiffées de chapeaux boules anglais) de Nouvelle-Irlande et le macabre panneau de crânes des peuples du Sepik en Nouvelle-Guinée orientale.

Le 1er étage, consacré au continent américain, expose des vêtements et des pipes des Indiens d'Amérique du Nord. On notera aussi avec intérêt un kayak pour enfant des Esquimaux du Groenland et un masque-cimier en forme de saumon du Canada. L'Amérique du Sud et l'Amérique centrale sont richement représentées par une belle collection de terres cuites, de textiles et de bijoux précolombiens et par des masques et des parures d'indiens d'Amazonie, ornées de plumes aux couleurs éclatantes.

Le 2e étage est dédié aux grandes religions asiatiques : l'hindouisme, le bouddhisme et le jaïnisme, religion hindoue prônant la délivrance des âmes. L'Inde est représentée par des statues de divinités en pierre et en bronze. Le Japon est évoqué par le grand Kannon Bosatsu (16e-17e s.) et un bouddha japonais en bois laqué or. Du Tibet, on citera en particulier un très beau plan de Lhassa du 19e s. Les deux tours funéraires népalaises du 19e s. ornées de représentations religieuses ont été réalisées par des sherpas tibétains. Elles étaient utilisées pour l'accompagnement des mourants. À voir aussi : un autel domestique tibétain et une collection de remarquables miniatures représentant une méditation avec mandalas. L'Indonésie est présente avec un ensemble de poupées ajourées pour théâtre d'ombres.

Musée Maison des Bouchers★ (Museum Vleeshuis I Klank van de stad)

Vleeshouwersstraat 38-40 - ✆ 03 233 64 04 - www.museumvleeshuis.be - tlj sf lun. (sf. lun. de Pâques et de Pentecôte) 10h-17h - fermé 1er-2 janv., 1er mai, Ascension, 1er-2 nov., 25-26 déc. - 5 €, mais gratuit le dernier merc. du mois.

Dans l'ancien quartier du port se dresse cet imposant édifice gothique. Les murs en brique, rayés de grès blanc, sont flanqués d'élégantes tourelles. La maison des Bouchers fut construite dans les années 1501-1504 par Herman de Waghemakere, à la demande de la corporation des bouchers. Depuis 2006, il abrite l'exposition permanente « Klank van de Stad » (Le son de la ville), dédiée à la musique et à la danse à Anvers. Au rez-de-chaussée, on découvre l'histoire de la musique sous toutes ses facettes : musiciens ambulants, carillons, 400 ans d'opéra, musique d'église, partitions.

Dans les superbes caves voûtées du bâtiment on évoque la généralisation des concerts publics et le développement des musiques militaires, des harmonies et de l'orchestre symphonique. Le visiteur découvre ici l'apparition de nouveaux instruments à vent et de percussions qui donneront naissance à la batterie. La reconstruction de l'atelier Van Engelen (créé à Lierre en 1813) donne une image de la production des instruments à vent. L'atelier de Jacques Sergeys (Louvain) révèle les secrets du dernier grand fondeur de cloches en Belgique. La visite se termine par l'évocation d'un bal public dans une salle du 19e s. aux sons d'un orgue de barbarie.

Musée national de la Marine★ (MAS I Nationaal Scheepvaartmuseum -Het Steen)

Steenplein 1 - ✆ 03 201 93 40 - www.nationaalscheepvaartmuseum.be - tlj sf lun. (sf lun. de Pâques et de Pentecôte) 10h-17h - fermé 1er-2 janv., 1er mai, Ascension, 1er-2 nov., 25-26 déc. – 4 €, gratuit le dernier merc. du mois.

Ce musée est situé dans la forteresse du Steen construite après 843 sur l'Escaut, pour défendre la nouvelle frontière du traité de Verdun. Prison dès le début du 14e s., le bâtiment fut agrandi vers 1520, sous Charles Quint, et restauré aux 19e et 20e s.

Une intéressante exposition retrace, à l'aide de nombreux tableaux, maquettes, instruments, sculptures et documents, la vie maritime et fluviale, surtout en Belgique, des origines à nos jours. On visite le département d'archéologie industrielle (maritiem park) où l'on peut voir la collection de bateaux.

Devant le Steen se dresse la statue du lutin anversois légendaire **Lange Wapper**. Des terrasses promenoirs du **Steenplein**, on a un aperçu de l'animation de l'estuaire, qui atteint à cet endroit une largeur de 500 m. C'est de cet endroit que partent les bateaux d'excursion pour la visite du port.

Le long des quais, des maisons de style résolument contemporain (la maison Van Roosmalen, coin Goede Hoopstraat-St-Michielskaai) alternent avec de magnifiques bâtiments anciens.

Le quartier du Zuid Plan I

Musée royal des Beaux-Arts★★★ (Koninklijk Museum voor Schone Kunsten)

Leopold De Waelplaats - ✆ 03 238 78 09 - www.kmska.be - ♿ - tlj sf lun. 10h-17h (dim. jusqu'à 18h) - fermé 1er-2 janv., 1er mai, Ascension, 25 déc. – 6 €, gratuit en permanence pour les -19 ans et pour tous le dernier merc. du mois.

Cet édifice du 19e s. présente une façade à colonnade corinthienne, surmontée de chars en bronze de Vinçotte. Les quatre figures allégoriques ornant la façade représentent l'architecture, la peinture, la sculpture et la gravure. L'accès à l'étage supérieur se fait par un escalier monumental orné d'œuvres de Nicaise De Keyser retraçant l'histoire de l'école de peinture anversoise. La collection du musée permet de suivre l'évolution de la peinture occidentale, du 14e s. au 20e s.

Peinture ancienne (14e-19e s.) – Le musée abrite un ensemble remarquable d'œuvres de primitifs flamands. Remarquez deux chefs-d'œuvre de Jan Van Eyck : *La Sainte*

Le Zuid ou quartier Sud

À partir de 1875, un tout nouveau quartier fut construit au sud, à proximité de l'Escaut, là où se dressaient autrefois le Zuiderkasteel, citadelle espagnole datant de l'époque du duc d'Albe, et les anciennes murailles de la ville. Deux Expositions universelles furent organisées à cet endroit en 1885 et en 1894. Le musée des Beaux-Arts fut inauguré en 1890 et le théâtre De Hippodroom en 1903. Après des années difficiles, le quartier connut son heure de gloire pendant l'entre-deux-guerres. Il se composait alors de deux parties bien distinctes : la première, populaire et animée autour des Zuiderdokken et l'autre, plus paisible et plus bourgeoise, autour du musée. Avec le déplacement des activités portuaires vers le nord de la ville, mais aussi en raison de la piètre qualité des habitations et de l'exode urbain, le quartier dépérit. Le comblement des bassins dans les années 1960 et la démolition de l'Hippodrome au début des années 1970 accélérèrent encore le déclin. Le mouvement s'inversa cependant au début des années 1980. En effet, le quartier connut un renouveau suite à l'implantation du **musée de la Photographie** et du **musée d'Art contemporain** dans deux anciens entrepôts. De nombreuses maisons et monuments furent restaurés grâce à un regain d'intérêt pour l'architecture fin de siècle. Parmi les rénovations les plus marquantes figurent celles de **la maison du peuple libérale Help U Zelve**, de l'**immeuble d'angle De vijf werelddelen** et de la **Zuiderpershuis**, mais aussi d'une série de maisons le long des quais. De belles maisons anciennes côtoient ici de nouvelles constructions résolument contemporaines, comme la maison Van **Roosmalen** (angle St.-Michielskaai et Goede Hoopstraat), un **immeuble noir et blanc** de Bob Van Reeth datant de 1985-1987, et le bâtiment à la façade en bois de Neutelings et de Koning. Le soir, le quartier du Zuid est toujours animé grâce à ses cafés et restaurants. Les nombreuses galeries d'art qui s'y sont établies organisent toutes leurs vernissages le même jour, ce qui permet aux visiteurs d'effectuer une sorte de « circuit » artistique. Valent également le détour la Waterpoort à la Gillisplaats, dont la conception est attribuée à Rubens, le monument de la Lambermontplaats et la statue De Schelde Vrij sur la Marnixplaats.

Barbe, devant une tour gothique en construction, au dessin minutieux, et *La Vierge à la fontaine* aux coloris délicats. On note de Van der Weyden le *Portrait de Philippe de Croÿ*, une œuvre pleine de finesse, ainsi que le *Triptyque des sept sacrements*, qui a pour cadre l'intérieur d'une vaste église gothique. Chaque sacrement (baptême, confirmation, confession, ordre, mariage, extrême-onction, eucharistie) est personnifié par un ange tenant une banderole. Les avis divergent quant à l'identité de l'homme représenté sur le *Portrait de l'homme à la médaille* de Hans Memling. Il s'agit soit du médailliste Jean de Candida, soit d'un collectionneur de monnaies italien. On admire quatre petits panneaux de **Simone Martini** (14e s.), dont un représentant *L'Annonciation* d'une délicatesse évoquant les miniatures. La célèbre *Vierge entourée d'anges rouges et bleus* par le Français **Jean Fouquet** est peinte sous les traits gracieux d'Agnès Sorel, maîtresse du roi de France Charles VII. On remarque les ravissants portraits de **Jean Clouet** et, plus particulièrement, celui du fils de François Ier. *L'autoportrait de l'artiste et de sa femme* du Maître de Francfort est l'un des premiers doubles portraits profanes des Pays-Bas du Sud. La peinture du 16e s. conserve les grands traits des primitifs flamands, mais teintés par l'influence italienne comme on peut le voir dans deux toiles de Quentin Metsys, la *Marie Madeleine* et son fameux *Triptyque de la déploration du Christ*, que l'artiste peignit pour la guilde des menuisiers.
Le tableau de **Joachim Patinir** représentant *La Fuite en Égypte* marque un tournant important dans l'évolution de la peinture paysagiste. Le musée comprend de nombreux portraits (Metsys, Pourbus et le Maître d'Anvers), paysages et natures mortes.
Les quatre splendides petits panneaux, intitulés Les Quatre Saisons sont d'Abel Grimmer.
La peinture hollandaise du 17e s. est présente avec des œuvres de Frans Hals, Ter Borch et Hobbema.
La salle **Rubens** est entièrement consacrée au maître du baroque anversois. On peut suivre l'évolution de son style. *Le Baptême du Christ*, peint en Italie, et le triptyque de *L'Incrédulité de saint Thomas* sont encore d'inspiration classique ; puis le réalisme s'impose dans *Le Christ à la paille*, tout ensanglanté, le pathétique apparaît dans *La Dernière Communion de saint François*, dans *Le Coup de lance*, dans *La Trinité* au raccourci saisissant ; enfin *L'Adoration des Mages* (1624), aux coloris éclatants et aux personnages

expressifs, est un des sommets de la peinture flamande au 17e s.

Les salles Van Dyck et Jordaens présentent, outre des portraits distingués, des œuvres d'inspiration religieuse aux tons nuancés de **Van Dyck**, qui avait déjà son propre atelier et ses élèves à l'âge de 16 ans. Les œuvres de **Jordaens** comme *Le Concert de famille*, sont étonnantes de vie.

Ensor et les modernes – Une salle est consacrée à **James Ensor**, le célèbre peintre, caricaturiste et dessinateur ostendais. On peut suivre son évolution depuis les pre-mières œuvres de ce qu'on appelle sa « période sombre », dominée par des intérieurs et des portraits, dont *Le Salon bourgeois* est un bel exemple. L'amour d'Ensor pour le monde étrange des masques s'exprime dans *L'Intrigue* (1890). L'impressionnisme et le pointillisme sont représentés avec, entre autres, des œuvres d'Émile Claus. Du grand architecte, Henry Van de Velde, l'on voit la belle toile *Femme à la fenêtre*. Toute l'affection de Meunier pour le monde du travail s'exprime dans ses tableaux et sculptures. L'accent est également mis sur le social dans L'Aveugle de Laermans. *Le Bourgeois de Calais*, œuvre très expressive de Rodin, fait partie du célèbre groupe de sculptures *Les Bourgeois de Calais*. Le musée comprend de nombreuses peintures et sculptures du fauviste brabançon **Rik Wouters**, mort prématurément. Sa femme Nel a joué un rôle prépondérant dans son œuvre expressive et inondée de soleil (*La Repasseuse, L'Éducation*). Le groupe de Laethem-St-Martin est bien représenté avec l'expressionniste Permeke au style monumental (*Femme de pêcheur*), les frères De Smet et Van den Berghe. Les deux figures féminines dans la toile *Les Deux Printemps* de Van de Woestijne symbolisent la vie rurale et la vie urbaine. Les toiles de Servrancks et de Peeters appartiennent au constructivisme. Le surréalisme est mis en vedette par Magritte (*Seize septembre*). Le musée possède également des tableaux d'artistes étrangers de renom comme Modigliani, Zadkine et Grosz. La grande toile de Pierre Alechinsky, *Le Dernier Jour* (1964), peut être considérée comme l'apogée de son évolution parmi les membres du groupe Cobra.

Immeuble Les Cinq Continents (Woonhuizen « De vijf werelddelen »)

À deux pas du musée des Beaux-Arts, au coin de la Plaatsnijderstraat et de la Schil-derstraat, se trouve l'étonnant immeu-ble « **Les Cinq Continents** » datant de 1901. De style Art nouveau, ce bâtiment de l'architecte Frans Smet-Verhas fut construit pour un armateur, d'où la proue de navire en bois. Au-dessus, une belle loggia dont les vitraux portent les noms des cinq parties du monde.

Ch. Bastin et J. Evrard/MICHELIN

L'immeuble Les Cinq Continents.

Volkshuis (Maison du Peuple) « Help U Zelve »

Qualifié de « Horta anversois », l'archi-tecte Emiel van Averbeke réalise en 1901 avec Jan van Asperen la Maison du peuple libérale « Help U Zelve ». La magnifique façade partiellement déco-rée de mosaïques présente deux pignons couronnés de sculptures.

Zuiderpershuis

Derrière la façade néobaroque de l'im-meuble conçu par Emiel Dieltiens en 1881 se cache une ancienne centrale électrique hydraulique. Les accumula-teurs étaient logés dans les deux tours.

Abritant la troupe de théâtre *De Internationale Nieuwe Scène*, le bâtiment s'est converti en centre culturel international (concerts, danse, théâtre, expositions).

Musée d'art contemporain (Museum van Hedendaagse Kunst Antwerpen-MuHKA)

Leuvenstraat 32 - ℘ 03 260 99 99 - www.muhka.be - ♿ - tlj sf lun. 10h-17h - fermé 1er jan., 1er mai, Ascension, 25 déc. - 5 €.

Ce musée possède une intéressante collection d'art contemporain depuis les années 1970 qui rassemble aussi bien d'importants artistes étrangers (T. Cragg, B. Nauman, S. Bratkov, M. Pistoletto, M. Lewis) que des créateurs belges (J. Fabre, Panamarenko, D. Claerbout, B. Lohaus, L. Tuymans). Les œuvres sont présentées au rez-de-chaussée à tour de rôle. Les étages sont réservés aux expositions temporaires. En outre le MuHKA organise des spectacles, interventions, conférences, présentations de livres ainsi qu'une programmation de films historiques et contemporains (MuHKA media).

Anvers miniature (Antwerpen Miniatuurstad)

Cockerillkaai 50 - ☎ 03 237 03 29 - www.miniatuurstad.be - ♿ - merc., sam., dim. et j. fériés 12h-17h - groupes sur rendez-vous - fermé 1ᵉʳ janv., 25 déc. - 6,50 €. Installée dans un ancien hangar sur les quais de l'Escaut, la reconstitution miniature de la ville d'Anvers s'anime pendant un son et lumière.

Musée de la Photographie★ (FotoMuseum Provincie Antwerpen)

Waalse Kaai 47 - ☎ 03 242 93 20 - www.fotomuseum.be - tlj sf lun. 10h-18h - fermé 1ᵉʳ jan, 25 déc. - 4 €.

Ce musée permet aux visiteurs de découvrir la photographie dans un large contexte social et culturel. À côté de photos artistiques, il expose des photos de presse, scientifiques, documentaires et de mode, des collections d'associations et de familles, des photos publicitaires et des cartes illustrées. La présentation change tous les quatre mois.

Derrière l'entrepôt existant, qui abrite le musée depuis 1986, a été érigé un bâtiment prestigieux, mais sobre, conçu par l'architecte Georges Baines.

Les trois étages de ce nouveau bâtiment comprennent de grandes salles d'exposition, idéales pour des expositions contemporaines. Les salles annexes de l'ancien entrepôt se prêtent davantage à des expositions historiques. Au rez-de-chaussée, on peut visiter une galerie de photos moderne, la boutique du musée et un agréable café-restaurant.

Le quartier de la gare et des diamantaires Plan I

Gare centrale (Centraal Station)

Koningin Astridplein.

À côté du Jardin zoologique, la gare centrale (1900-1905) a été construite d'après les plans de l'architecte L. de La Censerie. Les deux façades monumentales de style néobaroque sont coiffées d'une énorme coupole, haute de 60 m.

Jardin zoologique ★★ (Dierentuin)

☎ 03 202 45 40 - www.zooantwerpen.be - mars-avr. et oct. : 10h-17h30 ; mai-juin et sept. : 10h-18h ; juil.-août : 10h-19h ; nov.-fév. : 10h-16h45 - 16,90 €.

Ce parc de 11 ha s'ouvre entre la gare centrale et l'ancien musée d'Histoire naturelle, construit en 1885, surmonté de la statue de son fondateur chevauchant un chameau. Parmi ses 5 000 animaux, le zoo compte des spécimens rares comme les rhinocéros blancs et les okapis (bâtiment maure). Le temple égyptien (1856) aux couleurs vives abrite les éléphants, girafes, autruches et oryx arabes. Dans le bâtiment des oiseaux, rien ne sépare les oiseaux exotiques en pleine lumière du public circulant dans l'obscurité. Le nocturama abrite dans la pénombre les animaux nocturnes dont les terriers sont visibles derrière une vitre. Le « Vriesland » permet de découvrir les manchots et les loutres de mer. Enfin, le planétarium et l'Aquaforum offrent des spectacles supplémentaires.

Le Jardin zoologique.

Musée du Diamant de la Province d'Anvers★
(Diamantmuseum Provincie Antwerpen)

Koningin Astridplein 19-23 - ℘ 03 202 48 90 - www.diamantmuseum.be - tlj sf merc. 10h-17h30 - fermé 1 janv., 25 déc. - 6 € / 4 €.

Sur dix diamants vendus dans le monde, huit passent au moins une fois par Anvers. Les diamants de toutes les mines du monde sont travaillés, taillés, estimés, achetés et vendus dans la Campine anversoise et dans la métropole. Le musée, installé dans un immeuble Art nouveau rénové, se situe dans le quartier des diamantaires, près de la Gare centrale. Il nous livre le récit de gens ordinaires et d'événements particuliers liés à l'histoire de cette pierre précieuse dans la province d'Anvers. Une collection de créations exceptionnelles anciennes et contemporaines illustre le faste et la magie de cette pierre étincelante dont le trophée de tennis de l'ECC, une raquette en or sertie de plus de 1600 diamants.

Une industrie et un commerce traditionnels : le diamant

En 1476, le Brugeois Louis de Berken perfectionne la taille du diamant qui devient une industrie anversoise. Au 16e s., l'arrivée de plusieurs familles juives portugaises donne un nouvel élan. Le commerce des diamants, qui alors provenaient surtout des Indes, était quasiment un monopole portugais à la suite de la découverte de la route maritime des Indes par Vasco de Gama. Les artisans d'Anvers étaient encore très renommés quand Amsterdam se profila comme ville concurrente au 18e s. En 1869 commence le rush diamantaire sud-africain. À la même époque on enregistre une forte immigration des juifs de l'Est. Ils s'installent à Anvers et vivent de la taille et du commerce des diamants. Aujourd'hui, le commerce se partage entre les familles juives installées depuis des siècles, les Indiens, les Africains, Arméniens et les Libanais. Beaucoup d'ateliers ont été délocalisés vers des pays à bas salaires, mais la taille des diamants de haute qualité s'est maintenue à Anvers. Ces diamants bénéficient du label « Antwerp cut ».

Aux alentours

Musée de la Sculpture en plein air★ (Middelheimmuseum)

Middelheimlaan 61, 2020 Antwerpen. Sortir au sud par la Karel Oomsstraat. Prendre la Gerard Le Grellelaan, puis la Beukenlaan qui longe le parc (Nachtegalenpark), ensuite à gauche par la Middelheimlaan - ℘ 03 827 15 34 - www.middelheimmuseum.be - ♿ - mar.-dim. 10h-17h ; avr. et sept. : 10h-19h ; mai et août 10h-20h ; juin-juil. : 10h-21h - également ouvert lun. de Pâques et de Pentecôte - fermé 1er-2 janv., 1er mai, Ascension, 1er-2 nov., 25-26 déc. - gratuit.

Dans le parc Middelheim, de vastes pelouses (12 ha) ombragées de grands arbres servent d'écrin à plus de 400 sculptures, de Rodin à nos jours. La partie « Middelheim-Hoog » est consacrée à la sculpture moderne tant étrangère que belge (Maillol, Bourdelle, Moore, Giacometti, Richier, Calder, Nevelson, Pompon, Jespers, Gentils, etc.). Remarquer la belle envolée du *Roi et Reine* de Henry Moore ainsi que la très dynamique *Vierge folle* par Rik Wouters. S'inspirant de la nature, le pavillon blanc de René Braem abrite les sculptures petites ou fragiles en bois, terre cuite, métal et plâtre. « Middelheim-Laag » présente des sculptures contemporaines. À noter les 2 figures émouvantes de Juan Muñoz, l'œuvre énigmatique de Richard Deacon et le *Poulet préhistorique* de Panamarenko.

Musée de l'Argenterie★ (Zilvermuseum Provincie Antwerpen)

Sortir à l'est par la Carnotstraat, puis prendre la Turnhoutsebaan à Borgerhout. Accès par la Cornelissenlaan - ℘ 03 360 52 50 - www.zilvermuseum.be - info@zilvermuseum.be - tlj sf lun. 10h-17h30 - fermé 25 déc.-2 janv. - gratuit, sf expositions : 6 € / 4 €.

Dans le parc Rivierenhof, à Deurne, se dresse le beau château du Sterckshof (1938), construit en style néo-Renaissance flamande. Après une importante rénovation, l'actuel musée de l'Argenterie a ouvert ses portes en 1994.

Les collections, qui couvrent la période allant du 16e s. à nos jours, sont présentées de manière thématique : techniques de fabrication, marques, différents usages des objets proposés dans leur contexte. Au 1er étage, le visiteur trouvera surtout des informations pratiques sur les différents minerais et les mines d'argent, et l'utilisation de ce métal précieux dans l'industrie. Le musée propose également une vidéo sur le travail de l'argent et possède une grande collection d'outils. Les coupes et les plats les plus précieux sont exposés dans le salon d'apparat. Le musée possède aussi une intéressante collection d'objets religieux, dont un splendide bénitier (1833) de l'Anversois Verschuylen, représentant Jésus et la Samaritaine près du puits. La chambre à coucher rassemble une collection de bijoux, d'articles de toilette et d'objets divers. Dans la salle à manger, avec son magnifique plafond à caissons du 16e s., le visiteur pourra se faire une idée de l'évolution des couverts du 14e au 19e s. Le salon réunit quelques jolis services à café et à thé, ainsi qu'une magnifique assiette bruxelloise ornée d'un motif d'iris en style Art nouveau (environ 1900). Le legs Lunden comprend presque exclusivement de l'argenterie domestique. L'atelier se consacre à la fois à la restauration et à la réalisation de nouvelles créations. À ne pas rater : la *Chouette au poinçon d'Anvers*, réalisée au 18e s. en argent et noix de coco.

Quartier Zurenborg★★ (Wijk Zurenborg)

Près de la gare de Berchem. Ce magnifique quartier remarquablement bien préservé comprend plusieurs rues autour de la **Cogels-Osylei**. Il tire son nom d'un jardin de plaisance du 16e s. Cette véritable merveille de la fin du 19e s. présente des hôtels particuliers de style néo, éclectique et Art nouveau. On fit appel à plusieurs architectes illustres dont **Jos Bascourt, Emiel Dieltiens, Frans Smet-Verhas** et **Jules Hofman**. Quelques ensembles prennent l'allure d'un véritable palais : les constructions (1897-1899) aux n⁰ˢ 32-37 de la Cogels-Osylei de l'architecte Dieltiens ainsi que les trois maisons de plaisance de style néo-Renaissance flamande aux n⁰ˢ 25-29 de la même avenue, réalisées d'après les plans de J. Bascourt. Toujours dans la même avenue, la **maison « Huize Zonnebloem »** (Le Tournesol) de Jules Hofman étonne par ses lignes sinueuses. La maison particulière au n⁰ 80 est presque une copie de la maison du peintre de St-Cyr à Bruxelles. Dans un style beaucoup plus sobre, les quatre maisons d'angle (Generaal Van Merlenstraat et Waterloostraat) illustrent les quatre saisons. Au n⁰ 11 de la Waterloostraat se trouve la **demeure « La Bataille de Waterloo »** de F. Smet-Verhas. Remarquer les portraits de Napoléon et de Wellington, le grand bow-window ainsi que la petite tourelle d'angle.

Brasschaat

15 km au Nord.
Cette commune possède un important centre récréatif dans un grand parc comprenant piscines et jardin zoologique.
De Brasschaat, une agréable **route** mène à Schilde. Elle est bordée en de nombreux endroits de massifs de rhododendrons dont la floraison en mai-juin offre un merveilleux spectacle, en particulier le long du domaine de Botermelk, à la sortie du pont mobile franchissant le canal d'Anvers à Turnhout. Les environs boisés et fleuris de **'s Gravenwezel** abritent des demeures cossues.

Réserve naturelle
De Kalmthoutse Heide et Arboretum Kalmthout

25 km au nord. Sortir par Schijnpoortweg. 📞 *03 620 18 30 (Centre d'éducation à la nature De Vroente - Centre de Visiteurs du Parc frontalier « De Zoom-Kalmhoutse Heide »)* -

Quartier Zurenborg.

📞 03 620 18 35 - www.devroente.be - devroente@lne.vlaanderen.be - &. *Parc frontalier : du lever au coucher du soleil. Centre des visiteurs - lun.-vend. 9h-17h, sam., dim. et j. fériés 14-17h - fermé 25 déc.-1ᵉʳ jan. inclus.*

Dans le Nord de la Campine anversoise, à 2 km du bourg de Kalmthout, la **réserve naturelle** (natuurreservaat) **De Kalmthoutse Heide** offre, près de la frontière, 732 ha de dunes de sable, landes de bruyère (heide), bois de pins, marécages, peuplés de nombreux oiseaux et sillonnés de sentiers de promenade balisés.

L'**Arboretum Kalmthout** *(situé sur la N 111)* dont les origines remontent à 1857, est aussi bien un lieu de détente pour le promeneur « amateur » qu'un terrain d'étude pour ceux qui s'intéressent à la botanique. L'accès aux pelouses *(il n'y a pas de sentier, s'équiper de chaussures adéquates)* permet d'ad-

L'Arboretum à Kalmthout.

Ch. Bastin et J. Evrard/MICHELIN

mirer une grande variété d'arbres et d'arbustes, dont des espèces rares rassemblées sur 10 ha. Outre de nombreux conifères, on y trouve des magnolias, des rhododendrons et des rosacées (prunus, etc.). La présence de plantes sauvages donne un charme particulier à ce parc, aménagé de façon esthétique. 📞 03 666 67 41 - 📞 03 666 33 96 - info@arboretumkalmthout.be - ouv. : 15 mars-15 nov. et pdt les fêtes de l'Hamamelis en janv. et fév. (pour les heures d'ouverture, les visites guidées et lmes tarifs, voir www.arboretumkalmthout.be).

Lillo-Fort
15 km environ en suivant la rive droite de l'Escaut.

L'ancien fort de Lillo, entouré d'eau, dissimule derrière ses retranchements boisés un village paisible, dont l'église préside une charmante place centrale, et un petit port. C'est un des trois derniers villages de cette ancienne zone de polders évoquée par le **musée des Polders** (Polder- en zeemuseum).

De la digue bordant l'Escaut, on aperçoit Doel.

Anvers pratique

Informations utiles

Code postal : 2000.

Indicatif téléphonique : 03.

Toerisme Antwerpen – *Grote Markt 13 -* 📞 *03 232 01 03 - fax 03 231 19 37 - toerisme@ stad.antwerpen.be - www.visitantwerpen. be ou www.antwerpen.be.*

Transports

Voiture – La circulation automobile n'étant jamais simple dans une grande ville, il est conseillé de laisser sa voiture dans un des parkings du centre-ville.

Transport urbain – Le Dagpas Stad (titre de transport valable 1 j.) autorise un nombre illimité de trajets sur tout le réseau urbain anversois (bus, tram, métro). Le ticket s'acquiert auprès du chauffeur ou des points de vente de la société De Lijn. Info : *De Lijn -* 📞 *03 218 14 11 - www.delijn.be.*

Visites

Visites guidées – En été, l'office de tourisme propose des visites guidées en français pour particuliers. Antwerpen Averechts organise des promenades insolites dans la ville pendant les mois de vacances, *De Coninckplein,* 📞 *03 260 39 39.*

Calèches – *Départ Grand-Place de mi-avr. à fin sept. à partir de midi, le reste de l'année par beau temps uniquement.* Agréable balade en calèche qui permet de découvrir le vieux centre d'Anvers.

Tram touristique – Formule pratique et reposante pour 👤👤 partir à la découverte de la métropole. Départ Groenplaats. *1ère sem. de janv.-Pâques : w.-end 12h-16h (vac. de printemps : tlj 11h-16h) ; Pâques-fin sept. : tlj 11h-17h ; oct. : tlj 11h-16h ; nov.-15 déc. : w.-end 11h-16h (également vac. et j. fériés et, si le temps le permet, aussi les jours ouvrables).*

Hélicoptère – *Antwerp Aviation -* 📞 *03 287 00 52 ou Eurofly -* 📞 *03 281 05 85.* Survol de la ville en hélicoptère.

Promenade en bateau sur l'Escaut – 📞 *03 231 31 00 - www.flandriaboat.com - départ : Steenplein à 13h, 14h, 15h et 16h (mai-sept. : tlj sf lun. et mar. ; juil.-août : tlj ; oct. : w.-end ; également w.-end pascal) -* 7,50 €. Cette excursion de 50mn donne un aperçu intéressant du développement industriel d'Anvers. La rive gauche est dotée d'importantes industries chimiques. On aperçoit aussi la plage Sainte-Anne, le moulin et le port de plaisance.

Visite en bateau des bassins portuaires – 📞 *03 231 31 00 - www.flandriaboat.com - départ quai n° 13 ou Ponton Steen à 14h30 (mai-sept. : tlj ; oct.-nov. : vend., sam. et dim. ; w.-end pascal) -* 12 €. 👤👤 Ces bassins portuaires accueillent cargos et pétroliers. Les complexes industriels, raffineries, élévateurs de grains, ponts transbordeurs, cales sèches et chantiers navals forment un ensemble impressionnant.

Se loger

⌂ **Hôtel Scheldezicht** – *Sint Jansvliet 10 -* 📞 *03 231 66 02 - www.hotelscheldezicht. be -* 21 ch. 55/65 € - 🍴 5 €. Hôtel ancien mais rénové le long de l'Escaut. Chambres simples mais très bien tenues dont certaines ont vue sur le jardin, d'autres sur la petite place. Des chambres de quatre personnes sont disponibles pour les familles.

⌂ **B&B Bed, Bad & Brood** – *Justitiestraat 43 -* 📞 *03 248 15 39 - www.bbantwerp.com -* 3 ch. 65 € 🍴. Une maison Belle Époque à proximité de l'ancien palais de justice. Les chambres sont situées au deuxième et troisième étage et possèdent chacune un aménagement distinct. Vaste buffet de petit-déjeuner.

⌂⌂ **B&B Boulevard Leopold** – *Belgiëlei 135 -* 📞 *03 225 52 18 - www. boulevard-leopold.be -* 3 ch. 90 € 🍴. Maison de maître majestueuse ayant été entièrement rénovée par les maîtres de maison de façon à retrouver tout le lustre de son style belle époque. Hauts plafonds, décoration parfaitement choisie dans les grandes chambres confortables et accueil cordial.

⌂⌂ **Hôtel Antigone** – *Jordaenskaai 11 -* 📞 *03 231 66 77 - www.antigonehotel.be -* 18 ch. 85/95 € 🍴. Chambres simples très lumineuses et idéalement situées le long de l'Escaut et du centre historique. Certaines chambres ont vue sur les quais.

⌂⌂ **Hôtel Industrie** – *Emiel Banningstraat 52 -* 📞 *03 238 66 00 - www. hotelindustrie.be -* 13 ch. 75/90 € 🍴. Hôtel situé dans le quartier branché du Musée des Beaux-Arts. Il offre des chambres agréables et bien tenues dans des tons pastel, réparties sur deux maisons patriciennes. Agréable salon.

⌂⌂ **Hôtel Colombus** – *Frankrijklei 4 -* 📞 *03 233 03 90 - www.colombushotel.com -* 32 ch. 110 € 🍴. Chambres élégantes et confortables dans cet hôtel situé le long d'une avenue très fréquentée, à proximité de l'opéra et de la gare. Le vaste buffet de petit-déjeuner est servi dans une belle salle à la décoration art déco.

⌂⌂⌂ **Hôtel Prinse** – *Keizerstraat 63 -* 📞 *03 226 40 50 - www.hotelprinse.be -* 34 ch. 120 € 🍴. Hôtel calme dans un immeuble du 16ᵉ s. Les chambres sont aménagées de façon contemporaine. Charmant jardin intérieur. Les grandes curiosités du centre historique sont accessibles à pied.

⌂⌂⌂ **Hôtel 't Sandt** – *Het Zand 17 -* 📞 *03 232 93 90 - www.hotel-sandt.be -* 29 ch. 160/240 € 🍴 - 🅿. Vieil immeuble rococo aux chambres lumineuses aménagées avec élégance. Belle cour intérieure à l'italienne et terrasse sur le toit. L'hôtel est à distance de marche de la cathédrale et de l'hôtel de ville.

⌂⌂⌂ **Hôtel Matelote** – *Haarstraat 11 -* 📞 *03 201 88 00 - www.matelote.be -* 9 *ch. 115/225 € ⬚ 10 €.* Immeuble du 16ᵉ s. proche de la Grande-Place. Les chambres sont totalement contemporaines, équipées de mobilier design. Le petit-déjeuner est servi au restaurant gastronomique voisin Gin Fish. Une ambiance décontractée règne au restaurant, dont l'excellente cuisine fait la part belle au poisson.

👥🍽 **Hôtel Julien** – *Korte Nieuwstraat 24 - ℘ 03 229 06 00 - www.hotel-julien.com - 11 ch. 165/260 € ⬚.* Hôtel discret mais de caractère en plein centre-ville. Chambres élégantes et luxueuses et grande attention accordée aux hôtes. L'hôtel est constitué de deux maisons de maître séparées par un patio. L'ensemble est dominé par les couleurs pastel et des éléments de décoration admirablement choisis.

Se restaurer

🍴 **Kapitein Zeppos** – *Vleminckveld 78 - ℘ 03 231 17 89 - menu 12 €.* Le restaurant porte le nom d'une série télévisée populaire des années 1970, mais pour les Anversois, Kapitein Zeppos est surtout connu pour ses déjeuners et dîners bon marché. Tous les jours et dès le matin, un public hétéroclite s'y retrouve en quête d'un plat de pâtes, d'une salade ou d'un plat du jour.

🍴 **Exki** – *De Keyserlei 20 - ℘ 03 234 96 46 - www.exki.be, - fermé dim. - menu 15 €.* La réponse belge aux chaînes de fastfood : tout va tout aussi vite, mais au lieu de hamburgers gras, la carte propose ici des sandwichs, tartes, soupes et salades.

🍴 **Bar Italia** – *Graaf Van Egmontstraat 59 - ℘ 03 216 17 48 - www.baritalia.be - fermé les sam. et dim. midi. - menu 18 €.* Un restaurant italien moderne près du Musée des Beaux-Arts. La salle est toujours bondée, privilégiez donc la réservation. Cuisine traditionnelle italienne, mêlant pizzas fraîchement préparées, pâtes et plats de viande.

🍴 **Non Sole Ter** – *Museumstraat 1 - ℘ 03 248 49 54 - fermé le lun. - menu 20 €.* Les plats simples mais d'une grande fraîcheur sont préparés à la minute dans la cuisine ouverte. Préparations méditerranéennes et service d'une grande cordialité. Adresse idéale pour un long brunch dominical.

🍴 **Wok & Tandoor** – *Gentplaats 1 - ℘ 03 248 95 95 - www.wokentandoori.be - fermé j. fériés - menu le midi 10 €, le soir 25 €.* Plats au wok thaïs et préparations tandoori indiennes basées sur la cuisine de la rue asiatique. Un concept innovant dans un cadre original. Possibilité de manger à volonté à prix fixe.

🍴 **Brasserie Van Loock** – *Dageraadplaats 10-11 - ℘ 03 235 01 58 - fermé le sam. midi et le dim. - menu 25 €.* Cette brasserie est aussi animée que la place sur laquelle elle est située. Cuisine de brasserie « à la belge » : carbonades, asperges, poissons ou tomate aux crevettes ; toujours avec de délicieuses frites.

🍽🍴 **Brasserie Appelmans** – *Papenstraatje 1 - ℘ 03 226 20 22 - www.brasserieappelmans.be - menu 15/30 €.* Brasserie pleine d'ambiance près de la cathédrale. Poutres en bois, murs en briques et éclairage subtil créent une ambiance intime et agréable. Cuisine belge avec une touche frivole. Ouvert tlj aussi bien pour prendre un verre, un déjeuner léger ou un repas prolongé.

🍽🍴 **Zuiderterras** – *Van Dijckkaai 37 - ℘ 03 234 12 75 - www.zuiderterras.be - menu 30 €.* La vue à elle seule vaut le détour. Le bâtiment moderne est amarré tel un bateau au Scheldekaai. À l'intérieur, vue sur le fleuve et les bateaux qui passent. Ouvert tlj dès le matin pour une délicieuse cuisine belge.

🍴 **Grand Café Horta** – *Hopland 2 - ℘ 03 232 28 15 - www.grandcafehorta.be - menu 40 €.* Brasserie nouvellement construite près du Theater. Les armatures en fer proviennent de la maison du peuple de Bruxelles et ont été dessinées par Horta. L'endroit est animé dès le matin et, le week-end, vous pourrez y dîner jusque tard dans la soirée. Carte variée avec des préparations classiques et un « menu bière » spécial.

🍴 **Bernardin** – *Sint Jacobsstraat 17 - ℘ 03 232 49 96 - fermé le sam. midi, le dim. et le lun. - menu 45 €.* Au centre, mais juste à l'écart du flux de touristes. Aménagement moderne. Cuisine franco-belge sans surprise mais une bonne adresse pour un dîner intime. Quand le temps le permet, possibilité de manger dans le grand jardin intérieur.

Faire une pause

Spécialités anversoises – Anvers n'est pas célèbre que pour ses diamants. Les *Antwerpse handjes*, petits chocolats fourrés, se présentent aussi sous forme de biscuits. L'élixir d'Anvers est une liqueur douce aux herbes. Les amateurs de bière pourront déguster un *bolleke*, une vieille spécialité de la Brasserie De Koninck. Cette brasserie propose des visites guidées au cours desquelles sont expliquées toutes les phases du brassage. Ces visites se terminent évidemment par une dégustation. La brasserie se visite toute l'année, uniquement en groupe sur rendez-vous. Pour plus de renseignements : www.dekoninck.be. La bière *bolleke* tire son nom du verre ballon dans lequel elle est servie. On peut aussi la goûter au café De Pelgrim (*Boomgaardstraat 8*). L'histoire veut que ce café soit relié directement par une canalisation à la brasserie située en face.

Café Den Engel – *Grote Markt 13 - ℘ 03 233 12 52 - tlj à partir de 10h.* Sans doute le café le plus connu d'Anvers, un des établissements les plus authentiques, où les Anversois pure souche et les touristes viennent déguster leur boisson préférée. Comme il est proche de l'hôtel de ville, son intérieur orné de lambris de bois et de miroirs a sûrement été témoin d'innombrables discussions politiques. Si, par hasard, il n'y a plus de place dans « Den Engel », entrez chez son voisin, le « Den Bengel ».

Brasserie Berlin – *Kleine Markt 1-3 - ☎ 03 227 11 01 - tlj 8h-23h.* Ici, vous serez littéralement sous les spots de la série télévisée Kaat & Co, dont plusieurs épisodes furent tournés ici. Les grandes fenêtres accentuent la clarté des lieux et l'impression d'espace. On peut y prendre le petit-déjeuner. La carte comprend des plats et des friandises de qualité pour enfants, par exemple un potage au potiron à la crème au roquefort. On peut aussi y prendre simplement un verre ou un alcool.

Quinten – *Moriaanstraat 17 - ☎ 03 225 01 70 - tlj à partir de 11h30.* On sert ici à boire et à manger depuis le 16ᵉ s. Cet établissement serait donc le plus ancien d'Anvers : le lieu idéal pour déguster une « bolleke Koninck », la plus anversoise de toutes les bières. À la carte figurent des plats que les Anversoises de jadis ont certainement dû préparer.

Bakkerij (Boulangerie) Goossens – *Korte Gasthuisstraat 31 - ☎ 03 226 07 91 - mar.-sam. 7h-19h.* Nulle part ailleurs à Anvers, vous ne verrez autant de clients faire la file chez un boulanger. L'étalage regorgeant de pains aux raisins, de « suisses » appétissants, de frangipanes et autres gâteaux constitue à lui seul une invitation à rejoindre la file d'attente. Avant de se régaler, évidemment.

En soirée

Mama's Garden – *Oude Koornmarkt 41-43 - ☎ 03 233 06 18 - tlj 11h-6h.* Si vous avez une petite faim pendant la journée, mais surtout le soir et la nuit, vous trouverez ici d'excellentes pitas et des pizzas turques ainsi que des snacks végétariens. Le cadre est un peu désordonné, mais pas au point de vous gâcher l'appétit.

Sports et loisirs

👥 Sinksenfoor – *Gedempte Zuiderdokken, entre le Vlaamse Kaai et le Waalse Kaai - chaque année entre la Pentecôte et la première semaine de juillet. Informations : Toerisme Antwerpen – Grote Markt 14 - ☎ 03 232 01 03 - www.antwerpen.be.* Sans doute la plus grande kermesse de Belgique, avec de nombreuses nouvelles attractions. Tout le quartier est transformé en un gigantesque parc d'attractions, sur lequel

plane l'odeur des frites, des beignets, des saucisses et des barbes à papa.

Achats

La Bonbonnière – *Korte Gasthuisstraat 41 - ☎ 03 233 13 08 - mar.-sam. 10h-18h, lun. 12h-18h.* Les amateurs de friandises seront tentés ici, dans un intérieur ancien, par une multitude de délices : confiseries, massepain, *Antwerpse handjes* (biscuit à base de farine, d'œufs, de sucre et d'amandes effilées), nougat et même confitures, le tout souvent servi dans un emballage rétro.

Modepaleis (Palais de la Mode) – *Nationalestraat 10 - ☎ 03 233 94 37 - www.driesvannoten.be - mar.-sam. 10h-18h30.* Vous l'aurez sans doute déjà remarqué : Anvers est une ville de la mode. Dries Van Noten est l'un des célèbres « six d'Anvers », six styles réputés sur la scène internationale. Les collections de ces artistes de la mode ont transformé ce bâtiment remarquable en soi en un véritable palais.

Christa Reniers – *Vrijdagmarkt 8 - ☎ 03 233 06 02 - www.christareniers.com - tlj sf dim. et lun. 11h-18h.* Anvers est réputée comme ville de la mode et du diamant. Les bijoux forment le lien entre les deux. Christa Reniers figure parmi les joailliers anversois renommés pour leurs créations contemporaines.

Événements

De Zomer van Antwerpen (L'Été d'Anvers) – *Sur diverses places de la ville et sur le Scheldekaai. Renseignements : Wapper 2 - ☎ 070 690 680 - www.zva.be.* Pendant deux mois d'été, la ville est envahie par la musique, le théâtre, les films en plein air, le cirque, les conteurs, les expositions, les fêtes… On peut même admirer le coucher du soleil depuis une tribune spéciale.

À WILRIJK

Jazz Middelheim – *Parc Den Brandt, Beukenlaan 12, 2610 Wilrijk - www.jazzmiddelheim.be - jazzmiddelheim@radio1.be.* Un festival musical estival organisé durant 5 jours vers la mi-août (tous les 2 années impaires) dans le parc Den Brandt. Il présente des concerts d'artistes connus et moins connus de Belgique et de l'étranger. Activités annexes (jam sessions, open repetitions, dance night, after-party) : Zuiderpershuis, deSingel et Petrol.

Audenarde ★

Oudenaarde

28 512 HABITANTS
CARTES MICHELIN Nᵒˢ 716 D 3 ET 533 G 17 –
PLAN D'AGGLOMÉRATION DANS LE GUIDE ROUGE BENELUX – FLANDRE ORIENTALE.

Charmante ville flamande bâtie sur les rives de l'Escaut et située aux confins de la Flandre et du Brabant, Audenarde est riche de souvenirs et de monuments. Vers 1605, la cité voit naître Adriaen Brouwer, contemporain de Rubens et peintre de la vie paysanne des Flandres, dont les tableaux rappellent parfois l'œuvre de Pieter Bruegel l'Ancien. De nos jours, la ville est un centre d'industrie textile. Sa bière brune est réputée.

- ▶ **Se repérer** – Au cœur vallonné des Ardennes flamandes, la ville est d'accès facile depuis Gand et Renaix par la N 60. Depuis Courtrai ou la frontière française, accès par l'A 14/E 17 et la N 459.

- ⏱ **Organiser son temps** – Prévoir une demi-journée.

- ⏳ **Pour poursuivre la visite** – Courtrai.

Comprendre

Un peu d'histoire

Baudouin IV, comte de Flandre, y éleva au début du 11ᵉ s. un château fort. Aux 14ᵉ et 15ᵉ s., Audenarde fut en butte aux agressions des Gantois qui y perdirent leur célèbre bombarde « Dulle Griet », aujourd'hui à Gand, près du Vrijdagmarkt.
En 1521, pendant sa conquête du Tournaisis, enclave française au cœur de son royaume, Charles Quint fait le siège d'Audenarde. Il s'y éprend de Jeanne Van den Geenst, dont il aura une fille, **Marguerite de Parme** qui gouvernera les Pays-Bas de 1559 à 1568. Audenarde eut à soutenir maints sièges dont le plus dévastateur fut celui que mena, en 1684, le maréchal d'Humières qui commandait les troupes de Louis XIV ; mais la date la plus connue de son histoire est le 11 juillet 1708 qui vit Marlborough battre à plate couture l'armée française.

Se promener

Église Ste-Walburge (St.-Walburgakerk)

À l'ouest de la Grand-Place se dresse le chevet de cette grande église dont la tour culmine à 90 m.

Maison de Marguerite de Parme (Huis van Margaretha van Parma)

Au sud-ouest de la Grand-Place, la maison de Marguerite de Parme se distingue par ses hautes lucarnes à redans ; à sa gauche, la **tour Baudouin** massive de l'époque romane.
Gagner le béguinage par Voorburg et Burg.

Béguinage (Begijnhof)

Le béguinage aux parterres fleuris date du 13ᵉ s. Chapelle pittoresque.
S'engager dans la Kasteelstraat, puis, prendre à gauche la Margaretha van Parmastraat. Traverser le pont et tourner à droite dans le Louise-Mariekaai.

Église N.-D.-de-Pamele ★ (O.-L.-Vrouwekerk van Pamele)

Visite accompagnée sur demande préalable à l'Office de tourisme au ☎ 055 31 72 51.
Belle église du 13ᵉ s., construite par Arnould de Binche, typique de l'architecture gothique scaldienne. L'intérieur est à trois nefs et transept et comporte un déambulatoire, fait assez rare en Belgique. On voit deux tombeaux du début du 16ᵉ s. et du début du 17ᵉ s. au revers de la façade Ouest.

Visiter

Hôtel de ville ★★★ (Stadhuis)

☎ 055 31 72 51 (Office de tourisme) - visite accompagnée (1h30) - w.-end et j. fériés 14h et 16h ; avr-oct : lun.-vend. 11h et 15h. - fermé 1ᵉʳ-2 janv., 1ᵉʳ nov., 24-25 déc. - 5 €.
Élevé de 1525 à 1538 par Henri van Pede, qui s'inspira de plusieurs hôtels du pays

Les verdures d'Audenarde

Au 15ᵉ s., la tapisserie de haute lisse vint remplacer à Audenarde l'industrie du drap en déclin. La ville devait en devenir, aux 16ᵉ et 17ᵉ s., un centre important. Elle était spécialisée dans l'exécution de « verdures », pièces dans lesquelles la végétation représentait l'élément essentiel de la composition.

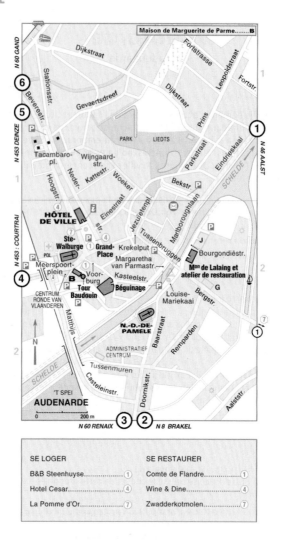

SE LOGER		SE RESTAURER	
B&B Steenhuyse	①	Comte de Flandre	①
Hotel Cesar	④	Wine & Dine	④
La Pomme d'Or	⑦	Zwadderkotmolen	⑦

(Bruxelles, Louvain) avec lesquels l'édifice présente des analogies, l'hôtel de ville domine la très vaste **Grand-Place** (Grote Markt). Derrière l'édifice se trouve l'ancienne halle aux draps du 13e s. Gothique flamboyant, déjà animé d'un esprit baroque, le bâtiment séduit par ses lignes légères et son ornementation qui, malgré sa richesse, est d'un goût exquis. Des arcades supportent le beffroi en saillie surmonté de la statue d'un homme armé appelé « Jean le Guerrier » ; des clochetons effilés, d'un charmant effet, ornent les angles.

À l'intérieur, le musée municipal renferme une collection de mobilier, sculptures et peintures ainsi qu'un magnifique ensemble d'**argenterie**. On admire, dans la **salle des Échevins**, par Van der Schelden, une cheminée et un beau tambour de porte en chêne sculpté (16e s.) ; au-dessus de celle-ci est aménagée une logette où s'installait un « écouteur » chargé de relever les débats des assemblées. Des peintures pittoresques (*Les Cinq Sens*) d'Adriaen Brouwer sont aussi à citer.

Devant la façade de l'hôtel de ville, la fontaine décorée de dauphins a été construite avec la contribution financière de Louis XIV.

Maison de Lalaing et atelier de restauration (Huis de Lalaing et restauratieatelier)
℘ 055 31 72 51 (Office de tourisme) et 055 31 48 63 - tlj sf lun. et w.-end 9h30-12h, 13h30-16h - 1,25 €.

La maison doit son nom à Philippe de Lalaing, gouverneur de la ville à l'époque de Charles Quint. Le joli bâtiment, dont la façade blanche aux décorations rococo donne sur l'Escaut, est avant tout un atelier où des tapisseries anciennes sont restaurées.

Aux alentours

De Audenarde à Waregem
15 km au nord-ouest. Prendre la N 459 vers Deinze.

À **Kruishoutem**, la **fondation (Stichting) Veranneman** (*Vandevoordeweg 2, par la route de Waregem, puis à gauche*) renferme à la fois une magnifique collection d'art contemporain (Mathieu, Permeke, Vasarely, Hartung, Wunderlich, Mara, Raveel, Botero, Arman, Bram Bogart, Vic Gentils), et un bel ensemble de mobilier réalisé par Emiel Veranneman lui-même. Dans le parc vallonné, sculptures contemporaines d'artistes renommés tant belges qu'étrangers. ✆ *09 383 52 87 - visite sur rendez-vous mar.-sam : 14h-17h - fermé j. fériés et 1ère quinzaine d'août.*

Entouré d'eau, le **château de Kruishoutem**, du 17e s., aux angles renforcés de quatre tours surmontées de bulbes, se dresse au milieu d'un grand parc.
Prendre la N 437.

Waregem – La populaire course d'obstacles des Flandres qui se déroule à l'hippodrome du Gaverbeek connaît une grande affluence.

Audenarde pratique

Informations utiles

Code postal : 9700.
Indicatif téléphonique : 055.
Office de tourisme – Stadhuis, Grote Markt 1, 9700 Oudenaarde - ✆ 055 31 72 51 - fax 055 30 92 48 - toerisme@oudenaarde.be - www.oudenaarde.be.

Se loger

⌂⌂ **Hôtel Cesar** – *Markt 6 - ✆ 055 30 13 81 - www.hotel-cesar.be - 10 ch. 95 € ⊐.* Hôtel tranquille avec façade d'inspiration victorienne. Les chambres spacieuses et bien entretenues. Accueil chaleureux. La taverne propose des plats régionaux arrosés de bières locales.

⌂⌂ **B&B Steenhuyse** – *Markt 37 - ✆ 055 23 23 73 - www.steenhuyse.info - 3 ch. 85 € ⊐.* Chambres d'hôte aménagées dans un immeuble médiéval et décorées d'un mobilier design adapté aux espaces historiques. On peut siroter une bière régionale dans le salon ou le jardin ou encore prendre son bain en admirant l'hôtel de ville.

⌂⌂⌂ **La Pomme d'Or** – *Markt 62 - ✆ 055 31 19 00 - www.lapommedor.be - 10 ch. 95/115 € ⊐.* Cet ancien relais de poste a été transformé au cours du temps en hôtel. Les chambres ont été rénovées il y a peu et offrent tout le confort moderne. Le bistrot donne sur le brillant hôtel de ville gothique.

Se restaurer

⌂⌂ **Comte de Flandre** – *Markt 38 - ✆ 055 21 51 55 - fermé jeu. - www.comtedeflandre.be - menus 14/36 €.* Immeuble historique à la décoration contemporaine. Le midi et le soir, on y sert des plats de brasserie dans une ambiance détendue. La carte des vins propose des produits du monde entier à des prix abordables.

⌂⌂ **Wine & Dine** – *Hoogstraat 34 - ✆ 055 23 96 97 - www.wine-dine.be - fermé lun. - menu 30 €.* Restaurant trendy installé dans un immeuble ancien. Le mobilier moderne et les murs aux tons clairs contrastent avec les tableaux aux couleurs multiples. Cuisine soignée et ambiance animée.

⌂⌂ **Zwadderkotmolen** – *Zwadderkotstraat 2 - ✆ 055 49 84 95 - fermé mar. et merc. - menu 30 €.* À 5 min. du centre, restaurant convivial installé dans un ancien moulin. Salle paisible. Cuisine franco-belge. Il est conseillé de réserver.

Faire une pause

Café-brasserie Carillon – *Markt 49 - ✆ 055 31 14 09 - ouv. à partir de 10h, fermé lun.* Café populaire à l'ancienne occupant une petite maison du 17e s à la façade à redans de couleur jaune. Intérieur typique. Bières et autres boissons régionales. Petite restauration.

Événements

Fêtes de la bière Adriaan Brouwer (Adriaan Brouwer Bierfeesten) – *Infos : Toerisme Oudenaarde - ✆ 055 31 72 51 - www.oudenaarde.be.* Lors de la soirée d'ouverture de ce week-end de fête, la bière est offerte gratuitement et on met le feu à la maison des accises. La journée se termine par un feu d'artifice. Le dimanche : parade avec divers géants et distribution de tarte Adriaan Brouwer. Le soir : concerts et spectacles sur les places et dans les rues.

Blankenberge

18 175 HABITANTS
CARTES MICHELIN Nᵒˢ 716 C 2 ET 533 D 15 – PLAN DANS LE GUIDE ROUGE BENELUX –
FLANDRE OCCIDENTALE.

Ce petit port de pêche est devenu une des stations balnéaires les plus fréquentées du littoral belge. Le casino avec sa façade en verre, la jetée (Pier) avec vue sur la mer, la grande plage de sable fin et les rues commerçantes réservées aux piétons en été figurent parmi les principaux atouts de Blankenberge. Le « Paravang », prononciation locale de « paravent », à proximité du port de plaisance, est encore un vestige de la Belle Époque.

- **Se repérer** – Cette station balnéaire populaire de la côte Est est desservie par la N 371 ou la N 34 qui longe le bord de mer.
- **Organiser son temps** – Il est conseillé de prévoir une journée entière.
- **Avec les enfants** – Le Sea Life Marine Park et évidemment la plage.
- **Pour poursuivre le voyage** – Bruges et Ostende.

Visiter

Église St-Antoine (St.-Antoniuskerk)

Cette petite église en brique, toute proche de la gare, a été consacrée en 1358. Elle fut construite à l'emplacement de l'église Notre-Dame, sévèrement endommagée par une violente tempête durant l'hiver 1334-1335. L'église a été modifiée à plusieurs reprises et présente un intérieur agrémenté de belles œuvres d'art des 17ᵉ et 18ᵉ s. : banc de communion, confessionnal, chaire, orgues.

Sea Life Marine Park

Koning Albert I-laan 116 - ℘ 050 42 43 00 - www.sealife.be - ♿ - tlj sf 25 déc. à partir de 10h - 15,50 €.

Le visiteur admirera de nombreuses espèces de poissons et d'animaux aquatiques vivant dans les rivières belges et dans la mer du Nord. À intervalles fixes, des présentations de requins et de raies, élevés dans des bassins spéciaux, sont organisées au laboratoire marin. Le bassin aux raies est peuplé de poissons plats, passés maîtres dans l'art de se dissimuler sur les fonds où ils évoluent, et de quelques raies curieuses, qui viennent souvent nager en surface pour s'y faire caresser. Le tunnel sous-marin permet d'observer les poissons d'en bas, comme si l'on se trouvait au fond de la mer. À côté se trouve un centre de sauvetage des phoques.

Aux alentours

LES STATIONS DE LA CÔTE

Wenduine

4,5 km au sud-ouest. La Spioenkop, une des plus hautes dunes, est surmontée d'un **belvédère** : vue intéressante sur les plages, les dunes et la station avec son ancien hôtel de ville reconstruit en style flamand. À remarquer : un petit moulin à vent à pivot.

Le Coq (De Haan)

9 km au sud-ouest. Très charmante station fleurie groupant ses villas de style Belle Époque dans un environnement de bois et de dunes que sillonnent des promenades.

Klemskerke

15 km au sud-ouest. C'est un plaisant village de polders. **St-Clément**, église-halle à trois nefs d'égale hauteur, renferme des boiseries du 17ᵉ s. : bancs, confessionnaux. À proximité se dresse un moulin à vent à pivot.

La plage et la jetée de Blankenberge.

Y. Duhamel/MICHELIN

Blankenberge pratique

Informations utiles

Code postal : 8370.

Indicatif téléphonique : 050.

VVV - Dienst Toerisme – Leopold III-plein, 8370 Blankenberge - ✆ 050 41 22 27 - fax 050 41 61 39 - toerisme@blankenberge.be - www.blankenberge.be.

Se loger

⊖⊖⊜ **Hotel Saint Sauveur** – Langestraat 50, 8370 Blankenberge - ✆ 050 42 70 00 - www.saintsauveur.be - 46 ch. 100/170 € ☕ - 🅿. Hôtel de style design situé dans le centre de la populaire station balnéaire. Chambres sont minimalistes, décorées de couleurs vives. Dans les caves de l'hôtel se trouvent une piscine et un sauna. Dans la brasserie, un petit orchestre de jazz crée chaque soir une ambiance agréable.

Á LE COQ

⊖ **Villa Gallica** – Leopoldlaan 2, 8420 Le Coq - ✆ 059 23 65 75 - www.villagallica.be - 3 ch. 50/75 € ☕ - 🅿. Vieille villa romantique accueillant quelques belles chambres d'hôtes. Accueil chaleureux et situation tranquille au centre de la station balnéaire. Le petit-déjeuner est servi dans la véranda qui donne sur le jardin.

⊖⊖⊜ **Hôtel Duinhof** – Leeuwerikenlaan 23, 8420 Le Coq - ✆ 059 24 20 20 - www.duinhof.be - 🅿 -12 ch. 100/125 € ☕. Adresse élégante dans un quartier tranquille de la petite station balnéaire historique. Le petit hôtel ressemble beaucoup à un cottage anglais, avec une abondance de mobilier antique, mais sans excès. Les chambres ont vue sur la piscine et le jardin.

Á WENDUINE

⊖⊖ **Hostellerie Astrid** – Astridplein 2, 8420 Wenduine - ✆ 050 41 21 37 - www.hotellerieastrid.be - 10 ch. 75/95 € ☕ - 🅿. Hôtel-villa à la situation tranquille, non loin du terrain de tennis et de la plage. Belles chambres soignées. Lorsque le temps le permet, le petit-déjeuner est servi au jardin. Agréable restaurant dans un cadre intime.

Se restaurer

⊖⊖ **Oesterput** –Wenduinesesteenweg 16 - ✆ 050 41 10 35 - fax 050 42 86 41 - www.oesterput.com - piet.devriendt@skynet.be - 12/11-Pâques : vend., sam., dim. (reste de l'année 7/7) - 40 € - 🍴. Adresse dédiée aux saveurs littorales : bassins à huîtres, viviers à homards, longues rangées de tables recouvertes de nappes en papier, le tout, dans un hangar proche du port de plaisance. Les plateaux de fruits de mer tiennent la vedette.

⊖⊖ **Vijfwege** – Brugsebaan 12 (N 9), 8421 Vlissegem - ✆ 059 23 31 96 - fermé mar., merc. - 30 € - 🍴. L'anguille, mais aussi la côte à l'os et, en saison, l'asperge s'arrogent la part du lion sur la carte du Vijfwege. Clientèle fidélisée de longue date. Ambiance décontractée.

Faire une pause

Café Terminus – Leopold III-plein 1 - ✆ 050 41 19 45 - tlj à partir de 7h. Établissement à l'intérieur classique, avec vaste terrasse côté rue et grandes baies ouvertes par beau temps. Plus de 50 bières différentes. Petit-déjeuner possible. Petite restauration à la carte.

Achats

Moeder Babelutte – Kerkstraat 70 - ✆ 050 41 21 72 - tlj. Parmi les différentes confiseries que compte Blankenberge, celle-ci est certainement la plus connue. On y trouve toutes sortes de délicieuses friandises dans lesquelles le nougat et le chocolat sont les principaux ingrédients. La maison propose aussi des boissons sucrées et des pralines.

Événements

Bloemencorso (Corso fleuri) – Informatie: Dienst Toerisme Blankenberge - ✆ 050 41 22 27 ou www.blankenberge.be. Le dernier dimanche d'août, dans l'après-midi, un magnifique cortège de plus de vingt chars abondamment fleuris parcourt la digue de mer. Dans les jours qui précèdent, un itinéraire permet de découvrir à pied ou à vélo les hangars où sont préparés les chars.

Le **carnaval** de Blankenberge est particulièrement animé. Lors du week-end de l'Ascension, les **Havenfeesten (Fêtes du Port)** proposent une foule d'activités maritimes et font revivre l'ambiance de la pêche d'autrefois.

Domaine provincial de **Bokrijk**★
Provinciaal domein van Bokrijk

CARTES MICHELIN N^{OS} 716 J 3 ET 533 R 17 – LIMBOURG.

Ancienne propriété de l'abbaye d'Herckenrode, ce domaine, aménagé autour d'un château de la fin du 19ᵉ s., s'étend sur 550 ha dont 150 ha de bois et 40 ha d'étangs.

▶ **Se repérer** – À 6,5 km au nord de Hasselt. Venant de Bruxelles accès par le E 314 (sortie 30 Park Midden Limburg), puis par la N 726. Accès depuis Hasselt par la N 75.

👁 **À ne pas manquer** – Le musée de plein air, le plus grand et le plus beau du pays.

🕐 **Organiser son temps** – Bokrijk mérite au moins une demi-journée.

👫 **Avec les enfants** – L'Adventure Park et l'autotrain.

🌿 **Pour poursuivre le voyage** – Hasselt, Diest, Saint-Trond, Tongres.

Le musée en plein air.

Ph. Gajic/MICHELIN

Visiter

Parc récréatif★ (Recreatiepark)

👫 Outre le parc Reine Astrid, au centre du domaine, et une plaine de jeux, Bokrijk comprend une réserve naturelle (Het Wiek) peuplée de nombreux étangs, un grand espace de promenade, un Adventure Park et un arboretum de 10 ha particulièrement bien entretenu. Sans oublier plusieurs restaurants. L'autotrain permet de parcourir tout le parc récréatif.

Musée de plein air★★ (Openluchtmuseum)

📞 011 26 53 00 - www.bokrijk.be - fin mars-fin sept. : 10h-18h - mar.-sam. 7 €, dim. et j. fériés 10 €.

C'est, sur 90 ha, la reconstitution d'une centaine de bâtiments, montrant la vie d'autrefois dans les provinces flamandes. On distingue quatre secteurs, dont trois à caractère rural et un secteur urbain. Chaque secteur rural correspond à une région. Les bruyères peu fertiles de la **Campine** (Kempen) sont représentées par un village reconstruit ; autour de la place triangulaire se situent les bâtiments publics (église, auberge). Un village du Sud de la province du Limbourg a servi de modèle pour le secteur consacré à la région vallonnée et fertile de la **Hesbaye** et du **pays de la Meuse** (Haspengouw et het Maasland) ; il a un aspect plus fermé que le village campinois. Les fermes de la **basse Belgique** (Oost-Vlaanderen, West-Vlaanderen), région fertile, n'ont pas été regroupées sous forme de village ; elles proviennent de différentes régions de la Flandre-Orientale et la Flandre-Occidentale, ce qui explique leur grande variété. Dans le secteur urbain (De Oude Stad), des façades de quelques demeures historiques anversoises (15ᵉ-18ᵉ s.) ont été reconstituées ou reconstruites.

Bruges ★★★
Brugge

117 220 HABITANTS
CARTES MICHELIN N°S 716 C 2 ET 533 E 15 – FLANDRE OCCIDENTALE.

L'hiver, ou au clair de lune, Bruges paraît véritablement sortie du Moyen Âge, avec ses vieilles demeures aux briques patinées par les siècles, ses nobles édifices, ses églises au clair carillon et ses canaux où évoluent les cygnes. Son centre historique est d'ailleurs inscrit depuis l'an 2000 au patrimoine mondial de l'Unesco. L'été, ou même le week-end, la ville se métamorphose. Celle qu'on appelle la Venise du Nord est alors bourdonnante d'activité et d'animation. Deux traditions importantes font également la réputation de Bruges : d'une part le véritable artisanat d'art qu'est la dentelle au fuseau, et d'autre part les festivités célébrés le jour de l'Ascension avec la procession du Saint-Sang★★★.

- **Se repérer** – Bruges se trouve près de la mer du Nord, au bord de l'autoroute E 40 qui relie Bruxelles à Ostende. Afin d'éviter des problèmes de stationnement, laissez votre voiture dans un des parkings souterrains du centre-ville ou sur une des aires de stationnement en périphérie.

- **À ne pas manquer** – La Grand-Place et le Beffroi-Halles ; le Bourg (le noyau ancien de Bruges) ; les majestueuses églises (Notre-Dame, cathédrale St-Sauveur) : le Béguinage ; les chefs d'œuvre du Musée Memling à l'Hôpital St-Jean ; les célèbres canaux (les « Reien »).

- **Organiser son temps** – Comptez au moins trois jours pour découvrir Bruges.

- **Avec les enfants** – Promenade en bateau sur les canaux, le Dolphinarium (dans la commune de Sint-Michiels) et un parcours en calèche dans la ville.

- **Pour poursuivre le voyage** – Damme, Ostende, Blankenberge et Knokke-Heist.

Comprendre

Un passé florissant

Comme la plupart des villes du nord de la Flandre, son origine est tardive (la ville de Bruges n'est citée qu'en 892) et mal connue. À la fin du 9e s., le comte Baudouin Bras-de-Fer y élève un château destiné à protéger une côte constamment attaquée par les Normands.

La mer, source de richesses – En 1093, lorsque Robert le Frison fait de Bruges la capitale de son duché, c'est déjà une cité florissante. Son port est relié par une rivière, la Reye, à l'estuaire du Zwin. Bruges s'adonne, comme d'autres cités flamandes, à la fabrication du drap et devient, au 12e s., un grand centre d'importation de la laine anglaise nécessaire à cette activité : elle est à la tête de la Hanse de Londres, association groupant plusieurs villes commerçant avec l'Angleterre. À cette époque est créée Damme qui, située sur l'estuaire du Zwin, lui sert d'avant-port.

J. Darthet

La Grand-Place.

Bientôt devenu un grand marché d'échanges, Bruges est, au 13ᵉ s., un des comptoirs les plus actifs de la puissante **ligue hanséatique**, association des villes du nord de l'Europe dont la capitale est Lübeck et qui détient le monopole du trafic avec la Scandinavie et la Russie. La richesse commerciale va de pair avec l'activité artistique de la ville : on agrandit l'hôpital St-Jean et l'église St-Sauveur, on édifie le beffroi et les halles ainsi que l'église Notre-Dame. Bruges se construit une enceinte dont subsistent encore aujourd'hui quatre portes. À la fin du 14ᵉ s. est bâti l'hôtel de ville, puis au 15ᵉ s. se développe un **style architectural** caractéristique : fenêtres rectangulaires surmontées d'un tympan, l'ensemble des baies s'encadrant parfois d'une gracieuse moulure en forme d'accolade.

On voit fonctionner à Bruges la première bourse d'Europe, en plein air.

Réceptions princières – Depuis 1280, la lutte est engagée en Flandre entre les patriciens soutenant le roi de France (**leliaerts** ou partisans du lis) et le peuple des **clauwaerts** (ou gens des griffes, celles du lion de Flandre).

Philippe le Bel en profite pour annexer la Flandre. C'est au cours de sa Joyeuse Entrée (1301) que son épouse, la reine Jeanne de Navarre, voyant les Brugeoises richement parées venues l'accueillir, s'écrie : « Je me croyais seule reine, j'en vois des centaines autour de moi. » Le peuple s'indigne devant le luxe de cette réception dont on veut lui faire supporter les frais. À l'aube du 18 mai 1302, les clauwaerts dirigés par Pieter de Coninck massacrent la garnison française. Ce sont les **Matines brugeoises**, révolte qui entraîne le soulèvement général de la Flandre et la bataille des Éperons d'or.

Au 15ᵉ s., les ducs de Bourgogne séjournent de plus en plus en Flandre. En janvier 1429, Philippe le Bon accueille à Bruges sa fiancée Isabelle de Portugal. La réception est d'une somptuosité inouïe. Au milieu des cérémonies du mariage, Philippe fonde l'ordre de la **Toison d'or**.

Les riches heures de la peinture flamande

Les primitifs flamands à Bruges (15ᵉ s.) – Bruges est le berceau de la peinture flamande. C'est à Bruges que **Jan Van Eyck** (né à Maaseik) exécute *L'Adoration de l'Agneau mystique* qui orne depuis 1432 la cathédrale St-Bavon à Gand. Son génie apparaît également dans ses œuvres visibles à Bruges : *La Vierge du Chanoine Van der Paele* est un tableau remarquable tant par la somptuosité du décor que par l'extraordinaire facture du portrait du donateur. Son disciple, **Petrus Christus** (mort vers 1473), est l'auteur du fameux *Portrait de jeune fille* du musée Dahlem de Berlin.

Hugo Van der Goes (vers 1440-1482) travaille à Gand, finit ses jours près de Bruxelles, mais on peut voir à Bruges sa dernière et meilleure œuvre, *La Mort de la Vierge*. On y admire une recherche dans la composition, une intensité d'émotion rare.

Hans Memling (vers 1435-1494) est à Bruges ce que Rubens est à Anvers. D'origine allemande, le peintre, né près de Mainz, s'est fixé à Bruges dès 1465 après un séjour à Cologne et peut-être à Bruxelles. Pour l'hôpital St-Jean, pour les magistrats municipaux ou pour de riches étrangers, il exécute un grand nombre de commandes dont Bruges conserve les plus importantes. Il se distingue de ses contemporains par la sérénité qui règne dans ses tableaux et qui, alliée à la chaleur des coloris, à la perfection des détails, leur confère un charme intense. C'est le peintre des douces madones, des figures féminines calmes, voire éthérées ; ses portraits sont souvent plus idéalisés que ceux de Van Eyck.

Gérard David (vers 1460-1523), né à Oudewater, en Hollande, arrive à Bruges en 1483. Élève de Memling, il en perpétue fidèlement le style et ne se départ pas de la gravité et de la précision caractéristiques des œuvres de son maître (*Baptême du Christ*).

À l'époque de la Renaissance, ses continuateurs, **Adriaen Isenbrant**, venu de Haarlem, **Ambrosius Benson**, de Lombardie, **Jan Provoost**, originaire de Mons, et **Pieter Pourbus**, de Gouda (Hollande), sont les derniers talents de cette école brugeoise dont il faut citer également quelques anonymes : le Maître de la Légende de sainte Ursule et celui de la Légende de sainte Lucie.

Le réveil de Bruges

La princesse endormie – À la fin du 15ᵉ s., la décadence de Bruges se manifeste : l'ensablement du Zwin et le déclin de l'industrie drapière en sont les causes. Anvers va bientôt se substituer à Bruges. Cependant, en 1488, la ville se révolte contre Maximilien d'Autriche et le fait emprisonner. Puis, en 1520, elle accueille encore avec faste Charles Quint dont la réception est organisée par le peintre Lanceloot Blondeel.

Les fureurs des iconoclastes au 16ᵉ s., les bandes de « gueux » en révolte contre l'Espagne et, bien plus tard, l'invasion française de 1794 viennent précipiter la chute de la ville et amènent la disparition de nombreux monuments.

Le renouveau – À la fin du 19ᵉ s., d'importants travaux sont entrepris : la construction à Zeebrugge d'un môle en mer relié au nouveau port intérieur de Bruges par un canal de 11 km (terminé en 1907) va rendre à la ville une certaine activité.

Dans les années 1950, de nouvelles industries se sont implantées le long du bassin intérieur et du canal Baudouin. De nos jours, Bruges vit essentiellement du tourisme.

Le Collège d'Europe (Europa College), fondé en 1949 fait de la cité un centre d'études important.

Festivités

Tous les cinq ans se déroule le cortège de l'Arbre d'or qui rappelle les fastes de l'époque bourguignonne (prochaine manifestation en août 2012). En août, tous les trois ans, a lieu la fête des Canaux ou Reiefeest (prochaine manifestation en août 2008). Chaque année, à l'Ascension, se tient la procession du Saint-Sang. À 15h, la châsse contenant la relique du Saint-Sang est portée en procession dans les rues, précédée par le clergé, les innombrables confréries religieuses et des groupes costumés, les uns représentant des épisodes bibliques depuis le péché d'Adam et Ève jusqu'à la Passion du Christ, d'autres le retour de la deuxième croisade avec Thierry d'Alsace.

La procession du Saint-Sang.

Visiter

LE CENTRE HISTORIQUE ET LES CANAUX★★★ Plan II

Grand-Place★★ (Markt)

La vie à Bruges se concentre sur la Grand-Place que bordent des maisons à pignons à redans, anciens sièges des corporations, et les halles dominées par le beffroi. Au centre, la statue de Pieter de Coninck et Jan Breydel évoque les héros de la révolte de 1302 (voir « Comprendre »). Jusqu'au 18ᵉ s., un canal aboutissait à la Grand-Place où les bateaux accostaient. À l'est de la place se dressent deux immeubles néogothiques. Le premier abrite la poste, l'autre l'administration provinciale.

Beffroi et Halles★★★
(Belfort et Hallen)

☏ 050 44 87 11 - tlj 9h30-17h - fermé 1ᵉʳ janv., Ascension (ap.-midi), 25 déc - 5 €.

Le **beffroi** et les halles forment un magnifique ensemble de briques patinées.

Le beffroi est le plus imposant de Belgique. La tour massive date du 13ᵉ s., mais les tours d'angle ont été ajoutées au 14ᵉ s. et le dernier étage octogonal à la fin du 15ᵉ s. Au-dessus du porche d'entrée, quelques statues encadrent le balcon qui était destiné aux proclamations des lois. L'ascension du beffroi (*366 marches*) permet de découvrir au 2ᵉ étage la **salle de la trésorerie** : derrière les belles grilles en fer forgé (13ᵉ s.) étaient conservés le sceau de la ville et les chartes. Au-dessus, on découvre le **carillon** de 47 cloches qui joue tous les quarts d'heure. Enfin, du sommet, s'offre une **vue★★** remarquable sur l'ensemble

Terrasse sur la Grand-Place.

Basilique du Saint-Sang.... **B** ④
▲ Maisons-Dieu

BRUGES
plan II

BRUGES
plan I
0 ——— 300 m
▲ Maisons-Dieu

SE LOGER		SE RESTAURER	
Grand Hotel du Sablon	②	Brasserie Souffleur	①
Hotel Europ	④	Cafedraal	④
Hotel Notre Dame	⑥	Den Dijver	⑦
Manoir Red	⑧	Huyze die Maene	⑩
Martin's	⑩	Malesherbes	⑬
Pandhotel	⑫	Relais 't Bourgondisch Cruyse	⑯
		Ryad	⑲
		t Zwaantje	㉑

A 17 : COURTRAI ┃ E 40
LOPPEM

SE LOGER

B&B Kasteel Bloemendale...
Hotel Jacobs ....

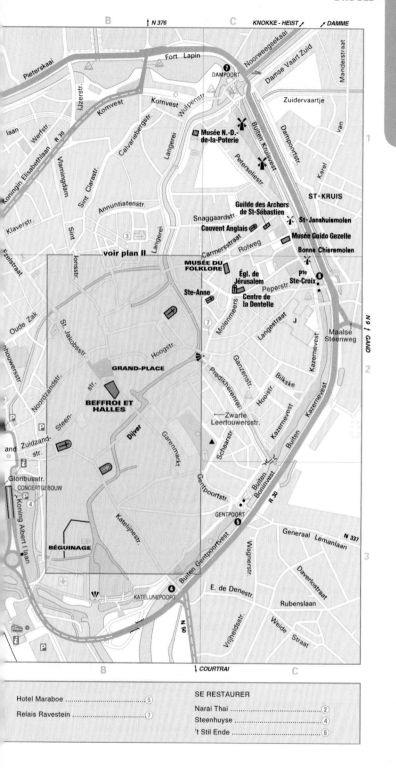

| Hotel Maraboe | ⑤ |
| Relais Ravestein | ⑦ |

SE RESTAURER

Narai Thai	②
Steenhuyse	④
't Stil Ende	⑥

de Bruges et ses environs.

Les **halles**, construites en même temps que le beffroi, furent agrandies aux 14e et 16e s. et forment un quadrilatère enserrant une jolie cour.

Place du Bourg★★ (Burg)

La place du Bourg tient son nom du château (Burg) édifié là par Baudouin Bras-de-Fer. Lors des fouilles, des vestiges de l'enceinte du 9e s. furent mis au jour. Afin d'y construire l'**église St-Donatien**, l'enceinte fut démolie au 10e s. Plus tard, elle fut remplacée par un rempart de briques. Des vestiges de l'église et de l'enceinte ont été intégrés au sous-sol de l'hôtel avoisinant.

Quatre des principaux monuments de Bruges encadrent cette place : de droite à gauche, la basilique du Saint-Sang, l'hôtel de ville gothique, le greffe Renaissance et, sur la face en retour, l'ancien palais de justice.

Place du Bourg.

Basilique du Saint-Sang★ (Basiliek van het Heilig Bloed) – ✆ 050 44 46 46 (Toerisme Brugge) - visite des chapelles inférieure et supérieure : avr.-sept. 9h30-12h, 14h-18h ; oct.-mars 10h-12h, 14h-15h50 - fermé pdt les offices (chapelle supérieure : merc. et sam. 11h-11h50 ; chapelle inférieure : le reste de la sem. 11h-11h30). Musée : ✆ 050 33 67 92 - www.holyblood.org - avr.-sept. : 9h30-12h, 14h-18h ; oct.-mars : tlj sf merc. avr.-midi 10h-12h, 14h-16h - fermé 1er janv., 1er nov., 25 déc. - 1,50 €.

Selon la tradition, la basilique du Saint-Sang fut construite pour abriter la relique du Sang du Christ, rapportée de Terre sainte par le comte de Flandre, Thierry d'Alsace, au retour de la deuxième croisade.

La **chapelle basse★** ou chapelle St-Basile, romane, date du début du 12e s. Elle a conservé son caractère primitif avec de massifs piliers cylindriques. On y voit, au revers du tympan d'une porte donnant sur une petite chapelle à droite, un bas-relief roman de l'an 1300 représentant le baptême du Christ et, dans le bas-côté droit, une Vierge en bois polychrome.

Par un beau portail hors œuvre, de transition gothique flamboyant-Renaissance, et un élégant escalier à spirale (16e s.), on accède à la **chapelle du Saint-Sang**. À l'origine romane, elle fut transformée au 15e s. et décorée de peintures murales au 19e s. Remarquer aussi la très belle chaire de vérité de 1728.. À côté de la chapelle se trouve un petit **musée**. Il contient la châsse du Saint-Sang (1617), dans laquelle est placée la relique lors de la célèbre procession, et deux magnifiques volets où Pieter Pourbus a représenté les membres de la confrérie du Saint-Sang.

Hôtel de ville (Stadhuis) – Salle gothique : ✆ 050 44 87 11 - &. - tlj 9h30-17h - fermé 1er janv., Ascension (ap.-midi), 25 déc. - 2,50 € (y compris la visite du Musée du Franc de Bruges). Élevé à la fin du 14e s., dans le style gothique flamboyant, l'hôtel de ville fut restauré au 19e s. Sa façade est remarquable par sa verticalité qu'accentue la présence de trois tourelles, et par sa riche ornementation.

À l'étage, la **salle gothique** possède une voûte d'ogives, lambrissée, ornée au point de jonction des arcs de belles clés pendantes. Les peintures murales néogothiques datant de la fin du 19ᵉ s. représentent des scènes historiques.

Justice de Paix – La façade Renaissance de l'Ancien Greffe (Oude Griffie) montre des lignes harmonieuses et arbore trois gracieux pignons à volutes.

Palais du Franc de Bruges (**Paleis van het Brugse Vrije**) – Ce palais du Franc de Bruges a été bâti au 18ᵉ s. dans le style néoclassique, à l'emplacement de l'ancien palais du Franc (1520). Celui-ci occupait le Burg dont il reste une partie donnant sur le canal. Le Franc de Bruges était au 14ᵉ s. un conseil gérant la région située autour de la ville. Il abrite le **musée provincial du Franc de Bruges** (*voir description dans « Les musées et monuments du centre»*).

Depuis le passage de la rue Blinde Ezelstraat, on admire en se retournant la belle voûte sculptée qui surmonte la galerie, puis les pignons et tourelles du palais du Franc. *Suivre le Steenhouwersdijk jusqu'au Groene Rei.*

À droite de ce quai ombragé, se situe la **maison du Pélican** (De Pelikaan) de 1714, édifice bas à hautes lucarnes, à emblème du pélican, et ancienne maison-Dieu. À l'extrémité du quai, belle **vue** sur le canal, le beffroi et la flèche de l'église Notre-Dame. En redescendant le Steenhouwersdijk, on gagne la charmante **Huidenvettersplein** (Place des Tanneurs), parfois appelée petit marché aux poissons par les Brugeois, où se dresse une petite colonne portant deux lions et l'emblème des tanneurs. Tout près, le **Rozenhoedkaai** (Quai du Rosaire) offre une des **vues★★** les plus caractéristiques de Bruges. Le long du bassin se dresse la jolie **maison des Tanneurs** (Huidenvettershuis) de 1630 à laquelle fait suite une maison à tourelle. Au-delà, on aperçoit la haute toiture de la chapelle du Saint-Sang, à gauche se détache le beffroi.

Dijver

Le pont de St-Jean Népomucène (St.-J. Nepomucenusbrug) est surmonté de la statue du protecteur des ponts. À l'extrémité de ce quai bordé de tilleuls, on découvre une **vue★★** ravissante sur un vieux pont, le porche du musée Gruuthuse et, comme toile de fond, la tour de l'église Notre-Dame surmontée d'une flèche.

On passe devant le musée Groeninge (*voir description dans « Les grands musées »*) et, en traversant la ruelle, vous arrivez dans un petit parc (Arentspark). Le musée Arentshuis (*voir description dans « Les musées et monuments du centre »*) héberge aussi la boutique centrale de tous les musées communaux de Bruges. On franchit **le pont St-Boniface** (Bonifatiusbrug), en dos d'âne, dans un **cadre★★** délicieusement poétique. Le buste de Juan-Luis Vives évoque cet humaniste espagnol du 16ᵉ s. qui finit ses jours à Bruges.

Église Notre-Dame★★ (Onthaalkerk O.L.V.)

📞 *050 34 53 14 - lun.-sam. 9h30-16h50, dim. 13h30-16h50.*

En majeure partie du 13ᵉ s., cette église gothique est remarquable par sa **tour★★** élancée, en brique, haute de 122 m.

Une statue en marbre blanc d'une grande noblesse, **La Vierge et l'Enfant★★** par Michel-Ange, est placée sur un autel à l'extrémité du bas-côté droit.

Le chœur – *Mar.-vend. 9h30-17h, sam. 9h30-16h20, dim. 13h30-17h - 2,50 €*. Il renferme les mausolées de Charles le Téméraire et de sa fille Marie de Bourgogne. Le **tombeau★★** gothique de Marie de Bourgogne, morte à 25 ans, a été dessiné en 1498 par Jan Borman ; le gisant est remarquable avec son visage juvénile, son cou gracile, ses mains longues et fines aux doigts fuselés ; le soubassement est orné des armoiries de ses ascendants. Le monument Renaissance du Téméraire date du 16ᵉ s. Au maître-autel, *Le Triptyque de la Passion* de B. Van Orley. Dans le chœur ont été découverts plusieurs caveaux funéraires ornés de fresques ; parmi ces caveaux, le tombeau primitif de Marie de Bourgogne.

Le déambulatoire abrite la belle *Vierge aux sept douleurs*, chef-d'œuvre d'Isenbrant (16ᵉ s.). On admirera également des œuvres de Gérard David et ses élè-

Y. Duhamel/MICHELIN

La Vierge et l'Enfant, Michel-Ange.

ves, de Pieter Pourbus et un *Christ en croix* peint par Van Dyck.

Une tribune (15ᵉ s.) en bois sculpté communique avec le musée Gruuthuse.

On passe devant l'ancien hôpital St-Jean qui abrite le musée Memling (*voir description dans « Les grands musées »*).

Béguinage★★ (Begijnhof)

Le « béguinage de la vigne » fut fondé en 1245 par Marguerite de Constantinople, comtesse de Flandre. Enclos paisible, s'ouvrant près du canal par une belle porte classique, il groupe autour d'un vaste rectangle vert, semé de jonquilles au printemps et planté de grands arbres, l'église en brique du 17ᵉ s. et les maisons blanches des béguines. Les bénédictines qui ont remplacé celles-ci en ont gardé le costume.

Maison de Béguine (Begijnhuisje)

– ☎ 050 33 00 11 - www.monasteria.org - ♿ - lun.-sam. 10h-12h et 13h45-17h, dim. 10h45-12h et 13h45-17h – 2 €. En traversant la cuisine et les chambres aux meubles rustiques de cette maison, on parvient à un petit jardin avec un puits de brique.

> ## Les cygnes de Bruges
>
> Les cygnes qui évoluent dans ces eaux tranquilles évoquent une vieille légende : en 1448, les Brugeois emprisonnèrent Maximilien d'Autriche pendant quelques semaines dans la maison Craenenburg sur la Grand-Place et décapitèrent son conseiller, Pierre Lanchals. Comme les armes de ce dernier comprenaient un cygne, Maximilien, une fois libéré, ordonna aux Brugeois, afin qu'ils expient leur crime, d'entretenir à perpétuité des cygnes sur les canaux de la ville.

Le pont voisin offre une belle **vue** sur la charmante **maison Éclusière** (sashuis) qui précède le **Minnewater**, un des bassins de l'ancien port : c'est le fameux lac d'Amour. À droite, on remarque le Poertoren, une tour où était jadis entreposée la poudre à canon.

Pour regagner le centre, vous pouvez prendre le bateau (voir dans « carnet pratique »).

Y. Duhamel/MICHELIN

Le béguinage de Bruges.

LES GRANDS MUSÉES Plan II

Musée Groeninge★★★ (Groeningemuseum)

Dijver 12 - ☎ 050 44 87 11 - ♿ - tlj sf lun. 9h30-17h - fermé 1ᵉʳ janv., Ascension (ap.-midi), 25 déc. - 8 €.

Le musée Groeninge fut créé en 1929-1930 sur l'emplacement de l'ancienne abbaye Eekhout ; celle-ci bordait un quartier qui portait déjà le nom de « Groeninge » au 13ᵉ s. L'intention était de centraliser les collections de peintures de la ville de Bruges et d'accueillir les célèbres **primitifs flamands**. Récemment, l'espace a été entièrement réaménagé sur base chronologique.

Si le musée propose un panorama de la peinture belge depuis le 15ᵉ s., c'est surtout la collection des **primitifs flamands** (dans les premières trois salles) qui retient l'attention. Y sont exposées deux superbes œuvres de **Jan van Eyck**. La première, *la Vierge du chanoine Van der Paele* de 1436, frappe par l'éclat des couleurs et la minu-

Le Jugement de Cambyse de Gérard David.

tie du détail. Dans le portrait du chanoine, Van Eyck ne nous fait grâce d'aucune ride, d'aucune verrue. Quant au *Portrait de Marguerite Van Eyck*, il évoque la dignité bourgeoise, le sens du devoir et le caractère un peu bourru de la femme du peintre. La *Mort de la Vierge*, un tableau d'une intensité dramatique exceptionnelle, est une réalisation particulièrement réussie de **Hugo van der Goes**. Le célèbre *Triptyque Moreel* a été peint en 1484 par **Hans Memling** pour Willem Moreel et son épouse Barbara van Vlaenderberch. Cette œuvre, dont le panneau central représente saint Christophe, saint Maur et saint Gilles, est empreinte de mysticisme, de paix intérieure et de recueillement. Parmi les tableaux de Gérard David, on remarquera l'effroyable *Jugement de Cambyse*, qui avait pour but de préserver les juges de la corruption et *le Baptême du Christ*, dont les personnages impassibles sont intégrés dans un magnifique paysage. L'hallucinant *Jugement dernier* est attribué à Jérôme Bosch. Le musée possède plusieurs œuvres de Peter Christus.

Une partie de la collection est consacrée à la peinture brugeoise postérieure à Gérard David. On remarque notamment des œuvres d'Isenbrant, de Benson, de Blondeel et de Provost, qui trahissent une influence italianisante. La famille Pourbus est également représentée. Outre des scènes religieuses comme le flamboyant *Jugement dernier*, Pieter Pourbus peint aussi des portraits d'un très grand raffinement (*Jan Van Eyewerve* et *Jacquemyne Buuck*). Le néoclassicisme est représenté par des toiles de François Kinsoen et Joseph Suvée. Fernand Khnopff, qui a passé son enfance à Bruges, est l'auteur du mystérieux *Secret-Reflet*, dépeignant dans sa partie inférieure une façade latérale de l'hôpital St-Jean. Le musée possède aussi des œuvres de Rik Wouter (*Soucis domestiques*) et une importante collection d'expressionnistes flamands, dont une monumentale *Dernière cène* de G. Van de Woestijne et le *Mangeur de bouillie* de Permeke. On ajoutera des œuvres de Vantongerloo (*Construction dans la Sphère 2*), Delvaux, Magritte (*L'attentat*) et Raveel.

Musée Memling in Saint-Jean ★★★ (Memling in St-Jan - Hospitaalmuseum)

Mariastraat 38. ✆ *050 44 87 11 - tlj. sf lun. 9h30-17h - fermé : 1er janv., Ascension (ap.-midi), 25 déc. – 8 €.*

Le musée est situé dans l'ancien hôpital St-Jean (12e s.). Les anciennes salles des malades, superbement restaurées, présentent des œuvres d'art et des objets illustrant plusieurs thèmes, dont l'histoire hospitalière. Dans l'ancienne **chapelle de l'hôpital** sont exposées six œuvres de Hans Memling. Le petit cloître à droite abrite la **pharmacie** du 17e s.

La **Châsse de sainte Ursule** est peut-être le plus connu des ouvrages de Memling ; son enluminure minutieuse décrit la vie et le martyre de sainte Ursule et des 11 000 vierges, ses compagnes : débarquement à Cologne, puis à Bâle, accueil par le pape à Rome ; retour à Bâle en compagnie du pape, arrivée à Cologne où la sainte est mise à mort par les Huns ; aux pignons, la Vierge et sainte Ursule abritant les vierges sous son manteau.

Le **Mariage mystique de sainte Catherine** (appelé également *Triptyque de Jean-Baptiste et de Jean l'Évangéliste*) représente l'Enfant Jésus glissant un anneau au doigt de la sainte tandis que sainte Barbe est plongée dans un livre ; de part et d'autre : la décollation de saint Jean Baptiste (à gauche), saint Jean l'évangéliste dans l'île de

Patmos (à droite), les deux patrons de l'hôpital. Dans ce triptyque de 1479 chargé de symboles, Memling atteint à la grandeur. D'après certains, sainte Catherine et sainte Barbe représenteraient Marie de Bourgogne et Marguerite d'York.

L'**Adoration des Mages**, le panneau central du triptyque de Jan Floreins datant de 1479, vaut par la beauté parfaite de la Vierge aux yeux baissés et celle juvénile du roi noir Balthazar.

Le triptyque de la **Déploration du Christ** a été exécuté en 1480 à la demande du frère Adrien Reins, représenté à genoux sur le volet intérieur gauche ; sur le volet intérieur droit figure sainte Barbe, très populaire à l'époque.

La chapelle abrite l'inquiétant **portrait d'une jeune femme** bourgeoise, diaphane et énigmatique. Le diptyque de **Martin Van Nieuwenhove** avec le portrait du donateur et la **Vierge à la pomme** peints en 1487, sont d'une finesse admirable de dessin et de tons.

Un petit escalier mène aux greniers, dont le plus grand conserve une impressionnante charpente en chêne.

Les bâtiments du 19e s. abritent le **Centre de congrès Oud St-Jan**.

LES MUSÉES ET MONUMENTS DU CENTRE

Musée Gruuthuse★★ (Bruggemuseum – Gruuthuse) Plan II

Dijver 17. ☎ 050 44 87 11 - tlj sf lun. 9h30-17h - fermé 1er janv., Ascension (ap.-midi), 25 déc. - 6 € (y compris église Notre-Dame).

Le palais gothique de Gruuthuse était à l'origine la maison où était levé le droit de « grute ». La grute était un mélange de fleurs et plantes séchées que l'on ajoutait à l'orge ou au froment et qui servait au brassage de la bière. La vaste demeure du 15e s. est construite en briques d'une chaude tonalité rousse. Elle abrite, au fond de la cour d'honneur, un musée d'Arts décoratifs.

Dans le cadre soigné de cet intérieur aux belles cheminées, le passé est évoqué par des objets anciens d'origine flamande, souvent brugeoise, en tout 2500 objets répartis dans 23 salles. On admirera notamment de magnifiques meubles, des sculptures, des tapisseries et des peintures. Parmi les instruments de musique, on relèvera principalement un clavecin et une épinette de la célèbre maison de facteurs d'instruments Ruckers. Dans une des salles, on remarquera le **buste de Charles Quint★** (1520), alors âgé de 20 ans, attribué au sculpteur allemand Konrad Meit. L'**oratoire** (1472) en bois de Louis de Gruuthuse permettait un accès direct au chœur de l'église Notre-Dame. Ce conseiller de Charles le Téméraire et de Marie de Bourgogne fut non seulement chevalier de l'ordre de la Toison d'or, mais aussi un diplomate fort apprécié. Très belle vue sur les environs à partir de la terrasse, tout en haut de l'édifice.

Musée Arentshuis★(Museum Arentshuis) Plan II

☎ 050 44 87 11 - tlj sf lun. 9h30-17h - fermé 1er janv., Ascension (ap.-midi), 25 déc. - 2,5 €.

Cet hôtel particulier de la fin du 18e s. renferme un riche ensemble de vues anciennes de Bruges (17e-19e s.) et une importante collection de dentelles.

À l'étage, œuvres du peintre et graveur anglais **Frank Brangwyn** (1867-1956).

Cathédrale Saint-Sauveur★ (Salvatorskathedraal) Plan II

☎ 050 33 68 41 - lun. 14h-17h30, mar.-vend. 9h-12h et 14h-17h30, sam. 9h-12h et 14h-15h30, dim. 9h-10h et 14h-17h - fermé Ascension.

Sur une place ombragée se dresse cet imposant édifice gothique, en brique, flanqué d'une tour haute de 99 m. Commencé au 10e s. par la tour, il a été souvent incendié et terminé seulement au 16e s. par les chapelles du chœur. Le sommet de sa tour a été réalisé au 19e s. dans le style roman.

À l'**intérieur**, la nef s'élève sur des colonnes en faisceaux très élancées. Dans le chœur, le triforium et les hautes fenêtres du 13e s. surmontent des murs refaits au 15e s.

La décoration est riche. Au fond de la nef, le jubé de la fin du 17e s., de style baroque, est surmonté d'une belle statue de *Dieu le Père*, par Artus Quellin le Jeune. Au-dessus, buffet d'orgues de 1719. La chaire (1785) a été sculptée par H. Pulinx. Les stalles du 15e s. sont surmontées d'armoiries des chevaliers de la Toison d'or dont le 13e chapitre se tint ici en 1478 ; au-dessus, tapisseries bruxelloises (1725).

Schatkamer (Trésor) – *tlj sf sam. 14h-17h - 2,50 €.* La riche collection d'objets d'art a été installée dans le bâtiment du chapitre, datant de 1912, et a bénéficié d'une toute nouvelle présentation. On y voit des œuvres de styles et époques différents provenant de la cathédrale St-Donat, disparue, de la cathédrale St-Sauveur elle-même et d'anciens couvent et abbayes de Bruges. On remarquera en particulier le triptyque du Martyre de St-Hippolyte (panneau de droite par Dirk Bouts, panneau de gauche par Hugo van der Goes) et un Calvaire d'environ 1830.

Terrasse proche de la cathédrale St-Sauveur.

Musée du Franc de Bruges (Bruggemuseum - Brugse Vrije) Plan II

*Dans le Palais du Franc de Bruges, Burg 11a. ℰ 050 44 87 11 - tlj 9h30-12h30, 13h30-17h -
fermé : 1er janv., Ascension (ap.-midi), 25 déc. - 2,50 € (y compris la visite de l'hôtel de ville).*
Ce bâtiment où siégea autrefois le tribunal de Bruges renferme aujourd'hui la mémoire
écrite de la ville, les archives. Par la vieille salle des Assises, on pénètre dans la salle
Renaissance, l'ancienne chambre des échevins (16e s.), où trône la **cheminée du Franc
de Bruges★**, exécutée d'après les plans de Lanceloot Blondeel. De style Renaissance,
en marbre noir et chêne, elle est décorée d'une frise d'albâtre racontant l'histoire
de Suzanne et des vieillards. La partie supérieure montre plusieurs souverains de
Flandre : au centre, Charles Quint, l'épée haute. Les autres statues représentent
les aïeuls de Charles Quint. On distingue de gauche à droite Marie de Bourgogne,
Maximilien d'Autriche, Ferdinand d'Aragon et Isabelle de Castille. Les poignées de
cuivre au-dessus du foyer permettaient aux échevins de se tenir lorsqu'ils faisaient
sécher leurs bottes.

Musée du Folkore★ (Museum voor Volkskunde) Plan I

*Balstraat 43. ℰ 050 44 87 11 - tlj sf lun. 9h30-17h - fermé : 1er janv., Ascension (ap.-midi),
25 déc. - 3 € (y compris la visite du musée Guido Gezelle).*
Au n° 40 du Rolweg, l'enseigne « Au Chat noir » (Zwarte Kat), nom d'un estaminet,
indique l'entrée du **musée du Folklore**. Des collections d'objets usuels, d'outils, sont
présentées dans les charmantes maisons-Dieu édifiées au 17e s. par la corporation
des cordonniers. Des reconstitutions d'intérieurs, dont un local de classe des années
1920, une pharmacie du 19e s. et une épicerie, mais aussi des ateliers, notamment
une confiserie où l'on fabrique encore des friandises le jeudi après-midi, évoquent le
folklore et les traditions de la Flandre-Occidentale. Du jardin avec ses petites maisons-
Dieu blanches, belle vue sur la tour de l'église de Jérusalem.

Église de Jérusalem (Jeruzalemkerk) Plan I

Peperstraat 3. Tlj sf dim. 10h-12h, 14h-18h (sam. 17h) - fermé j. fériés.
À l'angle de la Balstraat, on voit la curieuse tour à lanterne de l'église de Jéruzalem.
Cette église fut édifiée au 15e s. par la famille Adornes, commerçants originaires de
Gênes. Combinant éléments gothiques et orientaux, elle s'inspire très probablement
de l'église du St-Sépulcre de Jérusalem.
Sur le retable de l'autel de la nef, on distingue les instruments de la Passion ; les
vitraux datent du 16e s. et représentent les membres de la famille Adornes. Au centre
de la nef, gisant d'Anselme Adornes et de son épouse (15e s.). Dans la crypte a été
reconstitué le tombeau du Christ.
À côté de l'église de Jérusalem se dresse le **Centre de la Dentelle** (Kantcentrum) où
s'organisent des cours et des démonstrations. Un petit musée de la dentelle a été
aménagé dans les maisons-Dieu. *ℰ 050 33 00 72 - tlj sf dim. 10h-12h, 14h-18h (sam.
17h) - fermé j. fériés, de Noël au Nouvel An - 2,50 €.*

Porte Ste-Croix (Kruispoort) Plan I

Autour de la porte Ste-Croix, percée dans les remparts, se trouvent quelques curiosités.
Au nord s'élèvent sur les anciens remparts trois **moulins** à vent sur pivot. Le premier,

Bonne Chieremolen, a été transporté en 1911 d'Olsene. Le deuxième, **St.-Jans-huismolen**, date de 1770. Le troisième, le **Nieuwe Papegaai**, est un moulin en bois sur pivot, provenant de la région de l'Yser et reconstruit ici en 1970. ℘ 050 44 87 11 - mai-août : tlj sf lun. 9h30-12h30, 13h30-17h ; avr. et sept. : uniquement w.-end - fermé Ascension (ap.-midi) – 2 €.

À proximité se trouve le **musée Guido Gezelle** (Guido Gezellemuseum) installé dans la maison natale du poète. ℘ 050 44 87 11 - tlj sf lun. 9h30-12h30, 13h30-17h - fermé 1er janv., Ascension (ap.-midi), 25 déc. – 2 € (y compris la visite du musée de Folklore).

Dans la Camersstraat, la **guilde des Archers de St-Sébastien** (Schuttersgilde St.-Sebastiaan) conserve dans un bel ensemble architectural des 16e et 17e s. des portraits des « rois » de la guilde et une collection d'orfèvrerie. ℘ 050 33 16 26 - www.sebas-tiaansgilde.be - mai-sept. : mar, merc., jeu. 10h-12h, sam. 14h-17h – 2 €.

Dans la même rue se trouve le **Couvent anglais** (Engels Klooster) dont la chapelle à coupole date du 18e s. ℘ 050 33 24 24 - ♿ - visite accompagnée tlj sf dim. 14h-16h, 16h30-17h30.

Église Ste-Anne (St.-Annakerk) Plan I

L'intérieur de l'église Ste-Anne, bâtie au 17e s. dans le style gothique, est agrémenté d'un riche mobilier baroque : jubé, lambris et confessionnaux, chaire. C'est ici que Guido Gezelle fut baptisé et qu'il fit sa première communion.

Église Ste-Walburge (St.-Walburgakerk) Plan II

Cette église des jésuites a été construite dans le style baroque par Pieter Huyssens en 1643. À l'origine, elle était dédiée à saint François Xavier. Une statue du saint orne encore la sobre façade. L'intérieur baroque blanc abrite un banc de communion en marbre de H. Verbrugghe, une chaire de vérité du 17e s. et un jubé en style rocaille. Poursuivre jusqu'au **Spiegelrei** en traversant le pont. À l'extrémité du quai, sur la Jan van Eyckplein, s'élèvent la statue de Van Eyck et la **loge des Bourgeois** du 15e s. (Poortersloge) flanquée d'une tourelle, qui renferme les archives de l'État ; une niche du côté de l'Academiestraat abrite un ours en pierre, fétiche de la ville. Sur la petite place se trouve l'ancien octroi ou Tonlieu, bâtiment datant de 1477.

Choco-Story Plan II

Wijnzakstraat 2 (angle Sint-Jansstraat). ℘ 050 61 22 37 - www.choco-story.be - tlj 10h-17h - fermé les 2 premières sem. de sept., une sem. en janv. et 24, 25 et 31 déc. : 10h-17h - 6 € (dégustation comprise). Le visiteur trouvera ici un aperçu de l'histoire du chocolat et pourra assister à des démonstrations de fabrication.

Dans le même immeuble se trouve le **Lumina Domestica**, le musée de la lampe, proposant un historique captivant de l'éclairage intérieur.

Musée Hôpital Notre-Dame-de-la-Poterie (O.-L.-Vrouw ter Potterie) Plan I

Potterierei 79. ℘ 050 44 87 11 - tlj sf lun. 9h30-12h30, 13h30-17h - fermé 1er janv., Ascension (ap.-midi), 25 déc. - 2,50 €.

Une partie de cet hôpital est occupé par une maison de retraite. Une autre partie, comprenant l'ancienne salle des malades, le cloître (14e-15e s.) et le passage vers la petite église baroque richement décorée, abrite un musée : meubles des 15e, 16e et 17e s., peintures, livres d'heures flamands, objets évoquant la vie religieuse et la dévotion pour la Vierge miraculeuse N.-D.-de-la-Poterie.

Bruges, ville du chocolat.

Ezelpoort (Porte des Baudets) Plan I

La porte des Baudets se dresse dans un joli site ombragé, à l'extrémité d'un canal dont les eaux paisibles sont fréquentées par des cygnes.

Maisons-Dieu (Godshuizen)

Les maisons-Dieu, très nombreuses à Bruges du 15e au 18e s., étaient des sortes d'asiles pour vieillards ou miséreux, financés par les corporations. Ce sont généralement des rangées de maisons basses en brique, blanchies à la chaux, et d'allure modeste.

La façade de chaque demeure présente une porte, une fenêtre que surmonte une haute lucarne.

Outre la maison du Pélican (plan II), les maisonnettes du musée du Folklore (*voir description dans « Les musées et monuments du centre »*), il faut voir celles de Gloribusstraat, Moerstraat, Zwarte Leertouwersstraat, Nieuwe Gentweg et Katelijnestraat.

Aux alentours

Boudewijn Seapark – *À St-Michiels, 3 km au sud.* ✆ *050 38 38 38 - www.boudewijnseapark.be - Vac. de Pâques : 10h-17h ; mai-juin : tlj sf merc. 10h-17h ; juil.-août : tlj 10h-18h ; sept. : w.-end et les 3 premiers merc. 10h-17h - 21,50 €.*

Ce parc récréatif propose de multiples attractions (carrousel, spectacles de rapaces, roue géante). Face à l'entrée du parc, le **Dolphinarium** donne des représentations dont les vedettes sont les dauphins (*représentations à heures variables selon les saisons, consulter le site internet*). Un bassin spécial a été construit pour les otaries (*spectacle éducatif*).

Le bois **Tillegembos**, s'étendant au sud-est de l'agglomération de Sint-Michiels, présente sur ses 107 ha des promenades balisées, un étang près duquel se trouvent un château néogothique et un vieux moulin (rosmolen).

Château de Loppem (Lophem)

7 km au sud. Steenbrugsestraat 26, 8210 Loppem. ✆ *050 82 22 45 - 1ᵉʳ avr.-31 oct. : tlj sf lun. et vend. (sf j. fériés), 10h-12h et 14-18h. - 3,50 €.*

À la demande du baron et de la baronne van Caloen, le château néogothique de Loppem fut dessiné par l'architecte londonien Edward Welby Pugin (1834-1875) et le baron Jean Béthune, architecte de l'abbaye de Maredsous (*voir Vallée de la Molignée*). Le roi Albert et sa famille y séjournèrent en octobre et novembre 1918. Là, le souverain promit l'instauration du suffrage universel et la « flamandisation » de l'université de Gand. Le château abrite, dans un cadre néogothique, une intéressante collection d'œuvres d'art. Parmi les tableaux des écoles flamande et hollandaise, remarquer la *Place du Bourg* à Bruges, peinte au début du 17ᵉ s. À l'étage est exposée la collection de Jean van Caloen ; elle comprend des sculptures religieuses (13ᵉ-16ᵉ s.) de diverses provenances (Pays-Bas, France, Italie, Espagne, Allemagne). Dans le parc se trouve un **labyrinthe** (doolhof).

Zedelgem

10,5 km au sud-ouest. Quitter Bruges par la N 32. Après avoir traversé l'A 10, on aperçoit à droite l'**abbaye St-André** (Zevenkerken), grand centre missionnaire dont les bâtiments entourent une basilique à sept sanctuaires, du début du siècle dernier.

L'**église St-Laurent** de Zedelgem renferme de remarquables **fonts baptismaux★** (11ᵉ-12ᵉ s.).

Château de Male

5 km à l'est par la N 9. ✆ *050 36 70 22.*

Les chanoinesses régulières de St-Trudon habitent depuis 1954 l'immense château, entouré de douves, qui fut la résidence des comtes de Flandre. On peut voir la salle des chevaliers et l'église, reconstruite en 1965.

Torhout

23 km au sud-ouest. Quitter Bruges par la N 32.

Torhout (ou Tourhout) était au 12ᵉ s. une ville prospère dont la foire était réputée.

L'**église St-Pierre** (St.-Pietersbandenkerk), reconstruite après avoir été bombardée en 1940, possède une jolie tour romane à clocher octogonal abritant un carillon.

L'**hôtel de ville** (1713) est un harmonieux édifice dont les larges baies séparées par des pilastres s'alignent sous une haute toiture.

À 3 km à l'Ouest de Torhout s'élève le **château de Wijnendale**, édifice composite (11ᵉ-19ᵉ s.) entouré de douves circulaires. Construit par Robert le Frison au 11ᵉ s., il devint la résidence favorite des comtes de Flandre. Dans les bois environnants, Marie de Bourgogne, en 1482, fit une chute de cheval qui lui coûta la vie.

Bruges pratique

Informations utiles

Code postal : *8000.*

Indicatif téléphonique : *050.*

Toerisme Brugge – *PB 744, 8000 Brugge - ℘ 050 44 46 46 - fax 050 44 46 45 - toerisme@brugge.be - www.brugge.be. Accueil sur place :* **In&Uit Brugge (Concertgebouw)** *– 't Zand 34 (tlj 10h-18h, jeu. à 20h).*

Transports

Auto – Tout le centre-ville est en zone bleue, les automobilistes sont donc tenus d'afficher leur disque de stationnement (maximum 4 heures) tous les jours de 9h à 19h sauf le dimanche et les jours fériés. Dans les zones payantes (les rues commerciales et plusieurs grandes artères), les usagers doivent prendre un ticket de stationnement dans un appareil distributeur (maximum 2 h, 1 h au Bourg) et cela 7 jours sur 7, de 9h à 19h (1,40 €/h).

Pour le stationnement de longue durée, vous pouvez utiliser les parkings des hôtels, en ville (parking souterrain) ou en bordure du centre-ville. Près de la gare se trouve un grand parking relié par une navette de bus avec le centre (trajet gratuit sur présentation du ticket de stationnement).

Bus urbain – Un pass permet d'utiliser les transports en commun de la ville pendant 24 h.

Pour les horaires, s'adresser à la Mobiliteitswinkel (Burg 11), ou à la Lijnwinkel (à la gare).

Vélo – Les cyclistes bénéficient d'un traitement de faveur dans la ville. Le site www.brugge.be fournit un plan de circulation pour les vélos qui se révèle très utile. Voir également la rubrique Sports et Loisirs de ce carnet pratique.

Location de vélos : *Gare (services des Bagages), ℘ 050 30 23 29; Koffieboontje, Hallestraat 4, ℘ 050 33 80 27; De Ketting, Gentpoortstraat 23, ℘ 050 34 41 96; Bauhaus Bike Rental, Langestraat 135, ℘ 050 34 10 93; Eric Popelier, Mariastraat 26, ℘ 050 34 32 62; Snuffel Backpacker Hostel, Ezelstraat 47, ℘ 050 33 31 33; E-kar, Vlamingstraat 44, ℘ 050 33 00 34; Pedal Power, Stoofstraat 4, ℘ 050 34 65 27.*

La brochure « 5x op de fiets rond Brugge » est indispensable pour les randonnées cyclistes dans les environs de Bruges. Elle est disponible auprès de In&Uit (voir Informations utiles) et coûte 1,50 €.

Visites

Avec guide – *Pour groupes et visiteurs individuels : tlj juil. et août ; w.-end en juin et sept. : départ à 14h30 ; réservations au bureau d'accueil de In&Uit - durée : env. 2h – 6 € ticket familial (4 personnes) : 15 € - gratuit pour les enfants de moins de 12 ans.*

🚶👤 En bateau – *Promenade sur les canaux*

Promenade en calèche.

de Bruges - ℘ 050 44 86 86 - mars-nov. : tlj 10h-18h - durée : une demi-heure - 5,70 €. D'agréables promenades en barque à travers le dédale des canaux brugeois sont organisées au départ de cinq embarcadères du centre-ville (consulter le plan). Probablement la formule la plus pratique et la plus reposante pour partir à la découverte d'un patrimoine architectural unique.

🚶👤 En calèche – *Grand-Place (dép. du Burg le merc.) - oct.-juin : 10h-18h ; juil.-août : 10h-22h – 30 € (max. 5 pers.).* Une excursion d'une demi-heure en calèche, avec un arrêt de quelques minutes au béguinage, est proposée au départ du Markt. Cette balade romantique à travers le centre-ville vous sera commentée par de sympathiques cochers.

En tramway « hippomobile » – *Visite de la ville à bord de Den Oekden Pèèrdentram (ancien tram tiré par des chevaux) ; départ : 't Zand. On peut aussi avec le même tramway effectuer le circuit des cafés les plus typiques de Bruges. ℘ 050 42 94 13.*

En minibus – City Tour Brugge (env. 50mn) dans un minibus confortable, avec commentaires dans votre propre langue (casques individuels). *Départ : Grand-Place (1er bus à 10h, dernier bus : selon la saison) - 11,50 €.*

À vélo – Promenades accompagnées dans la ville et ses environs. *The Green Bike Tour, ℘ 050 61 26 67; QuasiMundo Biketours Brugge, ℘ 050 33 07 75; The Pink Bear Bike Tours, ℘ 050 61 66 86.*

Se loger

🛏 **Hotel Notre Dame** – *Mariastraat 3 - ℘ 050 33 31 39 - 12 ch. 58/75 € ⬛.* Hôtel familial simple mais convivial situé dans le centre, près de la cathédrale. Chambres et petit-déjeuner soignés.

🛏🍽 **Hotel Maraboe** – *Hoefijzerlaan 9 - ℘ 050 33 81 55 - www.maraboe.be - fermé en janv. et le 24 déc. - 14 ch. 75/110 € ⬛.* Modeste hôtel familial. Chambres vastes et très propres. Accueil chaleureux. Situé près du Zand, de la salle de concerts, et des rues commerçantes. Sauna et solarium.

🛏🍽 **Hotel Jacobs** – *Baliestraat 1 - ℘ 050 33 98 31 - hoteljacobs@online.be -*

fermé en janv. - 23 ch. 70/90 € 🍽. Petit hôtel de charme au pignon à gradin typiquement brugeois. Les chambres, joliment aménagées, sont dotées de tout le confort et sont réparties sur trois étages.

🛏🛏 **B&B Kasteel Bloemendale** – *Bloemendalestraat 8 - <tel>050.32.30.22 - www.bloemendale.be - 3 ch. 107 € 🍽 -* 🅿. Château historique situé en bordure de la ville dans un paisible cadre de verdure, et cependant à une dizaine de min. du centre. Grandes chambres élégantes au mobilier ancien. Petit-déjeuner soigné.

🛏🛏🛏 **Hotel Europ** – *Augusteinenrei 18 - ☎ 050 33 79 75 - www.hoteleurop.com - fermé en janv. - 28 ch. 63/133 € 🍽 -* 🅿. Hôtel situé au calme le long du pittoresque canal des Augustins. Les chambres les plus grandes donnent sur les canaux historiques. Bar accueillant, avec large assortiment de bières belges.

🛏🛏🛏 **Martin's** – *Oude Burg 5 - ☎ 050 44 51 11 - brugge@martins-hotels.be - ♿ - 150 ch. 90/140 € - 🍽 13 € -* 🅿. Cet hôtel confortable, entièrement rénové, se cache derrière une façade historique près du beffroi. L'aménagement a été conçu par des designers belges et associe harmonieusement fonctionnalité et charme ancien.

🛏🛏🛏 **Grand Hôtel du Sablon** – *Noordzandstraat 21 - ☎ 050 33 39 02 - www.sablon.be - 36 ch. 120/132 € 🍽*. Hôtel du début du 20e s. admirablement situé près de la Grand-Place et des rues commerçantes. Le lobby est couvert d'une belle coupole Art nouveau. Grandes chambres et bar accueillant.

🛏🛏🛏 **Manoir Red** – *Nieuwe Gentweg 53 - ☎ 050 61 40 06 - www.manoirred.com - 8 ch. 150/200 € 🍽 -* 🅿. Hôtel calme, aménagé dans une superbe maison de maître. Chambres confortables toutes décorées différemment, du classique au design moderne. Cuisine classique et soignée servie dans le cadre intime du restaurant récemment rénové.

🛏🛏🛏 **Pandhotel** – *Pandreitje 16 - ☎ 050 34 06 66 - www.pandhotel.com - 24 ch. 160/375 € - 🍽 19 € -* 🅿. Hôtel élégant aménagé dans trois maisons très typées au cœur de la ville. Les chambres et junior suites cossues sont personnalisées par du mobilier de style. Petit-déjeuner copieux et soigné servi dans une salle coquette.

🛏🛏🛏 **Relais Ravestein** – *Molenmeers 11 - ☎ 050 47 69 47 - www.relaisravestein. be - ♿ - 16 ch. 170/455 € - 🍽 21 € -* 🅿. Derrière une façade historique discrète se cache un hôtel très design et luxueux.

Se restaurer

🍽 **Brasserie Souffleur** – *Vlamingstraat 58 - ☎ 050 34 82 92 - www.souffleur.be - fermé jeu. - 25 €*. Tout près du théâtre communal (Stadsschouwburg). Ici, vous aurez le choix entre des plats de brasserie traditionnels et nombreuses salades, servies en entrée ou comme plat principal.

🍽🍽 **Steenhuyse** – *Westmeers 29 - ☎ 050 33 32 24 - fermé merc. - 20/35 €*. Maison brugeoise typique à l'atmosphère rustique : murs de briques, longues banquettes, meubles vieillots. Cuisine belge classique.

🍽🍽 **Malesherbes** – *Stoofstraat 3 - ☎ 050 33 69 24 - fermé lun. et mar. - 30 €*. Petit restaurant installé dans l'une des rues les plus étroites de Bruges. Cuisine française de haute volée. Longue carte de vins français.

🍽🍽 **Ryad** – *Hoogstraat 32 - ☎ 050 33 13 55 - 30 €*. Couscous, tagines, grillades et autres spécialités marocaines, tout cela servi dans un cadre digne des 1001 nuits. Le service, l'éclairage féerique et la décoration exotique plongent le client au cœur de Marrakech.

🍽🍽 **Den Dijver** – *Dijver 5 - ☎ 050 33 60 69 - info@dijver.be - fermé merc., jeu. et 2e sem. de janv*. Restaurant rustique occupant une maison patricienne du 18e s. dans un des endroits les plus romantiques de la ville. Solide cuisine bourgeoise mitonnée aux bières régionales.

🍽🍽 **Huyze die Maene** – *Markt 17 - ☎ 050 33 39 59 - fermé merc. et jeu. midi - lunch 18/35 €*. Bistrot-brasserie aménagé dans un immeuble historique sur la Grand-Place. Préparations belges de poisson et de viande et moules en saison. À l'étage : deux chambres d'hôte romantiques avec vue sur la Grand-Place.

🍽🍽🍽 **Cafedraal** – *Zilverstraat 38 - ☎ 050 34 08 45 - fermé dim et lun. - lunch 10/45 €*. Bel immeuble du 15e s. joliment restauré, proche de la cathédrale. Brasserie vivante proposant une carte diversifiée de plats de poisson et de viande. Terrasse estivale.

🍽🍽🍽 **'t Stil Ende** – *Scheepsdalelaan 12 - ☎ 050 33 92 03 - stilende@skynet.be - fermé dim. et lun. - lunch 20/45 €*. Cuisine française créative aux produits frais de saison. Cadre moderne et contemporain avec cuisine ouverte.

🍽🍽🍽 **Narai Thai** – *Smedenstraat 43 - ☎ 050 68 02 56 - 23/60 €*. Cuisine thaïlandaise raffinée servie dans un décor étonnamment exotique. Grande variété de préparations, des plus douces aux plus corsées. Le restaurant est ouvert jusqu'à minuit.

🍽🍽🍽 **T'Zwaantje** – *Gentpoortvest 70 - ☎ 0473 71 25 80 - info@hetzwaantje.be - fermé merc. et jeu. - 37/45 €*. Restaurant convivial aménagé dans l'ancienne demeure d'un marbrier. Cuisine franco-belge inventive et carte des vins internationale.

🍽🍽🍽 **Relais 't Bourgondisch Cruyse** – *Wollestraat 41 - ☎ 050 33 79 26 - info@ relaisbourgondischcruyse.be - 50/65 €*. Ravissante maison de bouche à dénicher dans l'hôtel de charme du même nom au bord d'un canal pittoresque. Carte actuelle, cave bien pourvue et vue digne d'une carte postale.

Faire une pause

Huisbrouwerij De Halve Maan – *Walstraat 26 - ℰ 050 33 26 97 - www. halvemaan.be - les heures d'ouverture de la taverne varient en fonction des saisons*. Au « pays de la bière », chacun se doit de goûter ici la Brugse Zot, une bière blond doré qui a déjà remporté plusieurs distinctions internationales. Possibilité de visite guidée de la brasserie (5 €), y compris pour visiteurs individuels (pour les heures, consulter le site internet).

IJssalon Da Vinci – *Geldmuntstraat 34 - ℰ 050 33 36 50*. Il paraît qu'on déguste ici la meilleure crème glacée de Bruges. Pour ceux qui font attention à leur ligne, yaourts pauvres en calories et glaces diététiques.

Des frites ! – *Markt*. Au pied du beffroi sont installées les deux friteries les plus renommées de Bruges. Du matin jusque tard dans la nuit, on peut y manger d'excellentes frites.

En soirée

Programmes – events@brugge, disponible gratuitement auprès d'In&Uit Brugge (*voir Informations utiles*), donne une vue générale de tous les événements.

Brugge, anno 1468 – Dans l'ancienne église néo-gothique du Sacré-Cœur est reconstitué le mariage de Charles le Téméraire et de Marguerite d'York, au cours d'un repas-spectacle médiéval (1h30 min). *Pour plus d'informations, contacter Celebrations Entertainment, Vlamingstraat 86, ℰ 050 34 75 72.*

Café De Republiek – *Sint-Jacobsstraat 36 - ℰ 050 34 02 29 - ouvert tlj - www.derepubliek. be*. Un café convivial où l'on peut s'attabler jusque tard dans la nuit au milieu de gens de toutes les cultures et de tous âges. On peut y goûter aussi bien une cuisine du monde que des genièvres flamands et toutes sortes de jus de fruits. Les événements sont annoncés sur le site internet.

Salles de théâtre et de concert

Concertgebouw – *'t Zand 34 - ℰ 050 47 69 99 - www.concertgebouw.be*. Ce magnifique édifice, construit en 2002 par les architectes Robbrecht et Daem est réputé pour son acoustique et ses salles bien conçues. On y organise des concerts de musique ancienne et moderne et des spectacles de danse soit dans la salle de musique de chambre (320 places) soit dans la grande salle de 1295 places.

De Werf – *Werfstraat 108 - ℰ 050 33 05 29 - www.dewerf.be*. Réputé pour des concerts de jazz et blues, musique contemporaine et des spectacles de théâtre pour enfants.

Cactusclub – *St.-Jacobsstraat 36 - ℰ 050 33 20 14 - www.cactusmusic.be*. Concerts de jazz et blues.

Sports et loisirs

À vélo le long des remparts – *Location de vélos Eric Popelier, Mariastraat 26 - ℰ 050 34 32 36 ou De Ketting, Gentspoortstraat 23 - ℰ 050 34 41 96*. Promenade à vélo le long de la magnifique ceinture verte (interdite aux voitures) qui entoure la ville, avec vue sur les lieux historiques de Bruges. Il est également possible de découvrir tout l'arrière-pays brugeois.

Excursions en bateau

Entre Bruges et Beernem – À bord du 'The Old Piper', un vieux bateau à aubes de 1928. Minimum 20 personnes. *Rederij Hubrouck, ℰ 475 47 64 43 - users.pandora. be/brugge.the.old.piper.*

Entre Bruges et Ostende – À bord de l'Ysterstar' par le canal Bruges-Ostende (1,5 à 2h). *Info : In&Uit Brugge.*

Entre Bruges et Damme – À bord du « Lamme Goedzak » par le pittoresque canal Napoléon (canal de Damme); 1er avr.-15 oct., tlj. *Info : Toerisme Damme - ℰ 050 28 86 10 - toerisme@damme.be.*

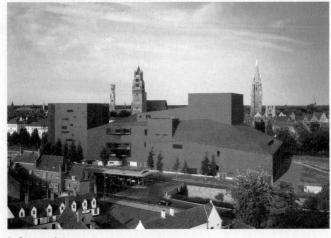

Le Concertgebouw.

Cel fotografie Stad Brugge

Achats

👁 **Bon à savoir** – Les principales rues commerçantes s'étirent entre la Grand-Place et les anciennes portes de la ville. Parmi celles-ci : Steenstraat, Simon Stevinplein, Mariastraat, Zuidzandstraat, Zilverpand, Sint-Jacobsstraat, Sint-Amandsstraat, Geldmuntstraat, Noordzandstraat, Smedenstraat, Vlamingstraat, Philipstockstraat, Academiestraat, Hoogstraat, Langestraat, Wollestraat et Katelijnestraat. Pour plus de renseignements : www.bezigbrugge.be.

La plupart des magasins sont ouverts de 9h à 18h, voire un peu plus tard le vendredi soir.

Jours de marché (8h-13h): Grand-Place (alimentation) le mer. ; 't Zand et Beursplein (produits en tous genres) le sam. ; Vismarkt : mar.-sam. ; marché aux antiquités et à la brocante le long du Dijver et au Vismarkt : 15 mars-15 nov., w.-end et j. fériés 10h-18h.

La bière

Deux brasseries (Straffe Hendrik et De Gouden Boom) fabriquent encore leur propre bière. Elles sont accessibles en saison. La Gouden Boom abrite d'ailleurs encore un authentique petit musée de la brasserie. Informations : *Brasserie Straffe Hendrik – Walplein 26 - 🕾 050 33 26 97 ; Brasserie De Gouden Boom – Langestraat 47 - 🕾 050 33 06 99.*

Bruges, ville du chocolat

Bruges est renommée pour ses délicieuses spécialités de chocolat. Pendant toute l'année, la ville baigne dans un délicieux parfum de chocolat, tandis que les innombrables artisans , rivalisant d'inventivité, préparent des kilos de succulentes friandises dont les « Brugsch Swaentje », les célèbres chocolats de Bruges en forme de cygne. *Informations : 🕾 050 44 46 46 - toerisme@brugge.be - www.brugge.be/winter ou demandez la brochure consacrée au chocolat.*

The Chocolate Line – *Simon Stevinplein 19 - 🕾 050 34 10 90 - www.thechocolateline. be - mar.-sam. 9h30-18h15, dim. et lun. 10h30-18h15.* Du chocolat sous toutes ses formes : lettres, pralines classiques ou personnalisées, œufs, peinture au chocolat… À l'arrière, une fenêtre permet d'observer l'atelier du maître chocolatier.

De Kaarsengieterij – *Sint-Amandsstraat 30 - 🕾 050 34 33 97 - www. dekaarsengieterij.be - les heures d'ouverture varient selon la saison.* Très larges collections de bougies originales fabriquées à la main et peintes pour toutes les occasions. Des noms et des messages peuvent être inscrits sur chaque bougie.

De Ark van Zarren – *Zuidzandstraat 19 - 🕾 050 33 77 28 - www.arkvanzarren.be - lun.-sam. 10h-18h30, heures variables le dim.* La vie à la campagne au cœur de la ville. Aménagement rural. Boutique destinée aux amateurs de produits de bain artisanaux, literie romantique, boîtes en fer blanc et panneaux publicitaires anciens ; vaisselle de table comme décoration murale.

Het Brugs Theehuis – *Wollestraat 8 - 🕾 050 34 53 24 - tlj 10h-18h30.* Dès l'entrée, des parfums agréables accueillent les visiteurs. Même les amateurs ont du mal à choisir parmi les 115 thés différents, sans parler des théières et autres accessoires. Dans le salon annexe, chacun peut goûter le thé qui emporte sa préférence.

Événements

Musique : « Cactusfestival » et « Klinkers » – *Info : Cactus Muziekcentrum, Sint-Sebastiaanstraat 4, 8200 Brugge - 🕾 050 32 20 14 - www.cactusmusic.be.*

« Cactusfestival » : événement musical international (2e w.-end juil.) qui propose la meilleure musique pop dans le parc du Lac d'Amour.

« Klinkers » : festival de musique du monde dans le centre historique de la ville pendant 2 semaines (fin juil.-déb. août). En grande partie gratuit.

Cinéma : Festival du film Cinema Novo. *Rens. : Sint-Jacobsstraat 36 - 🕾 050 34 83 54 (secrétariat) - fax 050 34 92 26 - info@ cinemanovo.be - http://www.cinemanovo. be.* Ce festival cinématographique étalé sur dix jours donne un aperçu de tous les films africains, asiatiques et latino-américains projetés en Belgique durant l'année précédente et met un pays spécialement en lumière. Les projections ont lieu dans les cinémas brugeois Lumière et Liberty. Des conférences et des concerts sont également organisés en marge du festival.

Courtrai ★
Kortrijk

73 650 HABITANTS
CARTES MICHELIN N°S 716 C 3 ET 533 E 18 –
PLAN D'AGGLOMÉRATION DANS LE GUIDE ROUGE BENELUX – FLANDRE OCCIDENTALE.

Courtrai, que traverse la Lys, est une cité d'affaires dynamique au centre d'une zone industrielle. Ne l'appelle-t-on pas à juste titre le Texas des Flandres ? Réservées aux piétons, ses belles rues commerçantes incitent à la flânerie. La ville a également une belle carte à jouer sur le plan artistique depuis la rénovation du théâtre municipal et de l'ancienne brasserie Tack abritant actuellement plusieurs associations culturelles.

- **Se repérer** – À 28 km de Lille, Courtrai est desservie par deux autoroutes, notamment l'A 17/E 403 qui relie Bruges à Tournai, et l'A 14/E 17 (depuis Lille ou Gand). La ville est également accessible par les N 8, N 43 et N 50.

- **À ne pas manquer** – Église Notre-Dame, musée national du Lin, de la Dentelle et de la Toile.

- **Organiser son temps** – Comptez au moins une demi-journée pour une promenade dans le centre historique et la visite des principaux bâtiments et musées.

- **Avec les enfants** – Musée Courtrai 1302 (avec le récit authentique de la bataille des Éperons d'or) et le musée du Lin.

- **Pour poursuivre le voyage** – Ypres et Audenarde.

Comprendre

Une ville prospère

Elle est connue dès l'époque romaine, mais son apogée se situe au 15e s. au moment de l'épanouissement de son industrie drapière. Le tissage de la laine fait bientôt place à celui du lin favorisé par la qualité des eaux de la Lys qui, exemptes de calcaire, sont particulièrement propices au rouissage. Courtrai devient réputé pour la fabrication de la toile et se fait une spécialité du damassé. Courtrai reste un centre textile de réputation internationale (tapis, tissus d'ameublement, confection).

À cela s'ajoutent d'autres secteurs en expansion : métallurgie, électronique mais aussi orfèvrerie, huilerie, bois, industries chimiques et construction.

Les **Halles** (Hallen) (*accès par Doorniksewijk au Sud*), construites en 1967, sont destinées aux congrès, expositions et concerts.

La ville joue un rôle important dans l'enseignement, notamment grâce à son campus universitaire, dit KULAK, appartenant à l'université catholique de Louvain.

La bataille des éperons d'or

Sous les murs mêmes de Courtrai eut lieu le 11 juillet 1302 la célèbre bataille marquant la lutte des Flamands contre l'hégémonie du roi de France.

La chevalerie française de Philippe le Bel y fut battue par les gens de métiers (artisans) d'Ypres et de Bruges commandés par Pieter de Coninck et Jan Breydel. Les éperons d'or ramassés sur le champ de bataille ont tapissé les voûtes de l'église Notre-Dame jusqu'en 1382, date à laquelle ils ont été repris par l'armée française, victorieuse des Flamands à la bataille de Westrozebeke. Ce fut alors, dit-on, que le duc de Bourgogne, Philippe le Hardi, vola les statues du jaquemart qui couronnaient le beffroi et les donna à l'église Notre-Dame de Dijon. Une restitution symbolique eut lieu le 23 septembre 1961 : Manten et son épouse Kalle surmontent de nouveau le beffroi.

Se promener

Partir de la Grand-Place.

Grand-Place (Grote Markt)

C'est le centre de l'activité commerciale de la ville.

Beffroi (Belfort) – 14e s. Coiffé de quatre tourelles d'angle à toit pointu, surmonté de son fameux jaquemart, le beffroi se dresse au milieu de la Grand-Place.

À l'Est de la place, on aperçoit la belle tour de l'**église St-Martin** (15e s.).

Cette église-halle gothique, construite vers 1300 mais souvent restaurée et adaptée dans les siècles suivants, est la principale église de Courtrai. Parmi les principales œuvres d'art visibles à l'intérieur la **tour du Saint-Sacrement**, haute de 6,5 m, sculptée en 1585 par l'Anversois Hendrik Mauris. On peut aussi admirer de nombreuses

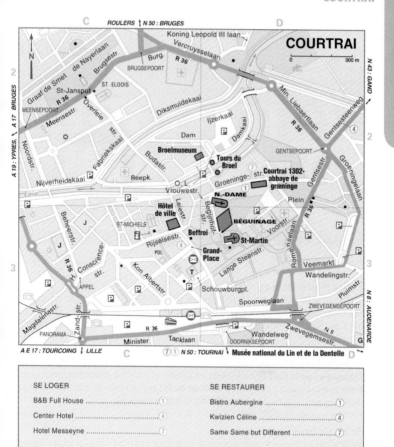

SE LOGER		SE RESTAURER	
B&B Full House	①	Bistro Aubergine	①
Center Hotel	④	Kwizien Céline	④
Hotel Messeyne	⑦	Same Same but Different	⑦

peintures, dues entre autres à Casper de Crayer, Karel van Mander et Pieter Jozef Verhagen. Remarquer également la chaire de vérité, les confessionnaux et les statues en bois des apôtres adossées aux colonnes de la nef centrale.

Hôtel de ville (Stadhuis) – L'hôtel de ville montre une façade dans le style de transition gothique rayonnant-Renaissance restaurée ; les statues, renouvelées au 19ᵉ s., représentent les comtes de Flandre. ☎ 056 27 78 40 (office du tourisme) - tlj sf sam. et dim. et pdt les cérémonies officielles, 9h-12h, 14h-17h - fermé : j. fériés.

L'intérieur, modernisé, conserve de magnifiques salles. Au rez-de-chaussée, la **salle des Échevins★ (Schepenzaal)** est ornée d'une remarquable cheminée en pierre, de style gothique flamboyant (1527), dont les niches abritent les statues de la Vierge et des saints patrons des villes de la région. Au plafond, les extrémités des poutres sont ornées de scènes polychromes pittoresques dont le personnage principal est la Justice, représentée par une femme couronnée. L'**ancienne salle du Conseil★**, au 1ᵉʳ étage, présente une cheminée de 1527, ornée de trois registres de sculptures : en haut, les vertus ; au centre, de part et d'autre de la statue de Charles Quint, les vices ; en bas, l'idolâtrie et les péchés capitaux. Les sculptures des poutres du plafond représentent ici des scènes très pittoresques illustrant l'influence néfaste de la femme sur l'homme, par exemple le lai (poème médiéval) d'Aristote : le philosophe est chevauché par une femme. La jolie cour intérieure, surmontée d'une verrière, sert actuellement de salle de réception.

Prendre la Begijnhofstraat, en haut à gauche.

Béguinage★ (Begijnhof)

Entre St-Martin et Notre-Dame, c'est un charmant petit village dont le calme surprend dans ce quartier bourdonnant d'activité. Le béguinage, fondé en 1238, fut richement doté en 1241 par la comtesse de Flandre, Jeanne de Constantinople, dont on voit la statue. Les 41 maisonnettes actuelles datent du 17ᵉ s. La maison de la Supérieure se distingue par son double pignon à redans. Elle abrite un petit **musée** (Begijnhofmuseum) restituant l'atmosphère du passé. ☎ 056 24 48 02 - mars-nov. : 14h-18h - € 0,75.

Poursuivre son chemin pour gagner la Deken Zegerplein.

Le béguinage de Courtrai.

Église Notre-Dame★ (O.-L.-Vrouwekerk)
℘ 056 21 38 09 - j. ouv. 8h-18h, sam. 9h-16h, dim. 11h-18h, mais pas pdt les offices.
Les tours de l'église Notre-Dame dominent des ruelles pittoresques. Fondée au
13e s. par Baudouin de Constantinople, elle eut pour vicaire, au 19e s., le poète Guido
Gezelle.
À l'intérieur, la chapelle des comtes de Flandre (14e s.), qui s'ouvre sur le côté droit du
déambulatoire, a des arcatures aux curieux écoinçons sculptés. Elle abrite une jolie
statue de sainte Catherine★ (1380), en albâtre, attribuée à André Beauneveu. Une
belle toile d'Antoon Van Dyck, l'**Élévation de la Croix★**, où se reconnaît l'influence
de Rubens, est placée dans le croisillon gauche du transept.
Prendre la Guido Gezellestraat.

Tours du Broel (Broeltorens)
Vestige des anciennes fortifications détruites par Louis XIV en 1684, les tours du Broel
protégeaient le pont sur la Lys, reconstruit après la Première Guerre mondiale. La
tour sud, appelée Speyetoren, date d'environ 1385, la tour nord, l'Ingelborchtoren,
d'environ 1413.

Visiter

Musée Courtrai 1302 - Un jour, sept siècles (Kortrijk 1302 – Eén dag, zeven eeuwen)
℘ 056 27 78 50 - www.kortrijk1302.be - tlj avr.-sept. : 10h-18h ; oct.-mars : 10h-17h - fermé :
lun., 24, 25, 26 et 31 déc. et 1er et 2 janv. - € 6.
Le musée est installé dans les bâtiments en briques, joliment restaurés, de l'ancienne abbaye de Groeninge. il est consacré à l'histoire de Courtrai, de la préhistoire au
début du 20e s. La bataille des Éperons d'or y est abondamment décrite et commentée.
On peut aussi y voir des collections de damas, d'argenteries et de poteries.
Pendant deux siècles, l'**abbaye de Groeninge**, qui date de 1597, fut occupée par
des cisterciennes, puis, à partir de 1845, par des Pauvres Claires. Le rez-de-chaussée
abritait la salle commune ; l'étage servait de dortoir.

Musée Broel (Broelmuseum)
Broelkaai 6. ℘ 056 27 77 80 - &. - tlj sf lun. 10h-12h, 14h-17h - fermé 24 déc.-2 janv. -
gratuit.
Installé dans un bel hôtel particulier au
bord de la Lys, ce musée, agréablement
présenté, possède une belle collection
de céramique et de sculptures ainsi
qu'une intéressante série de peintures
du 16e s. à nos jours : remarquer le *Pillage
d'un village* par Roelant Savery.

Musée national du Lin, de la Dentelle et de la Toile★
(Nationaal Vlas-, Kant- en Linnenmuseum)
Étienne Sabbelaan 4. Par Doorniksewijk,

Roelant Savery
Né à Courtrai, Roelant Savery (1576-
1639) est un remarquable peintre de
fleurs et de paysages avec animaux. Il
travaille pour l'empereur Rodolphe II
à Prague, voyage dans les Alpes pour
observer la nature et termine ses
jours à Utrecht aux Pays-Bas. Son art
est très voisin de celui de Bruegel de
Velours.

au sud du plan. 📞 *056 21 01 38 - www.kortrijk.be/musea -* ♿ *- mars-nov. : tlj sf lun. 9h-12h, 13h30-18h, sam. et dim. 14h-18h - fermé : lun., 11 juil. et j. fériés légaux - € 3 (par musée) (combi € 4,75).*

👥 Le musée national du Lin est installé dans une ferme du 19ᵉ s. destinée à l'origine à la culture du lin qui fut longtemps une des activités les plus importantes des Flandres et plus particulièrement de la région de la Lys.

Les étapes successives de la culture et de l'élaboration de la toile de lin, ainsi que l'évolution de cette industrie jusqu'aux premières mécanisations (vers 1900) sont évoquées par des tableaux où des mannequins grandeur nature, vêtus de costumes traditionnels, effectuent les gestes correspondant à chaque activité. Une aile du bâtiment est consacrée à la culture et au travail du lin, l'autre au travail artisanal pour les besoins domestiques.

Dans une autre partie du bâtiment ont été reconstitués des intérieurs où se déroulent les différentes activités de broyage, teillage, peignage, filage et finalement de tissage du lin.

Un nouveau bâtiment propose une collection intéressante de dentelle, broderie, damassé, et toile de lin. De nombreux outils et photos évoquent la vie d'antan. À l'étage, plusieurs tableaux retracent le cours de la vie de nos ancêtres (1880-1920). Les mannequins, souvent des personnalités flamandes, présentent en outre l'évolution des costumes traditionnels à travers la dentelle et la toile de lin.

Aux alentours

Rumbeke

18 km au nord-ouest vers Roeselare.

Un beau parc (*Sterrebos*) entoure le **château** de Rumbeke (*ne se visite pas*).

Dès les 15ᵉ et 16ᵉ s., le château est hérissé de multiples tourelles dont l'une est coiffée d'un bulbe, et de pignons à redans. Baudouin Bras-de-Fer, qui venait d'enlever Judith, fille du roi de France Charles le Chauve, s'y réfugia en 862. C'est à la suite de cet épisode qu'il obtint du roi le territoire de Flandre dont il devint le premier comte.

Courtrai pratique

Informations utiles

Code postal : 8500.

Indicatif téléphonique : 056.

Dienst voor Toerisme – *Sint-Michielsplein 5, 8500 Kortrijk -* ℘ *056 27 78 40 - fax 056 27 78 49 - toerisme@kortrijk.be - www.kortrijk.be.*

Se loger

⊖☻ **Center Hotel** – *Graanmarkt 6 -* ℘ *056 21 97 21 - www.centerhotel.be - 26 ch. 75 € -* ⊡ *10 €.* Hôtel à la situation centrale près de la Grand Place. Toutes les chambres sont rénovées et offrent le confort et un aménagement contemporain. Au rez-de-chaussée, le Restaurant Beluga , au décor branché, propose des plats de saison et des petites collations.

⊖☻ **B&B Full House** – *Beverlaai 27-* ℘ *056 21 00 59 - www.full-house.be - 3 ch. 78/88 €* ⌨. Charme omniprésent dans cette vieille maison de maître près de la gare. Les chambres ont été baptisées du nom de chocolats belges célèbres, pour un sommeil encore plus doux dans les lits confortables. Petit-déjeuner varié servi au jardin quand le temps le permet.

⊖☻☻ **Hôtel Messeyne** – *Groeningestraat 17 -* ℘ *056 45 68 22 - www.messeyne.com - fermé sam. midi et dim. - 28 ch. 138/180 €* ⌨ *-* 🅿 *- rest. 30 €.* Cette ancienne maison patricienne combine élégamment éléments classiques et ultramodernes. Chaque chambre possède son aménagement propre. Confort garanti.

Se restaurer

⊖ **Same Same but Different** – *Doorniksesteenweg 105 -* ℘ *056 20 63 61 - fermé mar., merc. et sam. midi - menu : 25 €.*

Une combinaison surprenante de spécialités à la fois belges et asiatiques, mais qui réussit merveilleusement. Ajoutez à cela un intérieur design et la musique lounge : le cadre est planté pour une adresse repas tendance et différente.

⊖☻ **Bistro Aubergine** – *Groeningestraat 16 -* ℘ *056 25 79 80 - fermé sam. midi et lun. - menu 25/35 €.* Une valeur sûre dans le centre ville. La carte propose aussi bien des spécialités belges que des plats du monde entier.

⊖☻ **Kwizien Céline** – *Gentsesteenweg 29 -* ℘ *056 20 05 03 - www.kwizienceline.be - fermé mar. et merc. et deux sem. en juil. - menu 17/32 €.* L'estaminet populaire d'autrefois a été transformé en restaurant contemporain, à la carte restreinte mais intéressante.

Faire une pause

Café Rouge – *Sint-Maartenskerkhof 6A -* ℘ *056 25 86 03 - ouv. 11h-20h30 - vend. et sam. jusqu'à 22h, dim. jusqu'à 21h30 - fermé lun.* Établissement recommandé pour sa terrasse donnant sur une place tranquille, en partie sous les arbres et avec vue sur l'église St-Martin. À la carte, café et succulentes pâtisseries, mais aussi bières régionales, glaces maison, choix de thés et de bières et petite restauration.

Achats

't Soethuys – *Sint-Maartenskerkstraat 7 -* ℘ *056 25 26 99 - tlj sf dim. 10h-18h.* Outre un large assortiment d'articles de baptême, ce commerce joliment décoré propose des pralines artisanales, des confiseries, des liqueurs et des confitures, le tout dans un emballage distingué.

Coxyde
Koksijde

21 270 HABITANTS
CARTES MICHELIN N°s 716 A 2 ET 533 A 16 – FLANDRE OCCIDENTALE.

Cette jolie localité qui comprend les stations balnéaires de Koksijde-Bad, Sint-Idesbald et Oostduinkerke, englobe le Hoge Blekker. Avec ses 33 m de hauteur, cette dune est la plus élevée du littoral belge. De nombreuses manifestations sont organisées tout au long de l'année à Coxyde, dont un grand marché aux fleurs, une fête folklorique des pêcheurs et le cortège « Hommage à la peinture flamande ». À Oostduinkerke, on peut encore voir à l'œuvre les célèbres pêcheurs de crevettes à cheval.

- ▶ **Se repérer** – Coxyde est desservi par la N 34 qui relie La Panne à Knokke. Depuis la France, accès facile par l'autoroute A 16 /E 40 (sortie 1) ; ensuite prendre la N 8.

- ⏱ **Organiser son temps** – Prévoir une journée pour la visite de la ville et la promenade sur la dune.

- 👫 **Avec les enfants** – Escalade du « Hoge Blekker » ; les pêcheurs de crevettes à cheval à Oostduinkerke.

- ⏳ **Pour poursuivre le voyage** – La Panne et Furnes.

Visiter

Musée de l'Abbaye Ten Duinen 1138★ (Abdijmuseum Ten Duinen 1138)

Koninklijke Prinslaan 8 - ℘ 058 53 39 50 - www.tenduinen.be - tlj 10h-18h - fermé dim. matin et lun., 25 déc. et 2 sem. en janv. - 5 €.

Fondée en 1107 par les Bénédictins, l'abbaye devient cistercienne en 1138. Elle connaît son apogée vers 1300 et devient, sous la conduite de l'abbé Élias van Koksijde, une des principales abbayes d'Europe occidentale, puis décline pour finalement être détruite par les calvinistes en 1566. Des fouilles, effectuées depuis 1949, ont permis de retrouver des vestiges, laissant apparaître les lignes majestueuses de l'abbatiale. Le tout nouveau musée retrace l'histoire du site et évoque les moments de la vie quotidienne des moines.

Pêcheur de crevettes à cheval.

A. Kouprianoff/MICHELIN

Église N.-D.-des-Dunes (O.L.V.-ter-Duinenkerk)

Kerkplein 2.

Construite en 1962, cette église moderne se situe au nord de l'abbaye. La forme ondulante du bâtiment et la couleur bleu marine du toit évoquent la mer, tandis que le coloris beige des murs s'assimile à celui des dunes toutes proches.

À l'intérieur, les vitraux diffusent des lumières chatoyantes. La crypte (*accès par l'extérieur*) renferme une relique de saint Idesbald qui était, au 12e s., abbé de l'abbaye des Dunes.

Musée Paul Delvaux★

Delvauxlaan 42, St-Idesbald - ℘ 058 52 12 29 - www.delvauxmuseum.com - ℗ - avr.-sept. : tlj sf lun. 10h30-17h30 ; oct.-déc. : jeu., vend., dim. et j. fériés 10h30-17h30 - fermé 25 déc. et 1er janv. - 5 €.

Les peintures, aquarelles, dessins, gravures et esquisses réunis par la Fondation Paul Delvaux permettent de suivre l'évolution de l'artiste, depuis ses œuvres postimpressionnistes aux compositions surréalistes où le peintre est parvenu à développer un style très personnel. Paul Delvaux a su, mieux que tout autre, créer un monde onirique, à la fois étrange, hallucinant et poétique. Certains thèmes étaient particulièrement chers au peintre : les gares - observer la lumière étrange qui baigne la *Gare forestière* (1960), les femmes, qu'il aimait représenter plus ou moins dévêtues dans un paysage aux temples grecs ou romains, et les squelettes. L'ensemble est complété par quelques vitrines comprenant des objets personnels de l'artiste, notamment une magnifique collection de trains et de tramways miniatures, une reconstruction de son atelier de l'avenue des Campanules, à Watermael-Boitsfort, et de nombreuses photos.

Musée 't Krekelhof

Koninklijke Baan 237, St-Idesbald - ℘ 058 51 12 38 – fax 058 51 91 32 - sollcress@koksijde.be - tlj 10h-18h - hors sais. fermé lun. et mar. - 3 € (y compris une bière régionale dans le petit café).

Ce musée artisanal et cabinet de curiosités propose une large collection d'objets uniques de la période d'avant-guerre. Divisé en 19 thèmes, il rend hommage aux petits paysans de jadis..

Aux alentours

Oostduinkerke

4,5 km à l'Est.

Sur la plage d'**Oostduinkerke-Bad**, quelques pêcheurs pratiquent encore la pêche aux crevettes à cheval : à marée basse, le cheval traîne un lourd chalut et s'enfonce dans l'eau jusqu'au poitrail. Fin juin ont lieu la fête de la Crevette et le cortège de la Crevette. Ici comme à la Panne, la largeur des plages permet de pratiquer le char à voile.

Église St-Nicolas (St.-Niklaaskerk) – *Leopold II laan.* Cette église de 1955, en brique brune, est réunie par des arcades à une massive tour rappelant celle de Lissewege. L'absence de chœur, la succession d'arcs aigus très rapprochés, prenant naissance

Les dunes à Oostduinkerke.

au-dessous du sol, font l'originalité de l'édifice. *Se renseigner auprès de Monsieur Devos, Witte Burg 90, 8670 Oostduinkerke, ℰ 058 51 23 33.*

Musée national de la Pêche (Nationaal Visserijmuseum) – *Pastoor Schmitzstraat 5. ℰ 058 51 24 68 - www.visserijmuseum.be - ⴟ - tlj sf lun. (sf juil.-août) 10h-12h, 14h-18h - fermé 1er jan., 1er et 11 nov., 25 déc. – 2 €. Fermé pour cause de rénovation jusqu'à mi-2008.* Ce musée contient une belle collection de maquettes de bateaux, des instruments de marine, une maquette d'un port de pêche, un espace consacré à la pêche aux crevettes à cheval et des peintures d'artistes ayant travaillé à Oostduinkerke vers 1900, comme **Artan**, peintre belge né à La Haye (1837-1890). À côté ont été reconstitués une maison de pêcheur typique et un estaminet de 1920. Dans la cour, un bateau de sauvetage et un crevettier.

Musée du folklore (Folklore Museum) Florishof – *Koksijdesteenweg 72. ℰ 058 51 12 57 - www.koksijde.be/florishof - ⴟ - Pâques-mi-sept. et vac. scol. : tlf sf mar. 10h-12h, 13h-17h30 ; déb. oct.-Pâques : sam., dim. et j. fériés 10h-12h, 13h-17h30 - 1,70 €.* Reconstitution d'un intérieur régional, d'ateliers, d'une chapelle, d'une épicerie, d'une grange et d'une petite école.

Musée de la Clé et de la Serrure (Museum voor sleutel en slot) – *Nieuwpoortsesteenweg 336. ℰ 058 23 16 27 - juil-août : mar.-dim. 13h30-17h30 ; en autre temps : tlj pour groupes ; visite accompagnée sur demande - 1,85 €.* La très large collection de clés de Raf Declercq est présentée dans un ancien atelier du plus grand fabricant de clés belge. Ce musée à l'aménagement moderne propose un survol historique de 3000 ans de clés et de serrures ainsi que tout ce qui a trait aux systèmes de protection actuels.

Ferme de Ten Bogaerde
4 km au sud.

À droite de la route se remarque cette ferme, bel ensemble de briques qui appartenait à l'abbaye des Dunes. De la grange monumentale, qui est comparable à celle de Ter Doest, il ne reste que des ruines.

Bataille de l'Yser

La région de Nieuport a été le théâtre de ce terrible épisode de la guerre. En août 1914, les Allemands envahissent la Belgique, puis la France. Arrêtés sur la Marne par Joffre, ils attaquent aussitôt Anvers que l'armée belge réussit à évacuer à temps, pour se retrancher à l'Ouest de l'Yser, auprès du roi Albert. Elle est soutenue par des troupes françaises et britanniques. Le 16 octobre, les Allemands s'en prennent au dernier bastion du territoire belge ; ils parviennent bientôt à franchir l'Yser à Tervate, au nord de Dixmude. Les renforts alliés n'arrivant pas, on fait ouvrir à Nieuport, le 28 octobre, les vannes du canal de dérivation Veurne-Ambacht : l'inondation des polders environnants permet d'arrêter immédiatement l'avance allemande. Alors que le front se stabilise au sud de Dixmude jusqu'à la fin de la guerre, les Allemands se tournent vers le saillant d'Ypres.

Nieuwpoort (Nieuport)

5 km à l'est par la N 396.

À l'embouchure de l'Yser, c'est une ancienne place forte entièrement reconstruite après 1918 dans le style flamand. C'est aussi une station balnéaire (Nieuwpoort-Bad) et un centre de sports nautiques. Sur la jolie **Grand-Place**, bordée de boutiques et de cafés, se dressent la **halle** et l'**hôtel de ville**, reconstruits après la Première Guerre mondiale.

Près du pont de l'Yser, le monument au roi Albert Ier est un hommage au souverain, représenté par une statue équestre. Du sommet du monument, vue intéressante sur Nieuport et sa région. *℘ 058 22 44 44 (Office de tourisme) - tlj sf w.-end 8h45-12h, 13h15-18h (mi-oct.-fin fév. 17h) - fermé j. fériés - 1,25 € en ascenseur, 1 € à pied.*

La réserve naturelle De IJzermonding s'étend au nord de la station, à côté de l'embouchure de l'Yser. *Visite accompagnée. Prière de se renseigner. Vlaams Bezoekers- en Natuureducatiecentrum De Nachtegaal, Olmendreef 2, 8660 De Panne - ℘ 058 42 21 51.*

Coxyde pratique

Informations utiles

Code postal : *8670.*

Indicatif téléphonique : *058.*

Office du Tourisme – *Zeelaan 303, 8670 Koksijde - ℘ 058 51 29 10 - fax 058 53 21 22 - toerisme@koksijde.be – www.koksijde.be* Bureaux annexes :

Oostduinkerke-Bad – *Astridplein 6 - ℘ 058 51 13 89.*

Sint-Idesbald – *Zeedijk 26a - ℘ 058 51 39 99*

Se loger

⊖⊜ **Rivella** – *Zouavenlaan 1 - ℘ 058 51 31 67 - hotel.rivella@hotmail.com – www.hotelrivella.be – j. d'ouverture variables (consulter le site internet) - 28 ch. 89 € ⌨.* Confortable hôtel, de style pension de famille, situé à 300 m de l'animation du front de mer. Chambres convenablement équipées, salon avec cheminée et salle des repas classiquement aménagée.

⊖⊜ **Host. Oxalis et Résid. Loxley Cottage** – *Lejeunelaan 12 – ℘ 058 52 08 79 - info@hoteloxalis.com - www.hoteloxalis. com – rest. fermé mi-janv.-mi-fév., mi-nov.-mi-déc., dim. soir, lun. - 7 ch. 98/109 € ⌨ -*

🅿 *- rest. 45/60 €.* Quatre chambres « cosy » ont été aménagées au-dessus de ce restaurant qui propose aussi, dans son annexe le Loxley Cottage, deux chambres agréables avec salle d'eau partagée, ainsi qu'un petit appartement, le tout agencé dans l'esprit anglais.

Se restaurer

⊖ **'t Vlierhof** – *Paul Delvauxlaan 44 - ℘ 058 52 42 96 - fermé de janv. au carnaval, lun. - 20 €.* Dans un quartier résidentiel, à côté du musée Paul Delvaux, sympathique petit restaurant concoctant une cuisine simple au goût de tous. Formule « tea-room » l'après-midi. Terrasse prise d'assaut au premier rayon de soleil.

À OOSTDUINKERKE

⊖ **De Mikke** – *Leopold II Laan 82, 8670 Oostduinkerke - ℘ 058 52 19 45 - info@ demikke.be - www.demikke.be - fermé mi-nov.-mi-déc., sem. avant Paques, lun. soir sf vac. scol., mar. - menu 25 €.* Restaurant-grill proposant des plats de viande et de poisson à des prix abordables. Service correct. Cadre classique, mais une cuisine de qualité, aux portions généreuses. Il n'est pas possible de réserver. Le restaurant est ouvert tous les jours en période de vacances.

Damme★

10 898 HABITANTS
CARTES MICHELIN N°s 716 C 2 ET 533 E 15 – FLANDRE OCCIDENTALE.

La petite ville pittoresque et quelque peu mélancolique de Damme se dresse dans un magnifique cadre de verdure le long du Damse Vaart. Très animé le week-end, le bourg est un paradis pour les amateurs de la bonne chère et les lecteurs. Devenu en effet un véritable « village du Livre », Damme accueille plusieurs librairies ainsi qu'un marché du Livre le 2ᵉ dimanche du mois.

- **Se repérer** – Damme se situe à 7 km au nord de Bruges et près de la côte. Au départ de Bruges, accès très facile par la Dampoort et ensuite le Damse Vaart (canal de Damme).
- **Organiser son temps** – Deux heures suffisent pour visiter la petite ville.
- **Pour poursuivre le voyage** –Bruges, Blankenberge, Knokke-Heist.

L'hôtel de ville.

Comprendre

Aperçu historique

Damme était, sur l'ancien estuaire du Zwin, un avant-port important de Bruges à qui elle dut son développement et avec qui son histoire se confond. Toutes sortes de marchandises y transitaient ; cependant Damme était spécialisé dans le vin et le hareng.

En 1468, on y célèbre avec faste le mariage de Charles le Téméraire et de Marguerite d'York. Mais, à cause de l'ensablement du Zwin, l'essor de Damme est affecté par le déclin de Bruges.

Damme est la patrie d'un des plus anciens écrivains flamands, **Jacob Van Maerlant** (probablement entre 1221 et 1235-fin 13ᵉ s.) ; là, vit également le jour **Thyl Uylenspiegel**, célèbre héros du roman picaresque (1867) de **Charles De Coster** en lutte perpétuelle contre l'envahisseur espagnol du 16ᵉ s.

Visiter

Hôtel de ville★ (Stadhuis)

Accessible uniquement lors des expositions ; informations : Toerisme Damme.

De style gothique brabançon, le bâtiment date du 15ᵉ s. ; les halles occupaient jadis le rez-de-chaussée. Son élégante façade, avec ses échauguettes et son perron, est ornée de statues du 19ᵉ s. ; de sa niche, Charles le Téméraire tend à sa fiancée, Marguerite d'York, l'anneau nuptial. L'intérieur conserve de magnifiques poutres sculptées. L'un des personnages représentés serait l'écrivain **Jacob Van Maerlant**. Face à l'hôtel de ville, la statue de ce célèbre auteur flamand du Moyen Âge qui s'est établi à Damme vers 1266.

Maison de la Grande Étoile (Huyse de Grote Sterre)

Près de l'hôtel de ville, cette pittoresque maison du 15e s. à double pignon, nommée De Grote Sterre (la grande étoile) fut presque entièrement reconstruite dans les années 1990. Elle abrite actuellement l'office de Tourisme et le **musée Uilenspiegel** (aux étages) où l'accent est mis sur l'évolution qu'a connu le personnage d'Uylenspiegel (Uilenspiegel en néerlandais ou miroir aux chouettes) à travers le temps : véritable brigand à l'origine, il deviendra plus tard le héros populaire dans l'œuvre de Charles De Coster. ☏ *050 28 86 10 (Toerisme Damme) - mi-avr.-mi-oct. : 9h-12h, 14h-18h, w.-end et j. fériés : 10h-12h, 14h-18h ; mi-oct.- mi-avr. : 9h-12h, 14h-17h, w.-end et j. fériés : 14h-17h - fermé : 1er jan., 25 déc. - € 2,50.*

Église Notre-Dame (O.-L.-Vrouwekerk)

☏ *050 28 86 10 (Toerisme Damme) - w.-end de Pâques et mai-sept. : 10h30-12h, 14h30-17h30 - € 0,50 (église), € 0,50 (tour).*

Elle date des 13e et 14e s. Entre les chevets plats des deux chapelles latérales, l'abside présente de belles baies lancéolées. Lorsque au début du 17e s. de nombreux habitants quittèrent la ville, qui avait dû cesser ses activités portuaires et se transformait en forteresse, l'église devint trop spacieuse et la nef fut démolie. Les ruines de celle-ci conservent une galerie à triplets de style tournaisien.

À l'intérieur de l'église actuelle, on voit une série de statues d'apôtres en bois (fin 13e s.) et, sur l'autel baroque du collatéral gauche, un *Christ miraculeux* qui est transporté à l'occasion de processions comme celle du Saint-Sang à Bruges. La haute **tour★** carrée, qui a perdu sa flèche, est impressionnante. Elle domine une charmante petite place plantée de tilleuls, bordée par l'hôpital St-Jean aux grands toits. Du sommet de la tour, vue sur la ville ; des tertres marquent l'emplacement des fortifications du 17e s. Si le temps le permet, on aperçoit la côte.

Hôpital St-Jean (St.-Janshospitaal)

☏ *050 46 10 80 - www.ocmw-damme.be/museum.htm - Kerkstraat 33 - vac. de Pâques-sept. : tlj sf lun. et vend. mat.) 11h-12h, 14h-18h ; oct.-vac. de Pâques : uniquement vac. de Toussaint et de carnaval - € 1,50.*

Fondé au 13e s., il a été agrandi et transformé en hospice. On visite la chapelle et le musée dont les meubles, tableaux, faïences, objets liturgiques, sculptures (statuette de sainte Marguerite d'Antioche) évoquent le riche passé de l'hôpital et de la ville.

De Schellemolen

☏ *050 28 86 10 (Toerisme Damme) - vac. de Pâques et avr.-sept. : w.-end et j. fériés 9h30-12h30 et 13h-18h - gratuit.*

Au bord du canal, ce moulin extrait de l'huile.

Damme pratique

Informations utiles

Code postal : 8340.

Indicatif téléphonique : 050.

Toerisme Damme – Huyse de Grote Sterre, Jacob van Maerlantstraat 3, 8340 Damme - ☏ 050 28 86 10 - fax 050 37 00 21 - toerisme@damme.be - www.damme-online.com.

Se loger

⊖⊖ **Welkom** – Damse Vaart Noord 34 (près N 49) - ☏ 050 60 24 92 - www.hotelwelkom.be - info@hotelwelkom.be - 8 ch. 70/80 € ⊡ -⊟. Ce petit hôtel vous souhaite la « bienvenue » dans son écrin verdoyant, en bordure du canal reliant Sluis à Damme, le village natal du personnage romanesque Thyl Uylenspiegel. Chambres correctes, petit-déjeuner soigné.

⊖⊖ **De Nachtegaal Chambre d'hôtel** – Oude Damseweg 3 - ☏ 050 35 43 88 - www.denachtegaaldamme.be - 4 ch. 70/80 € ⊡ - ⊟. À 1 km de Damme, adorable villa de style fermette flamande profitant du calme de la campagne. Chambres bien tenues, réparties à l'étage et petit-déjeuner servi dans la véranda ou, l'été venu, en terrasse ouverte sur un jardin fleuri. Table d'hôte sur demande.

Se restaurer

⊖⊖ **Siphon** – Damse Vaart Oost 1 - ☏ 050 62 02 02 - www.siphon.be - info@siphon.be - fermé jeu., vend. - 35 € - ⊟. L'anguille partage la vedette avec une belle brochette de grillades dans cet établissement traditionnel montant la garde au croisement de deux canaux. Salles à manger au charme un peu désuet et environnement de polders.

⊖⊖⊟ **Bij Lamme Goedzak** – Markt 13 - ☏ 050 35 20 03 - www.lammegoedzak.be - info@lammegoedzak.be - 30 mars-30 sept. : jeu. ; en hiver : uniquement ouvert les midis et w.-end - fermé mi-déc.-mi-janv. - 45 € - ⊟. En face de l'hôtel de ville, établissement familial se signalant par sa façade blanche animée d'écussons et de volets typiques. Des poutres massives coiffent la salle de restaurant – un peu sombre – aménagée en mezzanine. Choix de mets classiques.

Diest

22 740 HABITANTS
CARTES MICHELIN N°s 716 I 3 ET 533 P 17 – BRABANT FLAMAND.

Dans une boucle formée par le Démer, Diest est une petite ville vraiment charmante entourée d'une forte ceinture de remparts, en partie conservée. Au même titre que Breda aux Pays-Bas, Dillenburg en Allemagne, Orange en France, Diest fut le fief de la maison d'Orange dont le représentant le plus célèbre fut Guillaume de Nassau. Plus connu sous le nom de Guillaume le Taciturne (1533-1584), il prit la tête de la révolte des Provinces-Unies contre l'Espagne. Héritier de son cousin René de Chalon, prince d'Orange né à Diest, il fut le fondateur de la dynastie d'Orange-Nassau à laquelle appartient encore la reine Béatrix, aux Pays-Bas. Le fils aîné du Taciturne, Philippe-Guillaume, est enterré dans l'église St-Sulpice.

- **Se repérer** – À mi-chemin entre Louvain et Hasselt, Diest est bien desservi par l'autoroute E 314 et plusieurs routes nationales, notamment les N 2, N 10, N 29 et N 174.

- **À ne pas manquer** – Béguinage.

- **Organiser son temps** – Il est possible de visiter l'essentiel de Diest en une demi-journée. Pour le circuit complet, prévoir une journée entière.

- **Avec les enfants** – Domaine provincial « Halve Maan ».

- **Pour poursuivre le voyage** – Louvain et Hasselt.

Se promener
Partir de la Grand-Place.

Grand-Place (Grote Markt)
Cette jolie place est bordée de maisons des 17e et 18e s. L'hôtel de ville du 18e s. est de style néoclassique. Au centre de la Grand-Place se dresse l'église.

Église St-Sulpice et St-Dionysius (St.-Sulpitius en St.-Dionysiuskerk) – C'est un édifice des 14e-16e s. Ses différentes campagnes de construction sont marquées par la juxtaposition du grès houiller de la région (chœur, nef) et de la pierre blanche (tour inachevée du 16e s.). Le clocheton de la croisée du transept, surnommé « Mosterdpot » (pot à moutarde) à cause de sa forme, possède un carillon de 32 cloches.
L'intérieur montre un triforium ajouré et contient d'intéressantes **œuvres d'art★** ainsi que de belles boiseries du 18e s. Dans le chœur, **stalles** du 15e s. aux amusantes miséricordes représentant les péchés capitaux et des proverbes. Le visiteur admirera un tabernacle du 17e s., dont les niches sont décorées à l'italienne, un triptyque du 16e s., *Adoration des Mages et une Vierge à l'Enfant* (Sedes Sapientiae) du 13e s. Une pièce derrière le chœur abrite le trésor de l'église. *℘ 013 31 14 11 - mi-mai-mi-sept. : dim. et j. fériés 14h-17h ; juil.-août : tlj sf lun. ; sept.-juin incl. sur demande - 1,50 €.*

Halle aux draps (Lakenhal) – 14e s. La façade de la halle aux draps a été reconstruite au 19e s. Devant l'édifice a été déposée la Holle Griet, bombarde du 15e s. Contourner l'édifice pour voir la façade ancienne.
Au carrefour des rues piétonnes voisines (*F. Moonsstraat, Ketelstraat, G. Gezellestraat et Schotelstraat*) se dressent deux pittoresques **maisons en encorbellement** du 15e s. : 't Dambord et Het Fortuyn.
S'engager dans la Zoutstraat qui part de la Grand-Place, puis prendre la Demerstraat. Ensuite, tourner à droite dans la Refugiestraat.

Les refuges
En faisant quelques pas dans la Demerstraat, on aperçoit à droite, près d'un canal, l'ancien refuge de l'abbaye de Tongerlo, ou **Het Spijker**, datant du 16e s., érigé en grès et pierre.
Plus loin se dissimule dans la verdure celui d'**Averbode**, du 15e s.. Les dépendances datent du 20e s.
Se rendre au béguinage par la Michel Theyssstraat. Prendre à droite la Schaffensestraat. Par la Begijnenstraat, gagner le béguinage.

Béguinage★★ (Begijnhof)
Fondé au 13e s., c'est l'un des plus importants béguinages de Belgique. On y pénètre par une belle porte baroque de 1671 dont la niche est décorée d'une *Vierge à l'Enfant.*

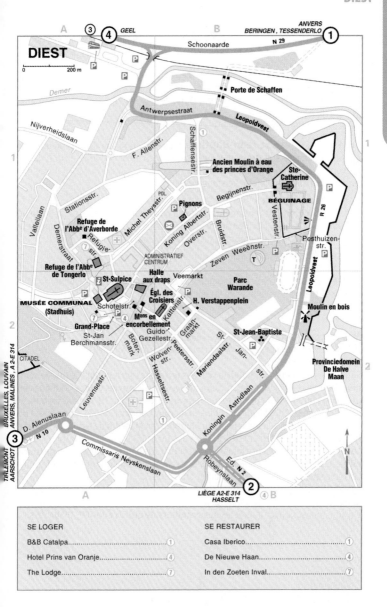

Les maisons actuelles, à pignons et niches, datent des 17e et 18e s. L'ancienne infirmerie de l'Apostelenconvent abrite aujourd'hui un centre culturel. Quelques artistes se sont établis dans le béguinage et y exposent leurs œuvres.

L'**église Ste-Catherine (St.-Katarinakerk)**, de style gothique du Démer, renferme de belles boiseries ; chaire de 1671, remarquable par l'élégance de ses sculptures et clôture de chœur de la même époque, finement ouvragée. L'église compte également quelques statues intéressantes. *☎ 013 35 32 74 - déb. mai-mi-sept. : visite accompagnée 13h30-17h - gratuit.*
Aux nos 72 et 74 de la Koning Albertstraat, on admire les **pignons** de deux anciennes brasseries sculptés d'outils de brasseur.
Revenir à la Schaffensestraat pour gagner le moulin à eau.

Ancien moulin à eau des princes d'Orange (Watermolen van Oranje)
16e s. À l'ombre d'un saule pleureur, sur un canal où se reflète son pignon à redans, il forme un charmant tableau.
Suivre la Schaffensestraat.

Porte de Schaffen (Schaffensepoort)
Elle est percée dans deux enceintes successives du 19e s.
Tourner à droite dans le Leopoldvest.

Leopoldvest

Ce boulevard longeant les remparts (vest : rempart) offre une jolie **vue** sur le béguinage : derrière la clôture de briques s'étendent les jardins, au-delà se pressent les maisons à hautes toitures.

On découvre ensuite le **Lindenmolen**, moulin en bois de type standard du 18ᵉ s., provenant du village voisin d'Assent. Ses abords ont été aménagés et accueillent aujourd'hui le centre récréatif 👥 **De Halve Maan** : piscines en plein air, plage, terrains de tennis, plan d'eau.

S'engager dans la Parklaan.

Ruines de l'église St-Jean-Baptiste (Ruïnes van de St.-Jan-de-Doperkerk)

Au centre d'une place se dressent les vestiges de son chœur gothique, en grès rouge, couvert de lierre.

Par la St.-Jansstraat, gagner la Verstappenplein.

H. Verstappenplein

Sur cette place, on voit l'entrée principale du **parc Warande** : situé sur la butte où se trouvait le château, c'est l'ancienne réserve de chasse des princes d'Orange. Leur hôtel (1516), flanqué d'une tourelle, lui fait face.

Église des Croisiers (St.-Barbarakerk)

📞 *013 31 10 41 - 9h-12h.*

Cette église baroque contient six somptueux confessionnaux en bois sculpté, du 17ᵉ s. L'un d'entre eux forme la base de la chaire.

Visiter

Musée communal★ (Stedelijk Museum)

📞 *013 35 32 70 ou 013 35 32 74 (Office du tourisme) - tlj sf dim. (oct.-fév.) 10h-12h, 13h-17h - fermé j. fériés - 1,24 €.*

Situé dans les cryptes de l'hôtel de ville (*porte à droite sous le perron*), le musée communal est mis en valeur par son cadre moyenâgeux. Sous les voûtes gothiques en grès rouge du 14ᵉ s. sont présentés un **Jugement dernier** du 15ᵉ s., peint sur bois, et la copie d'une célèbre *Vierge à l'Enfant* en marbre. L'original, de 1345, provenant du béguinage, se trouve actuellement au Metropolitan Museum de New York. La salle gothique expose également des armures des 15ᵉ et 16ᵉ s.

La salle suivante, d'influence romane, aux coupoles de brique soutenues par de courts piliers, est probablement une ancienne brasserie seigneuriale dont subsiste le puits. On remarque le lustre en bois de cerf et orfèvrerie (15ᵉ s.).

La salle des échevins, reconstituée, comprend un mobilier en bois richement sculpté et des dessins ayant Diest comme sujet.

On admirera aussi avec intérêt les beaux **colliers de guildes** des 17ᵉ, 18ᵉ et 19ᵉ s.

L'église d'Averbode.

Circuit de découverte

DE LA CAMPINE À LA RÉGION DU HAGELAND

37 km - Sortir par ① du plan et tourner à gauche. Prendre la N 174 au Nord en direction de Tessenderlo.

Tessenderlo

L'**église St-Martin** (*St.-Maartenskerk*) renferme un beau **jubé★** (16e s.) aux trois arcades finement sculptées reposant sur six piliers. Entre les arcs se dressent huit grandes statues des évangélistes et des Pères de l'Église. De petits personnages en costumes du Moyen Âge animent, dans quatre médaillons surmontant les arcs, des scènes de la vie de la Vierge et, au-dessus, sous des dais ajourés, des scènes de la vie du Christ. Les fonts baptismaux ont été sculptés au 12e s.

Quitter Tessenderlo en direction de Laakdal, puis prendre la N 165.

Averbode★

Dans une région boisée de pins, au point de rencontre de trois provinces (Anvers, Limbourg, Brabant), les Prémontrés occupent l'abbaye d'Averbode fondée par eux en 1134-1135.

L'ordre de Prémontré

Saint Norbert en est le fondateur. En 1120, il établit à Prémontré, près de Laon en France, la première maison de l'ordre, auquel il impose la règle de saint Augustin. L'ordre se répand rapidement dans les anciens Pays-Bas où il connaît un essor remarquable. C'est encore actuellement l'un des plus importants de Belgique, les principales abbayes étant Averbode, Parc et Tongerlo. Les Prémontrés ou Norbertins sont des chanoines réguliers. Tout en vivant en communauté, ils se consacrent à l'apostolat, fonction qu'ils exercent surtout dans les paroisses. Ils sont vêtus d'un habit blanc.

Abbaye★ – On pénètre dans la cour par un porche du 14e s. surmonté d'un édifice en grès ferrugineux orné de statues dans des niches gothiques. La prélature au fond de la cour a été reconstruite dans le style du 18e s. ℘ 013 78 04 40 - www.abdijaverbode.be.

Église★ – Construite de 1664 à 1672, cette belle abbatiale ressemble à ses sœurs de Grimbergen et Ninove. La façade aux lignes onduleuses présente les statues de saint Norbert, à droite, et de saint Jean-Baptiste, patron de l'abbaye, à gauche. L'intérieur a des proportions majestueuses. Le chœur, plus long que la nef, en est isolé par deux retables qui formaient autrefois jubé. On aperçoit au-delà de ceux-ci les stalles du 17e s. richement sculptées. *Tlj 7h30-11h30 (dim. et j. fériés 10h30) et 13h30-17h45 , mais pas pdt les offices.*

Bâtiments conventuels – Ils ont été incendiés en 1942, à l'exception du cloître (18e s.), de la salle capitulaire et de la sacristie, ornées de belles boiseries (18e s.). On y voit d'intéressants tableaux : dans le cloître, les portraits des abbés à partir du 17e s. ; dans la salle capitulaire, un De Crayer.

Cimetière conventuel – Entre l'église et la route. On y trouve la tombe d'**Ernest Claes** et de son épouse. Cet auteur flamand (1885-1968), né à Zichem, affectionnait l'abbaye d'Averbode.

Prendre la N 212 en direction de Zichem.

Zichem

L'église de ce bourg où naquit l'écrivain **Ernest Claes** contient un beau triptyque du 16e s. illustrant la vie de saint Eustache, patron de l'église et, au-dessus du maître-autel, un vitrail de 1397, le plus ancien du pays.

Suivre la N 212.

Montaigu (Scherpenheuvel)

Au sommet d'une butte de 77 m d'altitude, c'est, pour la Belgique, le lieu de pèlerinage national à la Vierge. Le dimanche suivant la Toussaint se déroule, l'après-midi, une procession aux chandelles. La **basilique** a été construite par Cobergher entre 1609 et 1627. Au centre d'un plan urbain géométrique, sept avenues convergent en effet vers l'édifice à sept pans, surmonté d'un dôme baroque, qui marque l'introduction de ce style en Belgique ; à l'arrière se dresse une haute tour carrée. À l'**intérieur** sont disposées dans les chapelles rayonnantes six toiles de Van Loon, *Vie de sainte Anne et de la Vierge*, d'un franc coloris.

Diest pratique

Informations utiles

Code postal : *3290.*

Indicatif téléphonique : *013.*

Toerisme Diest – *Infobalie Stadhuis, Grote Markt 1, 3290 Diest -* ☎ *013 35 32 74 - fax 013 32 23 06 - toerisme@diest.be - www. toerismediest.be.*

Se loger

☞ **B&B Catalpa** – *Schaffensestraat 55 -* ☎ *013 31 14 39 - www.bbdiest.be - 3 ch. 50 € � - 🅿 - ☞.* Maison de maître pleine d'ambiance au centre de la ville des princes d'Orange. Chambres au joli mobilier ancien et salles de bains modernes. Vous prendrez votre petit-déjeuner dans la véranda ou le jardin intérieur.

☞☞ **Hôtel Prins van Oranje** – *Halensebaan 152 -* ☎ *013 35 10 70 - www. prinsvanoranje.be - 15 ch. 95 € ⊑ - 🅿.* Hôtel de charme à la situation calme juste en dehors du centre. Les chambres ont vue sur les jardins avec étangs et fontaines. En été, le petit-déjeuner varié est servi en terrasse.

☞☞🏠 **The Lodge** – *Refugiestraat 23 -* ☎ *013 35 09 35 - www.lodge-hotels.be - 20 ch. 120/140 € ⊑ - 🅿 - rest. 25 €.* Petit château Renaissance au centre de la ville, entièrement restauré. Choix de chambres de château romantiques ou de chambres contemporaines dans la nouvelle aile. Buffet varié pour le petit-déjeuner.

Se restaurer

☞ **De Nieuwe Haan** – *Grote Markt 19 -* ☎ *013 33 51 06 - www.denieuwehaan.be - fermé lun. et merc. - menu 25 €.*

Gastronomie abordable, choix de plats belges classiques dans un cadre historique sur la Grand Place. Excellentes préparations avec moules et homards, mais la carte propose également des plats de pâtes et des salades simples.

☞☞ **In den Zoeten Inval** – *Grote Markt 6 -* ☎ *013 32 63 51 - fermé merc. midi et jeu. - menu 15/27 €.* Petit restaurant agréable à apprécier à tout moment : le midi pour une petite restauration, l'après-midi pour le thé ou le café et le soir pour un dîner varié avec des préparations classiques de cuisine belge.

☞☞ **Casa Iberico** – *Kautershoek 1 -* ☎ *013 32 63 43 - fermé dim. midi, merc. et jeu. - menu 17/30 €.* Ce restaurant propose des préparations méditerranéennes de la péninsule Ibérique, au-delà des simples tapas. Grand choix de vins espagnols et portugais de qualité.

Faire une pause

Café Bij de Baas – *Grote Markt 14 -* ☎ *013 55 63 11 - fermé jeu. - réservé aux dames merc. soir.* Café populaire vieillot et sympathique aux murs couverts de miroirs et de lambris. Comptoir équipé d'une pompe à bière en porcelaine. Tables aux pieds en fer forgé. À la carte : diverses boissons, dont la délicieuse *Gildenbier*, potages et croque monsieur.

Achats

Bakkerij (Boulangerie) Dolci Panini – *Sint-Jan Berchmansstraat 5 -* ☎ *013 52 25 52 - fermé dim. ap.-midi et lun.* Diverses tartes délicieuses (surtout aux prunes) vous attendent sur l'étalage de cette boulangerie-pâtisserie à la décoration sobre. Large choix de petits gâteaux.

Dixmude
Diksmuide

15 731 HABITANTS
CARTES MICHELIN N^{OS} 716 B 2 ET 533 C 16 – FLANDRE OCCIDENTALE.

Port sur l'Yser et ville drapière au Moyen Âge, Dixmude fut détruit en 1914, puis reconstruit, comme Ypres, dans le style flamand. Dixmude fut un des points stratégiques de la bataille de l'Yser. Le nom de la ville est lié au souvenir des soldats belges et des fusiliers marins français de l'amiral Ronarc'h qui y résistèrent héroïquement à des forces supérieures, du 16 octobre au 10 novembre 1914.

Se repérer – En pleine campagne dans la région du Westhoek, Dixmude se situe à une petite vingtaine de kilomètres de la côte. Accès par les N 35 et N 369.

Organiser son temps – La visite de la ville demande une heure et demie.

Avec les enfants – Le Boyau de la Mort.

Pour poursuivre le voyage – Furnes et Ypres.

Visiter

Grand-Place (Grote Markt)
Dominée par l'hôtel de ville de style néo-gothique et l'église St-Nicolas, cette place est bordée de maisons qui présentent une façade surmontée d'un pignon à redans.

Béguinage (Begijnhof)
Pour y accéder, passer devant le portail de l'église St-Nicolas, tourner à gauche au Vismarkt et traverser le petit pont.
Il a été reconstruit à l'image de l'ancien. Les maisons blanches s'alignent autour d'une pelouse, de part et d'autre d'une chapelle en brique.

Tour de l'Yser (IJzertoren)
À Kaaskerke. Quitter Dixmude par la IJzerlaan en direction de Nieuport. ☎ 051 50 02 86 - www.ijzertoren.org - tlj 10h-18h (oct.-mars 17h) - fermé 1er et 2 jan., 24, 25, 26 et 31 déc., 3 sem. après les vac. de Noël - € 6.
Cette tour (1952-1964), de 84 m se trouve sur la rive opposée à l'Yser. Symbole important du mouvement flamand, elle a été élevée à la mémoire des soldats morts pendant la Première Guerre mondiale. La tour porte les lettres A.V.V.-V.V.K., initiales d'une devise signifiant : Tout pour la Flandre, la Flandre au Christ.
De la terrasse extérieure (*ascenseur*), beau **panorama★** sur la plaine flamande parcourue par l'Yser sinueux, et sur Dixmude. On aperçoit, par beau temps, les tours de Bruges, d'Ostende, de Nieuport et les monts de Flandre (*table d'orientation*).
La tour abrite un musée (22 étages) consacré aux deux guerres mondiales et à l'histoire du mouvement flamand.

Boyau de la Mort (Dodengang)
3 km au nord-ouest, sur la rive gauche de l'Yser. ☎ 050 50 53 44 - déb. avr.-mi-nov. : tlj sf sam. et dim. (déb. oct.-mi-nov. : 10h-17h).
Dans les tranchées ainsi dénommées, les soldats belges ont résisté pendant 4 ans (1914-1918) face aux lignes allemandes qui avaient réussi, en octobre 1914, à franchir l'Yser à cet endroit et se trouvaient à quelques mètres.
On peut circuler ensuite dans de longs couloirs de tranchées dont les parapets formés de sacs de terre sont fidèlement reproduits en béton.

Aux alentours

Cimetière allemand de Vladslo
6 km à l'est.
Ici, dans un écrin de verdure, reposent 25 638 soldats allemands. *Les Parents affligés*, statues très émouvantes de Käthe Kollwitz, ont été réalisées en l'honneur du fils de l'artiste, mort sur le champ de bataille à l'âge de 17 ans.

Dixmude pratique

Informations utiles
Code postal : *8600.*
Indicatif téléphonique : *051.*
Toerisme Diksmuide – *Grote Markt 28, 8600 Diksmuide - ☎ 051 51 91 46 - fax 051 51 91 48 - toerisme@stad. diksmuide.be - www.diksmuide.be.*

Événements
Le dernier dimanche d'août a lieu le pèlerinage de la Tour de l'Yser.

Les **Fourons**

Voerstreek

4 263 HABITANTS
CARTES MICHELIN N°s 716 K 3 ET 533 T 18 – LIMBOURG.

Enclave du Limbourg dans la province de Liège, c'est une région verdoyante où de petites rivières comme la Voer, la Gulp et la Berwinne ont tracé une vallée sinueuse à travers d'agréables collines boisées, de gras pâturages et des vergers.

▶ **Se repérer** – La région se trouve à l'est de la Belgique et touche les frontières hollandaise et allemande. Accès depuis Maastricht ou Liège par l'A 2.

🕭 **Pour poursuivre le voyage** – Tongres, Liège, Eupen et Verviers.

Se promener

Fouron-St-Martin (St.-Martens-Voeren)
L'église avec sa tour romane et un petit château du 18e s. transformé en centre culturel, Het Veltmanshuis (Maison Velt-mans), sont à remarquer.

Fouron-St-Pierre (St.-Pieters-Voeren)
Près d'un étang se dressent encore les beaux bâtiments d'une ancienne Commanderie de l'ordre teutonique. Fondée en 1242, celle-ci fut réédifiée au 17e s.

Les Fourons pratique

Code postal : *3798.*
Indicatif téléphonique : *04.*
Toerisme Voerstreek – *Kerkplein 212, 3798 's-Gravenvoeren - ✆ 04 381 07 36 - fax. 04 381 21 59 - voerstreek@skynet.be - www.voerstreek.be.*

Furnes

Veurne

11 842 HABITANTS
CARTES MICHELIN Nᵒˢ 716 B 2 ET 533 B 16 – FLANDRE OCCIDENTALE.

Petite ville charmante, Furnes groupe ses monuments autour d'une magnifique Grand-Place où le luxe de la décoration flamande est tempéré par une dignité un peu solennelle et tout espagnole. C'est, en effet, pendant le règne des archiducs Albert et Isabelle, période de prospérité, que furent construits la plupart des monuments. La cité était le quartier général de l'armée belge en 1914, lors de la bataille de l'Yser. Chaque année, en juillet, se déroule la célèbre procession des Pénitents★★, impressionnante manifestation de ferveur religieuse.

- **Se repérer** – Près de la côte belge, aux confins de la France, Furnes se niche dans la plaine flamande. On y arrive en empruntant l'A 18/E 40 (depuis Bruges ou la frontière française) ou par la N 8 (au départ de Coxyde ou d'Ypres).

- **Organiser son temps** – Compter environ 3h pour découvrir les principales curiosités de Furnes.

- **Avec les enfants** – Le musée de la Boulangerie

- **Pour poursuivre le voyage** – La Panne, Coxyde et Dixmude.

Se promener

GRAND-PLACE★★ (GROTE MARKT) *2h*

Très vaste, la Grand-Place de Furnes s'entoure de beaux monuments et de maisons anciennes, surmontées d'imposants pignons, frontons et corniches, et datant pour la plupart du début du 17ᵉ s.

Hôtel de ville (Stadhuis)

Grote Markt 29 (même adresse pour l'Office du tourisme)
Construit en 1596 (partie gauche) et 1612 (partie droite), dans le style Renaissance flamande, avec une façade à deux frontons précédée d'une élégante loggia, l'hôtel de ville possède à l'arrière-plan une tourelle d'escalier se terminant par un petit bulbe. À l'**intérieur**, on voit des murs tendus de magnifiques **cuirs**★ de Cordoue (salle de réception) ou de Malines (salle du conseil et des mariages). La salle du collège est garnie de velours bleu d'Utrecht. Des meubles du 18ᵉ s., des tableaux parmi lesquels une nature morte attribuée à Robert de Vynck sont aussi à signaler. On visite également, en général, la salle d'audience de l'ancien palais de justice qui communique avec l'hôtel de ville.

Palais de Justice (Landhuis)

Jadis châtellenie (1618), l'ancien palais de justice est inspiré de l'hôtel de ville d'Anvers. Derrière le bâtiment se dresse le **beffroi** (1628), gothique mais surmonté d'un couronnement baroque.
Au nord de la Grand-Place se dressent un ensemble de **cinq maisons** à beaux pignons agrémentés de lourdes fenêtres à pilastres.

Pavillon espagnol (Spaans Paviljoen)

À l'angle de la Grand-Place et de la rue de l'est (Ooststraat), le pavillon espagnol, élevé au 15ᵉ s., servit d'hôtel de ville jusqu'en 1586. C'était le quartier général des officiers espagnols au 17ᵉ s.

Halle aux viandes (Oud Vleeshuis)

Cette halle aux viandes, édifiée en 1615, présente une jolie façade. Restaurée, l'ancienne boucherie est occupée par la bibliothèque municipale.

Grand'Garde (Hoge Wacht)

Au fond de la Grand-Place, au sud, une maison à arcades construite en 1636 abritait l'ancien corps de garde.
Pour gagner l'église Ste-Walburge, prendre une ruelle à droite de l'ancien palais de justice.

Église Ste-Walburge (St.-Walburgakerk)

℘ 058 33 55 31 - avr.-sept. : 8h-18h ; oct.-mars : 8h-12h30.
La première église, détruite par les Normands, fut reconstruite au 12ᵉ s., dans le style roman. Un nouvel édifice, entrepris au 13ᵉ s. sur des plans ambitieux, ne fut jamais terminé. Seuls furent réalisés le chœur, particulièrement impressionnant avec ses

Musée de la Boulangerie ②

27 m de haut et ses multiples arcs-boutants, et, au 14e s., la base d'une tour, située dans le square voisin. La partie romane de l'église a été refaite au 20e s.

À l'intérieur, les proportions sont harmonieuses et imposantes. On remarque les stalles Renaissance flamande (1596), une chaire de H. Pulinx (1727) représentant la vision de saint Jean à Patmos, des orgues et un jubé du 18e s. ; peintures flamandes du 17e s. Dans le square à l'ouest de l'église se trouvait le château fort construit par le comte Baudouin Bras-de-Fer.

Prendre à droite la Pannestraat, puis emprunter la Noordstraat.

Noordstraat

Dans l'ancienne auberge de la Noble Rose, Die Nobele Rose (1572), transformée en banque, logea en 1906 l'écrivain autrichien Rainer Maria Rilke. En face, un petit monument a été érigé à la mémoire de l'éclusier de Nieuport, Karel Cogge, qui provoqua des inondations en 1914.

Revenir à la Grand-Place que l'on traverse, puis prendre à gauche l'Appelmarkt.

Église St-Nicolas (St.-Niklaaskerk)

℘ 058 33 55 31 *(Office du tourisme)* - 8h-18h.

L'église St-Nicolas est dominée par une belle **tour** massive en brique, du 13e s., gardienne d'une des plus anciennes cloches flamandes, la Bomtje (1379). L'intérieur est du type halle, avec trois vaisseaux d'égale hauteur. Sur le maître-autel, un intéressant triptyque (1534), attribué par certains à Van Aemstel, beau-frère de Pieter Coecke, par d'autres à Van Orley, représente la Crucifixion.

Aux alentours

Musée de la Boulangerie (Bakkerijmuseum)

Albert I-laan 2, près de l'autoroute E 40-A 18, sortie Veurne. ℘ 058 31 38 97 - www.bakkerijmuseum.be - sept.-juin : lun., mar., merc., jeu. 10h-17h ; w.-end et j. fériés 14h-17h, fermé vend. ; juil.-août : lun., mar., merc., vend. 10h-17h ; w.-end et j. fériés 14h-17h - € 4.

Le jardin didactique de la Zuidgasthoeve (17e s.) présente plusieurs variétés de céréales servant à la fabrication du pain, ainsi qu'un petit moulin à pivot. Une petite boulangerie et une confiserie ont été reconstituées dans le corps d'habitation. La section consacrée au « pain dans l'art » réunit des figurines en chocolat, massepain et pain d'épice. Dans les autres pièces sont exposés des ustensiles utilisés pour la cuisson du pain et du spéculoos, et la préparation de la crème glacée et des gaufres. La cafétéria et la section dédiée aux pains du monde entier sont installées dans l'ancienne étable. Un 3e bâtiment abrite des charrettes à pain des 19e et 20e s.

Lo

15 km au sud-est par la N 8, puis la N 364.

Cette petite ville a gardé de ses remparts du 14e s. une porte flanquée de tourelles. Sa belle **église** du 14e s., de type halle, surmontée d'une flèche à crochets, a été en partie reconstruite en 1924. Elle abrite un intéressant mobilier des 17e et 18e s.

DE FURNES À IZENBERGE
12 km au sud par la N 8.

Wulveringem

Le **château Beauvoorde** a été construit aux 16e s. et 17e s. C'est un charmant édifice à pignons à redans, entouré d'eau et dissimulé derrière les grands arbres d'un parc. À la fin du 19e s., le dernier propriétaire du château, Arthur Merghelynck, fait restaurer le bâtiment en profondeur. L'intérieur renferme de riches collections de meubles anciens et d'objets d'art. Ornée de cuirs dorés, la salle des Chevaliers présente de belles boiseries du 17e s. provenant d'une église d'Oudenburg. *Visite individuelle avec audioguide. ☎ 058 29 92 29 - avr.-oct. : jeu., vend., sam., dim. ; juil.-août : tlj sf lun. ; nov.-mars : dim. ; toujours 14h-17h (dernière entrée à 17h) - € 5.*

Izenberge

Le **musée de plein air Bachten de Kupe** comprend plusieurs bâtiments reconstitués (magasins, ferme, auberge faisant également office de maison communale) illustrant la vie d'antan dans la région. ☎ 058 31 51 30 of 0473 23 56 38 - www.bachtendekupe. net - tlj 10h-18h - fermé Noël et Nouvel An - € 4.

Au centre du bourg, une église gothique, dont l'intérieur s'agrémente de boiseries anciennes et une petite chapelle de pèlerinage du 17e s.

Furnes pratique

Informations utiles

Code postal : 8630.

Indicatif téléphonique : 058.

Toerisme Veurne – *Grote Markt 29, 8630 Veurne – ☎ 058 33 55 31 - fax 058 33 55 96 - infotoerisme@veurne.be - www.veurne.be.*

Se loger

☕ **de Loft** – *Oude Vestingstraat 36 - ☎ 058 31 59 49 - www.deloft.be - deloft@ pandora.be - 8 ch. 72 € ☐.* Un « loft-hotel » créé à partir d'une forge se cache dans cette rue proche du centre, mais épargnée par les hordes de touristes. Chambres fonctionnelles et claires. Pour les petites fringales, tea-room et snacks.

À SCHORE

☕☕ **Landgoed de Kastanjeboom Chambre d'hôtel** – *Lekestraat 10 - 8433 Schore - ☎ 051 55 59 17 - www. landgoeddekastanjeboom.be - de. kastanjeboom@skynet.be - 3 ch. 90 € ☐ - repas 40 €.* Dans les polders, cette ferme restaurée propose le gîte et le couvert. Chambres douillettes, cour intérieure aussi jolie que reposante, salle de breakfast ouverte sur les champs et table d'hôte « potagère », dressée dans le jardin les soirs d'été.

Se restaurer

☕☕ **Olijfboom** – *Noordstraat 3 - ☎ 058 31 70 77 - www.olijfboom.be - fermé dernière sem. de sept., 3 sem. en janv., dim., lun. - 40 €.* Cet « Olivier » donne de bien

beaux fruits. Jugez-en vous-même : avenante salle à manger garnie d'œuvres d'art contemporain, carte flirtant avec les saveurs du moment, cave intéressante et additions « sans sel », pour ne pas gâter la bonne ambiance.

☕☕☕ **Driekoningen** – *Wulveringemstraat 40 - ☎ 058 29 90 12 - info@driekoningen.be - www.driekoningen. be/index2.php - fermé déb. mars-mi-mars, 1 sem. en juin, mi-sept.-déb. oct., mi-janv.- déb. fév., mar. et merc., menu 42/55 €.* Auberge vénérable (17e s.) blottie au sein d'un ravissant village de l'arrière-pays de Furnes. Le gîte y est très correct, de même que le couvert et l'éventail de plats classiques. En saison, clientèle majoritairement touristique.

Événements

Chaque année, le lundi de Pentecôte, Furnes organise un grand **marché aux fleurs**. Le dernier dimanche d'août est réservé à un défilé international de **musiques militaires**.

Le dernier dimanche de juillet, la confrérie de la Sodalité, fondée en 1637, organise dans la ville la **procession des Pénitents**, un défilé de chars où des groupes représentent la vie et la mort du Christ, suivi d'un cortège de pénitents, vêtus d'une sombre robe de bure, coiffés d'une cagoule, allant pieds nus et portant une lourde croix. La confrérie de la Sodalité participe également à un chemin de croix dans les rues tous les vendredis soir pendant le carême, tous les soirs pendant la Semaine sainte et le Jeudi saint à minuit.

Gand★★★

Gent

232 961 HABITANTS
CARTES MICHELIN N⁰ˢ 716 E 2 ET 533 H 16 – FLANDRE ORIENTALE.

Citadelle spirituelle de la Flandre, ville universitaire, second port belge, Gand dégage une impression de grande vitalité, notamment grâce aux quelque 43 000 étudiants qui parcourent la ville à vélo. La cité natale de Charles Quint (1500-1558), chargée d'histoire et de monuments, offre aussi, entre la cathédrale et le château des Comtes, la poésie intime de ses vieux quartiers et de ses quais. Les illuminations★★★ rendent la promenade nocturne extraordinaire. Au nombre des Gantois célèbres figurent le grand écrivain d'expression française et prix Nobel Maurice Maeterlinck (1862-1949) et les frères Van de Woestijne.

- ▶ **Se repérer** – Bâtie au confluent de la Lys et de l'Escaut, la ville est sillonnée de canaux et de cours d'eau. Accès facile au départ de Bruges et de Bruxelles par l'autoroute E 40 et au départ d'Anvers et de Courtrai par l'E 17.

- 🅿 **Se garer** – Depuis quelques années, un « plan de mobilité » est en vigueur. Le centre historique de la ville est entièrement fermé à la circulation automobile. Un itinéraire P (pour parking) fléché guide l'automobiliste vers un des neuf parkings que compte la ville. Des panneaux disposés à l'entrée de la ville indiquent le nombre d'emplacements libres par parking.

- 👁 **À ne pas manquer** – Cathédrale St-Bavon, avec « L'adoration de l'Agneau mystique », le beffroi et la halle aux draps, le château des Comtes, le quai aux Herbes, le musée des Beaux-Arts.

- 🕐 **Organiser son temps** – La découverte approfondie de Gand demande plusieurs jours. Comptez une journée pour une promenade dans la vieille ville et la visite du musée des Beaux-Arts, récemment rénové.

- 👪 **Avec les enfants** – la Maison d'Alijn et son théâtre de marionnettes, une promenade en bateau sur les voies d'eau intérieures ou sur la Lys.

- 🍴 **Pour poursuivre le voyage** – Anvers, Bruges et Bruxelles.

Ch. Bastin et J. Evrard/MICHELIN

Le château des Comtes.

Comprendre

Gand fut un des derniers réduits du paganisme en Gaule : saint Amand, venu l'évangéliser au 7ᵉ s., fut jeté dans l'Escaut. Gand se développe alors autour de deux abbayes : St-Bavon, fondée par saint Amand, et St-Pierre, à proximité du mont Blandin (Blandijnberg). Vers l'an 940, Baudouin II édifie, à l'emplacement de l'actuel château des Comtes, un *castrum* en pierre dominant un troisième noyau urbain.

À la fin du 12ᵉ s., l'industrie drapière est florissante : la ville s'érige en « commune » et acquiert des privilèges importants ; les bourgeois font construire des demeures en pierre fortifiées ou « stenen ».

Voulant marquer sa préséance sur les puissants drapiers, le comte Philippe d'Alsace fait réédifier le château en 1180.

Une ville rebelle

Bientôt, de féroces luttes intestines vont déchirer les Gantois. Comme à Bruges, les artisans et les ouvriers de la laine, soutenus par le comte de Flandre Guy de Dampierre, se soulèvent, en 1280, contre les riches drapiers, ralliés au roi de France. Ce n'est qu'après la bataille des Éperons d'or, en 1302, que le pouvoir des patriciens est définitivement brisé.

Au 14e s., pendant la guerre de Cent Ans, c'est à nouveau la lutte contre la France. Le comte de Flandre, Louis de Nevers, prend parti pour le roi de France contre l'Angleterre. Comme celle-ci bloque l'importation des laines anglaises en Flandre, le peuple gantois se révolte. Il prend pour chef **Jacob Van Artevelde** qui s'allie aux Anglais et se met à la tête des villes flamandes.

Après des luttes intestines, Van Artevelde est assassiné en 1345 par le doyen de la corporation des tisserands, mais son fils Philippe réussit à imposer à toute la Flandre la prépondérance gantoise. Finalement, les Flamands sont battus par la chevalerie française à la bataille de Westrozebeke en 1382.

Au 15e s., Gand, passé sous la domination des ducs de Bourgogne, s'insurge contre Philippe le Bon qui veut lui imposer une nouvelle taxe (1452). Battus à Gavere (*18 km au sud-ouest*), les Gantois se soumettent en 1453. La ville rebelle se révolte encore contre Charles le Téméraire en 1469, puis en 1477 contre Marie de Bourgogne qui doit concéder de nouveaux privilèges aux provinces des Pays-Bas.

À la fin du siècle, la draperie est en décadence. Gand est devenu l'entrepôt principal des céréales de l'Europe et s'est assuré une nouvelle prospérité.

Au 16e s., refusant une nouvelle fois de payer de trop lourds impôts, les habitants se soulèvent de nouveau contre Charles Quint, né cependant à Gand et qui disait avec fierté : « Je mettrais Paris dans mon Gand. » Charles Quint réplique par la **Concession caroline** (1540) qui fait perdre à la commune ses privilèges.

À la fin du siècle, les luttes religieuses troublent la vie communale. Un soulèvement de calvinistes iconoclastes en 1567 est étouffé par le duc d'Albe, mais les protestants réagissent et, quatre jours après la « Furie » d'Anvers, Philippe II est obligé de concéder la **pacification de Gand** (1576), libérant les dix-sept provinces des Pays-Bas des troupes espagnoles.

Organisée en République à partir de 1577, la ville révoltée contre les Espagnols est reprise par Farnèse en 1584.

En 1815, **Louis XVIII** se réfugie à Gand, dans l'ancien hôtel d'Hane Steenhuyse (*Veldstraat 47*), du 18e s. C'est la « fuite de Gand ».

Charles Quint et les « porteurs de la corde » (stropdragers)

24 février 1500. Les cloches sonnent à toute volée et le canon gronde pour annoncer la naissance d'un nouveau prince. Dans l'« Hof ten Walle », rapidement rebaptisé « Prinsenhof » par les Gantois, Jeanne la Folle vient d'accoucher d'un fils, Charles de Luxembourg. Le futur empereur du Saint-Empire quitte Gand dès 1506, mais il n'oubliera jamais sa ville natale. Le pouvoir des villes est bridé sous son règne, une opération qui ne va pas sans mal. Gand, la rebelle, se révolte violemment. Toute demande d'argent est obstinément refusée et les percepteurs d'impôts sont systématiquement emprisonnés. Toute tentative de parvenir à une solution est rejetée par les Gantois. Une sanction rigoureuse s'impose et le conseil décide de museler la ville une fois pour toutes. L'empereur se rend à cette fin personnellement dans la ville en 1540. Il promulgue la Concession caroline, perçoit les impôts dus et fait traduire en jugement les chefs de la révolte. Mais il ne peut se résoudre à la destruction de sa ville natale. Magnanime, il limite le châtiment à la destruction des murailles de la ville et à l'édification d'une citadelle, appelé château des Espagnols. Il entend toutefois donner une bonne leçon à ces fiers Gantois. Il oblige les notables à demander pardon publiquement et leur fait traverser la ville pieds nus, ceints d'une haire blanche et une corde de pendu autour du cou. Cette humiliation publique a valu aux Gantois le surnom de « porteurs de la corde ». Ce nom jadis considéré comme une insulte est aujourd'hui porté avec fierté (voire avec l'orgueil retrouvé), surtout durant les Fêtes gantoises, lors de la commémoration de cet événement historique.

De la décadence au renouveau

Au 17e s., le déclin économique de Gand s'accentue. La fermeture de l'Escaut en 1648 porte un coup fatal à ses activités commerciales et industrielles. Toutefois, au début du 19e s., Gand, annexée à la France, reprend vie avec les tissages de coton créés par le Gantois **Liévin Bauwens**, qui a introduit clandestinement la « mule jenny », procédé anglais de filature mécanique, qui marque le début de la révolution industrielle sur le continent. L'industrie textile connaît d'emblée une grande prospérité et Gand est à juste titre surnommé la « Manchester du continent ». Outre le coton, Gand file et tisse également le lin, les eaux de la Lys permettant un rouissage remarquable.

Sous l'impulsion du roi Guillaume Ier, le **port** est relié à l'Escaut occidental en 1827 par le canal de Gand à Terneuzen, long de 33 km. Rendu accessible fin 1968 aux navires de 80 000 tonnes, il a vu son trafic international de marchandises atteindre 20 millions de tonnes en 1996.

Au fil des ans, de nouvelles industries se sont implantées le long du canal : métallurgie, chimie et montage automobile. Dans la zone portuaire au Nord de la ville, à côté d'installations permettant de recevoir de grands minéraliers, le complexe sidérurgique Sidmar produit plusieurs millions de tonnes d'acier par an.

Par ailleurs, Gand assure le débouché d'une importante activité horticole régionale, qui englobe quelque 2 000 entreprises établies dans un rayon de 15 km (localisées surtout au Nord-Est de la ville), et qui l'a fait surnommer « la ville des fleurs ». Une grande partie de la production est exportée dans le monde entier.

Se promener

LA VIEILLE VILLE★★★ Plan II

Partir de la place St-Bavon.

Cathédrale St-Bavon★★ (St.-Baafskathedraal)

8h (dim. 13h)-18h (nov.-mars : 17h).

La cathédrale fut élevée à l'emplacement de l'ancienne église St-Jean, du 12e s. De l'église romane subsistent encore quelques vestiges dans la crypte. En 1540, Charles Quint fit démolir l'église de l'abbaye St-Bavon pour édifier le château des Espagnols. À cette occasion, l'église St-Jean prit le nom de collégiale St-Bavon. Elle devint cathédrale en 1561. Bâtie par étapes successives et bien que montrant des influences diverses – éléments du gothique scaldien (le chœur), du gothique brabançon (la tour) et du gothique flamboyant (la nef) – la cathédrale donne une impression d'unité et de sobre élégance.

La **tour**, remarquable, se trouve du côté Ouest de l'église et lui sert d'entrée, comme c'est la règle dans le gothique brabançon. De son sommet s'offre une **vue** étendue sur Gand et ses environs.

L'**intérieur** serait plus majestueux sans la clôture de marbre néoclassique, qui, au 18e s., a coupé la belle ordonnance du vaisseau. Un peu surélevé par rapport à la nef, le chœur ou église haute, très élancé, en pierre de Tournai, date du 14e s. Il a été agrandi au 15e s. de cinq chapelles rayonnantes et surmonté d'un triforium. Le déambulatoire est jalonné de colonnes de marbre et de portes baroques ouvragées.

La nef du 16e s., en grès et brique, est sobre mais harmonieuse avec ses gracieuses balustrades flamboyantes et ses très belles voûtes à nervures. Cette cathédrale contient de nombreuses œuvres d'art dont l'extraordinaire *Agneau mystique*.

Polyptyque de l'Adoration de l'Agneau mystique★★★ – *Dans la chapelle à gauche en entrant.* Ce polyptyque a connu bien des vicissitudes. Offert par Josse Vijd, riche patricien gantois, il fut installé solennellement en 1432 dans la 1re chapelle rayonnante à droite du déambulatoire ; Philippe II désira s'en emparer, les protestants voulurent le brûler en 1566, Joseph II en fit retirer Adam et Ève qu'il jugeait choquants. Le Directoire le fit envoyer à Paris d'où il ne revint qu'en 1815. Il fut alors amputé de plusieurs panneaux qu'exposa le musée de Berlin. Reconstitué en 1920, il perdit en 1934, à la suite d'un vol, le panneau des Juges intègres (*en bas à gauche*) qui, depuis 1941, est remplacé par une copie. Pendant la Seconde Guerre mondiale, le polyptyque, d'abord confié à la France, fut transféré par les autorités allemandes en Autriche où les troupes américaines le trouvèrent, en 1945, dans une mine de sel de Styrie près d'Altaussee. Après avoir repris sa place dans la chapelle d'origine, le polyptyque devait de nouveau être transféré en 1986 : pour des raisons de sécurité et d'accueil, on l'exposa dans l'ancien baptistère où il se trouve actuellement, transformé en vraie chambre forte.

L'attribution du retable a alimenté d'innombrables discussions : est-il entièrement de **Jan Van Eyck** ou bien, comme le dit une inscription en latin placée sur le cadre du polyptyque, a-t-il été réalisé en collaboration avec son frère aîné Hubert, dont on ne connaît aucun autre tableau ? Telle quelle, cette œuvre colossale ne comprend pas moins de 248 personnages. Comme c'était le cas dans la chapelle d'origine, ceux-ci sont éclairés par une lumière unique venant de droite, qui se reflète dans les nombreux bijoux et pierres précieuses. L'œuvre témoigne d'une technique et d'un style magnifiques et illustre l'idéal chrétien du Moyen Âge.

Les panneaux du **registre inférieur** montrent, sur un autel, l'Agneau mystique entouré d'anges, vers lequel se dirigent, de part et d'autre de la fontaine de vie, à gauche les Chevaliers et les Juges intègres, à droite les Ermites et les Pèlerins, tandis qu'au fond sont rassemblés, à droite les Vierges, à gauche les Martyrs et Confesseurs.

Le paysage est lumineux, la végétation précise : des botanistes ont identifié 42 espèces de plantes et de fleurs.

Au centre du **registre supérieur** trône le Christ triomphant sous les traits du grand-prêtre, à gauche se tiennent la Vierge, des chœurs d'anges, Adam aux orteils relevés ; à droite, saint Jean-Baptiste, des anges musiciens et Ève ; remarquer le réalisme des personnages et la beauté décorative des broderies.

Fermés, les panneaux représentent au milieu l'Annonciation et en haut, les Prophètes et les Sibylles. En bas, saint Jean-Baptiste, saint Jean l'Évangéliste et les donateurs, Josse Vijd et sa femme Élisabeth Borluut. ☎ 09 225 16 26 - avr.-oct. : 9h30 (dim.13h)-17h ; nov.-mars : 10h30-16h, dim. 13h-17h (dernière entrée 30mn avant la fermeture) - fermé fêtes religieuses - 3 €.

Mobilier et œuvres d'art de la cathédrale – La monumentale chaire de vérité rococo, aux statues de marbre, datant de 1741, est de L. Delvaux. Dans le chœur, le maître-autel a été exécuté par Verbruggen dans le style baroque et représente l'*Apothéose de saint Bavon*. À gauche du chœur, le mausolée de Mgr Triest (1654) par Jérôme Duquesnoy le Jeune, auteur du célèbre Manneken Pis, frappe par l'expression lasse du personnage.

Dans la 1re chapelle du déambulatoire à droite se trouve le retable **de Jésus parmi les docteurs** (1751) par Frans Pourbus le Vieux : y figurent nombre de personnages célèbres dont Charles Quint, dans le coin inférieur gauche. Dans le bras nord du transept, on verra la **Vocation de saint Bavon** (1624), par P.-P. Rubens qui s'est peint sous la cape rouge d'un converti.

Crypte★ – La plus grande crypte de Flandre est construite sur le même plan que le chœur qu'elle supporte. Un tracé de carreaux noirs limite sur le sol la partie la plus ancienne (1150). De naïfs ex-voto des 15e et 16e s. sont peints sur les piliers et les voûtes romanes de l'ancienne église St-Jean. La crypte renferme un riche trésor : châsse d'argent de saint Macaire signée Hugo de la Vigne (1616), évangéliaire du 9e s., rouleau nécrologique retraçant la vie monastique au Moyen Âge. Dans l'une des chapelles qui abritent des pierres tombales, on admirera le remarquable **triptyque du Calvaire★** (1466) par Juste de Gand, œuvre capitale de ce peintre avant son départ en Italie. On y remarquera l'influence des Van Eyck et de Van der Weyden (groupe des saintes femmes devant la croix). Cette œuvre frappe par la subtilité des coloris aux tons souvent acides.

Derrière le chevet de la cathédrale, on aperçoit le **château de Gérard le Diable** (Geraard de Duivelsteen), austère demeure médiévale (13e s.) restaurée en profondeur au 19e s., qui a appartenu à un châtelain de Gand surnommé ainsi. Il abrite actuellement les archives du Royaume. Les statues en bronze devant le Steen ont été élevées en 1913 en hommage aux frères Van Eyck. Sur la rotonde, à droite, se dresse la statue de Liévin Bauwens (1769-1822).

À gauche de la cathédrale, prendre la Biezekapelstraat.

Maison de l'Arrière-Faucille (De Achtersikkel)

Cette magnifique demeure patricienne du Moyen Âge forme, avec ses tourelles et sa cour à arcades, un ensemble pittoresque (16e s.). Elle abrite le conservatoire de musique depuis 1900.

Non loin, dans la Hoogpoortstraat, se succèdent plusieurs façades anciennes.

Regagner la place St-Bavon.

En face du **Koninklijke Nederlandse Schouwburg** (1897) de style néo-Renaissance se trouve, au milieu d'une pièce d'eau, un monument en hommage à Jan Frans Willems (1793-1846), le « père du mouvement flamand ».

Beffroi (Belfort) et Halle aux draps★★★ (Lakenhalle)

☎ 09 233 07 72 ou 09 233 39 54 (sur place) - mi-mars-mi-nov. : 10h-18h (dernière entrée 30mn avant la fermeture) – 3 €.

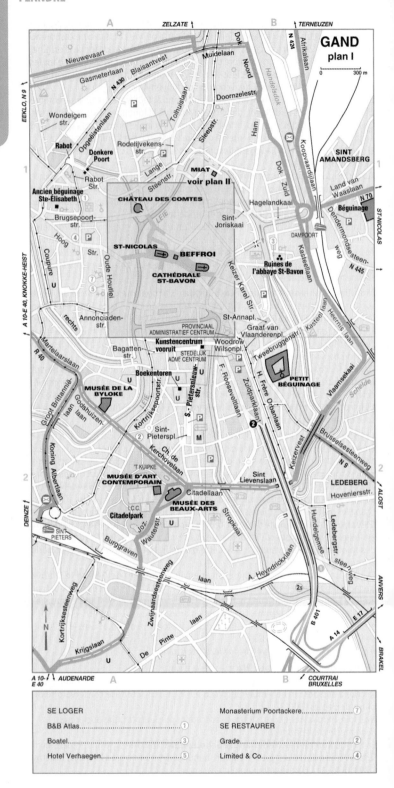

GAND
plan I

0   300 m

SE LOGER

B&B Atlas...①

Boatel...③

Hotel Verhaegen..............................⑤

Monasterium Poortackere....................⑦

SE RESTAURER

Grade..②

Limited & Co...................................④

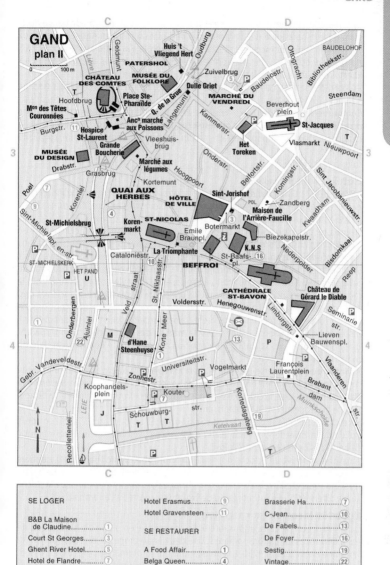

GAND
plan II

0   100 m

PATERSHOL
Huis 't
Vliegend Hert
Zuivelbrug
BAUDELOHOF
Oudburg
Ottogracht
Bibliotheekstr.
CHÂTEAU
DES COMTES
MUSÉE DU
FOLKLORE
Dulle Griet
Baudelostr.
Steendam
Geldmunt
Lieve
Hoofdbrug
Q. de la Grue
Langemunt
MARCHÉ DU
VENDREDI
Beverhout
plein
St-Jacques
Place Ste-
Pharaïlde
Mon des Têtes
Couronnées
Anc.n marché
aux Poissons
Kammerstr.
T
Burgstr.
Hospice
St-Laurent
Grande
Boucherie
Vleeshuis-
brug
Het
Toreken
Vlasmarkt   Nieuwpoort
Belfortstr.
Sint Jacobsnieuwstr.
MUSÉE
DU DESIGN
Drabstr.
Grasbrug
Marché aux
légumes
Onderstr.
Hoogpoort
Kortemunt
Koningstr.
Poel
QUAI AUX
HERBES
Sint-Jorishof
Zandberg
Korenlei
St-Michielsbrug
Sint-Michielspl. en-str.
HÔTEL
DE VILLE
POL.
Maison de
l'Arrière-Faucille
Kwaadham
Bisdomkaai
Koren-
markt
ST-NICOLAS
Botermarkt
Biezekapelstr.
Nederpolder
Reep
Emile
Braunpl.
K.N.S
P
ST-MICHIELSKERK
HET PAND
U
Cataloniëstr.
La Triomphante
BEFFROI
St-Baafs-
pl.
De Fabels
CATHÉDRALE
ST-BAVON
Château de
Gérard le Diable
Séminarie
str.
Onderbergen
Ajuinlei
M
d'Hane
Steenhuyse
Veldstraat
St. Niklaasstr.
Korte Meer
Voldersstr.
Henegouwenstr.
Limburgstr.
Lieven
Bauwenspl.
P
Gebr. Vandeveldestr.
U
Universiteitstr.
Vogelmarkt
François
Laurentplein
Brabant
dam
str.
Vlaanderen
str.
Muinkscheide
LEIE
Zonnestr.
Koophandels-
plein
Kouter
J
Schouwburg-
str.
T
T
Kortedagsteeg
Ketelvaart
T
Recollettenlei
N

C

D

La puissante silhouette du beffroi (91 m), dominée par un dragon de cuivre doré, symbolise la puissance des corporations gantoises au Moyen Âge. Construit aux 13e et 14e s., souvent modifié et restauré, il est accolé à la **halle aux Draps** (15e s.). À l'intérieur du beffroi, la salle appelée « Secret » abritait jadis les privilèges et les libertés de la ville. De la plate-forme supérieure, belle vue sur la ville.

Au pied du beffroi, *La Fontaine aux agenouillés*, de l'artiste laethemois George Minne.

Contourner le beffroi pour voir la porte classique (1741) de l'**ancienne prison** ornée de « l'homme qui tète », le **Mammelokker**, bas-relief baroque symbolique de la charité chrétienne : Cimon, vieillard romain condamné à mourir de faim, est allaité par sa fille.

Gagner le Botermarkt.

Hôtel de ville★ (Stadhuis)

🖉 09 233 07 72 (Gidsenbond) - mai-oct. : visite accompagnée, y compris la visite de l'hôtel de ville (2h) tlj sf vend., sam. et dim.14h30 - rassemblement Infokantoor Toerisme - fermé j. fériés - 7 € / 4 € (uniquement hôtel de ville, ca. 45mn).

La construction d'un nouvel hôtel de ville autour d'un noyau plus ancien débute en 1518 sur les plans de Dominique de Waghemakere et Rombaut Keldermans. Les travaux furent interrompus en 1535 et repris 60 ans plus tard, ce qui permet d'observer deux styles différents. Ornée d'une tourelle d'angle, la **maison de la Charte** (Huis van de Schepenen van de Keure) du 16e s., à droite, est d'un style gothique tardif ; sur la façade Nord (*Hoogpoortstraat*), la chapelle, une petite loggia (pour les proclamations) et un perron font saillie. La chambre Bollaerts, de style maniériste, et la conciergerie baroque ont été ajoutées ultérieurement. La partie gauche plus tardive (début 17e s.), inspirée de la Renaissance italienne, est **la maison des Parchons**, échevins chargés d'apaiser les différends. Enfin, la façade Sud donnant sur le Poeljemarkt date du milieu du 18e s.

À l'**intérieur**, on traverse une partie de la maison de la Keure, notamment la salle de justice, au pavement en labyrinthe, donnant sur la loggia où fut proclamée la Pacification de Gand, la chapelle surmontée d'une belle voûte gothique et, à l'étage, la salle du Trône aux voûtes Renaissance.

Face à l'hôtel de ville se dresse le **Cour St-George** (St.-Jorishof) du 15e s., maison de la guilde des arbalétriers, ensuite relais de diligence et aujourd'hui hôtel-restaurant.

Gagner l'abside de l'église St-Nicolas.

À gauche se trouve une cloche nommée **La Triomphante** (de Triomfante), héritière de celle qui occupait jadis le beffroi et portait pour devise : « Cette cloche a nom Roeland ; quand elle s'ébranle, elle sème l'orage dans la contrée. » Lorsque la cloche se fendit en 1914, elle fut retirée du beffroi et transportée à l'endroit actuel.

Église St-Nicolas★ (St.-Niklaaskerk)

La construction de cette imposante église paroissiale en pierre de Tournai débute en 1200 sur des fondations romanes. Une deuxième campagne de construction fut entamée entre 1220 et 1250. La robuste tour qui surmontait la croisée du transept faisait autrefois office de beffroi et fut ornée en son sommet d'imposants guetteurs en pierre. À peine la construction était-elle achevée que d'importants travaux de transformation reprirent. Les bas-côtés furent recouverts d'une voûte en pierre et l'intérieur fut considérablement modifié. Plus tard encore, le chœur fut embelli d'arcs-boutants. Durant les guerres de Religion du 16e s, l'intérieur fut entièrement détruit et remplacé par un intérieur baroque au 17e s.

La façade est de l'église donne sur le **Korenmarkt** (Marché aux grains), endroit très fréquenté qui, avec ses nombreux restaurants et cafés, constitue le centre de la Cuve. Installé à une terrasse en été, l'on peut contempler le va-et-vient incessant des amateurs de shopping, en quête de l'un ou l'autre achat.

Passer à gauche de la Poste pour gagner le pont St-Michel.

St.-Michielsbrug (Pont St-Michel)

Ce pont offre une **perspective★★★** étonnante sur les monuments et les façades de la vieille cité. On admire d'abord, en se retournant, l'enfilade des tours de St-Nicolas, du beffroi et de St-Bavon. Du centre du pont, on voit, à droite, l'abside de St-Michel, de style gothique tardif, accolée à l'ancien couvent des dominicains du 15e s., actuellement bâtiment universitaire (Het Pand). À gauche, on distingue les créneaux du château des Comtes avec, au premier plan, les maisons du quai aux Herbes et du quai au Blé.

Gagner le quai aux Herbes.

Vue sur la Korenlei.

Quai aux Herbes★★★ (Graslei)

Pour bien voir l'ensemble des façades, se placer sur le quai au Blé (Korenlei).

Là se trouvait au Moyen Âge le port, centre nerveux de la ville. Le quai aux Herbes est bordé de maisons du 12e au 17e s., d'un style architectural très pur. Remarquer de gauche à droite les plus intéressantes :

– la maison des Maçons (16e s.), reconstruite, avec une haute façade en pierre prolongée d'élégants pinacles ;

– la première maison des Mesureurs de grains (15e s.) au pignon à redans flamand typique ;

– la large et sombre maison de l'Étape, en style roman scaldien, qui servait d'entrepôt pour les grains perçus comme droit d'étape ;

– la minuscule maison du Tonlieu (1682), la plus petite maison de la ville où logeaient les receveurs de l'étape ;

– la seconde maison des Mesureurs de grains (1698) avec ses caves voûtées du 14e s. ;

– la maison des Francs-Bateliers, au portail surmonté d'une nef et dont l'admirable façade couronnée d'un pignon aux lignes souples en gothique brabançon date de 1531.

Revenir sur le quai aux Herbes et gagner le Groentemarkt.

Marché aux légumes (Groentemarkt)

À gauche se situe la **Grande Boucherie** (Groot Vleeshuis) (1404), avec ses lucarnes à redans et son imposante charpente en chêne. Les éventaires en bois adossés à la façade servaient jadis à la vente de tripes. Sur le coin se dresse 't Galgenhuyseken (la Potence), où se trouvaient jadis le gibet et le pilori.

Par le Langemunt et la Kammerstraat, on arrive au Vrijdagmarkt.

Margot l'Enragée (Dulle Griet)

Ce grand canon du 15e s. fut amené à Gand en 1578 pour défendre la ville contre l'envahisseur espagnol. Il se révéla toutefois inutilisable à l'arrivée.

Marché du Vendredi★ (Vrijdagmarkt)

Ce vaste marché fut le théâtre de nombreux épisodes historiques. Les souverains de Flandre venaient y haranguer le peuple ; des luttes sanglantes s'y déroulèrent en mai 1345 entre tisserands et ouvriers de la laine. Durant ces troubles, Jacob Van Artevelde, dont la statue orne la place, fut assassiné.

Au Nord de la place, l'imposante bâtisse « Ons Huis-Bond Moyson » (1897-1902) fut construite dans un style éclectique par F. Dierkens. La partie gauche abritait une maison du peuple ; la partie droite fut un entrepôt de vêtements au service des associations professionnelles socialistes.

Au fond, la maison à tourelle, **Het Toreken**, de 1451-1458, appartenait à la corporation des tanneurs. On y vendait surtout de la toile. Les pièces ne répondant pas aux critères de qualité et de taille étaient accrochées à la balustrade de la tourelle en signe de remontrance.

Au sud du Vrijdagmarkt se dressent la maison baroque **Bonte Mantele** (l'actuelle Brasserie Keizershof, au numéro 47) et la **Tooghuis**, du 18e s., avec porche baroque.

Plus à l'Est, on aperçoit les trois tours de l'**église St-Jacques** (St.-Jacobskerk); les deux tours de façade sont romanes, mais l'une a reçu au 15e s. une toiture en grès, à crochets. Un sympathique marché aux puces se tient tous les vendredis, samedis et dimanches sur la petite place jouxtant l'église.

Traverser la Lys par le pont Zuivelbrug.

Patershol★

Par la Rodekoningstraat, on arrive au cœur du Patershol, un des quartiers les plus anciens et agréables de la ville.

Revenir sur ses pas et prendre le quai de la Grue qui longe la Lys.

Le Patershol

Situé entre la Lange Steenstraat, het Sluizeken, la Lys et le Geldmunt, ce quartier doit son nom à un petit tunnel situé sous le couvent des carmélites. Par ce petit passage, les habitants du quartier pouvaient s'approvisionner d'eau dans le canal du Ploter. Outre de petites habitations d'artisans - les plus anciennes datent du 12e s. -, ce quartier compte d'imposants hôtels particuliers, deux couvents médiévaux et une maison-Dieu. Le Patershol a connu une histoire mouvementée et, de centre artisanal et religieux au Moyen Âge, il devint un quartier chic pour magistrats et avocats aux 17e et 18e s. Au 19e s., le quartier dépérit complètement et acquit une réputation de coupe-gorge. Sa rénovation n'a commencé que dans les années 1980. Bien que de nombreux cafés et restaurants se soient établis aujourd'hui dans le Patershol, le quartier reste avant tout résidentiel, très fréquenté par les étudiants et les artistes. Le week-end avant le 15 août sont organisées les Patersholfeesten (fêtes du Patershol).

Parmi les bâtiments intéressants, on citera l'**église St.-Jacques**, l'ancien couvent des Carmes chaussés dans la Vrouwebroersstraat, la **Maison d'Alijn** (voir plus loin) au Kraanlei et la **chapelle des Norbertins** au Drongenhof.

Quai de la Grue (Kraanlei)

On y voit d'intéressantes maisons anciennes, en particulier la maison **Cerf-volant** ('t Vliegend Hert) qu'avoisine une autre dont les bas-reliefs représentent les œuvres de miséricorde.

Gagner la place Ste-Pharaïlde.

Place Ste-Pharaïlde (St.-Veerleplein)

Cette place, où se pratiquaient jadis les exécutions capitales, groupe ses maisons anciennes, l'**hospice St-Laurent** (Wenemaershospitaal) ou de Wenemaer dont la façade date de 1564, et l'**ancien marché aux poissons** (Oude Vismarkt) (1689), de style baroque. Les hauts-reliefs au beau modelé surmontant le portique représentent Neptune, la Lys et l'Escaut.

Château des Comtes★★ (Gravensteen)

℘ 09 225 93 06 ou 09 269 37 30 - 9h-18h (oct.-mars : 17h) - fermé 1er et 2 janv., 24, 25 et 31 déc. - 6 € - Moviequide « Filips en Mathilde » 3 €.

Le château, construit en 1180 par le comte de Flandre Philippe d'Alsace sur un donjon plus ancien, a été radicalement restauré au début du 20e s. Il n'en restait alors que quelques ruines qui étaient occupées par une filature. Son architecture est inspirée des forts des croisés en Syrie. Sa couronne de courtines munies de bretèches, d'échauguettes et de merlons se mire dans les eaux de la Lève.

À l'intérieur de l'enceinte, on visite la « galerie romane » avec ses baies géminées sur le mur Est du donjon, les belles salles de la « maison du comte » dont l'une servit de cadre au septième chapitre de la Toison d'or en 1445 présidé par Philippe le Bon. Une autre salle contient une collection d'instruments de torture rappelant que le château servit longtemps de prison.

Du sommet du donjon, on bénéficie d'une fort belle **vue★** sur Gand et ses environs.

En contournant le donjon, on pénètre dans les écuries, crypte à deux nefs aux voûtes en ogive, qui abrite un puits.

En sortant du château, on peut voir, au début de la Burgstraat, la **maison des Têtes Couronnées** (Huis der Gekroonde Hoofden), ornée de médaillons avec bustes des comtes de Flandre.

Les musées et monuments

AU CENTRE-VILLE Plan II

Musée du Folklore★ (Huis van Alijn)

☎ 09 269 23 50 - www.huisvanalijn.be - tlj sf lun. 11h-17h, dim. 10h-17h - fermé 1er janv., 25 déc. - 2,50 €.

La Maison d'Alijn est installée dans l'Hôpital pour enfants Alijn (1363), la seule **maison-Dieu** de Gand. Ce musée s'intéresse à la **culture de la vie quotidienne** et propose au visiteur le récit grandiose des petites choses de la vie à travers objets, photos, reconstructions d'intérieurs, de boutiques et d'ateliers d'artisans. Il se penche aussi sur les dialectes grâce à une présentation multimédia. Le superbe **jardin intérieur★**, véritable oasis de calme au centre de la ville, invite à quelques moments de repos. Le musée présente aussi un théâtre de marionnettes traditionnelles avec, en vedette, le héros gantois Pierke Pierlaia. *Merc. et sam. ap.-midi : théâtre de marionnettes avec Pierke (14h30), lors des Fêtes de Gand (sem. du 21 juil.) : 15h - fermé 1er janv., 25 déc, août - 3 €.*

Musée du Design★ (Design museum Gent)

☎. 09 267 99 99; www.designmuseumgent.be - tlj sf lun. 10h-18h - fermé 1er janv., 24, 25 et 31 déc. - 2,50 €.

Les **collections des 17e et 18e s.** du musée sont installées dans les élégants salons de l'ancien hôtel de Coninck (18e s.). On admirera du beau mobilier exposé par époque, des tapisseries, des objets d'art recréant l'atmosphère d'une demeure patricienne d'autrefois.

Certaines salles sont décorées de panneaux de toile peinte. Avec son plafond peint, son lustre en bois, son mobilier, ses porcelaines de Chine, la **salle à manger** est une véritable merveille.

La nouvelle aile, située à l'arrière, abrite la **collection moderne** (de 1880 à nos jours). Au rez-de-chaussée sont organisées des expositions temporaires, tandis que le 1er étage est consacré à la période 1880-1950. Les collections Art nouveau, dont quelques magnifiques intérieurs de Henry van de Velde et Paul Hankar, et les sections Art déco et moderniste (E. Lenoble, H. Hoste, Le Corbusier) sont intéressantes. Deux circuits distincts illustrent certains aspects architecturaux et décoratifs du design en Europe occidentale au début du 20e s. L'étage supérieur offre un aperçu des arts décoratifs des années 1970 et 1980. On découvrira en outre des œuvres de créateurs de bijoux, de meubles et de céramistes contemporains. Remarquer l'étonnant fauteuil Kandissi de l'architecte et styliste américain Alessandro Mendini.

AU SUD DU CENTRE Plan I

Musée des Beaux-Arts★★ (Museum voor Schone Kunsten)

☎ 09 240 07 00 - www.mskgent.be - tlj sf lun. 10h-18h - fermé 1er et 2 janv., 24, 25 et 31 déc. - 4 €. Cet important musée est situé en bordure du parc de la Citadelle, où se dresse un très beau kiosque à musique octogonal de 1885. Il possède une riche et

Y. Duhamel/MICHELIN

Musée des Beaux-Arts.

intéressante collection d'art ancien et moderne du 15e s. à la 1re moitié du 20e s. Si la collection de sculptures et tapisseries de Bruxelles (18e s.) mérite d'être citée, ce sont surtout les peintures qui retiendront l'attention.

Peinture ancienne – Dans la collection des **maîtres anciens**, on admirera la ravissante *Vierge à l'œillet* de l'atelier de Rogier Van der Weyden et les deux tableaux de **Jérôme Bosch** qui traitent de l'opposition entre le bien et le mal. Dans le premier, *Saint Jérôme*, œuvre de jeunesse, l'avant-plan du tableau représentant le mal, montre le saint en prière entouré d'objets effrayants et d'une nature menaçante tandis qu'à l'arrière le paisible paysage évoque le bien. Le *Portement de croix*, l'une des dernières œuvres du grand peintre, témoigne d'un modernisme extraordinaire dans sa façon de traiter en gros plan cet agglutinement de têtes aux trognes démoniaques au milieu duquel apparaît le visage serein du Christ. Le Christ se trouve entre deux diagonales ; l'une symbolisant le mal avec la poutre de la croix et le visage du mauvais larron en bas à droite, l'autre reliant le visage du bon larron à celui de sainte Véronique se retirant avec le suaire.

La *Vierge et l'Enfant* d'Adrien Isenbrant frappe par la beauté du paysage. On remarquera aussi quelques beaux portraits du miniaturiste gantois Gérard Horenbaut.

Le musée présente un intéressant panorama de la **peinture des 16e et 17e s.** L'accent est mis sur les artistes originaires des anciens Pays-Bas : Pieter Bruegel le Jeune, Frans Pourbus l'Ancien (*Portrait d'une jeune femme*), Rubens, Jordaens (*Étude de têtes*), Van Heemskerck, Maarten de Vos, Gaspar De Crayer (*Étude de tête d'un jeune Maure*), Philippe de Champaigne (*Les Disciples d'Emmaüs et un Portrait de Pierre Camus*) et Frans Hals (*Portrait d'une femme*).

Peinture moderne – Cette riche collection présente un aperçu de la peinture belge du **19e au début du 20e s.** L'influence de l'école française du 19e s. est illustrée par le remarquable *Portrait d'un kleptomane* de Géricault et des paysages réalistes et romantiques de Corot, Courbet, Daubigny et Théodore Rousseau. L'impressionnisme et le symbolisme belges sont représentés par Claus, Van Rysselberghe (*La Lecture*), Evenepoel (*L'Espagnol à Paris*), Spilliaert, Khnopff. On admirera la vaste collection d'œuvres d'Ensor ainsi que les sculptures du Gantois George Minne (*Les Agenouillés*). Tout comme Gustave Van de Woestijne et Valerius De Saedeleer, ce dernier appartient à la première école de Laethem-Saint-Martin. L'expressionnisme flamand s'exprime dans les œuvres d'Albert Servaes, Constant Permeke (*Le Paysan couché*), Gust de Smet, Frits van den Berghe et Rik Wouters. Les œuvres de Kokoschka, Rouault, Kirchner, Rohlfs et Heckel appartiennent à l'expressionnisme international.

Musée d'Art contemporain S.M.A.K.★★
(Stedelijk Museum voor Actuele Kunst Gent)

☎ 09 221 17 03 - www.smak.be - 👤 - tlj sf lun. 10h-18h - 24 et 31 déc. - 16h - fermé 1er janv. et 25 déc. - 6 €.

Installé dans l'ancien palais des Floralies, ce musée fut édifié en 1913 à l'occasion de l'Exposition universelle et entièrement rénové en 1999 d'après les plans de l'architecte Koen Van Nieuwenhuyse. L'animateur et conservateur du musée est Jan Hoet, « enfant terrible » de la scène artistique internationale contemporaine et organisateur de la Documenta IX,

Y. Duhamel/MICHELIN

Le S.M.A.K.

exposition renommée, organisée à Kassel en Allemagne. La très intéressante collection, exposée par roulement, permet de suivre l'évolution artistique depuis les années 1950 jusqu'aux expressions les plus modernes. Citons quelques œuvres de prédilection : *Aeromodeller* de Panamarenko, *Wirtschaftswerte* de Joseph Beuys, *Two Watchmen* de Juan Muñoz, *Le Gardien de notre potager* de Thierry De Cordier et *La Toilette* d'Ilya Kabakov. Le musée organise également d'importantes expositions temporaires.

Musée de la Byloke★★ (Oudheidkundig Museum van de Bijloke)

Fermé pour cause de rénovation. Réouverture prévue, en tant que Stadsmuseum Gent (STAM - Musée de la Ville de Gand), au cours de l'automne 2009.

L'ancienne abbaye cistercienne de la Byloke fût fondée au 13e s. Ce bel ensemble de constructions de brique datant du 14e au 18e s. abrite un remarquable **réfectoire médiéval** décoré de superbes **peintures murales** dont une représente la Cène. Actuellement en cours de réaménagement, il servira de cadre au STAM, musée dédié à l'histoire de la ville.

Boekentoren

Rozier 9 - ℘ 09 264 38 51 - www.lib.ugent.be.

Située dans un quartier très animé, la Bibliothèque centrale de l'université de Gand (1933-1940) fut construite d'après un projet du célébrissime architecte Henry van de Velde (1863-1957), fondateur de la Kunstgewerbeschule à Weimar, précurseur du Bauhaus. La tour haute de 64 m comprend 26 étages dont une belle salle de réception (Belvédère) aux formes pures. Le bâtiment moderniste, dont la façade est d'une grande simplicité, fut réalisé en béton.

Petit béguinage★ (Klein Begijnhof)

Lange Violettenstraat.

Fondé en 1234 par Jeanne de Constantinople, ce calme enclos n'a pas changé depuis le 17e s. Les charmantes maisons en brique, précédées de jardinets aux murs blanchis à la chaux, encadrent l'église et deux pâturages.

AU NORD DU CENTRE Plan I

MIAT - Musée d'Archéologie industrielle et du textile★
(Museum voor Industriële Archeologie en Textiel)

Minnemeers 9 - ℘ 09 269 42 00 - www.miat.gent.be - &. - tlj sf lun. 10h-18h - fermé 1er janv., 24, 25 et 31 déc. - 2,50 €.

Installé dans une ancienne filature de coton (1905-1913), ce musée est consacré au passé industriel de la ville. Les nombreuses machines, dont la célèbre **mule jenny** importée clandestinement d'Angleterre vers 1810 par Liévin Bauwens, objets divers, documents et reconstitutions d'intérieurs illustrent les changements qu'a subis la société industrielle. La première section au 5e étage (belle **vue sur Gand et ses tours**) donne un aperçu de la période **1750-1900**, où l'on insiste sur le rôle prépondérant de la femme. Le 4e étage (**1900-2000**) présente les développements techniques et économiques du 20e s. Les nombreuses machines de la « fabrique de coton » (3e étage) permettent de suivre au fil de ses pas le processus de production d'antan, du coton brut au tissu teint. La partie moderne du musée accueille des expositions temporaires ; les plantes du jardin étaient jadis utilisées pour la teinte des textiles.

Musée de l'archéologie industrielle et du textile.

Ruines de l'abbaye St-Bavon (Ruïnes van de St.-Baafsabdij)

℘ 09 233 07 72 - visite sur demande auprès d'une des associations de guides.

Fondée au 7e s., l'abbaye fut reconstruite au 10e s.

En 1540, après avoir promulgué la Concession caroline, Charles Quint transforma l'abbaye en citadelle, baptisée « le château des Espagnols ». Elle fut démolie au 19e s. Il ne reste des bâtiments abbatiaux qu'une galerie du cloître gothique, le beau lavabo roman, les baies géminées, romanes elles aussi, de la salle capitulaire et surtout le vaste **réfectoire**★ du 12ᵉ s. à la magnifique charpente en bois en carène de bateau ; celui-ci renferme des fresques romanes et une importante collection de dalles funéraires. Dans les celliers : pierres romanes et gothiques.

Ancien béguinage Ste-Élisabeth (Oud Begijnhof St.-Elisabeth)

Devenu insuffisant, le grand béguinage, fondé, comme le petit béguinage, en 1234, fut abandonné au 19ᵉ s. par les béguines qui s'installèrent à Mont-St-Amand. Il n'en subsiste qu'une rue pittoresque et étroite, la **Provenierssterstraat**, à proximité de l'église Ste-Élisabeth, et autour de l'église, trois jolies maisons à pignons à redans, bien restaurées.

Par la Begijnhoflaan, on peut gagner au Nord le **Rabot**. Cette porte de 1489 aux toits pointus et aux pignons à redans est une ancienne écluse sous laquelle disparaît la Lieve, devenue en partie souterraine.

En longeant la Bachtenwalle, on arrive à la **Donkere Poort**, seul vestige du palais (Prinsenhof) où naquit Charles Quint le 24 février 1500.

Aux alentours

Mont-St-Amand (St.-Amandsberg)

1,5 km au nord-est par la Land van Waaslaan. L'entrée du béguinage se trouve dans l'Engelbert van Arenbergstraat ou dans la Schoolstraat (rues latérales de la Land van Waaslaan).

Groot Begijnhof (Grand béguinage) – Il a succédé en 1874 à l'ancien béguinage Ste-Élisabeth dont il conserve le nom. C'est un immense enclos qui présente l'aspect traditionnel des béguinages, agglutinés comme une petite cité autour de l'église de style néogothique. Quelques béguines y habitent encore.

Lochristi

9 km au nord-est par la N 70.

Dans cet important centre agricole prédomine la culture du bégonia (floraison en été) et de l'azalée.

Laarne

13 km à l'est. Sortir par la N 445 et tourner à gauche vers Heusden.

On découvre avant Heusden de superbes propriétés.

Château★ – ℘ 09 230 91 55 - *Pâques-30 sept. : dim. 14h-17h30 ; juil.-août : également mar., merc., jeu., sam., mêmes heures - 5 €.*

Encerclé de douves, le château de Laarne présente de hauts murs gris flanqués de tours à toit de pierre et d'un donjon à tourelles. Édifié au 12ᵉ s. pour servir à la défense de Gand, il fut modifié au 17ᵉ s. De cette époque datent la cour d'honneur et l'entrée actuelle, précédée d'un pont de pierre et surmontée d'une loggia. L'**intérieur** a été remeublé (lors de la restauration de 1962) de façon à restituer l'atmosphère du château au 17ᵉ s. Dans les salles aux belles cheminées sont disposés de grands meubles anversois et français ; les murs sont tendus de belles tapisseries dont deux, réalisées

Y. Duhamel/MICHELIN

Château de Laarne.

à Bruxelles au 16ᵉ s. d'après les cartons de B. Van Orley, appartiennent à la série des Chasses de Maximilien. À signaler, au rez-de-chaussée, les voûtes Renaissance de la galerie donnant sur la cour intérieure ; au 1ᵉʳ étage, une élégante tapisserie du 16ᵉ s., illustrant la vie seigneuriale, et surtout la **collection d'argenterie★** (15ᵉ-18ᵉ s.) de divers pays européens, donation de M. Claude D'Allemagne.

Eeklo
20 km au nord-ouest par la N 9.
Cette ville possède un joli **hôtel de ville** Renaissance, à pignons et lucarnes à redans et volets de couleurs gaies.
À 29 km au Nord par la N 456, près de la frontière des Pays-Bas, l'église de **Watervliet** (16ᵉ s.) abrite un beau triptyque du 15ᵉ s. peint sur bois et un intéressant mobilier baroque.

Circuit de découverte

LA RÉGION DE LA LYS
28,5 km. Sortir au sud-ouest par la Koningin Fabiolalaan, près de la gare (St.-Pieterss-tation) en direction de Deinze.

Afsnee
Sa charmante église romane dont le chevet borde la Lys est souvent reproduite sur les toiles.

Une colonie d'Artistes
Les bords de la Lys ont inspiré bien des peintres. À la fin du 19ᵉ s., un groupe d'artistes se forma autour du sculpteur George Minne installé à Laethem-St-Martin depuis 1897 : Gustave Van de Woestijne (1881-1947), les paysagistes Albijn Van den Abeele (1835-1918) et Valérius De Saedeleer (1867-1941). Leurs recherches aboutirent, après la guerre, à l'expressionnisme très marqué du 2ᵉ groupe de Laethem dont le précurseur est **Albert Servaes** (1873-1967), et les principaux représentants **Constant Permeke** (1886-1952), **Gust De Smet** (1877-1943) et **Frits van den Berghe** (1883-1939). Aucune route ne suivant vraiment la Lys, une promenade en bateau est la meilleure façon d'en découvrir les paysages.

Laethem-St-Martin (St.-Martens-Latem)
Situé près de la Lys, c'est un village dont les environs sont très fréquentés par les Gantois. On peut y admirer de somptueuses villas engoncées dans leur écrin de nature. De la route qui le traverse, on aperçoit à gauche un vieux moulin à vent en bois.

Deurle
Au bord de la Lys, Deurle dissimule dans la verdure de nombreuses villas fleuries.

Musée communal (Gemeentelijk Museum) Gustaaf De Smet – ℘ 09 282 77 42 - tlj sf lun. et mar. 14h-18h (oct.-mars : 17h) - fermé janv. - 2,50 €. La maison où le Gantois Gust (ou Gustaaf) **De Smet** (1877-1943) se retira pour peindre de 1935 à sa mort est devenue un musée. L'intérieur ainsi que l'atelier sont restés inchangés et abritent de nombreuses œuvres de cet artiste du deuxième groupe de Laethem.

Musée Léon De Smet – ℘ 09 282 30 90 - Pâques-1ᵉʳ nov. : sam., dim. et j. fériés 14h30-18h ; 2 nov.-Pâques : sam., dim. et j. fériés 14h30-17h ; juil.-août : uniquement dim. 14h30-18h - gratuit. La maison, construite en 1969 par la dernière compagne de **Léon De Smet** (1881-1966), frère de Gust, conserve les meubles et les objets familiers du peintre qu'il reproduisait sur ses toiles. Une vingtaine de tableaux et de dessins y sont exposés.

Musée Dhondt-Dhaenens – ℘ 09 282 51 23 - www.museumdd.be - ᨕ - mar.-dim. 11h-17h - 3 €.
À coté du musée Léon De Smet, ce long bâtiment de brique blanc construit en 1969 offre un bon aperçu de l'expressionnisme flamand issu de l'art de Laethen et s'est enrichi, au fil des années, de plusieurs œuvres d'art contemporain. On y admire des œuvres de grands maîtres comme Permeke, Van den Berghe, Gust De Smet, Albert Servaes… Le MDD organise un nombre assez important d'expositions d'art moderne et contemporain belge et étranger.
En quittant Deurle, on longe un instant la Lys (jolie vue à gauche), puis, en franchissant un pont, on a une belle vue sur la rivière qui chemine langoureusement entre de verts pâturages.

Bateau sur la Lys.

Château (Kasteel) Ooidonk

📞 09 282 61 23 - www.ooidonk.be - déb. avr.-mi-sept. : visite accompagnée (1h) dim. et j. fériés 14h-17h30 (juil.-août sam. aux mêmes heures) - 6 €.

Ce château de la fin du 16ᵉ s. se situe à proximité du village de Bachte-Maria-Leerne ; il a remplacé une forteresse du Moyen Âge, habitée par les seigneurs de Nevele et détruite au cours des guerres de Religion. Le château actuel, cerné d'eau et entouré d'un parc, est toujours habité. Avec ses pignons à redans et ses tours à bulbe, il est caractéristique du style hispano-flamand. L'intérieur réaménagé au 19ᵉ s. contient une belle suite d'appartements. Parmi les portraits du 16ᵉ s. figurent celui de Philippe de Montmorency, comte de Hornes et propriétaire du château, et celui du comte d'Egmont. Tous deux furent décapités à Bruxelles en 1568.

Prendre la N 43.

Deinze

Petite ville industrielle construite sur les bords de la Lys, Deinze possède une belle **église** dédiée à Notre-Dame (Onze-Lieve-Vrouwekerk). Elle date du 13ᵉ s. et constitue un bel exemple de gothique scaldien. À l'**intérieur**, on peut admirer une œuvre de Gaspar de Craeyer : l'**Adoration des Bergers**.

Un peu plus loin, on aperçoit le bâtiment blanc du **musée de Deinze et de la Région de la Lys** (Museum van Deinze en de Leiestreek). Dans les collections comprenant des peintures et sculptures d'artistes de la région entre Gand et Courtrai, le groupe de Laethem est bien représenté. Sont à signaler : *La Récolte des betteraves* d'Émile Claus, *Un paysage marécageux* de De Saedeleer et des œuvres de A. Saverys, A. Servaes, Van de Woestijne, G. Minne, Van Rysselberghe, Van den Abeele et R. Raveel. Le musée comprend également une section d'archéologie et de folklore. *📞 09 381 96 70 - www. museumdeinze.be - ✎ - tlj sf lun. 14h-17h30 - w.-end et j. fériés 10h-12h, 14h-17h - fermé 1ᵉʳ janv., 25-26 déc. 2,50 €.*

Suivre la N 43.

Machelen

Le célèbre artiste Roger Raveel vit le jour en 1921 à Machelen, petit village tranquille au bord de la Lys. Situé dans un beau bâtiment de style résolument contemporain de l'architecte Stéphane Beel, le **musée Raveel** présente un aperçu détaillé de l'œuvre de l'artiste. Proche du nouveau réalisme, les compositions de Raveel, combinant des éléments figuratifs et abstraits, restent liées à la réalité quotidienne. *📞 09 381 60 00 - www.rogerraveelmuseum.be - tlj sf lun. et mar. 11h-17h - fermé de Noël au Nouvel An.*

À proximité de la Lys, le visiteur découvrira *Het plein van de Nieuwe Visie* (La place de la Nouvelle Vision) de 1998 représentant l'artiste et son épouse.

Gand pratique

Informations utiles

Code postal : 9000
Indicatif téléphonique : 09
Infokantoor Dienst Toerisme – *Belfort (Raadskelder), Botermarkt 17A, 9000 Gent* - ℘ 09 266 56 60 - *visit@gent.be* - *www.visitgent. be*. À partir du printemps 2009, l'office du tourisme sera installé Sint-Veerleplein 5.

Transports

Voiture – Sachez que la ville cherche à décourager la circulation automobile urbaine. Il est donc vivement conseillé de laisser votre voiture dans un des parkings du centre-ville. Les curiosités du centre historique étant fort proches les unes des autres, il est recommandé de découvrir la ville à pied.

Visites

Promenade en calèche – *St.-Baafsplein - Pâques-oct., w.-end, j. fériés et tlj pdt les vac. 10h-18h - 25 € par calèche*. Agréable balade en calèche à travers l'ancienne cité drapière qui vit naître Charles Quint. Cette promenade englobe les principales curiosités du centre historique.

Se loger

⊖ **B&B Atlas** – *Rabotstraat 40 -* ℘ 09 233 49 91 - *www.atlasbenb.be* - 3 ch. 68/75 € ⊑. Ancienne maison de maître s'ouvrant par une grande porte cochère, proche des tours du Rabot et du nouveau palais de justice. Choix entre chambres à l'ambiance toscane, asiatique ou africaine. Petit-déjeuner servi dans un superbe salon du 19ᵉ s.

⊖⊜ **B&B La Maison de Claudine** – *Pussemierstraat 20 -* ℘ 09 225 75 08 - *www. bedandbreakfast-gent.be* - 3 ch. 75/90 €. Chambres d'hôtes agréables, joliment décorées et dotées de tout le confort. La maison fut autrefois partie d'un couvent. La grande suite offre une vue exceptionnelle sur le centre de Gand.

⊖⊜⊟ **Monasterium Poortackere** – *Oude Houtlei 56 -* ℘ 09 269 22 10 - *www. monasterium.be* - 54 ch. 46/175 € - ⊑ 12,50 € - ☐ - *rest. menu 20/40 €*. Ancien bâtiment conventuel classé, situé dans le centre et transformé en hôtel. Le visiteur a le choix entre une ancienne cellule de moine, assez sobre, ou une chambre plus luxueuse dans la « maagdenvleugel » (aile des vierges) ou dans la maison du recteur.

⊖⊜⊟ **Hotel Erasmus** – *Poel 25 -* ℘ 09 224 21 95 - *www.erasmushotel.be* - 11 ch. 99/120 € ⊑. Hôtel convivial installé dans un immeuble du 19ᵉ s. Le mobilier ancien, les pavements originaux en mosaïque et un jardin intérieur à la française confèrent à ce petit hôtel un cachet particulier.

⊖⊜⊟ **Boatel** – *Voorhoutkaai 44 -* ℘ 09 267 10 30 - *www.theboatel.com* - 7 ch. 110/135 € ⊑ - ☐. Péniche transformée en hôtel, amarrée dans le nouveau port intérieur de Gand, Portus Ganda, dans le centre historique de la ville. Accueil chaleureux. Manière originale de loger en ville.

⊖⊜⊟ **Hotel Gravensteen** – *Veemarkt 2 -* ℘ 09 225 11 50 - *www.gravensteen.be* - 49 ch. 118/165 € - ⊑ 17 € - ☐. Charmant hôtel aménagé dans une maison de maître de style Empire du 18ᵉ s. Il se trouve en face du château des Comtes. Belles chambres à la décoration classique. Lounge convivial, sauna et salle de fitness complètent l'offre de cet hôtel dans le centre historique de Gand.

⊖⊜⊟ **Court St Georges** – *Botermarkt 2 -* ℘ 09 224 24 24 - *www.courtstgeorges.be* - 31 ch. 125/200 € - ☐. Cet hôtel se compose de deux maisons de maître restaurées et se trouve en face de l'hôtel de ville. Les chambres rénovées ont reçu un décor contemporain, le charme ancien étant surtout conservé dans la salle rustique du petit-déjeuner.

⊖⊜⊟ **Ghent River Hotel** – *Waaistraat 5 -* ℘ 09 266 10 10 - *www.ghent-river-hotel.be* - 77 ch. 145/180 € - ⊑ 18 € - ☐. Cet hôtel intègre une ancienne usine et une maison Renaissance. Seule la façade moderne déçoit. Plusieurs types de chambres, toutes très confortables. Superbe vue sur la vieille ville depuis la salle du petit-déjeuner, installée au dernier étage.

⊖⊜⊟ **Hotel de Flandre** – *Poel 1-2 -* ℘ 09 266 06 00 - *www.hoteldeflandre.be* - 47 ch. 145/205 € - ⊑ 18 € - ☐. Bâtiment néoclassique dont les vieilles structures ont été combinées avec un aménagement moderne. Chambres confortables aux couleurs chaudes et au décor de bon goût. Lounge convivial au rez-de-chaussée.

⊖⊜⊟ **Hotel Verhaegen** – *Oude Houtlei 110 -* ℘ 09 265 07 60 - *www.hotelverhaegen. be* - 4 ch. 190/220 € - ⊑ 15 €. Un véritable trésor se cache ici derrière une façade discrète. Le charme absolu dans une ambiance décontractée. Les grandes chambres ont bénéficié d'une décoration différente, avec un grand souci du détail. Combinaison réussie de l'ancien et du design. Le petit-déjeuner est servi dans un salon rococo donnant sur le jardin intérieur.

Se restaurer

⊖ **Limited & Co** – *Hoogstraat 58 -* ℘ 09 225 14 95 - *fermé sam. midi et dim*. Cet établissement quelque peu excentrique attire surtout un public jeune. Adresse recommandée pour un lunch, mais aussi pour un dîner plus élaboré. À la carte : des salades, des pâtes et des préparations simples mais goûteuses.

⊖ **Vintage** – *Onderbergen 35 -* ℘ 09 223 51 31 - *www.vintagewine.be* - *menu 15/25 €*. On se rend dans ce bar à vin, situé dans une rue peuplée de boutiques plaisantes et de cafés, non seulement pour un verre, mais aussi pour un lunch ou un dîner. Carte limitée, mais plat principal qui change tous les jours.

De Fabels – *Kalandeberg 13 -* 📞 *09 233 11 31 - www.defabels.be - fermé dim. - menu 25 €.* Brasserie moderne à l'ambiance décontractée, située sur une petite place dans le centre de Gand. Cuisine française et préparations belges. L'adresse idéale pour le repas de midi.

De Foyer – *St Baafsplein 17 -* 📞 *09 225 32 75 - fermé mar. - menu 25 €.* La grandeur du théâtre est associée ici à une cuisine de brasserie de qualité et à un service rapide et convivial. Le client a le choix entre petite restauration, plats du jour et repas élaborés.

A Food Affair – *Korte Meer 25 -* 📞 *09 224 18 05 - www.afoodaffair.be - fermé dim., lun. et sam. midi - menu 35 €.* Restaurant moderne où il est prudent de réserver. Son succès est dû non seulement à la gentillesse du personnel mais aussi à la qualité des plats, créatifs et goûteux, et à leurs combinaisons : pâtes, sushis, potées et préparations au wok.

Brasserie Ha – *Kouter 29 -* 📞 *09 265 91 81 - www.brasserieha.be - fermé dim. - menus 15 € le midi, 30 € le soir.* Superbe restaurant aménagé dans le bâtiment historique de la bourse de commerce. Cadre agréable pour déguster des préparations classiques dans une ambiance décontractée. Terrasse en été.

Sestig – *Korte Dagsteeg 41 -* 📞 *09 267 10 67 - www.sestighotel.com - fermé dim. et seconde moitié de juil. - menus : 18 € le midi et 35 € le soir.* Bar et restaurant tendance portant le nom de son architecte. À la carte : plats fusion classiques et modernes. Les vins viennent du monde entier.

Belga Queen – *Graslei 10 -* 📞 *09 280 01 00 - www.belgaqueen.be - menu 30/42 €.* Grand entrepôt du 13ᵉ s. transformé en brasserie tendance. La carte comprend uniquement des plats belges très goûteux. Les frites sont servies dans un cornet de papier et les vins proviennent de producteurs belges installés en France. Fumoir à l'étage.

Grade – *Charles de Kerckhovelaan 79-81 -* 📞 *09 224 43 85 - www.grade.be - fermé dim. et lun. - menu 31/59 €.* Derrière une façade austère, près du parc communal, ce restaurant est devenu un lieu populaire pour jeunes et moins jeunes. Cuisine française et belge inventive dans un cadre agréable.

C-Jean – *Cataloniëstraat 3 -* 📞 *09 223 30 40 - www.c-jean.com - fermé dim., lun. et j. fériés - menu 30/55 €.* Petit restaurant à l'intérieur minimaliste installé dans un immeuble ancien. Ici, pas de carte, les plats sont renouvelés chaque jour et sont inscrits sur un tableau. Mais soyez rassuré : on pratique ici une gastronomie de haute volée, accompagnée de vins sélectionnés.

Faire une pause

👁 **Bon à savoir** – Outre son délicieux *waterzooi* (sorte de bouillon de poisson ou de poulet) et ses carbonnades, Gand est également renommé pour sa moutarde extraforte de Tierenteyn (Groentenmarkt 3) et son genièvre tout aussi corsé de Bruggeman. Les amateurs de friandises y trouveront toutes sortes de sucreries, parmi lesquelles des *babbeluttes* (bonbons au goût de caramel) et des *mokken* ((biscuits au goût d'anis prononcé).

Ontbijterie-Quicherie-Taarterie 't Boontje – *Hoogpoort 4 -* 📞 *0498 11 10 07 - tlj 8h-17h, w.-end 9h-17h - fermé merc.* Établissement intime et agréable, doté d'une petite terrasse. On peut y prendre son petit-déjeuner. Choix varié de quiches et de tartes (notamment au fromage). À déguster simplement avec une délicieuse tasse de café ou un verre de vin.

The Medici Steps – *Sint-Michielsplein 14 -* 📞 *09 233 79 95 - mar.-merc. 9h-18h, jeu.-sam. 9h-22h30, dim. 9h-14h30.* Dans un intérieur débordant de références aux Médicis et à la Renaissance, l'attention se porte inévitablement vers l'escalier tournant, décoré dans le même style. Excellent petit-déjeuner, plats, vins et liqueurs italiens. Terrasse donnant sur l'église St-Michel.

Museumherberg Cafeetsen – *cour intérieure de la Maison d'Alijn, Kraanlei 65 -* 📞 *09 269 23 50 - tlj sf lun. 11h-17h - www.huisvanalijn.be.* Café ancien à l'intérieur convivial, également accessible à ceux qui ne visitent pas le musée. À la carte : diverses bières régionales, mais on peut aussi déguster un « Plumetje », un genièvre authentique.

En soirée

Programme – Le programme des activités est disponible à l'office du tourisme, mais aussi sur www.visitgent.be et cultuurweb.be.

Opéra flamand (De Vlaamse Opera) – *Schouwburgstraat 3 -* 📞 *070 22 02 22 - www.vlaamseopera.be - réservations : mar.-sam. 11h-17h45.* Magnifique théâtre consacré à l'opéra, au ballet et à la musique classique.

Bourse de commerce (Handelsbeurs) – *Kouter 29 -* 📞 *09 265 91 60 - www.handelsbeurs.be.* Salle toute neuve dans un bâtiment ancien spécialisé dans les musiques du monde.

Centre artistique (Kunstencentrum Vooruit) – *Sint-Pietersnieuwstraat 23 -* 📞 *09 267 28 48 - www.vooruit.be - tlj 11h30-2h, dim. 16h-1h.* Boissons et snacks servis dans l'agréable Kafee. Le Centre artistique propose un large éventail de spectacles : musique, cinéma, vidéo, danse et théâtre.

Centre de Musique De Bijloke (Muziekcentrum De Bijloke) – *Jozef Kluyskensstraat 2 -* 📞 *09 233 68 78 - fax 09 225 65 63 - www.debijloke.be - info@debijloke.be.* Le centre propose, dans un cadre historique exceptionnel, des concerts de musique classique de haut niveau. Six séries d'activités sont organisées dans les différentes salles: Magistraal (répertoire symphonique), Schatkamer van Eeuwen (musique ancienne); Musique contemporaine, Musique de chambre, Promenade (les grands classiques intemporels) et East of Eden (musique du monde).

Fondation Logos – *Bomastraat 26 -* ℰ *09 223 80 89 (lun.-vend., 9h30-16h30) - www.logosfoundation.org - logos@ logosfoundation.org.* Ce centre de musique nouvelle et expérimentale offre aux musiciens internationaux, aux compositeurs et aux facteurs d'instruments l'occasion de monter sur scène. Une soixantaine de concerts de musique contemporaine sont organisés dans la salle appelée tétraèdre.

Sports et loisirs

Sport- en recreatiecentrum Blaarmeersen (Centre sportif et récratif Blaasmeren) – *Zuiderlaan 5 -* ℰ *09 266 81 70 - gratuitement tlj sf j. fériés - accessible par les nus 38 et 39.* Poumon sportif en bordure de la ville, avec étang, plage, aire de repos, camping, chalets, tennis, squash, minigolf, kayak, etc… Plusieurs cafés et restaurants.

🛉🛉 **Promenades en bateau** – *Graslei (Quai aux herbes) ou Korenlei (Quai au Blé) -* ℰ *09 269 08 69 - www.gent-watertoerist.be - mars-nov. : départ 10h-18h - 5,50 €. Graslei: info auprès de Gent Watertoerist. Korenlei: info auprès de Bootjes van Gent -* ℰ *09 223 88 53 - www.debootjesvangent.be.* Deux nouvelles compagnies proposent à peu près les mêmes trajets : *Boat in Gent -* ℰ *0478 63 36 30 - www.boatingent.be, avec départ au Kraanlei (Quai de la Grue) et Rederij De Gentenaer -* ℰ *0473 48 10 36 - www.rederijdegentenaar.be, avec départ au Vleeshuisbrug/Groentenmarkt.* Les itinéraires proposés par les quatre compagnies gantoises permettent de découvrir toutes les beautés du centre-ville.

Minerva Boat Company – *Coupure Rechts-Lindenlei 2a -* ℰ *03 779 67 77 - www. minervaboten.be - juil.-août 10h-20h - Pâques-15 oct. : 13h-19h - à partir de 47 €.* Location d'une vingtaine de mini-yachts à moteur thermique ou électrique silencieux. On peut ainsi découvrir Gand à son propre rythme. Aucun brevet requis. Plan de navigation fourni par le loueur.

Benelux Rederij – *Recollettenlei 32 -* ℰ *09 225 15 05 (en sem. 9h-17h) – fax 09 233 11 57 - www.benelux-rederij.com - benelux.rederij@proximedia.be - heures d'ouverture: selon la formule choisie.* De mai à septembre : croisières à dates fixes pour touristes individuels. Il existe plusieurs programmes différents qu'il est possible de combiner avec la visite de curiosités.

Achats

Kloskanthuis Home Linen – *Korenlei 3 -* ℰ *09 233 60 93 - tlj sf lun. 10h-18h.* Ce magasin de dentelle et de toile ne se limite pas aux produits classiques, mais propose une large gamme de tissus pour la maison. Le tout à des prix abordables.

Snoepwinkel Temmerman – *Kraanlei 79 -* ℰ *09 224 00 41 - dim.10h-17h.* Dans cette ravissante boutique, aménagée comme jadis, les amateurs de sucreries n'auront que l'embarras du choix parmi les nombreuses spécialités gantoises : *Katrienespekken* (friandises à base de sucre et d'anis), pain aux amandes, *Gentse mokken* (biscuit au goût d'anis prononcé), *Gentse Trienen, lutsepoepe, makroens* (macarons), nonnenbillen (bonbons très sucrés à la texture charnue), *kattenpietjes, Gentse kletskoppen* (biscuits sucrés), *wippers* (caramels durs enrobés de sucre vanille), biscuits au gingembre et à l'orange, etc.

Galerie "Uit Steppe en Oase" – *Jan Breydelstraat 21 -* ℰ *09 224 07 36 - tlj sf mar. et merc. 14h-18h.* Galerie spécialisée dans les bijoux ethniques, les antiquités asiatiques, les vêtements, les tapis, les kilims et le mobilier.

Mostaardfabriek Tierenteyn – *Groentenmarkt 3 -* ℰ *09 225 83 36 - tlj 10h-18h.* La moutarde artisanale fabriquée dans ce très vieil établissement doit son goût piquant aux graines provenant du Canada, d'Éthiopie et d'Inde. Dans un intérieur ancien bien conservé, on remarque aussi les grands bocaux contenant toutes sortes d'ingrédients et d'aromates. On trouve également ici d'autres produits, comme du vinaigre.

Événements

Gand vit au rythme de ses festivals : **Odegand**, l'évenement qui sert d'ouverture au Festival des Flandres (sept.) ; le **Festival international du Film** (oct.) et naturellement les **Gentse Feesten**, une fête culturelle populaire se déroulant dans le centre de Gand, de Kuip (La Cuvette). *Informations: Gentinfo -* ℰ *09 210 10 10 -www.gentsefeesten.be.* Ce Festival des rues s'étale sur dix jours autour du 21 juillet : concerts gratuits, spectacles, feux d'artifice et marchés en tous genres. Divers festivals internationaux sont repris dans le programmes : « Blue Note Records Festival », « Internationaal Straattheaterfestival », « Internationaal Puppetbuskerfestival » et « 10 days off ».

Tous les cinq ans, (la prochaine fois en 2010) se tiennent à Flanders Expo les mondialement célèbres **Floralies gantoises**.

Genk

63 799 HABITANTS
CARTES MICHELIN N°s 716 J 3 ET 533 S 17 – PLAN DANS LE GUIDE ROUGE BENELUX –
LIMBOURG.

Au cœur du pays minier, dont témoignent encore les terrils et les cités minières, Genk est aujourd'hui le plus important centre industriel du Limbourg. La ville possède le Molenvijver, superbe jardin public de 15 ha s'ordonnant autour d'un vaste étang et d'un moulin à eau, ainsi que des parcs récréatifs comme Kattevennen ou sportifs comme Kattevenia.

▶ **Se repérer** – Au bord de la Campine, Genk est desservi par le canal Albert et par l'autoroute A2/E 314 et la N 75.

◷ **Organiser son temps** – Prévoir au moins une demi-journée pour découvrir la ville et la campagne alentour.

♨ **Pour poursuivre le voyage** – Hasselt, Maaseik et Tongres.

Aux alentours

Réserve naturelle (Natuurreservaat) De Maten

2 km au sud-ouest. Prendre la N 75 en direction de Hasselt, puis à gauche après le pont du chemin de fer. Juil.-fév. : visite du lever au coucher du soleil. Slagmolenweg, Genk, ℰ 089 65 44 49.

Entre les collines de bruyère s'étend une zone marécageuse occupée par un chapelet d'étangs où évoluent de nombreux oiseaux aquatiques (*sentiers de promenade*).

Réserve naturelle (Natuurreservaat) De Mechelse Heide

7 km au nord-est par la N 75, puis la N 763 vers Maasmechelen.

Cernée par les bois, c'est une immense clairière (400 ha) offrant un magnifique paysage de landes à bruyère (« heide »), un des rares vestiges de la végétation primitive de la Campine. *Circuits de promenade balisés.*

Genk pratique

Informations utiles

Code postal : 3600.
Indicatif téléphonique : 089.
Toerisme Genk – *Dieplaan 2, 3600 Genk - ℰ 089 65 44 49 - fax 089 65 34 82 - toerisme@genk.be - www.genk.be.*

Se loger et se restaurer

⊜⊜⊜ **Hôtel Atlantis** – *Fletersdel 1 - ℰ 089 35 65 51 - www.hotelatlantis.be - 26 ch. 60/180 € ⊇ - �ⓟ - menu rest. 16/35 €. Aux* abords de Genk. Hôtel rénové aux belles chambres design stylées. Le restaurant Tajin est tout aussi branché et propose une carte de plats méditerranéens et marocains. Terrasse en été.

⊝⊜⊜ **La Botte** – *Europalaan 99 - ℰ 089 36 25 45 - www.labotte.be - fermé mar. et merc. - menu 25/50 €.* Un établissement familial où les pâtes, la glace et les pâtisseries sont encore préparées sur place. Délicieux plats siciliens traditionnels dans un cadre moderne mais intime. Accueil chaleureux.

Grammont ★
Geraardsbergen

31 370 HABITANTS
CARTES MICHELIN Nᵒˢ 716 E 3 ET 533 I 18 – FLANDRE ORIENTALE.

Grammont, dont le nom exprime la situation★ dominante, est accroché au flanc d'une colline appelée Oudenberg qui surplombe la Dendre. La ville est célèbre dans le monde des courses cyclistes pour sa terrible côte sinueuse et irrégulièrement pavée : « le mur » de Grammont. La délicieuse tarte au maton (lait caillé) et fromage blanc est une spécialité de la ville.

▶ **Se repérer** – Près de la frontière linguistique et de la province du Hainaut, on arrive à Grammont par la N 42.

👥 **Avec les enfants** – La fête du jet de craquelins.

🐾 **Pour poursuivre le voyage** – Audenarde, Renaix et Ath.

Visiter

Grand-Place (Grote Markt)

Là se dressent l'**église St-Barthélemy**, rénovée dans le style néogothique (19ᵉ s.), tout comme l'**hôtel de ville** à pignons dentés et tourelles d'angle. Adossé à ce dernier, un petit **Manneken Pis**, qui possède son musée de costumes au rez-de-chaussée du bâtiment, serait le plus ancien de Belgique (1455). Devant l'édifice, une fontaine gothique, le **Marbol**, date de 1475.

Ancienne abbaye St-Adrien (St.-Adriaansabdij)

Suivre la rue à gauche de l'hôtel de ville ou la Vredestraat, puis à droite l'Abdijstraat.
📞 *054 41 13 94 - avr.-oct. : tlj sf lun. 14h-17h (w.-end 18h) - 1,75 €.*
Un monastère bénédictin fut fondé ici en 1096. Les bâtiments abbatiaux du 18ᵉ s., transformés en **musée**, abritent au 1ᵉʳ étage du mobilier provenant de l'église St-Barthélemy à Grammont et de l'hôtel d'Hane Steenhuyse à Gand, ainsi que quelques tableaux anciens, le tout réparti dans différents salons et salles longeant un large couloir voûté. Le 2ᵉ étage est occupé par diverses sections consacrées à la culture du tabac (activité florissante à Grammont de 1840 à la Seconde Guerre mondiale) et à la dentelle noire de Chantilly (produite dans la région dès 1870) ; il y a également un cabinet de pipes provenant du monde entier.
Dans le parc, qui fut aménagé autour d'un étang, les hangars à chariots ont été restaurés afin d'y accueillir des expositions.

Vieille Montagne (Oudenberg)

Accès en voiture par Oude Steenweg et, à gauche, Driepikkel. Une chapelle de pèlerinage, abritant une statuette de la Vierge (17ᵉ s.), est érigée sur ce mont dont le sommet, à 110 m d'altitude, offre une belle vue sur le paysage environnant. À cet endroit se déroule la **fête du « jet de craquelins »** (Krakelingenworp). À 15h, un cortège folklorique (800 participants) commence à gravir la colline. À l'arrivée, 8 000 craquelins, sorte de biscuit, sont lancés à la volée sur la foule, dont une coupe en argent, de petits goujons vivants. Le soir, lors du **Tonnekensbrand**, le feu est mis à un tonneau rempli de poix et ceinturé de paille. De nombreux récits et légendes tentent d'expliquer l'origine de ces manifestations, supposées très anciennes, mais qui restent mystérieuses.

Grammont pratique

Informations utiles

Code postal : 9500.
Indicatif téléphonique : 054.
Office de tourisme – Markt, 9500 Geraardsbergen - 📞 054 43 72 89 - fax 054 43 72 80 - toerisme@geraardsbergen. be - www.geraardsbergen.be.

Se loger et se restaurer

🍴 **'t Grof Zout** – Gasthuisstraat 20 - 📞 054 42 35 46 - www.grofzout.be - info@ grofzout.be - fermé 1 sem. en mars, déb. sept.-mi-sept., sam. midi, dim. soir, lun. - 26 € déj. - menu du marché (en sem.) 45 € - menu de w.-end 60 €. Derrière une porte cochère, cette ancienne miroiterie devenue un petit restaurant familial propose une goûteuse cuisine d'aujourd'hui. Sobre intérieur contemporain avec des cuillers à soupe en guise d'appliques lumineuses ! Terrasse d'été sur cour.

Hal

Halle

34 885 HABITANTS
CARTES MICHELIN N⁰ˢ 716 F 3 ET 533 K 18 – PLAN DANS LE GUIDE ROUGE BENELUX –
BRABANT FLAMAND.

Située dans la vallée de la Senne, la petite ville de Halle est vouée depuis le 13ᵉ s. au culte de la Vierge noire, objet d'un pèlerinage fameux. Tous les deux ans se déroule la procession de la Pentecôte où un cortège historique précède la statue parcourant la ville. Par ailleurs, le carnaval, qui a lieu à la mi-carême, est réputé pour son cortège haut en couleur.

▶ **Se repérer** – À 17 km de Bruxelles par la N 6, accès par l'autoroute E 19 (depuis Bruxelles ou Mons) ou l'autoroute A8/E 429 qui relie Halle à Tournai.

👁 **À ne pas manquer** – La basilique.

🕐 **Organiser son temps** – Compter au moins une demi-journée pour assister à la procession de la Pentecôte et au cortège de carnaval.

👪 **Avec les enfants** – La procession de la Pentecôte et le cortège de carnaval.

🕯 **Pour poursuivre le voyage** – Bruxelles et Nivelles.

Visiter

Grand-Place (Grote Markt)

Voisin de la basilique, l'**hôtel de ville**, construit au début du 17ᵉ s. dans le style Renaissance et restauré au 19ᵉ s., présente une façade harmonieuse. Au milieu de la place s'élève la statue du violoncelliste **Adrien-François Servais** (1807-1866), originaire de Halle. Servais connut un succès international - Berlioz l'appelait le Paganini du violoncelle - et il fut en outre violoncelle solo du roi Léopold Iᵉʳ.

Basilique★★ (Basiliek)

Visite (45mn) - ☎ 02 356 42 59 (Office de tourisme) - 8-18h. Crypte-trésor et musée de la tour : lors des journées portes ouvertes et pour groupes sur rendez-vous avec l'Office de tourisme.

Elle a été bâtie au 14ᵉ s. Son plan, sans transept saillant, constitue un bon exemple du style gothique brabançon d'origine. Elle est précédée d'une puissante tour carrée, surmontée de clochetons d'angle et, depuis 1775, d'une lanterne baroque. Hors œuvre à droite, une petite montgolfière coiffe la chapelle baptismale (15ᵉ s.). Remarquer le **portail sud** avec sa Vierge à l'Enfant entourée d'anges musiciens et, un peu plus loin, une petite porte où figure le couronnement de la Vierge. Le chevet, d'harmonieuses proportions, et les flancs de l'édifice sont ornés de superbes culs-de-lampe historiés et d'un double étage de balustrades.

Intérieur – La nef, élégante, possède un triforium à remplage flamboyant ; au-dessus du porche, le mur est ajouré d'un double étage de baies également flamboyantes.

La basilique de Hal.

Y. Duhamel/MICHELIN

On y admire de nombreux **objets d'art** ainsi que de belles sculptures. Les **fonts baptismaux** (*chapelle à droite de la tour*) datent de 1446 : en laiton, ils sont recouverts d'un riche couvercle décoré d'apôtres, de cavaliers et d'un groupe représentant le baptême du Christ. Dans le chœur, statues d'apôtres de 1410 inspirées de l'art de Claus Sluter, célèbre sculpteur des ducs de Bourgogne à Dijon ; au milieu trône la célèbre Vierge noire ; dans le déambulatoire, les écoinçons des arcatures sont sculptés de scènes remarquables (15ᵉ s.). Dans la chapelle de Trazegnies, construite hors œuvre le long du bas-côté gauche, un retable représentant les sept sacrements a été exécuté par Jean Mone, sculpteur de Charles Quint, dans la ligne de la Renaissance italienne. Remarquer encore, dans une chapelle orientée à gauche du chœur, le minuscule gisant de Joachim, fils de Louis XI, mort en 1460 alors que son père, encore dauphin, s'était réfugié à Genappe *(7 km à l'est)*.

Trésor – Dans la crypte sont exposées les plus belles pièces du trésor, témoignant de la générosité de protecteurs illustres.

Musée du Sud-Ouest du Brabant (Zuidwest-Brabants Museum)

℘. 02 356 42 59 - ♿ - *mai-août : sam. 14h-17h, j. fériés 10h-12h, 14h-17h ; avr.-oct. : dim. 14h-18h, j. fériés 10h-12h, 14h-17h - 1 €.*

Installé dans l'ancien collège des Jésuites du 17ᵉ s., il reflète la vie régionale dans le passé : objets trouvés lors de fouilles, outillage ancien, corbeilles fabriquées à Halle aux 17ᵉ et 18ᵉ s., porcelaine de Huizingen.

Hal pratique

Informations utiles

Code postal : 1500.
Indicatif téléphonique : 02.
Dienst voor Toerisme – Grote Markt 1, bus 1, 1500 Halle - ℘ 02 356 42 59 - fax 02 361 33 50 - toerisme@halle.be - www. halle.be.

Se loger

⊖⊜⊜ **Hôtel Les Éleveurs** – Basiliekstraat 136 - ℘ 02 361 24 62 - www. les-eleveurs.be - 14 ch. 105/125 € ⌇ - 🅿 - rest. menu 39/69 €. Cet établissement, autrefois lieu de rendez-vous des éleveurs de chevaux de trait brabançons, est aujourd'hui un hôtel élégant aux chambres stylées et un restaurant proposant une cuisine belge et française classique.

Se restaurer

⊖ **Het Kriekske** – Kapittel 10 - ℘ 02 380 14 21 - menu 25 €. Ce restaurant en dehors du centre et au milieu des bois n'est pas facile à trouver. Le voyage en vaut toutefois la peine grâce aux délicieuses préparations belges. Rien que pour les moules, les amateurs y viennent de loin.

Hasselt

70 031 HABITANTS
CARTES MICHELIN Nᵒˢ 716 I 3 ET 533 Q 17 – LIMBOURG.

Ville dynamique, Hasselt se situe aux confins de la Campine et de la Hesbaye. Le nom de la cité serait dérivé de « Hasaluth », qui signifierait bois de noisetiers. Relevant de la principauté de Liège du 14ᵉ au 18ᵉ s., Hasselt fit partie du département de la Basse-Meuse sous l'occupation française. La ville est le chef-lieu du Limbourg belge depuis 1839. Un traité fut en effet signé à Londres, qui partageait la province entre la Belgique et les Pays-Bas.

▶ **Se repérer** – Hasselt se situe à l'est de la Belgique. Si vous arrivez en voiture par l'E 313 (depuis Anvers ou Liège) ou l'E 314 (depuis Bruxelles ou Aix-la-Chapelle), nous vous conseillons de laisser votre véhicule sur le parking gratuit park&ride « Sporthal Alverberg » et de prendre le bus, gratuit lui aussi, vers le centre-ville. Ces bus roulent également les dim. et j. fér. *(voir Transports dans Hasselt pratique)*.

👁 **À ne pas manquer** – Musée national du Genièvre.

🕐 **Organiser son temps** – Prévoir un jour pour découvrir la ville.

👫 **Avec les enfants** –Musée Het Stadsmus, Jardin japonais, Molenheide.

🐾 **Pour poursuivre le voyage** – Diest, Genk et Tongres.

Se promener

Partir de la Grand-Place.

Grand-Place (Grote Markt)

On y admire, abritant une pharmacie, une maison à colombages (1659), nommée d'après son enseigne Sweert, l'Épée.

À proximité se trouve la **cathédrale St-Quentin** (St.-Quintinuskathedraal), dont on aperçoit la tour trapue du 13ᵉ s., couronnée par une flèche du 18ᵉ s. La nef et les bas-côtés ont été construits au 15ᵉ s. et agrandis progressivement du chœur, des chapelles latérales, puis du déambulatoire.

Prendre à gauche la Kapelstraat.

Basilique de la Virga Jesse (Virga-Jessebasiliek)

Cette église du 18ᵉ s. abrite des œuvres d'art en marbre sculpté, provenant de l'abbaye cistercienne d'Herkenrode (*5 km au nord-ouest de Hasselt*), qui fut fondée à la fin du 12ᵉ s. Le **maître-autel** de marbre noir et blanc est le chef-d'œuvre du sculpteur liégeois Jean Del Cour. Les statues de saint Bernard et de la Vierge sont aussi des œuvres de Del Cour. Dans le transept, les deux **mausolées** d'abbesses d'Herkenrode ont été réalisés l'un à droite (*Christ au tombeau*), par Artus Quellin le Jeune (1625-1700), l'autre à gauche (*Résurrection du Christ*), par Guillaume Kerricx le Jeune (1682-1745). Dans le chœur est exposée la belle statue polychromée de la Virga Jesse (14ᵉ s.), à l'origine de la procession septennale.

Revenir à la Grand-Place, puis prendre à droite la Maastrichterstraat.

Ancien refuge de l'abbaye d'Herkenrode
(Refugiehuis van de abdij van Herkenrode)

Ce bel édifice gothique-Renaissance du 16ᵉ s., actuellement occupé par des services publics, était, aux époques troublées, l'un des refuges des cisterciennes d'Herkenrode.

Visiter

Musée national du Genièvre★ (Nationaal Jenevermuseum)

Witte Nonnenstraat 19. 📞 *011 23 98 60 - nov.-mars : tlj sf lun. 10h (sam., dim., j. fériés 13h-17h ; avr.-oct. : tlj sf lun. (sf juil.-août) 10h-17h - fermé janv., 24, 25 et 31 déc. - 3,50 €.*

Ce musée est installé dans la ferme d'un ancien couvent, transformée en genièvrerie en 1803. Le musée a repris la fabrication du genièvre selon les procédés du 19ᵉ s. L'itinéraire numéroté fait passer le visiteur par l'ancienne étable des bœufs pour accéder à la touraille. Au rez-de-chaussée, il pourra admirer une machine à vapeur actionnant les meules et le macérateur. L'installation de distillation à vapeur du 19ᵉ s. peut être mise en marche. Les collections exposées dans l'ancienne habitation concernent l'histoire, l'emballage du genièvre et la publicité faite par les fabricants. La visite se termine par une dégustation.

La fabrication du Genièvre

Dès le 16ᵉ s., le genièvre, un vin de malt à base d'orge et de seigle, était fabriqué dans les Flandres. De l'orge germée est posée sur le germoir perforé de la touraille afin de sécher. Le malt d'orge et le seigle sont moulus pour libérer la fécule. Suit la macération (2/3 de seigle et 1/3 de malt d'orge) à 63 °C environ, qui permet aux enzymes de transformer la fécule en saccharose. En ajoutant de la levure, on obtient la transformation des sucres en alcool. L'étape suivante est la distillation : le moût est séparé de l'alcool, puis par une seconde distillation de ce genièvre brut, on obtient le vin de malt dont le goût varie selon les épices (baies de genévrier par exemple) ajoutées lors de la dernière distillation.

Y. Duhème/MICHELIN

Ancien béguinage (Begijnhof)

Le jardin est encore bordé de rangées de maisons de béguines du 18ᵉ s. Elles sont de style mosan, avec des murs de brique et de pierre. Elles sont actuellement le siège de certains services provinciaux. Un bâtiment moderne abrite le **centre artistique Z33**, qui organise des expositions d'art contemporain international. Des ruines couvertes de lierre et quelques pierres sculptées sont les seuls vestiges de l'église détruite par un bombardement en 1944.

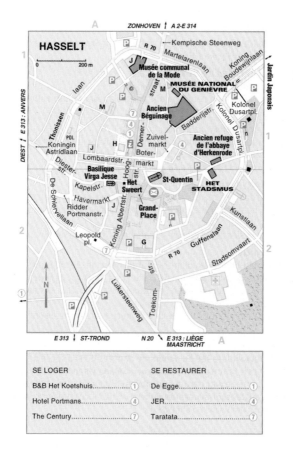

SE LOGER		SE RESTAURER	
B&B Het Koetshuis	①	De Egge	①
Hotel Portmans	④	JER	④
The Century	⑦	Taratata	⑦

Musée Het Stadsmus★

Guido Gezellestraat 2. ☏ 011 23 98 90 - www.hetstadsmus.be - ♿ - nov.-mars : tlj sf lun. 10h-17h (sam., dim. et j. fériés 13h-17h) ; avr.-oct. : tlj. sf lun. 10h-17h - fermé : janv., 24, 25 et 31 déc. - gratuit.

♿👥 Ce musée est installé dans un magnifique bâtiment restauré comprenant des parties des 17ᵉ et 19ᵉ s. Il évoque tous les aspects de Hasselt, répartis en six thèmes : naissance et histoire de la ville, ses liens avec l'abbaye de Herkenrode, art et culture, le genièvre, la céramique, personnages remarquables, comme par ex. le Saint petit Père ou le géant Langeman (qui ne sort que tous les sept ans dans les rues de Hasselt), les Hasseltois d'aujourd'hui. Un parcours a été tracé sur mesure pour les enfants, qui reçoivent un petit sac à dos (avec un coussin pour s'asseoir et un audioguide).

Musée de la Mode (Modemuseum)

Gasthuisstraat 11. ☏ 011 23 96 21 - www.modemuseumhasselt.be - ♿ - avr.-oct. : tlj sf lun. 10h-17h ; nov.-mars : tlj. sf lun. 10h-17h (sam., dim. et j. fériés 13h) - fermé janv., 24, 25 et 31 déc. – 5 €.

Situé dans un ancien couvent et hôpital du 17ᵉ s., ce musée retrace l'évolution de la mode depuis le 18ᵉ s. à nos jours à l'aide de documents, d'accessoires et de costumes. Expositions temporaires.

Jardin japonais (Japanse tuin)

Au nord-est de la ville, le long du Gouverneur Verwilghensingel. ☏ 011 23 52 00 (avr.-oct.) ou 011 23 55 40 (nov.-mars) - avr.-oct. : tlj sf lun. 10h-17h, sam., dim. et j. fériés 14h-18h - fermé Pâques - 5 €.

♿👥 Aménagé selon les principes des jardins à thé du 17ᵉ s., ce charmant espace vert a été réalisé en collaboration avec la ville d'Itami au Japon, ville avec laquelle Hasselt est jumelée. Une maison de thé et une maison de cérémonie d'une beauté féerique ont été joliment implantées entre les mares, les rochers, les sentiers sinueux, la chute d'eau et les cerisiers du Japon, couverts de fleurs magnifiques au printemps. Chaque mois, l'on peut assister à une **cérémonie du thé**.

Circuit de découverte

LA CAMPINE

42 km – 3h. Quitter Hasselt au nord par le Kempische Steenweg et prendre à droite la N 75 après le pont sur le canal Albert.

Domaine provincial de Bokrijk★ *(voir ce nom)*
Poursuivre dans la N 75 en direction de Genk.
Avant d'arriver à Genk, on peut faire une halte à la **réserve naturelle De Maten**.

Genk *(voir ce nom)*
Quitter Genk par le Westerring, puis emprunter la N 76.
On traverse bientôt de magnifiques collines de bruyère, caractéristiques de la Campine, avant d'atteindre la route de Houthalen à Zwartberg.
Poursuivre en direction de Houthalen-Helchteren.

Domaine Kelchterhoef
C'est un grand domaine récréatif boisé, avec un grand étang aménagé pour la pêche et la natation, où subsiste une ancienne ferme abbatiale à colombages, transformée en auberge.
Continuer en direction de Houthalen-Helchteren, puis prendre vers Heusden-Zolder.

Heusden-Zolder
Au sud de la ville, près de la colline du **Bolderberg** (alt. 60 m), couverte de pins, le **circuit automobile international de Zolder** de 4,19 km est un important centre de compétition où se dispute le Grand Prix de Belgique Formule 1, lorsque cette course n'a pas lieu à Francorchamps.
Quitter Heusden-Zolder par la N 719, puis à hauteur de Helchteren prendre à gauche la N 715.

Molenheide
♿👥 Ce parc récréatif de 180 ha, aménagé dans les bois, dispose de nombreuses ressources. Dans le **parc à gibier** (wild- en wandelpark), les animaux (daims, chevreuils) évoluent en liberté. Le parc offre des possibilités d'activités sportives (*natation, tennis, bicyclette*). ♿ - tlj 10h (12h mer. et mois d'hiver) - 18h, 20h ou 21h (selon la saison) - grande diversité de prix : voir www.molenheide.be.

Hasselt pratique

Informations utiles

Code postal : 3500.

Indicatif téléphonique : 011.

In&Uit Hasselt (Toerisme Hasselt) – *Lombaardstraat 3, 3500 Hasselt -* ℘ *011 23 95 40 - fax 011 22 50 23 - toerisme@ hasselt.be - www.hasselt.be - www. inenuithasselt.be.*

Transports

Bus – Pour écarter autant que possible les voitures du centre-ville, la société flamande des transports en commun De Lijn met en service des navettes de bus gratuites : le « Centrumpendel » ou CP, un bus relie la gare à la Grand-Place, et le « Boulevardpendel » ou BP, qui parcourt le Groene Boulevard à partir de la gare. Ces bus roulent également les dim. et j. fériés. *Info : De Lijn Limburg, Grote Breemstraat 4 -* ℘ *011 85 03 04 et 070 22 02 00 - www.delijn.be.*

Se loger

◔◔ **B&B Het Koetshuis** – *Sint Maartenplein 56, 3512 Stevoort -* ℘ *011 74 44 78 - www.koetshuis.be - 5 ch. 80 € ⬚ - P*. Excellente adresse où séjourner, un peu en dehors du centre mais facilement accessible en transports publics. Les chambres d'hôtes combinent le charme du bâtiment ancien au confort moderne. Le pain du petit-déjeuner est maison.

◔◔ **Hôtel Portmans** – *Minderbroederstraat 14 -* ℘ *011 26 32 80 - www.hotelportmans.be - 14 ch. 75/90 € ⬚*. Situé dans le centre de Hasselt et un peu caché entre les différents cafés et restaurants, cet hôtel propose des chambres de différents types, mais toutes confortables.

◔◔ **The Century** – *Leopoldplein 1 -* ℘ *011 22 47 99 - www.thecentury.be - 18 ch. 80/100 € ⬚ - rest. fermé dim.* Les chambres de cet hôtel au centre ont été entièrement rénovées et offrent un aménagement moderne et stylé. Le restaurant et la brasserie animée sont des lieux de rendez-vous populaires tant pour les touristes que pour les Hasseltois.

Se restaurer

◔◔ **Taratata** – *Minderbroederstraat 5 -* ℘ *011 23 47 67 - www.taratata.be - fermé lun. et le midi en été - menu 25/35 €.* Restaurant original proposant une cuisine du monde. Intérieur sobre et moderne.

◔◔ **De Egge** – *Walputstraat 23 -* ℘ *011 22 49 51 - fermé sam. midi et dim. ainsi que deux semaines en été - menu 25/40 €.* Aménagement rustique dans un immeuble ancien au centre de la ville. Cuisine française traditionnelle de qualité avec des ingrédients de saison.

◔◔◔ **JER** – *Persoonstraat 16 -* ℘ *011 26 26 47 - www.jer.be - fermé lun., mar. et sam. midi - menu 39/59 €.* Cette vieille maison de maître accueille un restaurant élégant qui accommode la gastronomie française avec inventivité. Vaste carte des vins. Ambiance élégante mais décontractée.

Faire une pause

Spécialité – La ville est réputée pour son excellent genièvre. L'arrondissement de Hasselt compte encore quelques fabricants de cette eau-de-vie, localement appelée « witteke » ou petit blanc. Au musée du Genièvre, cette boisson est encore fabriquée à l'ancienne. La statue du Borrelmanneke, le petit bonhomme symbolisant le genièvre hasseltois, se trouve dans la Maastrichterstraat.

Hooghuis – *Lombaardstraat 6 -* ℘ *011 22 91 97 - www.hooghuis-hasselt.be - tlj à partir de 9h.* Ce café, dont la terrasse donne sur l'hôtel de ville, est le plus fréquenté de Hasselt. On peut aussi y manger, y déguster une glace ou une crêpe. L'intérieur, réparti sur plusieurs niveaux, et richement décoré de cuivre, de bois et de colonnes, mérite à lui seul la visite. Les Rolling Stones y sont omniprésents sous forme de photos et de souvenirs.

De Geletterde Mens – *Kolonel Dusartplein 48 -* ℘ *011 35 28 52 - www. degeletterdemens.be - tlj à partie de 9h.* L'intérieur accueillant est abondamment décoré : livres et machines à écrire y trônent. La carte propose petite restauration, restauration normale, potages et sandwiches, glaces, wok et poisson.

Achats

N'oubliez pas de faire du lèche-vitrines à Hasselt. Le centre accueille de nombreuses boutiques de mode, des commerces de luxe et des antiquaires. Demandez à In&Uit Hasselt (*voir Informations utiles*) la brochure *Route de la Mode*, qui renseigne sur les bonnes adresses.

Événements

Chaque année, le 30 avril, sur la Grand-Place, a lieu une fête folklorique, le **Mei-avondviering**. L'arbre de mai y est porté en cortège, puis planté tandis qu'on brûle des mannequins représentant la mauvaise saison, et que dansent les sorcières. Tous les 7 ans, en août, la Madone **Virga Jesse**, patronne de la ville, est honorée par une importante procession religieuse. C'est aussi durant le mois d'août qu'a lieu à Kiewit, le grand festival de musique pop **Pukkelpop**. Les **fêtes du Genièvre** ont lieu le troisième week-end d'octobre. Elles donnent lieu à toutes sortes d'activités et d'animations.

Herentals

26 065 HABITANTS
CARTES MICHELIN Nᵒˢ 716 H 2 ET 533 O 15 – ANVERS.

Au cœur de la Campine anversoise, la petite ville de Herentals se situe sur la Petite Nèthe (Kleine Nete) et le canal Albert. Jadis florissante cité drapière, le bourg garde de son passé encore quelques souvenirs, notamment, au sud et à l'ouest, deux portes (Bovenpoort et Zandpoort) de son enceinte du 14ᵉ s. Le sculpteur Charles Fraikin est né à Herentals (1817-1893).

▸ **Se repérer** – Au centre d'une région boisée, Herentals se situe le long du canal Albert et de la N 13 allant de Lierre à Geel. On peut également y arriver en empruntant l'autoroute E 313 (depuis Anvers ou Hasselt).

🕐 **Organiser son temps** – Compter deux heures pour visiter la ville.

🖑 **Pour poursuivre le voyage** – Lierre et Turnhout.

Se promener

Partir de la Grand-Place.

Hôtel de ville (Stadhuis)
Au centre d'une Grand-Place allongée, c'est l'ancienne halle aux draps. Du 16ᵉ s., en brique et grès, il est surmonté d'un minuscule beffroi à carillon.
Prendre la Kerkstraat, en bas à gauche.

Église Ste-Waudru (St.-Waldetrudiskerk)
Sur demande auprès de Toerisme Herentals, ☎ 014 21 90 88 - mai-sept. : sam. 14h-17h ; juil.-août : également merc. mêmes heures.
Cette église de style gothique brabançon a conservé sa tour centrale carrée, du 14ᵉ s. L'intérieur abrite un mobilier intéressant. Le **retable★** des saints Crépin et Crépinien, patrons des cordonniers et des tanneurs, où est représenté leur martyre, a été sculpté en bois au début du 16ᵉ s. par Pasquier Borreman. On peut également voir des stalles sculptées du 17ᵉ s., des tableaux (16ᵉ et 17ᵉ s.) d'Ambrosius et de **Frans Francken le Vieux**, ce dernier étant né à Herentals ainsi que de Pieter-Jozef Verhaghen (18ᵉ s.). Fonts baptismaux romans.
Revenir à la Grand-Place. Continuer tout droit par le Hofkwartier, puis prendre à droite la Begijnenstraat.

Béguinage (Begijnhof)
Fondé au 13ᵉ s., il connut une grande prospérité mais, détruit par les iconoclastes en 1578, il dut être reconstruit. Les maisons encadrent un jardin où se dresse une charmante église de style gothique (1614).

Circuit de découverte

LA CAMPINE ANVERSOISE
65 km au nord-est.
Quitter Herentals au sud-est par la N 13. Après environ 4 km, prendre une petite route à droite.

Tongerlo
Fondée vers 1130, la célèbre **abbaye** de Prémontrés se retranche derrière ses fossés. Passé le porche, le **préau** apparaît avec la ferme (1640) et la grange aux dîmes (1618). À droite, la prélature montre une belle façade classique de 1725. Dans l'**église abbatiale** du 19ᵉ s., une châsse d'ébène (1619) recèle les reliques de saint Siard. Le **musée Leonardo da Vinci★** *(accès par la prélature)* abrite une immense toile, copie de La Cène que Léonard de Vinci peignit sur un mur du couvent de Ste-Marie-des-Grâces à Milan, entre 1495 et 1498. Cette réplique fidèle fut exécutée moins de 20 ans après. Achetée en 1545, La Cène occupa longtemps l'église abbatiale. ☎ 014 53 99 00 - www.tongerlo.org - *mars.-oct. : dim. (sf Pâques) ; pdt les vac. de Pâques et mai-sept. : merc. 14h-17h - 1,50 €.*
Dans le jardin devant le musée, belle vue sur la façade arrière de la prélature et sur l'élégante tourelle de 1479, ancienne tour de guet.
Gagner la N 19.

Geel
La ville est connue pour sa colonie d'aliénés inoffensifs hébergés dans des familles. La spécialisation de Geel serait née à la suite de la décapitation de sainte Dymphne, princesse d'Irlande, par son père que le démon avait rendu fou.

L'**église Ste-Dymphne** (St.-Dimfnakerk) de style flamboyant s'élève à la sortie de la ville, sur la route de Mol. Elle contient un riche mobilier : dans le chœur, un beau **mausolée★** en marbre noir et albâtre par l'Anversois Corneille Floris (16ᵉ s.) ; sur l'autel, un retable (1513) illustrant la vie de la sainte ; dans le bras droit du transept, un retable brabançon (fin du 15ᵉ s.) représentant des scènes de la Passion ; dans la première chapelle du déambulatoire, le retable aux douze apôtres (14ᵉ s.). Un petit édifice accolé à la tour de l'église, et nommé Chambre des Malades, montre une jolie façade Renaissance. *℘ 014 57 09 50 (Office du tourisme de Geel) - tlj sf lun. et sam., j. fériés et 24 déc.-3 janv., 14h-17h - gratuit.*
Quitter Geel à l'est par la N 71.

Mol

Mol est connu pour son Centre national d'études nucléaires créé en 1952. L'**église des Sts-Pierre-et-Paul** (St.-Pieter-en-Pauluskerk) renferme une épine de la couronne du Christ en l'honneur de laquelle a lieu chaque année une procession (H. Doornproces-sie). Près de l'église s'élève un **pilori**. **Jakob Smits** (1855-1928), qui vécut dans le village de **Achterbos**, est le grand peintre de la Campine. L'ancien presbytère du village voisin de **Sluis** a été transformé en **musée** (Jakob Smits Museum). *℘ 014 31 74 35 - tlj sf lun. et mar. 14h-18h - fermé 1ᵉʳ janv., Pâques, 2ᵉ moitié d'août, 25 déc. - 2,50 €.*
Suivre la N 71.

Ginderbuiten

Une église moderne (St.-Jozef Ambachtsman), construite par Meekels, est à signaler.

Zilvermeer

Ouvert toute l'année (de 8h30 au coucher du soleil).
Immergé dans les pinèdes, ce domaine récréatif provincial de 150 ha possède un chapelet de lacs et d'étangs nés de l'extraction du sable. Il comprend un étang de natation avec plage de sable blanc et une grande plaine de jeux extérieure.
Continuer en direction de Lommel sur la N 71.

Lommel

Cette petite ville de la province du Limbourg est connue pour son important **cimetière militaire allemand** qui se trouve dans les pinèdes, à quelques kilomètres au sud. Cet enclos de 16 ha a recueilli les restes de tous les soldats allemands tombés en Belgique pendant la Seconde Guerre mondiale, ainsi que de quelques autres soldats morts dans l'Est de l'Allemagne ou pendant la Première Guerre mondiale. Près de 20 000 croix (une croix représente deux tombes) s'alignent sur des tapis de bruyère parsemés de pins et de bouleaux, et sont séparées par des allées de gazon. La **réserve naturelle Kattenbos** fait partie, avec le bois de Pijnven, au sud près d'Eksel, et celui de Holven, à l'est près d'Overpelt, du **Parc de la Basse-Campine** (Park der Lage Kempen), couvrant plus de 12 000 ha disséminés dans la province du Limbourg.
Au nord de la réserve de Kattenbos, près de la route, se dresse un moulin à vent (1809) en bois, à pivot. C'est le point de départ de plusieurs circuits fléchés permettant une promenade à travers la pinède.
Faire demi-tour et, avant Ginderbuiten, prendre à droite la N 136 qui mène à l'abbaye de Postel.

Abbaye de Postel (Abdij van Postel)

Cette abbaye de Prémontrés fut fondée au 12ᵉ s. par les moines de Floreffe. Les bâtiments du 18ᵉ s. sont flanqués d'une tour Renaissance à carillon (concerts en été). L'**église** romane, des 12ᵉ et 13ᵉ s., a été modifiée au 17ᵉ s. On y donne des concerts d'orgue.
Prendre la N 123 en direction de Kasterlee.

Kasterlee

Au milieu des pinèdes, c'est le grand centre touristique de la Campine anversoise.
Au Sud, face à un petit cimetière britannique de la dernière guerre, abondamment fleuri, on peut voir un joli **moulin à vent**, et plus au Sud, sur la Petite Nèthe (Kleine Nete), un moulin à eau transformé en hôtel-restaurant (*panneaux : « De Watermolen »*).
Continuer sur la N 123.

Belvédère (Toeristentoren) de Papekelders

À l'entrée d'Herentals, juste avant la voie ferrée, tourner à droite vers le bois Bosbergen et continuer à pied. ℘ 014 21 90 88 (Office du tourisme) - mai-sept. : tlj 10h-18h, reste de l'année seul. w.-ends et vac. scol. - 0,70 €.
Au point culminant du bois (alt. 40 m) a été aménagée une tour-belvédère de 24 m : panorama sur la région.

Herentals pratique

Knokke-Heist

34 067 HABITANTS
CARTES MICHELIN N°S 716 C 1 ET 533 E 14 - PLAN DANS LE GUIDE ROUGE BENELUX – FLANDRE OCCIDENTALE.

Heist, Duinbergen, Albert-Strand, Knokke et le Zoute (Het Zoute) ne forment qu'une seule station balnéaire, réputée pour son élégance et qui se flatte de posséder, notamment au Zoute, les plus belles villas de la côte. Les distractions y sont particulièrement nombreuses. Dans le casino et le centre culturel Scharpoord, qui servent aussi de centre de congrès, sont présentées chaque année d'importantes expositions. La station détient en outre un équipement sportif très complet (golf, piscines, tennis), un lac artificiel (Zegemeer) et un institut de thalassothérapie.

▶ **Se repérer** – Station huppée au bord de mer près de la frontière néerlandaise. Accès facile par la N 49 depuis Anvers ou par la N 34 qui longe la côte.

🕓 **Organiser son temps** – Prévoir au moins une demi-journée pour une première prise de contact avec Knokke-Heist, beaucoup plus si vous voulez vous attarder sur la plage.

👫 **Avec les enfants** – Le Zwin et le Seafront Maritiem Themapark.

♨ **Pour poursuivre le voyage** – Bruges et Ostende.

Visiter

Casino
Zeedijk-Albertstrand 509.
Dans le hall central, on admire un très grand lustre en cristal de Venise et des peintures murales de Magritte (*Le Domaine enchanté*, 1953) et de Keith Haring. Devant l'édifice se dresse une statue en bronze (1965) de Zadkine : *Le Poète*.

Le Zwin à Knokke-Heist.

Y. Duhamel/MICHELIN

Parc naturel provincial Le Zwin★ (Provinciaal Natuurpark Het Zwin)

Graaf Leon Lippensdreef 8 - ℘ 050 60 70 86 - www.zwin.be - ♿ - tlj sf lun. 9h-17h (sept.-Pâques : jusqu'à 16h30) - promenades accompagnée : dim. 10h, également jeu. Pâques-sept. - 5,20 €.

Entre la station et la frontière belgo-hollandaise s'étend **le Zwin**, ancien bras de mer aujourd'hui ensablé qui desservait jadis les ports de Sluis, Damme et Bruges. Entouré par les dunes qui l'isolent de la mer et les digues qui protègent la campagne des inondations, c'est un univers de chenaux soumis à la marée, et de prés-salés.

Le Zwin a été converti en **réserve naturelle** (158 ha, dont 33 aux Pays-Bas) et abrite une flore et une faune très intéressantes. Une partie de la réserve (60 ha) est accessible au public. Le meilleur moment pour visiter est le printemps, pour les oiseaux, et l'été, pour les fleurs. De mi-juillet à fin août en effet, le « statice des limons », ou fleur du Zwin, forme un merveilleux tapis mauve.

Avant la promenade, on peut visiter un parc ornithologique éducatif où nichent des cigognes et où vivent les principaux représentants de l'avifaune indigène. En traversant le bois, on atteint le sommet de la digue où la vue embrasse l'ensemble de la réserve.

Parmi les innombrables espèces peuplant le Zwin, citons la colonie de sternes, des échassiers comme l'avocette au fin bec recourbé, des canards comme le tadorne (au bec rouge) et plusieurs migrateurs comme le pluvier argenté et différentes espèces de bécasseaux.

Aux alentours

Zeebrugge

8 km à l'ouest par la N 34.

Au Moyen Âge, on ne trouvait à l'emplacement de l'actuel Zeebrugge que quelques fermes dispersées. Cette agréable cité balnéaire et son port virent le jour pour permettre à Bruges d'avoir un débouché sur la mer après l'ensablement définitif du Zwin. Relié à la ville par le canal Baudouin (1896-1907), « Bruges-sur-mer » devint le principal port de pêche de la côte, mais aussi un port pétrolier et le lieu d'arrivée des navettes avec l'Angleterre. Dans les années 1970, le développement du transport roll on – roll off et par conteneurs nécessita une expansion considérable du port. L'avant-port fut construit en mer. Il est protégé par deux digues de 4 kilomètres. De nouvelles installations pour le transport des voitures et de nouveaux centres distribution ont été aménagés dans l'arrière-port.

Seafront Maritiem Themapark – *Rens. et réservations : Seafront Zeebrugge n.v., Vismijnstraat 7, 8380 Zeebrugge - ℘ 050 55 14 15 – fax 050 55 04 13 - info@seafront.be - www.seafront.be - tlj juil.-août 10h-19h ; sept.-juin : 10h-18h – fermé 25 déc., 1er janv. et 8-26 janv. - 10,50 €.*

Dans ce parc maritime, on peut monter à bord du *Westhinder*, un bateau-phare qui, ancré à l'embouchure de l'Escaut occidental, signalait aux navires le banc de sable du même nom. On peut aussi y visiter le sous-marin russe *Foxtrot*.

Lissewege

12 km par la N 34 ; à Zeebrugge, prendre la N 31 en direction de Bruges.

Ce village pittoresque aux maisons blanches est dominé par l'imposante **tour** en brique de son église. Édifiée au 13e s., reconstruite au 17e s., celle-ci conserve son allure d'origine. De **Ter Doest** (*1 km au Sud de Lissewege*), filiale de l'abbaye des Dunes à Coxyde, il ne reste que la chapelle, la ferme à tourelle (une partie est aménagée en restaurant) et la vaste et belle **grange abbatiale★** (13e s.), ornée de moulures en briques de style gothique et surmontée d'une admirable charpente de chêne.

Knokke-Heist pratique

Informations utiles

Code postal : *8300.*

Indicatif téléphonique : *050.*

Toerisme Knokke-Heist – *Zeedijk-Knokke 660, 8300 Knokke-Heist - ℘ 050 63 03 80 - fax 050 63 03 90 - toerisme@knokke-heist.be - www. knokke-heist.be.*

Toerisme Zeebrugge – *Zeedijk, 8380 Zeebrugge - ℘ 050 54 50 42 (en saison) - toerisme@brugge.be - www. brugge.be/zeebrugge.*

Transports

Transports en commun – Un tramway fait la navette entre Knokke et la Panne, station balnéaire près de la frontière française.

Visites

Promenades à pied et à bicyclette – Plusieurs circuits peuvent être effectués au départ de la station et permettent de découvrir les avenues ombragées de saules et les villas cossues du Zoute dissimulées dans de beaux jardins. Des promenades dans l'arrière-pays font traverser une campagne verdoyante parsemée de coquettes fermes blanches, aux toits de tuiles rouges.

Se loger

⊝⊝⊟ **Hôtel Binnenhof** – *Jozef Nellenslaan 156, 8300 Knokke-Heist - ℘ 050 62 55 51 - www.binnenhof.be - 2 ch. 86/145 € - ⊑ 14 € - ▯*. Hôtel moderne à la situation calme et pourtant proche de la plage de la station balnéaire mondaine. Les chambres confortables sont aménagées avec style et la plupart ont vue sur la mer. Vaste buffet de petit-déjeuner.

Se restaurer

⊝ **' t Kantientje** – *Lippenslaan 103, 8300 Knokke Heist - ℘ 050 60 54 11 - fermé lun. (sf pdt les mois d'été) - menu 25 €*. Agréable restaurant dans la rue commerçante de Knokke. Délicieux plats de poisson traditionnels pour un prix doux et des portions royales. Réservation nécessaire.

À ZEEBRUGGE

⊝⊟ **Channel 16** – *Werfkaai 16, 8380 Zeebrugge - ℘ 050 60 16 16 - www. channel16.be - menu 18/38 €*. Un vieil entrepôt portuaire a été transformé en brasserie et restaurant branché ouvert tous les jours de midi jusqu'aux petites heures. Plats succulents et prix raisonnables dans cet établissement original.

À DUINBERGEN

⊝⊝⊟ **Sel Gris** – *Zeedijk 314, 8301 Duinbergen - ℘ 050 51 49 37 - www. restaurantselgris.be - fermé merc. et jeu. - menu 42/62 €*. Aménagement sobre et contemporain le long de la digue de mer, pour ce restaurant qui a vue sur la plage. La carte a un choix limité de plats mais elle est riche en créativité. Excellente carte des vins.

Événements

En juillet et août, un **marché folklorique** se tient le jeudi après-midi au centre De Bolle, pas loin de la gare de Heist.

Festival international de cartoons – *Informations : Toerisme Knokke-Heist - ℘ 050 63 03 80 ou www.knokke-heist.be*. Ce festival du dessin humoristique est organisé de la mi-juillet à la fin septembre au Lagunahal. On y présente les vainqueurs du concours international ainsi que les meilleurs dessins humoristiques de la presse belge et hollandaise.

Léau ★
Zoutleeuw

7 944 HABITANTS
CARTES MICHELIN N°ᵒˢ 716 I 3 ET 533 P 18 - BRABANT FLAMAND.

Située sur la Petite Gette, Léau, petite ville flamande silencieuse et pittoresque, se pare d'une magnifique église, fleuron d'architecture gothique. Jadis place forte protégée par de puissantes murailles et centre drapier, elle fut une des villes franches du duché de Brabant. Pillée en 1678 et 1701 par les troupes de Louis XIV, elle subit au 18ᵉ s. la démolition de ses fortifications.

▶ **Se repérer** – Aux confins des provinces du Brabant flamand et du Limbourg, la cité se dresse dans la région vallonnée du Hageland. Accès par la N 3, reliant Tirlemont à St-Trond.

♿ **Pour poursuivre le voyage** – Saint-Trond et Tirlemont.

Intérieur de l'église St-Léonard (détail).

Visiter

Église St-Léonard★★ (St.-Leonarduskerk)
☎ *011 78 12 88 (Office du tourisme) - visite : 45mn - avr.-sept : tlj sf lun. 14h-17h - oct : dim. 14h-17h – janv.-déc. : visite guidée sur réservation - 1,50 €.*
C'est un bel édifice dont la construction s'est étalée sur plusieurs siècles : au 13ᵉ s. sont édifiés le chevet, qu'entoure un passage extérieur à colonnettes, et le bras Nord du transept, puis au 14ᵉ s. la nef et le bras Sud du transept. Au 15ᵉ s., Mathieu de Layens construit la charmante sacristie flamboyante qui fait face à l'hôtel de ville. Le clocher du 16ᵉ s., reconstruit en 1926, abrite un carillon de 39 cloches.
L'**intérieur**, qui a échappé aux iconoclastes du 16ᵉ s., est un véritable **musée★★** d'art religieux. Dans la nef est suspendu un « marianum » de 1533, statue de la Vierge à deux faces.
Dans le **bas-côté droit**, on trouve, dans la 2ᵉ chapelle, le retable de sainte Anne, en bois, à volets peints (1565) ; en face, un triptyque, du 16ᵉ s., en bois doré, à volets peints, dont le sujet est la Glorification de la Sainte-Croix. Dans la 3ᵉ chapelle, triptyque peint par Pieter Aertsen en 1575 : les médaillons représentent les Sept Douleurs de la Vierge. Un intéressant Christ roman du 11ᵉ s. surmonte la porte de la sacristie.
Le **bras droit du transept** conserve le plus beau retable sculpté par le Bruxellois Arnould de Maelder, vers 1478, œuvre qui conte la vie de saint Léonard : une statue du saint plus ancienne (1300) a été placée au centre. L'ancienne chapelle Saint-Léonard, à l'extrémité du transept, renferme une belle collection de statues des 16ᵉ et 17ᵉ s. ainsi qu'un intéressant trésor : orfèvrerie, dinanderie, ornements liturgiques.
Le long du **déambulatoire** est disposée une exceptionnelle série de statues du 12ᵉ au 16ᵉ s. Dans le **bras gauche du transept** se trouve le magnifique **tabernacle★★**

en pierre d'Avesne, chef-d'œuvre réalisé en 1551 par l'Anversois Cornelis Floris. Haut de 18 m et à 9 étages, il est orné de groupes comprenant environ 200 statuettes, remarquables par la vérité de leur expression et la spontanéité de leurs attitudes. Si la facture pittoresque de celles-ci atteste encore l'art gothique, la décoration et la composition marquent l'influence italienne. À la base sont représentées des offrandes de l'Ancien Testament, au-dessus des scènes du Paradis terrestre, puis, surmontant la niche du tabernacle, la Cène et des épisodes de l'Ancien Testament. Aux étages supérieurs figure une multitude de personnages (Pères de l'Église et prophètes) ; au sommet, la Vierge.

Près du tabernacle, on admire un superbe chandelier pascal à 6 branches en cuivre, exécuté par Renier de Tirlemont en 1482 et au sommet duquel figure un Calvaire aux personnages d'une émouvante sobriété.

Frans Floris, frère de Cornelis, est l'auteur présumé d'un triptyque, Baptême du Christ, faisant face au tabernacle.

Dans les chapelles du **bas-côté gauche**, on remarque des statues et, dans l'avant-dernière chapelle (Notre-Dame), des médaillons peints représentant les Sept Joies de la Vierge (10), par Pieter Aertsen (1554).

Hôtel de ville (Stadhuis)

Construit sous Charles Quint, sur des plans attribués au Malinois Rombaut II Keldermans, c'est un charmant édifice à cheval sur le gothique et la Renaissance (1530-1538) ; précédée d'un perron ouvragé, la façade surmontée d'un pignon à redans s'ouvre par de hautes baies en anse de panier. À droite, la halle, dont la façade de brique est striée de bandes de pierre blanche, date du 14e s.

Léau pratique

Code postal : *3440.*
Indicatif téléphonique : *011.*
Toeristische Dienst – *Grote Markt 11, 3440 Zoutleeuw - 011 78 12 88 - fax 011 78 44 84 - toerisme@zoutleeuw.be - www.zoutleeuw.be.*

Lierre★★

Lier

33 271 HABITANTS
CARTES MICHELIN NᵒˢS 716 G 2 ET 533 M 16 - ANVERS.

Située au confluent de la Grande et de la Petite Nèthe, cette petite ville charmante – ne l'appelle-t-on pas Lierke Plezierke (Petite Lierre Petit Plaisir) – séduit par ses nombreux monuments et façades anciennes. Les remparts du 16e s., aménagés en promenades, sont bordés d'un canal. Lierre a vu naître le portraitiste Isidoor Opsomer (1878-1967), l'écrivain Félix Timmermans (1886-1947) et l'horloger Louis Zimmer (1888-1970).

- ▷ **Se repérer** – À 22 km d'Anvers et à 15 km de Malines. Accès par la N 10 depuis Anvers, les N 13 et N 14.

- ◉ **À ne pas manquer** – L'église St-Gommaire; goûter aux tartelettes de Lierre.

- ◔ **Organiser son temps** – Il est possible de visiter les principales curiosités de cette petite ville de la Nèthe en une demi-journée. Mais si vous voulez tout voir dans le détail et vous promener un moment dans l'agréable parc communal, une journée entière, bien remplie, sera nécessaire.

- ♟ **Avec les enfants** – La visite des merveilles réalisées par l'horloger Louis Zimmer intéressera certainement la plupart des enfants.

- ◔ **Pour poursuivre le voyage** – Anvers et Malines.

Se promener

Partir de la Grand-Place.

Grand-Place (Grote Markt)

Au centre se dresse l'**hôtel de ville** (stadhuis), élégante construction du 18e s. L'intérieur abrite un magnifique escalier à vis de style rococo. L'édifice est flanqué d'un grêle **beffroi** gothique (1369) ; surmonté de 4 tourelles d'angle et pourvu d'un carillon, celui-ci est le vestige de l'ancienne halle aux draps.

L'hôtel de ville et le beffroi de Lierre.

La place, où se tient le samedi un marché, est entourée de plusieurs anciennes maisons de corporations. Jadis, les membres d'une chambre de rhétorique se réunissaient à l'Eycken Boom (Le Chêne) qui date de 1709. Près du beffroi, la maison des Bouchers conserve un pignon à redans ainsi qu'un perron gardé par deux lions héraldiques.

Église St-Gommaire★★ (St.-Gummaruskerk)

Pâques - 1 nov. : tlj sf sam. matin 10h-12h et 14h-18h.

Dans cette église, en 1496, fut célébré le mariage de Philippe le Beau avec Jeanne la Folle.

La tour massive, terminée par un clocher octogonal, est surnommée la Poivrière à cause de sa forme.

On bénéficie d'une bonne vue d'ensemble de l'extérieur de l'église, près du transept gauche.

L'**intérieur**, pavé de pierres tombales, comporte de belles clés de voûte. Les colonnes épaisses, où sont adossées de grandes statues d'apôtres, et le triforium à remplages sont caractéristiques du style brabançon.

Le magnifique **jubé★★**, flamboyant malgré sa date tardive (1536), est l'œuvre de sculpteurs malinois ; des statues d'évangélistes et de Pères de l'Église (refaites en 1850) sont disposées sur des colonnes ; au-dessus, des scènes de la Passion se détachent au milieu d'une décoration luxuriante. La tourelle a été ajoutée en 1850.

L'église possède un bel ensemble de vitraux. Dans le collatéral droit, une **verrière★** du 15e s. représente, en médaillon, le Couronnement de la Vierge dont le dessin souple s'apparente à l'art de Van der Weyden. Dans le chœur, plusieurs vitraux ont été offerts par Maximilien d'Autriche lors de sa visite en 1516 : celui-ci figure avec son épouse Marie de Bourgogne.

Les stalles du chœur (1555) sont sculptées de motifs pittoresques. La chaire baroque est l'œuvre de deux artistes dont Artus Quellin le Vieux. Dans la 4e chapelle, le *triptyque dit de Colibrant, Le Mariage de la Vierge*, est attribué à Goswyn Van der Weyden, petit-fils de Rogier (1516). On remarque également, dans le croisillon droit, un triptyque d'Otto Venius, maître de Rubens, datant de 1612 (*Descente du Saint-Esprit*).

Emprunter la Eikelstraat, traverser la Zimmerplein, puis s'engager dans la Begijnhofstraat.

Béguinage★ (Begijnhof)

Le béguinage a été fondé au début du 13e s., mais la plupart des maisons datent toutefois du 17e et du début du 18e s.

Un portique Renaissance, de la fin du 17e s., surmonté de la statue de sainte Begge, en marque l'accès. De là s'offre une belle perspective sur la porte des Prisonniers ; au loin se dresse le beffroi.

Les petites maisons pittoresques, certaines précédées d'un jardin dissimulé par un muret, se pressent le long d'étroites ruelles pavées. Elles n'ont pas de numéro, mais portent des noms évocateurs : La Fuite en Égypte, Les Cinq Petites Blessures… L'église montre une façade baroque (17e s.) couronnée au 18e s. de volutes et d'un lanternon.

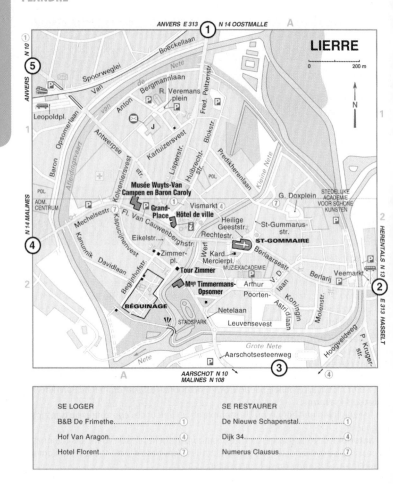

SE LOGER		SE RESTAURER	
B&B De Frimethe	①	De Nieuwe Schapenstal	①
Hof Van Aragon	④	Dijk 34	④
Hotel Florent	⑦	Numerus Clausus	⑦

Visiter

Tour Zimmer (Zimmertoren)

🕾 03 800 03 95 - tlj 9h-12h et 13h30-17h30 - 2 €.

Sur la Zimmerplein se dressent deux vestiges de la 2e enceinte du 14e s. : la **porte des Prisonniers** (Gevangenenpoort) et la tour Zimmer, jadis tour Cornelius.

La façade de la tour Zimmer s'orne de l'**horloge astronomiquea** exécutée en 1930 par le Lierrois Zimmer et où figurent 11 cadrans, la terre et la lune ; sur la face droite de la tour a lieu tous les jours à midi un défilé d'automates, représentant des personnages historiques belges et lierrois. À l'intérieur de la tour, le **studio astronomique** possède 57 cadrans montrant le cycle lunaire, les marées, le zodiaque et les principaux phénomènes cosmiques. Dans le pavillon à droite de la tour, on visite la Wonderklok, autre horloge astronomique dotée de 93 cadrans et de 14 automates, ainsi que l'atelier de Louis Zimmer.

Musée Wuyts-Van Campen et Baron Caroly

F. Van Cauwenberghstraat 14 - 🕾 03 800 03 96 - tlj sf lun. 10h-12h et 13h-17h - 1 €.

Ce musée quelque peu désuet possède une collection de tableaux, du 16e s. à nos jours, d'orfèvrerie et de sculptures. Parmi les peintres de l'école flamande figurent Pieter Bruegel le Jeune, Bruegel de Velours, Rubens et **Frans Floris**, dont on admire notamment un remarquable portrait collectif : La Famille Van Berchem. Remarquer aussi des tableaux de Jan Steen, du Lorrain ainsi que des œuvres belges des 19e et 20e s.

Maison Timmermans-Opsomer (Timmermans-Opsomerhuis)

Netelaan 4 - 🕾 03 800 03 94 - tlj sf lun. 10h-12h et 13h-17h - 1 €.

Ce musée évoque le souvenir d'artistes lierrois. La forge de **Van Boeckel** groupe, sous un lustre à fleurs, des œuvres de ce ferronnier d'art. L'atelier de peinture reconstitué du baron **Opsomer** présente des paysages (*Le Béguinage de Lierre*) et de nombreux portraits : Albert Ier, Opsomer lui-même. À l'étage, plusieurs salles consacrées à l'écrivain flamand Félix **Timmermans**, qui fut aussi dessinateur humoriste et peintre, nous rappellent ses ouvrages les plus célèbres : *Contes du béguinage*, **Pallieter** (1916), roman truculent et plein de verve, et *Psaumes des paysans*. Une salle contient des œuvres et des souvenirs du musicien **Renaat Veremans** (1894-1969), de l'écrivain **Anton Bergmann**, de l'architecte **Flor van Reeth** et de l'auteur médiéval **Beatrijs van Nazareth**.

Lierre pratique

Informations utiles

Code postal : 2500.

Indicatif téléphonique : 03.

Toerisme Lier – Stadhuis, Grote Markt 57, 2500 Lier - ☎ 03 800 05 55 - fax 03 488 12 76 - toerisme@lier.be - www.toerismelier.be.

Se loger

☺☺ **Hof Van Aragon** – *Aragonstraat 6 - ☎ 03 491 08 00 - www.hofvagarde municipale.be - 20 ch. 82/110 € ☑*. Cet hôtel a une longue histoire. Le bâtiment au Moyen Âge était le local de la gilde des arbalétriers qui gardaient la ville. Aujourd'hui, il jouit d'une position centrale et dispose de chambres fonctionnelles et confortables.

☺☺ **Hotel Florent** – *Florent Van Cauwenbergstraat 45 - ☎ 03 494 03 10 - www.hotelflorent.be - 10 ch. 100 € ☑ - ℗*. Ce nouvel hôtel a été construit sur les anciens remparts de Lierre, une situation idéale pour ceux qui souhaitent découvrir la ville. L'aménagement est contemporain. Le foyer crée une ambiance chaleureuse dans le restaurant, où le client a le choix entre petite restauration et menu complet.

☺☺☺ **B&B De Frimethe** – *Toeffelhoek 40, 2531 Vremde - ☎ 03 455 93 70 - www. defrimethe.be - 4 ch. 110/132 € ☑ - ℗*. Chambres d'hôte aménagées dans une ferme entièrement rénovée à quelques kilomètres de Lierre et d'Anvers. Chacune des chambres de charme possède une ambiance propre et est décorée de mobilier ancien.

Se restaurer

☺ **Dijk 34** – *Hoogveldweg 34 - ☎ 03 489 34 69 - www.dijk34.be - menu 25 €*. Ce restaurant moderne est situé au bord de la rivière. Il est ouvert chaque jour du petit-déjeuner au dîner. Calme garanti et accueil amical, avec une attention spéciale pour les enfants, qui peuvent jouer dans le jardin. Carte sans surprises, mais repas de qualité.

☺☺ **De Nieuwe Schapenstal** – *Koning Albertstraat - ☎ 03 489 02 20 - fermé mar. midi et merc. - menu 30 €*. Dans un décor des mille et une nuits, on découvre ici les meilleurs plats de la cuisine du monde. Le chef vient d'Iran, mais à côté des mets de ce pays, on peut déguster ici des préparations goûteuses à base de légumes oubliés et de fines herbes fraîches.

☺☺ **Numerus Clausus** – *Keldermansstraat 2 - ☎ 03 480 51 62 - www. numerusclausus.be - fermé dim. et lun. - menu 30 €*. Restaurant de style dans un cadre romantique où domine le blanc. Repas gastronomiques de la cuisine française. Terrasse ouverte en été.

Faire une pause

Van Ouytsels Koffiehoekje – *Rechtestraat 27 - ☎ 03 480 29 17 - tlj sf lun. 9h-18h (dim. à partir de 12h)*. Établissement accueillant où l'on peut déguster toutes sortes de délices tels que pâtisseries, gaufres, assiette de mignardises et évidemment des « Lierse vlaaikes », les célèbres tartelettes de Lierre. Le café est torréfié dans le bâtiment voisin.

Achats

◈ **Spécialités** - Les « **Lierse vlaaikens** », ou tartelettes de Lierre, sont une savoureuse spécialité locale au goût épicé. Elles sont faites de pâte brisée, garnie d'un mélange de pain d'épice, de lait et d'œufs.

De Snoepdoos – *Kolveniersvest 17 - ☎ 03 480 69 61 - desnoepdoos@skynet.be - lun.-sam. 10h-18h*. L'amateur de sucreries trouvera ici, présenté dans un joli comptoir en bois, un large assortiment de chocolat artisanal, pralines, friandises, tartelettes ainsi que les boissons adaptées.

Louvain ★★

Leuven

90 691 HABITANTS
CARTES MICHELIN Nᵒˢ 716 GH 3 ET 533 N 17 - BRABANT FLAMAND.

Louvain doit surtout sa notoriété à son université, la plus ancienne de Belgique. Les étudiants et la vie estudiantine confèrent à la ville une ambiance toute particulière et les soirées y sont souvent animées. Chef-lieu dynamique de la jeune province du Brabant Flamand, Louvain est également célèbre pour sa bière, qui y est brassée depuis le 14ᵉ s. La brasserie Stella Artois, la plus grande du pays, est réputée pour sa bière blonde du type pilsener, commercialisée depuis 1926. La petite brasserie Domus fabrique encore plusieurs bières spéciales, dont la Blanche de Louvain.

- **Se repérer** – Située sur les rives de la Dyle, la ville est d'accès facile par les autoroutes E 40 et E 314.
- **À ne pas manquer** – L'hôtel de ville ; le Grand Béguinage ; l'église Saint-Pierre.
- **Organiser son temps** – Une visite quelque peu approfondie des principales curiosités et des trésors artistiques de la ville demande une journée entière. Celui qui ne dispose que de peu de temps se limitera à l'hôtel de ville et au Grand Béguinage (compter une demi-journée).
- **Pour poursuivre le voyage** – Bruxelles, Malines et Wavre.

Comprendre

Un peu d'histoire

Le premier château fort de Louvain fut conquis par les Normands. Ils en furent chassés par Arnoul de Carinthie. Un nouveau château édifié au 11ᵉ s. par Lambert Iᵉʳ le Barbu, comte de Louvain, est à l'origine du développement de la ville.

Capitale du duché de Brabant, favorisé par sa situation à l'extrémité de la section navigable de la Dyle et sur la route reliant les régions rhénanes à la mer, Louvain devient un important centre drapier.

Au 12ᵉ s. est édifié un rempart, dont il subsiste quelques traces, en particulier dans le **parc St-Donat** (St.-Donatuspark), puis, au 13ᵉ s., une forteresse s'élève au Nord sur le **mont César** (Keizersberg). La **Joyeuse Entrée**, charte des libertés du Brabant à laquelle les nouveaux souverains doivent jurer fidélité, est signée à Louvain en 1356. Elle durera jusqu'en 1789. Louvain s'entoure alors d'une 2ᵉ enceinte, longue d'environ 7 km. Mais de vives luttes opposent les membres des corporations de drapiers aux patriciens. Une grande émeute éclate en 1378 et aboutit à la prise de l'hôtel de ville ; les patriciens qui s'y étaient réfugiés sont précipités par les fenêtres. Sa draperie ruinée par la guerre civile, Louvain subit la concurrence de Bruxelles. Cependant, sous la domination bourguignonne, elle se pare de monuments et se dote d'une université.

L'université catholique de Louvain (K.U. Leuven)

Fondée en 1425 sur l'initiative du pape Martin V et à la demande de Jean IV, duc de Brabant, l'université devient bientôt une des plus prestigieuses institutions d'Europe. En 1517, Érasme crée le **collège des Trois Langues** où l'on enseigne hébreu, latin, grec, et qui servira de modèle au Collège de France à Paris. Résistant aux troubles religieux du 16ᵉ s., l'Université de Louvain reste longtemps la championne de l'orthodoxie. Elle héberge d'illustres personnages : l'un de ses recteurs, précepteur de Charles Quint, deviendra le pape Adrien VI (1459-1523). Au 16ᵉ s. viennent y enseigner Juste Lipse, Mercator, et au 17ᵉ s. **Jansénius** (1585-1638). Après la mort de ce dernier paraît à Louvain, en 1640, l'*Augustinus*, ouvrage qui, condamné en 1642 par le pape, donna naissance au jansénisme. Depuis le violent conflit linguistique de 1968, l'Université catholique de Louvain s'est divisée en deux sections. L'université francophone, ou UCL, s'est alors installée à Louvain-la-Neuve, près de Wavre. À Louvain, la Katholieke Universiteit Leuven, dite **K.U. Leuven**, accueille actuellement plus de 30 000 étudiants dont environ 4 000 étrangers. À l'ouverture de l'année académique, les professeurs défilent en cortège à travers la ville, revêtus de leur tenue d'apparat.

Au 18ᵉ s., Louvain développe ses activités, en particulier la fabrication de la bière. Le sac et l'incendie de Louvain en 1914 détruisent de nombreuses maisons et la bibliothèque de l'université. En 1940, celle-ci est incendiée et la ville bombardée ; en mai 1944, Louvain est touché par les bombes alliées. Rapidement la ville s'est relevée de ses ruines. Suite à la réforme de l'État de 1993, elle devient deux ans plus tard le chef-lieu de la province du Brabant flamand.

Se promener

Plan II. *Partir de la Grand-Place (Grote Markt) et prendre la Naamsestraat.*

Naamsestraat
Cette longue rue compte de nombreux collèges universitaires.

Halles universitaires (Universiteitshal) – L'université s'installa en 1432 dans cette halle aux draps du 14ᵉ s. Au 17ᵉ s., l'édifice fut surélevé d'un étage en style baroque, qui fut rebâti après sa destruction en 1914. Il est actuellement occupé par le centre administratif de l'université.
Tourner à gauche dans la Standonckstraat qui mène à la Hogeschoolplein.

Collège du Pape (Pauscollege) – Les bâtiments en style classique du collège du Pape (fondé par le pape Adrien VI) encadrent la cour d'honneur, où l'on peut admirer deux bronzes (1985-1991) d'Olivier Strebelle.
Revenir à la Naamsestraat.

Église St-Michel (St.-Michielskerk) – Conçue au 17ᵉ s. par le père Hésius, la splendide façade★ baroque, d'harmonieuses proportions, montre un bel élan vertical.
Continuer sur la Naamsestraat.

Collège Van Dale (Van Dalecollege) – Les magnifiques bâtiments de ce collège, fondé en 1569 par Pieter Van Dale, sont de style Renaissance. Ils abritent actuellement les services sociaux de l'université.
S'engager dans le St.-Beggaberg qui mène au béguinage.

Grand Béguinage★★ (Groot Begijnhof)
Fondé vers 1230, ce béguinage comprenait d'abord le quartier se situant près de l'église. Au 17ᵉ s., il s'est agrandi pour atteindre l'impressionnante surface d'environ 7 ha. Inscrit

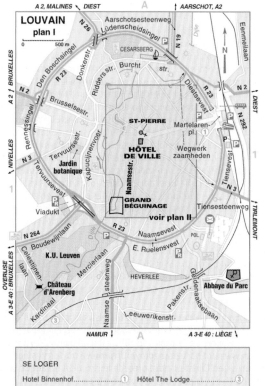

SE LOGER

Grand Béguinage.

depuis 1998 sur la liste du patrimoine mondial de l'Unesco, il s'agit du plus grand béguinage de Belgique. L'université a acheté le complexe en 1962 et l'a restauré en respectant autant que possible l'architecture d'origine. Depuis, les maisons sont habitées par des étudiants et des professeurs. La dernière béguine s'est éteinte en 1988.

Derrière ses vieux murs en briques bombés, c'est un ensemble pittoresque traversé par deux bras de la Dyle. Les maisons s'ouvrent sur de petites portes surmontées d'un arc et parfois, comme dans le quartier espagnol, de petites niches abritant des statues. Certaines demeures sont agrémentées d'un jardin. Si les béguines les plus aisées avaient leur maison à elles - la maison Sint-Pauwel (1634) située Middenstraat 65 en est un exemple - d'autres partageaient un couvent.

L'**église** gothique est sobre : elle ne comporte ni tour, ni transept, ni déambulatoire. Le chevet est éclairé par une belle baie à deux lancettes ; la décoration intérieure date des 17e et 18e s.

Visiter

Hôtel de ville★★★ (Stadhuis)

𝒫 016 20 30 20 - avr.-sept. : visite accompagnée pour visiteurs individuels (45mn) 11h, 15h, w.-end et j. fériés 15h ; oct.-mars : lun.-sam. 15h - fermé Noël et Nouvel An - 2 €.

De style flamboyant, l'hôtel de ville a été construit au milieu du 15e s. sous le duc de Bourgogne Philippe le Bon, par Sulpice de Forest, Jean II Keldermans et Mathieu de Layens. Il faut prendre du recul pour apprécier les lignes verticales de cette châsse de pierre élégamment ciselée avec ses pignons à tourelles et pinacles, ses lucarnes, et près de 300 niches regarnies de statues au 19e s. Les culs-de-lampe des niches sont ornés de petites scènes naïves et pittoresques qui content des épisodes bibliques.

À l'**intérieur**, la salle des pas perdus réunit plusieurs œuvres de Constantin Meunier. Des trois salons en enfilade, les deux derniers sont richement décorés. Dans le salon Louis XVI, on admirera *La Résurrection du Christ* par Otto Venius. Au 1er étage, la grande et la petite salle gothiques présentent des plafonds en chêne dont les clés de voûte évoquent des scènes de l'Ancien et du Nouveau Testament. On remarquera également dans la grande salle les poutres aux consoles sculptées de scènes bibliques (16e s.).

Église St-Pierre★ (St.-Pieterskerk)

L'église St-Pierre fut bâtie aux 15e et 16e s. dans le style gothique brabançon, à l'emplacement d'une église romane. Sa façade devait comporter au 16e s. trois hautes tours, suivant les plans audacieux de Josse Metsys ; le sol menaçant de s'affaisser, elle resta inachevée.

Intérieur – Il est remarquable pour la pureté du vaisseau gothique aux piliers énormes rejoignant la voûte d'un seul jet, avec un triforium qui se prolonge par de nombreuses fenêtres hautes à lancettes. La chaire du 18e s. est d'un baroque exubérant : au pied d'un rocher, on voit saint Norbert foudroyé. Un **jubé★** à trois arches légères (fin 15e s.), dominé par un grand Christ en bois, précède le chœur. À l'avant de la nef trône la *Sedes Sapientiae* (1442), la patronne de l'université de Louvain.

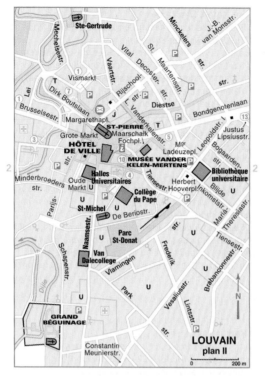

Ste-Gertrude

Vismarkt

Grote Markt

ST-PIERRE
Maarschalk
Fochpl.

HÔTEL
DE VILLE

Halles
Universitaires

MUSÉE VANDER
KELEN-MERTENS

Bibliothèque
universitaire

Collège
du Pape

St-Michel
De Bériostr.

Parc
St-Donat

Van
Dalecollege

GRAND
BÉGUINAGE

Constantin
Meunierstr.

LOUVAIN
plan II

0   200 m

SE LOGER		SE RESTAURER	
Hotel Biestpoort	①	De 3 Tonghen	①
		Kokoon	④
Kloosterhotel	③	La Stanza	⑦
		Ter Eycken	⑩
Theater Hotel	⑤	Zarza	⑬

Trésor★★ – Véritable musée d'art religieux, il comprend de magnifiques peintures et sculptures. Une remarquable **tête de Christ★** en bois, dite « de la Croix tordue » date encore de l'époque romane. Une copie réduite de la *Descente de Croix*, a été réalisée en 1443 d'après le célèbre triptyque de Van der Weyden, exposé au Prado à Madrid. La **Cène★★** (1464-1467) de Dirk Bouts est un calme et lumineux chef-d'œuvre d'une admirable simplicité de composition. La profondeur de la perspective, la finesse du dessin s'y allient à la variété de la palette. Le peintre, qui s'est représenté debout à droite sous un bonnet rouge, n'a pas mis l'accent sur la trahison de Judas, mais sur le mystère de l'Eucharistie. Sur les volets du retable, quatre scènes bibliques, aux riches couleurs, préfigurent l'institution de ce sacrement. Du même artiste, le triptyque du *Martyre de saint Érasme* montre les bourreaux enroulant sur un treuil les entrailles du saint impassible. Dans le chœur se dresse un superbe **tabernacle★**, tour de dentelle en pierre d'Avesnes, œuvre de Mathieu de Layens (1450). Les stalles sont sculptées de sujets satiriques (15e s.). La crypte romane du 11e s. servit de sépulture aux comtes de Louvain. ☎ 016 20 30 20 - mar.-vend. 10h-17 h, sam. 10h-16h30, dim. et j. fériés 14h-17h ; 15 mars-15 oct. : également lun. 10h-17h - fermé Noël et Nouvel An - 2,50 € (trésor).

Dirk Bouts

Parmi les primitifs flamands du 15e s., Dirk Bouts occupe une place de choix. Après avoir travaillé à Bruxelles dans l'atelier de Van der Weyden, cet artiste, originaire de Haarlem en Hollande, s'installe en 1450 dans la ville de Louvain dont il devient peintre officiel en 1468. Son chef-d'œuvre, *La Cène*, est exposé à l'église St-Pierre. Dirk Bouts meurt à Louvain en 1475. Ses deux fils, Dirk et surtout **Albrecht**, héritent de son talent pictural.

Musée Vander Kelen-Mertens★
Fermé jusqu'à fin 2009 pour cause de transformation. ℘ *016 22 69 06 (administration du musée) ou 016 20 30 20 (In&Uit Leuven).*
À la fois abondantes et variées, les collections de ce musée comprennent des objets et des œuvres d'art de la préhistoire au 20ᵉ siècle, qui illustrent le passé de la ville et de sa région. Le point fort du musée est constitué par les sculptures et peintures de style gothique flamboyant brabançon, notamment des œuvres du Maître de Flémalle et d'Albrecht Bouts, et par les collections du 19ᵉ s.

Bibliothèque universitaire
Construite en 1927 après la destruction de l'ancienne bibliothèque (1914), c'est un énorme édifice de style néogothique couronné d'une tour imitée de la Giralda de Séville. Incendiée en 1940, elle a été restaurée.

Jardin botanique (Kruidtuin) Plan I
Kapucijnenvoer 30, Leuven - Pour s'y rendre à partir de la Flochplein : bus 7, 8 ou 9 direction Bertem ou bus 337 direction Wavre - ℘ *016 23 24 00 (également pour les visites accompagnées) - oct.-mars : 8h-17h ; les autres mois : 8h-20h ; dim. et j. fériés à partir de 9h - fermé 25 déc. et 1ᵉʳ janv.* Le « Hortus Botanicus Lovaniensis » est le plus ancien jardin botanique de Belgique (1738). Son nom en néerlandais (kruidtuin= jardin d'herbes médicinales) rappelle les liens qui existaient autrefois entre la botanique et la médecine. L'orangerie et tout le jardin (en tant que paysage) ont été classés en 1976. Des expositions se tiennent régulièrement dans l'orangerie, sous le porche et en plein air.

Aux alentours

Abbaye du Parc (Abdij van 't Park)
À Heverlee. Quitter Louvain au sud par la Geldenaaksebaan et tourner à gauche après le pont du chemin de fer. ℘ *016 40 63 29 - www.parkabdij.be - visite accompagnée : avr.-oct. : dim. 16h ; nov.-mars : 1ᵉʳ dim. du mois 16h - 2,50 €.*
Au bord de vastes étangs alimentés par le Molenbeek se dressent les bâtiments (16ᵉ au 18ᵉ s.) de cette abbaye de Prémontrés fondée en 1129 par Godefroid Iᵉʳ le Barbu. Passé plusieurs porches assez délabrés, puis le moulin à eau et la ferme, on aboutit à la cour de la prélature, gardée par deux lions de pierre.
La visite guidée des bâtiments abbatiaux permet d'admirer les **plafonds★** du réfectoire (1679) et de la bibliothèque (1672), ornés de hauts-reliefs en stuc de Jean-Christian Hansche. L'église romane a été transformée en 1729. L'intérieur baroque est agrémenté de plusieurs toiles de Pieter-Jozef Verhaghen (dans le chœur et la tribune).

Château d'Arenberg (Kasteel van Arenberg)
À Heverlee. Sortir au Sud-Ouest par la Kardinaal Mercierlaan.
Cet immense château du début du 16ᵉ s., dont l'imposante façade se dresse à l'extrémité d'une large pelouse, appartient à l'université. Les facultés de sciences exactes sont installées dans le domaine environnant (120 ha).

Circuit de découverte

VALLÉE DE L'IJSE
25 km au Sud-Ouest. Sortir par la N 264 et prendre à gauche la N 253 vers Overijse.
On traverse bientôt une campagne agréable plantée de nombreux peupliers.

Korbeek-Dijle
L'**église de St-Barthélemy** contient un superbe **retable★** de bois sculpté (1522) aux personnages expressifs et aux volets peints, ayant trait au martyre et au culte de saint Étienne. ℘ *016 47 77 42 - visite commentée sur demande 9h-17h - 1 €.*
3 km au départ de Korbeek-Dijle.

't Zoet Water
Ce joli site boisé (en français : les Eaux Douces) où se succèdent cinq étangs est très fréquenté par les touristes (*équitation, pêche, canotage, parc récréatif*). Het Spaans Dak (le toit espagnol), vestige du manoir du 16ᵉ s., transformé en restaurant, se mire dans l'un des étangs. À **Neerijse**, on pénètre dans la vallée de l'IJse, affluent de la Dyle (Dijle). *Continuer sur la N 253.*

Huldenberg
Ici apparaissent les premières **serres à raisin**. La culture du raisin en serres chauffées, qui fut inaugurée dans la région vers 1865, est très répandue dans toute la vallée de

l'IJse et aux environs de **Duisburg**.
Rejoindre la N 253.

Overijse

C'est la ville natale de Juste Lipse (1547-1606), humaniste du 16e s., qui enseigna à Louvain et fut l'ami de Plantin.
Au cœur de la région viticole, Overijse organise tous les ans les fêtes du raisin.
Suivre la N 253.

Hoeilaart

Hoeilaart, bâtie sur des collines dont la moindre parcelle de terre est occupée par une serre, a été surnommée la « cité de verre ». De grandes fêtes des vendanges s'y déroulent le 3e week-end de septembre.

Louvain pratique

Informations utiles

Code postal : *3000.*

Indicatif téléphonique : *016.*

In&Uit Leuven – *Naamsestraat 1, 3000 Leuven -* ☎ *016 20 30 20 - fax 016 20 30 03 - inenuit@leuven.be - www.leuven.be/ toerisme - www.inenuitleuven.be.*

Se loger

☺☺ **Hôtel Biestpoort** – *Brusselsestraat 1102 -* ☎ *016 20 24 92 - www. hotelbiestpoort.be - 14 ch. 85 € ⬚. Hôtel simple dans une rue animée du centre. Chambres aux couleurs chaudes. Le rez-de-chaussée accueille un café convivial proposant des bières locales.*

☺☺☺ **Hôtel Binnenhof** – *Maria Theresiastraat 65 -* ☎ *016 23 69 26 - www. hotelbinnenhof.be - 60 ch. 92/120 € ⬚ - P. Bonne situation pour les voyageurs en train car cet hôtel est situé à distance de marche de la gare. Chambres modernes et aménagées de façon rationnelle. Petit-déjeuner varié. Bar dans le hall et accès Internet gratuit pour les hôtes.*

☺☺☺ **Hôtel The Lodge** – *Kantineplein 3, 3001 Heverlee -* ☎ *016 50 95 09 - www. lodge-hotels.be - 25 ch. 115/130 € ⬚ - P. Cet hôtel situé un peu en dehors du centre près de l'Arenbergpark propose des chambres aménagées avec goût ainsi qu'une brasserie et une terrasse en été. Une adresse recommandée si vous souhaitez éviter la cohue de la ville.*

☺☺☺ **Theater Hotel** – *Bondgenotenlaan 20 -* ☎ *016 22 28 19 - www.theaterhotel.be - 21 ch. 109/159 € ⬚ - P. En plein centre de la ville universitaire. Chambres élégantes et confortables qui ont été récemment rénovées. Buffet varié pour le petit-déjeuner : il est servi dans une belle salle qui accueille nombre d'œuvres d'art africain.*

☺☺☺ **Kloosterhotel** – *Predikherenstraat 22 -* ☎ *016 21 31 41 - www.hetklooster.com - 40 ch. 150/230 € ⬚ - P. Cet hôtel a été aménagé dans un ancien cloître du 17e s. au centre du cœur historique de la ville. Magnifique rénovation avec différents types de chambres qui rayonnent toutes la chaleur et le confort. Réservé aux clients*

de l'hôtel, l'ancien jardin de cloître est aujourd'hui une oasis de quiétude dans la ville animée.

Se restaurer

☺☺ **De 3 Tonghen** – *Busleidengang 6a -* ☎ *016 29 41 43 - www.de3tonghen.be - fermé lun. et sam. midi - menu 16/36 €. Ce bâtiment historique faisait jadis partie de l'université. Les étudiants pouvaient approfondir ici leur connaissance des trois langues classiques. Aujourd'hui, le menu est essentiellement espagnol avec un choix étendu de tapas, pinchos et autres spécialités méridionales.*

☺☺ **Ter Eycken** – *Eikstraat 10 -* ☎ *016 23 54 34 - www.tereycken.be - fermé mar. - menu 30 €. Restaurant stylé dans une vieille maison de maître aux tapisseries originales et aux cheminées antiques. Cuisine française créative à base de produits du marché et service attentif.*

☺☺ **Kokoon** – *'s Meiersstraat 1 -* ☎ *016 23 07 26 - www.kokoon.be - fermé mar. et sam. midi - menu 34 €. Ce restaurant près de la Grand Place offre des formules repas originales : les plats français classiques sont préparés au wok. La carte propose également un beau choix de salades et potages.*

☺☺ **La Stanza** – *Wandelingstraat 8 -* ☎ *016 50 30 66 - fermé dim., lun. et sam. midi - menu 16/40 €. L'un des meilleurs restaurants italiens de la ville. La carte propose surtout des plats succulents du sud. La cuisine ouverte permet de voir le chef à l'œuvre. Les pâtes sont préparées sur place.*

☺☺☺ **Zarza** – *Bondgenotenlaan 92 -* ☎ *016 20 50 05 - www.zarza.be - fermé merc. et dim. - menu 42 €. Une adresse pour les fins gourmets. Cadre jeune et branché où l'on vous gâte de midi jusque tard le soir avec des préparations inventives de cuisine franco-belge et d'excellents choix de vin.*

Faire une pause

Brasserie Den Domus – *Tiensestraat 8 -* ☎ *016 20 14 49 - www.domusleuven.be - tlj sf lun. 9h-1h. Les bières de la maison, Con Domus, Nostra Domus et Den Engel, arrivent directement de la brasserie située à côté. La carte propose une large gamme* d'autres bières : trappistes de six abbayes différentes, gueuzes, Oud Bruin, etc. Également : petite restauration, plats élaborés et mets sucrés. Remarquez la décoration intérieure classique, avec beaucoup de bois et de fer forgé.

Wereldcafé.coop – *Bondgenotenlaan 31 - ℰ 016 89 01 90 - www.wereldcafe.be - mar.-sam. 11h-24h, lun. à partir de 18h.* Café non fumeur proposant des produits de la région et du monde entier (commerce équitable). On peut y goûter des boissons bio artisanales ainsi que d'excellents snacks allant de la tarte aux légumes à une tartine de pain complet. Chaises colorées,

grandes cartes de pays à l'intérieur, jardin paisible à l'arrière. L'établissement organise régulièrement des concerts live de musiques du monde.

Événements

Chaque année, en février, se déroule sur plusieurs jours le festival « Kulturama », avec un large éventail d'activités (danse, spectacles, littérature…). Les quatre premiers vendredis de juillet, le centre-ville sert de décor à l'événement musical « BeLeuvenissen », chaque année sur un thème différent (folk, jazz & blues, tropical…).

Maaseik

23 632 HABITANTS
CARTES MICHELIN Nᵒˢ 716 K 2 ET 533 T 16 - LIMBOURG.

Au centre du pays de la Meuse ou Maasland, Maaseik serait la ville natale des célèbres frères Jan et Hubert Van Eyck. Vers la mi-carême, son cortège de carnaval (halfvastenstoet) attire une foule considérable. La ville conserve encore quelques traces de ses remparts construits en 1672 sous Louis XIV. La spécialité locale est le « knapkoek », sorte de galette croustillante.

- **Se repérer** – Situé au bord de la Meuse, à l'extrémité nord-est de la Campine limbourgeoise, Maaseik est accessible par la N 78.
- **Organiser son temps** – Prévoir une demi-journée pour découvrir la ville.
- **Pour poursuivre le voyage** – Hasselt.

Visiter

Grand-Place (Grote Markt)
Cette vaste place carrée ombragée de tilleuls est entourée de maisons des 17ᵉ et 18ᵉ s., aux baies étroites souvent garnies de petits carreaux sertis de plomb. L'hôtel de ville occupe une belle demeure bourgeoise du 18ᵉ s. Au centre se dresse la statue de Jan et Hubert Van Eyck.

Bosstraat
Cette rue est bordée de demeures anciennes. Au nᵒ 7, vieille maison de brique, De Verkeerde Wereld (Le Monde à l'Envers). À l'angle de Halstraat, maison médiévale à colombages. La maison nᵒ 19 montre une façade blanche (1620), en saillie sur arcs, d'un type courant dans la région. Celle du 21, Stenen Huis (maison de pierre) ou Drossaardshuis (maison du Bailli), présente une façade classique plus solennelle.

Église Ste-Catherine (St.-Catharinakerk)
Du 19ᵉ s, elle possède une sacristie qui abrite un remarquable **trésor** (kerkschat). Les pièces proviennent pour la plupart de l'ancienne abbaye d'Aldeneik. La plus précieuse de toutes est le Codex Eyckensis ou évangéliaire de sainte Harlinde, qui, datant du 8ᵉ s., serait le plus ancien livre de Belgique. ℰ 089 81 92 90 (Dienst Toerisme) - tlj sf lun. (mais ouv. lun. juil.-août) ; avr.-sept. : 13h-17h ; oct.-mars : 13h-16h - fermé 1ᵉʳ, 2, 15 et 15 nov., 24, 25, 26 et 31 déc., 1ᵉʳ et 2 janv. - 4 €.

Museactron
Lekkerstraat 5 - ℰ 089 81 92 90 (Dienst Toerisme) - www.museamaaseik.be - tlj sf lun. (mais ouv. lun. juil.-août) ; avr.-sept. : 13h-17h ; oct.-mars : 13h-16h - fermé 1ᵉʳ, 2, 11 et 15 nov., 24, 25, 26 et 31 déc., 1ᵉʳ et 2 janv. - 4 €.
Le Museactron regroupe trois musées. Les collections du **musée d'Archéologie régionale** (Regionaal Archeologisch Museum) concernent l'archéologie régionale et l'histoire de la ville : objets préhistoriques, de l'époque romaine (instruments d'un médecin romain) et du Moyen Âge. Une passerelle relie ce musée à la plus **ancienne pharmacie** (en restauration jusqu'en 2009) de Belgique dont l'atmosphère d'antan est parfaitement restituée. Le **musée de la Boulangerie** (Bakkerijmuseum) est

installé dans une cave.

Aux alentours

Aldeneik

2 km à l'est. Toute l'année, visite accompagnée sur demande à l'Office de tourisme de Maaseik, 089 81 92 90.

L'**église romane d'Aldeneik** a remplacé une première petite église en bois, bâtie lors de la fondation au 8e s. d'un couvent par Ste-Herlinde et Ste-Renilde. L'édifice fut restauré aux 19e et 20e s. Diverses peintures murales du 12e s. ont été découvertes dans la nef centrale.

Maaseik pratique

Informations utiles

Code postal : *3680.*

Indicatif téléphonique : *089.*

Dienst voor Toerisme – *Markt 1, 3680 Maaseik - 089 81 92 90 - fax 089 81 92 99 - toerisme.maaseik@maaseik.be - www. maaseik.be.*

Se loger

 Hôtel Van Eyck – *Markt 48 - 089 86 37 00 - www.hotel-van-eyck.be - 27 ch. 150/190 € - . Hôtel historique sur la Grand Place. Rénové récemment, cet hôtel propose des chambres luxueuses et confortables dans un décor contemporain. La brasserie conviviale sert des repas simples. Le restaurant propose huîtres, homard, et plats de viande classiques.*

Se restaurer

 De Beurs – *Markt 7 - 089 56 40 79 - fermé lun. - menu 25 €.* Agréable brasserie au public très varié, amateur de cuisine régionale et belge. Les murs en briques brutes de l'ancienne maison accentuent encore la chaleur et la convivialité.

Spécialités

Le « knapkoek » de Maaseik était à l'origine un biscuit épais très nourrissant, mais il a évolué pour devenir une espèce de fine galette parsemée de grains de sucre.

Événements

Le cortège du dimanche de la **Laetare** (ou mi-carême) attire chaque année un grand nombre de spectateurs.

Malines★★

Mechelen

78 271 HABITANTS
CARTES MICHELIN Nᵒˢ 716 G 2 ET 533 L 16 -
PLAN D'AGGLOMÉRATION DANS LE GUIDE ROUGE - ANVERS.

Les nombreux palais, monuments et maisons anciennes bordant les places et les quais de la Dyle témoignent de la richesse historique de Malines. Le vieux centre est dominé par la magnifique tour de St-Rombaut, aux célèbres carillons. Dans cette ville se perpétue la traditionnelle industrie d'art de la tapisserie. C'est en effet un atelier de Malines qui a exécuté la tapisserie offerte par la Belgique à l'ONU en 1954, pour son siège à New York. Malines est également un important centre d'industrie du meuble. Par ailleurs, la brasserie occupe une place non négligeable parmi les activités de la ville. Enfin, la région est connue pour ses cultures maraîchères (asperges, chicons).

 Se repérer – À mi-chemin entre Bruxelles et Anvers, la ville se trouve près de l'autoroute E 19. Prendre la sortie 10 (depuis Bruxelles) ou la sortie 9 (au départ d'Anvers), puis le R 12, le « ring » ou périphérique de Malines qui mène au centre-ville.

 À ne pas manquer – Cathédrale St-Rombaut ; Manufacture royale de tapisseries De Wit.

 Organiser son temps – Prévoir une demi-journée pour découvrir l'essentiel de Malines, une journée entière avec le parc animalier de Planckendael.

 Avec les enfants – Le parc animalier de Planckendael.

 Pour poursuivre le voyage – Bruxelles et Anvers.

La Grand-Place et l'hôtel de ville de Malines.

Comprendre

Cité lacustre aux temps préhistoriques, Malines aurait été évangélisée au 8ᵉ s. par saint Rombaut venu d'Irlande. Elle appartient aux princes-évêques de Liège qui l'entourent d'une enceinte. Grâce à sa situation sur la Dyle, la ville joue un rôle portuaire et le commerce y prospère, puis la draperie. Vers 1300, elle reçoit sa seconde enceinte.

L'Âge d'or

Au 14ᵉ s., Malines appartient au comte de Flandre, puis revient par succession aux ducs de Bourgogne. C'est alors le début d'une période brillante. En 1473, Charles le Téméraire installe à Malines la Cour des comptes et le Parlement des États bourguignons. Nommé **Grand Conseil** en 1503, le Parlement fait office de Cour suprême jusqu'à la fin de l'Ancien Régime. Sous la domination de **Marguerite d'Autriche**, tante de Charles Quint, qui gouverne pendant la minorité de celui-ci, puis de 1519 à 1530, la ville connaît son apogée. Très lettrée, cette princesse goûte les arts et s'entoure des grands esprits de son temps : les philosophes Érasme et Thomas More, l'historien Lemaire de Belges, les musiciens Pierre de la Rue et Josquin Des Prés, les peintres Gossart et Van Orley. Sous l'impulsion de Marguerite s'édifient maints hôtels. L'architecte Rombaut Keldermans, né à Malines, lui bâtit un palais.

Du 16ᵉ s. à nos jours

La cour est transférée à Bruxelles en 1531. Si le Grand Conseil demeure à Malines, c'en est fini de la prépondérance de la ville qui ne conserve que son importance religieuse : en 1559, elle est érigée en archevêché, titre qu'elle partage depuis 1961 avec Bruxelles. En 1572, les Espagnols mettent la ville à feu et à sang. Aux 17ᵉ et 18ᵉ s., cependant, la dentelle atteint sa plus grande renommée. Le mobilier baroque prolifère. Des sculpteurs malinois tels que **Luc Fayd'herbe** (1617-1697), élève de Rubens, ou **Théodore Verhaegen** (1700-1759), disciple de Fayd'herbe, affirment une virtuosité incomparable. En 1835, le premier train du continent démarre de Bruxelles pour Malines. La ville subit pendant les deux guerres mondiales de terribles bombardements.

Se promener

Partir de la Grand-Place.

Grand-Place★ (Grote Markt)

Dominée par l'imposante tour de la cathédrale, elle est bordée de belles façades du 16ᵉ au 18ᵉ s. Au centre, la statue de Marguerite d'Autriche.

Hôtel de ville★ (Stadhuis) – Il se dresse à l'Est de la place et occupe trois bâtiments contigus. À gauche, le **palais du Grand Conseil**, de style flamboyant, fut commencé au début du 16ᵉ s. Resté inachevé, il fut terminé au début du 20ᵉ s. sur les plans primitivement conçus par Rombaut Keldermans. On y reconnaît, dans une niche, l'effigie de Charles Quint. Depuis 1913, le bâtiment abrite l'hôtel de ville. La façade centrale, surmontée de tourelles en encorbellement, est celle du beffroi (14ᵉ s.), inachevé. L'ancienne **halle aux draps** (à droite) date également du 14ᵉ s. ; le pignon a été ajouté au 17ᵉ s. *Possibilité de visite accompagnée dans le cadre de la Promenade historique (1ᵉʳ avr.-30 sept. sam., dim. et j. fér.à 14h ; vac. de Pâques, juil. et août tlj à 14h). 5 €.*

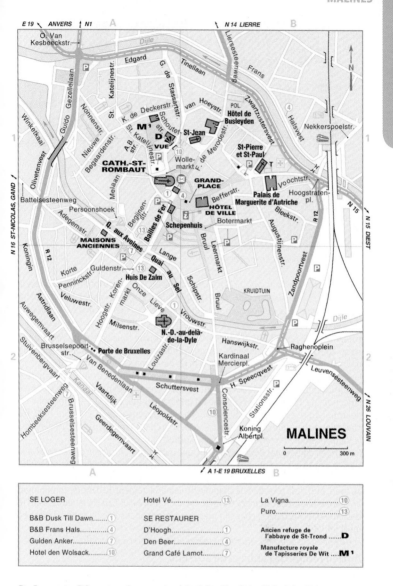

MALINES

0   300 m

A 1-E 19 BRUXELLES

SE LOGER	Hotel Vé.....................⑬	La Vigna.....................⑩
		Puro.........................⑬
B&B Dusk Till Dawn.......①	SE RESTAURER	
B&B Frans Hals.............④	D'Hoogh.....................①	Ancien refuge de
Gulden Anker.................⑦	Den Beer....................④	l'abbaye de St-Trond ....D
Hotel den Wolsack.........⑩	Grand Café Lamot..........⑦	Manufacture royale de Tapisseries De Wit ....M¹

De Beyaert – Très restauré, cet ancien hôtel de ville abrite l'hôtel des Postes.

Maison échevinale (Schepenhuis) – En face de De Beyaert, un peu en retrait et isolé, s'élève le « vieux palais », de la fin du 14ᵉ s. Au rez-de-chaussée, la grande salle où siégeait autrefois la cour de Justice, présente de jolies poutres et consoles illustrant des scènes religieuses et profanes. Le 1ᵉʳ étage accueillait le Parlement de Malines, nommé ultérieurement Grand Conseil. Le **musée** comprend une belle collection de sculptures et de peintures du 16ᵉ s. ℘ 015 21 16 02 (musée) ou 015 29 40 30 (Service des musées communaux) - tlj sf lun. 10h-17h - fermé 1ᵉʳ-2 janv., 25-26 déc. - 2 €.

Cathédrale St-Rombaut★★ (St.-Romboutskathedraal)
℘ 070 22 28 00 (Maison du tourisme) - 9h-17h (hiver 16h30).
Cet édifice gothique est remarquable par sa tour grandiose, aussi large que le vaisseau même. Les contreforts des bas-côtés sont ornés de gracieux pinacles et le chevet comporte des gâbles élégants.

La tour★★★ – Formant façade et porche, cette tour, l'une des plus belles de Belgique, mesure 97 m. À l'origine, elle avait été prévue pour atteindre la hauteur surprenante de 167 m, mais les travaux furent abandonnés en 1520. C'est la dynastie des Keldermans qui en dirigea la construction. Admirable de proportions avec ses lignes verticales à la fois puissantes et légères, elle laisse une impression inoubliable. À l'intérieur sont

Intérieur de la cathédrale St-Rombaut (détail).

logés les deux carillons. *Info, tickets & départ : In&Uit (Maison du tourisme) - visite de la tour (2 h) - 1ᵉʳ avr.-30 sept. : sam., dim et j. fériés à 14h15 ; vac. de Pâques, juil. et août : tlj à 14h15 ; concerts de carillon : juin-mi-sept. : lun. à 19h. ; 1ᵉʳ oct.-31 mars : 1ᵉʳ et 3ᵉ sam. du mois à 14h15 - 5 €.*

Intérieur – Le portail Sud, par lequel on entre, s'ouvre sous une haute verrière aux remplages flamboyants, dominée par un fronton à fine arcature. L'intérieur surprend par son ampleur (99 m de long pour 28 m de haut), mais reste harmonieux.

La nef centrale remonte au 13ᵉ s. Large de 13 m, elle compte six travées que séparent de robustes piliers cylindriques où sont adossées des statues d'apôtres (17ᵉ s.). Après l'incendie de 1342, elle fut rehaussée d'une balustrade, et le chœur agrandi d'un déambulatoire et d'une abside à sept chapelles rayonnantes. De 1498 à 1502, les chapelles du bas-côté gauche furent ajoutées. La chaire du 18ᵉ s. par Michel Vervoort le Vieux présente la conversion de saint Norbert.

Remarquer dans le bras droit du transept, une pathétique *Crucifixion* de Van Dyck, aux tons assourdis, où les figures douloureuses de Marie et de Madeleine sont particulièrement expressives. Le maître-autel en marbre noir et blanc est de Luc Fayd'herbe ; au fond, près de la tour, dans la chapelle du Saint-Sacrement, le banc de communion en marbre blanc délicatement travaillé est attribué à Artus Quellin le Jeune. Dans le bas-côté gauche, dans la chapelle près du transept, mausolée du cardinal Mercier, mort en 1926.

Sortir par le bras gauche du transept. Prendre le Wollemarkt qui conduit à un petit pont.

Ancien refuge de l'abbaye de St-Trond
(Oud refugiehuis van de abdij van Sint-Truiden)

Du pont, on a une **vue**★ ravissante à gauche sur l'**ancien refuge de l'abbaye de St-Trond**, du 16ᵉ s. Le fronton denté et le clocheton se détachent sur de grands arbres, les murs de brique rose plongent dans le canal couvert de lentilles d'eau. Au bout de la Schoutetstraat, se trouve une manufacture de tapisseries (*voir dans « visiter »*).

Retourner au petit pont et prendre en face un passage couvert.

Église St-Jean (St.-Janskerk)

📞 *070 22 28 00 (Maison du tourisme) - tlj sf lun. 13h30-17h30 (hiver 16h30u).*

Cette église du 15ᵉ s. renferme des bancs d'œuvre baroques et surtout un triptyque de Rubens, peint en 1619, *L'Adoration des Mages*. Le panneau central est d'une remarquable composition divisée en deux registres, l'un sombre, l'autre clair ; la finesse du coloris, le contraste entre la douceur du profil de la Vierge et la rudesse attendrie des visages des Mages tendus vers l'enfant blond font de ce panneau une œuvre exceptionnelle. Isabelle Brant, première femme de Rubens, a posé pour la figure de la Vierge.

En suivant le flanc gauche de l'église, on atteint la Frederik de Merodestraat.

Hôtel de (Hof van) Busleyden

📞 *015 27 44 25 (musée) ou 015 29 40 30 (Service des musées communaux) - tlj sf lun. 10h-17h - fermé 1ᵉʳ-2 janv., 25-26 déc. - 2 €.*

Dominé par sa tourelle, ce palais de brique, qui s'élève au fond d'une cour bordée d'arcades, fut construit pour Jérôme de Busleyden, juge au Grand Conseil de Malines et fondateur du Collège des Trois Langues à Louvain. Ce palais abrite un des trois **musées communaux** (les deux autres sont la Porte de Bruxelles – *voir description dans Visiter* – et la Maison échevinale). À côté, se trouve l'**école royale de Carillon J. Denijn**.

Gagner le Veemarkt et la Blokstraat
L'**église St-Pierre-et-St-Paul** (St.-Pieter-en-Pauluskerk) possède une belle façade baroque, restaurée.

Les carillons de Malines

Au Moyen Âge, les fondeurs de cloches malinois sont déjà estimés. Cependant, en 1674, Malines fait appel au fondeur amstellodamois Pierre Hemony, se constituant ainsi, dans la tour St-Rombaut, un important carillon dont, à la fin du 19e s., le maître Jef Denyn, carillonneur d'une virtuosité exceptionnelle, assure la renommée. Ce dernier est le fondateur en 1922 d'une école de carillon, dont les élèves exercent dans le monde entier. À ce premier carillon de St-Rombaut, composé de 49 cloches, a été adjoint en 1981 un second carillon possédant le même nombre de cloches ; le poids total de ces deux ensembles est de 80 t.

Prendre la Keizerstraat.

Palais de Marguerite d'Autriche - Cour de Justice
(Palais van Margaretha van Oostenrijk - Gerechtshof)
Exécuté par Rombaut Keldermans au début du 16e s., cet édifice devint palais de justice en 1796. Ses bâtiments Renaissance encore imprégnés de style gothique s'ordonnent autour d'une jolie cour à arcades.
Revenir à la Grand-Place par le Veemarkt et la Befferstraat, puis s'engager dans l'IJzerenleen.

Bailles de Fer (IJzerenleen)
Cette longue place doit son nom aux balustrades (« bailles ») en fer forgé qui protégeaient l'ancien canal au 16e s. De belles façades restaurées l'encadrent.
Tourner à gauche dans le Zoutwerf.

Quai au Sel (Zoutwerf)
On remarque sur ce quai d'intéressantes façades et en particulier celle de la **maison du Saumon** (De Zalm), bâtie au 16e s. pour la corporation des poissonniers. Au-dessus de la porte, la pierre de façade représente un saumon doré.
Prendre ´t Plein (3e rue à droite) pour rejoindre l'**église N.-D.-au-delà-de-la-Dyle** (Kerk van O.-L.-Vrouw o/d Dijle) qui abrite un triptyque de Rubens, La Pêche miraculeuse (*tlj sf lun., avr.-oct. : 13h30-17h30 ; nov.-mars : 13h30-16h30*).
Emprunter l'O.-L.-V.-straat, tourner à droite dans la Guldenstraat, puis s'engager dans la Van Beethovenstraat.

Quai aux Avoines (Haverwerf)
En face du Kraanbrug, aux numéros 21 à 23, subsistent trois pittoresques **maisons anciennes★** : la maison St-Joseph, au pignon à volutes, la maison du Diable, en bois, décorée de cariatides, et la maison du Paradis, dont les tympans représentent Adam et Ève.

Visiter

Manufacture royale de Tapisseries De Wit★
(Koninklijke Manufactuur van Wandtapijten De Wit)
℘ 0475 52 29 05 - www.dewit.be - visite guidée (1h30) sam. 10h30 - fermé j. fériés, juil., de Noël au Nouvel-An - 6 €.
Cette manufacture est installée dans le cadre magnifique de l'ancien refuge de l'abbaye de Tongerlo (15e s.). Par le jardin joliment aménagé, on arrive au rez-de-chaussée où plusieurs belles salles servent de décor à l'exposition d'une collection remarquable de tapisseries anciennes. Elle permet de suivre l'évolution de l'art de la tapisserie depuis l'an 1500 à nos jours. Le grenier, doté d'une magnifique charpente en bois, abrite un ensemble de tapisseries modernes. La manufacture s'est fixée pour objectif de perpétuer la tradition de la tapisserie d'art flamande, dont témoignent encore les créations contemporaines. Mais l'accent est surtout mis sur la conservation et la

restauration de tapisseries anciennes. L'entreprise jouit d'ailleurs d'une excellente réputation dans ce domaine aussi bien en Belgique qu'à l'étranger. La visite guidée passe par les ateliers et une démonstration permet de suivre les différentes étapes de la fabrication d'une tapisserie.

Porte de Bruxelles (Brusselpoort)

☏ 015 27 44 25 (musée) ou 015 29 40 30 (Service des musées communaux) - tlj sf lun. 13h-17h - fermé 1er-2 janv., 25-26 déc. - 2 €.

Unique vestige de l'enceinte du 13e s., cette porte est flanquée de deux tours dont les toits pointus datent du 17e s. Le musée présente les débuts de l'histoire de la ville et l'évolution urbanistique de Malines à travers le temps.

Aux alentours

Fort van Breendonk

12 km à l'ouest par la N16.

☏ 03 860 75 25 - www.breendonk.be - tlj 9h30-17h30 - fermé 1er janv., dernier dim. d'août, 24 et 25 déc. - 6 €.

Ce fort (mémorial national) fut construit entre 1906 et 1914 pour compléter la défense d'Anvers. Bombardé en 1914, il fut le dernier fort d'Anvers à se rendre aux Allemands. En mai 1940, il fut choisi par l'armée belge comme G.Q.G. (le roi Léopold III y séjourna), mais l'avance allemande ayant obligé les troupes à se replier sur le littoral, le fort dut être abandonné. De septembre 1940 à août 1944, les nazis y établirent un « camp de réception », en fait un véritable camp de concentration : y furent emprisonnées au total près de 3 500 personnes dont une partie fut déportée.

Un circuit fléché, accompagné par endroits de témoignages enregistrés, fait traverser les chambrées de prisonniers, la salle de torture, les dortoirs installés dans les baraquements, l'enclos des exécutions d'otages et le gibet des condamnés à mort. La documentation du petit musée évoque les deux guerres mondiales, la vie dans le camp de Breendonk et dans d'autres établissements répressifs nazis.

Keerbergen et Tremelo

23 km à l'est en sortant par la Nekkerspoelstraat.

Keerbergen – Dans la Campine brabançonne, c'est un agréable centre de villégiature dont les villas luxueuses se disséminent parmi les bois de pins.

Tremelo – Le **musée du Père Damien** (Pater Damiaanmuseum) a été aménagé dans la maison natale de ce missionnaire (1840-1889) qui mourut en soignant les lépreux des îles Hawaii à Molokai. Une collection d'objets lui ayant appartenu et un montage audiovisuel en plusieurs langues évoquent sa vie. *Pater Damiaanstraat 37 - ☏ et fax 016 53 05 19 - www.tremelo.be/damiaan - ⚑ - visite accompagnée (1h30) tlj sf lun. 14h-17h - fermé Pâques, Pentecôte, 1er nov. et env. 18 déc.-10 janv. - 3 €.*

DE MALINES À ELEWIJT

12 km au sud-est en sortant par le Leuvensesteenweg.

Parc zoologique de Planckendael★★

Au sud de Muizen. ☏ 015 41 49 21 - www.planckendael.be - ⚑ - nov.-fév. : 10h-16h45 ; mars, avr., oct. : 10h-17h30 ; mai, juin, sept. : 10h-18h ; juil.-août : 10h-19h ; mi-avr.- fin sept. : dim. et j. fériés 10h-19h - 16,90 €.

Ce vaste jardin d'une quarantaine d'hectares, fleuri et planté de beaux arbres, abrite près de 1 000 animaux. On y trouve des espèces rares ou menacées d'extinction, des volières d'oiseaux exotiques et des étangs fréquentés par des oiseaux aquatiques.

Hofstade

Cet immense parc récréatif de près de 150 ha aménagé autour de deux lacs est doté d'une réserve ornithologique.

Elewijt

À l'ouest se trouve le **château Het Steen**, où Rubens passa les cinq dernières années de sa vie (1635-1640). Il conserve une jolie façade nord, avec pignons à redans, ainsi qu'un donjon du 13e s.

Malines pratique

Informations utiles

Code postal : *2800.*

Indicatif téléphonique : *015.*

In&Uit Mechelen – *Toerismehuis de Gulden Arent, Hallestraat 2-4-6, 2800 Mechelen - ☎ 070 22 28 00 - fax 015 29 76 53 - inenuit@mechelen.be - www. inenuitmechelen.be.*

Se loger

☺ **B&B Frans Hals** – *Frans Halsvest 99 - ☎ 015 34 08 03 - www.franshalsbb.be - 3 ch. 70 € ☐.* Vieille maison de maître avec chambres d'hôtes nommées d'après le peintre hollandais né à Malines. Les chambres offrent une combinaison de qualité surannée et de confort moderne. Atmosphère familiale et accueil cordial.

☺☺ **B&B Dusk Till Dawn** – *Onze Lieve Vrouwstraat 81 - ☎ 015 41 28 16 - www. dusktilldawn.be - 2 ch. 100 € ☐.* De l'autre côté de la Dyle, dans une rue moins arpentée par les touristes, mais sans quitter le centre. La vieille maison de maître rénovée est aménagée avec de superbes meubles design. Grandes chambres pourvues de tout le confort. Lorsque le temps le permet, le petit-déjeuner est servi dans le jardin intérieur.

☺☺☺ **Hôtel den Wolsack** – *Wollemarkt 16 - ☎ 015 56 95 20 - www.denwolsack.com - 14 ch. 96/126 € - P.* Au cœur de la ville à côté de la tour St-Rombouts. Le bâtiment de style néoclassique servit jadis d'école de musique. Les classes ont été transformées en chambres fonctionnelles et agréables. Brasserie au rez-de-chaussée, avec une carte simple aux prix modérés.

☺☺☺ **Gulden Anker** – *Brusselsesteenweg 2 - ☎ 015 42 25 35 - www.guldenanker.be - 34 ch. 82/128 € ☐ - P.* Cet hôtel moderne est situé juste en dehors du centre et à proximité de l'autoroute. Chambres confortables et contemporaines, fitness et sauna. Le restaurant sert tant des plats classiques que régionaux.

☺☺☺ **Hotel Vé** – *Vismarkt 14 - ☎ 015 20 07 55 - www.hotelve.com - 36 ch. 99/206 € ☐.* Hôtel d'ambiance sur une petite place animée. Le lieu abritait autrefois une saurisserie et le caractère industriel de l'immeuble est magnifiquement intégré dans le design moderne. Chambres luxueuses, restaurant et bar à vin et, surtout, accueil décontracté et convivial.

Se restaurer

☺ **Puro** – *Guldenstraat 20 - ☎ 015 33 68 22 - www.puro-mechelen.be - menu 20 €.* Un ancien immeuble de bureaux a été transformé en restaurant de style brasserie. Puro est devenu le lieu de rendez-vous des jeunes et moins jeunes. Dans un cadre moderne, vous prendrez une petite collation ou un repas complet. Puro est ouvert tous les jours, du matin jusqu'à la fin de soirée.

☺ **Grand Café Lamot** – *Van Beethovenstraat 8 - ☎ 015 20 95 30 - www. grandcafelamot.be - ouvert tlj dès le matin - menu 25 €.* Cette ancienne brasserie dans le centre de la ville est devenue « the place to be » à Malines. Savourez une simple collation ou un repas gastronomique dans un cadre contemporain.

☺ **Den Beer** – *Grote Markt 32 - ☎ 015 20 97 06 - menu 25 €.* Un café-restaurant au design actuel, sur la Grand Place. Salle spacieuse et lumineuse où trône un piano. Plats classiques et portions copieuses. Terrasse en été.

☺☺ **La Vigna** – *H. Consciensestraat 22 - ☎ 015 41 09 24 - fermé jeu., lun. soir et juil. - menu 19/29 €.* Ce restaurant italien a depuis des années pignon sur rue à Malines. Préparations italiennes simples mais savoureuses et variées à base d'ingrédients de saison.

☺☺☺ **D'Hoogh** – *Grote Markt 19 - ☎ 015 21 75 53 - www.dhoogh-restaurant. be - fermé sam. midi, dim. et lun. - menu 50 €.* Les amateurs de véritable cuisine française ne resteront pas sur leur faim ici. Ce restaurant chic au cadre distingué propose en effet tout ce que la gastronomie française peut offrir.

Faire une pause

Brasserie Het Anker – *Guido Gezellelaan 51 - ☎ 015 28 71 44 - www. brasseriehetanker.be - tlj 11h30-01h (merc. à partir de 15h).* L'histoire de la brasserie dont cet établissement fait partie remonte au 14ᵉ s. Dans la superbe cave, on peut commander une des bières Carolus de la maison (Ambrio, Classic et Tripel) ou la « Cuvée de l'empereur ». Toutes ces bières sont servies au fût. À la carte : diverses préparations dont la bière est un des principaux ingrédients.

Café Den Akker – *Nauwstraat 11 - ☎ 015 33 10 78 - zaza@telenet.be - à partir de 11h30, dim. à partir de 15h.* Principal atout de ce café, sa belle terrasse tournée vers la Dyle. La carte comprend un large éventail de bières, de la petite restauration et des plats plus élaborés.

Spécialités

Les spécialités locales sont le coucou de Malines (un poulet à la chair fine, tendre et juteuse) et la Gouden Carolus, une bière corsée de la brasserie Het Anker.

Événements

Procession de Hanswijk – Cette procession historique en l'honneur de Notre-Dame de Hanswijk parcourt les rues du centre tous les ans, le dimanche avant l'Ascension.

Ostende
Oostende

68 921 HABITANTS
CARTES MICHELIN N°ˢ 716 B 2 ET 533 C 15 -
PLAN D'AGGLOMÉRATION DANS LE GUIDE ROUGE BENELUX - FLANDRE OCCIDENTALE.

Ostende est à la fois une station balnéaire très fréquentée et une ville dotée d'un riche passé royal. Les souverains belges, notamment Léopold II, aimaient y séjourner. La station balnéaire s'étend entre le Casino-Kursaal, inauguré en 1953, et le Thermae Palace Hôtel, le long du promenoir qui borde la plage. Tout près se situent les Galeries royales et vénitiennes, où il fait bon flâner. À proximité du chenal du port et de l'avant-port, l'ancien quartier des pêcheurs forme un quadrillage de rues plus étroites, limité au Sud par les bassins du port de plaisance. Les célèbres huîtres sont élevées à Ostende dans un bassin de 80 ha, le Spuikom, au Sud-Est de la ville.

- **Se repérer** – Situé sur la côte Est, Ostende est accessible à partir de Bruges par l'autoroute A 10 ou par la N 34 qui longe le bord de mer.
- **Organiser son temps** – Prévoir deux jours pleins pour visiter les principales curiosités d'Ostende.
- **Avec les enfants** – L'estacade ouest, l'aquarium de la mer du Nord, le Mercator, le pêcheur d'Islande Amandine et le musée de plein air « Atlantikwall ».
- **Pour poursuivre le voyage** – Bruges.

Vue sur la plage.

Visiter

Quai des Pêcheurs (Visserskaai)
Il est bordé par une succession presque ininterrompue de restaurants. De là, on aperçoit le port de pêche et, au-delà du chenal, l'importante « **minque** » ou criée ; poissons, crustacés et fruits de mer y font l'objet de pittoresques ventes à la criée.

Estacade Ouest (Weststaketsel) – C'est l'une des deux jetées encadrant l'entrée du port ou « havengeul ». Elle permet de contempler la plage et le mouvement des bateaux. À l'extrémité, les pêcheurs installent leurs carrelets, filets de pêche carrés suspendus à un treuil.

Aquarium de la mer du Nord (Noordzeeaquarium) – *Visserskaai - ☎ 059 50 08 76 - avr.-mai : 10h-12h, 14h-17h (sam., dim. et j. fériés 18h) ; juin-sept. : 10h-12h30, 14h-18h ; oct.-mars : sam., dim et j. fériés 10h-12h30, 14h-18h - 2 €.* Il contient de petits bassins avec poissons, crustacés, mollusques de la mer du Nord, et des collections de coquillages.

Musée d'Histoire locale (Oostends Historisch Museum) **De Plate**

Langestraat 69 - ℘ 059 51 67 21 - sam. 10h-12h et 14h-17h - 15 juin-16 sept. : tlj sf mar. mêmes heures - 2 €.

Installé dans l'ancien palais royal, ce musée est consacré à l'histoire et aux traditions régionales. La vocation maritime d'Ostende est évoquée, en particulier, par la reconstitution d'un café de pêcheurs et par quelques maquettes de bateaux. Le 1er étage renferme la chambre mortuaire de Louise-Marie, première reine des Belges, décédée en octobre 1850.

Maison de James Ensor (James Ensorhuis)

Vlaanderenstraat 27 - ℘ 059 80 53 35 - juin-sept. : tlj sf mar. 10h-12h, 14h-17h - 2 €.

L'intérieur de la maison d'Ensor a été reconstitué et converti en musée. L'entrée se fait par le magasin de coquillages qui était tenu par sa tante et son oncle. Au 2e étage, on peut voir l'atelier du peintre.

James Ensor (1860-1949)

Ostendais, de père anglais et de mère flamande, ce génie solitaire, qui s'éloigna peu de sa ville natale et ne fut reconnu que tardivement par ses contemporains, est l'un des plus grands peintres de la fin du 19e s.

Ensor s'adonne d'abord à une peinture sobre, puis sa palette s'éclaircit. Entre 1883 et 1892, il utilise de couleurs violentes, d'empâtements, pour illustrer, avec une technique déjà expressionniste, des thèmes macabres ou satiriques peu appréciés du public. Par sa prédilection pour les personnages masqués, les squelettes, qui, dans ses tableaux, grouillent dans une atmosphère de carnaval, Ensor est le père d'un monde imaginaire et fantastique qui annonce le surréalisme.

Pêcheur d'Islande (IJslandvaarder) **Amandine**

Vindictivelaan 35-Z - ℘ 059 23 43 01 - www.amandine-museum.be - mi-avr.-déb. nov. : 10h (lun. 14h)-19h - 3 €.

En 1995, l'Amandine entreprend son dernier voyage vers le Grand Nord. Sauvé de la démolition et entièrement remis en état, ce dernier pêcheur d'Islande flamand accueille aujourd'hui un petit musée interactif. Photos et présentations audiovisuelles illustrent de façon captivante la vie quotidienne à bord de ce bateau de pêche.

Voilier-école (Opleidingszeilschip) **Mercator**

Mercatordok - ℘ 059 70 56 54 ou 02 720 01 39 - juil.-août : 10h-17h30 ; mai-sept. : 10h-12h30, 14h-17h30 ; oct., nov., déc. : sam.-dim. et tlj 29 oct.-5 nov. et 26-31 déc., 10h-12h30, 14h-16h30 ; janv.-avr. : w.-end 10h-12h30 et 14h-16h30 ; tlj 1er-7 janv., 3-11 fév. et 1-15 avr. - fermé 1er janv., 25 déc. - 4 €.

Ancien navire-école des officiers de la marine marchande belge, ce trois-mâts blanc stationne depuis 1964 dans un bassin du port de plaisance. Bien que toujours en état d'appareiller, le Mercator, qui, de 1932 à 1960, a effectué 41 croisières à travers les mers du globe, fait fonction de navire-musée. Plusieurs objets et photographies rappellent qu'il a participé à des missions scientifiques, rapporté de l'île de Pâques de gigantesques statues et ramené la dépouille mortelle du père Damien.

Église des Sts-Pierre-et-Paul (St.-Petrus-en-Pauluskerk)

Construite en 1905 dans le style néogothique, elle abrite le mausolée de la reine Louise-Marie. À proximité se dresse le **Peperbus**, clocher d'une église du 18e s. détruite par un incendie.

Musée provincial d'Art moderne★ (Provinciaal Museum voor Moderne Kunst)

Romestraat 11 - ℘ 059 50 81 18 - www.pmmk.be - ♿ - tlj sf lun. 10h-18h - fermé 1er janv., 25 déc. - 5 €.

Ce musée réunit, sur les différents étages d'une ancienne coopérative, des peintures, des sculptures, de la céramique et de l'art graphique belges ; les collections (*exposées par roulement*) donnent un aperçu des courants artistiques modernes et contemporains.

L'expressionnisme est représenté par les artistes de Laethem. Parmi les mouvements les plus récents, il faut citer l'abstraction, le pop art et l'art conceptuel. Le musée organise en outre des expositions temporaires à caractère national ou international.

Fort Napoléon

Quitter Ostende vers l'est et suivre la N 34 en direction de Knokke.

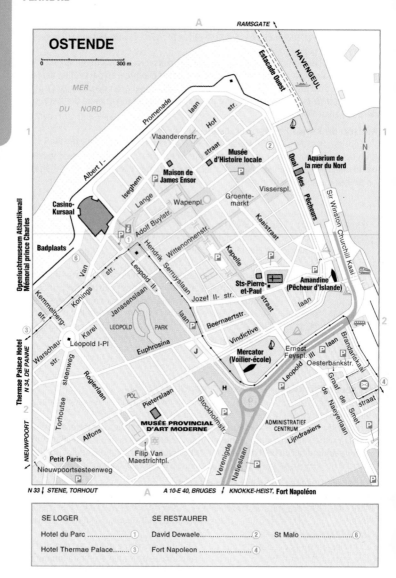

OSTENDE

0   300 m

RAMSGATE

HAVENGEUL

Estacade Ouest

MER

DU NORD

Promenade

laan

str.

Hof

Vlaanderenstr.

straat

Musée d'Histoire locale

Aquarium de la mer du Nord

Albert I-

Maison de James Ensor

Quai des Pêcheurs

Visserspl.

Iseghem

Lange

Wapenpl.

Groente-markt

Casino-Kursaal

Adolf Buylstr.

Kaaistraat

Sir Winston Churchill Kaai

Badplaats

Van

str.

Hendrik

Serruyslaan

Kapelle

Konings

Leopold II-

Wittenonnenstr.

Sts-Pierre-et-Paul

Amandine (Pêcheur d'Islande)

Kemmelberg

str.

Janssenslaan

Jozef II- str.

laan

straat

laan

Karel

LEOPOLD   PARK

Beernaertstr.

Léopold I-Pl

Euphrosina

Vindictive

Mercator (Voilier-école)

Ernest Feyspl. VII

Léopold

laan

Oesterbankstr.

Brandarisk

Graaf de Smet de Naeyerlaan

Warschau-str.

steenweg

Rogierlaan

J

H

Stockholmstr.

ADMINISTRATIEF CENTRUM

Lijndraaiers

Torhoutse

Pieterslaan

MUSÉE PROVINCIAL D'ART MODERNE

POL.

Alfons

Filip Van Maestrichtpl.

Verenigde

Natiëslaan

Petit Paris

Nieuwpoortsesteenweg

Openluchtmuseum Atlantikwall Mémorial prince Charles

Thermae Palace Hotel
N 34, DE PANNE

NIEUWPOORT

N 33 | STENE, TORHOUT

A 10-E 40, BRUGES | KNOKKE-HEIST, Fort Napoléon

SE LOGER	SE RESTAURER	
Hotel du Parc .... ①	David Dewaele .... ②	St Malo .... ⑥
Hotel Thermae Palace .... ③	Fort Napoleon .... ④	

📞 059 32 00 48 - www.fortnapoleon.be - avr.-oct. : 10h30-13h, 13h30-18h ; nov.-mars et vac. scol. : sam., dim. et j. fériés 14h-17h - 5 €.

En 1810, Napoléon fait construire ce fort dans les dunes ostendaises afin de se protéger des attaques anglaises. Cependant, le bastion en forme de pentagone n'a jamais servi de place forte. Récemment restauré, le bâtiment abrite actuellement un café-restaurant (voir dans « carnet pratique ») ainsi qu'une petite exposition évoquant l'histoire du fort et l'évolution de l'architecture militaire. Du toit, belle vue sur la mer et les dunes.

Aux alentours

Stene

3 km au sud par la N 33.

Toute blanche, l'**église Ste-Anne** (St.-Annakerk) présente à l'extérieur une pittoresque juxtaposition de volumes et, à l'intérieur, un décor rustique. Au 14e s., il n'existait que le bas-côté gauche, auquel on a ajouté au 17e s. la nef et le bas-côté droit. Au sud, le presbytère (pastorie), de 1764, a été restauré.

Raversijde
10 km au sud-ouest, par la Koningsstraat.

Openluchtmuseum Atlantikwall (Musée de plein air Atlantikwall) – 👤👤 Ce musée de plein air permet de découvrir des casemates et tranchées des deux guerres mondiales. La construction de la **batterie Aachen** débute en 1915. Par sa situation exceptionnelle, cette batterie est l'un des seuls vestiges de la défense côtière allemande de la Grande Guerre. Chargée de la défense du port d'Ostende, elle devait faire face à un éventuel débarquement des Alliés. De la batterie sont conservés : pièces d'artillerie, dépôts de munitions, postes d'observation et de commandement. Dès 1941, les Allemands occupent à nouveau les batteries côtières existantes. La **batterie Saltzwedel Neu** est implantée dans la partie occidentale du domaine. Elle faisait partie de l'Atlantikwall, réseau de fortifications construit par les Allemands durant la Seconde Guerre mondiale. La plupart des casemates sont reliées. Le centre de la batterie était le poste de conduite de tir, d'où partaient les instructions pour le réglage des tirs. Une des casemates contenait des réserves tandis qu'une autre, aménagée avec du matériel d'origine, permet de retracer la vie quotidienne des soldats. 📞 *059 70 22 85 - w.-end, j. fériés, vac. scol. : 10h30-18h ; déb. avr.-mi-nov. : 14h-17h (dernière entrée 1h avant la fermeture) - 6 €.*

Mémorial prince Charles (Memoriaal Prins Karel) – Au début du 20e s., le roi Léopold II acheta plusieurs terrains à Raversijde. Ils constituent le cœur de l'actuel domaine, agrandi successivement par Albert Ier et le prince Charles, régent de 1944 à 1950. La **salle flamande** (Vlaamse zaal), qui servit jadis de cantine aux Allemands, abrite une exposition consacrée au prince-régent. On admire non seulement des photos et objets personnels, mais également des dessins réalisés par le comte de Flandre. Dans la **maison du prince**, d'une grande simplicité, on remarque deux sculptures en plâtre réalisées par la reine Elisabeth, un fauteuil de style Empire ayant appartenu à Napoléon, des peintures et des trains miniatures. La villa Goffinet accueille des expos temporaires. 📞 *059 70 22 85 - w.-end, j. fériés, vac. scol. : 10h30-18h ; déb. avr.-mi-nov. : 14h-17h (dernière entrée 1h avant la fermeture) - 6 €.*

Walraversijde – C'est une petite **exposition archéologique** consacrée aux fouilles effectuées depuis 1992 sur le site du village de pêcheurs médiéval de Walversijde. 📞 *059 70 22 85 - w.-end, j. fériés, vac. scol. : 10h30-18h ; déb. avr.-mi-nov. : 14h-17h (dernière entrée 1h avant la fermeture) - 6 €. Ticket combiné pour les 3 musées : 9 €.*

Jabbeke
17 km au sud-est par l'A 10-E 40, puis l'échangeur nº 6.

Musée Permeke★ (Provinciaal Museum Constant Permeke) – Permeke fit construire en 1929 cette maison des Quatre Vents (Vier Winden) où il vécut plus de 20 ans. Le musée donne un aperçu de l'évolution de l'œuvre de l'artiste et possède la presque totalité de son œuvre sculpté, dont une partie est exposée dans le jardin. 📞 *050 81 12 88 - tlj sf lun. 10h-12h30, 13h30-18h (oct.-mars 17h30) - fermé 1er janv., 25 déc. - 2,50 €.*

Permeke, chef de file de l'expressionnisme flamand

Le peintre, sculpteur et dessinateur Constant Permeke (1886-1952) fait partie, avec Albert Servaes, les frères De Smet et Frits Van den Berghe de la deuxième école de Laethem-St-Martin, groupe d'artistes qui s'établit au village du même nom, dans la région de la Lys, entre 1905 et 1910. Au début de la Première Guerre mondiale, Permeke est grièvement blessé et évacué en Angleterre, où il réalise ses premières grandes œuvres expressionnistes. Ses paysages anglais rappellent Ensor dans le choix des couleurs (*La Moisson dans le Devonshire*). Sous l'influence du cubisme et de l'art africain, le style de l'artiste se fait plus abstrait, notamment dans *Au sujet de Permeke* de 1922. La tendance à l'abstraction domine parfois aussi les énormes marines (*Grande marine* de 1935) et paysages. Ses portraits expressifs et monumentaux de pêcheurs (*Femme de pêcheur*, 1921) et de paysans (*Paysan à la bêche*, 1930, *Le Semeur*, 1933) affirment une grande affinité avec le terroir, encore accentuée par l'utilisation de tons chauds et terre. Dès la fin des années 1930, l'artiste se tourne davantage vers le nu (*Les Trois Grâces*, 1949). Il se met aussi à la sculpture (*Niobe et Le Semeur*). Suite au décès de son épouse en 1948, l'artiste réalise l'émouvant *L'Adieu*. À la fin de sa vie, sa palette s'éclaircit : *Le Pain quotidien* et *Paysage breton*.

Gistel

9 km au sud par la N 33.

Cette petite ville voit chaque année se dérouler la **procession de sainte Godelieve**. L'**église** abrite la sépulture de cette sainte dont le nom signifie « aimée de Dieu ». Godelieve, mariée contre son gré à Bertulf, châtelain de Gistel, fut assassinée et son corps jeté dans un puits en 1070.

L'**abbaye de Ten Putte** (*3 km à l'ouest de Gistel*) fut fondée autour de ce puits. Dans le charmant enclos aux murs blancs et au jardin propice au recueillement, on peut voir le puits, la cave où la sainte aurait été emprisonnée, la chapelle aux corbeaux, à l'endroit où elle aurait accompli un miracle, l'église abbatiale et un petit musée consacré à la sainte.

Ostende pratique

Informations utiles

Code postal : *8400.*

Indicatif téléphonique : *059.*

In&Uit Oostende – *Toerisme Oostende, Monacoplein 2, 8400 Oostende - ℰ 059 70 11 99 - fax 059 70 34 77 - info@ toerisme-oostende.be - www.toerisme-oostende.be.*

Se loger

⌣⌣🛏 **Hôtel Thermae Palace** – *Koningin Astridlaan 7, 8400 Ostende - ℰ 059 80 66 44 - www.thermaepalace.be -* 159 ch. 170/220 € - 🍽 17 € - 🅿. Immeuble monumental en style art déco sur la plage. Autrefois lieu de rendez-vous des grands de ce monde qui passaient leurs vacances à proximité de la résidence d'été du roi des Belges. Les chambres sont rénovées et possèdent pour la plupart la vue sur la mer. Choix entre un restaurant gastronomique et une brasserie.

⌣🛏 **Hôtel du Parc** – *Marie Joséplein 3, 8400 Ostende - ℰ 059 70 16 80 - www.hotelduparc.be -* 51 ch. 73/87 € 🍽. Immeuble de la belle époque aux chambres et aux équipements modernes et rénovés. Brasserie art déco et terrasse ensoleillée, large choix de bières belges. On peut rejoindre la plage à pied.

Se restaurer

⌣⌣🍴 **St Malo** – *Albert I Promenade 62, 8400 Ostende - ℰ 059 50 39 67 - www.st-malo.be - fermé lun. - menu 30/49 €.* Restaurant à l'aménagement contemporain, proche du casino. Large sélection car les gourmets pourront non seulement choisir parmi différentes préparations de homard et de poisson, mais également des plats traditionnels de Thaïlande.

⌣🍴 **David Dewaele** – *Visserskaai 39, 8400 Ostende - ℰ 059 70 42 26 - fermé lun. (sf pdt les mois d'été) - menus 17/52 €.* L'un des nombreux restaurants de poisson le long du quai, mais celui-ci est particulièrement bon. À côté des préparations classiques, vous découvrirez également des plats inventifs.

⌣🍴 **Fort Napoléon** – *Vuurtorenweg, 8400 Ostende - ℰ 050 33 21 60 - www.fortnapoleon.be - fermé lun. - menu 35/55 €.* Fort historique restauré dans les dunes. Restaurant, bistro et terrasse ensoleillée avec vue sur les phares et les dunes. Design moderne dans un cadre historique unique.

Faire une pause

Taverne 't Botteltje – *Louisastraat 19 - ℰ 059 70 09 28 - tlj.* Établissement connu pour son grand choix de genièvres et de bières. La carte des bières change régulièrement.

Étals à poisson du Vistrap – *Visserskaai.* Incontestablement l'une des attractions les plus gourmandes d'Ostende : une dizaine d'échoppes où l'on peut acheter et consommer toutes sortes de préparations de poisson. Les crevettes sont un des ingrédients les plus fréquents. Des maatjes (jeunes harengs), servis ou non avec des oignons, sont également disponibles. Sur le Vistrap tout proche, du poisson frais de la mer du Nord est mis en vente chaque matin.

Achats

Chocoladehuis Yperman – *Christinastraat 60 - ℰ 059 27 84 58.* Toutes les villes flamandes possèdent leurs magasins de chocolat. Ici, le chocolat est non seulement délicieux, mais il se présente aussi sous des formes multiples, par exemple des bouteilles de bière ou des personnages.

James Ensorgaanderij – *entre la Christinastraat et la Kapellestraat.* Dans cette galerie avenante, chacun peut acheter des gadgets amusants ou des vêtements, mais aussi apaiser sa faim.

Événements

Vurige Maandagen : feux d'artifice – *Informatie: Toerisme Oostende - ℰ 059 70 11 99 ou www.oostende.be.* Chaque lundi entre le 9 juil. et le 20 août, de magnifiques feux d'artifices sont tirés par des artificiers réputés sur le Groot Strand près du Kursaal. Ils débutent à 23h en juillet et à 22h30 en août.

En 1896, James Ensor fut l'un des promoteurs du **Bal Rat Mort** (un nom choisi en souvenir du cabaret montmartrois du même nom). Ce bal de charité a lieu chaque année au Casino-Kursaal. Les participants se déguisent et portent des masques. Le choix des déguisements varie en fonction du thème de l'année.

Autres événements annuels remarquables : la grandiose manifestation maritime « **Oostende voor Anker** » (Ostende à l'ancre) et le festival « **Theater aan Zee** » (nombreux concerts et représentations théâtrales un peu partout dans la ville).

La Panne
De Panne

10 060 HABITANTS
CARTES MICHELIN N^{OS} 716 A 2 ET 533 A 16 -
PLAN DANS LE GUIDE ROUGE BENELUX - FLANDRE OCCIDENTALE.

Jouxtant la frontière, La Panne est une station balnéaire très fréquentée par les touristes français. Sa plage★ de sable fin, dépourvue de brise-lames et dont la largeur atteint par endroit 250 m à marée basse, convient particulièrement à la pratique du char à voile. La réserve naturelle du Westhoek et des dunes à perte de vue raviront les amateurs de promenades solitaires. Près de la plage se dresse le monument au roi Léopold Ier, rappelant l'endroit où le premier souverain de Belgique débarqua en 1831, venant d'Angleterre.

- **Se repérer** – La Panne, à l'extrémité de la Belgique, est accessible par la N 34.

- **Organiser son temps** – Compter au moins une demi-journée pour découvrir les beautés naturelles entre l'agglomération de La Panne et la frontière française.

- **Avec les enfants** – La vaste plage, la réserve naturelle du Westhoek et Plopsaland.

- **Pour poursuivre le voyage** – Furnes, Coxyde et Nieuport.

Les dunes à La Panne.

Aux alentours

Westhoek
Autour de la station La Panne s'étendent des dunes dont une partie forme, à l'ouest, le Westhoek, réserve naturelle appartenant à l'État et couvrant 340 ha jusqu'à la frontière.

La réserve est traversée par plusieurs sentiers balisés ; des **promenades guidées** y sont organisées pendant les périodes de vacances. Si les oyats ou quelques arbustes (saule rampant, argousier, sureau noir) revêtent généralement les dunes, au centre se trouve une clairière dépourvue de végétation appelée parfois le Sahara.

Oosthoek

Cette réserve naturelle communale s'étend sur 61 ha de dunes et de bois à l'est de la Panne. Tout près se trouve le centre d'accueil « De Nachtegaal », évoquant les différents paysages des dunes, la faune et la flore de la région.

Adinkerke

3 km au sud.

À Adinkerke se trouve 🚶🚶 Plopsaland, parc à thème de 30 ha, dont les héros sont Samson et Gert (un chien qui parle et son maître) ainsi que le lutin Plop, très connus des plus jeunes en Flandre. *℘ 058 42 02 02 - www.plopsaland.be - avr.-oct. : pour les heures d'ouverture et les tarif, voir le site internet (gratuit pour les enfants mesurant moins d'1 m).*

La Panne pratique

Informations utiles

Code postal : *8660.*

Indicatif téléphonique : *058.*

Dienst voor Toerisme – *Zeelaan 21, 8660 De Panne -* ℘ *058 42 18 18 - fax 058 42 16 17 - toerisme@depanne.be - www.depanne.be.*

Se loger

🍽🍽 **Hôtel des Princes** – *Nieuwpoortlaan 46, 8660 La Panne -* ℘ *058 41 10 49 - www.hoteldesprinces.be - 30 ch. 78 € ☕ -* 🅿️. Hôtel familial dans un immeuble art déco à distance de marche de la plage. Les chambres ont reçu un look jeune mais le charme de la vieille bâtisse a été conservé. Salon de thé et restaurant au rez-de-chaussée.

Se restaurer

🍽🍽 **De Witte Berg** – *Zeedijk 95, 8860 La Panne -* ℘ *058 42 04 42 - menu 30 €.* La situation de ce restaurant le long de la digue offre un panorama splendide. La carte propose surtout des plats de poisson classiques. Terrasse à différents niveaux. Crêpes et gaufres délicieuses servies l'après-midi. Ouvert tlj pendant les périodes de vacances.

Poperinge

19 624 HABITANTS
CARTES MICHELIN N⁰ˢ 716 B 3 ET 533 C 17 - FLANDRE OCCIDENTALE.

Ancienne ville drapière, Poperinge devient à partir du 15ᵉ s. le centre d'une région productrice de houblon. Tous les trois ans, en septembre, la fête du Houblon donne lieu à un pittoresque cortège. Les houblonnières se distinguent dans le paysage légèrement vallonné par leurs hauts poteaux, servant d'attache à la plante grimpante. Situé en zone non occupée pendant la Première Guerre mondiale, Poperinge devient rapidement le lieu de rencontre préféré des Britanniques dont témoigne encore la Talbot House.

▶ **Se repérer** – Située entre la frontière française et Ypres, la ville est desservie par la N 38.

🕐 **Organiser son temps** – Prévoir une demi-journée.

🔆 **Pour poursuivre le voyage** – Ypres.

Se promener

Grand-Place (Grote Markt)

Bordée de terrasses en été, cette jolie place est dominée par l'hôtel de ville (1911) de style néogothique.
Traverser la Grand-Place pour gagner le Vroonhof.

Église St-Bertin (St.-Bertinuskerk)

De type halle, du 15ᵉ s., elle renferme en particulier un beau jubé du 17ᵉ s. orné de statues de Jésus et des apôtres, une chaire du 18ᵉ s. et un confessionnal baroque richement sculpté.
S'engager dans la Gasthuisstraat qui part de la Grand-Place. On passe devant la Talbot House et le musée national du Houblon (voir dans « visiter »). Continuer tout droit par la Casselstraat, puis prendre à droite la St.-Annastraat.

Weeuwhof

Cet hospice du 18ᵉ s. ou « cour des veuves », dont les pittoresques maisonnettes s'ordonnent autour d'un jardin, s'ouvre par un petit porche surmonté d'une statuette de la Vierge.

Rejoindre la Casselstraat.

Église Notre-Dame (O.-L.-Vrouwekerk)

Dans cette église du 14ᵉ s., également de type halle et flanquée d'une haute tour à flèche de pierre, on peut voir un banc de communion aux remarquables sculptures de bois.

Revenir à la Grand-Place. Prendre la G. Gezellestraat, puis la St.-Janskruisstraat à droite.

Église St-Jean (St.-Janskerk)

Cet édifice, dont la tour massive rappelle le clocher de St-Bertin, contient de belles boiseries du 18ᵉ s. et la statue vénérée d'une Vierge portée en procession chaque année, le 1ᵉʳ dimanche de juillet.

Visiter

Musée du Houblon (Hopmuseum)

Gasthuisstraat 71 - ℘ 057 33 79 22 - ⚐ - dim.-vend. 10h-13h, sam. et dim. 14h-17h - 5 €.
Ce musée est installé dans l'ancien Poids public (Stadsschaal) où, jusqu'en 1968, le houblon était pesé, sélectionné, séché et pressé. Outils, machines, photos et montages audiovisuels illustrent la culture et le travail du houblon.

Aux alentours

Lyssenthoek Military Cemetery

3 km au sud.
Plus de 10 000 soldats de la Première Guerre mondiale, parmi lesquels de nombreux Britanniques, reposent dans cet impressionnant enclos fleuri.

Haringe

11 km au nord-ouest par la N 308.
L'intérieur de l'**église St-Martin** (St.-Martinuskerk) possède un charme rustique. Les orgues ont été fabriquées en 1778 par le Gantois Van Peteghem.

Poperinge pratique

Informations utiles

Code postal : *8970.*
Indicatif téléphonique : *057.*
Toerisme Poperinge – *Grote Markt 1, 8970 Poperinge - ℘ 057 34 66 76 - fax 057 33 57 03 - dienst.toerisme@ poperinge.be - www.poperinge.be.*

Événements

Tous les trois ans (la prochaine fois en 2008), le 3ᵉ week-end de septembre, Poperinge organise les **Fêtes du Houblon,** avec comme point culminant le Cortège du Houblon.

Renaix

Ronse

24 158 HABITANTS
CARTES MICHELIN N°S 716 D 3 ET 533 G 18 - FLANDRE ORIENTALE.

Renaix est situé parmi les collines des « Ardennes flamandes », près de la frontière linguistique. Le samedi qui suit l'Épiphanie ont lieu les festivités du Lundi des fous, grande fête populaire dont les vedettes sont les personnages masqués, appelés « Bommels ». Le dimanche de la Trinité se déroule le Fiertel, procession en l'honneur de saint Hermès : le reliquaire est porté sur un parcours de 32,6 km.

- **Se repérer** – Renaix s'entoure d'un paysage ondulant de collines boisées. Accès par l'autoroute A 8/E 429 qui relie Bruxelles à Tournai. Prendre la sortie 31, puis la N 60.

- **Organiser son temps** – Prévoir une demi-journée pour la visite de la collégiale et le circuit.

- **Avec les enfants** – Le Lundi des fous, avec les Bommels masqués, amusera certainement les enfants. Le Mont de l'Enclus est également un but d'excursion apprécié.

- **Pour poursuivre le voyage** – Audenarde et Tournai.

Visiter

Collégiale St-Hermès (St.-Hermes Collegiaal)

Crypte - rens. : Service des Musées, De Biesestraat 2 - ℘ 055 23 28 12 - déb. avr.-fin oct. : tlj sf lun. 10h-12h, 13h30-17h, w.-end et j. fériés 10h-12h, 14h30-17h30 ; déb. nov.-déb. avr. sur demande - 2,50 €.

L'église actuelle date des 15e et 16e s. ; le bras droit du transept est voué au culte de saint Hermès.

Elle est édifiée sur une belle **crypte★** (1089), d'origine romane ; très vaste, celle-ci compte 32 piliers. Malgré une restauration au 13e s. et une extension orientale dans le style gothique (16e s.), l'ensemble est très harmonieux. Deux portes latérales, murées, rappellent la vocation première du lieu : au Moyen Âge, les pèlerins tournaient autour des reliques de saint Hermès, exposées ici. À Ronse, ce saint était invoqué contre les maladies mentales.

La belle maison (17e-18e s.) voisine de la collégiale était celle du chanoine du chapitre de Saint-Hermès (musée du folklore).

Circuit de découverte

LES ARDENNES FLAMANDES

15 km au nord-ouest.

Du Parc de l'Arbre situé au nord de Renaix, jolie vue sur la ville.

Prendre la N 60 vers Audenarde, puis, au sommet de la côte, tourner à gauche vers Kluisbergen.

À droite de la route, près d'une auberge, se dresse sur une colline de 150 m d'altitude le **moulin du Hotond**, édifice tronqué dont le sommet offre un vaste panorama sur la région et le mont de l'Enclus (*table d'orientation*). ℘ 055 21 33 05 - tlj sf mar. 9h-24h - fermé Nouvel An.

Mont de l'Enclus (Kluisberg) – À 144 m d'altitude, ce mont, à cheval sur la frontière linguistique et sur les provinces de Flandre Orientale et de Hainaut, couvert par le Kluisbos, un bois de 300 ha, est un centre de villégiature apprécié.

Renaix pratique

Code postal : 9600.
Indicatif téléphonique : 055.
Office de tourisme – Hoge Mote, De Biesestraat 2, 9600 Ronse - ℘ 055 23 16 17 - fax 055 23 28 19 - toerisme@ronse.be - www.ronse.be.

Saint-Nicolas

Sint-Niklaas

69 713 HABITANTS
CARTES MICHELIN N^{OS} 716 F 2 ET 533 J 15 - PLAN DANS LE GUIDE ROUGE BENELUX -
FLANDRE ORIENTALE.

Chef-lieu du Pays de Waas, St-Nicolas est une ville commerçante que l'on visite de préférence le jeudi matin lors du marché qui s'y tient depuis le début du 16e s. Le premier week-end de septembre, la cité est le théâtre des fêtes de la Paix ou Vredesfeesten, marquées par un grand rassemblement de montgolfières sur la Grand-Place, la plus vaste du pays. St-Nicolas possède encore quelques belles maisons de style Art déco, de quoi combler les amateurs d'architecture moderne.

▶ **Se repérer** – À mi-chemin entre Gand et Anvers, St-Nicolas est accessible par l'autoroute E 17 (sortie 15), puis la N 16.

🕐 **Organiser son temps** – Prévoir deux heures pour découvrir la ville.

🌀 **Pour poursuivre le voyage** – Anvers et Gand.

Se promener

Grand Place (Grote Markt)

C'est la plus grande de Belgique, elle couvre 3,19 ha. À l'Est se dressent quelques maisons de style Renaissance flamande : de gauche à droite **Parochiehuis** (1663), jadis maison paroissiale, puis hôtel de ville, **Cipierage** (1662), ancienne prison, et, à côté de la poste, **Landhuis** (1637), autrefois gouvernement du pays de Waas. En retrait se trouve l'**église St-Nicolas** (St.-Niklaaskerk) (13e au 18e s.) qui renferme des statues de Luc Fayd'herbe et un Christ attribué à Duquesnoy. *📞 03 776 08 22 - 9h-12h.* De style néogothique, l'**hôtel de ville**, en face, a été construit entre 1876 et 1878.

La Parklaan mène au beau **parc communal** dont l'étang entoure le **château Walburg** du 16e s., très remanié.

Visiter

Musée Mercator (Mercatormuseum)

Zamanstraat 49 - 📞 03 760 37 83 - jeu-dim. 14h (dim. et j. fériés 10h)-17h - fermé 1er-2 janv., 25-26 déc. - 2,50 €.

Ce musée offre un aperçu de la cartographie de l'Antiquité à nos jours. La section consacrée au célèbre cartographe Mercator comprend quelques pièces de grande valeur, notamment un globe terrestre datant de 1541, un splendide globe céleste restauré (1551), la première édition de son Atlas (1585) et plusieurs atlas Mercator-Hondius.

Gérard Mercator (1512-1594)

Gérard Mercator ou Gérard de Cremer naît à Rupelmonde, petite ville au sud-est de St-Nicolas. Après avoir fait des études à l'université de Louvain, le cartographe publie sa première carte de la Terre sainte en 1537. Afin d'assurer sa propre subsistance, Mercator réalise des instruments scientifiques. En 1540, une carte sur la Flandre est éditée. Son globe terrestre de 1541 divise le monde en cinq continents : l'Europe, l'Asie, l'Afrique, l'Amérique et la région du pôle Sud. Entre-temps, Mercator réalise des instruments astronomiques à la demande de Charles Quint. Suspect d'hérésie en 1544, il est emprisonné à Rupelmonde. En 1551, le cartographe réalise un globe céleste comportant 12 signes du zodiaque et 39 constellations. Il met 16 ans avant d'achever sa carte d'Europe (1554). Quinze ans plus tard, il publie son planisphère utilisé en navigation maritime et fondé sur une nouvelle technique de représentation cartographique, dite « projection de Mercator » : la surface de la Terre est projetée sur un cylindre, les méridiens devenant ainsi parfaitement parallèles. Son Atlas, dont le premier volume paraît en 1585, comprend une série de cartes de France, de Suisse, des Pays-Bas et d'Allemagne, d'Italie et des pays balkaniques. Dix ans plus tard, le dernier volume est publié. Mercator meurt à Duisbourg, en Allemagne.

Musée municipal (Stedelijk Museum) Zwijgershoek

Zwijgershoek 14 - ☎ 03 760 37 50. Le bâtiment est actuellement en cours de rénovation et rouvrira ses portes en septembre 2008. Le Centre international de l'Ex-libris et l'Atelier de Tricot sont accessibles sur demande : ☎ 03 760 37 71 (pdt les heures de bureau) - 1,50 €.
Ce musée est consacré à l'histoire de Saint-Nicolas et du Pays de Waas.

Centre international de l'Ex-libris (Internationaal Exlibriscentrum) – Au premier étage. Collection de 160 000 ex-libris (du 16e s. à nos jours), conçus par 5500 artistes de 50 pays. On y découvre aussi un aperçu des différentes techniques de production (bois, cuivre, gravure sur plastique, etc.) utilisées dans la fabrication de ces objets.

Atelier de tricot (Brei-atelier) – Collection de machines à tricoter 1900-1985, la plupart encore en état de marche.

Salons des Beaux-Arts (Salons voor Schone Kunsten)

Stationsstraat 85 - ☎ 03 778 17 45 ou 03 760 37 50 - jeu.-vend. 14h (dim. et j. fériés 10h)-17h - fermé 1er-2 janv., 12 nov.-6 déc. (le musée vient alors la Maison du Saint) is dan Huis van de Sint), 25-26 déc. - 1,50 €.

Ce bel hôtel particulier fut édifié en 1928 pour un fabricant de textile. Des salons élégants réunissent meubles et objets d'art du 16e au 20e s. L'école belge de la seconde moitié du 19e s. y est particulièrement bien représentée : Louis Artan, Hippolyte Boulenger, Henri De Braekeleer, Pericles Pantazis, Joseph Stevens, Jan Stobbaerts et Albert Verwee.

À souligner l'importante collection Henri Evenepoel (tableaux et dessins), rassemblée dans un salon séparé. On y ajoutera des œuvres de Guillaume Vogels et Ensor. Dans la cage d'escalier sont exposées des œuvres d'Eugène Laermans, Jean Laudy, Leo Engels et Alfons Proost.

Circuit de découverte

LE LONG DE L'ESCAUT

Circuit de 35 km. Environ 2h (visite du château de Bornem non comprise).
Quitter St-Nicolas au sud-Est par la N 16.

Tamise (Temse)

Du quai proche de l'église, on peut voir le large fleuve dont la rive opposée est endiguée.
Un pont métallique – le plus long de Belgique (365 m) – franchit l'Escaut.
Suivre la N 16 et 5 km plus loin, tourner à droite vers Bornem. Dans le village, suivre les panneaux indiquant Kasteel Bornem.

Château de Bornem (Kasteel van Bornem)

Kasteelstraat 35 - ☎ 03 889 90 09 - 20 avr.-1er nov. : visite accompagnée sur demande - 7 €.
Cet imposant château néogothique (1883-1895) a été réalisé par l'architecte H. Beyaert à l'emplacement d'un château fort, dont l'origine remonterait au 11e s. Les pièces ouvertes à la visite renferment des portraits de famille, de la porcelaine chinoise, du mobilier ancien. L'aile droite est habitée par le comte de Bornem, John de Marnix de Sainte-Aldegonde. Le membre le plus illustre de la famille Marnix fut **Filips de Marnix de Sainte-Aldegonde** (vers 1538-1598), écrivain et diplomate calviniste, et ardent défenseur de Guillaume le Taciturne. Il serait l'auteur de l'hymne national néerlandais. Dans les dépendances du château, un musée expose une belle collection d'attelages européens et américains.
On atteint St.-Amands en passant par Zavelberg et Mariekerke.

St-Amand (St.-Amands)

Depuis la terrasse, on découvre une magnifique **vue★** sur l'Escaut qui dessine un large coude dans le paysage verdoyant. Il fait bon se promener à pied ou à vélo le long de la digue. Un bac permet de gagner Moerzeke, sur l'autre rive.
Tout près du fleuve repose, aux côtés de son épouse Marthe Massin, le poète **Émile Verhaeren** (1855-1916), dans une sobre tombe de marbre noir. Quelques vers, extraits notamment de son *Hymne à l'Escaut*, sont gravés sur sa tombe. Le long de l'Escaut se dresse la statue *Le Passeur d'eau*, réalisée par Mark Macken qui s'est inspiré du poème de Verhaeren. Né à St-Amand, la maison natale de l'auteur de *Toute la Flandre* se trouve É. Verhaerenstraat n° 71. À côté, le 1er étage de la maison De Leeuw abrite le **musée provincial Émile Verhaeren**. Photos, portraits, objets personnels et diverses publications retracent la vie et l'œuvre du grand poète. La pièce maîtresse de la collection est incontestablement un petit buste en bronze de Verhaeren réalisé par Ossip Zadkine dans les années 1960. ☎ 052 33 08 05 - www.emileverhaeren.be - mars-juin et mi-sept.-fin oct. : w.-end 11h-18h ; juil.-mi-sept : tlj sf lun. 11h-18h - 2 €.

*Reprendre la route vers Mariekerke et suivre les bords de l'Escaut en direction de Weert. Bientôt, la **route★** longe le Vieil Escaut (Oude Schelde), un ancien bras de l'Escaut, et on aperçoit sur la rive opposée le château de Bornem. Ici s'étend une pittoresque zone marécageuse sillonnée de canaux qui entourent des vergers ou des prés couverts de peupliers, de saules et de roseaux. La culture des asperges et la vannerie sont les principales activités des habitants de cette région aquatique. Le centre en est **Weert**, très fréquenté par les touristes du dimanche.*
La route débouche sur la N 16 qui ramène à St-Nicolas.

Saint-Nicolas pratique

Informations utiles

Code postal : 9100.
Indicatif téléphonique : 03.
Dienst Toerisme – *Grote Markt 45, 9100 Sint-Niklaas -* ℘ *03 760 92 60 - fax 03 760 92 61 - toerisme@sint-niklaas.be - www.sint-niklaas.be.*

Se loger

⊖⊖⊖ **Hôtel Serwir** – *Koningin Astridlaan 57 -* ℘ *03 778 05 11 - www. serwir.be - 49 ch. 125/155 € ⊇ -* **P**. *Cet hôtel moderne est situé à la lisière du*

centre-ville. Confort et aménagement contemporains. Pour les repas, vous choisirez entre une brasserie et un restaurant gastronomique.

Se restaurer

⊖ **Brasseurs** – *Grote Markt 22 -* ℘ *03 766 35 30 - www.comtedeflandre.be - fermé lun. - menu 25 €.* À l'instar de la Grand Place, ce restaurant a été rénové et offre un intérieur élégant. La carte variée propose de petites collations et des préparations belges. Le menu de la semaine est composé à base de produits de saison.

Saint-Trond
Sint-Truiden

38 246 HABITANTS
CARTES MICHELIN NOS 716 I 3 ET 533 Q 17 - LIMBOURG.

Au centre de la région fruitière dont les cerises, les poires et les pommes sont réputées, St-Trond s'est développé autour d'une abbaye fondée au 7e s. par saint Trudon (ou saint Trond). Bien située sur la grande voie de Cologne à Bavay, c'était au 13e s. une ville commerçante prospère. La floraison des vergers, en avril, est l'occasion de festivités.

- ▶ **Se repérer** – Au carrefour de la N 3 et de la N 80, St-Trond se blottit dans la jolie région ondulante de la Hesbaye.
- 👁 **À ne pas manquer** – Musée d'Art religieux, Studio Festraets et l'abbaye.
- 🕐 **Organiser son temps** – Prévoir au moins une demi-journée.
- 👥 **Avec les enfants** – Visite du Studio Festraets.
- 🔄 **Pour poursuivre le voyage** – Tongres, Hasselt et Tirlemont.

Visiter

Grand-Place (Grote-Markt)
Très vaste, elle est dominée par la collégiale Notre-Dame, gothique, surmontée d'une tour du 19e s. et par l'hôtel de ville. Cet imposant mais gracieux édifice, dont la façade en brique est rayée de bandes de pierre blanche, est flanqué d'un beffroi (17e s.). Au pied du beffroi, le perron date de 1596.
En arrière de l'hôtel de ville se dresse le massif clocher roman de l'ancienne abbaye de St-Trond.

Ancienne abbaye (Abdij)
Avr.-sept. : sam. 10h-17h, dim. 14h-17h - 2 € (en vente auprès de Toerisme St-Truiden).
Les bâtiments abbatiaux ont abrité des bénédictins jusqu'en 1794. Un porche du 18e s. (au fronton : saint Trond guérit une femme aveugle) donne accès à la cour d'honneur ; à gauche, dans un bâtiment Louis XVI, on peut voir la salle impériale (Keizerszaal) dont les fresques du plafond datent du 18e s. La décoration des murs

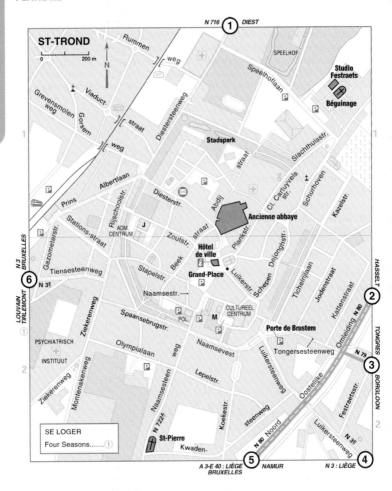

ST-TROND

SE LOGER
Four Seasons.......①

ainsi que l'escalier sont le résultat de transformations ultérieures. La cave de l'aile de l'abbé abrite le **Centre historique de la base aérienne de Brustem**. La **Salle académique** restaurée, réputée pour son acoustique, est réservée à des conférences et des spectacles.

La tour et l'église de l'abbaye furent détruites par un incendie en 1975. Les ruines de la tour ont été rendues accessibles au public. Il s'agit d'une construction impressionnante du haut de laquelle on jouit d'un beau panorama de la ville et de la région.

Béguinage (Begijnhof)

Il a été fondé en 1258. Ses maisons de style mosan des 16ᵉ, 17ᵉ et 18ᵉ s. entourent une place rectangulaire où se dresse l'église.

Église – Cette église des 13ᵉ et 15ᵉ s. renferme 38 peintures murales restaurées dont l'exécution s'est échelonnée du 13ᵉ au 17ᵉ s.

Studio Festraets – Il contient en particulier une horloge astronomique construite par un horloger de la ville. Quand sonne l'heure apparaît la Mort et défile un cortège de métiers du Moyen Âge. - avr.-sept. : tlj sf lun. 13h45-16h45 - entrée gratuite.

Porte de Brustem (Brustempoort)

Accessible uniquement avec un guide et sur rendez-vous auprès de Toerisme Sint-Truiden.
Ce sont des vestiges souterrains (15ᵉ s.) des anciennes fortifications rasées par les troupes de Louis XIV.

Église St-Pierre (St.-Pieterskerk)

Remarquable, comme l'église St-Gingolph (St.-Gangulphuskerk), par ses murs aux teintes contrastées (ocre et brun), cet édifice de la fin du 12ᵉ s. est un bon exemple de style roman mosan, précédé d'un large portail à clocheton et terminé par trois absides, la principale portant une galerie à colonnettes. À l'intérieur, les trois nefs sont voûtées d'arêtes.

La Hesbaye en fleurs.

Aux alentours

Borgloon

12 km à l'est par la N 79 en direction de Tongeren.

L'ancienne capitale du comté de Loon, dont elle portait le nom, possède un charmant hôtel de ville de style Renaissance mosane (17e s.) à arcades, flanqué d'une tour ; remarquer dans une niche, au coin, une statue de la Vierge.

Près de Borgloon se situe l'**abbaye Mariënlof ou de Colen** (*par la route de Kerniel au nord-est et, avant Kerniel, tourner à gauche*). Cet ancien couvent de Croisiers, dont l'ordre fut fondé en Belgique au 13e s., est occupé par des cisterciennes. La sacristie renferme la **châsse de sainte Odile** (1292), dont les panneaux de bois peints, d'école mosane, narrent la légende de la sainte, qui est une réplique de celle de sainte Ursule. Les panneaux ont été malheureusement recoupés au 19e s. Le mobilier liégeois de la sacristie, de style Louis XV, est d'une élégance remarquable. On visite également l'église, décorée au 18e s. *℘ 012 74 14 67 - tlj sf lun. 14h (dim. 15h)-17h - fermé lun. et fêtes religieuses - 1,25 €.*

Kortenbos

6 km au nord-est par la N 80 en direction de Hasselt.

La basilique Notre-Dame possède un intérieur baroque richement décoré. La nef est tapissée de lambris de chêne (17e s.) dans lesquels s'intègrent des confessionnaux aux lourdes colonnes torsadées.

Zepperen

3 km à l'est par S du plan.

L'**église Ste-Geneviève** (Sint-Genoveva), des 15e et 16e s., précédée d'une tour du 12e s., renferme, dans le bras droit du transept, plusieurs peintures murales datées de 1509 et représentant le Jugement dernier, saint Christophe et la vie de sainte Geneviève.

Saint-Trond pratique

Informations utiles

Code postal : *3800.*

Indicatif téléphonique : *011.*

Toerisme Sint-Truiden – *Grote Markt 44, 3800 Sint-Truiden - ℘ 011 70 18 18 - fax 011 70 18 20 - info.toerisme@sint-truiden. be - www.sint-truiden.be.*

Se loger

⌂ **Four Seasons** – *Tiensesteenweg 264 - ℘ 011 69 42 28 - fax 011 69 16 78 - www. hotelfourseasons.be - info@ hotelfourseasons.be - 15 ch. 60 € ☕ - 🅿.* Ce petit pavillon bâti légèrement à l'écart du centre-ville possède des chambres fonctionnelles et confortables. Chaleureuse salle de breakfast incitant à bien commencer la journée. Accueil familial aimable.

Termonde ★
Dendermonde

43 342 HABITANTS
CARTES MICHELIN Nᵒˢ 716 F 2 ET 533 J 16 - FLANDRE ORIENTALE.

Termonde (Dendermonde : embouchure de la Dendre) occupait jadis une position stratégique au confluent de la Dendre et de l'Escaut. Louis XIV dut en abandonner le siège en 1667, à cause de l'inondation provoquée par les habitants : « Ville maudite, s'écria-t-il, que n'ai-je pour te prendre une armée de canards ! ». Chaque année se déroule ici un cortège de géants. Mais la ville est surtout connue pour son cortège du cheval Bayard, chevauché par les quatre fils Aymon. La manifestation est organisée tous les 10 ans. La légende raconte que l'illustre cheval fut noyé dans l'Escaut, à Termonde, sur ordre de Charlemagne.

▶ **Se repérer** – Termonde se situe dans le triangle Gand, Anvers et Bruxelles. Accès par la N 17, la N 41 ou la N 47.

Avec les enfants – Le cortège du Cheval Bayard.

Pour poursuivre le voyage – Gand, Saint-Nicolas et Alost.

Visiter

Grand-Place (Grote Markt)
Bien qu'en partie reconstruite, elle conserve un cachet ancien ; deux monuments importants s'y remarquent.

Hôtel de ville (Stadhuis) – Cette ancienne halle aux draps a été reconstruite après la Première Guerre mondiale, dans le style Renaissance flamande, de part et d'autre d'un beffroi carré avec tourelles d'angle du 14ᵉ s. Derrière l'hôtel de ville, jolie vue sur la Dendre (Oude Dender).

Musée municipal (Vleeshuismuseum) – *Grote Markt 32 - ℰ 052 21 30 18 -* ♿ *- avr.-oct. : tlj sf lun. 9h30-12h30, 13h30-18h - entrée gratuite.* Situé dans l'ancienne halle aux viandes (vleeshuis) de 1460, flanquée d'une tourelle octogonale, ce musée présente, dans un joli cadre médiéval, des collections concernant l'archéologie et l'histoire de la ville.

Église Notre-Dame★★ (O.-L.-Vrouwekerk)
ℰ 052 21 39 56 (Office de tourisme) - juil.-août : 14h-16h30 ; Pâques-fin sept. : w.-end 14h-16h30.
Elle est située sur une place flanquée de marronniers qu'on aperçoit depuis la façade arrière du musée. Cet édifice des 13ᵉ et 14ᵉ s., surmonté d'une tour de croisée octogonale, est une alliance des styles gothique, brabançon et scaldien.
L'intérieur contient un bel ensemble d'**œuvres d'art★**. Dans le bas-côté droit, on peut voir une cuve baptismale romane, en pierre bleue de Tournai, dont les côtés sont décorés de représentations symboliques ayant trait au baptême. Les événements principaux de la vie de l'apôtre Paul figurent sur deux frises. Sur une des faces de la cuve, Paul est représenté parmi les autres apôtres. À proximité, on aperçoit deux toiles de Van Dyck : un *Calvaire* et l'*Adoration des Bergers*. Le croisillon gauche du transept et le chœur ont conservé des peintures murales des 15ᵉ et 17ᵉ s.

Béguinage (Begijnhof)
Accès par la Brusselsestraat et à droite.
Autour de la cour intérieure sont groupées de hautes maisons des 16ᵉ, 17ᵉ et 18ᵉ s. Un intéressant **musée du béguinage** occupe les numéros 11 et 25. *ℰ 052 21 30 18 (secrétariat des musées) - avr.-oct. : tlj sf lun. 9h30-12h30, 13h30-18h - gratuit.*

Termonde pratique

Code postal : *9200.*
Indicatif téléphonique : *052.*
Office de tourisme et de promotion de la ville – *Stadhuis, Grote Markt, 9200 Dendermonde - ℰ 052 21 39 56 - fax 052 22 19 40 - toerisme@dendermonde. be - www.dendermonde.be.*

Tirlemont
Tienen

31 825 HABITANTS
CARTES MICHELIN Nᵒˢ 716 H 3 ET 533 O 18 - PLAN DANS LE GUIDE ROUGE BENELUX -
BRABANT FLAMAND.

Sur la Grande Gette, Tirlemont se dresse dans un paysage vallonné aux confins de la Hesbaye et de la région du Hageland (pays des haies). Cité drapière au Moyen Âge, la ville possède de nos jours la plus grande raffinerie de sucre du pays. C'est la raison pour laquelle on la surnomme à juste titre la « ville sucrière ».

- **Se repérer** – Entre Louvain et St-Trond, Tirlemont se trouve sur la N 3 et près de l'autoroute E 40 (sortie 25) reliant la capitale au pays de Liège.
- **Organiser son temps** – Prévoir deux heures pour découvrir la ville.
- **Avec les enfants** – Le musée du Sucre.
- **Pour poursuivre le voyage** – Louvain, Diest et Saint-Trond.

Se promener

Église N.-D.-au-Lac★
(O.-L.-Vrouw-ten-Poelkerk)

📞 016 81 20 97 (sacristain) - 9h-16h.

L'église s'élevait jadis près d'un étang, d'où son nom. L'étang a été asséché, mais l'une des sources qui l'alimentaient demeure un lieu de pèlerinage. De style gothique brabançon, ce monument en pierre, dont la nef n'a jamais été construite, s'élève sur la vaste Grand-Place. Le chœur du 13ᵉ s. est sobre et harmonieux. Le transept du 14ᵉ s. est surmonté d'une tour carrée à clocher à bulbe. Les beaux **portails★** profonds exécutés par Jan van Osy datent de 1360 ; remarquer les amusants petits personnages sculptés sur le socle des niches. La Vierge du 14ᵉ s. qui ornait le portail central est placée à l'intérieur de l'église, au-dessus du maître-autel.

Prendre la Peperstraat qui part de la Grand-Place.

Église N.-D.-au-Lac.

Marché aux Laines (Wolmarkt)
On admire en montant à droite, aux nᵒˢ 19 et 21, les **maisons Van Ranst**, de style Renaissance flamande, restaurées.
Gagner l'église St-Germain.

Église St-Germain (St.-Germanuskerk)
Bâtie en haut de la colline, l'église St-Germain est située au centre du noyau primitif de la ville près du Veemarkt (Marché aux bestiaux). C'était aux 12ᵉ et 13ᵉ s. une basilique romane à quatre tours. Des vestiges de l'avant-corps primitif, caractéristique de l'art roman mosan encadrent, depuis le 16ᵉ s., une tour massive, elle-même dotée au 18ᵉ s. d'un carillon que l'on peut écouter lors des **concerts** donnés en été. L'intérieur est gothique. On peut voir, près de l'autel central, un moulage des fonts baptismaux romans exposés au musée du Cinquantenaire à Bruxelles. Remarquer également un beau lutrin en bronze et *Le Christ miraculeux des Dames Blanches* (15ᵉ s.) dans une chapelle à droite.

Visiter

Au nᵒ 6 de la Grand-Place , deux musées sont installés dans l'ancienne Justice de Paix. Le **musée Het Toreke** (la tourelle) occupe une prison du 19ᵉ s. donnant sur la cour du tribunal. Sous la devise « Rites de vie et de mort à l'époque romaine », il présente les résultats de fouilles menées de 1997 à 2003 au Grijpenveld, la plus grande nécropole romaine du Benelux.

👥 Le **musée du Sucre (Suikermuseum)** présente le monde du sucre et des sucreries en quatre étapes par un système audiovisuel interactif. ℘ *016 80 56 66 - www.tienen. be - tlj sf lun. 10h-17h - fermé 24, 25, 26 et 31 déc., 1ᵉʳ et 2 janv. - 4 € (Toreke), 5 € (musée du Sucre), ticket combiné 6 €.*

Aux alentours
4 km à l'est par la N 3.

Hakendover
Ce très ancien village est célèbre par sa grande procession du Divin Rédempteur accompagnée de cavaliers. Elle se déroule à travers les prairies et les champs ensemencés qui, malgré le piétinement de la foule, produisent, dit-on, de belles récoltes.
La fondation de l'**église St-Sauveur** (St.-Salvatorskerk) date de 690. Le bâtiment conserve une tour et une partie du transept roman, le chœur ayant été construit au 14ᵉ s. La nef fut agrandie au 18ᵉ s. Au maître-autel, un célèbre **retable★** brabançon (1400), en bois, illustre de façon vivante et élégante, en treize scènes, l'édification miraculeuse de l'église. Trois vierges entreprirent, au 7ᵉ s., d'élever une église que les anges démolissaient la nuit. Le 13ᵉ jour après l'Épiphanie, un corbeau indiqua aux vierges l'endroit où devait s'élever l'église. Elles prirent alors 12 ouvriers auxquels vint s'adjoindre un 13ᵉ qui n'était autre que le Christ. Ainsi fut terminée l'église. *Visite sur demande, s'adresser à M. Wouters, Van Oudenhovestraat 27, 3300 Hakendover - ℘ 016 78 83 27.*

Circuit de découverte

DE PART ET D'AUTRE DE LA FRONTIÈRE LINGUISTIQUE
13 km au sud-ouest par la N 29.

Hoegaarden
5 km au sud-ouest de Tirlemont par la N 221
Ce bourg est connu pour la bière blanche qui y est brassée (voir « Au pays de la bière » au début du guide).
Les **Jardins de Hoegaarden** couvrent un parc de 4 ha englobant plus de 20 jardins à thème. Les collections de l'ancien musée de la Bière et de la Région sont visibles dans la Maison du Chapitre. *Houtmarkt 1 - ℘ 016 76 78 43 - tlj sf mar. de 10h au coucher du soleil - 5 €.*
Dans le **Wit Gebrouw**, le centre visiteur installé dans l'ancienne brasserie, on découvre les secrets de la bière blanche de Hoegaarden. *Stoopkensstraat 24A - ℘ 016 76 74 33 - toute l'année du mar. au dim. et j. fériés 10h-20h - 6 €.*
Suivre la N 29.

Jodoigne
Ancienne place forte, sur un versant de la vallée de la Gette, Jodoigne est un important marché agricole. L'**église St-Médard**, bâtie à la fin du 12ᵉ s. dans un style de transition, est flanquée à l'ouest d'une tour carrée massive. L'**abside** est harmonieuse, avec sa double rangée de baies dont les arcades s'appuient sur des colonnettes. Elle est encadrée de deux absidioles isolées du chœur. À l'intérieur, le chœur présente des colonnettes à chapiteaux. On remarque, dans une niche du bras gauche du transept, derrière une grille, la châsse de saint Médard.

Tirlemont pratique

Code postal : *3300.*
Indicatif téléphonique : *016.*
Toerisme Tienen, *Grote Markt 4, 3300 Tienen - ℘ 016 80 56 86 - fax 016 82 27 04 - toerisme.tienen@skynet.be - www. tienen.be.*

Tongres ★

Tongeren

29 688 HABITANTS
CARTES MICHELIN N°S 716 J 3 ET 533 R 18 - LIMBOURG.

La ville d'Ambiorix est une étape conseillée pour les passionnés de l'époque gallo-romaine. En effet, avec Tournai, elle est la ville la plus ancienne de Belgique et l'une des plus riches en vestiges du passé. Tongres est situé dans la Hesbaye, région légèrement vallonée et couverte au printemps de magnifiques vergers en fleurs.

- **Se repérer** – Près de la frontière linguistique et des Pays-Bas, Tongres est d'accès facile par l'autoroute A 13/E 313 qui relie Liège à Hasselt. Prendre la sortie 32, puis la N 79.

- **À ne pas manquer** – Basilique Notre-Dame.

- **Organiser son temps** – Prévoir au moins une demi-journée pour découvrir les curiosités exceptionnelles de la ville.

- **Pour poursuivre le voyage** – Hasselt et Liège.

Comprendre

Une grande cité romaine

Ambiorix.

Tongres doit son origine à un camp établi par les lieutenants de César, Sabinus et Cotta, dont les légions sont massacrées à proximité par **Ambiorix**, chef des Éburons, qui soulève une partie de la Gaule belgique contre les armées de César en 54 avant J.-C. Sous l'occupation romaine, Tongres, alors appelée **Atuatuca Tungrorum**, se développe ; elle est alors une étape sur la grande voie romaine de Bavay à Cologne et occupe un emplacement sensiblement plus étendu qu'actuellement, comme le prouvent les restes d'une enceinte de la fin du 2e s. mis au jour sur 4,5 km : on peut voir des traces sur la Legioenenlaan à l'Ouest. À la fin du 3e s., les invasions barbares éprouvent la cité qui se resserre au début du 4e s., dans une enceinte plus petite. Des vestiges de cette seconde enceinte et d'une tour romaine construite à l'emplacement d'une villa gallo-romaine datant des 2e et 3e s., sont visibles au Vrijthof, près de la basilique. Au 4e s., saint Servais est le premier évêque de Tongres mais, par mesure de sécurité, le siège épiscopal est transféré à Maastricht. Peu à peu, sous la protection de la principauté de Liège, Tongres reprend son essor ; elle s'organise administrativement et, au 13e s., se bâtit une troisième enceinte dont des vestiges sont encore visibles le long du Leopoldwal et du 11de Novemberwal.

Se promener

Basilique Notre-Dame★★ (O.-L.-Vrouwebasiliek)

☏ 012 39 40 34 - durée de la visite : 2h - 8h-12h, 13h30-17h. La basilique est actuellement en travaux en raison de fouilles archéologiques qui ont déjà mis à jour des vestiges de grande valeur.

De la Grand-Place où se dresse la statue d'Ambiorix de 1866, on admire la silhouette imposante de l'église, bel édifice gothique (13e-16e s.) précédé par une impressionnante tour-façade, inachevée.

Intérieur – Longer le flanc droit de l'église et pénétrer par le petit portail. Sous le porche, beau Christ roman en bois polychrome du 11e s. La nef (13e s.) s'appuie sur des piliers cylindriques, à chapiteaux à crochets. Son élégant triforium est surmonté d'une galerie de circulation. À l'ouest, sous le jubé, belle porte en cuivre de 1711 ; au-dessus, orgue picard du 18ᵉ s. Dans le chœur sont rassemblés les objets d'art les plus intéressants. Au maître-autel, un **retable★** anversois en bois du début du 16ᵉ s. représentant la vie de la Vierge ; grand chandelier pascal et lutrin, exécutés en 1372 par un orfèvre de Dinant. Dans le bras nord du transept, la **statue★** miraculeuse en noyer de N.-D.-de-Tongres (1476).

L'orgue picard dans la basilique Notre-Dame.

Trésor★★ (Schatkamer) – Parmi les pièces exposées, on remarquera un évangéliaire couvert d'une plaque d'ivoire du 11ᵉ s. (calvaire), un diptyque en ivoire du 6ᵉ s. (St Paul), une agrafe mérovingienne en or (6ᵉ s.), un ostensoir-reliquaire de sainte Ursule (14ᵉ s.) au socle garni d'émaux, le reliquaire-triptyque de la Sainte-Croix (12ᵉ s.), en argent doré rehaussé d'émaux, une tête de Christ en bois du 11ᵉ s., la châsse des Martyrs de Trèves (13ᵉ s.), la châsse de saint Remacle du 15ᵉ s., ornée de peintures. Tous les sept ans (la prochaine fois en juillet 2009), une centaine de prêtres vêtus d'ornements liturgiques anciens portent les châsses et reliquaires du trésor lors de la procession du Couronnement.

Cloître★ – Charmant cloître où alternent colonnettes simples et colonnettes jumelées ; intéressants chapiteaux dans la rangée près de l'entrée. Aux murs sont apposées des dalles funéraires.

Gagner le béguinage par la Corversstraat et la St.-Catharinastraat.

Béguinage (Begijnhof)

Fondé au 13ᵉ s., il a été supprimé à la Révolution française. À l'ouest, la cour Onder de Linde conserve un certain cachet avec ses jardins précédés d'une porte en plein cintre. Au centre du béguinage s'élève l'**église Ste-Catherine**, de style gothique précoce, dont le mobilier et les peintures sont intéressants. Adossée au béguinage, la **tour des Drapiers** (Lakenmakerstoren) du Moyen Âge tire son nom de la corporation chargée de sa défense. À droite de la tour, la chapelle Ste-Ursule de 1701 ; à gauche, l'infirmerie du 17ᵉ s., de style mosan. Cet ensemble pittoresque est blotti au bord du Geer où s'ébattent de majestueux cygnes.

En sortant du béguinage tourner à droite dans la St.-Catharinastraat. Ensuite, prendre la Kielenstraat qui mène à la Moerenpoort.

Moerenpoort

℘ 012 39 02 55 - mai-sept. : sam., dim. et j. fériés - 11h-17h - 1 €.

Des travaux de restauration sont prévus à partir du début de 2008. L'ensemble sera alors remanié en profondeur.

Cette porte (14ᵉ s.) de l'enceinte médiévale qui marque l'accès est du béguinage est aménagée en **musée** présentant l'histoire militaire de la ville. Une salle est consacrée aux milices communales. Du sommet, vue sur le béguinage, la ville et sa collégiale.

Visiter

Musée gallo-romain★ (Gallo-Romeins Museum)

Le musée rouvrira ses portes après transformation au début de 2009. Les informations qui suivent pourraient donc être modifiées.

D'une présentation remarquable, ce musée d'aspect moderne comprend de riches collections archéologiques de la préhistoire au Moyen Âge : un mystérieux dodécaèdre, objet gallo-romain à douze faces dont on ignore encore la signification, des collections préhistoriques (objets magnifiques provenant de sépultures mérovingiennes), des poteries, statues de divinités, verreries, monnaies et très beaux bijoux d'époque gallo-romaine. Les pièces maîtresses du musée restent cependant la statue géante de Jupiter, qui écrase deux hommes à la queue de serpent, et un réservoir à huile en bronze représentant un jeune Nubien.

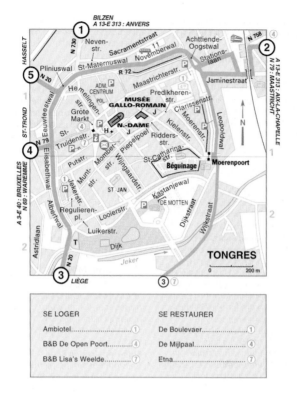

SE LOGER

Ambiotel.........................①
B&B De Open Poort...........④
B&B Lisa's Weelde.............⑦

SE RESTAURER

De Boulevaer.....................①
De Mijlpaal.......................④
Etna...............................⑦

Aux alentours

Alden Biesen★

10 km au nord-est par la N 730. À hauteur de Hoeselt, prendre une petite route à droite vers Alden Biesen.

Au nord de Rijkhoven, l'**ancienne commanderie Alden Biesen** (les Vieux Joncs) fut fondée par l'ordre teutonique en 1220. Les bâtiments actuels ont été élevés ou modifiés entre les 16e et 18e s. Le château est un imposant édifice en quadrilatère, flanqué de tours et entouré de douves. Dans l'église, Louis XV assista, en 1747, à un Te Deum chanté en remerciement de la victoire de Lawfeld (Lafelt) remportée sur les Autrichiens.

Tongres pratique

Informations utiles

Code postal : *3700.*

Indicatif téléphonique : *012.*

Toerisme Tongeren – *Stadhuisplein 9, 3700 Tongeren - ℘ 012 39 02 55 - fax 012 39 11 43 - info@toerismetongeren.be - www.tongeren.be.*

Se loger

B&B Lisa's Weelde – *Ruttermarkt 19 - ℘ 012 23 61 38 - lisas weelde@skynet.be - 3 ch. 75 € ⊡ - ▣.* Hôtellerie calme dans une ferme typique de la région entièrement transformée. Les chambres sont sobres mais aménagées avec style.

B&B De Open Poort – *Ketsingerdries 32 - ℘ 012 23 37 64 - www.deopenpoort.be - 3 ch. 110 € ⊡ - ▣.* Hôtellerie cosy à quelques kilomètres seulement du centre. La maîtresse de maison veille à assurer un séjour agréable et propose des chambres élégantes dans une ferme historique.

Ambiotel – *Veemarkt 2 - ℘ 012 26 90 50 - www.ambiotel.be - 22 ch. 100/110 € ⊡ - ▣.* Cet hôtel à proximité de la gare doit son nom à Ambiorix, le seigneur de guerre local qui s'est attaqué aux Romains. Les chambres sont modernes et pourvues de tout le confort d'aujourd'hui. Brasserie et restaurant avec terrasse en été.

Se restaurer

Etna – *Grote Markt 37 - ℘ 012 23 57 77 - www.ristorante-etna.be - fermé lun. - menu 15/25 €.* Restaurant italien dans une vieille maison de maître en plein centre de la ville. Des classiques de la gastronomie italienne à des prix abordables et dans un cadre beau et intime.

De Boulevaer – *Albertwal 4 - ℘ 012 74 63 14 - www.deboulevaerbe - fermé mar. - menu 20/40 €.* Un établissement qui vous accueillera aussi bien pour une petite collation ou une salade que pour un repas plus élaboré. La carte propose des plats belges et français ainsi que des pâtes. Cadre élégant.

De Mijlpaal – *St Truiderstraat 25 - ℘ 012 26 42 77 - www.demijlpaal.org - fermé jeu. et sam. midi - menu 38/50 €.* Restaurant moderne dans la principale rue commerçante de Tongres. L'aménagement est classique et moderne, une grande attention étant accordée aux couleurs harmonieuses. Cuisine française classique et savoureuse.

Faire une pause

Herberg De Pelgrim – *Brouwersstraat 9 - ℘ 012 23 83 22 - fermé lun. et mar.* Petite maison accueillante située en face de l'église du béguinage. La carte comprend des snacks divers, des crêpes et des glaces.

Koffie- en IJssalon Patio – *Maastrichterstraat 104 - ℘ 012 23 84 39 - fermé dim.* On a l'impression que Tongres compte plus de tea-rooms et de pâtisseries que n'importe quelle autre ville. Le Patio est un de ces endroits où l'on peut apprécier l'art de vivre des Limbourgeois. La qualité des délices proposés rend le choix difficile.

Turnhout

39 790 HABITANTS
CARTES MICHELIN N°S 716 H 2 ET 533 O 15 - ANVERS.

Principale ville de la Campine anversoise, Turnhout appartient au Brabant du 12ᵉ au 18ᵉ s. et Charles Quint en fit une seigneurie qu'il offrit à sa sœur Marie de Hongrie. Après le traité de Münster en 1648, la cité devint un fief tenu par les Orange-Nassau jusqu'en 1753. La bataille de Turnhout en octobre 1789 resta célèbre. Elle permit à la révolution brabançonne de chasser provisoirement du pays les Autrichiens. À la fin de 1790, ceux-ci occupèrent de nouveau le pays.

- **Se repérer** – Turnhout se situe au nord-est de la province d'Anvers et tout près de la Hollande. Accès par l'autoroute A 21/E 34 (sortie 24).
- **Organiser son temps** – Prévoir une demi-journée.
- **Avec les enfants** – Le musée de la Carte à jouer.
- **Pour poursuivre le voyage** – Anvers.

Se promener

Grand-Place (Grote Markt)

Au centre se dresse l'**église St-Pierre (St.-Pieterskerk)** des 15ᵉ et 18ᵉ s. Elle contient une intéressante chaire du 19ᵉ s., des stalles (1713) provenant de l'ancien prieuré de Corsendonk (à Oud-Turnhout, à l'Est de la ville), et des confessionnaux baroques de 1740.

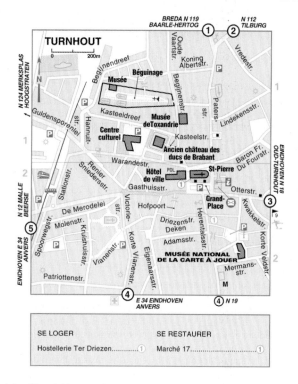

SE LOGER	SE RESTAURER
Hostellerie Ter Driezen............①	Marché 17.......................①

L'**hôtel de ville** a été inauguré en 1961.

S'engager dans la Warandestraat, puis prendre immédiatement à droite la Begijnenstraat. La 1re rue à gauche mène au château des ducs de Brabant.

Ancien château des ducs de Brabant (Kasteel « Hertogen van Brabant »)

Datant du 13ᵉ au 17ᵉ s., cette solide construction en quadrilatère entourée d'eau était, au Moyen Âge, le pavillon de chasse des ducs de Brabant attirés par le gibier des forêts de la Campine. Marie de Hongrie, qui partageait son temps entre Turnhout et Binche, en fit une somptueuse résidence. Le château est occupé par le palais de justice. À proximité a été édifié en 1972 le centre culturel, De Warande.

Poursuivre son chemin.

Béguinage (Begijnhof)

Fondé probablement au 13ᵉ s. et reconstruit aux 16ᵉ s. à la suite d'un incendie, c'est un charmant enclos dont les maisons s'ordonnent autour d'une place où se dresse l'église baroque. Dans la maison du nº 56, le **musée du Béguinage** est consacré à la vie dans le béguinage. ℘ 014 42 12 68 - ♿ - tlj sf lun. 14h (dim. et j. fériés 11h)-17h - fermé 1ᵉʳ-2 janv., 25-26 déc. - 2,50 €.

Revenir à la Grand-Place.

Visiter

Musée Taxandria

℘ 014 43 63 35 - ♿ - tlj sf lun. 14h (dim. et j. fériés 11h)-17h - fermé 1ᵉʳ-2 janv., 25-26 déc. - 2,50 €.

Installé dans une très belle maison patricienne du 16ᵉ s., ce musée est consacré à l'archéologie, à l'histoire, à l'art et au folklore de la Campine, appelée dans l'Antiquité Toxandrie (Taxandria en néerlandais). Il renferme de riches collections (remarquer un Bacchus en bronze de l'époque romaine) et une reconstitution d'une cuisine campinoise.

Musée national de la Carte à jouer★ (Nationaal Museum van de Speelkaart)

℘ 014 41 56 21 - tlj sf lun. 14h (dim. et j. fériés 11h)-17h - fermé 1ᵉʳ-2 janv., 25-26 déc. - 2,50 €.

Une ancienne usine de cartes à jouer abrite le musée consacré à cette industrie depuis 1826 exercée à Turnhout, qui devint au 20ᵉ s. la capitale mondiale de cette activité. Outre d'anciennes machines ayant servi à fabriquer ou à imprimer les cartes (à certains moments, un personnel spécialisé donne encore des démonstrations d'impression), il présente une riche collection de jeux de cartes de tous pays.

Aux alentours

Hoogstraten
18 km au nord-ouest par la N 124.

Une grande avenue plantée de tilleuls traverse cette localité dominée par la magnifique tour-porche de son **église Ste-Catherine** (St.-Catharinakerk), en brique, rayée de bandes de pierre blanche. Reconstruite après sa destruction en 1944, elle reste imposante avec ses 105 m de haut. L'église est l'œuvre de Rombaut Keldermans au 16e s. À l'intérieur, on voit en particulier, dans le chœur, de pittoresques stalles du 16e s. et le tombeau d'Antoine de Lalaing et de son épouse Élisabeth de Culembourg par Jean Mone. On admire également 14 vitraux du 16e s. et une série de tapisseries (16e s.). ℘ *03 340 19 55 (Office de tourisme) - de Pâques à la Toussaint 9h-18h.*

Fondé probablement à la fin du 14e s., le **béguinage** fut reconstruit après avoir été incendié en 1506. C'est un très joli enclos récemment restauré avec ses maisons basses, simples, entourant une pelouse ombragée. L'église baroque du 17e s. est précédée d'un gracieux portail.

Baarle-Duc (Baarle-Hertog)
14 km au nord par la N 119.

Baarle-Hertog est un village enclavé en territoire néerlandais. Au 12e s., le village de Baarle fut divisé en deux. Une partie revint au duc de Brabant (Baerle-Duc ou Baarle-Hertog), l'autre, rattachée à la seigneurie de Breda, fut nommée **Baarle-Nassau** lorsque Breda, au début du 15e s., devint le fief de la famille de Nassau. De nos jours, chacun possède sa mairie, son église, sa police, son école, son bureau de poste. La frontière établie en 1831 a scrupuleusement respecté les limites des communes. À l'exception de la Grand-Place où se tient le marché, qui est située aux Pays-Bas, le territoire des deux communes est très enchevêtré. Si l'on reconnaît l'église belge à son bulbe bien caractéristique, le pays auquel appartiennent les maisons n'apparaît que sur les plaques portant leur numéro : les couleurs nationales y figurent.

Turnhout pratique

Informations utiles

Code postal : *2300.*

Indicatif téléphonique : *014.*

Toerisme Turnhout – *Grote Markt 44, 2300 Turnhout -* ℘ *014 44 33 55 - fax 014 44 33 54 - toerisme@turnhout.be - www.turnhout.be/toerisme.*

Se loger

⊖⊜⊜**Hostellerie Ter Driezen** – *Herentalsstraat 18 -* ℘ *014 81 87 57 - www. ter-driezen.be - 15 ch. 144 €* ⊡ *-* 🅿. Hôtel historique dans le centre de la ville. Choix parmi différents types de chambre, toutes confortables : chambres à l'aménagement classique dans l'ancien bâtiment ou chambres modernes dans la nouvelle construction. Bar convivial et petit jardin intérieur.

Se restaurer

⊖⊜**Marché 17** – *Grote Markt 17 -* ℘ *014 42 78 99 - www.marche17.be - menu 35 €.* Ce restaurant a été entièrement modernisé et offre à présent un cadre à l'aménagement minimaliste. La qualité des plats et l'accueil sont aussi bons que par le passé : un bon choix de préparations belges savoureuses et une carte intéressante avec des vins soigneusement sélectionnés.

Ypres ★

Ieper

34 900 HABITANTS
CARTES MICHELIN Nᵒˢ 716 B 3 ET 533 C 17 - FLANDRE OCCIDENTALE.

Ypres était au 13ᵉ s., avec Bruges et Gand, l'une des plus puissantes villes flamandes. Presque entièrement démolie en 1914-1918, la ville a été reconstruite après la « Grande Guerre » dans le style néogothique. Lors de la fête des Chats (Kattenfeest) qui a lieu tous les ans, des animaux en peluche sont lancés du 2ᵉ étage du beffroi. L'origine de cette fête remonterait au 10ᵉ s. Les chats, complices du diable et des sorcières, étaient alors jetés vivants du haut du beffroi. Depuis 1955, la manifestation est précédée du grand cortège des Chats (Kattenstoet) qui se déroule tous les trois ans.

▸ **Se repérer** – Ypres se trouve à l'Ouest du pays, dans la région du Westhoek, à mi-chemin entre Courtrai et Poperinge. On y accède depuis Courtrai par l'autoroute A 19 (sortie 4), puis par la N 37. La ville est également desservie par la N 38 (depuis Poperinge), la N 8 depuis Furnes, la N 369 depuis Dixmude et la N 336 depuis Comines et la frontière française.

👁 **À ne pas manquer** – Les Halles aux draps avec le beffroi et le musée In Flanders Fields ; St.-George's Memorial Church ; le « Last Post ».

🕓 **Organiser son temps** – Réserver une journée entière si on veut visiter les musées et les monuments historiques d'Ypres et faire une agréable promenade sur les remparts.

👫 **Avec les enfants** – Musée In Flanders Fields et le Parc Bellewaerde.

🚶 **Pour poursuivre le voyage** – Courtrai et la côte belge.

Y. Duhamel/MICHELIN

Halles aux draps.

Comprendre

Une grande ville drapière (12ᵉ-13ᵉ s.)

Fondée au 10ᵉ s., Ypres aurait compté 40 000 habitants vers l'an 1260. À cette époque sont construites les halles et l'église St-Martin. Au 14ᵉ s., pendant la guerre de Cent Ans, Ypres s'allie à l'Angleterre qui lui procure la laine nécessaire à son activité et subit de ce fait les représailles du roi de France. C'est alors le début du déclin économique de la ville que Bruges remplace sur le marché international. Ypres souffre de troubles internes : les dissensions entre patriciens et gens de métiers la conduisent à subir la prépondérance de ces derniers, après la bataille des Éperons d'or (1302, *voir Kortrijk*).

Une épidémie en 1316, la destruction de ses faubourgs ouvriers en 1383 pendant le siège des Gantois et des Anglais précipitent sa décadence. Au 16ᵉ s., la répression succède aux troubles religieux ; de nombreux tisserands quittent le pays. Siège d'un nouvel évêché en 1559 (supprimé en 1801), Ypres devient cité religieuse ; des couvents y sont créés. L'un des évêques sera le célèbre Jansénius.

Une place forte (17ᵉ-18ᵉ s.)

Sa situation stratégique lui vaut de soutenir de nombreux sièges. Depuis le Moyen Âge, Ypres est protégé par des remparts, dont témoigne encore la porte de Lille (Rijselsepoort). En 1678, les Français s'en emparent et Vauban l'entoure de bastions. Sous le règne de Guillaume Iᵉʳ (1814-1830), Ypres voit ses fortifications restaurées. En 1852, ses remparts sont démolis. Ils ont joliment été aménagés en promenade.

Se promener

Partir de la St.-Maartensplein.

Cathédrale St-Martin (St.-Maartenskathedraal)

Détruite pendant la guerre, la cathédrale St-Martin a été rebâtie dans son style d'origine (13ᵉ-15ᵉ s.). À l'intérieur, on admire, à gauche en entrant, des statues d'albâtre du 17ᵉ s. couronnant la clôture de la chapelle baptismale. La chapelle du St-Sacrement, derrière l'arc triomphal, abrite un polyptyque (16ᵉ s.) représentant des scènes de la Passion. *Longer le théâtre, puis prendre à gauche.*

Mémorial St-Georges

Tlj. oct.-mars : 9h30-16h30 ; avr.-sept. : 9h30-20h.

Cette église anglicane construite en 1929 commémore les militaires britanniques morts pendant les deux guerres mondiales. Les pièces du mobilier et de la décoration sont dues à la générosité de donateurs de Grande-Bretagne ou du Commonwealth.

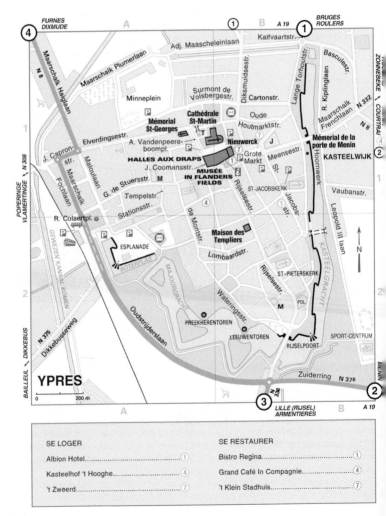

SE LOGER		SE RESTAURER	
Albion Hotel	①	Bistro Regina	①
Kasteelhof 't Hooghe	④	Grand Café In Compagnie	④
't Zweerd	⑦	't Klein Stadhuis	⑦

Le saillant d'Ypres (1914-1918)

Après les inondations de Nieuport, les Allemands ont reporté leurs attaques sur la région d'Ypres, en octobre 1914. Pendant 4 ans, jusqu'en octobre 1918, celle-ci est le centre de sanglantes batailles pour la possession du saillant d'Ypres, tristement célèbre, tenu à l'Est de la ville par des troupes en majorité britanniques. Comme sur l'Yser, le front va rester stable malgré tous les efforts allemands et, en particulier, l'utilisation, pour la première fois en avril 1915, de gaz asphyxiants à Langemark (mémorial canadien à St-Juliaan) et Steenstrate (au Nord d'Ypres) et d'ypérite en juillet 1917.

En avril 1918, une importante offensive allemande est arrêtée à Merkem, au Nord, par les troupes belges, et aux monts de Flandre par les Britanniques et les Français. À partir de septembre, la contre-attaque des Alliés, commandée par le maréchal Foch, va permettre de libérer la Belgique. Plus de 300 000 Alliés dont 250 000 soldats du Commonwealth ont trouvé la mort au cours des combats. La campagne environnant Ypres n'est qu'une vaste nécropole : on y compte quelque 170 cimetières militaires.

L'itinéraire « In Flanders Fields Route » permet de découvrir les sites et cimetières militaires de la région.

Revenir à la St.-Maartensplein. Longer les halles, rejoindre et traverser la Grand-Place. Prendre la Meensestraat qui mène à la porte de Menin.

La porte de Menin (Menenpoort)

Les murs du mémorial de la porte de Menin conservent les noms de 54 896 Britanniques disparus pendant les batailles précédant le 16 août 1917. Tous les soirs à 20h, des clairons du corps de pompiers y sonnent le « Last Post », sonnerie du couvre-feu britannique.

Visiter

HALLES AUX DRAPS (LAKENHALLEN)★

Achevées en 1304, les halles aux draps ont été détruites pendant la Première Guerre mondiale et reconstruites, dans le style primitif. En forme de long rectangle entourant deux étroites cours, les halles montrent sur la Grand-Place Albert-Ier une façade de 125 m interrompue par un **beffroi** carré flanqué de 4 tourelles.

Les halles sont flanquées à droite du **Nieuwerck**, gracieux édifice Renaissance construit en 1619 pour abriter l'hôtel de ville.

Musée (Museum) In Flanders Fields★★

℘ 057 23 92 20 - www.inflandersfields.be - ♿ - avr.-15 nov. : 10h-18h ; 16 nov.-mars : tlj sf lun. 10h-17h - fermé 3 sem. après les vac. de Noël - 8 €.

Ouvert depuis 1998, ce musée, très novateur par sa conception, retrace d'une façon captivante l'histoire de la Première Guerre mondiale à travers des documents audiovisuels : on assiste à plus de 3000 témoignages de gens ordinaires (soldats, infirmières, réfugiés, enfants…) de plus de 50 nationalités. La visite laisse un souvenir inoubliable.

Tout près, dans la Rijselsestraat, se situe la belle maison des Templiers (Tempeliershuis), dont les origines remontent au 13e s.

In Flanders Fields Museum.

Y. Duhamel/MICHELIN

Aux alentours

Bellewaerde Park

5 km à l'est. Sortir par la N 8.

On dépasse la porte de Menin et plusieurs cimetières militaires, notamment le **Hooghe Crater Cemetery**, à droite, qui groupe plus de 6 800 tombes britanniques.

Dans le **Bellewaerde Park**, les visiteurs se promènent parmi les antilopes, les autruches, les cerfs, les lamas, les zèbres ; ils traversent en tram-safari le parc aux lions et aux tigres, assistent à un spectacle donné par un éléphant, circulent en bateau dans un paysage africain après être passés sous une cascade magique… *Se renseigner pour les dates d'ouverture.* ☎ *057 46 86 86 - www.bellewaerde.be - 26 €.*

Tyne Cot Military Cemetery
10 km au nord-est par la N 332.

Ce cimetière britannique est le plus important de la région. Autour de la haute « Croix du Sacrifice » s'alignent 11 856 stèles blanches se détachant sur une pelouse fleurie remarquablement entretenue. Sur le mur en hémicycle fermant le cimetière sont inscrits près de 35 000 noms de soldats disparus après le 16 août 1917. Le site domine la contrée sur laquelle il offre une jolie vue.

Au nord-est, le village de **Westrozebeke** (*13 km*) évoque une bataille du 14e s. (*voir Courtrai, « La bataille des Éperons d'or »*).

Monts de Flandre (Heuvelland)
17 km au sud par T du plan ; prendre à droite la N 331.

Mont Kemmel (Kemmelberg) – Ce mont boisé (alt. 156 m) fait partie de la chaîne des monts de Flandre qui s'étend de part et d'autre de la frontière. De très violents combats eurent lieu dans la région en avril 1918, au début de la dernière grande offensive allemande. La montée procure d'intéressantes échappées sur la campagne.

Sur le versant sud, un obélisque marque l'emplacement de l'**Ossuaire français** où sont enterrés plus de 5 000 soldats inconnus.

Traverser la N 375.

Mont Rouge (Rodeberg) – Il s'élève à 143 m et constitue avec le mont Noir situé en France un centre touristique très fréquenté. Un petit moulin à vent s'y dresse.

Ypres pratique

Informations utiles

Code postal : *8900*.

Indicatif téléphonique : *057.*

Toerisme Ieper – *Lakenhallen, Grote Markt 34, 8900 Ieper -* ☎ *057 23 92 20 - fax 057 23 92 75 - toerisme@ieper.be - www. ieper.be.*

Se loger

⊖ **'t Zweerd** – *Grote Markt 2 -* ☎ *057 20 04 75 - www.gasthof-tzweerd.be - 17 ch. 75 € ☱ - rest. 20 €.* Modeste hôtel aux chambres un peu vieillottes mais idéalement situé sur la Grand-Place historique. Au rez-de-chaussée : restaurant et terrasse en été.

⊖⊖ **Kasteelhof 't Hooghe** – *Meenseweg 481 -* ☎ *057 46 87 87 - www. hotelkasteelhofthooghe.be - 11 ch. 72/84 € ☱ -* ⊞. Paisible hôtel de charme situé hors du centre, dans un cadre campagnard. Le bunker à l'arrière rappelle que le bâtiment se trouva sur la ligne du front pendant la Première Guerre mondiale. Les chambres romantiques donnent sur le jardin et l'étang. Petit restaurant et salon avec feu ouvert.

⊖⊖ **Albion Hotel** – *St Jacobsstraat 28 -* ☎ *057 20 02 20 - www.albionhotel.be - 20 ch. 96/106 € ☱.* Charmant hôtel dissimulé derrière une façade Renaissance reconstruite et situé dans le centre. Chambres simples et propres à la décoration contemporaine.

Se restaurer

⊖ **Grand Café In Compagnie** – *Kiekenmarkt 7 -* ☎ *057 36 31 75 - www. companie.be - fermé mar. - menu 17 €.* Un grand comptoir en cuivre, un mobilier recouvert de velours rouge et une ambiance sympathique constituent le décor de cet établissement proposant une petite restauration. Il est particulièrement apprécié des amateurs de tapas, chaudes et froides.

⊖⊖ **'t Klein Stadhuis** – *Grote Markt 32 -* ☎ *057 21 55 42 - www.kleinstadhuis.be.* Café-restaurant populaire installé dans un immeuble ancien près de l'hôtel de ville. Remarquez les grandes peintures murales de la salle à manger. Carte limitée de plats traditionnels. Terrasse en été.

⊖⊖⊟ **Bistro Regina** – *Grote Markt 45 -* ☎ *057 21 88 88 - www.hotelregina.be - menu 22/50 €.* Cet immeuble historique a été entièrement rénové et a pris un look moderne. À la carte : plats belges et français. Quelques belles chambres d'hôtel au-dessus du restaurant.

Événements

Cortège des Chats - Tous les trois ans, la prochaine fois en 2009, le deuxième dimanche de mai.

L'abbaye d'Orval,
au sud du Luxembourg belge.
S.Van den Bossche

Arlon
Aarlen

26 371 HABITANTS
CARTES MICHELIN N°S 716 K 6 ET 534 T 24 –
PLAN DANS LE GUIDE ROUGE BENELUX – LUXEMBOURG.

Aujourd'hui chef-lieu agréable de la province du Luxembourg belge, Arlon est une très ancienne cité, construite sur une colline appelée Knipchen. C'était, sous la domination romaine, une ville importante (Orolaunum) sur la voie reliant Reims à Trèves. Elle fut fortifiée vers la fin du 3e s. et conserve plusieurs vestiges de l'époque romaine. Sa position exceptionnelle est toujours attestée par la vue que l'on a depuis le sommet de l'église St-Donat, qui couronne la colline. Depuis le Belvédère, on aperçoit les toits d'ardoise de la ville, l'église St-Martin et un panorama sur quatre pays : Belgique, Grand-Duché, France, Allemagne.

- **Se repérer** – Près du Grand-Duché et de la France, la ville est accessible par l'autoroute E 411 reliant Bruxelles à Luxembourg-ville, par la N 81 pour qui vient de Longwy ou par la N 4 (au départ de Bastogne).

- **À ne pas manquer** – Musée archéologique luxembourgeois ; Thermes.

- **Organiser son temps** – Comme les principales curiosités ne sont pas très éloignées les unes des autres, il est possible de les visiter en une demi-journée.

- **Pour poursuivre le voyage** – Luxembourg.

Visiter

Musée archéologique luxembourgeois★
R. des Martyrs 13 - ℘ 063 21 28 49 - www.ial.be - tlj sf lun. 9h-12h, 13h30-17h30, dim. et j. fériés (de mi-avr. à mi-sept.) 13h30-17h30 - fermé : vac. de Noël - 4 €.
Ce musée renferme de belles collections d'archéologie et d'ethnographie régionales.
La **section lapidaire gallo-romaine★★**, remarquable, comprend notamment un ensemble unique de monuments funéraires. Provenant de la ville ou de la région, ils sont sculptés de bas-reliefs représentant des personnages mythologiques (Bacchus, Hercule) ou allégoriques (danseuses), ou illustrent des scènes qui nous fournissent des renseignements précis sur la vie quotidienne aux trois premiers siècles de notre ère. On remarquera surtout le magnifique **Relief des voyageurs** d'une expressive beauté et le très beau monument de Vervicius, découvert en 1979-1980 (avec, entre autres, une scène de combat entre Achille et Hector).

Tour romaine
Pour visiter, s'adresser au Café d'Alby, Grand-Place 1 - ℘ 063 21 64 47 - fermé lun. - 0,50 €.
La tour romaine *(Grand-Place)* faisait partie des remparts. Ceux-ci furent édifiés sur une large assise constituée de fragments de monuments démantelés, notamment de magnifiques bas-reliefs qui ont enrichi le Musée archéologique luxembourgeois. L'une de ces sculptures, représentant Neptune, est restée en place dans la muraille, sous la tour *(accès par une échelle métallique)*.

Thermes
℘ 063 24 56 00 - visite libre - gratuit.
Près du **vieux cimetière** *(rue des Thermes romains)* aux belles croix de pierre subsistent quelques **vestiges de thermes** romains du 4e s. ainsi que les fondations de la plus ancienne **basilique** chrétienne de Belgique (5e s.).

Aux alentours

Le Musée du Scoutisme International à Bonnert
5 km au nord d'Arlon, accessible par la N 81.
Rue du Maitrank 49, 6700 Bonnert - ℘ 063 22 15 53 - musee.scout@tvcablenet.be - www. museescout.xdir.org - sam. et dim. 14h15-17h15 (de 16 juin au 16 sept.) - fermé : week-end de Pentecôte et j. fériés - 2 €.
Le musée est constitué de la collection scout élaborée depuis près de 30 ans par un Arlonais passionné. Il occupe 5 salles d'exposition sur 3 étages et propose un large éventail d'objets relatifs au scoutisme autant belge qu'international ainsi que des écrits de son fondateur Baden-Pauwell, des traces des jamborees mondiaux, des anciens calendriers scouts, cartes postales, uniformes, insignes et décorations. Les

grands illustrateurs scouts de la bande dessinée comme Hergé, Joubert, Peyo et Mitacq y trouvent également une place importante.

Arlon pratique

Informations utiles

Code postal : 6700.

Indicatif téléphonique : 063.

Office du Tourisme – rue des Faubourgs 2, 6700 Arlon - ☎ 063 21 63 60 - fax 063 22 60 89 - info@ot-arlon.be - www.ot-arlon.be.

Se loger

☞ **L'Écu de Bourgogne** – Place Léopold 10 - ☎ 063 22 02 22 - www.ecudebourgogne.com - 17 ch. 73 € ☞. Malgré les nombreuses transformations et rénovations, cet hôtel en centre-ville a conservé son caractère rustique. Tant les chambres que la brasserie sont aménagées dans un style campagnard.

☞ **Hostellerie du Peiffeschof** – Chemin du Peiffeschof 111 - ☎ 063 41 00 50 - www.peiffeschof.be - 9 ch. 110/130 € ☞ - 🅿. Hôtel de charme à la situation calme en lisière de la ville dans un environnement verdoyant. Chambres contemporaines équipées de tous les équipements modernes, dont WIFI. Choix entre un restaurant gastronomique aux plats raffinés ou une brasserie où des préparations d'autrefois reçoivent une nouvelle livrée. Un fumoir est prévu pour les fumeurs.

À AUBANGE

☞ **Hostellerie le Claimarais** – Rue de Claimarais 30, 6790 Aubange - ☎ 063 37 11 02 - www.claimarais.be - 9 ch. 62/75 € ☞ - 🅿. Dans un environnement calme à l'écart du centre et à proximité des frontières luxembourgeoise et française. Le château de Claimarais a été transformé il y a quelques années en petit hôtel. Les chambres présentent un aménagement contemporain. Restaurant classique, carte française.

Se restaurer

☞ **La Table d'Upignac** – Place du Marché aux Légumes - ☎ 063 22 50 15 - www.latabledupignacarlon.be - fermé dim. soir, lun. et mer. soir - menu le midi 12 €, le soir 20 €. Brasserie moderne et agréable limitée à neuf tables dans le centre de la ville. Les couleurs fraîches, les tables et les chaises en bois et l'aménagement

moderne contribuent à créer un concept contemporain. Pendant les mois d'été, une terrasse est aménagée côté rue. La carte comprend tant des plats régionaux que différentes préparations à base de canard.

☞ **Au Capucin Gourmet** – Rue des Capucins 22 - ☎ 063 22 16 63 - fermé sam. midi, dim. soir et lun. - menu le midi 17,50 €, le soir 25 €. Restaurant de charme possédant une petite terrasse en été à proximité de l'église Saint-Donat : pierres apparentes aux murs, poutres massives et mobilier robuste créent une atmosphère rustique mais intime. Carte française classique comprenant à la fois des plats de poisson et de viande.

☞ **Or Saison** – Avenue de la Gare 85 - ☎ 063 22 98 00 - www.orsaison.be - fermé sam. midi, dim. et lun. - menu le midi 25 €, le soir 47 €. Restaurant aménagé de façon sobre mais raffinée et accueil particulièrement agréable des époux César. Le chef se laisse inspirer par les saisons pour proposer une carte courte mais gastronomique : cuisine française à l'accent italien. La carte des vins est également franco-italienne.

Faire une pause

Maison Knopes – Grand-Place 24 - ☎ 063 22 74 07 - tlj sf lun. On s'arrête ici pour boire un verre, calmer une petite faim ou prendre le petit-déjeuner, avec vue sur la Grand-Place. Intérieur sobre, tables en bois et vaste terrasse.

Achats

Maison Pomba (« Au Saint-Nicolas ») – Grand-Rue 18 - ☎ 063 22 42 99 - tlj. La spécialité de la maison est la praline au maitrank (voir ci-dessous), mais on trouve aussi des pralines classiques, du chocolat et des tartes, grandes et petites, le tout à consommer sur place ou à emporter.

Événements

Le maitrank ou boisson de mai est un vin blanc sec parfumé de quelques brins de reine des bois (aspérule odorante) cueillis avant floraison, corsé de cognac, sucré et servi frais avec une tranche d'orange. Depuis 1954 se déroulent vers la fin mai de grandes fêtes populaires organisées par la confrérie du Maitrank.

Ath

Aat

26 798 HABITANTS
CARTES MICHELIN N°ˢ 716 E 4 ET 533 H 19 – HAINAUT.

Au confluent de la Dendre orientale et de la Dendre occidentale, Ath occupait autrefois une situation stratégique sur une grande voie de passage, ce qui lui valut en 1667 d'être assiégée par Louis XIV. Une fois prise, elle fut fortifiée par Vauban dont ce fut la première réalisation. Il en fit établir un plan en relief, le premier du genre (1669). Au cours de la guerre de Succession d'Autriche, en 1745, la ville eut encore à subir de la part des troupes françaises un siège qui détruisit la plupart de ses fortifications.

- ▶ **Se repérer** – L'accès au pays d'Ath est facilité par la proximité de l'autoroute E 429 (vers Bruxelles et Tournai).
- 👁 **À ne pas manquer** – La célèbre « ducasse ».
- 🕐 **Organiser son temps** – Une heure suffit pour visiter la Maison des Géants et découvrir la ville.
- 👫 **Avec les enfants** – Le cortège des géants lors de la ducasse ; le Parc Paradisio.
- 👣 **Pour poursuivre le voyage** –Tournai.

Se promener

Grand-Place

Réaménagée en accord avec la population, la Grand-Place du Pays Vert a été dotée d'un éclairage spécialement conçu afin de créer une atmosphère d'ambiance, de jolis bancs et de deux petites fontaines. Achevé en 1624, **l'hôtel de ville** de style baroque a été construit d'après les plans de **Coebergher** (vers 1561-1634), étonnant personnage, peintre, ingénieur, architecte des archiducs Albert et Isabelle, qui introduisit en Flandre les premiers monts-de-piété. L'hôtel de ville a été presque entièrement reconstruit durant les années 1980. L'immense salle des pas perdus possède une belle cheminée, un portail sculpté et un escalier à balustres en pierre.

On aperçoit également **l'église St-Julien** et sa haute tour du 15ᵉ s., tronquée par un incendie en 1817, qui conserve ses tourelles d'angle.

À droite du portail d'entrée de **l'église St-Martin** (16ᵉ s.), on peut voir un *Calvaire* extérieur en chêne se composant d'un Christ géant encadré des deux larrons, de la Vierge et de saint Jean. À l'intérieur de l'édifice, une splendide *Mise au tombeau*, un ensemble monumental qui daterait du 16ᵉ s.

À proximité de l'hôtel de ville, des panneaux explicatifs et un plan ont été disposés afin de fournir des informations sur les curiosités de la ville et ses environs.

Accès par la rue du Gouvernement, une ruelle qui part de la Grand-Place.

Tour Burbant

Ce donjon carré et massif à contreforts plats fut construit en 1166 par le comte de Hainaut, Baudouin IV le Bâtisseur, afin de servir de base pour défendre la frontière Nord du Hainaut face à la Flandre et de surveiller la noblesse environnante. Cette tour, vestige de l'ancienne seigneurie d'Ath, doit son nom à l'appartenance de la région à l'ancien pays carolingien de Brabant. C'est un véritable complexe militaire aux murs épais de 4 m et dont l'intérieur s'articule sur 4 niveaux. Remarquer l'absence d'ouvertures dans la partie inférieure et l'imposante cheminée. Au 14e s., le donjon servait essentiellement de prison. L'enceinte qui l'entoure, ajoutée aux 15e et 16e s., a été restaurée et transformée en centre culturel.

Cortège des géants

Fin août se déroule la **ducasse** (terme dérivé de « dédicace ») avec, notamment, ses défilés de géants. Les festivités durent plusieurs jours : le samedi, vers 15h, a lieu le mariage du couple Gouyasse (mot patois pour Goliath) béni en l'église St-Julien au cours des vêpres, puis, devant l'hôtel de ville, on assiste au combat de David contre Goliath.

Le dimanche, à 10h et à 15h, les géants, hauts de plus de 4 m et pesant plus de 100 kg, parcourent en dansant la ville en grande liesse. Ce sont principalement M. et Mme Gouyasse, les quatre fils Aymon montés sur leur cheval Bayard, Samson, symbolisant la puissance des corps armés, Ambiorix et Mam'zelle Victoire, personnification de la ville d'Ath.

Visiter

Maison des Géants
R. de Pintamont 18 - mar.-vend. 10h-12h, 13h-18h (oct.-mars 17h), w.-end et j. fériés 14h-18h - fermé lun. et de Noël au Nouvel An - 4 €.
Situé dans une belle maison particulière de la fin du 18e s., ce musée évoque le monde captivant des géants. Le visiteur y découvre un aperçu de l'évolution de ces personnages fascinants du 15e s. à nos jours et le mode de fabrication de ces géants. À voir également : présentation de la Ducasse et d'autres cortèges européens.

Musée d'Histoire et de Folklore
R. du Bouchain 16, accès par l'Esplanade - ℘ 068 26 51 70 - avr.-sept. : tlj sf dim. 14h-17h ; oct.-mars sur demande - 1,75 €.
La 1re salle regorge d'objets divers s'étendant du paléolithique aux âges du bronze et du fer, produits de fouilles locales, alors que la suivante nous plonge de plain-pied dans le Moyen Âge. On peut voir en particulier une intéressante Mise au tombeau de la fin du 14e s. provenant de Mainvault, ainsi qu'une très belle collection de chasubles.
Au 2e étage, une pièce est consacrée au folklore athois et à sa célèbre Ducasse. Des plans en relief de la ville retracent les principales étapes de son histoire, dont sa fortification par Vauban.

Espace gallo-romain
R. de Nazareth 2 - ℘ 068 26 92 33 - mar.-vend. 10h-12h, 13h-17h : w.-end et j. fériés 14h-18h - fermé dim. (oct.-mars), lun., 4e w.-end d'août, entre Noël et Nouvel An - 4 €.
Installée dans une ancienne académie de dessin (1835-1840), la majeure partie de la collection provient des fouilles effectuées en 1975 à Pommerœul, petit village proche de la frontière française. Les pièces maîtresses sont une **barque monoxyle géante★**, datant de la période romaine, et un **chaland★** du 3e s. après J.-C. En outre, le musée présente un bel ensemble de terres cuites, monnaies, poids, outils, fibules et ornements. Divers métiers anciens sont évoqués à l'aide de films vidéo.

Aux alentours

Musée de la Pierre et site des carrières à Maffle
3 km au sud d'Ath, chaussée de Mons à Maffle, accessible par la N 56, la route de Mons - ℘ 068 26 92 36 - www.ath.be/culture/musee/museepierre/htlm - juil.-août : tlj sf w.-end 14h-17h ; avr.-sept. : w.-end et j. fériés 14h30-18h30 - 2,50 €.
Le site s'étend sur une dizaine d'hectares dans la vallée de la Dendre orientale. Déserté par l'industrie depuis 1960, il est envahi par la végétation. Devenu une véritable réserve naturelle, il conserve d'importants vestiges des anciennes carrières et de leur activité industrielle. Face à la carrière, un **musée**, installé dans la maison d'habitation du maître de carrière (19e s.) et dans les anciens ateliers, présente une illustration complète de l'histoire du travail de la pierre en Belgique et plus particulièrement dans la région (outils, machines et documents iconographiques). L'évolution des techniques de transport et la condition des ouvriers sont également évoquées.

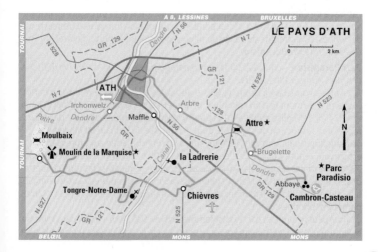

Circuit de découverte

LE PAYS D'ATH

38 km -Schéma page précédente - Ssrtir d'Ath par la N 527 au Sud-Ouest, puis tourner à droite vers Moulbaix.

Terre d'agriculture et d'élevage, le pays d'Ath présente un paysage aux larges horizons, interrompus par des rangées de peupliers, de grandes fermes ou des hameaux.

Moulbaix

⌂ 068 28 27 91 - sam. 14h-18h - 1 €.

Le joli **moulin de la Marquise★** en bois (1752) est le dernier moulin à vent fonctionnant dans le Hainaut. Près de l'église se dissimule, dans un grand parc, un surprenant château du 19ᵉ s., construit dans le style Tudor.

Revenir à la N 527, la traverser et gagner Tongre-Notre-Dame.

Tongre-Notre-Dame

La basilique actuelle de style Renaissance (18ᵉ s.) abrite une Vierge en majesté en bois polychrome d'époque romane. Depuis le 17ᵉ s., la statue est souvent enveloppée de somptueux vêtements et ornements, ne laissant apparaître que le visage de l'Enfant Jésus. Sur un autel situé à l'endroit où elle serait apparue en février 1081, elle est vénérée et liée à un pèlerinage.

Moulin de la Marquise à Moulbaix.

Dans cet intérieur homogène, on admire plus particulièrement le chœur et les six bas-reliefs en pierre blanche relatant l'histoire du sanctuaire, ainsi que la très belle chaire de vérité.

Gagner Chièvres.

Chièvres

Cette petite ville appartint au 17ᵉ s. à la famille d'Egmont dont un des membres avait été décapité à Bruxelles en 1568.

L'**église St-Martin**, gothique (15ᵉ-16ᵉ s.), au clocher orné de tourelles d'angle, contient de beaux monuments funéraires et un lutrin du 15ᵉ s. Des anciens remparts subsiste la **tour de Gavre**, du 15ᵉ s., dont le pignon de briques est visible depuis l'église.

La **Ladrerie** est une jolie chapelle romane sise aux abords de la ville dans une cour de ferme de la vallée de la Hunelle. Elle faisait partie d'une léproserie ou ladrerie.

Prendre la N 56 en direction de Mons, puis une petite route à gauche.

Cambron-Casteau

Fondée au 12ᵉ s. sous la houlette de saint Bernard et d'observance cistercienne, l'**abbaye** de Cambron-Casteau était l'une des plus prospères du pays. Reconstruite au 18ᵉ s., elle fut détruite par décret pendant la Révolution française. Il n'en reste que des ruines. À l'extrémité de l'allée de tilleuls, on franchit la porte d'entrée de style classique du **Parc Paradisio**.

Parc Paradisio★ – *⌂ 068 25 08 35 - www.paradisio.be - 🚫 - juil.-août : 10h-19h ; avr.-déb. nov. : jusqu'à 18h - 18,50 €.*

👥 Après avoir laissé à droite la ferme abbatiale à la curieuse remise à chariots (« charril ») surmontée d'un colombier, on pénètre dans le parc, dominé par la haute tour (54 m) de l'église abbatiale. Les quatre tombeaux à enfeus abritant des gisants rappellent sa fonction de cimetière pour la noblesse du Hainaut au Moyen Âge.

Ce magnifique parc animalier, immergé dans un superbe jardin aux arbres séculaires, est surtout réputé pour ses volières géantes (1 500 et 3 000 m²) avec plus de 2 500 oiseaux de toutes espèces et pour ses démonstrations de rapaces : faucons, chouettes, buses, aigles et vautours. Mais on peut aussi admirer de nombreux autres animaux tels que les saïmiris, les lémuriens (primates de Madagascar), zèbres, hippopotames, pingouins, phoques…

La visite peut se terminer par l'exposition interactive « SOS Biodiversity » dans le Mersus Emergo (réplique d'une **baleinière**), qui a pour objectif de sensibiliser à l'environnement.

À l'extérieur du bateau, dans des vivariums, on peut observer de nombreux animaux (serpents, varans, tortues), laissés par des particuliers ou saisis par les autorités, que l'on soigne ici.
Par Brugelette, on gagne Attre.

Attre
Bâti en 1752 par le comte de Gomegnies et aménagé par son fils, chambellan de l'empereur Joseph II, le charmant **château★** d'Attre a gardé intacte sa décoration intérieure d'une homogénéité remarquable.
Devant l'entrée ont été remontées quatre colonnes provenant de l'ancienne église abbatiale de Cambron. L'entrée est encadrée de deux sphinx à buste de femme.
Le hall d'entrée tenait lieu aussi de chapelle ; un autel est aménagé dans une encoignure. La rampe de l'escalier du vestibule, très décorative, aurait été exécutée d'après les dessins de l'architecte parisien Blondel (18ᵉ s.).

Château d'Attre.

Les pièces sont garnies de nombreuses œuvres d'art et de précieuses collections. D'élégantes peintures décorent les lambris du grand salon où se remarquent des gypseries d'une grande finesse dues à des Italiens, les Ferrari. Le salon des Archiducs est tendu de papiers peints, les premiers importés en Belgique (1760) ; une indienne assortie recouvre les fauteuils. Les murs et sièges du salon chinois sont garnis de tentures en soie de Chine.
Traversé par la Dendre, le **parc** est très beau. Près du château se trouve un colombier du 17ᵉ s. Le principal intérêt du parc réside dans le rocher artificiel, haut de 24 m, et percé de couloirs souterrains. Il fut élaboré pour l'archiduchesse Marie-Christine d'Autriche qui gouvernait les Pays-Bas avec son époux Casimir de Saxe-Teschen. Elle se tenait pour chasser dans le pavillon qui couronne le sommet. *Visite accompagnée du château (1h) - ℘ 068 45 44 60, chateau.de.attre@skynet.be - juil.-août : sam., dim. et j. fériés 13h-18h ; avr.-oct. : dim. apr.-midi et j. fériés 14h-18h - 5,50 €. La dernière visite du château a lieu à 17h.*

Ath pratique

Informations utiles
Code postal : 7800.
Indicatif téléphonique : 068.
Office du Tourisme – rue de Pintamont 18, 7800 Ath - ℘ 068 26 51 70 - fax 063 26 51 79 - office.de.tourisme@ath.be - www.ath.be.

Se loger
🛏 **Du Parc** – Rue de l'Esplanade 12 - ℘ 068 28 69 77 - motel.parc@skynet.be - 11 ch. 52/62 € ⊑ - restaurant 21/37 €. Ouvert sur une esplanade herbeuse, cet hôtel familial tout proche du centre-ville bénéficie d'une certaine quiétude. Chambres assez simples, mais bien tenues. À l'heure du repas, préparations classico-bourgeoises de saison.

Se restaurer
🍴🍴 **Art et Terroir** – Viandes etc… – Marché aux Toiles 5/7 - ℘ 068 44 59 77 - www.artsetterroir.com - fermé mar. soir, mer. - menu 22/26 €. Ce restaurant est installé dans deux maisonnettes adossées à l'ancien mur d'enceinte de la ville, visible depuis votre table en pierre bleue. Lumineuse salle à manger de style design. Beau choix de recettes traditionnelles.

Spécialités
Une des spécialités culinaires de la ville d'Ath est la tarte à mastelles. Cette douceur ne se déguste en principe que pendant la ducasse, accompagnée d'un verre de vin de Bordeaux.

Bastogne
Bastenaken

14 145 HABITANTS
CARTES MICHELIN N°ˢ 716 K 5 ET 534 T 22 – LUXEMBOURG.

Située sur le plateau ardennais, à 515 m d'altitude, Bastogne est une ancienne place forte dont il subsiste une tour du 14ᵉ s., la porte de Trèves, près de l'église St-Pierre. La cité est réputée depuis des siècles pour son excellent jambon d'Ardenne, ainsi que pour ses noix. Depuis la célèbre réplique du général McAuliffe qui, en 1944, répondit par un bref et puissant « nuts » aux Allemands qui lui intimaient l'ordre de se rendre, la traditionnelle foire aux noix en décembre comprend des cérémonies commémoratives du siège de Bastogne.

▷ **Se repérer** – Au cœur des Ardennes, Bastogne se situe dans une région vallonnée. Depuis Liège, l'accès se fait par l'autoroute A 26/E 25 et depuis Namur par la N 4.

🕐 **Organiser son temps** – Réserver une demi-journée pour la visite. La colline de Mardasson et le Bastogne Historical Center se situent à 3 km à l'est de la ville ; le déplacement demande donc un peu de temps.

👶 **Pour poursuivre le voyage** – La Roche-en-Ardenne, Saint-Hubert et la vallée de la Sûre.

Comprendre

La bataille des Ardennes (déc. 1944-janv. 1945) et le siège de Bastogne

Le 16 décembre 1944, les Allemands déclenchent une contre-offensive sur le front allié, sous la direction du général von Rundstedt qui cherche à reprendre Anvers. L'effet de surprise, le mauvais temps persistant (brouillard, neige) assurent à leurs troupes un succès immédiat. Le général von Manteuffel se dirige vers la Meuse, formant dans les lignes adverses un saillant (d'où le nom parfois donné à la bataille) dont Bastogne, tenu par les Américains et encerclé, devient une position clé.

Le 22 décembre, le général **McAuliffe**, commandant la place, est réveillé en sursaut et invité à se rendre. Sa réponse abrupte : « Nuts » (littéralement : « des noix ») à cet ultimatum décide du siège de Bastogne.

Le 23 décembre, le ciel s'est dégagé, permettant à l'aviation de ravitailler Bastogne. Néanmoins, le jour de Noël, l'avance allemande atteint sa pointe maximum. Les Alliés vont mettre tout en œuvre pour reprendre le dessus. La 3ᵉ armée, sous les ordres du général Patton, contre-attaque sur le flanc sud-est et pénètre dans Bastogne le 26 décembre. L'aviation alliée parvient à empêcher le ravitaillement en carburant des blindés allemands. Début janvier, c'est l'arrivée au nord de la 1ʳᵉ armée.

Le 25 janvier, le saillant de l'armée allemande est réduit à néant.

Se promener

À l'entrée de la ville, sur chaque grand axe, les tourelles de chars exposées indiquent les limites de l'encerclement en 1944.

Grand-Place (Place McAuliffe)

Près du buste du général McAuliffe, on peut voir un char d'assaut américain ainsi qu'une borne de la Voie de la Liberté qui, de Ste-Mère-Église, en Normandie, à la sortie de Bastogne, jalonne l'itinéraire des armées américaines.

Église St-Pierre★

Cette église-halle du 15ᵉ s., de style gothique flamboyant, est précédée d'une tour carrée (11ᵉ-12ᵉ s.) à mâchicoulis.

L'**intérieur★** est remarquable. Les voûtes ont été peintes en 1536 : scènes de l'Ancien et du Nouveau Testament, effigies des saints patrons des corporations ou des confréries religieuses. On peut voir également une chaire baroque exécutée par le sculpteur Scholtus, une *Mise au tombeau* en bois (16ᵉ s.), d'une facture encore gothique, des fonts baptismaux romans aux angles portant quatre têtes sculptées, un beau lustre en fer battu, ou « couronne de lumière » (16ᵉ s.).

Visiter

Bastogne Historical Center★

Colline du Mardasson - <tel> 061 21 14 13 - www.bastognehistoricalcenter.be - ♿ - mai-sept. : 9h30-18h ; mars, avr., oct. : 10h-17h - fermé : 24, 25, 31 déc. et 1 janv. ; janv.-mi-fév. :

sur réservation (musée fermé) - 7,50 €.
Cet imposant édifice, construit en forme d'étoile, est consacré à la bataille de Bastogne. Il renferme des collections d'uniformes, de véhicules, et présente deux scènes reconstituées se déroulant l'une parmi les troupes allemandes, l'autre parmi les Américains.

Dans l'amphithéâtre central, la bataille est retracée sur une maquette lumineuse et sur de petits écrans *(commentaire en plusieurs langues)*. Enfin, dans la salle de cinéma est projeté un film constitué de séquences filmées pendant la bataille.

Le Mardasson★
3 km à l'est par la N 874.

Sur une colline a été érigé en 1950 un gigantesque monument en l'honneur des soldats américains ayant péri dans la bataille des Ardennes. À proximité se trouve la dernière borne de la Voie de la Liberté.

Y. Duhamel/MICHELIN

Bastogne Historical Center.

Mémorial « Le Mardasson » – En forme d'étoile à 5 branches, il est gravé des noms des différents bataillons et du récit de la bataille.

La terrasse au sommet offre une **vue panoramique** sur Bastogne et ses environs : à l'extrémité de chaque branche de l'étoile, une table d'orientation indique les principaux épisodes de la lutte. La crypte, décorée par Fernand Léger, abrite trois autels.

Bastogne pratique

Informations utiles

Code postal : *6600.*

Indice téléphonique : *061.*

Maison du Tourisme du Pays de Bastogne – *Place McAulifffe, 6600 Bastogne - ℘ 061 21 27 11 - fax 061 21 27 25 - info@paysdebastogne.be - www.paysdebastogne.be.*

Se loger

⊝⊜⊜ **Hôtel Collin** – *Place McAuliffe 8-9 - ℘ 061 21 43 58 - www.hotel-collin.com - 16 ch. 85/120 € ⊡.* Hôtel familial moderne dans le centre ville, situé sur une place où un char américain rappelle la Seconde Guerre mondiale. Les chambres spacieuses sont aménagées de façon contemporaine, la brasserie « Café 1900 » est en style Art nouveau.

Se restaurer

⊝⊜ **Wagon Restaurant Léo** – *Rue du Vivier 4-6 - ℘ 061 21 14 41- www.wagon-leo. be - fermé lun. - menu le midi 19,90 €, le soir 31,90 €.* Une valeur sûre à Bastogne : à l'origine, le père Léo vendait des frites dans une ancienne voiture de chemin de fer. Tant la voiture que la carte ont entre-temps profondément évolué mais l'endroit est toujours indiqué pour apprécier une cuisine belge traditionnelle dans un cadre original d'agréable voiture ferroviaire.

Événements

La tradition de la **foire aux noix** date de plus de 150 ans. La fin décembre était le moment du réengagement du personnel domestique. Ceux qui étaient repris portaient un foulard rouge à pois blancs autour du cour et offraient des noix aux jeunes filles. Le hasard voulut que le célèbre « Nuts » prononcé le 22 décembre 1944 par le général Mc Auliffe correspondît avec cette coutume. Après la guerre, le folklore fusionna avec la commémoration militaire.

Beaumont

6 698 HABITANTS
CARTES MICHELIN Nᵒˢ 716 F 5 ET 534 K 21 – HAINAUT.

Commandant l'entrée de la « botte du Hainaut », Beaumont est une petite ville ancienne, perchée sur une colline. On y confectionne de délicieux macarons dont la recette a été léguée par un cuisinier de Napoléon, venu loger ici, le 14 juin 1815, en se rendant à Waterloo. De son enceinte du 12ᵉ s., la cité a gardé quelques vestiges, dont la tour Salamandre.

▶ **Se repérer** – À quelques kilomètres de la frontière franco-belge, Beaumont se situe au centre d'une région verdoyante, où alternent prairies et collines boisées. Venant de Maubeuge, l'on arrive à Beaumont par la D 936 et la N 597. Depuis Mons, accès facile par la N 40, depuis Charleroi par la N 53.

👣 **Pour poursuivre le voyage** – Binche, Chimpay et Mons.

Visiter

Tour Salamandre

📞 *071 58 81 91 (Office de Tourisme) - tlj mai, juin, sept. : 9h-17h, juil.-août : 10h-19h, oct. : 10h-17h - 2,50€.*

Sur un versant de la colline, ce vestige des fortifications du 12ᵉ s. a été restauré et renferme un musée d'histoire locale et régionale.

Au-dessus de l'une des portes, l'écusson des Croÿ, seigneurs du lieu, avec leur devise et le collier de la Toison d'Or. De la terrasse au sommet, vue sur Beaumont, la vallée de la Hantes et son vieux moulin, dans un paysage très vallonné. Le parc, aménagé à l'emplacement du château détruit en 1655, appartient à une école.

Les Trois Auvergnats

« Ville de Beaumont, ville malheur. Arrivés à midi, pendus à une heure. » Tel fut le sort de ces trois vagabonds auvergnats qui, abordant un cavalier sur la route de Beaumont, lui imposèrent de porter leur lourde charge. Arrivé en ville, celui-ci déclina son identité : c'était Charles Quint, venu visiter les Pays-Bas (1549). Séance tenante, l'empereur fit pendre les vagabonds sur la place publique.

Aux alentours

Solre-sur-Sambre

10 km au Nord-Ouest. Quitter la ville par la N 40 en direction de Mons. Peu après Montignies, prendre à gauche.

À proximité de l'ancienne chaussée romaine de Bavay à Trèves, un **pont** à 13 arches, en partie romain, formant barrage, franchit la Hantes dans un joli site. *Revenir sur la N 40.*

En contrebas du bourg de Solre-sur-Sambre, le **château fort** (13ᵉ-14ᵉ s.) dissimule, derrière des douves ombragées, sa façade austère formée d'un donjon carré flanqué de deux grosses tours rondes à mâchicoulis et toit en poivrière.

Rance

13 km au Sud par la N 53.

Rance fut célèbre pour sa carrière de marbre rouge d'origine corallienne, aujourd'hui désaffectée, et son industrie marbrière. Installé dans l'ancien hôtel communal, le **musée national du Marbre** permet de se familiariser avec les origines de ce matériau, principalement les variétés de marbre rencontrées en Belgique, et les techniques d'extraction et de polissage *(démonstration de polissage). Grand-Rue 22 -* 📞 *060 41 20 48 - 60mn mar.-vend. 10h-16h, sam. et vac. scol. 10h-18h, dim. et j. fériés 13h-18h - 4€.*

L'**église** de Rance est ornée de nombreuses pièces de marbre de la région.

Beaumont pratique

Informations utiles

Code postal : *6500.*

Indicatif téléphonique : *071.*

Office du Tourisme de Beaumont – *Grand-Place 10, 6500 Beaumont -* 📞 *et fax 071 58 81 91 - officetourismebeaumont@skynet.be - www.bottteduhainaut.com.*

Spécialités

Une des spécialités de Beaumont est un délicieux « macaron » dont la recette aurait été donnée par un cuisinier de Napoléon, qui logea sur place le 14 juin 1815 avant de se rendre à Waterloo.

Belœil

13 346 HABITANTS
CARTES MICHELIN N°⁵ 716 E 4 ET 534 H 19 – HAINAUT.

Depuis le 14ᵉ s., le château de Belœil appartient à la famille des princes de Ligne dont le plus illustre personnage fut le maréchal Charles-Joseph de Ligne (1735-1814). Homme de guerre, ce « prince charmant de l'Europe », dont on connaît la fameuse citation : « Chaque homme a deux patries : la sienne et puis la France », fut aussi homme de lettres, auteur de célèbres « Mémoires » et d'un « Coup d'œil sur Belœil », ouvrage dans lequel il décrit avec esprit la demeure et les jardins.

- **Se repérer** – À proximité de la frontière française, Belœil se love dans un environnement verdoyant. 10 km au sud d'Ath par la N 527, puis la N 526.

- **À ne pas manquer** – Le château et le parc figurent parmi les principales curiosités de Wallonie.

- **Organiser son temps** – La visite complète du château et du parc demande quelques heures.

- **Pour poursuivre le voyage** – Mons et Tournai.

Le château.

Visiter

Château★★

📞 069 68 94 26 - 1ᵉʳ avr.-14 mai : w. ends et j. fériés 13h-18h ; 15 mai-15 oct. : tlj 13h-18h - visite complète du domaine (château et parc, avec audioguide) : 8 €.

Dès le 12ᵉ s., un château fort existait à cet endroit, mais l'édifice actuel fut élevé au début du 16ᵉ s. et très remanié aux 17ᵉ et 18ᵉ s., devenant alors une élégante résidence. Le corps principal, incendié en 1900, a été reconstruit sur les mêmes fondations en 1902. Les ailes et les pavillons d'entrée, aux toits à la Mansart, sont restés intacts et datent de la fin du 17ᵉ s. L'intérieur contient de **riches collections★★★** qui en font un véritable musée, tout en lui conservant son caractère d'habitation. Un mobilier précieux, de remarquables tapisseries, des tableaux, des sculptures, des porcelaines garnissent les appartements. De nombreux souvenirs de famille permettent d'évoquer l'histoire de l'Europe aux 17ᵉ, 18ᵉ et 19ᵉ s. Certaines pièces rassemblent des évocations et objets personnels du maréchal de Ligne, en particulier les souvenirs offerts par Marie-Antoinette ou Catherine de Russie, dont il fut l'ami. La **bibliothèque★** contient plus de 20 000 ouvrages principalement consacrés aux diverses sciences. Dans le salon des Ambassadeurs dont le nom évoque les missions diplomatiques confiées à la maison de Ligne, trois grands tableaux illustrent les étapes marquantes de la vie du prince Claude-Lamoral Iᵉʳ de Ligne, qui fut ambassadeur du roi d'Espagne Philippe IV et vice-roi de Sicile en 1669. Dans une aile précédant le château, la **chapelle** aménagée dans les anciennes écuries rassemble les objets d'art religieux et une collection de sculptures en corail rapportées de Sicile par le prince Claude-Lamoral Iᵉʳ.

Parc★★

Entrepris dès le 16ᵉ s., il a été modifié à maintes reprises. C'est au 18ᵉ s. que le prince Claude-Lamoral II en dessina les plans sur les conseils de plusieurs architectes de jardins français. Il fut agrandi d'un jardin anglais par le prince Charles-Joseph. Le parc s'ordonne autour d'une superbe perspective de plusieurs kilomètres, la **Grande Vue★★**, qui précède la **Grande Pièce d'eau de Neptune**, d'une superficie de 16 ha et ornée d'un groupe dédié au dieu romain des mers (1761). De part et d'autre du bassin, des salles de verdure alternent avec les pièces d'eau et incitent à la flânerie.

Aux alentours

Archéosite d'Aubechies

6 km à l'ouest par la N 526, puis après Ellignies tourner à droite.

℘ 069 67 11 16 - &, lun.-vend. 9h-17h (juil.-août 18h) ; Pâques-oct. : également w.-end et j. fériés 14h-18h (juil.-août 19h) - fermé entre Noël et Nouvel An - 6 €.

Après des années de fouilles fructueuses dans le sol d'Aubechies et ses environs, les archéologues ont reconstitué les différents types d'habitation qui se sont succédé depuis le néolithique ancien jusqu'à la période gauloise. La visite des six maisons en bois et argile avec leur mobilier et leurs ustensiles ménagers permet d'imaginer la vie de nos ancêtres. Les premières, très vastes, étaient des demeures communautaires ; à partir de l'âge du bronze apparaît la maison unifamiliale.

Dans le centre du village d'Aubechies, au-delà de l'**église** de style roman scaldien (fin 11ᵉ-début 12ᵉ s.), la **maison romaine**, construite sur le plan d'une villa du 2ᵉ s., abrite les produits des fouilles gallo-romaines.

Blaton

13,5 km au sud-ouest. Dans une vallée encastrée entre deux coteaux de bruyères (la Grande et la Petite Bruyère), Blaton est arrosé par trois canaux. Dominée par une haute tour du 13ᵉ s. couronnée par une flèche à bulbe du 17ᵉ s., l'**église de Tous-les-Saints** est l'une des plus anciennes églises du Hainaut. Elle conserve de la période romane de gros piliers sur lesquels s'appuie la voûte croisée édifiée sur plan barlong. La nef, sobre, est portée par d'épaisses colonnes à chapiteaux à crochet et feuilles stylisées en pierre de Tournai. Remarquer à droite de l'entrée les niches à statues gothiques.

Bon-Secours

16 km au sud-ouest. Bon-Secours est à la fois un centre de villégiature et de pèlerinage dont la basilique néogothique (1885), située au sommet d'une colline à la frontière franco-belge, abrite une Vierge vénérée depuis 1606.

À l'est et au sud, en partie sur le territoire français, s'étend une belle forêt qui englobe le château de l'Hermitage *(voir Le Guide Vert Michelin Nord Pas-de-Calais Picardie).*

Stambruges

5 km au sud. Au centre de la forêt se trouve la **Mer de Sable**, clairière sablonneuse qui s'ouvre parmi les pins et les bouleaux.

Beloeil pratique

Informations utiles

Code postal : *7970.*

Indicatif téléphonique : *069.*

Office du Tourisme Beloeil – *rue du Château 27, 7970 Beloeil - ℘ 069 68 95 16 - fax 069 68 74 28 - tourisme.beloeil@skynet. be - www.beloeil.be.*

Se loger

À LEUZE-EN-HAINAUT

🛏 **La Cour Carrée** – *Chaussée de Tournai 5, 7900 Leuze-en-Hainaut - ℘ 069 66 48 25 - 9 ch. 60 € ⌑ - 🅿 - restaurant 25 €.* Ancienne ferme du 19ᵉ s. disposée, comme son nom l'indique, autour d'une cour intérieure carrée. Accueil familial affable, chambres confortables, jardin soigné, salle de restaurant un rien désuète et cuisine classique.

Binche

32 408 HABITANTS
CARTES MICHELIN N°s 716 F 4 ET 534 J 20 –
PLAN DANS LE GUIDE ROUGE BENELUX – HAINAUT.

Au cœur du Hainaut, Binche, sur son escarpement qu'enserrait jadis une boucle de la Samme, est une jolie petite ville, entourée d'une enceinte impressionnante. En 1554, la ville fut mise à mal par les troupes du roi de France Henri II, adversaire de Charles Quint. La ville cultive également le goût de la gastronomie : les doubles, crêpes fourrées de fromage, et la Binchoise brune ou blonde, bière fabriquée par la brasserie du même nom. Mais Binche est avant tout la cité du carnaval★★★.

- **Se repérer** – Ceinturée par ses remparts, la ville se trouve au croisement de la N 90 et de la N 55.
- **À ne pas manquer** – Le Carnaval; Musée International du Carnaval et du Masque; les remparts.
- **Organiser son temps** – Celui qui veut assister au carnaval dans sa totalité doit prévoir trois jours. L'apothéose a lieu le Mardi gras. La visite du magnifique musée et la promenade des remparts demandent quelques heures.
- **Avec les enfants** – Le défilé des Gilles.
- **Pour poursuivre le voyage** – Mons.

Se promener

Grand-Place
Là s'élève l'**hôtel de ville** gothique, modifié au 16e s. par le sculpteur architecte montois Jacques Du Brœucq et surmonté par la suite d'un beffroi à bulbe.
Emprunter à pied la rue étroite à droite de l'hôtel de ville.

Remparts★
Longue de 2 100 m, l'enceinte (12e-14e s.) compte encore aujourd'hui 25 tours. Récemment restaurée, elle constitue un très bel exemple d'architecture militaire en Belgique. En arrivant à la tour St-Georges, suivre à droite les remparts qui présentent au Sud de la ville leur aspect le plus saisissant.
Remonter par le Posty (poterne), puis par la rue Haute.
À gauche, la **chapelle St-André** (1537), dans le vieux cimetière, présente à l'intérieur des modillons sculptés évoquant avec verve la Danse macabre.

Collégiale St-Ursmer
La collégiale renferme un beau jubé Renaissance et une *Mise au tombeau* du 15e s.

Parc communal
À l'entrée, statue en bronze doré représentant un Gille. Le parc a été aménagé dans les ruines du palais construit par Du Brœucq en 1548 pour Marie de Hongrie. Cet imposant édifice, détruit en 1554, couronnait les remparts à l'extrémité Sud de la ville. Du sommet de ceux-ci, on découvre de belles perspectives.

Visiter

Musée international du Carnaval et du Masque★
R. Saint-Moustier - ℘ 064 33 57 41 - www.museedumasque.be - tlj sf lun. 9h30-17h, sam. et dim. 10h30-17h30 - fermé merc. des Cendres, 1er nov., de Noël au Nouvel An - 6 €.
Installées dans l'ancien collège des Augustins (18e s.), près de la collégiale, les collections de ce musée nous font voyager de carnaval en carnaval, de fête en fête à travers de nombreux pays. La collection de **masques★★**, provenant du monde entier, montre à quel point l'imaginaire et la créativité de l'homme ont, de tout temps et en tout lieu, été inspirés par cette forme d'art : aux parures de fête des populations d'Océanie et d'Amazonie succèdent les masques étonnants d'Amérique du Nord (Indiens) et d'Afrique, les masques de théâtre d'Asie et ceux souvent macabres d'Amérique latine…
Une autre partie nous entraîne dans les fêtes d'hiver et les carnavals d'Europe en Autriche, Pologne, Roumanie, Suisse, Italie, Espagne, France…, dans les mascarades en Autriche, dans la République tchèque, en Slovaquie et en Bulgarie. Une part importante est laissée aux carnavals traditionnels de Wallonie, plus particulièrement celui de Binche, complété par un spectacle audiovisuel en plusieurs langues et par des explications concernant les origines et la confection de l'étrange costume des Gilles.

Le Carnaval des carnavals

Dès janvier, les manifestations s'organisent : répétitions de batteries suivies de quatre dimanches de **soumonces** lors desquels les futurs Gilles sortent, ceints de l'**apertintaille** (ceinture de clochettes). Le lundi précédant le Dimanche gras, pendant la nuit, a lieu le bal des **Trouilles de nouilles**. Le **Dimanche gras**, dès 10h, des centaines de travestis dansent au son de la viole, de l'orgue de Barbarie, de l'accordéon, du tambour. L'après-midi est marqué par un cortège de 1 500 danseurs binchois. Le lundi est le jour des groupes de jeunes. Le **Mardi gras** est le seul jour où l'on « fait le Gille » à Binche, seuls les hommes Binchois de naissance ont le privilège d'endosser le costume traditionnel. Dès l'aube, les **Gilles** légendaires font leur apparition. Petits ou grands, ils sont vêtus du costume de lin à lions héraldiques, orné de rubans et de dentelles d'un blanc éclatant et formant deux bosses, une sur la poitrine et une dans le dos. Ceinturés de grelots, chaussés de sabots, ils brandissent le faisceau de baguettes (« **ramon** ») qui conjure les maléfices. Comme les Pierrots, les Marins ou les jeunes Paysans enrubannés, ils sillonnent les rues de la ville, dansant lentement au rythme du tambour, pour rejoindre leur société. Vers 10h sur la Grand-Place, ils dansent, avec des masques de cire à lunettes vertes. L'après-midi, arborant leur magnifique chapeau à plumes d'autruche, ils défilent à travers la ville, puisant dans un panier les oranges qu'ils offrent et lancent aux spectateurs (attention à se proteger !). Sur le parcours, les fenêtres ont été grillagées. Puis, sur la Grand-Place, noire de monde, a lieu le **rondeau**. À 19h, à la lueur des feux de Bengale, le même scénario se déroule, terminé par un grandiose feu d'artifice. Les Gilles dansent toute la nuit, escortés par la population. La tradition veut que les Gilles ne boivent que du champagne.

À la fin du 19e s., on a voulu rattacher ces usages aux fêtes données en août 1549 par Marie de Hongrie, gouvernante des Pays-Bas, à son frère Charles Quint venu présenter son fils, le futur Philippe II, à la noblesse du pays : les Gilles descendraient des Indiens couronnés de plumes qu'on aurait fait surgir devant l'empereur en l'honneur de la récente conquête du Pérou.

En réalité, le carnaval binchois existait déjà au 14e s. Le Gille est un personnage rituel dont les coutumes – danse d'hommes masqués (les femmes étant exclues), offrande de l'orange (autrefois du pain, des pommes ou des noix), port du « ramon », de l'apertintaille – ont une origine très lointaine, remontant au temps où la danse avait une valeur religieuse et magique (*voir aussi Événements*).

Un Gilles.

Chaque année, une exposition développe un thème plus particulier sur le masque ou le carnaval.

Aux alentours

Domaine de Mariemont★★

10 km au Nord-Est. Quitter Binche par la N 55 en direction de Bruxelles, puis prendre à droite la N 563, et à Morlanwelz, tourner à gauche.

En 1546, la gouvernante Marie de Hongrie confia au sculpteur et architecte Jacques Du Brœucq le soin d'édifier, sur une colline boisée, un château auquel elle donna son nom. Détruit, comme celui de Binche, par Henri II en 1554, il fut presque immédiatement reconstruit, puis agrandi, sous les archiducs Albert et Isabelle, par Wenceslas Coberger. Un second château, dont on voit les ruines dans le parc, fut construit par Charles de Lorraine au 18e s., mais incendié pendant les combats de 1794.

Transformé au 19e s. par les Warocqué, une dynastie d'industriels, le domaine a été légué à l'État en 1917, en même temps qu'une importante collection d'œuvres d'art de Raoul Warocqué. À l'endroit où se dressait le château des Warocqué détruit par un incendie en 1960, s'élève aujourd'hui le musée moderne construit en 1975 par Roger Bastin, architecte du musée d'Art moderne à Bruxelles.

Parc★ – *tlj avr.-sept. : 9h-18h ; oct.-mars : 10h-17h (oct. à 18h) ; dim. et j. fériés 9h-19h (mai-août) - collections permanentes : 1 €, expositions temporaires : 4 € et 2 €.* Dans ce beau parc de 45 ha, où l'on voit encore les ruines de l'ancien château, on remarque des sculptures des artistes belges Victor Rousseau, Constantin Meunier et Jef Lambeaux, Les Bourgeois de Calais par Rodin, ainsi qu'un gigantesque bouddha du début du siècle.

Musée★★ – *℘ 064 21 21 93 - www.musee-mariemont.be - ᴋ - tlj sf lun. non fériés avr.-sept. : 10h-18h ; oct.-mars : 10h-17h - fermé 1ᵉʳ janv., 25 déc.* Il présente d'une façon passionnante des collections archéologiques et artistiques d'une grande richesse. Le 1ᵉʳ étage est consacré aux grandes civilisations. Sont particulièrement bien représentées les antiquités égyptienne (remarquer la tête colossale d'une reine de la période hellénistique), grecque (une splendide tête de marbre d'Alexandre le Grand datant du 3ᵉ s. avant J.-C.), romaine (peintures murales de Boscoreale) et les **arts d'Extrême-Orient** (émaux, laques, jades et porcelaines de Chine).

Le sous-sol abrite une magnifique collection d'archéologie gallo-romaine et mérovingienne provenant des fouilles effectuées dans la province de Hainaut, ainsi qu'une importante **collection de porcelaine de Tournai**. L'histoire du domaine de Mariemont est aussi abondamment illustrée. Le 2ᵉ étage est consacré à des expositions temporaires. Le musée possède une **bibliothèque** précieuse : manuscrits, reliures, etc.

La Louvière

10 km au Nord-Est. Quitter Binche par la N 55, en direction de Bruxelles, puis prendre la N 27 en direction de La Louvière.

Capitale de la région du Centre, cette cité industrielle a connu son apogée au 19ᵉ s. grâce à la révolution industrielle et à l'exploitation des mines de charbon. La Louvière a joué un rôle dans le mouvement surréaliste belge avec la création, en 1939, du Groupe surréaliste du Hainaut par le poète Achille Chavée. Haine-St-Pierre, une commune de l'entité de La Louvière, a vu naître en 1922 le célèbre sculpteur Pol Bury. Une fontaine hydraulique de l'artiste orne le parvis du château Gilson. Tout au long de l'année, le **Centre de la Gravure et de l'Image imprimée** organise d'importantes expositions temporaires. *Rue des Amours 1 - ℘ 064 27 87 27 - visite en période d'exposition seulement tlj sf lun. 11h-18h - fermé 1ᵉʳ janv., de mi-août à mi-sept., 25 déc. - 5 €.*

Musée Ianchelevici – *Pl. Communale - ℘ 064 28 25 30 - www.ianchelevici.be - tlj sf lun. 14h-18h - fermé j. fériés et de mi-août à fin août - exposition permanente : gratuit ; expositions temporaires : 2,50 € ; entrée gratuite le 1ᵉʳ dim. du mois.* L'ancien palais de justice de style néoclassique abrite aujourd'hui un musée consacré à l'artiste d'origine roumaine Idel Ianchelevici (1909-1994). Les dessins et les sculptures donnent un bon aperçu de l'évolution de l'œuvre de l'artiste.

Écomusée du Bois-du-Luc – *R. St-Patrice 2B à Houdeng-Aimeries - ℘ 064 28 20 00 - www.ecomusee-regional-du-centre.be - visite accompagnée tlj sf lun. : 9h, 10h, 11h, 13h30 et 15h ; w.-end et j. fériés 10h, 11h , 13h30, 15h et 16h30 ; mi-avr.-fin oct. : 9h-17h, w.-end et j. fériés 10h-18h ; nov.-mi-avr. : 9h-17h sur réservation et uniquement pour les groupes, fermé w.-end - 7,50 €.* Le musée se trouve sur le site charbonnier du Bois-du-Luc. En exploitation depuis 1685, la dernière mine a fermé ses portes en 1973. 162 maisons ouvrières simples furent érigées tout près du puits St-Emmanuel entre 1838 et 1853. L'une d'entre elles est accessible au public. Les anciens bureaux de l'exploitation – on notera en particulier la très belle verrière de la cour intérieure –, les différents ateliers où étaient fabriqués de nombreux outils, la sous-station électrique et le puits de mine sont toujours empreints de l'atmosphère qui régnait jadis autour de la mine. Possibilité de compléter la promenade par une visite du **Musée de la Mine** – *Rue St-Patrice 5bis - ℘ 064 22 54 48 - 9h-12h, 13h-17h ; w.-end et j. fériés déc. et jan. uniquement sur rendez-vous - 4 €.*

Abbaye de Bonne-Espérance

À Estinne. 6 km au sud par la N 55, direction Merbes-le-Château, puis Vellereille-les-Brayeux. ℘ 064 31 08 08 - Pâques-2ᵉ dim. d'oct. : visite accompagnée dim. 15h - 1,50 €. Cette ancienne abbaye de Prémontrés, fondée en 1126, est actuellement occupée par un collège. La façade du 18ᵉ s. domine la cour d'honneur. À droite, la tour gothique (15ᵉ s.) de l'église abbatiale. *Entrer par le portail gauche, puis tout de suite à droite.* Le **cloître**, modifié au 18ᵉ s., conserve des voûtes gothiques ; les peintures du réfectoire présentent des scènes de la vie de saint Norbert. Une belle salle capitulaire complète cet ensemble. L'**église**, du 18e s., a été construite par Laurent Dewez, dans le style néoclassique. La chapelle orientée de gauche abrite une *Vierge à l'Enfant*, statue miraculeuse du 14e s., au sourire plein de bonhomie et au costume raffiné.

Binche pratique

Informations utiles

Code postal : *7130.*

Indicatif téléphonique : *064 (Binche, La Louvière).*

Tourisme Binche – *Hôtel de Ville, Grand-Place, 7130 Binche -* ℘ *064 33 67 27 - fax 064 33 95 37 - tourisme@binche.be - www.binche.be.*

Maison du Tourisme du Parc des Canaux et Châteaux – *Place Mansart 21/22, 7100 La Louvière -* ℘ *064 26 15 00 - fax 064 31 22 88 - maisondutourisme@ lalouviere.be - www. parcdescanauxetchateaux.be.*

Se loger

B&B Les Volets Verts – *Rue de la Triperie 4 -* ℘ *064 33 21 47 - www.lvv.net - 17 ch. 73 € . Grande maison de maître au centre, à proximité de la Grand Place. Belles chambres confortables. Le petit-déjeuner est servi dans le salon aménagé de façon classique ou au jardin.*

À LA LOUVIÈRE

La Villa d'Este – *Rue de la Déportation 63, 7100 La Louvière -* ℘ *064 22 81 60 - www.lavilladeste.be - 8 ch. 70/80 € - . Pas de villa italienne mais une façade plutôt ordinaire derrière laquelle se cache un hôtel récemment rénové offrant un accueil chaleureux. Le service dans le restaurant gastronomique est tout aussi cordial que dans l'hôtel. Excellente cuisine belge traditionnelle à un prix abordable. Possibilité de profiter de la terrasse et du jardin en été.*

Hôtel Tristar – *Place Maugrétout 5, 7100 La Louvière -* ℘ *064 23 62 60 - www. hoteltristar.be - 26 ch. 90 € - . Nouvel hôtel au centre de La Louvière. Les chambres possèdent tout le confort moderne. La grande fresque dans la salle petit-déjeuner trahit les origines italiennes des propriétaires. Une salle de fitness constitue la dernière acquisition de*

cet hôtel fonctionnel.

Se restaurer

Le Beau Séjour – *Rue de Merbes 408, 7133 Buvrinnes -* ℘ *064 22 32 42 -fermé mar. - menus 20 €. Ce restaurant agréable à l'atmosphère familiale est une des adresses préférées des habitants de Binche. Préparations classiques de cuisine française et prix abordables. Outre la carte des vins, le restaurant propose également une carte des bières variée.*

China Town – *Grand Place 12 -* ℘ *064 33 72 22 - fermé merc. - menus 20/45 €. Sur la Grand Place du centre historique, ce restaurant propose une cuisine chinoise du meilleur goût dans un décor oriental et exotique. Le restaurant est ouvert jusqu'à minuit.*

À BUVRINNES

La Fermette des Pins – *Rue Lustre 39, 7133 Buvrinnes -* ℘ *064 34 17 18 - fermé mar. et merc. - menus 25/42 €. Belle ferme aux murs blanchis à la chaux. Intérieur de bon goût et rustique et terrasse et jardin dans un cadre champêtre. Au menu du restaurant figurent à la fois des préparations régionales et des plats français. Petite restauration également proposée dans la taverne.*

Faire une pause

Café Le Zouave – *Rue Saint-Moustier 1 -* ℘ *064 36 98 53 - tlj sf lun. 8-20h. Café calme pendant la majeure partie de l'année, cela change cependant à mesure que la grande journée des Gilles approche, car ils se rencontrent ici. La carte propose un grand nombre de bières délicieuses ainsi que des boissons sans alcool et quelques petites collations.*

Événements

Carnaval – *Office du Tourisme, Hôtel de Ville, Grand Place -* ℘ *064 33 67 27 - www. binche.be. Voir encadré p.274.*

Blégny-Trembleur ★★

CARTES MICHELIN N°s 716 K 3 ET 533 T 18 – LIÈGE.

Au 16e s., les moines de l'abbaye de Val-Dieu exploitaient déjà le charbon en surface. Mais c'est au cours du 19e s. que furent creusés les puits actuels. À l'époque, femmes et enfants y travaillaient, et des chevaux étaient descendus dans les galeries où ils demeuraient parfois jusqu'à leur mort pour assurer la traction des wagonnets. Dès sa fermeture en 1980, le charbonnage de Blégny-Trembleur, le dernier du bassin de Liège, a été maintenu en état pour être visité comme témoignage de la vie des mineurs.

▶ **Se repérer** – À 12 km de Liège, en pleine campagne, le domaine est desservi par l'autoroute E 40 (sortie 36) ; ensuite suivre les panneaux.

👁 **À ne pas manquer** – Panorama depuis le sommet d'un terril.

👪 **Avec les enfants** – La visite de la mine.

⏱ **Pour poursuivre le voyage** – Liège.

Comprendre

Charbonnage et exploitation

Ce charbonnage comprend deux puits pour assurer la ventilation des galeries qui étaient ici sur 8 étages descendant jusqu'à la profondeur de 530 m. À partir de ces galeries, l'exploitation se faisait par la méthode de la « taille chassante » qui consiste à avancer parallèlement à la ligne de la plus grande pente de la veine de charbon. Ces veines pouvaient être exploitées jusqu'à une épaisseur minimum de 30 cm. Les mineurs travaillaient en trois postes de 8 heures. Le poste du matin était chargé de l'abattage, qui consiste à arracher le charbon au marteau-piqueur, le poste de l'après-midi effectuait le soutènement avec des rondins en bois ou des étançons métalliques, et enfin le poste de nuit procédait aux opérations de remblai (remplissage du vide par des pierres) ou de foudroyage (faire tomber la voûte pierreuse).

Visiter

La mine – ☏ 04 387 43 33 - domaine@blegnymine.be - www.blegnymine.be - la visite dure 2h30 - déb. avr.-mi-sept. : visite accompagnée 10h, 12h30, 14h30 et 16h30 (juil.-août : également 13h30 et 15h30 ; mi-fév.-déb. avr. et de mi-sept. à mi-nov. : w.-end et j. fériés (mêmes heures) - 8,20 €.

👪 La visite est d'autant plus intéressante et émouvante qu'elle est guidée par d'anciens mineurs évoquant leurs conditions de travail. Un film présente le charbonnage et la vie des mineurs.

Puits Marie – Dans ce puits se visitent les installations de surface telles qu'elles servaient encore en 1980. Il comprend la lampisterie, les vestiaires bains-douches, la station des compresseurs où était produit l'air comprimé qui servait pour la ventilation et les marteaux-piqueurs, la scierie pour préparer les étais.

Le puits n° 1 – La tour en béton haute de 45 m a été reconstruite pendant la guerre. Les wagonnets remontaient jusqu'à mi-hauteur pour parvenir à la station de triage et les pierres étaient déposées sur le terril.

Par ce puits s'effectue la descente pour la **visite des installations souterraines**. La cage de mine s'arrête dans une galerie à -30 m, et par des escaliers métalliques aménagés pour suivre une taille, on parvient à la galerie suivante à -60 m. Le simple fait d'entendre le bruit assourdissant de la ventilation et d'un marteau-piqueur actionnés par le guide, de voir l'exiguïté de la taille ruisselante d'eau dans laquelle les mineurs étaient couchés permet d'imaginer les conditions pénibles dans lesquelles travaillaient les « gueules noires » sans interruption pendant 8 heures.

Très jeunes, ils pouvaient être atteints de silicose, de rhumatismes, de surdité. À cela s'ajoutaient les risques du coup de grisou, des chutes de pierres ou de la poche d'eau qui pouvait tout noyer.

Trains touristiques – 45mn - déb. avr.-mi sept. : départ 13h30, 14h30, 15h30, 16h30 ; w.-end et j. fériés jusqu'au déb. nov. (mêmes heures) - 3 €.

Deux trains touristiques circulent par les vergers de la Basse-Meuse et leur environnement pittoresque, et vers la vieille petite ville de Dalhem, au passé très riche.

Bouillon★

5 455 HABITANTS
CARTES MICHELIN Nᵒˢ 716 I 6 ET 534 P 24 – SCHÉMA VALLÉE DE LA SEMOIS –
PLAN DANS LE GUIDE ROUGE BENELUX – LUXEMBOURG.

La petite capitale de la vallée de la Semois, dont les vieux toits d'ardoise se pressent au bord de la rivière formant ici une large boucle, se situe près de la frontière française. Très animé en saison et pendant les week-ends, Bouillon est dominé par la masse sévère de sa forteresse, dressée sur une arête rocheuse.

- **Se repérer** – Situé près de la frontière française dans un cadre de verdure, Bouillon est accessible depuis Sedan par la N 58 et la N 89.
- **À ne pas manquer** – Le château fort ; l'Archéoscope Godefroid de Bouillon.
- **Organiser son temps** – Une demi-journée suffit pour la visite des principaux site de Bouillon.
- **Avec les enfants** – Il est recommandé de visiter d'abord l'Archéoscope avant de grimper vers le château fort.
- **Pour poursuivre le voyage** – Saint-Hubert et Orval.

Comprendre

Le duché de Bouillon

Bouillon doit sa naissance à son château fort qui occupait une position-clé sur une des grandes voies de pénétration de Belgique.

Son nom évoque la figure de **Godefroy de Bouillon** qui assura, par la prise de Jérusalem, la réussite de la première croisade (1096-1099). Avant de partir en 1096, il avait vendu son duché au prince-évêque de Liège. Au 15ᵉ s., l'un des gouverneurs du duché de Bouillon est Évrard de La Marck, prince de Sedan. Usurpé par ses descendants, le titre ducal revient en 1594, par héritage, au vicomte Henri de La Tour d'Auvergne, père du grand Turenne. Confisqué par Louis XIV, le château est rendu ensuite à cette famille, mais Vauban est chargé de le fortifier. Au 18ᵉ s., la ville devient un centre de tendances libérales se réclamant des Encyclopédistes ; l'imprimeur Pierre Rousseau divulgue un grand nombre d'œuvres de Voltaire et de Diderot.

Visiter

Château★★

061 46 62 57 - janv.-fév. et déc. : 13h (w.-end 10h)-17h ; mars et oct.-nov. : 10h-17h ; avr.-juin et sept. : 10h-18h (w.-end 18h30) ; juil.-août : 10h-18h30 ; vac. de Noël et carnaval : 10h-17h - fermé 1er janv., 25 déc. 5,90 €.

C'est, en Belgique, le vestige le plus important de l'architecture militaire médiévale. Son existence est attestée dès le 10ᵉ s. Trois ponts-levis empierrés dès le 17ᵉ s., séparés par des fortins, défendaient l'accès de la forteresse. *Suivre les flèches numé-*

Le château de Bouillon.

Y. Duhamel/MICHELIN

Y. Duhamel/MICHELIN

Musée Ducal.

rotées. Après le deuxième pont, on monte par l'escalier de Vauban, d'une grande pureté de ligne, construit sans ciment ni mortier.

On voit la « salle dite primitive » aux murs énormes du 12ᵉ s., puis la salle Godefroy de Bouillon, du 13ᵉ s., creusée dans le roc, abritant une grande croix encastrée dans le sol. Des mannequins évoquent le départ de G. de Bouillon en croisade.

On débouche sur la cour d'honneur. De la **tour d'Autriche**, qui fut restaurée en 1551 par le prince-évêque de Liège Georges d'Autriche, on découvre des **vues★★** magnifiques sur la forteresse, le méandre de la Semois, la ville et le vieux pont au Nord.

En traversant le grand souterrain servant à la fois de couloir de communication et d'entrepôt, on regagne l'entrée. Au passage, la présence de la citerne et du puits profond de 54 m montre que l'eau n'était pas rare.

En saison, **spectacle de fauconnerie** et **visite nocturne** à la torche: 1ᵉʳ mars-11 nov., tous les w-ends de l'année et vac. d'hiver ; exposition sur la fauconnerie au Moyen Âge.

Musée Ducal★

 061 46 41 89 - mi-avr.-fin sept. : 10h-18h ; oct.-11 nov. : 10h-17h - fermé 1ᵉʳ janv., mi-nov.-mi-avr. (sf vac. scol.), 25 déc. - 3,30 €.

La **section Histoire et Folklore**, située dans une maison du 18ᵉ s. au charme suranné, évoque les souvenirs des ducs de Bouillon, le folklore et l'artisanat régional : reconstitution d'un intérieur ardennais (chambre, cuisine du début du 19ᵉ s. notamment), du cabinet de travail de Pierre Rousseau. Au grenier : ateliers d'un tisserand, d'un sabotier.

La **section Godefroy de Bouillon** occupe la demeure restaurée d'un conseiller à la cour et évoque l'époque des croisades et du Moyen Âge. En dehors des souvenirs rapportés d'Orient par les croisés, une maquette fait revivre l'attaque d'un château fort, et un modèle réduit de la forteresse de Bouillon donne une excellente idée de sa puissance au 12ᵉ s. Une 3ᵉ section est consacrée au patrimoine industriel de la région.

Archéoscope Godefroid de Bouillon

 061 46 83 03 - ⚹ - fév. et déc. : tlj sf lun. 13h-16h, w.-end 10h-16h ; mars, oct. et nov. : 10h-16h (w.-end 16h30) ; juil.-août : 10h-17h30 - fermé janv. (sf vac. scol.) - 5,95 €.

 Situé au bord de la Semois dans un ancien couvent des Sépulcrines (17ᵉ s.), l'Archéoscope fait revivre l'histoire de la première croisade et de Godefroy de Bouillon en particulier à travers un spectacle audiovisuel. Maquettes et photos offrent un aperçu des fortifications dans la région de Bouillon. Remarquer également le couloir des Nonnes avec ses six chambrettes.

Aux alentours

Cordemoy

3 km à l'Ouest par une route étroite.

Au-delà du vieux **pont gothique** (pont de la Poulie), on suit la rive de la Semois, très encaissée.

Dans un site paisible se dresse l'**abbaye N.-D.-de-Clairefontaine**, construite en 1935 dans un style néogothique. Elle perpétue le souvenir d'une abbaye cistercienne fondée, près d'Arlon, par Ermesinde, fille du comte de Luxembourg, et qui fut incendiée en 1794. *Pas de visite, mais on peut assister à la messe.* ☏ 061 22 90 80 - accueil@abbaye-clairefontaine.be.

Bouillon pratique

Informations utiles

Code postal : *6830.*

Indicatif téléphonique : *061.*

Office du Tourisme – *Château fort, 6830 Bouillon -* ☏ *061 46 62 57 - fax 061 46 42 12 - info@bouillon-sedan.com ou info@bouillon-initiative.be - www.bouillon-sedan.com ou www.bouillon-initiative.be.*

Se loger

⊜⊜ **Hôtel La Ferronnière** – *Voie Jocquée 44 -* ☏ *061 23 07 50 - www.laferronniere.be - 7 ch. 82/115 € ⊐ ✕.* Cette maison de maître du 19e s. a été transformée en petit hôtel de charme aux chambres spacieuses. L'hôtel est situé un peu en dehors de Bouillon et sa terrasse offre une vue splendide sur la ville historique. Restaurant de caractère proposant des plats originaux.

⊜⊜⊜ **Hôtel La Pommeraie** – *Rue de la Poste 2 -* ☏ *061 46 90 17 - www.hotelpommeraie.com - 10 ch. 91/155 € ⊐.* Petit hôtel de charme dans un parc proposant dix chambres romantiques ayant chacune une touche personnelle. Choix entre des chambres de luxe spacieuses ou chambres de charme plus petites, toutes avec une vue sur le parc. Restaurant gastronomique.

À NOIREFONTAINE

⊜⊜⊜ **Auberge du Moulin Hideux** – *6831 Noirefontaine -* ☏ *061 46 70 15 - www.moulinhideux.be - 12 ch. 225 € ⊐ ✕.* Maison moulin historique restaurée bénéficiant d'une situation calme et nichée dans les bois. Tant les chambres que les salons rayonnent le luxe et le confort. Avant de vous joindre au dîner gastronomique, vous pourrez profiter du grand jardin, de la piscine ou du terrain de tennis. Une adresse pour épicuriens.

Se restaurer

⊜ **La Vieille Ardenne** – *Grand Rue 9 -* ☏ *061 46 62 77 - fermé merc. (sf pdt les mois d'été) - ⊐ - menu 12/25 €.* Agréable petit restaurant également apprécié par les habitants de Bouillon. Collection remarquable de pots à bière suspendus au plafond. La carte propose surtout des plats régionaux. Grand choix de bières belges.

⊜ **Il Castellino** – *Rue du Collège 44 -* ☏ *061 51 33 03 - www.il-castellino.be - menu à partir de 18 €.* Restaurant italien spacieux mais plein d'ambiance au centre de la ville. Outre les préparations de pâtes classiques, la carte propose également des spécialités de l'Ardenne. Terrasse en été.

À ROCHEHAUT

⊜⊜ **Taverne de la Fermette** – *Rue de la Cense, 6830 Rochehaut (Bouillon) -* ☏ *061 46 10 00 - www.aubergedelaferme.be - menu à partir de 30 €.* Ancien et nouveau se combinent avec élégance dans cette ferme restaurée qui propose également quelques belles chambres. La cuisine régionale à base de produits frais et de saison y est mise à l'honneur. Atmosphère conviviale et accueil cordial. Vaste carte des vins.

Faire une pause

Pâtisserie Michels – *Place Saint-Arnould 9 -* ☏ *061 46 62 09 - tlj en saison.* Très grand choix de délicieuses tartes, surtout aux fruits, et d'autres pâtisseries. Également de la crème glacée et les produits dérivés. Grande terrasse côté rue et salle de dégustation au 1er étage.

Le Pause Café – *Quai du Rempart 1 -* ☏ *0475 30 97 31 - tlj en saison, hors saison fermé lun. et mar.* Des cafés italiens et autres aux parfums divers mais aussi du thé et des boissons rafraîchissantes. À la carte : glaces, gaufres et crêpes. Il est possible d'acheter du chocolat, des pralines et du nougat.

Achats

Le Marché de Nathalie – *Grand-Rue 22 -* ☏ *061 46 89 40 - 11 juil.-31 août : tlj 10h-22h, sept.-10 juil. : 10h-20h (fermé merc.).* Plus de 300 sortes de bières, dont la « Brasserie de Bouillon », une bière artisanale.

Boutique La Gourmandise – *Rue de la Maladrerie 8 -* ☏ *061 46 78 48 - tlj en saison.* Grand choix de pralines de la marque belge Ovidias, du chocolat et des sucreries.

Canal du **Centre** ★

CARTES MICHELIN Nᵒˢ 716 F 4 ET 534 J 20 – HAINAUT.

Le canal du Centre fut créé entre 1882 et 1917 pour relier le bassin de la Meuse à celui de l'Escaut, afin de constituer un axe direct entre l'Allemagne et la France. Le gros problème était la dénivellation de 90 m qui existait entre les deux bassins. Il fut résolu par la construction de 4 ascenseurs à bateaux et de 6 écluses qui fonctionnent toujours. Magnifique exemple d'archéologie industrielle en Belgique, le site figure sur la liste du patrimoine mondial de l'Unesco depuis 1998.

- ▶ **Se repérer** – Accès depuis Mons ou Bruxelles par l'E 19 ; ensuite suivre les panneaux.
- 👁 **À ne pas manquer** – Visite du nouvel ascenseur de Strépy et promenade en bateau vers les anciens ascenseurs.
- 🕐 **Organiser son temps** – Compter une demi-journée.
- 👫 **Avec les enfants** – Excursion en bateau vers les ascenseurs.
- 🚲 **Pour poursuivre le voyage** – Mons.

Comprendre

Les anciens ascenseurs hydrauliques★ – Ces belles constructions métalliques dessinées par une firme londonienne et exécutées par les usines Cockerill furent mises en place entre 1888 et 1917. Le principe est très simple : les péniches prennent place dans deux bassins remplis d'eau, l'un dans la partie haute du canal et l'autre dans la partie en contrebas. Ces deux bacs fixés sur d'énormes pistons constituent une sorte de balance hydraulique. Ceux-ci coulissent dans deux cylindres remplis d'eau, reliés par une tuyauterie. Une surcharge d'eau dans le bac supérieur vient rompre l'équilibre et le fait descendre tandis que le principe des vases communicants fait remonter l'autre.

Le nouveau canal – À la suite de la loi du 9 mars 1957 qui décrétait la mise au gabarit européen (1 350 t) des principaux canaux belges dont ce tronçon, il fut décidé de lui donner un nouveau tracé et de remplacer les ascenseurs hydrauliques et les écluses par l'ascenseur de Strépy-Thieu.

Visiter

L'ascenseur à bateaux de Strépy-Thieu

📞 064 67 12 00 - fév.-nov. : tlj 9h30-18h30 (dernière entrée à 17h) - parcours spectacle : 5,50 €, parcours en bateau : 5,50 €, ticket combiné : 9 €. À l'intérieur de l'ascenseur, une présentation audiovisuelle donne une idée de l'ampleur et des détails techniques du projet enfin réalisé. Ouvert à la navigation depuis peu, l'ouvrage choisi pour résoudre les 73,15 m de dénivelé du nouveau trajet a des dimensions impressionnantes : hauteur 110 m, longueur 130 m, largeur 75 m ; la charge transmise au sol atteint les 300 000 t.

Un ascenseur hydraulique sur le canal du Centre.

Ch. Bastin et J. Evrard/MICHELIN

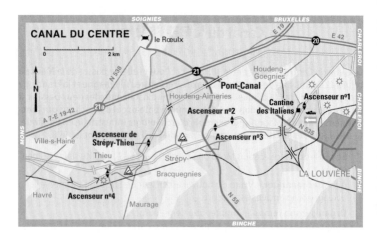

Deux bacs en acier de 112 m sur 12 m, suspendus par des câbles supportant 16 000 t et équilibrés par des contrepoids, peuvent de façon indépendante monter ou descendre en 6 à 7 mn ; 40 mn suffisent à une péniche pour franchir entièrement la chute. Ainsi, le tracé ancien, qui ne permet que le passage de bateaux de 300 t (en 5h), est remplacé pour être accessible à des bateaux de 1 350 t (en 2h) ! Le dernier étage accueille le **parcours-spectacle « Pays des Génies »** présentant des Belges célèbres ayant joué un rôle de premier ordre dans le domaine de la culture, de l'économie ou du sport. Du niveau 3, jolie vue sur le canal et ses alentours.

Promenade en bateau pour la visite des ascenseurs

Départ de la visite : Cantine des Italiens, rue Tout-Y-Faut 90, 7110 Houdeng-Goegnies - durée 2h - ☎ 064 84 78 31 - fax 064 28 11 01 - www.canal-du-centre.be - stchc@skynet.be ou sites.voiesdeau@hainaut.be - avr.-oct. : tlj 10h-14h - réservation souhaitée.

Cette agréable promenade sur le canal bordé d'arbres et de maisons permet d'imaginer la vie des mariniers : passage des ascenseurs hydrauliques, des ponts tournants ou levis, manipulés par les pontiers ou les éclusiers. Un des embarcadères se trouve près de la **cantine des Italiens**, baraquements qui avaient été construits en 1945 pour accueillir des ouvriers italiens travaillant dans les charbonnages. Le franchissement des ascenseurs nos 2 et 3 permet d'en apprécier le fonctionnement. Dans la salle des machines qui se trouve sur la rive droite près de l'ascenseur n° 3, on peut voir comment se fabrique de l'eau sous très haute pression stockée dans les deux tours du bâtiment pour lever les portes d'accès à l'ascenseur, établir une jonction étanche entre le canal et le bac, et faire fonctionner les pistons. Le retour se fait en petit train touristique, le long du chemin de halage, et l'on revoit les ascenseurs, mais cette fois de l'extérieur.

Canal du Centre pratique

Informations utiles

Fédération du Tourisme de la Province de Hainaut – *31, rue des Clercs, 7000 Mons - ☎ 065 36 04 64 - http://canal-du-centre.voies-hydrauliques.wallonie.be.*

Se restaurer

À BAUDOUR

Le Faitout – *Place de la Résistance 1, 7331 Baudour - ☎ 065 64 48 57 - info@fernez.com - www.lefaitout-fernez.com - pas de fermeture - menu 30 €.* Halte sympathique que l'on pourra avantageusement combiner à la visite de la région du canal du Centre. Bonne cuisine traditionnelle, avec de succulentes grillades au feu de bois. Agréable terrasse estivale meublée en teck. Salle climatisée.

Charleroi

201 223 HABITANTS (AGGLOMÉRATION)
CARTES MICHELIN Nᵒˢ 716 G 4 ET 534 L 20 –
PLAN DANS LE GUIDE ROUGE BENELUX – HAINAUT.

Les rues animées et la gaieté même des Carolos ou habitants de Charleroi font aujourd'hui de l'ancienne capitale du Pays noir, jadis une des métropoles de l'économie belge, une cité intéressante. Deux quartiers principaux se dessinent au sein de cette agglomération tentaculaire : la ville haute, autour de l'hôtel de ville et son beffroi et, au Sud, sur une ancienne île de la Sambre dont un bras a été comblé, la ville basse, à vocation commerciale.

- ▶ **Se repérer** – Important nœud autoroutier, la ville se trouve près de l'autoroute E 42 et au croisement de la N 90 et de la N 5.
- 🕐 **Organiser son temps** – Charleroi se visite facilement en quelques heures.
- 👶 **Pour poursuivre le voyage** – Mons et Namur.

Comprendre

Passé militaire

En 1666, le gouvernement des Pays-Bas espagnols, inquiet des prétentions de Louis XIV, fait transformer en forteresse le village de Charnoy qui, en hommage au roi d'Espagne Charles II, prend le nom de Charleroy. Dès juin 1667, Louis XIV s'empare de la place forte. Vauban renforce les remparts de la ville haute, puis on édifie la ville basse pour entretenir l'activité économique.

La présence de la houille dans la région va attirer les industries (verreries). Jusqu'en 1868, date de la transformation des remparts en boulevards, Charleroi est l'enjeu de durs combats. Prise par Jourdan en 1794, elle sert de base aux armées de la République, puis aux troupes napoléoniennes.

En août 1914 a lieu la bataille de Charleroi (21-23 août), au cours de laquelle les troupes françaises échouent dans leur courageuse tentative d'interdire à l'ennemi la traversée de la Sambre. Le 21 : Charleroi est pris. Cependant, l'avance allemande est contenue un instant puis, devant la menace d'encerclement, l'armée française doit battre en retraite dans la soirée du 23, juste avant l'arrivée des renforts allemands le 24.

L'industrie

C'est la houille qui a attiré l'industrie : d'abord la verrerie dès 1577, puis la métallurgie (fonderies, clouteries, tréfileries et laminoirs) qui s'est particulièrement bien développée dès le début du 19ᵉ s.

Aujourd'hui, la sidérurgie et la verrerie sont toujours représentées, mais l'industrie s'est diversifiée avec les constructions électriques, l'électromécanique, les industries chimique et pharmaceutique, l'imprimerie, etc. Deux instituts supérieurs forment des techniciens spécialisés et des ingénieurs.

Le canal de Charleroi à Bruxelles unit la Sambre à l'Escaut via Bruxelles et le canal Maritime. La Sambre se jette ensuite dans la Meuse à Namur.

> ### Le journal de Spirou
>
> En 1938, le magazine de bandes dessinées *Spirou* fut créé à Marcinelle, un faubourg de Charleroi. Il réunit des auteurs, scénaristes et dessinateurs de premier plan : le Français Robert Velter, alias Rob Vel, Jijé, pseudonyme de Joseph Gillain, André Franquin, inventeur du Marsupilami, Morris et Roba.

Visiter

LA VILLE HAUTE

Hôtel de ville
Place Charles I.

L'hôtel de ville et son beffroi, haut de 70 m, ont été construits en 1936 d'après les plans de Joseph André et de Jules Cézar. Le bâtiment, avec son superbe intérieur Art déco, abrite deux musées.

Musée des Beaux-Arts – *Au 2ᵉ étage de l'hôtel de ville -* 𝄢 *071 86 11 36 - www.charleroi-museum.org - tlj sf lun. 9h-12h30, 13h15-17h (sam. 18h), dim. 10h-12h30, 13h15-18h pdt les expositions - fermé dim. (hors expositions), j. fériés - gratuit, 4 € pdt les expositions.*

Les célèbres « marches » d'Entre-Sambre-et-Meuse

Particulièrement imprégnés de souvenirs guerriers, les villes et villages de la région qui s'étend au Sud de Charleroi, entre la Sambre et la Meuse, sont célèbres dans le calendrier folklorique belge pour leurs marches militaires qui remontent au 17e s. Vestiges probables de l'époque troublée des réformes où les processions religieuses étaient encadrées par des milices rurales en armes, ces manifestations aux dehors très martiaux honorent un saint local.

Le jour de sa fête, c'est une véritable petite armée qui défile dans les rues, escortant parfois la statue du saint. En tête vont les « sapeurs », puis les tambours, les fifres et la fanfare, ensuite les soldats armés d'un fusil et tirant des salves ; parmi eux, des cavaliers et même des cantinières. Depuis le passage de Napoléon, l'uniforme du Premier Empire connaît un grand succès.

Une quarantaine de localités organisent des marches militaires. À **Ham-sur-Heure** pour la marche de St-Roch, défilent plus de 700 personnes parmi lesquelles figurent des « volontaires montois de la révolution brabançonne de 1789 ». La plus longue marche est celle de **Gerpinnes** : 35 km, qui « mobilise » plus de 5 000 personnes. Dans ce village, le petit **musée des Marches folkloriques de l'Entre-Sambre-et-Meuse** présente les costumes militaires des marcheurs. Celle de **Fosses-la-Ville** aussi splendide que rare, a lieu tous les 7 ans. En dehors de l'Entre-Sambre-et-Meuse, il faut signaler la marche de la Madeleine à **Jumet** *(4 km au nord de Charleroi)*. Remontant à l'an 1380, c'est la plus ancienne de toute la Wallonie. Elle est remarquable par la variété de ses costumes.

Marche militaire à Ham-sur-Heure.

Ch. Bastin et J. Evrard/MICHELIN

Ce musée possède quelques toiles de François-Joseph Navez, élève de David et originaire de la ville. Les œuvres de Constantin Meunier et Pierre Paulus font l'apologie du monde du travail. Le musée présente également des tableaux de Magritte, Delvaux et d'artistes hennuyers et accueille des expositions temporaires.

Musée Jules Destrée – *À l'étage supérieur de l'hôtel de ville -* ☎ *071 86 11 36 - www. charleroi-museum.org - tlj sf lun. et dim. (sf en cas d'expositions temporaires) 9h-12h30, 13h15-17h pour les collections permanentes - fermé j. fériés - entrée gratuite.* Les multiples facettes de la vie de ce politicien, homme d'État, avocat et écrivain socialiste sont abondamment illustrées à l'aide de documents, vieilles photos, objets personnels, dessins et peintures. Fédéraliste wallon convaincu, il écrit, dans sa *Lettre au Roi,* sur la séparation de la Wallonie et de la Flandre, de 1912, ces paroles célèbres : « *Sire, il n'y a plus de Belges* ».

Place du Manège

Autour de cette grande place où se tient une partie du marché dominical se trouvent le palais des Expositions (1954) et le palais des Beaux-Arts (expositions, concerts et diverses représentations).

Aux alentours

Le Bois du Cazier★ à Marcinelle
3 km au sud. Accès par l'A 54 ou le 4 3, puis prendre l'A 503 sortie 34 Marcinelle Haies et suivre les flèches « Bois du Cazier ». Rue du Cazier 80 - ℘ 071 88 08 56 - www.leboisducazier.be - mar.-vend. 9h-17h, w.-end 10h-18h - fermé Mardi gras, 1ᵉʳ et 11 nov.

Par une grille métallique, on accède au site de l'ancien charbonnage du Bois de Cazier, dont témoignent encore plusieurs terrils, châssis à molettes et bâtiments industriels. L'**Espace du 8 août 1956★★** commémore le souvenir de 262 mineurs de 12 nationalités différentes qui périrent dans un incendie au fond du puits St-Charles. Photos et interviews évoquent de façon émouvante une des plus grandes catastrophes minières du pays. Le mémorial donne également un aperçu de l'immigration italienne de l'après-guerre vers la Belgique et des conditions de travail dans les mines. Le **musée de l'Industrie** illustre le riche passé industriel de la Wallonie. Parmi les pièces majeures de l'impressionnante collection de machines, citons une machine à vapeur de 1913, provenant de l'atelier Zimmerman-Hanrez et un laminoir à tôles de 1883, réalisé dans les anciennes usines d'Anhée. Le musée offre aussi une documentation intéressante sur l'évolution de la technologie moderne et la société postindustrielle. Les vestiaires et les bains-douches au carrelage bleu font replonger le visiteur dans la vie quotidienne des « gueules noires ».

Mont-sur-Marchienne
3 km au Sud. Accès par le ring sortie « Porte de la Villette » ou par le périphérique R 3 sortie Mont-sur-Marchienne.

Le **musée de la Photographie★** occupe un ancien couvent de carmélites de style néo-gothique. Un parcours à travers les pièces disposées autour du cloître permet de retracer l'histoire de la photographie depuis ses débuts en suivant l'évolution des appareils (depuis la camera obscura et le daguerréotype jusqu'à l'holographie) ainsi que les étapes de l'art photographique. Des tirages des plus grands photographes illustrent cet itinéraire. Ce musée qui se veut aussi un lieu vivant possède une bibliothèque de plus de 2 000 volumes sur la photographie et présente tout au long de l'année des expositions temporaires de grande qualité. *Rue Paul Pastur - ℘ 071 43 58 10 - www.museephoto.be - &. - tlj sf lun. 10h-18h - fermé 1ᵉʳ janv., 25 déc - 5 €.*

Charleroi pratique

Informations utiles

Code postal : *6000.*

Indicatif téléphonique : *071.*

Maison du Tourisme du Pays de Charleroi – *Place Charles II 20, 6000 Charleroi - ℘ 071 86 14 14 - fax 071 86 12 50 - maison.tourisme@charleroi.be - www. paysdecharleroi.be.*

Se loger

⊖⊖🛏 **Socatel** – *boulevard Tirou 96 - ℘ 071 31 98 11 - www.hotelsocatel.be - 68 ch. 77/117 € - ⊑ 9 € - ✗.* Hôtel moderne sur le principal boulevard de la ville. Chambres fonctionnelles à l'aménagement contemporain. Le restaurant est ouvert tous les jours, tant le midi que le soir.

À NALINNES

⊖⊖🛏 **Laudanel** – *rue de la Vallée 117, 6120 Nalinnes - ℘ 071 21 93 40 - www. laudanel.be - fermé les deux dernières sem. de janv. - 6 ch. 98/108 € - ⊑ 11 € - ✗.* Villa moderne à la situation paisible dans un environnement verdoyant avec piscine. À seulement quelques kilomètres du centre animé de la ville. Accueil très personnel dans un cadre reposant.

À MARCINELLE

⊖ **B&B Chambres avec vue** – *rue du Basson 30, 6001 Marcinelle - ℘ 071 36 06 43 - www.chambres-avec-vue.be - 2 ch. 60 € ⊑ - ✗.* Maison de maître à la situation calme à cinq minutes de la gare et du centre de Charleroi. Deux magnifiques chambres aménagées par la propriétaire, qui est indéniablement une artiste. Un repas du soir est servi sur demande.

Se restaurer

⊖ **La Bruxelloise** – *place Émile Buisset 9 - ℘ 071 32 29 69 - menu 25 €.* Le meilleur de la cuisine belge avec des plats de viande et de poisson et, cela va de soi, des moules et des huîtres. Ce restaurant est ouvert tous les jours et offre la qualité à des prix abordables dans un cadre moderne et intime.

⊖⊖ **La Mirabelle** – *rue de Marcinelle 7 - ℘ 071 33 39 88 - fermé dim. - menu 27/37 €.* Le restaurant se situe au premier étage dans une rue latérale du boulevard Tirou. Délicieuses préparations de cuisine française classique dans un cadre familial.

⊖⊖ **Le Square Sud** – *boulevard Tirou 70 - ℘ 071 32 16 06 - fermé sam. midi et dim. - menu 35 €.* Les gastronomes et les amateurs de vin se donnent rendez-vous ici depuis des années. Un restaurant intime proposant des plats classiques des cuisines belge et française est aménagé dans une cave voûtée pleine d'ambiance. Très vaste carte de vins français.

Faire une pause

Aux Milles Colonnes 1891 – *rue de Marchienne 6* - ℘ *071 32 05 34*. Pour un grand choix de bières, n'hésitez pas à pousser la porte de ce qui constitue l'un des plus vieux cafés de la ville basse. Vous y dégusterez l'une des nombreuses bières ou autres boissons sur l'agréable terrasse ou dans le bel intérieur élégant rappelant le 19e s.

Événements

Brocante des quais – *Régie des marchés publics* - ℘ *071 60 04 86* - http://www.brocante-des-quais.be. Un week-end durant à la mi-juin, un marché aux puces de 4 km de long s'étend pendant 24 h (à partir du samedi à 16 h) le long des quais de la Sambre, réunissant des centaines de participants. Vous y admirerez également des artistes de rue ainsi qu'un feu d'artifice.

Chimay

9 769 HABITANTS
CARTES MICHELIN Nᵒˢ 716 G 5 ET 534 K 22 – HAINAUT.

Au fond de la « botte du Hainaut », à la lisière sud de la vaste forêt de Rance, la petite ville de Chimay est connue pour son château dont on a une jolie vue depuis le pont sur l'Eau Blanche. Elle conserve le souvenir de Froissart, auteur, au 14e s., de célèbres « Chroniques », et de Mme Tallien, née Thérésa de Cabarrus. Elle épousa en troisièmes noces (1805) François-Joseph de Caraman, prince de Chimay, et termina dignement en son château une existence agitée (1773-1835). Sauvée de l'échafaud à Bordeaux par le proconsul Tallien, elle avait été réincarcérée à Paris. De sa prison, elle inspira à Tallien, qui devint peu après son mari, le courage nécessaire pour renverser Robespierre, d'où son surnom de Notre-Dame-de-Thermidor.

- ▶ **Se repérer** – Dans un cadre de verdure, Chimay se trouve près de la frontière française. On s'y rend en empruntant la N 99 ou la N 53.
- 👁 **À ne pas manquer** – Le centre ancien.
- 🕐 **Organiser son temps** – Prévoyez une demi-journée pour la visite de la ville. Vous pouvez prolonger votre séjour dans les superbes environs de la ville, par exemple à l'Étang de Virelles.
- 👫 **Avec les enfants** – La visite du château.
- 👣 **Pour poursuivre le voyage** – Couvin.

Visiter

Château★

℘ *060 21 44 44* - www.chateaudechimay.com - ♿ - *Pâques-fin sept. : visite accompagnée 10h, 11h, 15h, 16h ; oct. -Pâques : uniquement sur demande pour groupes (min. 12 pers.) - 7 €.*

👫 Il appartient à la famille de Croÿ, puis, en 1804, à un Riquet de Caraman, descendant du Riquet constructeur du canal du Midi (17e s.) et parent du fameux Mirabeau. Incendié partiellement en 1935, il a été construit sur des plans anciens dans le style de la Renaissance finissante.

Sa façade en calcaire gris bleuté se dissimule au fond d'une vaste esplanade. Le donjon, avec ses voûtes surbaissées, demeure la plus intéressante partie architecturale. Il porte encore les cicatrices laissées par l'emplacement des glissières soutenant le pont-levis. La Salle des Gardes a conservé ses voûtes anciennes ainsi qu'un pavement constitué de 45 000 ardoises sur chant. À l'intérieur, dans un salon dont la terrasse domine de 16 m la vallée de l'Eau Blanche, deux portraits font revivre l'ombre de Mme Tallien, l'un par Gérard, l'autre alors qu'elle était âgée. Son fils aîné, Joseph, fit bâtir en 1863 le charmant théâtre rococo chargé de stucs dorés, réplique de celui de Fontainebleau. Parmi les artistes invités à Chimay figurait la Malibran. Chaque année, le prince et la princesse de Chimay organisent dans ce théâtre un concours international de chant baroque (en octobre) et un festival de musique baroque (en juin).

La chapelle aux jolies voûtes surbaissées contient des bannières de Louis XI provenant du château de Carrouges en Normandie (Louis XI s'empara du château de Chimay en 1447).

Dans un petit salon : robe de baptême du roi de Rome et souvenirs de Napoléon.

Collégiale des Sts-Pierre-et-Paul

☎ 060 21 12 38 - 8h-18h.

Cette église construite en pierre de taille, au 16e s., a conservé un beau chœur du 13e s. Dans celui-ci se trouvent le remarquable gisant de Charles de Croÿ, chambellan et parrain de Charles Quint (mort en 1552), quatre plaques funéraires à la mémoire de membres illustres de la famille de Chimay, d'intéressantes stalles du 17e s. et une croix triomphale (vers 1550). Remarquer, dans la première chapelle à droite en entrant dans l'église, l'épitaphe en latin du chroniqueur Froissart qui fut chanoine à Chimay et y mourut en 1410. Sur la place, on remarque le monument où figurent des membres de la famille de Chimay dont Mme Tallien et son mari, vêtu d'une cape.

Aux alentours

Étang de Virelles★

3 km au nord-est. Rue du Lac - juil.-août : tlj 10h-19h ; 15 mars-30 juin et 1er sept.-15 nov. : mar.-dim. 10h-17h (également lun. si j. fériés et vac. scol.) ; 16 nov.-14 mars : w.-end, j. fériés, vac. scol. 10h-16h - fermé 24, 25 et 31 déc. et 1er jan.

Cette réserve naturelle couvre 100 ha. Entouré de bois, l'étang, très fréquenté, est la plus vaste étendue d'eau naturelle de Belgique. L'aire de détente offre des possibilités de restauration, des locations de pédalos et des jeux pour enfants.

Abbaye N.-D.-de-Scourmont

10 km au sud par Bourlers.

Fondée en 1850, elle est occupée par des trappistes. Ses sobres bâtiments s'ordonnent autour d'une cour centrale où se dresse la façade dépouillée de l'église (1949). Les Pères fabriquent de la bière connue sous le nom de trappiste de Chimay.

Chimay pratique

Informations utiles

Code postal : 6460.

Indicatif téléphonique : 060.

Syndicat d'Initiative de Chimay – *Rue de Noailles 4, 6460 Chimay - ☎ 060 21 18 46 - fax 060 21 48 64 - si.syndicatdinitiative@ville-de-chimay.be - www.ville.de.chimay.be.*

Chimay Promotion asbl – *Rue du Four 16, 6460 Chimay - ☎ et fax 060 21 54 04 - info@chimaypromotion.com - www.chimaypromotion.com.*

Se loger

😊😊 **B&B Le Petit Chapitre** – *Place du Chapitre 5 - ☎ 060 21 10 42 - 5 ch. 80 € ⌷.* Chambres d'hôtes de caractère à l'aménagement antique original et situées au centre de la ville. Tout s'accorde magnifiquement et crée une ambiance chaleureuse et intime.

À LOMPRET

😊😊 **Franc Bois** – *Courtil aux Martias 18, 6463 Lompret - ☎ 060 21 44 75 - bois@swing.be - 8 ch. 70/80 € ⌷ - ✗.* Une excursion à travers la vallée vivifiante de L'Eau Blanche suivra le sommeil du juste dans ce beau bâtiment érigé avec des pierres de la région. Les chambres très confortables sont aménagées de façon moderne. Agréable salon.

Se restaurer

😊 **Le Beauchamp** – *Chaussée de Mons 55 - ☎ 060 21 38 70 - menus 20 €.* Aménagement moderne et sobre pour cette brasserie qui propose à la carte tant des plats régionaux simples que des menus de cuisine française. Profitez en été de la terrasse offrant une belle vue sur les environs.

😊😊 **Le Chaudron d'Or** – *Place Léopold 15 - ☎ 060 21 17 41 - www.lechaudrondor.be - fermé lun. soir et mar. (sf pdt les mois d'été) - menus 23/50 €.* Ce restaurant au centre de la ville offre une carte variée de préparations simples à gastronomiques. Le menu trappiste est composé entièrement à base de bière de Chimay. Les pralines qui accompagnent le café sont confectionnées par le chef lui-même.

À VIRELLES

😊😊😊 **Chez Edgar et Madeleine** – *Rue du Lac 35, 6461 Virelles - ☎ 060 21 10 71 - fermé dim. soir (sf pdt les mois d'été) et lun. midi - menus 40/55 €.* Cette auberge traditionnelle bénéficiant d'une belle situation aux étangs de Virelles fait les délices des amateurs de poisson et de cuisine régionale depuis quatre générations.

Faire une pause

👁 **Bon à savoir** - Une des spécialités de Beaumont est un délicieux « macaron » dont la recette aurait été donnée par un cuisinier de Napoléon, qui logea sur place le 14 juin 1815 avant de se rendre à Waterloo.

Cafés et terrasses sur la Grand-Place
Le lieu idéal pour déguster les célèbres bières et fromages est l'« Auberge de Poteaupré », à proximité de l'abbaye, à quelque 8 km en dehors du centre de Chimay. Sur la Grand-Place également, toutefois, des possibilités vous sont offertes : au « Paddock Café », au « Tallien » ou « Au Carillon ».

Achats

D'ici et d'ailleurs – *Grand-Place 8* - ☎ *060 21 53 71*. Sympathique magasin proposant toutes sortes de gadgets pour faire plaisir à ses proches. Vous y trouverez notamment de jolies poupées, des boîtes décoratives, des bougies, des objets en céramique, etc.

Événements

Concours international de chant baroque (en octobre) et festival de musique baroque (en juin) au théâtre du château de Chimay.

Couvin

13 473 HABITANTS
CARTES MICHELIN N°S 716 G 5 ET 534 L 22 – NAMUR.

Couvin aligne ses toits d'ardoise le long des quais ombragés de l'Eau Noire. La ville est dominée par un rocher calcaire (Falize) où s'élevait le château détruit en 1672 par Louis XIV. C'est une charmante cité de villégiature située au cœur d'une région riche en promenades balisées et en rivières propices à la pêche. Couvin est réputé pour sa cuisine : poulet à la couvinoise, escavèche…

▶ **Se repérer** – Dans un cadre de verdure, Couvin est traversé par la N 5 reliant Philippeville à la frontière française, et par la N 99 (au départ de Chimay).

👁 **À ne pas manquer** – Cavernes de l'Abîme.

🕐 **Organiser son temps** – Une promenade le long de l'Eau Noire et la visite des cavernes préhistoriques demandent une demi journée.

👥 **Avec les enfants** – Une visite aux Cavernes de l'Abîme à Couvin même, et aux Grottes de Neptune. À Mariembourg le train touristique du Chemin de Fer des Trois Vallées propose un trajet à l'ancienne dans la belle vallée du Viroin.

🖐 **Pour poursuivre le voyage** – Chimay et Dinant.

Visiter

Cavernes de l'Abîme
☎ *071 55 88 11 - www.abime.be - avr.-oct. : visite accompagnée w.-end et j. fériés 10h-12h, 13h30-18h ; déb. juil.-fin août : 10h-12h, 13h30-18h - 5,50 € (billet combiné incluant la visite des Grottes de Neptune : 12 €.*
👥 Dans l'une des plus impressionnantes de ces grottes habitées par l'homme préhistorique et servant de refuge à l'époque romaine et au Moyen Âge, est présenté un spectacle audiovisuel sur la préhistoire en Belgique. Un petit musée complète cette évocation. À l'extérieur, du sommet d'un escalier, jolie vue sur Couvin.

Circuits de découverte

LA RÉGION DES TROIS VALLÉES
17 km à l'ouest. Prendre la N 99 et tourner à gauche à Petigny.

Grottes de Neptune★
À 5 km de Couvin. ☎ *071 55 88 11 - www.grottesneptune.be - avr.-sept. : visite accompagnée (45mn), tlj 10h-12h, 13h30-18h ; fév.-mars et oct.-déc. : w.-end 10h30-12h, 13h30-18h ; fermé janv. et merc., sf juil. et août - 8 € (billet combiné incluant visite Cavernes de l'Abîme : 12 €).*
👥 L'Eau Noire, appelée ainsi à cause de la pierre noire dont est constitué le fond, disparaît en grande partie dans l'Adugeoir (gouffre) pour ressortir près de Nismes. On visite les trois galeries superposées aux belles concrétions, bien mises en valeur. Si la galerie supérieure a été abandonnée depuis des siècles par l'Eau Noire, celle du centre est inondée lors des crues. La partie inférieure des grottes, où coule la rivière souterraine, permet d'effectuer en barque une agréable promenade au cours de

laquelle on admire une spectaculaire **cascade**. La fin du parcours s'agrémente d'un spectacle son et lumière exceptionnel.

Revenir à Petigny, reprendre la N 99 et tourner à gauche vers Nismes.

Nismes

L'Eau Noire, après la traversée des grottes de Neptune, réapparaît ici et se mêle à l'Eau Blanche pour former le Viroin. Nismes est une station estivale fréquentée. Ses environs calcaires recèlent de nombreuses curiosités géologiques, dont le **Fondry des Chiens** *(accès par la rue Orgeveau)*, le plus imposant de ces gouffres tourmentés, hérissés de monolithes, qui parsèment le plateau situé à l'est de la ville. Belle vue sur la campagne environnante.

À Nismes, prendre la N 939.

Mariembourg

Cette petite ville doit son nom à Marie de Hongrie, gouvernante des Pays-Bas, qui la fit construire en 1542. Cette ville au plan géométrique dotée de fortifications, dont il ne reste rien, faisait face à la place de Maubert-Fontaine, située en territoire français. Réputé imprenable, Mariembourg fut enlevé dès 1554 par le roi de France Henri II, ce qui obligea Charles Quint à édifier une nouvelle place, Philippeville. Reconquis par les Espagnols en 1559, Mariembourg fut cédé 100 ans plus tard à la France et resta française jusqu'au 25 juillet 1815, date à laquelle les défenseurs de la ville durent capituler devant les Prussiens, non sans recevoir « les honneurs de la guerre ». Mariembourg est le point de départ du 🚂👤 **chemin de fer des Trois Vallées**, un train touristique qui se rend jusqu'à Treignes en suivant la pittoresque **vallée de Viroin** ; il passe également par la vallée de l'Eau Blanche en direction de Chimay. 🕿 *060 31 24 40 - avr.-oct. : w.-end et j. fériés 10h-20h (juil.-août tlj) - 9 € AR.*

LE PAYS DES RIÈZES ET DES SARTS

20 km au sud.

Près de la frontière française s'étend le Pays des Rièzes et des Sarts, région de landes marécageuses et de forêts dont les rièzes, terres peu fertiles, sont en partie vouées à l'élevage, permettant la fabrication d'un beurre et d'un fromage réputés.

Prendre la N 5 en direction de Rocroi, puis la N 964 ; tourner vers Brûly-de-Pesche.

Brûly-de-Pesche

Dans un bois, près d'une source, lieu de pèlerinage traditionnel à saint Méen, se dissimule l'**abri d'Hitler**. Du 6 juin au 4 juillet 1940, Hitler fit de cet endroit son quartier général et y dirigea, en compagnie de son état-major, la campagne de France. En toute hâte, il y avait fait construire un petit bunker en béton. 🕿 *060 34 01 40 - Pâques-sept. : 10h30-18h (dernière entrée 17h) ; oct. : w.-end 10h30-18h - fermé lun. sf juil.-août et j. fériés - 4 €.*

Couvin pratique

Informations utiles

Code postal : *5660.*

Indicatif téléphonique : *060.*

Office du Tourisme de Couvin – *rue de la Falaise 3, 5660 Couvin -* 🕿 *060 34 01 40 - fax 060 34 01 43 - ot.couvin@scarlet.be - www.couvin.be.*

Maison du Tourisme des Vallées des Eaux Vives – *rue de la Falaise, 3, 5660 Couvin -* 🕿 *060 34 01 44 - fax 060 34 01 47 - valleesdeseauxvives@scarlet.be - www.valleesdeseauxvives.be.*

Se loger

🛏 **B&B Au Milieu de Nulle Part** – *Rue de la Gare 12 -* 🕿 *060 34 52 84 - www.nulle-part-ailleurs.be - 5 ch. 60 € 🍴.* Malgré leur nom, ces charmantes chambres d'hôtes sont situées dans le centre de Couvin. Chambres confortables. Quelques maisons plus loin, les propriétaires gèrent le restaurant du même nom, axé sur les spécialités régionales.

Se restaurer

🍽🍽 **Casa Verde** – *Place Verte 71 -* 🕿 *060 34 48 22 - fermé lun. - menu 27 €.* Une adresse à retenir pour ceux qui recherchent les spécialités françaises et italiennes. Cadre agréable pour un lunch ou dîner. Le chef est à juste titre fier de ses pâtes fraîches, de ses pizzas cuites au feu de bois et de ses crèmes glacées. En saison de chasse, des plats de gibier apparaissent sur la carte.

Dinant★★

13 012 HABITANTS
CARTES MICHELIN Nᵒˢ 716 H 5 ET 534 O 21 –
PLAN DANS LE GUIDE ROUGE BENELUX – NAMUR.

Dinant occupe un site★★ remarquable dans la vallée de la Meuse. Dominée par le clocher bulbeux de sa collégiale et la masse de sa citadelle, la ville étire sur 4 km, entre le fleuve et le roc, ses maisons aux toits bleutés. Centre de tourisme réputé, Dinant a donné son nom à la dinanderie, art de fondre, battre et repousser le laiton (ou cuivre jaune), pratiquée ici dès le 12ᵉ s. Dinant a pour autre spécialité les « couques », gâteaux au miel auxquels la cuisson dans un moule en bois sculpté donne des formes décoratives.

- **Se repérer** – À 30 km de Namur. Dinant se trouve le long de la Meuse et est relié à Namur par la N 92.

- **À ne pas manquer** – Citadelle ; Grotte La Merveilleuse ; descente de la Lesse.

- **Organiser son temps** – Comptez une demi-journée pour la visite de la ville, une journée entière si vous ajoutez la descente de la Lesse ou une croisière sur la Meuse.

- **Avec les enfants** – Le funiculaire vers la citadelle, la plongée dans la Grotte La Merveilleuse ou la descente en kayak d'un tronçon écumant de la Lesse.

- **Pour poursuivre le voyage** – Namur et Han-sur-Lesse.

Comprendre

Un passé mouvementé

Dinant fut constamment en conflit avec Bouvignes, pour des rivalités de dinanderie, ainsi qu'avec Namur, Liège ou les ducs de Bourgogne. Cela lui valut d'être détruit en 1466 par Charles le Téméraire. Occupant une position clé sur la vallée de la Meuse, Dinant vit défiler de nombreuses armées de conquérants. En 1554, ce sont les troupes du roi de France Henri II ; en 1675 et en 1692, celles de Louis XIV. La ville est parmi celles qui, en Belgique, ont le plus souffert des deux dernières guerres. En 1914, elle fut mise à sac par les Allemands : 1 100 maisons furent incendiées et 674 civils fusillés. En 1940 et 1944, elle fut bombardée et en partie incendiée.

> **Quelques Dinantais célèbres**
> **Joachim Patinir** (ou Patenier), peintre né à Dinant à la fin du 15ᵉ s., insère des scènes bibliques dans de vastes paysages évoquant ceux de la Meuse ; **Antoine Wiertz** (1806-1865), artiste visionnaire qui annonce déjà le symbolisme et le surréalisme en Belgique. Au Dinantais **Adolphe Sax** (1814-1894), on doit l'invention… du saxophone.

Visiter

Collégiale Notre-Dame

De l'église élevée au rang de collégiale dès le 10ᵉ s., il ne reste aucune trace visible. Transformée au 12ᵉ s., elle a fait place à une église romane dont subsiste le portail Nord. La construction de l'édifice gothique, au style importé de Bourgogne et de Champagne, s'étale du 13ᵉ à la fin du 14ᵉ s.

C'est de l'époque du sac de la ville par les armées de Henri II que date la tour bulbeuse et son gracieux campanile qui, à l'origine, devaient être surmontés d'un beffroi.

Intérieur – *Accès par le portail Nord.* Malgré les dimensions restreintes imposées par l'exiguïté de l'emplacement, l'ensemble produit une impression de grandeur et de sobriété caractéristiques de l'école mosane. L'unité du plan en croix latine est obtenue grâce à l'ordonnance de l'élévation, identique dans l'ensemble de l'édifice : les colonnes monostyles aux chapiteaux octogonaux à feuilles strictes de style régional soutiennent de grandes arcades moulurées, un triforium à arcades trilobées, et de hautes fenêtres au remplage flamboyant. Le chœur présente un déambulatoire sans chapelles rayonnantes.

Citadelle★

Accès par téléphérique, à pied (408 marches) ou en voiture par la N 936, route de Sorinnes. 082 22 36 70 - tlj sf j. ouvr. en janv. ; en sais. 10h-18h ; hors sais. 10h-16h - fermé vend. oct.-mars, 1ᵉʳ janv., 25 déc.- 6,50 €.

La collégiale et la citadelle de Dinant.

Un château fort fut élevé là en 1051. Reconstruit en 1523 par l'évêque de Liège, il fut détruit par les Français en 1703. Sa physionomie actuelle date de l'occupation hollandaise (1818-1821).

La citadelle a été transformée en **musée**. En parcourant les différentes pièces, des reconstitutions (parfois sonores), des dioramas, des objets divers et un petit musée d'armes rappellent les aspects les plus marquants de l'histoire de la citadelle et de la ville.

Du haut de l'enceinte, à 100 m au-dessus de la Meuse, très jolie **vue★★** sur la ville, dominée par la collégiale, et sur la vallée de la Meuse, avec Bouvignes.

Grotte la Merveilleuse★

Rive gauche de la Meuse, route de Philippeville. ☎ 082 22 22 10 - avr.-oct. et vac. : tlj 11h-17h ; juil.-août : 10h-18h ; nov.-mars : w.-end et vac. scol. 13h-16h - 6 €.

Elle est remarquable par la profusion de ses concrétions, aux formes (draperies, cascades, colonnettes) et aux tonalités (blanc, brun, bleu et rose) diverses, s'étageant sur 3 niveaux. Le retour à la surface se fait par une galerie-escalier comptant plus de 120 marches.

Aux alentours

Rocher Bayard★

1 km au Sud par la N 92.

Selon la légende, cette aiguille (40 m) aurait été fendue par le cheval Bayard d'un coup de sabot pour échapper à Charlemagne. Il n'existait jadis qu'un étroit sentier qui fut élargi en 1661, puis en 1698 pour les troupes de Louis XIV.

Bouvignes

2 km au Nord par la N 96.

La ville, fusionnée avec Dinant, est dominée par les ruines du château de Crèvecœur, qui reçut ce nom après qu'il eut été rasé en 1554 par les troupes du roi de France Henri II. À Bouvignes est né **Henri Blès**, célèbre paysagiste et continuateur de Patinir. Ses tableaux ont la particularité de dissimuler une petite chouette, peinte en guise de signature.

Maison espagnole – Elle se dresse sur la Grand-Place. Ainsi appelée en raison de l'époque de sa construction (16ᵉ s.), c'est l'ancien hôtel de ville, à pignons à volutes et fenêtres Renaissance.

Église St-Lambert – Des 13ᵉ et 16ᵉ s., restaurée, elle conserve d'intéressantes œuvres d'art : Christ aux liens (16ᵉ s.), chaire et lutrin du 17ᵉ s. À côté de l'église, on dégage les vestiges d'un château qui daterait du 11ᵉ s. *S'adresser à M. l'abbé Raty, Presbytère de Bouvignes, rue des Potiers 1, 5500 Dinant - ☎ 0477 98 00 75 - visite accompagnée sur demande.*

Château de Crèvecœur – *Accès par la route de Sommière (4 km) ou par un escalier.* On aperçoit face au départ de l'escalier une porte, vestige des fortifications. Du château, la **vue★★** est fort belle sur la ville, l'église et la Maison espagnole, ainsi que sur la vallée de la Meuse, avec Dinant à l'horizon.

Beauraing★
20 km au Sud par la N 95.

La petite ville de Beauraing est un lieu de pèlerinage célèbre depuis les apparitions de la Vierge à cinq enfants de la localité en 1932 et 1933. À partir de 1943, les sanctuaires se sont multipliés. Dans le jardin, statue de la Vierge, sous l'aubépine des apparitions ; sur le trottoir proche subsistent les pavés où les enfants s'agenouillèrent. Plus loin, dans la rue, s'ouvre la **crypte St-Jean**. La **chapelle monumentale** aux parois épaisses est éclairée de vitraux posés en 1963-1964. L'esplanade et ses gradins sont dominés par la façade en verre de l'ensemble en béton construit en 1968 par l'architecte Roger Bastin : il comprend la **grande crypte** et l'**église supérieure**, celle-ci pouvant contenir 7 000 fidèles et accueillir les malades grâce à une rampe d'accès.

Circuits de découverte

LA DESCENTE DE LA LESSE★ ⬜1
4,5 km au Sud par la N 95.

Anseremme★
Centre de villégiature bien situé au confluent de la Lesse et de la Meuse, ce bourg fusionné avec Dinant s'allonge sur la rive droite du fleuve. **Le pont St-Jean** (16ᵉ s.) sur la Lesse et, au Sud, dans le Vieil Anseremme, en bordure du fleuve, un **prieuré** du 15ᵉ s. *(propriété privée)* et son église, entourée d'un cimetière, sont à signaler.

Vallée de la Lesse
Depuis Anseremme, une route très étroite longe la vallée encaissée et verdoyante de la Lesse, jusqu'au rocher qui porte le château de Walzin.

Descente de la Lesse★ – *Il est possible de descendre la Lesse en kayak ou en canot de Houyet à Anseremme. Houyet est accessible par train depuis Anseremme et par autobus. Réservations pour la descente de la Lesse (à Anseremme) : Les Kayaks Bleus, pl. de l'Église 2 - ☎ 082 22 43 97 ; Kayaks Ansiaux, r. du Vélodrome 15 - ☎ 082 21 35 35 ; Libert, quai de Meuse 1 - ☎ 082 22 61 86.*

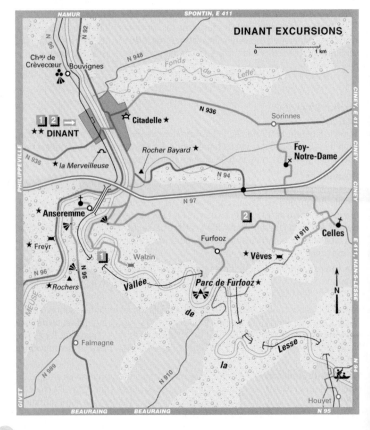

Parc de Furfooz.

👥🔵 On traverse la Lesse à l'endroit où elle se jette dans la Meuse. Dans un virage, près d'un café, le point de vue de Freÿr offre une **vue plongeante★** sur les jardins du château de Freÿr. Plus loin, un autre point de vue permet d'admirer une large **perspective★** sur la vallée, avec les aiguilles de Freÿr et le château.

DE FURFOOZ À FOY-NOTRE-DAME ②
30 km. Sortir de Dinant par le Sud par la N 92, et prendre à gauche la route de Furfooz. On trouve bientôt dans la montée une route à droite : à quelques mètres de l'embranchement, jolie **vue★** plongeante sur Anseremme.

Furfooz
À 500 m au Sud du village, le **parc de Furfooz★** est aménagé dans un massif rocheux calcaire que contourne une boucle de la Lesse. La rivière y a d'ailleurs creusé un lit souterrain exploré depuis 1962. *Suivre le circuit fléché.* ☎ *082 22 34 77 - avr.-3 nov. et vac. de Noël : tlj juin-août : 10h-18h ; avr.-mai, sept. et oct. : 10h-17h ; mars et déc. : 10h-16h - 2,50 €.*
Forteresse naturelle, le site a été occupé jusqu'au 10ᵉ s. En témoignent les bains romains, sur hypocauste, reconstitués, et les ruines au sommet du plateau, d'où l'on découvre de belles perspectives sur la vallée de la Lesse. Le promontoire est truffé de grottes où ont été découvertes des traces de vie préhistorique.

Vêves
Dominant le hameau, un élégant **château★** se détache sur les bois. Il appartient depuis le 12ᵉ s. à la lignée des Beaufort, puis à celle des comtes de Liedekerke Beaufort. L'un des seigneurs ayant participé au siège de Dinant en 1466, sa forteresse fut détruite par les Dinantais. Reconstruite aussitôt, puis remaniée à la Renaissance, elle fut réaménagée au début du 18ᵉ s. Dans la cour, on découvre une galerie à arcs surmontée de colombages. Un mobilier français du 18ᵉ s. et des souvenirs de famille ornent l'intérieur fidèlement restauré. ☎ *082 66 63-95 - www.château-de-veves.be - tlj sf j. fériés 10h-17h ou 18h (suivant la sais.) ; juil.-août : tlj 10h-18h - 5 €.*
Gagner Celles par la N 910.

Celles
Ce village est situé dans un joli val. À l'entrée Nord, un char allemand rappelle l'extrême limite atteinte par l'avance allemande en 1944. L'**église romane St-Hadelin** (11ᵉ s.) est un excellent exemple de style mosan, avec sa tour-façade massive flanquée de deux tourelles, sa décoration extérieure faite de bandes lombardes et ses absides en cul-de-four. À l'intérieur sont à signaler des grisailles (17ᵉ s.) d'un vivant modelé, des stalles du 13ᵉ s., les plus anciennes de Belgique, et surtout une superbe **dalle funéraire★** (16ᵉ s.) en marbre noir de Dinant : Louis de Beaufort et son épouse encadrant un calvaire. L'église conserve deux cryptes du 11ᵉ s.

Foy-Notre-Dame
En 1609 fut découverte à Foy, dans un vieux chêne, une statue de la Vierge dont les dons miraculeux, reconnus par le prince-évêque de Liège, firent de la bourgade un important centre de pèlerinage. L'église date de 1623. L'intérieur renferme des lambris

Louis XIII et un remarquable **plafond**★ à caissons, en bois, décoré de 145 peintures du 17ᵉ s. dues aux frères Stilmant et à Guillaume Goblet, peintres dinantais. Offertes par les pèlerins, elles représentent la vie de la Vierge et du Christ, les évangélistes, les docteurs de l'Église et des saints.

Regagner Dinant par Sorinnes. On passe près de la citadelle.

Dinant pratique

Informations utiles

Code postal : *5500.*

Indicatif téléphonique : *082.*

Office du Tourisme – *avenue C. Cadoux 8, 5500 Dinant - ☏ 082 22 28 70 - fax 082 22 77 88 - info@dinant-tourisme.be - www.dinant-tourisme.be.*

Se loger

À FALMIGNOUL

Les Crétias – *Rue des Crétias 99, 5500 Falmignoul - ☏ 082 74 42 11 - www. lescretias.be - 11 ch. 70 € ⌷ - 🅿.* Hostellerie familiale située juste à l'extérieur de Dinant. Chambres classiques. La façade en pierre apparente contraste nettement avec les plats raffinés servis au restaurant, dont le chef puise son inspiration dans l'alternance des saisons. L'hôtel est entouré d'un beau jardin.

À ANSEREMME

Le Freyr – *Chaussée des Alpinistes 22, 5500 Anseremme - ☏ 082 22 25 75 - www. lefreyr.be - 6 ch. 75 € ⌷ - menu rest. 25 € - 🅿.* Établissement situé dans un cadre paisible à l'extérieur du centre, au milieu de la verdure. Les tons rouges de la décoration contrastent joliment avec les murs en pierre grise. Les chambres, aménagées avec soin, donnent sur le grand jardin. Le calme est garanti !

À FALMAGNE

B&B Le Gailly – *Place du Baty 7, 5500, Falmagne - ☏ 082 74 51 03 - www.legailly. be - 4 ch. 54/64 € ⌷ - 🅿.* Joli bâtiment implanté sur la place du village. Les quatre chambres rénovées portent le nom et la palette de couleurs de peintres célèbres. L'hôte et l'hôtesse veillent à l'accueil chaleureux des visiteurs et concoctent le soir d'excellents repas à base de produits de la région.

Se restaurer

La Broche – *Rue Grande 22 - ☏ 082 22 82 81 - fermé mar. et merc. midi - menu 19/29 € - ⌷.* Restaurant familial à débusquer au cœur de l'artère commerçante de Dinant, situé entre l'escarpement rocheux et la Meuse. La carte, actuelle, au même titre que le décor de la salle, est résolument orientée « grillades ».

Le Gallion – *Avenue Winston Churchill 10 - ☏ 082 22 56 10 - fermé mar. et merc. (sf en été) - menu 19/29 €.* Le décor marin mais contemporain de ce restaurant traduit plus la passion des exploitants que le contenu de la carte. À côté de quelques plats de poisson, on trouve ici de bonnes spécialités françaises et italiennes à des prix abordables et une carte des vins richement garnie.

Le Jardin de Fiorine – *Rue Georges Cousot 3 - ☏ 082 22 74 74 - www. jardindefiorine.be - fermé dim. soir et merc. - menus déj. 30/38 €.* Le nouvel intérieur de cette vieille maison de maître rayonne de chaleur et d'hospitalité. Le chef utilise les meilleurs produits pour proposer une carte sobre mais gastronomique. Le menu « Invitation à la gourmandise » est un hommage aux produits de la région et à la cuisine belge.

Faire une pause

Le Café des Arts – *Place Astrid 15 - ☏ 082 22 28 70 - tlj.* C'est l'une des terrasses installées au pied de la collégiale, près du pont sur la Meuse. On s'y arrête pour manger un morceau ou déguster une des nombreuses bières wallonnes ou flamandes.

Achats

Maison Jacobs – *Rue Grande 147- ☏ 082 22 21 39 - tlj en sais.* Ce boulanger est l'un des fabricants de la célèbre « couque de Dinant », réputée pour son goût particulier, mais aussi pour les figures qui la décorent.

Barrages de l'**Eau d'Heure**★

CARTES MICHELIN N°S 716 F 5 ET 534 L 21 – HAINAUT-NAMUR.

Cette région vallonnée et bien irriguée a été choisie pour l'implantation d'une chaîne de lacs de retenue destinés à alimenter la Sambre et, par là même, le canal de Charleroi dont le volume d'eau est insuffisant depuis qu'il a été rendu accessible à des gabarits internationaux. Deux grands barrages ont été aménagés : celui de l'Eau d'Heure, grande digue en enrochement d'une longueur de crête de 250 m, et celui de la Plate-Taille, équipé d'une centrale hydroélectrique. Plus élevée, mais insuffisamment alimentée, la retenue de la Plate-Taille doit être remplie par pompage, de nuit, à l'aide de turbopompes de la retenue de l'Eau d'Heure. Trois prébarrages, Féronval, Ry-Jaune et Falemprise, construits pour faciliter les travaux, ont permis en outre l'implantation d'un nouveau réseau routier. Un vaste programme d'aménagement touristique aux abords des lacs a été mis en place, comprenant différentes possibilités d'hébergement, de sports, et de distractions. Plus de 100 km de sentiers destinés aux promeneurs sillonnent le site.

- ▶ **Se repérer** – Entre Beaumont et Philippeville et à 32 km au sud de Charleroi, le complexe se trouve à cheval sur les provinces de Namur et du Hainaut. Accès par la N 40 ou la N 978.

- ◑ **Organiser son temps** – La durée de la visite dépend des activités qu'on veut pratiquer : circuit en bateau, sports nautiques divers, promenade…

- ♿ **Pour poursuivre le voyage** – Chimay, Couvin et Dinant.

Barrages de l'Eau d'Heure.

Visiter

Barrage de la Plate-Taille★

Accès par une large route au départ de Boussu-lez-Walcourt.
Construit en 1977, c'est le plus important barrage de Belgique. De type poids, il possède une longueur de crête de 790 m. La retenue, d'une superficie de 351 ha, a une capacité de 68,4 millions de m^3 ; elle est réservée à la voile, la planche à voile et la plongée sous-marine. Une **tour-belvédère**, haute de 107 m, a été édifiée sur la crête du barrage.

Centre d'accueil

Association pour la Gestion des Lacs de l'Eau d'Heure, Centre d'Accueil de la PlateTaille, 6440 Boussu-lez-Walcourt - ✆ 071 50 92 92 - fax 071 50 92 93 - eaudheure@skynet.be - www.lacsdeleaudheure.be.
Montage audiovisuel sur les barrages ; aquariums avec poissons de la région.

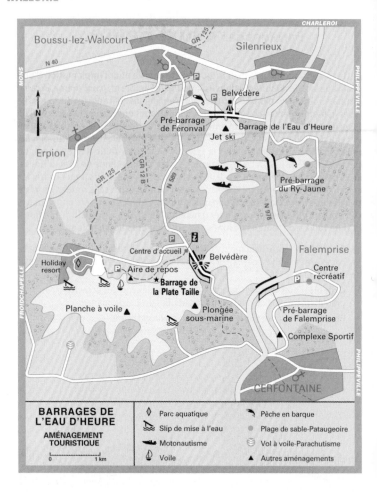

BARRAGES DE L'EAU D'HEURE

AMÉNAGEMENT TOURISTIQUE

0   1 km

◇ Parc aquatique

🛶 Slip de mise à l'eau

🚤 Motonautisme

⛴ Voile

🎣 Pêche en barque

● Plage de sable-Pataugeoire

🪂 Vol à voile-Parachutisme

▲ Autres aménagements

Barrages de l'Eau d'Heure pratique

Informations utiles

Code postal : *6440*.

Indicatif téléphonique : *060*.

Office du Tourisme – *Place Albert Ier 38, 6440 Froidchapelle - ℘ 060 45 91 40 - fax 060 41 21 45 - marielle.pinpin@publilink. be - www.froidchapelle.be.*

Se loger

À SOUMOY

🍽 **Le Relais du Surmoy** – *R. de Bironfosse 38, 5630 Soumoy - ℘ 071 64 32 13 - relais. surmoy@belgacom.net - 24 ch. 65 € ☐ - 🅿 - rest. 25 €.* Étape charmante et inattendue que cet hôtel occupant une énorme ferme élevée au début du 19e s. Paysage agreste, chambres de bon séjour et salle à manger rustique : murs de pierres nues, plafond avec poutres apparentes, parements de briques voûtés.

À SAUTIN

🍽🍽 **Le Domaine de la Carrauterie** – *R. de la Station 11, 6470 Sautin - ℘ 060 45 53 52 - info@carrauterie.be - www.carrauterie.be - 5 ch. 90 € ☐ - 🅿.* Non loin de Chimay, belle demeure de style cottage nichée dans une touffe de verdure. Coquettes chambres décorées avec goût et, pour se relaxer ou prendre soin de soi, piscine, sauna et même jacuzzi. Bon accueil personnalisé.

Enghien
Edingen

11 985 HABITANTS
CARTES MICHELIN N°S 716 F 3 ET 534 J 18 – HAINAUT.

Située à la frontière linguistique, la seigneurie d'Enghien fut cédée à la famille d'Arenberg en 1606 par Henri IV. Jadis spécialisée dans la fabrication de « verdures », tapisseries représentant essentiellement des paysages aux couleurs vert bleuté, cette sympathique cité vaut aujourd'hui surtout pour son superbe parc.

▶ **Se repérer** – À 30 km à l'ouest de Bruxelles, Enghien est desservi par l'autoroute A 8/E 429 reliant Bruxelles à Tournai.

👁 **À ne pas manquer** – Une promenade dans le parc.

♿ **Pour poursuivre le voyage** – Soignies, Mons et Halle.

Visiter

Parc★

📞 02 397 10 20 - avr.-oct. : tlj 10h-18h (nov.-mars : j. ouv. 10h-16h, w.-end 10h-17h) - 3 €.
Ses premiers aménagements datent du 15e s., mais c'est véritablement au 17e s. avec Charles d'Arenberg qu'il deviendra l'un des plus beaux parcs d'Europe. Le château a été démoli au 19e s., et la tour de la chapelle en est l'unique vestige. Le château actuel, bâti dès 1913, se situe à l'emplacement de l'ancienne orangerie. Au fil de la promenade se succèdent les bois, les pelouses, les parterres de fleurs et les plans d'eau entourant les écuries (18e s.), le pavillon chinois, et le pavillon des Sept-Étoiles.

Église St-Nicolas

Sur la Grand-Place, cette vaste église gothique abrite un carillon de 51 cloches. À l'intérieur, on découvre les beaux vitraux modernes (1964) de Max Ingrand, dont la grande verrière évoque l'Apostolat. La chapelle Notre-Dame-de-Messine (jadis St-Éloi), partie la plus ancienne de l'édifice, renferme un admirable retable (16e s.) aux origines incertaines, illustrant des scènes de la vie de la Vierge.

Église des Capucins

Accès par la route de Ninove et, à gauche, rue des Capucins.
Cet édifice de 1616 contient, dans une chapelle, un beau mausolée Renaissance exécuté par le sculpteur de Charles Quint, Jean Mone, pour Guillaume de Croÿ (cardinal-évêque de Tolède). La chapelle opposée est dédiée à Notre-Dame-de-la-Grâce, dont la statue miraculeuse, offerte par les archiducs Albert et Isabelle à Marie de Médicis, trône sur l'autel. Au maître-autel, un retable en ébène et ivoire (17e s.) encadre une Adoration des Mages dont les 51 personnages sont des portraits de la famille d'Arenberg.
Le couvent comprend également plusieurs salles converties en musée de la Maison d'Arenberg : sculptures, peintures, tapisseries, archives…

Maison de Jonathas

📞 02 397 10 20 - *uniquement sur demande.*
À deux pas de l'église, ce donjon roman du 12e s. a été aménagé en demeure patricienne dès le 16e s., ce qui le différencie de la tour Burbant de Ath où prédomine l'aspect militaire. Cette maison abrite un petit **musée de la Tapisserie** qui rappelle que Enghien posséda d'importants ateliers de lissiers du 15e au 18e s. Remarquer une fort belle série de 5 tapisseries Verdures avec jeux d'enfants (16e s.).

Enghien pratique

Code postal : *7850.*
Indicatif téléphonique : *02.*
Office du Tourisme – *Parc 5, 7850 Enghien -* 📞 *02 397 10 20 - fax 02 395 44 84 - tourisme.enghien@ skynet.be - www.enghien-edingen.be.*

Eupen

18 249 HABITANTS
CARTES MICHELIN N°S 716 K 4 ET 534 V 19 – PLAN DANS LE GUIDE ROUGE BENELUX – LIÈGE.

Capitale de la communauté germanophone de Belgique, Eupen est une importante ville industrielle dont les usines se disséminent le long de la Vesdre. La ville date du 18e s., époque à laquelle furent construites, par de riches lainiers du pays de Gand attirés par les eaux de la Vesdre, ses belles maisons patriciennes, son église St-Nicolas avec d'amusantes tours à bulbes verts et d'exubérants autels baroques. Eupen, où l'on parle l'allemand, appartint à l'Allemagne pendant 100 ans et fut rattaché à la Belgique en 1919, comme Moresnet, Malmédy et St-Vith par le Traité de Versailles.

- **Se repérer** – Près de la frontière allemande, Eupen se situe sur un versant de la vallée de la Vesdre, aux confins des Hautes Fagnes et du pays de Herve. Depuis Liège et Aix-la-Chapelle, accès par l'autoroute E 40 ou par les N 61, N 67 et N 68.

- **À ne pas manquer** – La ville haute ; le barrage sur la Vesdre.

- **Organiser son temps** – Une heure et demie suffit pour visiter la ville haute et le musée communal. Si vous vous rendez au barrage, prévoyez alors une demi-journée.

- **Avec les enfants** – Les enfants apprécieront certainement la visite du barrage et du lac, surtout s'ils peuvent escalader le belvédère et s'amuser dans la plaine de jeux au pied de celui-ci.

- **Pour poursuivre le voyage** – Liège et Spa.

Le Barrage de la Vesdre.

Visiter

Musée de la ville d'Eupen
Gospertstrasse 52 - ✆ 087 74 00 05 - tlj sf lun. 9h30-12h, 13h-16h, sam. 14h-17h, dim. 10h-12h, 14h-17h - fermé j. fériés, 3e w.-end de juin, de Noël au Nouvel An - 1,50 €.
Installé dans une pittoresque maison du 17e s., il a trait à l'horlogerie, à l'histoire de la ville, à l'évolution de la mode et contient un atelier d'orfèvre et une collection de poteries de Raeren.

Aux alentours

Barrage de la Vesdre★ (Wesertalsperre)
5 km. Quitter Eupen au Sud-Est par la N 67 et tourner à gauche.
En amont de la ville, au confluent de la Vesdre et de la Getzbach, ce barrage inauguré en 1950 est l'un des plus grands ouvrages de cet ordre en Belgique avec celui de la Gileppe et le complexe de l'Eau d'Heure.
Du type barrage-poids, il est haut de plus de 63 m et long de près de 410 m, avec une épaisseur de 55 m à la base. Sa capacité est de 25 millions de m³.

Destiné, comme à Gileppe, à l'alimentation en eau des environs d'Eupen ainsi que de la région liégeoise, il est équipé d'une station de traitement des eaux et d'une petite centrale électrique. On peut y pratiquer la voile (Yacht Club de la Vesdre), mais la navigation à moteur, la pêche et la baignade y sont interdites.

Henri-Chapelle
11 km au Nord-Ouest par la N 67, puis à gauche la N 3.
À 4,5 km au Nord de **Henri-Chapelle**, à Vogelsang-Hombourg, se trouve un **cimetière américain**, endroit fleuri de roses et de rhododendrons, remarquablement entretenu, où reposent 7 989 soldats américains morts en 1944-1945 en Ardenne ou en Allemagne. Sur une pelouse légèrement inclinée, des croix de marbre blanc (ou des stèles gravées d'une étoile de David pour les Israélites) forment des arcs de cercle convergeant vers le mémorial. À l'intérieur du mémorial, un petit **musée** présente, gravés dans le marbre, le récit et les cartes de la fin de la campagne américaine. ✆ 087 68 71 73 - 9h-18h (nov.-mars : 17h).
De la terrasse face au cimetière, **panorama★** sur le plateau de Herve, aux prairies bordées de haies, campagne vallonnée au peuplement très dense mais dispersé.

Les Trois Bornes★ (Drielandenpunt)
18 km au Nord par la N 68.
Après avoir quitté la N 68 à Kettenis, on traverse Walhorn puis Astenet où se trouve un petit sanctuaire dédié à la mémoire de Catherine de Sienne. Après Kelmis-La Calamine, via le sanctuaire marial de Moresnet-Chapelle et son calvaire monumental situé dans un cadre de verdure, on rejoint Gemmenich. De là, une route en lacet mène au plateau boisé où se rejoignent les frontières des Pays-Bas, de Belgique et d'Allemagne. Avant 1918 s'y ajoutait la frontière du petit territoire neutre de Moresnet, aujourd'hui belge. À 321 m d'altitude, c'est aussi le point culminant des Pays-Bas. Le sommet de la **tour Baudouin**, haute construction métallique, offre un beau **panorama★** sur la région, l'agglomération d'Aix-la-Chapelle et les forêts de l'Eifel en Allemagne, et, à l'horizon, Maastricht dans un paysage de collines boisées. ✆ 087 78 76 10 - ᰔ - avr.-oct. : 10h-18h ; nov.-mars (quand le temps le permet) : 11h-17h. 3 €.
À 500 m au-delà, sur la route de Vaals (Pays-Bas), un beau **point de vue★** s'ouvre à droite sur la plaine allemande et Aix-la-Chapelle.

Eupen pratique

Informations utiles
Code postal : *4700.*
Indicatif téléphonique : *087.*
Tourist Info Eupen – *Marktplatz 7, 4700 Eupen -* ✆ *087 55 34 50 - fax 087 55 66 39 - info@eupen-info.be - www.eupen.be.*

Se loger
🛏🍽 **Ambassador Boston Hotel** – *Haasstrasse 81 -* ✆ *087 74 08 00 - ambassador. boston@skynet.be - 28 ch. 115/180 € ⊑ -* **P**. Cet hôtel à la limite de la ville est dirigé par la même famille depuis 1896. Grandes chambres classiques et vaste buffet petit-déjeuner. Restaurant gastronomique « Le Gourmet », cuisine française.

À AMEL
🛏🍽 **B&B Zum Goldhahn** – *Montenau 149, 4770 Amel -* ✆ *0474 25 83 13 - www. zumgoldhahn.be - 5 ch. 55/100 € ⊑ - ⥚.* Au pied des Hautes Fagnes. Intérieur simple mais convivial au cœur de la verdure. Idéal pour les promeneurs ou les motocyclistes. Grand jardin avec terrasses. Possibilité de prendre un repas le soir.

Se restaurer
🍽🍷 **La Table de Vincent** – *Hütte 64 -* ✆ *087 56 14 31 - www.latabledevincent.be -*

fermé dim. soir et lun. ainsi que les deux dernières sem. de juil. - menu 26 €. Ce restaurant vous accueille dans un cadre de verdure. Une ancienne fabrique a été transformée en un restaurant moderne et luxueux. Le jeune chef utilise les produits locaux dans ses plats gastronomiques français.

🍽🍷 **Brasserie Delcoeur** – *Gosperstrasse 22-24 -* ✆ *087 56 16 96 - www.delcoeur.be - fermé jeu. - menu 23/48 €.* Une propriété séculaire avec cour intérieure vous propose des plats simples mais classiques et de qualité.

À SAINT-VITH
🛏🍽🍷 **Zur Post** – *Hauptstrasse 39, 4780 Saint-Vith -* ✆ *080 22 80 27 - www. hotelzurpost.be - fermé merc. et jeu. - menu le midi 39 €, le soir 69 €.* Un sommet gastronomique. Dans son restaurant intime rénové, Eric Pankert réalise des merveilles de gastronomie française en y associant sa propre touche inventive personnelle. Les hôtes qui désirent passer la nuit ici trouveront au-dessus du restaurant 8 chambres d'hôtel charmantes.

Faire une pause
Bäckerei-Konditorei-Eiscafé Saive – *Aachener Strasse 65 -* ✆ *087 59 67 50 - tlj sf lun. 8h-18h.* Boulangerie à la décoration contemporaine. Large choix de glaces, de gâteaux, de cafés et autres boissons.

Service plein de gentillesse.

promotions spéciales.

Achats

Chocolaterie Jacques – *Rue de l'Industrie 16 - ☎ 087 59 29 67 ou www.chocojacques. be - 10h-17h - fermé sam., dim., entre Noël et Nouvel An et pdt les j. de carnaval.* Dans la salle de dégustation, appelée « La Maison du chocolat », on peut acheter tous les produits Jacques, y compris ceux qu'on trouve plus difficilement dans le commerce ou qui font l'objet de

Evénements

Carnaval à Eupen – De caractère rhénan, le **carnaval**★★ est préparé dès la mi-novembre. Le samedi apparaît le prince Sa Folie au chef orné de plumes de faisan. Le dimanche après-midi a lieu le cortège des enfants. La fête atteint son point culminant la veille du Mardi gras avec le défilé du **Rosenmontag** (Lundi des Roses).

Fourneau St-Michel★★

CARTES MICHELIN Nᵒˢ 716 J 5 ET 534 R 22 – LUXEMBOURG.

Fourneau St-Michel se trouve dans la verdoyante vallée de la Masblette entre des collines boisées. Une fondation bénédictine occupait autrefois ce ravissant vallon. Au 18ᵉ s., le dernier abbé de St-Hubert, Nicolas Spirlet, y créa un complexe métallurgique. En 1966, ce site devint domaine provincial et il fut décidé de créer les Musées provinciaux luxembourgeois.

- ▶ **Se repérer** – Au cœur d'une région boisée, le site se situe à quelques kilomètres au nord de St-Hubert. Accès depuis St-Hubert par la N 849.
- 👁 **À ne pas manquer** – Les musées provinciaux luxembourgeois.
- 🕐 **Organiser son temps** – Compter une demi-journée.
- 👪 **Avec les enfants** – Musée de la Via rurale en Wallonie.
- ⏱ **Pour poursuivre le voyage** – Saint-Hubert et Han-sur-Lesse.

Visiter

Musée de la Vie rurale en Wallonie★★

On peut y accéder par deux entrées différentes. Compter env. 3h pour effectuer cette agréable promenade avec possibilité de se restaurer à l'auberge du Prévost (18e s.) ou à la cafétéria Les Tahons (plaine de jeux). ☎ 084 44 53 95 - www.fourneausaintmichel. be - mars-avr. et sept.-nov. : tlj 10h-17h ; mai-août : 9h30-18h30 - fermé lun. (sf j. fériés), déc., jan. et fév. - 3 € (musée de plein air).

👪 Occupant une superficie de 80 ha, ce musée de plein air est constitué d'habitations rurales anciennes, représentatives des différentes régions de la Wallonie, dispersées le long d'un itinéraire d'environ 2 km. On y trouve aussi une petite école, une chapelle murée, une imprimerie, des hangars à tabac, un lavoir, une maison des artisans. Une grande bâtisse traditionnelle des Ardennes accueille le **musée du Cheval de trait ardennais** ainsi qu'une exposition des instruments que ce puissant cheval de labour tractait.

Musée du Fer et de la Métallurgie ancienne★

Fermé pour cause de restauration. ☎ 084 44 53 95 - www.fourneausaintmichel.be.
L'ancienne maison du maître de forges abrite un musée sur la métallurgie ancienne et les différentes techniques artisanales qui y sont liées. À côté des objets réalisés dans ce métal (taques, serrures, objets religieux, pièges, etc.) sont exposés les outils utilisés par les artisans (cloutier, forge-ron, charron, tonnelier).

Le haut fourneau, la forge avec ses différents types de soufflets permettent de comprendre comment était obtenu le fer aux 18ᵉ et 19ᵉ s. La halle à charbon abrite le **musée de l'Histoire de la forêt d'Ardenne**.

Musée P.-J. Redouté

Fermé pour cause de restauration. ☎ 084 44 53 95 - www.fourneausaint-michel.be.

Fourneau St-Michel pratique

Code postal : *6870.*

Indicatif téléphonique : *061.*

Office du Tourisme – *Maison du Tourisme du Pays de Saint-Hubert, Rue Saint-Gilles 12, 6870 Saint-Hubert - ☎ 061 61 30 10 - fax 061 61 54 44 - info@ saint-hubert-tourisme.be - www.saint-hubert-tourisme.be.*

Situé dans une autre partie de la maison du maître de forges, il est consacré au peintre Pierre-Joseph Redouté, le « Raphaël des fleurs », né en 1759 à St-Hubert, et à son frère Henri-Joseph qui participa à l'expédition de Bonaparte en Égypte.

Gembloux

21 950 HABITANTS
CARTES MICHELIN N°s 716 H 4 ET 534 N 19 – 20 294 HABITANTS – NAMUR.

Gembloux, centre agronomique, fut célèbre pour son abbaye bénédictine qui, fondée au 10e s. par saint Guibert, eut bientôt un grand rayonnement culturel. Depuis 1860, le domaine de l'abbaye, supprimée lors de la Révolution française, est occupé par la faculté des sciences agronomiques. La ville conserve plusieurs vestiges de ses remparts du 12e s.

- ▶ **Se repérer** – Située sur l'Orneau, la petite ville de Gembloux est traversée par les N 4 et N 29.
- 👁 **À ne pas manquer** – Ancienne abbaye.
- 🕐 **Organiser son temps** – Compter une heure pour visiter l'ancienne abbaye.
- 🚶 **Pour poursuivre le voyage** –Namur.

Visiter

Ancienne abbaye
C'est un ensemble de bâtiments construits entre 1759 et 1779 par l'architecte Dewez. On admire la belle ordonnance de la cour d'honneur au fond de laquelle s'élève l'ancien palais abbatial ; les sculptures au fronton rappellent le pouvoir de l'abbé, comte de la terre de Gembloux. Le cloître a été restauré ; il donne accès à une pièce romane, seul vestige de l'abbaye médiévale.
À proximité se trouve l'ancienne **église** abbatiale (18e s.), devenue paroissiale.

Maison du Bailli
Cette ancienne « maison forte » du 12e s. a été très remaniée au 16e s. C'est l'actuel hôtel de ville.

Aux alentours

Corroy-le-Château
5 km au Sud-Ouest par la N 29 en direction de Charleroi, puis une petite route à gauche.
Entouré de bois, le **château féodal★** du 13e s. se reflète dans ses douves que l'on franchit par un pont de pierre. Son plan a été copié sur celui des châteaux royaux de Philippe-Auguste et il a conservé une allure toute militaire avec ses sept tours cylindriques et son châtelet. L'intérieur a été réaménagé au cours des siècles : la chapelle gothique, située à l'entresol de la 7e tour d'enceinte, fut restaurée au 19e s. et les

Corroy-le-Château.

appartements sont décorés de marbre, de toiles peintes, dont certaines sur le thème des fêtes populaires flamandes, et de meubles des 17ᵉ et 18ᵉ s. Belle collection de jolités (petites boîtes peintes) de Spa. *081 63 32 32 - mai-sept. : visite accompagnée (1h) dim. et j. fériés 10h-12h, 14h-18h - 5,50 €.*

Grand-Leez

8 km au Nord-Est. Prendre la N 4 en direction de Namur, puis à hauteur de Lonzée prendre à gauche.

Datant de 1830, le **moulin** Defrenne, le seul en exercice dans la province de Namur, moud encore le blé. C'est un moulin tronconique, à calotte tournante.

Gentinnes

12 km à l'Est. Prendre la N 29 en direction de Charleroi ; après 3,5 km prendre une petite route à droite.

À Gentinnes est installé depuis 1904 un centre d'études et de formation de futurs missionnaires de la congrégation des Pères du St-Esprit.

Le **Mémorial-Kongolo** est une chapelle élevée en 1967 à la mémoire de 21 missionnaires belges de cet ordre massacrés en 1962, lors d'une révolte, à Kongolo au Zaïre. Leurs noms sont gravés sur la façade ainsi que ceux de 196 autres victimes, religieux ou laïques, catholiques ou protestants.

Gembloux pratique

Code postal : *5030.*
Indicatif téléphonique : *081.*
Office du Tourisme – *Rue Sigebert 1-3, 5030 Gembloux - * 081 62 69 60 - fax 081 62 69 64 - otgembloux@hotmail. com - www.gembloux.be.*

Le **Grand-Hornu**★★

CARTES MICHELIN Nᵒˢ 716 E 4 ET 534 I 20 – HAINAUT.

Hornu est situé à proximité de Mons, au cœur du Borinage, région où l'on exploita le charbon jusque dans les années 1970. Cette petite commune possède un véritable joyau d'architecture industrielle : le site du Grand-Hornu où s'est installé récemment le tout nouveau musée des Arts contemporains de la communauté française (MAC's).

▶ **Se repérer** – Près de la frontière française et à quelques kilomètres de Mons, le site est d'accès facile par l'E 19 (sortie 25 à hauteur de St-Ghislain) ; ensuite suivre les panneaux MAC's.

🕐 **Organiser son temps** – Prévoir au moins 3 heures pour une découverte approfondie.

👣 **Pour poursuivre le voyage** –Mons.

Comprendre

Le complexe du Grand-Hornu fut construit en grande partie entre 1816 et 1835 à la demande de Henri de Gorge (1774-1832), industriel originaire de Valenciennes. Il racheta la concession en 1810 afin d'y exploiter le charbon.

Trois architectes – François Obin, Pierre Cordona et Bruno Renard – ont collaboré à la construction du site, qui se compose notamment de 435 maisons ouvrières confortables pour l'époque, de plusieurs ateliers, d'un bâtiment pour l'administration et d'entrepôts. C'est probablement à Bruno Renard qu'il faut attribuer les deux cours intérieures et le « château » de la famille de Gorge. Il s'est vraisemblablement inspiré de la Saline d'Arc-en-Senans en France, réalisée par l'architecte Ledoux en 1774-1779.

L'ensemble industriel du Grand-Hornu a été conçu dans un style néoclassique, qui se traduisit par l'utilisation d'arcades, de frontons, de colonnades et d'arcs en plein cintre.

La production de charbon fut définitivement arrêtée en 1954. Laissé plusieurs années à l'abandon, le site fut l'objet d'un arrêté royal le condamnant à la démolition en 1969. Il fut racheté en 1971 par un architecte de Hornu, Henri Guchez, qui entama sa rénovation.

Depuis 2002, le complexe accueille le prestigieux MAC's.

Y. Duhamel/MICHELIN

Le Grand-Hornu.

Visiter

☎ 065 65 21 21 - *tlj sf lun. 10h-18h - 6,80 €.*

Le grand portail d'entrée donne accès, sur la droite, au **musée des Arts contemporains** *(ouvert pendant les expositions temporaires ; www.mac-s.be)*. L'architecte Pierre Hebbelinck a su marier de façon heureuse la nouvelle construction de briques noires aux bâtiments existants. Les espaces, dépouillés mais fort bien conçus, mettent habilement en valeur les œuvres d'art. Exposée par roulement, la collection d'envergure internationale présente de manière attrayante un mélange des genres d'art actuel : peintures, sculptures, photos, installations multimédias. *Les Registres du Grand-Hornu* de Christian Boltanski, dans le grand hall en briques apparentes du magasin aux foins, constitue un hommage impressionnant aux mineurs du site charbonnier. Au milieu de la 1re cour intérieure trône une œuvre de Pol Bury de 1991 : *64 carrés*. La vaste cour ellipsoïdale, entourée d'arcades et de bâtiments en brique, où étaient installés les ateliers et magasins, est actuellement convertie en bureaux. Sur la gauche, l'atelier principal, qui servait à la construction des machines à vapeur, a conservé les piliers qui soutenaient jadis des coupoles à pendentifs. Autour de l'usine, les 435 petites maisons ouvrières d'une grande simplicité s'alignent de part et d'autre de rues rectilignes, inscrites dans un rectangle. Le Grand-Hornu comptait 2 500 habitants en 1829.

Le Grand-Hornu pratique

Informations utiles

Grand-Hornu Images – *Rue Sainte-Louise 82, 7301 Hornu -* ☎ *065 65 21 21 - fax 065 61 38 97 - info.ghi@grand-hornu.be - www.grand-hornu.be.* Il s'agit, aujourd'hui, d'un des principaux lieux d'exposition de design belge.

Se loger

☞ **Mme Dupont Chambre d'hôtel** – *R. Elie Belanger 47, 7350 Thulin -* ☎ *065 65 25 00 - fermé de Noël au Nouvel An - 3 ch. 75 € ☐ - ☐ - ▣.* Mme Dupont vous ouvre les portes de sa paisible maison isolée de la route par un ravissant jardin clos de murs. De mise simple, mais très correctes pour l'étape, ses trois chambres sont séparées de l'habitation et ont, chacune, leur propre salle de bain.

Han-sur-Lesse ★

1 200 HABITANTS
CARTES MICHELIN Nᵒˢ 716 I 5 ET 534 Q 22 – NAMUR.

Au cœur du parc national de Lesse et Lomme (950 ha), vaste massif calcaire traversé par deux rivières, Han-sur-Lesse, petit village paisible en dehors de la saison touristique, doit sa célébrité à sa magnifique grotte et à sa réserve d'animaux sauvages. Le nom de la localité viendrait du vieux français Han signifiant « méandre de la rivière ».

▶ **Se repérer** – Au centre de la région boisée de la Famenne, Han-sur-Lesse est accessible par l'autoroute A 4/E 411 reliant Bruxelles à Arlon ; prendre la sortie 23, puis la N 86.

👁 **À ne pas manquer** – Grottes de Han; réserve d'animaux sauvages.

🕐 **Organiser son temps** – Réserver au moins une demi-journée pour visiter les grottes et le parc animalier.

👪 **Avec les enfants** – Visite des grottes ; parcours en safari-car dans le parc animalier. À ne pas manquer : le spectacle en trois dimensions au « Speleogame ». .

🖐 **Pour poursuivre le voyage** – Dinant.

Visiter

Grotte de Han★★★

L'entrée de la grotte, située au Trou de Salpêtre, n'est accessible que par tramway. Le retour s'effectue à pied (400 m). ℰ 084 37 72 13 - www.grotte-de-han.be - juil.-août : visite accompagnée (1h30) 10-12h, 13h30-17h30 ; avr.-oct. : 10-12h, 13h30-16h30 (mai-juin : w.-end et j. fériés 17h30) ; quelques j. de nov.-mars - fermé janv. et déc. sf vac. scol. - 10,75 € - formule avantageuse : 17,25 € pour les quatre attractions du domaine.

Grotte de Han.

👪 La grotte calcaire géante creusée par la Lesse sur 15 km offre à la visite le cinquième de son réseau. Elle servit de refuge de la fin du néolithique au 18ᵉ s. Très humide, d'une température de 13 °C, elle abrite de gigantesques concrétions dont la progression est en moyenne de 4 à 5 cm par siècle, telle l'élégante stalagmite du **Minaret** haute de 5 m. Exploitées depuis 1856, certaines galeries sont noircies par les torches des premiers visiteurs. La **salle des Mystérieuses** garde toutefois la magie d'un palais de cristal avec sa très belle stalagmite en forme de tiare. L'imposante **salle d'Armes**, de 50 m de diamètre, traversée par la Lesse, est animée par un impressionnant son et lumière. Elle précède la **salle du Dôme** haute de 145 m, où l'on voit un porteur de torche dévaler le prodigieux amoncellement.

De larges barques descendent le cours souterrain de la Lesse et ramènent à la clarté du jour au **Trou de Han** après un dernier coup de canon permettant d'apprécier le pouvoir de résonance de la galerie.

Speleogame

ℰ 084 37 72 13 - ♿ - juil.-août : ttes les 20mn entre 12h et 19.h ; avr., sept., oct. : 12h-17h30 ; mai-juin : 10h-18h (w.-ends et j. fériés 19h) - durée : 45mn à 1h - 6 € - formules combinées avec les autres attractions du domaine. Accessible à la sortie de la grotte, il est situé au 1er étage de « La Ferme ».

👪 Spectacle audiovisuel qui fait découvrir les salles et galeries de la grotte non accessibles aux visiteurs et réservées aux spéléologues.

Musée du Monde souterrain

☎ 084 37 75 96 - avr., mai, juin, sept. et oct. : 10h-16h (w.-ends et j. fériés en mai-juin : jusqu'à 17h) ; juil.-août : 10h-17h30 - 3,50 €.

Ce musée présente les résultats des fouilles régionales, principalement celles pratiquées dans la grotte de Han, au fond de la rivière ou sur les berges : silex taillés néolithiques, remarquable ensemble de poteries, outils, armes et parures dont certaines en or, de l'âge du bronze (1 100 à 700 avant J.-C.), fibules de l'âge du fer, **fragment de diplôme★** d'un vétéran romain composé de deux tablettes de bronze, objets divers des époques gallo-romaine, mérovingienne et médiévale.

Réserve d'animaux sauvages★

☎ 084 37 72 13 - ᴇ - mêmes heures d'ouverture que pour les grottes de Han - 8,75 €.

À bord d'un petit train routier, dans le magnifique domaine du massif de Boine (250 ha) où vient s'engouffrer la Lesse, la réserve rassemble la faune des forêts d'Ardenne (cerfs, daims, sangliers) et, dans une vaste clairière, les principaux animaux sauvages ayant vécu autrefois dans la région : bisons, ours brun, bouquetins, chamois, loups, tarpans (petits chevaux), aurochs dont l'espèce éteinte a été reconstituée par croisements, et le cheval de Przewalski originaire des steppes.

Au **gouffre de Belvaux**, la Lesse se perd sous un arc rocheux du mont de Boine pour ressurgir au Trou de Han.

La réserve d'animaux sauvages.

Ch. Bastin et J. Evrard/MICHELIN

Aux alentours

Lavaux-Ste-Anne

10 km à l'Ouest par la route de Dinant.

Entouré de douves alimentées par les eaux de la Wimbe, le **château féodal★** se présente comme une forteresse encore flanquée aux angles de trois tours massives du 15ᵉ s. coiffées de bulbes et d'un donjon du 15ᵉ s. Aux 17ᵉ et 18ᵉ s., les courtines reliant les tours ont laissé place à des corps de logis disposés en U. L'intérieur abrite le **musée de la Nature** (animaux de la Famenne naturalisés), des tableaux illustrant la **Vie des seigneurs** et une exposition sur la **Vie Paysanne en Famenne** (dans les caves). À l'extérieur, dans la **zone humide**, on peut emprunter un parcours didactique le long de l'étang, des prairies et du marécage.

☎ 084 38 83 62 - tlj 9h-18h (juil.-août : 19h) - fermé 1ᵉʳ janv. - 6,50 € (château) - 5 € (zone humide) - 9 € (ticket combiné).

Han-sur-Lesse pratique

Se restaurer

🍴 **Bellevue Chez Herman** – *Rue Joseph Lamotte 2 - ☎ 084 37 72 27 - fermé lun. et mar. (sf en été), 5 janv.-20 janv. - menu 19/21 €.* Établissement familial où toques, casseroles et spatules se transmettent de génération et génération depuis 1868. Préparations traditionnelles sans chichi servies dans une salle à manger rustique.

À LAVAUX-STE-ANNE

🍴🛏🛏🛏 **Lemonnier** – *Rue Baronne Lemonnier 82 - ☎ 084 38 88 83 - www.lemonnier.be - fermé lun. et mar. - menus midi 28 €, soir 48 €.* Situé à proximité de l'imposant château. Gastronomie stylée et raffinée à base des meilleurs produits de la région. Un must pour les gastronomes exigeants. Quelques chambres ont été aménagées au-dessus du restaurant, aussi luxueuses que le cadre de l'établissement.

Faire une pause

Le Marron Glacé – *Rue des Grottes 12 - ☎ 084 37 81 98 - tlj en sais.* Large assortiment de petits pains, de crêpes et de glaces. Terrasse donnant sur la rue.

Événements

Fête de Saint-Hubert – *Place Théo Lannoy - ☎ 084 37 75 96 - www.valdelesse.be - tous les ans vers le 3 nov.* Office religieux solennel en plein air rehaussé de sonneries de trompes de chasse et suivi de la bénédic-tion des animaux et des cavaliers et de la distribution de pains de Saint-Hubert.

Hautes Fagnes ★★

CARTES MICHELIN N°S 716 L 4 ET 534 V 20-W 19 – LIÈGE.

Entre Eupen et Malmedy s'étend la région des Hautes Fagnes. Ce plateau balayé par le vent, nostalgique et désolé, allonge à l'infini ses tourbières humides, ses marais et ses vastes étendues de landes, dominées par des champs de molinie créant en été de magnifiques tâches violacées. Il existe ça et là encore quelques masses noires des plantations d'épicéas, ou quelques bouquets de feuillus (hêtres, chênes, bouleaux). Pratiquement déserte de nos jours, cette région connut jadis une importante occupation humaine : on a retrouvé des vestiges d'une chaussée dont l'origine remonterait au 7e s., la Via Mansuerisca.

▶ **Se repérer** – La région des Hautes Fagnes se situe au centre des cantons de l'Est, aux confins de la Belgique et de l'Allemagne. Elle est traversée par plusieurs routes nationales (les N 67, N 68, N 672 et N 676). Depuis Verviers, vous pouvez emprunter l'autoroute E 42 /E 421 qui longe la partie Ouest des Fagnes.

🕐 **Organiser son temps** – Prévoir au moins une demi-journée.

👶 **Pour poursuivre le voyage** –Eupen, Liège et Malmedy.

Découvrir

La réserve

Visite du lever au coucher du soleil. Fermeture d'une partie de la Réserve Naturelle Domaniale de mi-mars à mi-juin pour la protection de la nidification des oiseaux ; certaines pistes de la zone C restent également fermées de mi-juin à fin juil. (zone accompagnée le reste du temps). Pour plus de renseignements, s'adresser au Centre Nature de Botrange, Route de Botrange 131, 4950 Robertville - ☎ 080 44 03 00 - www.centrenaturebotrange.be.
En 1957 fut créée la Réserve naturelle domaniale des Hautes Fagnes. Couvrant plus de 4 200 ha, c'est une aire où sont protégés intégralement la faune, la flore, le sol et le paysage. La plupart des tourbières sont incluses dans la réserve. L'altitude du plateau n'est guère élevée, mais son climat rigoureux permet la reproduction de nombreux spécimens de la flore et de la faune de régions montagnardes, voire boréales. Deux dangers menacent les tourbières. Le piétinement, en paralysant leur développement, entraîne, à long terme, leur destruction : c'est pourquoi il est interdit de s'écarter des sentiers balisés autorisés. Certaines zones de la réserve ne sont d'ailleurs pas accessibles en dehors des visites accompagnées. L'incendie, fatal à ce milieu, s'y produit fréquemment ; une très grande prudence est recommandée, surtout en période sèche *(drapeaux rouges : accès interdit).*

Un parc naturel

Depuis 1971, la réserve est englobée dans le **Parc naturel Hautes Fagnes-Eifel**. Celui-ci, qui comprend en outre les lacs de Robertville et Bütgenbach, de la Gileppe et d'Eupen, la vallée de l'Our et l'Eifel, communique avec le parc naturel allemand du Nordeifel. L'ensemble, nommé **Deutsch-Belgischer Naturpark**, représente un territoire de 2 400 km²,

Les Hautes Fagnes.

dont 700 km² en Belgique, et rejoint au sud le Parc naturel germano-luxembourgeois.

Centre Nature de Botrange
℘ 080 44 03 00 - www.centrenaturebotrange.be - ⴣ - tlj 10h-18h - entrée gratuite, sf pour l'exposition permanente (3 €). Un joli bâtiment en pierre accueille un centre d'information, une exposition permanente sur les Hautes Fagnes, des spectacles audiovisuels et une librairie.

Le Signal de Botrange
694 m. C'est le point culminant de la Belgique. Il est dominé par une tour de 24 m non accessible (1933) flanquant une auberge très animée (boissons et petite restauration) et un grand parking. Derrière l'auberge se trouve la **Butte Baltia**, une butte artificielle avec table d'orientation à exactement 700 m d'altitude.
De l'autre côté de la N 676 s'étend la magnifique **Fagne wallonne** (600 ha) avec belvédère. La plus grande partie des coupe-feu qui entourent la fagne sont accessibles.

Sentier de découverte nature★
1h30 à pied, de préférence avec de bonnes chaussures de marche. Départ : près de l'auberge Mont Rigi, prendre la direction de la Baraque Michel, mais tourner à gauche sur un chemin asphalté après quelques dizaines de mètres. Cette agréable promenade, suivant les caillebotis au-dessus des tourbières, permet de ressentir l'immensité du paysage qui se déroule à perte de vue, et de découvrir de près les oiseaux et la flore des Fagnes : sorbiers, myrtilles, bruyères, bouleaux, résineux.

La Baraque-Michel
Un des lieux touristiques les plus fréquentés des Hautes Fagnes, avec hôtel-restaurant-café né d'une petite auberge construite au début du 19e s. par le réfugié rhénan Michel Schmitz. C'est le principal accès à la réserve naturelle. La **chapelle de Fischbach** a été construite par le chevalier Fischbach après que Michel Schmitz eut sauvé son beau-père de la fagne. Le **Boultè** est une colonne ancienne couronnée d'une pomme de pin et d'une croix, vraisemblablement une balise du 16e s.

Hautes Fagnes pratique

Se restaurer

◯◯⊗ **Ferme Libert** – *Route de la ferme Libert 33, 4960 Bévercé - ℘ 080 33 02 47 - www.fermelibert.be - fermelibert@skynet. be - dernière commande 20h30 - 25 € - 45 €.* Taverne-restaurant accueillante dominant le village de Bévercé. Grand choix de plats traditionnels et régionaux, nombreux menus, atmosphère rurale ardennaise et vue plongeante sur la vallée. Chambres de mise simple, mais bien tenues.

◯◯⊗ **Du Moulin** – *Grand'Rue 28 (Ligneuville), 4960 Bellevaux-Ligneuville - ℘ 080 57 00 81 - www.hoteldumoulin.com - moulin.ligneuville@skynet.be - fermé mars, fin août-mi-sept., merc. et jeu. - 32/75 €.* Cet adorable relais gourmand occupe une construction régionale massive élevée au 19e s. Belle démonstration de cuisine au goût du jour, cave rabelaisienne, décor intérieur cossu, agréable terrasse d'été et chambres pimpantes.

Huy★

Hoei

20 071 HABITANTS
CARTES MICHELIN Nᵒˢ 716 I 4 ET 533 Q 19 – LIÈGE.

Au confluent de la Meuse et du Houyoux, Huy (prononcer : « houy ») est une charmante petite ville blottie au pied de sa collégiale et de son fort. Jadis, les Hutois s'enorgueillissaient de posséder quatre merveilles : « li pontia », le pont gothique, reconstruit en 1956, « li rondia », la rose de la collégiale, « li bassinia », la fontaine de la Grand-Place, et « li tchestia », le château fort. Huy fit partie de la principauté de Liège de 985 à 1789. Sa situation stratégique lui valut une trentaine de sièges et une longue série de destructions.

▶ **Se repérer** – À mi-chemin entre Namur et Liège, Huy se situe dans la vallée de la Meuse. On y arrive par la N 90 qui longe la rivière.

👁 **À ne pas manquer** – Grand-Place; Collégiale Notre-Dame et Fort.

🕐 **Organiser son temps** – Prévoir au moins une demi-journée.

👪 **Avec les enfants** – La visite de la forteresse haut perchée ; le parc récréatif du Mont Mosan ; une croisière sur la Meuse.

👆 **Pour poursuivre le voyage** – Liège et Namur.

Se promener

Collégiale Notre-Dame★

Près de la Meuse. Travaux de restauration en cours.

C'est un vaste édifice rayonnant du 14ᵉ s. Des tendances flamboyantes apparaissent dans les fenêtres hautes, terminées à la fin du 15ᵉ s. Une imposante tour ornée d'une belle rosace *(li rondia)*, d'un diamètre de 9 m, précède la collégiale. Le chevet est flanqué de deux tours carrées, fait exceptionnel en Belgique.

L'intérieur à trois nefs est d'une belle envolée que confirment les fenêtres lancéolées du chœur s'élançant à 20 m de haut, décorées de vitraux modernes.

Ph. Gajic/MICHELIN

Médaillon Fabri "L'Arbre de Vie" (Trésor de la Collégiale Notre-Dame).

Les voûtes ont été refaites au 16ᵉ s. et sont peintes d'arabesques Renaissance. Sous le chœur s'étend une crypte romane.

Le trésor★ – ✆ 085 21 20 05 - uniquement sur demande. Il abrite, outre d'intéressantes statues de saints en bois (14ᵉ et 16ᵉ s.), une riche collection d'orfèvrerie mosane comprenant notamment quatre magnifiques **châsses** des 12ᵉ et 13ᵉ s. : celles des saints Domitien et Mengold, patrons de la ville, très endommagées, attribuées à Godefroy de Huy ; la châsse de saint Marc (probablement du 13ᵉ s.), remarquable pour ses figurines pleines de vie dont les lignes souples sont rehaussées par des émaux champlevés ; la châsse de la Vierge (vers 1265) dont les personnages en cuivre repoussé s'inscrivent dans un décor extrêmement riche.

Portail du Bethléem – *Longer la nef sur la droite pour y parvenir.* Ce portail du 14ᵉ s., situé à côté du chevet, donnait autrefois sur le cloître. Il présente un tympan où figurent la Nativité (à gauche les bergers, à droite les Rois mages) et, au-dessus, le Massacre des Innocents. La fluidité des étoffes et le pittoresque de certains détails sont bien rendus.

Prendre le quai de Namur qui longe la Meuse.

Quelques Hutois célèbres

La ville vit naître les fameux orfèvres mosans du 12ᵉ s. : **Renier de Huy**, auteur probable des fonts baptismaux de St-Barthélemy à Liège, et Godefroy de Claire, nommé aussi **Godefroy de Huy**. Depuis le 7ᵉ s., les étains sont une spécialité locale. En 1095, **Pierre l'Ermite** prêcha ici la première croisade. Il vint terminer sa vie dans le couvent de Neufmoustier où il fut enterré en 1115. Les vestiges du cloître, au Nord de la rue de Neufmoustier (accès par avenue Delchambre), abritent son mausolée (1857).

Ancien hospice d'Oultremont

Au pied de la citadelle, le bâtiment en brique à la belle tour-escalier, édifié au 16e s. par le chanoine Gérard d'Oultremont, abrite l'**Office de tourisme**. En face, sur la rive opposée, on aperçoit la **maison Batta** de style Renaissance.

Prendre la rue du Pont des Chaînes qui part de la collégiale. Tourner à droite dans l'avenue des Ardennes. Par la petite rue Mounie à gauche, on gagne la Grand-Place.

Grand-Place

Sur cette place bien agréable se dresse *li bassinia*, belle **fontaine** du 18e s. surmontée de petits personnages en bronze, datant de 1406 et 1597. L'élégant hôtel de ville date de 1766 (voir aussi événements).

Par de charmantes ruelles tortueuses, on gagne la **place Verte** où s'élève la jolie petite église gothique **St-Mengold**, accueillant aujourd'hui un centre culturel.

Revenir à l'avenue des Ardennes. Traverser le Pont du Roi Baudouin et s'engager dans la rue Neuve. Prendre à droite la rue St-Pierre.

Église St-Pierre

Fonts baptismaux romans ornés d'animaux symboliques (lion, dragon).

Revenir à la rue Neuve. Avant d'arriver au pont, prendre à droite. On passe devant la maison Batta. Accès à La Sarte par le téléphérique.

Visiter

Musée communal

Fermé pour cause de travaux au moment de la rédaction du guide. Pour plus d'information, prière de se renseigner auprès de l'Office de tourisme. ℰ 085 21 29 15.

Installé dans les bâtiments et le cloître de l'ancien couvent des Frères mineurs (17e s.), il contient d'importantes collections illustrant l'histoire et le folklore local : intérieur régional orné d'une belle cheminée en grès de 1621, pièces archéologiques, estampes de la ville, céramiques fabriquées à Huy au 19e s., étains, objets d'art religieux parmi

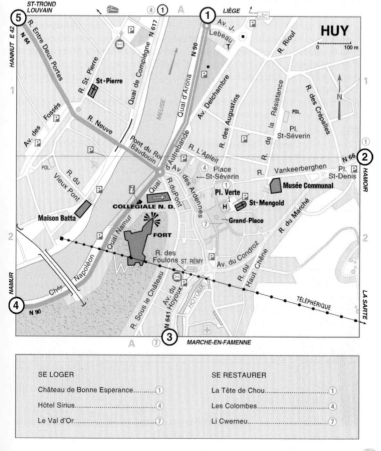

SE LOGER		SE RESTAURER	
Château de Bonne Esperance............①		La Tête de Chou..............................①
Hôtel Sirius..④		Les Colombes....................................④
Le Val d'Or...⑦		Li Cwerneu...⑦

lesquels on remarque le Christ du 13ᵉ s. nommé « **le beau Dieu de Huy★** ».

Fort★

Accès à pied ou par le téléphérique allant à la Sarte. 📞 *085 21 29 15 (Office de tourisme) ou* 📞 *085 21 53 34 - juil.-août : 11h-19h ; avr.-sept. : 9h-12h30, 13h-16h30, w.-end et j. fériés 11h-18h (dernière entrée 1h av. fermeture) - 4 €.*

👥 La forteresse a été construite de 1818 à 1823 par les Hollandais, sur l'emplacement de l'ancien château des princes-évêques (*li Tchestia*) démantelé en 1717. Entre 1940 et 1944, elle servit de prison pour résistants et otages. Plus de 7 000 personnes y ont été internées.

On visite (*circuit fléché*) les locaux qui ont servi de cachots, la salle des interrogatoires et le **musée de la Résistance et des Camps de Concentration**. Du glacis, **vues★★** splendides sur la vieille ville, la Meuse et les environs ; au Nord-Est, centrale nucléaire de Tihange (1975).

Terrasses sur la Grand-Place.

Y. Duhamel/MICHELIN

Aux alentours

Amay

8 km à l'Est en longeant la Meuse par la N 617.

Collégiale St-Georges et Ste-Ode – D'origine romane, l'église fut rénovée au 18ᵉ s. Le trésor abrite un chef d'œuvre d'orfèvrerie mosane : la **châsse★** en cuivre doré et argent de sainte Ode et saint Georges, réalisée vers 1230. Un **sarcophage mérovingien★** (sous le chœur) porte l'inscription Santa Chrodoara, mais pourrait être celui de sainte Ode. Le cloître abrite un petit **musée communal d'Archéologie et d'Art religieux**. 📞 *085 31 61 00 ou* 📞 *085 31 29 09 - Pâques-déb. sept. (Journées du Patrimoine) : tlj 9h-12h ; autres mois : fermé lun. et dim. 9h30-12h (messe dominicale à 10h30 toute l'année).*

À 2 km d'Amay, entre le rocher et la Meuse, se dresse l'**abbaye de Flône**, des 17ᵉ et 18ᵉ s. Dans l'église, beaux fonts baptismaux romans du 12ᵉ s.

Château de Jehay★

12 km à l'Est en longeant la Meuse par la N 617, puis par la N 614. 📞 *085 82 44 00 - mai-sept. : j. ouvr. sf lun. 14h-18h ; w.-end et j. fériés 11h-18h ; juil.-août : visite accompagnée gratuite dim. 14h et 15h - 5 € (château et parc) - 2,50 € (parc).*

Le château de Jehay.

Y. Duhamel/MICHELIN

Il offre une vision très romantique avec ses façades extérieures à damiers de pierres blanches et brunes se reflétant dans les douves. L'édifice actuel date des 16e et 17e s., bel exemple de manoir fortifié mosan, mais l'occupation du site est très ancienne : les fouilles ont permis de retrouver les restes d'une cité lacustre datant du mésolithique (vers 10 000 avant J.-C.). Le dernier propriétaire du château, sculpteur et archéologue, a redessiné les jardins.

L'intérieur contient de riches **collections** comprenant des meubles, des tapisseries, des tableaux, de la porcelaine et de l'orfèvrerie. Remarquer dans le fumoir un très bel ensemble d'argenterie et d'orfèvrerie et une tête humaine réduite par les Jivaros, dans la bibliothèque une tapisserie de Bruxelles d'après Teniers, et dans le salon Queen Ann un rare clavecin du 18e s. Les caves du 13e s. abritent le **Musée archéospéléologique**. À proximité se dresse l'église St-Lambert du 16e s.

Château de Modave★

14 km au Sud par la N 641. ℘ 085 41 13 69 - www.modave-castle.be - 1er avr.-15 nov. : tlj sf lun., 10h-18h (dernière entrée à 17h) - 6 €.

L'arrivée sur le château de Modave montre l'importance de ses bâtiments, mais ne laisse pas deviner son site en surplomb sur le Hoyoux. Ce château, dont certaines parties remontent au 13e s., est pour son aspect actuel l'œuvre du comte de Marchin qui le restaura et l'aménagea entre 1652 et 1673. Il fut ensuite la propriété d'autres familles avant d'être acquis par la Compagnie Intercommunale Bruxelloise des Eaux en 1941. Cet achat était lié au captage des eaux, qui servent à alimenter Bruxelles, sur le domaine du château. C'est à Modave que fut construite par Rennequin Sualem, en 1667, la roue hydraulique qui servit de modèle à la « machine de Marly ». La façade classique est précédée d'une vaste cour d'honneur. À l'intérieur, on visite des pièces élégamment meublées. Remarquer les extraordinaires stucs polychromes de **Jean-Christian Hansche**. Ceux de la salle des gardes représentent l'arbre généalogique des comtes de Marchin avec tous leurs blasons, ceux du salon d'Hercule décrivent les travaux du héros. Le magnifique escalier à vis en chêne de la Tour ronde date du 17e s. De la terrasse de la chambre du duc de Montmorency, belle **vue★** sur la vallée du Hoyoux en contrebas. À l'étage, chambre de la duchesse de Montmorency qui fut propriétaire du château à la fin du 18e s. Dans les caves : maquette de la roue hydraulique.

À 7 km au Sud-Est de Modave se trouve l'**église romane de Bois** (10e s.). Elle a conservé de belles **fresques★** (fin 14e-début 15e s.) illustrant le couronnement de la Vierge, la vie du Christ et les légendes de saint Lambert et de saint Hubert.

À 3,5 km de Bois-et-Borsu, le village d'**Ocquier** groupe ses maisons de pierre grise autour de l'église romane St-Remacle.

Huy pratique

Informations utiles

Code postal : 4500.
Indicatif téléphonique : 085.
Tourisme Huy – *Quai de Namur 1, 4500 Huy - ℘ 085 21 29 15 - fax 085 23 29 15 - tourisme@huy.be - www.paysdehuy.be.*

Se loger

⊜ **B&B Château de Bonne Espérance** – *rue Bonne Espérance 36 - ℘ 085 31 08 88 - www.chateau-de-bonne-esperance.be - 5 ch. 60 € ⊒ - ✍ - ℗.* Petit château bénéficiant d'une situation tranquille joliment transformé en chambres d'hôtes. Les chambres possèdent chacune un aménagement différent et une salle de bains moderne. Depuis le jardin et la véranda, où le petit-déjeuner est servi, vous profitez d'une vue magnifique sur le grand jardin et les bois environnants.

⊜⊜⊜ **Hôtel Sirius** – *Quai de Compiègne 47 - ℘ 085 21 24 00 - www.hotelsirius.be - fermé mi-déc.-mi-janv. - 26 ch. 90/160 € ⊒ -* ℗. Hôtel moderne et confortable juste en dehors du centre, sur la rive gauche de la Meuse. Certaines chambres ont vue sur le fleuve. De grandes chambres familiales sont disponibles pour les familles.

À OCQUIER

⊜⊜ **Hôtel Restaurant Le Val d'Or** – *Grand'Rue 62, 4560 Ocquier - ℘ 086 34 41 03 - www.castel-valdor.be - 15 ch. 81/106 € - ⊒ 14 € - ℗.* Bâtiment romantique du 17e s. qui servit jadis de relais postal. Les chambres présentent un aménagement fonctionnel. Restaurant agréable avec mur en pierre apparente et poutres en bois où tant le lunch que le repas du soir prennent des airs de festins gastronomiques.

Se restaurer

⊜ **Les Colombes** – *Rue l'Apleit 9 - ℘ 085 25 15 72 - fermé sam. midi, dim. soir et lun. - menu le midi 20/26 €.* Si vous désirez manger à un jet de pierre de l'église Notre-Dame, ce restaurant vous propose une excellente carte traditionnelle assortie d'un grand choix de produits régionaux.

⊖⊜ **La Tête de Chou** – *Rue Vierset Godin 8 - ℘ 085 23 59 65 - fermé lun. et sam. midi - menu 25/30 € - ⌿*. Cuisine à base de produits régionaux ; petite salle moderne. Possibilité de manger en terrasse en été. Attention : nombre de tables limité.

⊖⊜ **Li Cwerneu** – *Grand Place 285 - ℘ 085 25 55 55 - www.licwerneu.be - fermé lun., mar. et merc. midi - menu le midi 30 €, le soir 40 €.* La vieille façade d'un bâtiment du Moyen Âge sur la place du marché dissimule un restaurant contemporain où une chef pleine de promesses vous présente des plats raffinés et innovants. Attendez-vous à une nouvelle expérience culinaire.

Faire une pause

Café Le Parc – *Avenue Albert I 3 - ℘ 085 21 15 06 - tlj sf lun. à partir de 7h30.* Café populaire typique où l'on s'arrête pour boire une bière (large choix) et bavarder.

Sports et loisirs

👥 Mont mosan, La Sarte
Accès à La Sarte par le téléphérique.
Au terminus du téléphérique se trouve le parc de récréation La Sarte.
℘ 085 23 29 96 - ♿ - fin mars-fin sept. : 10h-20h - 6 €.

👥 Excursions en bateau
Visite de Huy en bateau (1h).
℘ 085 21 29 15 - mai-août : tlj sf lun., 14h, 15h et 16h (w.-ends sept. mêmes heures) - 4 €.

Événements

Ça Jazz à Huy – *Maison du Tourisme, Quai de Namur 1 - ℘ 085 21 29 15 - www.pays-de-huy.be.* Festival de jazz se déroulant la dernière semaine de juillet. Des musiciens internationaux et locaux se produisent sur la Grand-Place, dans le cadre exceptionnel du Fort de Huy et dans divers cafés et restaurants.

Lessines

Lessen

17 844 HABITANTS
CARTES MICHELIN N°ˢ 716 E 3 ET 533 I 18 – HAINAUT.

Situé sur la Dendre, au centre d'une région où l'on cultive des plantes médicinales, Lessines était jadis célèbre pour ses carrières de porphyre à ciel ouvert, situées à l'est de l'agglomération. Désertés depuis quelque temps, ces puits d'extraction sont aujourd'hui remplis d'eau et envahis par la végétation. Le bourg d'origine médiévale a vu naître en 1898 le peintre René Magritte qui fut l'une des principales figures du surréalisme belge.

- **Se repérer** – Lessines se trouve à quelques kilomètres de la frontière linguistique. Accès par la nouvelle autoroute A 8/E 429 reliant Tournai à Hal. Prendre la sortie 29, puis la N 57. La ville est également desservie par les N 42 et N 57.

- **À ne pas manquer** – L'Hôpital N.-D.-à-la-Rose.

- **Organiser son temps** – Une heure suffit pour visiter l'hôpital.

- **Avec les enfants** – Le cortège des géants lors de la Fête St.-Roch.

- **Pour poursuivre le voyage** –Ath et Tournai.

Lessines et ses fêtes

👁 Le Vendredi saint a lieu la **procession des Pénitents** qui remonte au 15ᵉ s. et durant laquelle les pénitents, en cagoule et robe de bure, porteurs des instruments de la Passion et du corps du Christ, suivent une partie des anciens remparts de la ville jusqu'à une chapelle de l'église St-Pierre.

👁 Le 3ᵉ dimanche d'août se déroule la **fête de Saint-Roch** : le matin, les cayoteux (nom donné aux ouvriers carriers) travaillent le porphyre dans la rue, comme autrefois, et l'après-midi se déploie le cortège folklorique des géants mené par celui qui incarne « El Cayoteu ».

👁 Le 1ᵉʳ week-end de septembre, le **cortège historique du Festin** commémore la victoire de Sébastien de Tramasure en 1583 sur les pillards anglais et hollandais qui essayaient de prendre la ville d'assaut. Plus de 600 figurants en costumes d'époque défilent et prennent part au festin qui couronne la fête lorsque le capitaine dépose symboliquement son épée aux pieds de Notre-Dame.

Visiter

Hôpital N.-D.-à-la-Rose★

📞 068 33 24 03 - www.notredamealarose.com - avr.-oct. : w.-end et j. fériés 14h-18h30 ; juil.-août : tlj sf lun. 14h-18h30 - visite accompagnée (français/néerlandais) à 15h - 7,50 €.

Ce monastère hospitalier fut fondé en 1242 par Alix de Rosoit, dame d'honneur de Blanche de Castille et veuve d'Arnould IV d'Audenarde, grand bailli de Flandre et seigneur de Lessines.

Les bâtiments furent reconstruits du 16ᵉ au 18ᵉ s. avec une constance de style Renaissance flamande. Ils forment un grand quadrilatère autour d'un cloître gothique entourant un joli jardin intérieur.

Les collections reflètent la vie quotidienne de cet établissement à travers les siècles : mobilier, tableaux, orfèvrerie, porcelaine sont présentés dans les nombreuses pièces reconstituées et aménagées en musée.

L'église, datant du 18ᵉ s., est construite dans le prolongement de la salle des malades de la même époque, car, comme l'exigeait le principe des soins, il fallait veiller à l'âme tout en guérissant le corps, d'où le lien étroit entre les espaces spirituel et temporel.

Dans la pharmacie (19ᵉ s.) a été réuni le matériel qui servait à élaborer l'helkiase (terme dérivé du mot grec blessure), un médicament pour traiter les maladies de la peau et les ulcères, inventé à la fin du 19ᵉ s. par la sœur Marie-Rose Carouy et qui a eu une très grande renommée.

Y. Duhamel/MICHELIN

Hôpital Notre-Dame à la Rose.

Aux alentours

Ellezelles

11 km à l'ouest par la N 57.

Placé sous le signe de l'Étrange, ce charmant village, où serait né le légendaire Hercule Poirot, est connu pour son **sabbat des Sorcières** qui se déroule chaque année au mois de juin. À droite de l'église se situe la **maison du Pays des Collines**. Un parcours-spectacle présente la faune et la flore de la région et fait revivre l'histoire et les légendes du Pays des Collines. *Ruelle des Écoles 1 - ✆ 068 54 46 00 - www.pays-des-collines.be - tlj sf lun. 10h-18h - avr.-sept. : jusqu'à 19h - fermé 25 déc. et 1er jan.*

3 km au-delà du village, le moulin du Cat Sauvage se dresse au sommet d'une butte de 115 m d'altitude. Ce pittoresque moulin à pivot, en bois, date de 1750-1751. *✆ 068 34 51 55 - mai-sept. : dim. 14h-18h - 2 €.*

Lessines pratique

Informations utiles

Code postal: *7860.*

Indicatif téléphonique: *068.*

Office de Tourisme Lessines – *rue de Grammont 2, 7860 Lessines - ✆ et fax 068 33 36 90 - info@notredamealarose.com - www.lessines.be.*

Se loger

À ELLEZELLES

Hôtel Au Couvent des Collines – *Ruelle des Écoles 25, 7890 Ellezelles - ✆ 068 25 94 94 - www.couvent-des-collines.be - 20 ch. 98/135 € - 9 € - P.* Cet ancien couvent a été transformé en hôtel. Il renferme des chambres à thème confortables et joliment décorées, un restaurant et un tea-room.

Liège ★★
Luik

186 830 HABITANTS
CARTES MICHELIN Nᵒˢ 716 J 4 (AGRANDISSEMENT PLIS 17 ET 18) ET 533 S 19 –
SCHÉMA VALLÉE DE L'OURTHE – PLAN D'AGGLOMÉRATION DANS LE GUIDE ROUGE
BENELUX – LIÈGE.

Situé au confluent de la Meuse et de l'Ourthe, dans un bassin entouré de collines, Liège frappe par son animation et par le caractère de ses habitants connus pour leur côté frondeur et chaleureux. Son passé glorieux en a fait une ville d'art riche en églises et musées. Mais Liège, c'est aussi le quartier populaire d'Outremeuse, sur la rive droite de la Meuse, où le souvenir de Tchantchès est encore bien vivant.

▶ **Se repérer** – Important port fluvial, Liège bénéficie de la proximité avec les Pays-Bas et l'Allemagne. Située au centre d'un important nœud routier, la ville est desservie par plusieurs autoroutes, notamment l'E 40 de Bruxelles ou d'Aix-la-Chapelle, l'E 25 de Luxembourg, l'A 13 d'Anvers et l'A 15 de Charleroi.

👁 **À ne pas manquer** – Palais des Princes-Évêques; fonts baptismaux de l'église St.-Barthélemy; trésor de la cathédrale St.-Paul; église St.-Jacques.

🕐 **Organiser son temps** – Prévoyez plusieurs jours pour une visite approfondie des richesses de Liège.

👪 **Avec les enfants** – Une croisière sur la Meuse. Les sportifs iront escalader la Montagne de Bueren (373 marches !) pour découvrir depuis la citadelle un large panorama de la ville.

⚲ **Pour poursuivre le voyage** – Blégny-Trembleur, Tongres, Huy et Spa.

Comprendre

On situe la naissance de Liège en 705 à la suite de l'assassinat de saint Lambert, évêque de Tongres et Maastricht, pour qui saint Hubert fit élever une chapelle qui devint rapidement un grand lieu de pèlerinage. En 721, il fut décidé d'en faire un évêché, mais c'est seulement à partir du 10ᵉ s. que la ville prit une réelle importance.

La principauté ecclésiastique (10ᵉ-18ᵉ s.) – À la fin du 10ᵉ s., l'évêque **Notger** fait de ses possessions une principauté dont le territoire relevait du Saint Empire germanique et correspondait aux deux tiers de la Wallonie actuelle. L'histoire de cette dernière ne sera qu'une longue série de luttes : celles des princes pour maintenir leur indépendance, celles des sujets contre leur prince. En 1316, puis en 1343, des privilèges sont obtenus par les Liégeois. Ils leur sont repris en 1408 après un soulèvement des communes de la principauté. Une autre révolte est écrasée par Charles le Téméraire qui fait raser la ville (1468), n'épargnant que les églises ; il est vrai que plus tard, repentant, il offre à Liège le beau reliquaire du trésor de la cathédrale St-Paul.

Au 15ᵉ s., le féroce Guillaume de La Marck, nommé « le Sanglier des Ardennes » parce que ses partisans se couvrent de peaux de sangliers, terrorise la principauté et tue de sa main le prince-évêque Louis de Bourbon (1482).

Georges Simenon, « l'enfant d'Outremeuse »

L'écrivain Georges Simenon naît le 13 février 1903 au n° 24 de la rue Léopold. Très vite, la famille s'installe rue Pasteur, l'actuelle rue Simenon, dans le quartier d'Outremeuse. À l'âge de 16 ans, Simenon travaille déjà comme reporter à la *Gazette de Liège*. Très jeune, il quitte sa ville natale pour s'établir successivement à Paris, aux États-Unis et en Suisse. Simenon est l'auteur d'un grand nombre de romans psychologiques. De style simple et direct, ses romans évoquent une atmosphère captivante et dépeignent avec minutie les relations humaines toujours complexes. Le Liégeois est également le père du légendaire commissaire Maigret, fumeur de pipe invétéré. Liège joue un rôle particulièrement évocateur dans divers de ses romans, dont *Pédigrée*, *Je me souviens* et *Le Pendu de St-Pholien*. Les Liégeois sont à juste titre fiers de leur écrivain célèbre, qui mourut en 1989 à Lausanne. Une rue, un hôtel et une auberge de jeunesse portent aujourd'hui son nom. Un buste en son honneur orne la place du Congrès Derrière l'hôtel de ville, une statue du Commissaire Maigret a été érigée sur une place qui porte désormais son nom. Un itinéraire Simenon est disponible à l'Office de tourisme.

Sous le règne d'Érard de La Marck (1506-1538), la ville retrouve la prospérité. À sa mort, la lutte reprend entre partisans et adversaires du prince-évêque.

Au 18e s., Liège se jette dans le « parti des Lumières » et accueille sans déplaisir la révolution de 1789. La domination des princes-évêques prend fin en 1794 : la ville devient possession française, puis hollandaise jusqu'en 1830.

En août 1914, la résistance héroïque de la citadelle et de la couronne de forts (dont le **fort de Loncin** dont on voit les ruines à 8 km au Nord de Liège) permet la concentration des armées belge et française. En 1944-1945, plus de 1 500 V1 et V2 tombent sur l'agglomération.

Un important centre artistique – Sous Notger commence à se développer l'école mosane. Aux 10e et 11e s., elle s'illustre surtout par les ivoires, puis à partir de la 2e moitié du 11e s., ainsi qu'aux 12e et 13e s., elle produit de véritables chefs-d'œuvre dans les domaines de l'orfèvrerie, dans les émaux et surtout dans la fonte ou la dinanderie.

À la Renaissance, **Lambert Lombard** (1505-1566) se distingue dans la peinture et l'architecture. **Jean Del Cour** (1627-1707), formé à l'école romaine et parfois appelé le Bernin liégeois, est le plus fécond des sculpteurs du 17e s. Ses innombrables statues aux draperies mouvementées, parmi lesquelles de gracieuses madones, ornent les églises et les fontaines de la ville.

Du 16e au 18e s., l'architecture est à l'honneur. Le style classique triomphe, mais en conservant ses particularités locales comme l'utilisation de la brique éclairée par des cordons de pierre blanche et les croisées de fenêtre en pierre.

Le 18e s. est la grande époque de l'ébénisterie liégeoise qui s'inspire alors du style rocaille ; la sculpture décorative du meuble est toujours exécutée dans la masse.

La musique brille avec les compositeurs **André-Modeste Grétry** (1741-1813), **César Franck** (1822-1890) et le violoniste **Eugène Ysaïe** (1858-1931).

Le décorateur et ébéniste **Gustave Serrurier-Bovy** (1858-1910) est l'un des principaux représentants de l'Art nouveau belge.

La littérature romanesque s'illustre avec **Georges Simenon** *(voir encadré p. 57).*

Signalons aussi le folklore avec trois théâtres de marionnettes. Le personnage le plus connu est **Tchantchès**, incarnation bon enfant de l'âme liégeoise.

L'essor économique – Grâce à l'extraction de la houille, découverte au 12e s., de nombreux forgerons ont exercé leur activité à Liège dès le 14e s. La ville s'est bientôt spécialisée dans l'armurerie. Au 19e s., Liège connaît un prodigieux développement industriel, favorisé par sa situation sur une grande voie navigable et sur un riche bassin houiller. Hauts fourneaux et industries lourdes s'installent sur les bords de la Meuse. On y construit la première locomotive européenne et on y expérimente le procédé Bessemer de fabrication de l'acier. La Fabrique nationale d'armes de Herstal est fondée en 1889.

L'essor industriel est interrompu par les deux guerres mondiales qui touchent durement la ville. Cependant, la création du **canal Albert** (1939) reliant la Meuse à l'Escaut a permis à Liège de devenir le 2e port intérieur d'Europe (après Duisbourg). Un port pétrolier a été aménagé entre 1951 et 1964. Aujourd'hui, le travail des métaux reste une des activités importantes de la région liégeoise. À citer également les industries chimique et plastique, la verrerie (Val-St-Lambert), les cimenteries et les manufactures de caoutchouc.

Se promener
Partir de la place St-Lambert.

LA VIEILLE VILLE★★

La vaste **place St-Lambert** est le berceau historique de Liège. Ici s'élevait autrefois la cathédrale St-Lambert, démolie lors de la Révolution française. Les travaux effectués sur la place ont permis de mettre au jour des vestiges de ce bâtiment, datant de l'époque de Notger.

Palais des Princes-Évêques★

Édifié vers l'an mille par l'évêque Notger, il a été entièrement rebâti sur l'ordre du prince-évêque Érard de La Marck à partir de 1526. La façade principale a été refaite après son incendie en 1734, l'aile gauche date du 19e s. Actuellement, le bâtiment est occupé par les services provinciaux et le palais de Justice.

La **première cour★★** est entourée de galeries aux arcades surhaussées et de 60 colonnes galbées, à la fois massives et élégantes, surmontées de chapiteaux richement ornés. La variété de la décoration des colonnes est extraordinaire. La **petite cour**, que l'on peut voir par la fenêtre d'un couloir, paraît plus intime.

S'engager dans la rue de Bex pour gagner la place du Marché.

Place du Marché

Sur cette place agréable, bordée de nombreux cafés et restaurants, se dressent la **fontaine de la Tradition** (1719) et le très bel **hôtel de ville** du 18ᵉ s., aussi appelé *La Violette*, qui dissimule une jolie façade arrière. Le principal monument de la place est toutefois **le Perron★**, juché sur une fontaine monumentale. *Les Trois Grâces* de Jean Del Cour, perchées au sommet d'une colonne, sont surmontées d'une pomme de pin et d'une croix. Le monument, le plus célèbre de ce type en Belgique, a été érigé en 1677 à l'emplacement de l'ancien perron, détruit par une tempête. D'abord emblème de la juridiction épiscopale, le perron devint le symbole des libertés communales. C'est à ce titre qu'il fut enlevé en 1468 par Charles le Téméraire pour être transféré à Bruges. Il ne fut restitué qu'en 1478. *Prendre à gauche la rue des Mineurs, puis à droite la rue Hors-Château.*

Palais des Princes-Evêques.

Impasse des Ursulines

Elle doit son nom à la communauté religieuse qui occupait l'**ancien béguinage du St-Esprit** dont on peut admirer les belles façades à colombages. À côté, un ancien relais de poste, transféré ici, renferme le studio reconstitué du violoniste Eugène Ysaïe. *Rejoindre la rue Hors-Château.*

Hors-Château

Cette rue du 11ᵉ s. doit son nom au fait qu'elle se trouvait en dehors de l'enceinte fortifiée. Elle renferme encore quelques **impasses** étroites. Par un petit porche flanqué de deux colonnes corinthiennes modernes aux nᵒˢ 114-116, on accède à la **cour St-**

Liège vu d'en haut

Pour avoir une idée du site de la ville s'étalant le long de la Meuse, on peut accéder à la **Citadelle** par les 373 marches de la **montagne de Bueren**. Le visiteur moins pressé empruntera le très pittoresque **sentier des Coteaux**, au fond de l'impasse des Ursulines. Mais il est aussi possible de monter à la Citadelle en voiture. De la table d'orientation près de l'enclos des Fusillés, **vue★★** imprenable sur Liège. Depuis la table d'orientation au **parc de Cointe**, on découvre **une vue★** très générale de la ville.

Panorama de Liège.

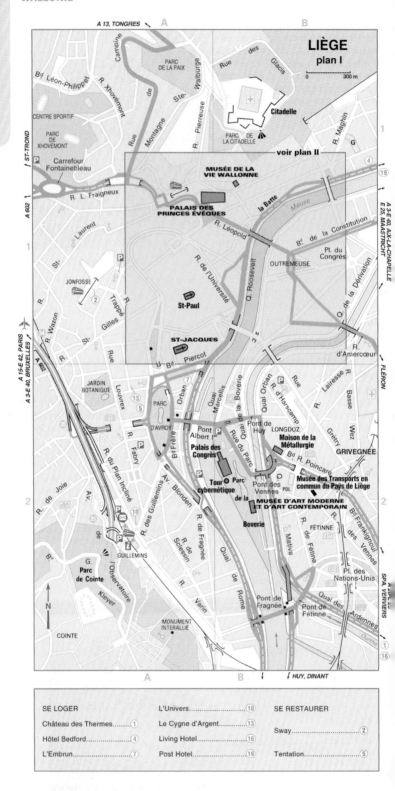

LIÈGE
plan I

0   300 m

A 13, TONGRES
A

B

des
Glacis

Rue

R. Maghin

Bd Léon-Philippet

R. Xhovémont

Campine

de

PARC
DE LA PAIX

Ste-
Walburge

Pierreuse

Citadelle

CENTRE SPORTIF

Montagne

R.

PARC DE
LA CITADELLE

G

PARC
DE
XHOVÉMONT

Rue

voir plan II

ST-TROND

Carrefour
Fontainebleau

A 602

R. L. Fraigneux

MUSÉE DE LA
VIE WALLONNE

la Batte

Meuse

A 3-E 40, AIX-LA-CHAPELLE
E 25, MAASTRICHT

PALAIS DES
PRINCES ÉVÊQUES

R. Léopold

Bd de la Constitution

Laurent

R. de l'Université

St-

Q. Roosevelt

Pl. du
Congrès

OUTREMEUSE

Q. de la Dérivation

JONFOSSE

Trappé

Gilles

St-

St-Paul

A 15-E 42, PARIS
A 3-E 40, BRUXELLES

R. Wazon

Rue

ST-JACQUES

R.
d'Amercœur

FLÉRON

JARDIN
BOTANIQUE

Louvrex

Orban

Bd Piercot

Quai Marcellis

de la Boverie

Quai Orban

R. d'Harscamp

Rue

R. Lairesse

Basse

Grétry

Wez

PARC
D'AVROY

Bd Frère

Pont
Albert Ier

Pont de
Huy

Rue du Parc

LONGDOZ

Maison de la
Métallurgie

GRIVEGNÉE

R. Fabry

Palais des
Congrès

Bd R. Poincaré

R. du Plan Incliné

Av. Blonden

Tour
cybernétique

Parc

Pont des
Vennes

POL

Musée des Transports en
commun du Pays de Liège

Bd Frankignoul

R. de Joie

Av.

R. des Guillemins

de la

MUSÉE D'ART MODERNE
ET D'ART CONTEMPORAIN

FÉTINNE

des Vennes

Bd

GUILLEMINS

R. de
Fragnée

R. de
Sclessin

Boverie

Mativa

R. de Fétinne

Pl. des
Nations-Unis

SPA, VERVIERS

Parc
de Cointe

G.
l'Observatoire

Kleyer

Quai
de
Rome

R.
Varin

Pont de
Fragnée

Quai des
Ardennes

Pont de
Fétinne

Ourthe

N

COINTE

MONUMENT
INTERALLIÉ

B

HUY, DINANT

A

B

SE LOGER

Château des Thermes...........①

Hôtel Bedford.....................④

L'Embrun...........................⑦

L'Univers............................⑩

Le Cygne d'Argent..............⑬

Living Hotel........................⑯

Post Hotel..........................⑲

SE RESTAURER

Sway.................................②

Tentation...........................⑤

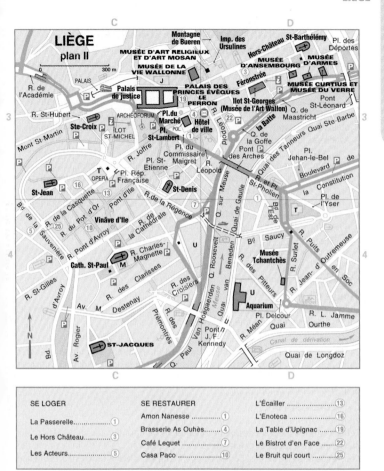

SE LOGER	SE RESTAURER	L'Écailler ....⑬
La Passerelle.................①	Amon Nanesse ....①	L'Enoteca ....⑯
Le Hors Château............③	Brasserie As Ouhès........④	La Table d'Upignac ....⑲
Les Acteurs...................⑤	Café Lequet ....⑦	Le Bistrot d'en Face ......㉒
	Casa Paco ....⑩	Le Bruit qui court ....㉕

Antoine, joliment restaurée par l'architecte **Charles Vandenhove** à la fin des années 1970. Le monument en pierre bleue est d'Anne et Patrick Poirier.

Église St-Barthélemy
℘ 04 223 49 98 - tlj 10h-12h, 14h-17h.
Cette église romane en grès ferrugineux est précédée d'un avant-corps massif surmonté de deux tours, très caractéristique du style rhénan-mosan du 12e s.
L'intérieur abrite une remarquable **cuve baptismale★★★** en laiton, attribuée au dinandier Renier de Huy *(voir encadré page suivante)*.
En sortant de l'église, s'engager dans la rue Féronstrée.

Féronstrée
Cette rue commerçante très fréquentée tient son nom des « férons » ou forgerons qui travaillaient ici au Moyen Âge.

Îlot St-Georges
Cet ensemble abrite le **musée de l'Art wallon** présenté dans un bâtiment moderne *(voir dans « visiter »)*.

Revenir à la place St-Lambert. Prendre à gauche la rue Gérardrie, puis la rue St-Etienne qui mène à la place St-Denis.

Église St-Denis
Au cœur d'un quartier commerçant, cette église, fondée par l'évêque Notger au 10e s. et modifiée à plusieurs reprises par la suite, conserve la base d'un important avant-corps du 12e s.
À l'intérieur, réaménagé au 18e s., se trouve dans le bras droit du transept un **retable★** en bois de style brabançon du début du 16e s., illustrant la Passion du Christ avec une multitude de personnages ; à la prédelle, un peu plus tardive, est représentée la vie de saint Denis.

Les fonts baptismaux de l'église St-Barthélémy, un joyau de l'art mosan ?

Cette cuve baptismale fut réalisée entre 1107 et 1118 pour l'église Notre-Dame-aux-Fonts. Reposant à l'origine sur 12 bœufs (il n'en reste que 10), symboles des apôtres, la cuve présente 5 scènes dont la principale est le baptême de Jésus dans le Jourdain ; autour, on reconnaît la prédication de saint Jean Baptiste, le baptême des Catéchumènes, le baptême du centurion Corneille et celui du philosophe Craton. Sur le fond lisse se détachent les personnages en haut-relief. Avec leurs formes stylisées, leur attitude d'une grande souplesse, ils atteignent une perfection plastique qui évoque l'art antique. Seul le couvercle, orné de représentations des apôtres et des prophètes, a malheureusement disparu.

Depuis quelque temps, les avis divergent sur l'origine et l'auteur des fonts baptismaux. Certains prétendent qu'il s'agirait de Renier de Huy. D'autres attribuent la cuve à Lambert Patras, un batteur de Dinant. Certains spécialistes doutent même de l'origine mosane de la pièce et pensent qu'elle serait l'œuvre d'artistes byzantins. Quoi qu'il en soit, personne n'a pu à ce jour élucider cette épineuse question.

Prendre la rue de la Cathédrale pour gagner la place Vinâve d'Ile.

Vinâve d'Ile

Sur cette place située au cœur du quartier commerçant réservé aux piétons se dresse, au-dessus d'une fontaine, une *Vierge à l'Enfant* de Del Cour.

Le Carré

C'est ici que les étudiants du campus du Sart Tilman se retrouvent le soir dans les nombreux cafés, bars et petits restaurants (entre les rues du Pot-d'Or, St-Adalbert et le boulevard de la Sauvenière).

Gagner la place de la Cathédrale.

Cathédrale St-Paul

Visite : 8h-17h.

Cet édifice gothique possède trois nefs élancées et un triforium. Les superbes rinceaux dans la nef et le transept datent du 16e s. ; les collatéraux et les chapelles n'ont été décorés qu'au siècle dernier. L'église comporte quelques belles œuvres d'art dont une Sedes Sapientiae (fin 12e s.-début 13e s.), une magnifique chaire de vérité du milieu du 19e s., de Guillaume Geefs, comprenant un Lucifer diabolique, et un émouvant *Christ au tombeau* italianisant de Jean Del Cour.

Trésor★★ – *Accès par le cloître.* ☎ 04 232 61 32 - www.ulg.ac.be/trecatlg -tlj sf lun. 14h-17h - 4 €. Ce nouveau complexe sur plusieurs étages contient le majestueux **buste-reliquaire de saint Lambert** (avant 1512), réalisé en vermeil. Haut de 1,59 m, il surmonte un socle très ouvragé illustrant des scènes de la vie du saint. Tous les 50 ans, le reliquaire est ouvert afin de vérifier si le crâne du saint est toujours intact. Le **reliquaire de Charles le Téméraire★★**, en or rehaussé d'émaux et de vermeil, a été offert par le duc en 1471 et le représente près de saint Georges dont, détail frappant, le visage est identique au sien. Deux ivoires du 11e s., l'un byzantin, l'autre mosan, sont également à remarquer.

Place St-Paul, prendre la rue St-Remy. Traverser la rue Destenay pour gagner la place St-Jacques.

Église St-Jacques★★

☎ 04 222 14 41 - *tlj 9h-12h, dim. 10h-12h (vac. de Pâques et 15 juil.-15 sept.14h -18h) - visite accompagnée sur demande.*

Cette église de style gothique flamboyant conserve à l'Ouest un narthex roman, vestige de l'abbatiale bénédictine fondée au 11e s. Sur le porche Nord a été plaquée une intéressante façade Renaissance (1558) attribuée à Lambert Lombard. Sous le porche, un bas-relief de 1380 représente le Couronnement de la Vierge.

À l'**intérieur**, on est frappé par la somptueuse décoration architecturale. Les **voûtes de la nef★★** aux multiples nervures forment des compartiments prismatiques au milieu desquels sont peints des portraits en médaillons. À chaque croisement des nervures se trouve une clé de voûte sculptée. Le long des colonnes sont fixées de grandes statues en tilleul peint, pour la plupart œuvres de Del Cour. Le chœur a reçu une décoration de style ogival flamboyant d'une richesse extraordinaire et s'orne de vitraux du 16e s. offerts par les grandes familles de la ville.

Dans la chapelle à gauche du chœur se trouve un retable comprenant une Pietà du 15ᵉ s. Au bas de la nef, un superbe buffet d'orgues (17ᵉ s.) repose sur une tribune.
Revenir à la rue Destenay. Prendre à droite l'avenue Rogier, puis s'engager dans la rue du Pont d'Avroy. Tourner à gauche dans la rue d'Amay. Prendre la rue St-Jean-en-Île et traverser la rue de la Casquette. Par la rue du Diamant, on gagne la place Xavier Neujean.

Église St-Jean

℘ 04 222 14 41 - mi-juin-mi-sept. et pdt vac. de Pâques : 10h-12h30, 14h-17h - visite accompagnée sur demande préalable.

Cette église, dont la forme – octogone surmonté d'une coupole – est inspirée de la cathédrale d'Aix-la-Chapelle, a été édifiée par le prince-évêque Notger à la fin du 10ᵉ s. Son avant-corps fut surélevé vers l'an 1200 et la nef reconstruite au 18ᵉ s. À l'intérieur, la rotonde et le chœur ont été décorés dans le style néoclassique à la fin du 18ᵉ s.

Une sacristie abrite un calvaire avec de belles **statues★** en bois de la Vierge et de saint Jean, du 13ᵉ s. Dans une chapelle latérale, on admirera une magnifique Vierge à l'Enfant ou **Sedes Sapientiae★** sculptée dans le bois vers 1220, remarquable par la représentation des draperies fluides et la féminité du visage.

Le cloître a été ajouré au 16ᵉ s., puis a subi des modifications au 18ᵉ s. Sa galerie Sud conserve du 16ᵉ s. une belle voûte dont les nervures et les liernes dessinent d'élégantes rosaces.

Par le boulevard de la Sauvenière et la place de l'Opéra, s'engager dans la rue Haute-Sauvenière.

Église Ste-Croix

Cette église ne se visite pas. Précédée d'un avant-corps de style roman, cette église des 13ᵉ et 14ᵉ s. est de type halle avec trois nefs d'égale hauteur. Elle présente la particularité de posséder deux chœurs opposés, celui qui est situé à l'Ouest servant actuellement de baptistère.

Visiter

LES MUSÉES DU CENTRE HISTORIQUE

Musée de la Vie wallonne★★

Cour des Mineurs - Le musée est fermé pour cause de rénovation. Ouverture prévue dans le courant du printemps 2008 - se reinseigner au ℘ 04 237 90 40.

Voué à l'ethnographie, aux arts populaires et au folklore du pays wallon, ce musée est installé dans un ancien couvent des frères mineurs, magnifique ensemble de style Renaissance mosane du 17ᵉ s. où se marient avec élégance la brique et la pierre calcaire. Les modes de vie d'autrefois sont évoqués par la reconstitution d'intérieurs, d'ateliers (sabotier, cirier, vannier), et par l'illustration d'arts régionaux ou de croyances populaires. Dans la salle consacrée aux croyances populaires et à la magie, remarquer les « chênes à clous » où les malades venaient clouer leurs pansements pour se débarrasser de leurs maux.

Au 2ᵉ étage sont exposées une exceptionnelle collection de cadrans solaires du poète anversois Max Elskamp et une splendide série de marionnettes liégeoises. Le musée

Voûte de l'église St-Jacques.

Y. Duhamel/MICHELIN

Musée d'Art religieux et d'Art mosan.

abrite un **théâtre de marionnettes** et possède une salle de dialectes.

Grand Curtius

Cet ensemble muséal ouvre ses portes à la fin de 2008. Il regroupera en un seul endroit les musées suivants : musée Curtius, musée du Verre, musée d'Archéologie et d'Arts décoratifs, musée d'Armes et musée d'Arts religieux et d'Art mosan *(voir ci-dessous).* *℘ 04 221 92 21 - www.liege.be/tourisme.*

Musée d'Art religieux et d'Art mosan★ – Les collections de ce musée montrent l'évolution de l'art religieux dans le diocèse de Liège depuis le haut Moyen Âge et comptent quelques chefs-d'œuvre. À l'étage supérieur, on remarque une maquette de l'ancienne cathédrale St-Lambert qui se dressait jadis sur la place du même nom. L'art roman mosan est représenté par de nombreuses sculptures et orfèvreries : la **Vierge d'Évegnée**, statue très primitive (fin 11e s.), le **Christ de Rausa**, sculpture en bois du 13e s., qui montre la transition entre le roman (effigie assise) et le gothique (douceur des traits). Parmi les tableaux gothiques, on remarquera la « **Vierge au papillon** », rare peinture de l'école mosane du 15e s., et la ravissante « **Vierge à la donatrice et sainte Marie-Madeleine** » (1475) attribuée au maître de Sainte-Gudule. La **Vierge de Berselius** en bois, exécutée en 1530 par l'artiste souabe Daniel Mauch, montre un Enfant Jésus remuant et des angelots surgissant des jupes d'une ravissante madone.

Musée Curtius et musée du Verre★ (Musées d'Archéologie et d'Arts décoratifs) – De style Renaissance mosane, cette haute maison patricienne du début du 17e s., construite pour Jean Curtius, riche munitionnaire des armées espagnoles, abrite de précieuses collections. Trois remarquables œuvres mosanes sont à signaler : l'**Évangéliaire de Notger★★★**, ivoire des environs de l'an mil, orné d'émaux champlevés de la fin du 12e s. et de plaques de cuivre ajoutées postérieurement ; la **Vierge de Dom Rupert**, sculpture en grès houiller du 12e s., d'allure encore byzantine ; le **Mystère d'Apollon**, tympan en pierre sculpté du 12e s.

Le **musée du Verre** montre une importante **collection d'objets de verre★**, des origines à nos jours. Remarquer le bel ensemble de vases Art nouveau et Art déco de Gallé, Lalique, Daum et Val-St-Lambert, ainsi que des meubles du célèbre décorateur et ébéniste liégeois Serrurier-Bovy.

Musée d'Armes★ – Aménagé dans un bel hôtel du 18e s., où siégea, de 1800 à 1814, la préfecture du département de l'Ourthe, et qui hébergea Napoléon en 1803 et en 1811, ce musée présente d'une façon attrayante une des plus riches collections d'armes portatives, principalement des armes à feu du Moyen Âge à nos jours, ainsi qu'une importante collection de médailles napoléoniennes et de décorations.

Musée d'Ansembourg★ (Musées d'Archéologie et d'Arts décoratifs)
Féronstrée 114 - ℘ 04 221 94 02 - www.multimania.com/ansembourg - tlj sf lun. 13h-18h - fermé 1er janv., 1er mai, 1er, 2, 11 et 15 nov., 24, 25, 26 et 31 déc.- 3,80 €.
Tout contribue à donner à l'intérieur de ce bel hôtel du 18e s., édifié à la demande du commerçant et banquier Michel Willems une atmosphère raffinée : plafonds ornés de stucs, murs tendus de cuirs de Malines, de tapisseries d'Audenarde, meubles

caractéristiques de l'ébénisterie liégeoise, cuisine décorée de carreaux de Delft.

Musée de l'Art wallon

Féronstrée 86 - ☎ 04 221 92 31 - www.museeartwallon.be - tlj sf lun. 13h-18h, dim. 11h-16h30 - fermé 1er janv., 1er mai, 1er, 2, 11 et 15 nov., 24, 25, 26 et 31 déc. - 3,80 €. Ce musée est consacré aux œuvres de peintres et sculpteurs bruxellois et wallons ayant participé aux grands mouvements artistiques européens du 16e s. à nos jours. La visite commence au 4e étage et s'effectue de façon chronologique. On découvre notamment des œuvres d'Henri Blès dit Civetta, de Lambert Lombard, Jean Del Cour, Léonard Defrance, Antoine Wiertz, Félicien Rops, Henri Evenepoel, Constantin Meunier et, pour le 20e s., Anto Carte, Pierre Paulus, Léon Navez, Auguste Mambour, Pol Bury, Jo Delahaut, René Magritte et Paul Delvaux. Salle d'expositions temporaires.

LA RIVE DROITE

Parc de la Boverie

À l'extrémité Sud de l'île, arrosée par la Meuse d'un côté et par le canal de la Dérivation de l'autre, se trouve le parc de la Boverie.

Le **palais des congrès**, dont la longue façade se reflète dans les eaux du fleuve, voisine avec une **tour cybernétique** de 52 m de haut conçue par Nicolas Schöffer, où un jeu de pales mobiles matérialisent les changements atmosphériques.

Musée d'Art moderne et d'Art contemporain★

Parc de la Boverie - ☎ 04 343 04 03 - www.mamac.be - ♿ - tlj sf lun. 13h-18h, dim. 11h-16h30 - fermé 1er janv., 1er mai, 1er, 2, 11 et 15 nov., 24, 25, 26 et 31 déc. - 3,80 €. Installé dans un bâtiment de style Louis XVI (1905), le musée possède un ensemble remarquable de peintures et de sculptures de la fin du 19e s. à nos jours. Parmi les œuvres de l'école française, remarquez *Le Sorcier d'Hiva-Oa* de Gauguin et la célèbre *Famille Soler*, caractéristique de la période bleue, de Picasso. La peinture belge est bien représentée avec Van Rysselberghe, Claus, Ensor, Wouters, Khnopff, Evenepoel et les expressionnistes flamands. Le musée expose également des œuvres d'artistes contemporains : Magnelli, Arp, Ubac. Le sous-sol renferme un **cabinet des estampes**.

Maison de la Métallurgie

Boulevard Raymond Poincaré 17 - ☎ 04 342 65 63 - www.mmil.be - tlj 9h-17h, w.-end 14h-18h - fermé j. fériés - 5 €.

Dans de vastes ateliers du 19e s. ont été installés une forge wallonne avec un haut fourneau à charbon de bois du 17e s. et deux énormes « makas » (marteaux hydrauliques) du 18e s. La production traditionnelle des « férons » liégeois est exposée ici : plaques ou « taques » de cheminées, chenets.

Une autre salle présente l'histoire des énergies grâce à une riche collection de machines, maquettes et moteurs.

Aquarium

Quai van Beneden 22 - ☎ 04 366 50 21 - www.ulg.ac.be/aquarium - ♿ - tlj 9h-17h (w.-end et j. fériés 10h30-18h) - vac. de Pâques et juil.-août : 10h-18h - fermé 1er janv., 24, 25 et 31 déc. - 5 €.

Y. Duhamel/MICHELIN

Aquarium.

Djus-d'la-Moûse

On visitera de préférence le quartier populaire d'Outremeuse (Djus-d'la-Moûse ou au-delà de la Meuse) à l'occasion des fêtes folles du 15 août. C'est dans Outremeuse, proclamée République libre d'Outremeuse par ses habitants en 1927, qu'André Grétry et Georges Simenon ont passé leur jeunesse. Mais Djus-d'la-Moûse est surtout le quartier de **Tchantchès**, qui a son monument sur la place de l'Yser, à l'extrémité de la rue Surlet. Dans les rues avoisinantes, on remarque plusieurs niches ou potales, abritant des saints ou des madones. Digne rivale du Carré sur le plan festif, la rue **En Roture** est un peu le « ventre » d'Outremeuse. Son enfilade de façades mignonnes abrite une ribambelle de petits restaurants, quelques bars musicaux et lieux de culture alternative. Une double grille en garde l'accès, du côté de la commerçante rue Puits-en-Sock, à hauteur du n° 44.

L'institut de zoologie de l'université possède un bel aquarium. Dans les bassins, situés au sous-sol du bâtiment, on admire des poissons provenant du monde entier ainsi que l'univers surprenant des requins et récifs coralliens.

Au 1er étage, une intéressante collection de madrépores a été rapportée d'une expédition à la Grande Barrière de Corail d'Australie.

Musée Tchantchès

Rue Surlet 56 - ℰ 04 342 75 75 - www.tchantches.be - ♿ - mar. et jeu. 14h-16h - fermé 1er janv., lun. de Pâques, Ascension, Pentecôte, juil., 1er et 11 nov. Ce musée est consacré à Tchantchès (nom wallon pour François), héros populaire du théâtre de marionnettes liégeois, symbolisant le Liégeois typique. Le musée rassemble les costumes qui lui ont été offerts et une collection de marionnettes du Théâtre royal ancien impérial. On peut y assister à des **spectacles de marionnettes**. Le programme peut être obtenu sur demande.

Musée des Transports en commun du Pays de Liège

R. Richard Heintz 9 - ℰ 04 361 94 19 - www.infotec.be - ♿ - mars-nov. : 10h-12h, 14h-17h, w.-end et j. fériés 14h-18h - 2,50 €.

Logé dans un grand hangar, ce bel ensemble de véhicules retrace l'évolution des trams et autobus depuis le tramway à traction chevaline jusqu'à nos jours.

Aux alentours

Sart Tilman

10 km au Sud.

Sur ce plateau boisé, l'**université de Liège** possède un domaine de 740 ha et un centre de recherches métallurgiques. Le château de Colonster (17e s.), à l'extrémité Est du domaine, a été transformé en centre de congrès et abrite le Fonds Simenon (archives, manuscrit et bibliothèque de l'écrivain). Le parc abrite un **musée en plein air**.

Chaudfontaine

10 km au Sud-Est, par la N 61 en direction de Verviers.

Dans la vallée de la Vesdre, Chaudfontaine est, depuis la fin du 17e s., une station thermale très fréquentée. Ses sources chaudes (36,6 °C), les seules en Belgique, sont employées dans le traitement des rhumatismes. Parmi les atouts de Chaudfontaine figurent une piscine d'eau thermale à toit ouvrant et un **casino** avec minigolf.

Source O rama – À travers 15 attractions utilisant les techniques multimédia les plus avancées, Source O Rama vous invite à découvrir les mystères de l'eau douce. *Parc des Sources - ℰ 04 364 20 20 - www.sourceorama.com - j. ouv. 9h-17h, w.-end, j. fériés et vac. scol. 10h-18h - fermé lun. et 1ère sem. sept. - 10 €.*

Château d'Aigremont

16 km à l'ouest, par l'autoroute E 42 que l'on quitte à l'échangeur n° 4. Visite individuelle seulement lors des Journées du Patrimoine ℰ 04 336 16 87.

Situé comme celui de Chokier au sommet d'un rocher à pic dominant la Meuse, le château d'Aigremont aurait été élevé par les quatre fils Aymon. Ce fut au 15e s. l'un des repaires de Guillaume de La Marck. Il a été reconstruit au début du 18e s. en brique et pierre de taille.

L'intérieur, garni de beaux meubles du 18e s., a pour plus bel ornement sa cage d'escalier à fresques en trompe-l'œil, recréant l'architecture du palais italien. La cuisine est tapissée de carreaux de Delft représentant plus de 1 000 motifs.

Les terrasses portent un joli jardin à la française.

Neuville-en-Condroz et St-Séverin

27 km au Sud-Ouest, en direction de Dinant.

Neuville-en-Condroz – Dans le cimetière américain des Ardennes, un magnifique parc soigné précède le mémorial et la pelouse où sont enterrés 5 310 Américains morts pendant la Seconde Guerre mondiale, la plupart lors de la bataille des Ardennes. L'ensemble des stèles blanches dessine une immense croix grecque. À l'intérieur du mémorial, des cartes gravées évoquent la fameuse bataille.

St-Séverin – L'**église**★ de ce bourg, harmonieux édifice roman du 12ᵉ s., est un ancien prieuré de l'abbaye de Cluny ; la tour de croisée octogonale s'inspire d'ailleurs du clocher de l'Eau Bénite à Cluny. Pour admirer le bel étagement de volumes, se placer dans le jardin du presbytère.

À l'intérieur, le plafond de la nef centrale, les voûtes du transept et du chœur sont à la même hauteur, celles de l'abside et des chapelles orientées sont beaucoup plus basses. Dans la grande nef intervient un décor discret : alternance de colonnes ou groupes de colonnettes et de piliers, et, au-dessus de ceux-ci, colonnettes géminées torsadées.

Les **fonts baptismaux**★, en pierre, de la fin du 12ᵉ s., sont originaux : la cuve supportée par 12 colonnettes entourant un fût central est sculptée de lions placés dos à dos ; aux angles, 4 têtes d'inspiration syrienne.

Visé

17 km au Nord par l'E 25 en direction de Maastricht.

Sur les bords de la Meuse, Visé est un centre touristique très fréquenté pour sa spécialité gastronomique : l'oie préparée avec une sauce à l'ail. La ville est fière de ses trois guildes : arbalétriers, arquebusiers et francs-arquebusiers que l'on voit défiler lors des fêtes. La **collégiale** de Visé abrite dans le bras droit du transept la **châsse de saint Hadelin**★, œuvre mosane du 12ᵉ s., en argent repoussé. Les pignons provenant d'une châsse plus ancienne (1046) représentent le Christ d'un côté foulant l'aspic et le basilic (animal fabuleux), de l'autre couronnant les deux saints amis, Remacle et Hadelin. Certaines des scènes des panneaux latéraux, illustrant la vie de saint Hadelin, sont attribuées à Renier de Huy. Saint Hadelin fut le fondateur, au 7ᵉ s., du monastère de Celles, près de Dinant, dont la communauté fut transférée à Visé au 14ᵉ s.

Liège pratique

Informations utiles

Code postal : 4000.

Indicatif téléphonique : 04.

Office du Tourisme – Féronstrée 92, 4000 Liège - ✆ 04 221 92 21 - fax 04 221 92 22 - office.tourisme@liege.be - www.liege.be/tourisme.

Se loger

⌂ **La Passerelle** – *Chaussée des Prés 24 -* ✆ 04 341 20 20 - 15 ch. 65/70 € - ☲ 8 € - 🅿. Hôtel familial simple près du passage entre le centre et le quartier « d'Outre-Meuse » d'où proviennent Georges Simenon et la figure folklorique de Tchanchès. Chambres petites mais hôtel idéalement situé pour une visite au marché dominical de La Batte.

⌂ **Les Acteurs** – *Rue des Urbanistes 10 -* ✆ 04 223 00 80 - www.lesacteurs.be - 16 ch. 70/75 € - ☲ 7 €. Hôtel pour petits budgets, central entièrement rénové. Chambres simples et fonctionnelles avec salle de bains. Accueil chaleureux d'une équipe de jeunes collaborateurs.

⌂ **Le Cygne d'Argent** – *Rue Beeckman 49 -* ✆ 04 223 70 01 - www.cygnedargent.be - 20 ch. 75 € - ☲ 9 € - 🅿. Hôtel agréable près du centre ville et du jardin botanique. Les

chambres ont été rafraîchies et offrent tout le confort moderne. Belle salle à petit-déjeuner.

⌂ **L'Univers** – *Rue des Guillemins 116 -* ✆ 04 254 55 55 - www.univershotel.be - 51 ch. 75 € ☲. Cet hôtel est situé à proximité directe de la nouvelle gare ferroviaire spectaculaire des Guillemins. Les chambres sont modernes et fonctionnelles. Espace petit-déjeuner et bar agréables.

⌂⌂ **Le Hors Château** – *Hors Château 62 -* ✆ 04 250 60 68 - www.hors-chateau.be - 9 ch. 95 € - ☲ 7 € - 🅿. Les boutiques alentour sont tout aussi branchées que cet hôtel récent installé dans un bâtiment médiéval transformé, au centre. Les poutres anciennes sont bien mises en valeur dans les chambres modernes aux couleurs et à l'aménagement actuels. Un bar à tapas est proposé au rez-de-chaussée.

⌂⌂🖥 **L'Embrun** – *Port des Yachts 49 -* ✆ 04 221 11 20 - www.penichehotel.com - 10 ch. 45/80 € - ☲ 7 € - 🍽. Cette péniche amarrée dans le port des yachts, près du pont Albert Iᵉʳ, abrite un petit hôtel flottant. Huit cabines doubles avec lavabo et quatre salles de bains, ainsi que deux chambres disposant de leurs propres sanitaires. Réservation absolument nécessaire.

⌐◎⊟ **Hôtel Bedford** – *Quai Saint-Léonard 36* - ℘ *04 228 81 11* - *www. hotelbedford.be/liege* - 147 ch. 95/235 € - 🅿. Hôtel moderne le long de la rive animée de la Meuse mais à distance de marche du centre ville. Les chambres fonctionnelles offrent tout le confort et l'hôtel dispose d'un restaurant, d'un bar, d'un jardin intérieur et d'une salle de fitness. L'espace petit-déjeuner voûté est situé dans la partie la plus ancienne du bâtiment qui abritait autrefois une filature.

À CHAUDFONTAINE

⌐◎⊟ **Living Hotel** – *Esplanade 2, 4050 Liège-Chaudfontaine* - ℘ *04 239 60 60* - *www.livinghotel.be* - 34 ch. 100/150 € - 🅿. Hôtel design près du Casino et des sources de Chaudfontaine. Aménagement design minimaliste aux couleurs chaudes. Un menu fusion est proposé dans le restaurant plein d'ambiance. Le lobby combine réception et brasserie. Les grandes fenêtres donnent sur l'environnement verdoyant.

⌐◎⊟ **Château des Thermes** – *Rue Hauster 90, 4050 Liège-Chaudfontaine* - ℘ *04 367 80 67* - *www.chateaudesthermes. be* - 42 ch. 200/240 € - 🅿. Hôtel château luxueux, à proximité des sources de Chaudfontaine. Belles chambres dotées de tous les équipements. Les chambres les plus récentes sont situées dans la nouvelle aile. Les hôtes peuvent utiliser les thermes et la piscine ou choisir parmi des dizaines de massages et de traitements de remise en forme professionnels. Restaurant gastronomique avec cuisine classique.

À HERSTAL

⌐◎⊟ **Post Hotel** – *Rue Hurbise 160, 4040 Herstal* - ℘ *04 264 64 00* - *www.posthotel. be* - 98 ch. 116/159 € - 🅿. Hôtel contemporain ayant fait récemment l'objet d'une rénovation complète. Les chambres modernes possèdent tout le confort. L'hôtel est situé à la lisière de la ville, non loin de l'autoroute. Outre une taverne et un bar, il possède également une piscine et un centre de remise en forme.

Se restaurer

👁 **Bon à savoir** – Lors d'un passage à Liège, on dégustera le pèkèt (genièvre), servi de préférence dans un « plat cou », petit verre sans pied. Pour préparer une délicieuse **Salade liégeoise**, il vous faut des haricots verts, des pommes de terre, du lard, un oignon, un peu de persil et du vinaigre de vin. Parmi les autres plats traditionnels figurent les **boulets-frites** (boulettes de viande passées à la friture), le **Matoufèt** (une sorte de crêpe au lard), le lapin à la liégeoise, servi avec une sauce au sirop, et le **Rodge tripe**, du boudin noir avec des rondelles de pomme. Les **rognons à la liégeoise** sont préparés au pèkèt et aux baies de genévrier.

⌐ **Café Lequet** – *Quai-sur-Meuse 17* - ℘ *04 222 21 34* - fermé mar. - menu 5/17 € - 🗔. Ce bistrot liégeois typique est un must, non seulement pour ses « boulets-frites » omniprésents mais aussi pour l'ambiance conviviale qui y règne. Une véritable institution de la culture liégeoise. Le dimanche matin, pendant La Batte (grand marché dominical), l'endroit est plein à craquer.

⌐ **Amon Nanesse** – *Rue du Stalon 1-3* - ℘ *04 250 67 83* - menu le midi 15/20 €. Les murs en briques et le grand foyer ouvert sont garants d'une ambiance authentique intime et agréable. Les plats typiques de la région figurent à la carte. Prix attrayants et service chaleureux.

⌐ **L'Enoteca** – *Rue de la Casquette 5* - ℘ *04 222 24 64* - fermé. sam. midi et dim. - menu 25 €. Accueil et service cordiaux, excellente cuisine du sud, lunch à prix doux et large choix de vins italiens : quatre bonnes raisons de rendre visite à cet établissement moderne à proximité du Carré et de l'Opéra. Le chef est à l'ouvrage dans la cuisine ouverte.

⌐◎ **La Table d'Upignac** – *Place du Marché 17* - ℘ *04 222 00 17* - fermé mar. et dim. soir - menu 29 €. Tout près du « Perron » dans la halle aux grains joliment restaurée : une brasserie proposant deux salles sympathiques où les préparations au foie de canard et d'oie occupent une place centrale. Possibilité de manger en terrasse en été.

⌐◎ **Casa Paco** – *Rue du Pot d'Or 30* - ℘ *04 221 21 93* - menu 7/29 €. Bar à tapas agréable attenant à un petit restaurant qui propose une délicieuse paella. La salle est décorée de vieilles poutres, d'un trophée de corrida et de quelques jambons suspendus pour le séchage. Bon choix de vins français et espagnols. Un morceau d'Espagne au cœur du « Carré ».

⌐◎ **Le Bruit qui court** – *Boulevard de la Sauvenière 142* - ℘ *04 232 18 18* - *www. bruitquicourt.be* - fermé dim. midi - menu 29 €. Depuis 10 ans une valeur sûre. Restaurant branché avec musique « lounge », aménagement minimaliste et original dans une ancienne banque. Carte variée proposant à la fois des préparations françaises classiques, des salades et des pâtes.

Y. Duhamel/MICHELIN

Terrasses à Liège.

Sway – *Rue Pouplin 6 -*
04 232 15 68 - www.soundstation.be -
fermé dim. et lun. - menu 24/40 €. Ce
restaurant de trois étages est installé, ainsi
qu'un café et une salle de concert, dans
une ancienne gare ferroviaire.
Aménagement original et carte tout aussi
originale proposant des plats et des vins
de toutes les régions du monde. Un
voyage culinaire à un prix abordable.

Brasserie As Ouhès – *Place du*
Marché 21 - 04 223 32 25 - www.as-
ouhes.be - menu 30 €. Cette vieille bâtisse
abritait déjà un restaurant il y a 300 ans.
As Ouhès signifie « Aux oiseaux » en
wallon et la carte propose aussi bien des
plats typiques liégeois que français
élaborés à partir de produits de qualité.
Intérieur surprenant avec jeux de lumière
ludiques, anciennes photos et lambris.

Le Bistrot d'en Face – *Rue de la*
Goffe 8-10 - 04 223 15 84 - fermé dim.
midi et lun. - menu 25/48 €. Superbe bistrot
niché dans une ruelle perpendiculaire aux
quais, derrière les anciennes halles aux
viandes. La cuisine est inspirée des plats
de la région de Lyon.

Tentation – *Boulevard d'Avroy 180 -*
04 250 02 20 - www.resto-tentation.be -
fermé dim., lun. et mar. midi - menu 22/65 €.
Beau décor contemporain pour ce
restaurant où la créativité occupe une place
centrale. Plats de poisson et de viande
classiques sont préparés et présentés par le
chef de manière innovante. Les influences
méridionales et asiatiques donnent aux
plats une touche personnelle.

L'Écailler – *Rue des Dominicains 26 -*
04 222 17 49 - www.ecailler.be - fermé les 2
dernières sem. d'août, sam. midi, dim. -
23/69 €. Dans une rue piétonne près de la
place St-Lambert restaurée. Magnifique
cadre art nouveau pour cette brasserie
spécialisée dans les préparations savoureuses et créatives à base de poisson et de
crustacés frais. Accueil et service extrêmement aimables. Vaste carte des vins.

Faire une pause

Boulanger Table d'hôtes – *Rue du*
Mouton-Blanc 22 - 04 222 99 10 - j. ouvr.
à partir de 8h. Cette boulangerie se
distingue par sa décoration en bois et par
la grande table capable d'accueillir plus de
20 convives. Il y aussi des tables plus
petites où l'on peut consommer des
sandwichs garnis, des tartelettes et
autres délicatesses.

Taverne Saint-Paul – *Rue Saint-Paul -*
04 223 72 17 - tlj sf dim. à partir de 10h.
Café vieillot et sympathique, décoré de
beaucoup de bois et de petits vitraux. On
peut s'y attarder au comptoir en faisant
son choix dans la vaste gamme de bières.

Le coin du monde – *Place Saint-Lambert*
90 - 04 222 14 00 - tlj sf dim. à partir de
8h. Salades, fajitas et petits pains d'origine
variée (Danemark, Tunisie, Grèce, …). La
grande spécialité est la « piadina », une

espèce de crêpe à la garniture corsée. Il y a
aussi des gaufres, de la glace, des plats de
dégustation et des sucreries.

Exki – *Place Cathédrale 8-10 -*
04 221 42 49 - lun.-sam. 8h-20h. L'accent
est constamment mis sur la fraîcheur des
produits. Sur la carte figurent les jus de
fruits frais, les céréales pour petit-
déjeuner, des sandwiches sans
mayonnaise, du yaourt, des salades, des
tartes aux fruits et aux légumes, des
potages froids et chauds. Une grande
fraîcheur se dégage aussi de l'intérieur.

En soirée

Taverne Tchantchès et Nanesse – *Rue*
Grande Bêche 35 - 04 343 39 31 - www.
taverne-tchantches.be - tlj midi et soir sf
dim. Cette très ancienne maison
patricienne héberge une taverne et un
restaurant. C'est sans doute le meilleur
endroit pour humer l'atmosphère typique
de Liège. On peut aussi y admirer les
célèbres marionnettes. La carte comprend
différentes bières et des vins et
naturellement du « pékèt ».

Café Lequet – *Quai sur Meuse 17 -*
04 222 21 34 - fermé mar. et dim. soir.
Dans cette brasserie, chacun peut
commander des plats rappelant l'époque
de nos grands-mères. Un endroit où l'on
peut s'attarder longtemps le soir.

Sports et loisirs

Matchs de football du Standard de
Liège – *Stade Maurice Dufrasne (Sclessin) -*
04 252 21 22 - www.standardliege.be.
Assister à un match du Standard de Liège
est un événement en soi. L'équipe est une
des plus combatives de la compétition et
possède sans aucun doute les supporters
les plus ardents. Le stade est accessible en
autobus depuis la gare de Liège-Guillemins.

Pour les adeptes de la marche : le nouveau
GR 412, le Sentier des Terrils relie Blégny à
Bernissart (en Hainaut).

Balades en bateau – *Blegny - 1h -*
04 387 43 33 - avr.-oct. : tlj 11h, 13h, 15h et
16h30 - 6 €. Départ de la Passerelle. Pour
plus d'informations, s'adresser au Domaine
touristique de Blégny. On peut aussi opter
pour une croisière d'une journée vers
Maastricht (ven.) ou Huy (merc.).

Achats

Petites puces de Saint-Gilles –
Boulevard Louis-Hiller - sam. 6h-13h. On
prétend que c'est sur ce marché aux puces
et à la brocante que l'on fait les meilleures
affaires. Autre possibilité : la « Brocante de
Saint-Pholien », chaque vendredi de 6h à
13h au boulevard de la Constitution et sur
la place Jehan-le-Bel.

Marché de Noël – *Place du Marché et*
Place Saint-Lambert - 04 221 92 21 -
www.liège.be - tlj 11h-20h en déc. Des
échoppes en bois sont dressées sur les
deux places pour accueillir le plus grand
marché de Noël de Wallonie. On y vend

toutes sortes d'articles de Noël et des denrées hivernales.

Marché de la Batte – *Quais de Maestricht et de la Batte*. Le dimanche matin, tout Liégeois se doit d'aller au Marché de la Batte où se vendent vêtements, brocante, volaille, fruits et légumes.

Cristalleries du Val St-Lambert – *R. du Val, 4100 Seraing* - ☎ *04 330 38 00 - www. val-saint-lambert.com - lun.-jeu. 10h30- 14h30, ven. 10h30 - 6 €.* Pour savoir sur la tradition du cristal « made in Belgium », un produit de luxe s'exportant dans le monde entier. La saga débuta en 1825 par la première mise à feu d'un four sur le site de l'abbaye du Val Saint-Lambert. Parcours

pédagogique, atelier de démonstration, salle d'expo-vente et boutique d'articles de second choix. On peut faire personnaliser les achats.

Crèmerie Saint-Remy – *Rue Saint-Remy 23* - ☎ *04 221 00 04 - j. ouvr.* Cette fromagerie authentique propose une large sélection de fromages de Herve (du doux au piquant), mais aussi beaucoup d'autres fromages wallons. Parmi les fromages étrangers, la première place revient aux italiens, jusqu'aux plus affinés.

Louvain-la-Neuve ★

29 493 HABITANTS (OTTIGNIES ET LOUVAIN-LA-NEUVE)
CARTES MICHELIN NOS 716 G 4 ET 533 M 18 – BRABANT WALLON.

Depuis la fondation de Charleroi en 1666, Louvain-la-Neuve est la seule ville nouvelle créée en Belgique. Implantée sur le plateau de Lauzelle, elle s'étend sur la commune d'Ottignies. Centre urbain mais surtout cité universitaire, Louvain-la-Neuve est d'une conception originale. Elle est divisée en quatre quartiers – Hocaille, Biéreau, Bruyères, Lauzelle – mais dans chacun l'interpénétration des différents secteurs – commerces, habitations, facultés – doit faciliter les échanges.

▶ **Se repérer** – 7 km au sud de Wavre. La ville est desservie par l'autoroute E 411 (Bruxelles-Namur) et par le chemin de fer : une voie ferrée branchée sur une ligne Bruxelles-Namur aboutit à la gare souterraine.

🕐 **Organiser son temps** – Une heure suffit pour visiter la ville.

🖎 **Pour poursuivre le voyage** – Bruxelles, Louvain et Villers-la-Ville.

Comprendre

L'Université catholique de Louvain (UCL)

Depuis la scission en 1968 de l'Université catholique fondée à Leuven (Louvain) en 1425, la section francophone de l'université s'est installée à Louvain-la-Neuve, à l'exception des étudiants en médecine dont la faculté est implantée à **Woluwe-St-Lambert** (Bruxelles), sur le site de **Louvain-en-Woluwe**. Le transfert a été réalisé entre 1972 et 1979. L'UCL compte 18 300 étudiants dont 14 000 à Louvain-la-Neuve.

L'Université dans la ville

Au cœur de la ville, le **centre urbain** a été conçu comme lieu de rencontre et d'animation, réservé exclusivement aux piétons ; la circulation automobile, ferroviaire et les parkings sont en sous-sol.

À proximité de la ville ont été aménagés un parc scientifique regroupant des entreprises et des laboratoires de recherche, et le complexe du Cyclotron. Le site naturel a été respecté. Les quartiers sont établis sur le plateau de Lauzelle qui domine la petite vallée de la Malaise. Cette dernière est recouverte par une dalle de béton portant les rues et les bâtiments du centre-ville parmi lesquels l'édifice central de l'université, les **Halles universitaires**.

L'architecture contemporaine a été mise au service d'un urbanisme qui s'inspire des cités médiévales et garde une échelle humaine. Des rues étroites, de petites places, des escaliers, des bâtiments en retrait ménagent des surprises et évitent toute monotonie. Depuis la création de la ville, plusieurs éléments décoratifs ont fait leur apparition : une fontaine (place de l'Université), œuvre d'une étudiante, et plusieurs peintures murales dont la grande fresque de R. Somville qui égaie de ses couleurs bleu, blanc, gris et rouge un mur des Halles universitaires, côté rue des Wallons. Dans la gare souterraine, peinture murale de Th. Bosquet représentant une ville universitaire au

16e s. et agrandissements des peintures consacrées aux gares de Paul Delvaux.

Visiter

Musée de Louvain-la-Neuve (Institut supérieur d'archéologie et d'histoire de l'art de l'UCL)

Pl. Blaise Pascal - ☎ 010 47 48 41 - www.muse.ucl.ac.be - mar.-vend. 10h-18h - w.-ends 14h-18h - fermé lun. et j. fériés - 2,50 €.

Ses collections comprennent des antiquités égyptiennes, grecques et romaines, des sculptures et masques représentatifs des arts primitifs africains et océaniens, des œuvres d'art religieux (sculptures dont un *Christ des Rameaux* du 16e s.), des porcelaines, etc. Le **legs Charles Delsemme★**, venu enrichir le musée en 1990, représente la même universalité ; « par sa diversité, par sa transcendance, cette collection forme un tout voulu », écrivait le donateur dans son testament. On y remarquera un masque théâtral japonais, une figure féminine de la Renaissance, des dessins de Picasso, des tableaux de Delvaux et Magritte.

Aux alentours

Wavre

6 km au nord par la N 238.

Wavre (prononcer « ouavre ») est située parmi les collines, dans la vallée de la Dyle. Devant l'hôtel de ville, installé dans une ancienne église, la statuette du Maca, gamin rieur, symbolise l'esprit frondeur des habitants.

Walibi – Ce parc d'attractions (50 ha) est le plus fréquenté du pays. Il offre une multitude d'attractions spectaculaires. ☎ 010 42 16 00 - www.walibi.be - ♿- visite avr.-oct. - 30 €. En 1987, a été inauguré le vaste complexe de piscines à ambiance tropicale, du nom d'**Aqualibi**. ☎ 010 42 16 00 - www.walibi.be ♿ - accès tlj 14h-22h - 145 €.

Louvain-la-Neuve pratique

Code postal : *1348.*

Indicatif téléphonique : *010.*

Office du tourisme – *Grand Place 2-3, 1348 Louvain-la-Neuve - ☎ 010 45 90 19 - tourisme@olln.be - www.ottignies-louvain-la-neuve.be.*

Maison du Tourisme des Ardennes brabançonnes (pour Louvain-la-Neuve et Wavre) – *rue de Nivelles 1, 1300 Wavre - ☎ 010 23 03 52 - fax 010 23 03 56 - info@mtab.be - www.mtab.be.*

Malmedy★

11 829 HABITANTS

CARTES MICHELIN Nᵒˢ 716 L 4 ET 534 NORD-OUEST DU PLI 9 – SCHÉMA VOIR SPA – LIÈGE.

Malmedy, au confluent la Warche et la Warchenne, occupe un site★ pittoresque, à 340 m d'altitude, au centre d'une vallée entourée de collines escarpées et boisées. Jusqu'en 1794, la ville formait avec Stavelot une principauté abbatiale. Malmedy, où l'on parle un dialecte wallon, fut prussienne de 1815 à 1919. Rattachée à la Belgique en 1919 par le traité de Versailles, la ville redevient allemande de 1940 à 1944. Pendant l'offensive des Ardennes en décembre 1944, un bombardement américain détruit par erreur le centre de la cité. Guillaume Apollinaire séjourna à Malmedy en 1899. Un monument lui a été élevé en 1935 sur l'ancienne route de Francorchamps.

- ▶ **Se repérer** – Malmedy se situe au sud des Hautes Fagnes. La ville est desservie par la N 62 (depuis St-Vith) et la N 68 (depuis Eupen). On peut également emprunter l'autoroute E 42/A 27 reliant Verviers à St-Vith ; prendre la sortie 11, puis la N 62.

- 👁 **À ne pas manquer** – Les lacs des barrages de Robertville et Bütgenbach et le château de Reinhardstein.

- 🕐 **Organiser son temps** – Quelques heures suffisent pour visiter la petite ville et le château de Reinhardstein.

- 👪 **Avec les enfants** – Les lacs des barrages sont impressionnants.

- 🖋 **Pour poursuivre le voyage** – Eupen et les Hautes Fagnes.

Visiter

Cathédrale Sts-Pierre-Paul-et-Quirin

Ancienne abbatiale bénédictine, cette église de 1782 présente une façade encadrée de deux hautes tours. L'**intérieur** est intéressant par son mobilier (chaire sculptée du 18e s., confessionnaux de la fin du 17e s.) et par ses objets d'art : Vierge de Delcour (17e s.), châsse de saint Quirin en bois, avec dorures, de 1698, bustes-reliquaires en argent de saint Géréon et de ses compagnons, soldats romains (18e s.).

Aux alentours

Robertville

10 km au Nord-Est par la N 681.

Robertville fait partie du territoire du Parc naturel Hautes Fagnes-Eifel. Cette commune est connue pour son **barrage**, créé en 1928, qui domine la Warche à 55 m. Sa retenue forme un **lac**★ de 62 ha qui fournit de l'eau potable à Malmedy et alimente une centrale électrique à Bévercé. Le lac, entouré d'une forêt, offre de nombreuses activités sportives. On a une belle **vue**★ sur la retenue à l'entrée de Robertville.

Château de Reinhardstein★

Accès par un sentier partant du barrage ou par la première route à gauche après le barrage (panneaux), et 800 m à pied au-delà du parking.

Dans son cadre somptueux de forêts de conifères, le donjon entouré de murailles, se dressant sur un éperon rocheux, donne l'impression de n'avoir pas changé depuis des siècles, forteresse prête à se défendre contre les invasions. Pourtant, au début des années 1960, il n'y avait que des ruines à cet endroit. Le professeur Overloop a opéré une véritable résurrection en reconstruisant ce « burg » d'après les gravures du 17e s. qui le représentaient du temps de sa splendeur ; il était alors la propriété de la famille Metternich. À l'intérieur, les pièces aux murs et dallages de pierre sont décorées de meubles anciens, de tapisseries, d'armures, d'armes et d'œuvres d'art. La salle des Chevaliers et la chapelle retiennent l'attention.

Bütgenbach

15 km à l'est par la N 62, puis à hauteur de Baugné, prendre la N 632.

Également sur la Warche, le barrage (1928-1932) ferme une vaste retenue de 120 ha. Grand centre touristique, Bütgenbach propose de nombreuses possibilités de sports nautiques et de sports d'hiver.

Rocher de Falize★

3,5 km au sud-ouest. Sortir par la route de Stavelot. Avant le viaduc, prendre une petite route à gauche, puis une route à droite.

Magnifique aiguille dont l'à-pic surplombe la vallée de la Warche. En face, sur la hauteur, une flèche signale la présence de l'abbaye de Wavreumont, fondée en 1950 par des bénédictins venus de Louvain.

Bellevaux-Ligneuville

8,5 km au sud par la N 62.

Dans la haute vallée de l'Amblève, ce village conserve une jolie maison à colombages, typique de la région, la maison Maraite (1592).

On rentre à Malmedy par Hédomont.

Faymonville

11 km au sud-est par la N 62, puis à hauteur de Baugné, prendre la N 632.

À la suite d'une légende très ancienne, les habitants de ce village sont nommés « turcs ». Cette appellation est illustrée par la grande parade carnavalesque du Lundi gras.

Carnaval

Très populaire, le « Cwarmê » de Malmedy est l'un des plus joyeux de Belgique. Pendant quatre jours, la ville est en ébullition. Le samedi après-midi, un cortège humoristique accompagne le « Trouv'Lê », sorte de roi du carnaval qu'on intronise à l'hôtel de ville. Le dimanche est le jour du grand cortège à la suite duquel les « banes corantes » (bandes courantes) pourchassent le public : parmi les personnages masqués traditionnels, les plus redoutés sont les **haguètes** », au dos blasonné de l'aigle autrichien, coiffés d'un bicorne rehaussé de plumes et porteurs d'une longue pince articulée. Le lundi, dans les rues, sont joués les « rôles », saynètes satiriques en dialecte local.

Malmedy pratique

Informations utiles

Codes postaux : *4960.*

Indicatif téléphonique : *080.*

Maison du Tourisme des Cantons de l'Est – *Place Albert I 29A, 4960 Malmedy - ✆ 080 33 02 50 - fax 080 77 05 88 - info@cantons-de-lest.be - www.cantons-de-lest.be.*

Royal Syndicat d'Initiative – *Place du Châtelet 10, 4960 Malmedy - ✆ 080 79 96 35 - fax 080 33 92 22 - rsi@malmedy.be - www.malmedy.be.*

Se loger

🛏🛏 **Maison Géron** – *Route de la Ferme Libert 4, 4960 Bévercé - ✆ 080 33 00 06 - info@geron.be - www.geron.be - 13 ch. 75/110 € ⌑ - 🅿.* À 3,5 km de Malmédy, au bord d'une jolie route serpentant vers les Hautes Fagnes, corpulente maison bourgeoise postée en face d'une mignonne chapelle. Chambres classiques, jolie véranda moderne et terrasse d'été côté jardin. Accueil gentil.

À BÜTGENBACH

🛏🛏🛏 **Hôtel Le Vieux Moulin** – *Mühlenstrasse 32, 4750 Bütgenbach - ✆ 080 28 20 00 - www.levieuxmoulin.be - 10 ch. 120 € ⌑ - 🅿.* Un couple de Bruxellois a transformé un ancien complexe de moulin à eau en un charmant petit hôtel à la touche urbaine et raffinée. Idéalement situé pour les longues promenades à travers les bois environnants ou pour pêcher dans l'étang à truite. Un repas soigné est servi le soir. Cet hôtel à la situation calme vous offre un accueil chaleureux.

Se restaurer

🍽🍽🍽 **Au Petit Louvain** – *Chemin-rue 47 - ✆ 080 33 04 15 - maurice.colinet@tiscali.be - fermé lun. soir, merc. - 25/50 € - 🅿.* Petite table familiale discrètement installée dans la rue commerçante de Malmédy. Traditionnelle et assez engageante, la carte propose du gibier en saison de vénerie. L'assiette, souvent bien garnie, ne manque pas de saveur !

🍽🍽🍽 **Albert I** - *Place Albert I 40 - ✆ 080 33 04 52 - fermé merc. soir et jeu. (sf pdt l'été), la période du carnaval et les deux premières sem. de juil. - menu 33/50 €.* Vous trouverez sur la place du marché de Malmedy le meilleur restaurant italien des environs. Préparations classiques des différentes régions d'Italie et belle carte des vins.

Achats

Les « baisers de Malmedy », meringues fourrées de crème fraîche, sont une excellente pâtisserie locale.

La **Meuse Namuroise**★★

CARTES MICHELIN N°S 716 H 4, 5, I 4 ET 534 O 21, P 20, Q 19 – NAMUR.

La Meuse naît en France, à 409 m d'altitude, et traverse la Belgique et le sud des Pays-Bas, parcourant 950 km avant de se jeter dans la mer du Nord. C'est lorsqu'il traverse la province de Namur que le fleuve effectue son tracé le plus pittoresque. Son cours déjà puissant s'est frayé un sillon à quelque 300 m d'altitude et s'abaisse progressivement vers le nord. Elle forme soudain à Namur un coude prononcé ; rencontrant un couloir, elle s'y est insinuée. La variété du paysage manifeste la nature du sol : les pentes de schiste boisées alternent avec les roches dures qui, mises à nu, encadrent la rivière, formant de magnifiques escarpements, d'étroites lames, des aiguilles effilées, ou souvent de profondes grottes.

▶ **Se repérer** – Comme son nom l'indique, la vallée de la Meuse namuroise se situe au cœur de la province de Namur. Accès facile par la N 92 qui longe le fleuve entre Namur et Dinant ou par les N 90 et N 959 reliant Namur à Andenne.

👁 **À ne pas manquer** – Les jardins d'Annevoie, les ruines de Poilvache, le château de Freÿr.

🕐 **Organiser son temps** – Compter quelques jours pour visiter la vallée à fond.

👪 **Avec les enfants** – L'exposition de poupées dans le Petit Chapitre (Fosses-la-Ville), la grotte de Goyet.

🕯 **Pour poursuivre le voyage** – Namur et Dinant.

Circuits de découverte

DE NAMUR À FOSSES-LA-VILLE 1
18 km à l'ouest. Quitter Namur par la N 90.

Floreffe
Dominant la Sambre, l'**abbaye** fut fondée en 1121 par des Prémontrés et reconstruite aux 17e et 18e s. La cour d'honneur qui s'ouvre en terrasse est bordée de bâtiments du 18e s. Au-delà d'un jardin, on aperçoit une tour et un bâtiment à portique du 17e s. ☏ 081 44 53 03 - avr.-sept. : visite accompagnée (1h) 13h30, 14h30, 15h30, 16h30, 17h30 (juil.-août : visites suppl. 10h30, 11h30) - 2 €. L'**église-abbatiale** (13e-18e s.), flanquée d'une tour, est longue de 90 m. Au 18e s., l'intérieur a été transformé par Dewez dans le style néoclassique. Le chœur, immense, comprend les **stalles**★ remarquables, taillées par Pieter Enderlin de 1632 à 1648. Une quarantaine de personnages, la plupart fondateurs d'ordres religieux, sont représentés sur les panneaux supérieurs. Les huit angelots musiciens ou chanteurs surmontant les jouées des extrémités sont particulièrement admirables. En contrebas de l'abbaye, le **moulin-brasserie**, qui date du 13e s., a été transformé en auberge.

Fosses-la-Ville
Cette ville d'Entre-Sambre-et-Meuse, fondée autour d'un monastère du 7e s., a subi de nombreux sièges, surtout au 17e s. La **collégiale St-Feuillen**, reconstruite au 18e s., est encore flanquée de sa tour romane de la fin du 10e s. On peut y voir des stalles sculptées de 1524, des sculptures de la fin du 16e s., le buste-reliquaire de saint Feuillen (fin du 16e s.). À l'est de l'église, « crypte » construite hors œuvre en 1086 : c'est la seule de ce type conservée en Belgique. **Le Petit Chapitre** à côté de l'église, autrefois résidence d'été des princes-évêques de Liège, abrite une 👪 **exposition de poupées** folkloriques, dont les costumes sont faits à la main par Lilette Arnould. ☏ 071 71 46 24 - 10h-15h (w.-end et j. fériés 16h) - 2,50 €. Fosses est connu pour ses fêtes, d'une part le cortège carnavalesque des Chinels, sortes de polichinelles facétieux, d'autre part la marche militaire de Saint-Feuillen qui a lieu tous les sept ans, le dernier dimanche de septembre (*prochaine manifestation en 2012*).

DE NAMUR À HASTIÈRE-LAVAUX★★ 2
80 km - compter une journée
Quitter Namur par la N 92 au sud.
D'imposantes parois rocheuses et, perchées au sommet, les ruines de plusieurs châteaux forts donnent à ce trajet un caractère romantique. La présence de ces forteresses souligne l'importance stratégique de la vallée qui a subi de nombreuses invasions. Le bassin est plus peuplé que les plateaux d'alentour ; au pied du décor sauvage des roches s'étalent de nombreux villages, tandis que villas, hostelleries, guinguettes se pressent le long des rives.

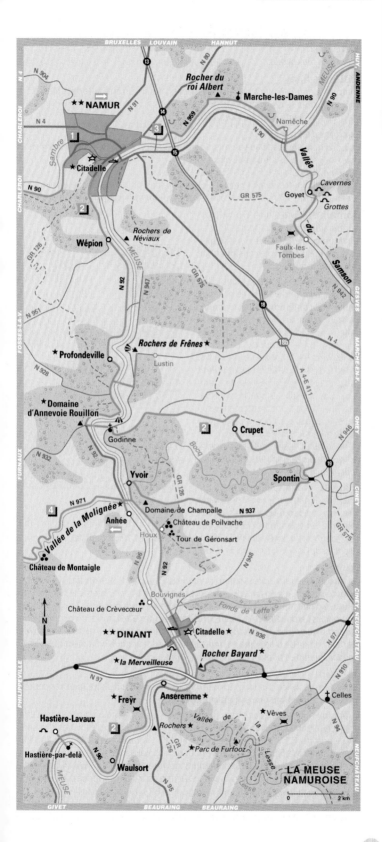

LA MEUSE NAMUROISE

Wépion

Face à cette localité, centre de culture de la fraise, s'observent les imposants **rochers de Néviaux**.

Poursuivre son chemin.

Profondeville★

Charmant centre de tourisme, agréablement situé dans un méandre de la Meuse. Sur la rive opposée se dressent les rochers de Frênes.

Par le pont suivant, gagner la route de Lustin.

Rochers de Frênes★

Du belvédère aménagé au sommet des rochers *(accès par le café)*, belle **vue★** sur la vallée de la Meuse et Profondeville.

Revenir à la N 92.

Quelques kilomètres avant Annevoie, jolie **vue★** sur le prieuré de Godinne, charmante construction du 16e s. attenante à une église au chœur gothique (16e s.).

Domaine d'Annevoie-Rouillon★

Le domaine appartient depuis le 17e s. aux Montpellier. Le château et le parc du domaine d'Annevoie constituent un bel exemple du 18e s.

Y. Duhamel/MICHELIN

Parc d'Annevoie.

Parc★★ – Charles-Alexis de Montpellier imagina, à la fin du 18e s., ce parc aux eaux vives, compromis entre les jardins à la française et les jardins romantiques italiens, qui séduit par la multiplicité et la fantaisie de ses bosquets et de ses jeux d'eau. Parmi les frondaisons séculaires, le Buffet d'Eau (face au château), le Petit Canal et enfin, sur la hauteur, le Grand Canal, bordé de tilleuls, sont les principales étapes d'une agréable promenade au cours de laquelle on observera l'originalité de quelques bancs baroques.

℘ 082 67 97 97 - www.jardins.dannevoie. be - déb. avr.-déb. nov. : 9h30-17h30 (juil.-août jusqu'à 18h30) - 7,50 €.

Château – À droite, la partie ancienne (1627) se signale par le motif de briques roses qui court sous le rebord du toit. Le château a été agrandi en 1775, à l'époque de la création du parc, auquel il s'intègre parfaitement. *Ne se visite pas.*

À l'entrée de Godinne, traverser la Meuse.

Crupet

Ce village situé entre deux vallons possède un charmant **manoir** des 12e et 16e s., entouré d'eau. C'est en fait une puissante tour carrée portant bretèche sur une face, flanquée d'une tourelle d'angle et coiffée d'un hourd à colombages. Occupé jusqu'en 1621 par les Carondelet, ce château porte les armes de cette famille franc-comtoise sur le fronton du porche d'entrée. Dans l'**église** de Crupet, à l'entrée à gauche, se trouve la pierre tombale de ces seigneurs, représentés dans leur rigide vêtement d'apparat.

Gagner Spontin en passant par Durnal.

Spontin

Situé dans la vallée du Bocq, Spontin est connu pour son château et ses sources minérales alimentant une usine d'embouteillage.

Château★ – Entouré d'eaux vives (le Bocq), c'est un des témoignages remarquables de l'architecture du Moyen Âge en Belgique. Le château montre l'évolution d'un logis seigneurial du 12e au 17e s. Simple donjon au 12e s., agrandi en château fort au 14e s., il fut restauré à la fin du 16e s. dans le goût de la Renaissance et rehaussé de briques roses et de toits en poivrière. Les communs, qui furent ajoutés en 1622 en dehors des douves, ferment l'actuelle cour d'honneur. Dans la cour d'armes, ornée d'une élégante armature de puits en fer forgé par Van Boeckel (19e s.), apparaît l'ancien donjon. Les salles du vieux logis, aux murs énormes, aux cheminées gothiques et boiseries Louis XIII, au pavement de grès, contrastent par leur austérité avec les appartements. La partie sud a été décorée au 19ᵉ s. dans le style néogothique. 📞 *083 69 95 73 - fermé au public - propriété privée. Prendre la N 937 en direction d'Yvoir.*

Yvoir

Ancien centre métallurgique, c'est une villégiature appréciée pour son **île** aménagée en **centre récréatif**. 📞 *082 61 51 54 - danielnahon@skynet.be - www.iledyvoir.be - mi-avril-fin sept. : tlj. 10h jusqu'en soirée.* On pratique la spéléologie dans les environs, au nord (infos: Mr Boden, 📞 *081 41 13 57).* Au sud d'Yvoir, le **domaine de Champalle** comprend les jardins botaniques et un château. Il abrite également le Tropical Butterfly Center et ses serres tropicales aux centaines de papillons exotiques, des poissons d'eau douce et de mer, et des oiseaux multicolores.
Traverser la Meuse en direction d'Anhée.
Avant Anhée commence la vallée de la **Molignée★** *(voir circuit* 4 *).*
Suivre la N 92.
Au-dessus du village de Houx, on aperçoit les ruines du **château de Poilvache**, à 125 m au-dessus de la Meuse. Détruit par les Liégeois en 1430, le château est envahi par la végétation. La légende attribue sa construction aux quatre fils Aymon. Appelée d'abord château d'Émeraude, cette forteresse du 10ᵉ s. prit le nom de Poilvache au 14ᵉ s., à la suite d'une ruse de guerre : des assiégés, sortis en quête de bétail, avaient été capturés par les Dinantais. Ces derniers se revêtirent les uns des vêtements des prisonniers, les autres de peaux de bêtes, et, environnés de troupeaux, pénétrèrent dans la place. Plus loin, se dressent les ruines de la **tour de Géronsart**.
Gagner Dinant en traversant la Meuse et prendre la N 96 en direction de Bouvignes.

Bouvignes et château de Crèvecœur *(voir Dinant, aux alentours)*
Regagner Dinant.

Dinant★★ *(voir ce nom)*
Prendre la N 936 en direction de Philippeville.

Grotte La Merveilleuse★ *(voir Dinant)*
Revenir à Dinant et traverser la Meuse. Au-delà du rocher Bayard, sur la rive gauche, on atteint au sud Anseremme.

Anseremme★ *(voir Dinant, circuit La descente de la Lesse)*
Suivre la N 96.

Château de Freÿr★
Visite libre (90mn) - 📞 082 22 22 00 - www.freyr.be - oct.-mars : dim. 14h00-16h15 ; av.-juin et sept. : w.-end et j. fériés 10h30-12h45 et 14h-17h45 ; juil.-août : tlj sf lun. 10h30-12h45 et 14h-17h45 ; également pdt vac. scol. en Belgique et aux Pays-Bas (horaire du mois des vac.) - visite avec dossier (en 4 langues) - 7 €.
Cet ensemble monumental (château et jardins), classé comme patrimoine exceptionnel de Wallonie, est situé au bord de la Meuse, en face de rochers (paradis des alpinistes) surplombant le fleuve et dans un **cadre★★** superbe.
Le château resta pendant 20 générations aux mains de la même famille. Après la destruction du château-fort (1554), un manoir Renaissance fut édifié, puis agrandi en un quadrilatère avec une cour intérieure (début 17ᵉ s.). Deux jardins situés le long d'un axe parallèle à la Meuse encadraient les bâtiments.
Au milieu du 18ᵉ s. le château fut réaménagé pour jouer son rôle de résidence ducale et d'été des Beaufort-Spontin, tandis que les jardins étaient redessinés et agrandis. L'ensemble est encore habité.

Château★ – À l'intérieur de la demeure, qui fut visitée par des hôtes royaux tels que Louis XIV, Stanislas Leszczynski, Marie-Christine d'Autriche et Naru Hito, on peut admirer un décor raffiné et cosmopolite, où fut signé le traité de Freÿr (1675), et où l'on but du café pour la première fois dans le pays. On y découvre la salle à manger

Les quatre fils Aymon
Depuis la célèbre chanson de geste Renaud de Montauban, les exploits de Renaud, Alart, Guichard et Richard fuyant, sur leur magnifique **cheval Bayard**, la haine de Charlemagne, dont Renaud avait tué le neveu, ont défrayé bien des chroniques. Les quatre fils du duc Aymes de Dordogne ne se réfugient qu'un temps en Ardenne, au bord de la Meuse, à Château-Regnault, en France, mais les lieux qui évoquent leur légende y sont légion, notamment le long de la Meuse namuroise.

centrée sur son imposante cheminée Renaissance, un carrosse pour enfants du 17ᵉ s. qui obtint le premier prix à l'Exposition Universelle de Paris (1889), deux vestibules dont un aux allures de palais italien avec des toiles de Snyders et un plafond recouvert de fresques, quelques salons classiques, un ensemble de chambres à coucher et une chapelle rococo.

Parc★ – Dès 1760, les jardins Renaissance furent redessinés dans le style classique par le chanoine prévôt Guillaume de Beaufort-Spontin. Ils dégagent une atmosphère envoûtante due à leur parterre, à l'ombre des tilleuls, au chant paisible des fontaines et au parfum des orangers, dont la plupart proviennent de la cour de Lorraine et sont tricentenaires. En hiver, ces arbres sont gardés dans les plus vieilles orangeries des Pays Bas. À partir de 1770, Philippe, frère cadet de Guillaume, agrandit les jardins en dessinant un second axe perpendiculaire au fleuve, qui s'étage le long des côtes de la Meuse jusqu'au Frédéric Salle, un petit belvédère, chef d'œuvre rococo aux stucs raffinés des Moretti. Le long de ce second axe, se déploie un jardin dans le style de Le Nôtre qui est encadré de jardins intimistes (fin 18ᵉ s.) composés de labyrinthes (6 km) de charmilles.

Bientôt, le lit du fleuve se rétrécit et, sur la rive opposée, apparaissent de beaux rochers gris tourmentés qui plongent leur abrupt dans la Meuse : ce sont les célèbres **rochers de Freÿr★**.

Waulsort
Petit centre de villégiature dans un site agréable. De l'importante abbaye de Waulsort fondée au 11ᵉ s., il reste le château actuel, ancien palais abbatial.
Gagner la rive droite.

Hastière-par-delà
« Par-delà » la Meuse, l'église Notre-Dame, vestige d'un ancien prieuré, est de style roman mosan (1033-1035), à l'exception du chœur, gothique. Elle présente des points communs avec St-Hadelin de Celles : importante tour-porche, arcatures lombardes, nef à plafond de bois, grandes arcades sur piliers carrés. Les stalles du 13ᵉ s. sont sculptées de motifs très variés. Les fonts baptismaux datent du 14ᵉ s. La **crypte**, romane, contient deux sarcophages mérovingiens.
Regagner la rive gauche.

Hastière-Lavaux
Les **grottes du Pont d'Arcole** *(Route d'Inzemont 2)* possèdent cinq galeries ornées de concrétions et un puits au fond duquel coule une rivière souterraine. La galerie supérieure est ornée de fines stalactites, certaines d'un blanc très pur. ℘ 081 64 44 01 - *juil.-août : tlj visite accompagnée (50mn) 10h-19h ; autres mois : w.-end, j. fériés et vac. scol. 10h-18h - fermé 15 jan.-15 mars - 5 €.*

DE NAMUR À ANDENNE★ ③
35 km
Sur ce tronçon, la Meuse s'élargit et la vallée prend de l'ampleur ; si des rochers subsistent çà et là, les pentes sont en général moins escarpées. De nombreuses carrières, notamment de calcaire et de dolomie, sont exploitées sur les rives.
Quitter Namur par la N 959 et longer la rive droite de la Meuse.

Rocher du roi Albert
Sur la gauche, on peut voir des roches qui surplombent la Meuse de 70 m. C'est là que le **roi Albert Iᵉʳ** trouva la mort, le 17 février 1934, suite à une chute sur les rochers. Une croix à mi-pente indique l'endroit où fut retrouvé son corps. La forêt environnante est devenue **parc national**.

Marche-les-Dames
L'**abbaye N.-D.-du-Vivier** a été fondée au début du 13ᵉ s. par des cisterciennes. Elle est occupée de nos jours par les petites sœurs de Bethléem. Les bâtiments abbatiaux datent des 13ᵉ et 18ᵉ s.
À Namêche, traverser la Meuse et prendre la N 942 vers Gesves.

Vallée du Samson
C'est une vallée verdoyante et pittoresque.

Goyet
Les **cavernes** donnent un aperçu de la vie des grottes à l'époque préhistorique ; à côté, d'autres **grottes** présentent de belles concrétions. ℘ 081 58 85 45 - *vac. scol. : tlj 10h-18h ; en autre temps : merc. et vend.-dim. mêmes heures - 7 €.* Un peu avant Faulx-les-Tombes apparaît un **château** (19ᵉ s.), saisissant pastiche d'une forteresse médiévale.
Faire demi-tour et revenir à la vallée de la Meuse que l'on suit jusqu'à Andenne.

Andenne

Cette petite ville a pour origine un monastère fondé vers 690 par sainte Begge, tri-saïeule de Charlemagne. Au 11ᵉ s., ce monastère devint chapitre noble de chanoinesses séculières. C'est à Andenne qu'a débuté la **guerre de la Vache**. Un paysan avait volé une vache à un bourgeois de Ciney et fut reconnu à la foire d'Andenne alors qu'il tentait de restituer la vache à son propriétaire. Il fut arrêté, puis pendu par les hommes de Ciney. En représailles, le comte de Namur, dont le paysan était l'un des sujets, vint, aidé des Luxembourgeois, assiéger Ciney. Le prince-évêque de Liège, souverain de Ciney, appela à l'aide les Dinantais. La guerre dura 2 ans et ravagea le Condroz.

Collégiale Ste-Begge – Édifiée au 18ᵉ s. d'après les plans de Dewez, elle a remplacé les sept églises que comptait le monastère ; elle contient le tombeau gothique de la sainte, en pierre bleue *(chapelle à gauche du chœur)*. Le **musée** de la collégiale abrite le trésor des chanoinesses : peintures, sculptures, parchemins et la châsse de sainte Begge (vers 1570-1580), finement ciselée. ☎ 085 84 13 44 - www.andenne.be *- mi-juil.-mi-août : chaque dim. 15h-18h30 ; mai-oct. : 1ᵉʳ dim. 15h-18h30 - en dehors des jours de visite sur demande uniquement - 3 €. S'adresser à M. R. Frennet.*

LA VALLÉE DE LA MOLIGNÉE★ 4

24 km - environ 4h
À hauteur d'Anhée, prendre la N 971.
La Molignée est un petit cours d'eau qui s'écoule dans une charmante vallée champêtre et boisée avant de se jeter dans la Meuse. Les villages aux maisons de pierre bleue se succèdent. Plusieurs abbayes ont choisi ses coteaux pour s'établir.

Château de Montaigle

Les ruines de cette forteresse détruite en 1554 par Henri II se dressent sur une butte escarpée.
Suivre la N 971. À l'ancienne gare de Falaën, prendre à gauche.

Château-ferme de Falaën

☎ *082 69 96 26 - déb. avr.-fin nov. : dim. et j. fériés ; juil.-août : w.-end; 15-23 juil. : tlj heures d'ouverture : dim. 12h-20h ; autres j. 13h-20h - 2,50 €.*
Autrefois entouré de fossés et défendu par un pont-levis, ce bâtiment du 17ᵉ s. construit en brique et en pierre calcaire forme un quadrilatère fermé à chaque angle par une tour élancée. À l'intérieur, petit musée sur les confréries et expositions temporaires.

Abbaye de Maredsous

☎ *082 69 82 11 - www.maredsous.com - 8h-21h.*
Elle a été fondée en 1872 par des bénédictins. C'est un vaste ensemble de style néo-gothique situé sur un plateau boisé dominant la vallée. Les moines, en dehors de leurs heures de prière, ont les activités les plus diverses : enseignement, informatique, recherches théologiques, mais aussi hôtellerie, fromagerie, librairie, etc.

Maredret

Ce village où se trouve également une abbaye est spécialisé dans l'artisanat.

Ermeton-sur-Biert

L'ancien château qui domine le site très boisé de ce bourg a été transformé en couvent.
Après la gare, tourner à droite et passer sous la voie ferrée.

Furnaux

L'église abrite de magnifiques **fonts baptismaux★**, exécutés vers 1135-1150. La cuve romane de style mosan supportée par quatre lions est ornée de scènes de l'Ancien et du Nouveau Testament, en particulier le Baptême du Christ.

La Meuse Namuroise pratique

Fédération du Tourisme de la Province de Namur – *Av. Reine Astrid 22, bte 2, 5000 Namur -* ☎ *081 74 99 00 - fax 081 74 99 29 - www.ftpn.be & www.paysdesvallees.be.*

Maison du Tourisme du Pays de Namur – *Square de l'Europe Unie, 5000 Namur -* ☎ *087 69 36 70 - fax 087 69 36 79 - www.pays-de-namur.be.*

Mons ★

Bergen

91142 HABITANTS
CARTES MICHELIN N°S 716 E 4 ET 534 I 20 –
PLAN D'AGGLOMÉRATION DANS LE GUIDE ROUGE BENELUX – HAINAUT.

Mons, chef-lieu du Hainaut, dont le beffroi marque l'importance, est, à proximité de la frontière française, le grand centre commercial du Borinage. Le pittoresque de ses vieilles rues pavées et montueuses, bordées d'élégantes demeures des 17e et 18e s., ne manque pas d'attrait. Au 16e s., Mons voit naître le sculpteur et architecte Jacques Du Brœucq (vers 1510-1584) et le musicien Roland de Lassus (1532-1594). Verlaine, emprisonné à Mons pour avoir tiré sur son ami Rimbaud, y a écrit « Romances sans paroles » et quelques fragments de « Sagesse ».

▶ **Se repérer** – Mons se trouve à 20 km de Maubeuge, à laquelle elle est reliée par les N 6 et N 2. La ville est également accessible par l'autoroute E 19 depuis Bruxelles.

👁 **À ne pas manquer** – Beffroi ; Collégiale Ste-Waudru.

🕐 **Organiser son temps** – Pour une première découverte de Mons, prévoir une demi-journée. Pour la compléter, rien de tel que la visite du canal du Centre.

👫 **Avec les enfants** – Les fêtes de la Ducasse et, pour les scientifiques en herbe, le « Pass » à Frameries, dans les environs de Mons.

👣 **Pour poursuivre le voyage** –Tournai, Canal du Centre et Le Grand Hornu.

Comprendre

Histoire de la ville

Mons, comme l'indique son nom, tient son origine d'une éminence. Elle se développe autour d'un monastère fondé en 650 par sainte Waudru au pied des ruines d'une forteresse. Les comtes de Hainaut font construire un château à l'emplacement de celles-ci. La ville connaît sa plus grande splendeur au Moyen Âge et sous Charles Quint grâce à ses manufactures de draps. Mais sa position stratégique, aux limites de la France, lui vaut d'être plusieurs fois assiégée. C'est ainsi qu'en 1691 les troupes de Louis XIV s'emparent de la ville après un siège de trois semaines ; de ce fait, le style de la plupart des maisons date de cette époque.

À **Jemappes** *(5 km à l'ouest)*, en 1792, le général Dumouriez remporte sur les Autrichiens une victoire qui livre momentanément le pays à la France.

Mons est devenu un véritable symbole de la guerre de 1914-1918 pour l'Empire britannique. C'est sous ses murs que l'armée du général French arrête les Allemands de von Kluck pendant 48 h. À l'aube du 11 novembre 1918, les Canadiens libèrent la ville après trois jours de féroces combats. Les bombardements de l'aviation de 1940-1945 causent la destruction de plusieurs quartiers. En 1967, le SHAPE, commandement suprême des Forces alliées en Europe, s'installe sur le territoire des communes de Maisières et de Casteau, au nord-est. Depuis 1971, Mons est le siège d'une université de l'État comprenant cinq facultés.

Les festivités de la ducasse

Chaque année, le dimanche de la Trinité (qui suit la Pentecôte), se déroule la procession du Car d'or, où confréries et corporations des différentes paroisses, ainsi que des groupes historiques évoquant la Renaissance, défilent à travers la ville afin d'escorter les reliquaires ou statues de leurs saints patrons. Ce défilé se termine par l'apparition du char processionnel de sainte Waudru transportant les reliques de celle-ci.

Cette procession sera suivie du Lumeçon, vestige d'un « jeu médiéval » opposant saint Georges à un dragon. Le combat, mettant en scène divers personnages et animaux parfois étranges (les chinchins), se déroule au son de « l'air du doudou », et s'achève par la victoire du Bien contre le Mal *(voir événements)*.

Se promener

Partir de la Grand-Place.

Hôtel de ville

Visite accompagnée pour groupes uniquement et sur demande préalable à l'Office de tourisme. Visite libre uniquement lors des journées du Patrimoine. ☎ 065 33 55 80.

Situé sur la Grand-Place, il a été édifié en 1458. À la mort de Charles le Téméraire

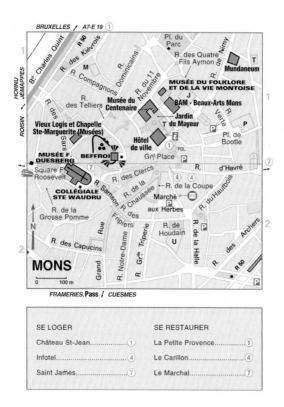

MONS

0   100 m

FRAMERIES, Pass / CUESMES

SE LOGER		SE RESTAURER	
Château St-Jean	①	La Petite Provence	①
Infotel	④	Le Carillon	④
Saint James	⑦	Le Marchal	⑦

(1477), la construction s'interrompit faute d'argent. Elle fut reprise du 16e au 19e s. La belle façade gothique surmontée d'un campanile est flanquée de deux pavillons du 17e s. à fronton à volutes.

Près de la porte principale, le « singe du Grand-Garde », figurine en fer forgé d'origine mystérieuse, a la tête polie par les caresses des personnes désirant s'assurer le bonheur. Sous le porche, remarquer les clés de voûte sculptées, du 15e s., agrémentées de scènes symbolisant les fonctions judiciaires des échevins.

À l'**intérieur**, on visite de nombreuses salles de différentes époques, ornées d'un beau mobilier, de tableaux et de tapisseries. Dans la salle gothique au 1er étage, les poutres s'appuient sur de belles consoles sculptées. De la pièce voisine, on découvre la voûte gothique (17e s.) de l'ancienne chapelle St-Georges, occupée par des expositions temporaires.

Jardin du Mayeur (Maire)

Derrière l'hôtel de ville, ce jardin est l'ancien verger et basse-cour des échevins. Il forme un joli cadre à des bâtiments anciens dont l'un, le Mont-de-Piété (17e s.), a reçu récemment une toute nouvelle affectation et est devenu un « historium » consacré à la légende de saint Georges. La fontaine du Ropieur (ou farceur), sculptée par Gobert, représente un jeune garçon aspergeant les passants avec l'eau de la fontaine.

S'engager dans la rue d'Enghien, puis prendre à gauche la rue Cronque qui conduit au beffroi.

Beffroi★

Il est bâti au sommet de la ville dans le charmant square du Château d'où se dégagent de belles échappées et où se remarquent des vestiges des murs d'enceinte (11e-12e s.) du **château des Comtes de Hainaut** (12e s.) et de sa **chapelle castrale St-Calixte** dont la crypte date de l'époque romane (11e s.). Le **beffroi**, haut de 87 m, est le seul de style baroque en Belgique (1661-1674). Il est couronné de gracieux bulbes et d'une lanterne ajourée. Le carillon compte 49 cloches et un gros bourdon de 5 t.

Descendre la rue des Gades, puis prendre à droite la rue des Clercs.

Collégiale Ste-Waudru★★

☎ 065 33 55 80 (Office de tourisme) - ouverte toute l'année 9h-18h30 (dim. 7h-18h30) - fermée ap.-midi du 1er janv. et 25 déc. - l'accès au chœur est interrompu durant les offices - entrée libre. Cet imposant édifice a été bâti entre 1450 et 1686 à l'emplacement même

du modeste monastère fondé par sainte Waudru, patronne de la ville. Le chapitre noble des chanoinesses de Ste-Waudru confia cette tâche à Mathieu de Layens. Elle présente un extérieur imposant, un peu trapu, car la tour de façade prévue à l'ouest, dont la hauteur devait atteindre 190 m, n'a jamais été terminée et ne dépasse pas la toiture de la nef. L'église a été bâtie avec des matériaux locaux tels que le grès, la pierre bleue et la brique. Cette construction massive, typique du style gothique brabançon, surprend par ses dimensions : 115 mètres de long, 32 mètres de large et 24,5 mètres de haut à la clef de voûte. L'ensemble est bordé de 29 chapelles.

Le Car d'or dans la collégiale Ste-Waudru.

Intérieur – *Accès par te portail sud.*
Dés qu'on pénètre dans l'église, l'impression extérieure s'efface : tout n'est qu'harmonie, élégance et équilibre. La verticalité domine : le regard ne rencontre pas d'obstacle, de la base des piliers fasciculés à la clef de voûte. Aucune ligne horizontale ne l'arrête.

Un **jubé** en albâtre, exécuté au 16e s. dans le style de la Renaissance italienne par le sculpteur et architecte Jacques Du Brœucq (ca. 1505-1584), a été démoli en 1797 : les statues et bas-reliefs ayant échappé à la destruction sont dispersés dans la collégiale. Au revers de la façade, à l'avant de la tribune supportant les orgues du 18e s., les plus complètes de la province du Hainaut, on voit le **Car d'or** (1779-1781), carrosse en bois sculpté, peint et doré, qui porte, lors de la procession annuelle, le dimanche de la Trinité, la châsse (19e s.) de sainte Waudru. Il s'agit du seul char processionnel de cette période encore utilisé de nos jours.

Le **chœur** est entouré de sept splendides **statues allégoriques**★ en albâtre exécutées par Du Brœucq : les quatre vertus cardinales (1544) et les trois vertus théologales (1543-1544) d'une grâce très étudiée, ainsi qu'un splendide saint Barthélemy (1572). Les fenêtres hautes du chœur sont ornées de beaux vitraux des 16e et 17e s. parmi lesquels les cinq « verrières impériales » offertes par Maximilien d'Autriche et réalisées par le peintre verrier montois Claix Eve. Les vitraux de la collégiale animent l'architecture de leurs éclats multicolores et changeants et qualifient le volume intérieur de l'édifice. Admirez en particulier ceux du transept et des fenêtres hautes du chœur.

Parmi les œuvres conservées dans la collégiale, remarquez « Les Féeries Notre-Dame », un retable du gothique flamboyant en pierre blanche, du 16e s. (1re chapelle à droite du **déambulatoire**), un beau retable en marbre noir et albâtre de Du Brœucq (1549) surmonté d'une harmonieuse statue de Marie-Madeleine entourée de statuettes des Évangélistes (12e chapelle), la Déploration du Christ (à l'avant de la table d'autel), réplique en marbre d'une composition de Germain Pilon (Paris, 1528-1590) et enfin un beau Christ Salvator en albâtre, du même artiste (au mur de la 4e chapelle du bas-côté droit).

Trésor – Situé dans l'ancienne salle capitulaire des chanoinesses, il contient d'intéressants objets d'art religieux du 13e au 19e s. : ornements liturgiques et pièces d'orfèvrerie (calices, ciboires, ostensoirs, reliquaires), sculptures, livres et peintures du 7e au 19e s. Le nombre et la qualité des œuvres soulignent l'importance des écoles d'orfèvrerie de Mons du 15e au 18e s. Un très beau bijou ayant appartenu à sainte Waudru, appelé « Benoîte affique », date de l'époque mérovingienne. Une petite salle annexe renferme des sculptures de petite taille de Jacques Du Brœucq. ☏ *065 33 55 80 (Office de tourisme) ou 065 87 57 75 (trésor) - mars-nov. : tlj sf lun. 13h30-18h (dim. 17h) - horaire spécial sem. de la Ducasse de la Trinité - 2,50 €.*
Il est possible de visiter la collégiale avec des audioguides (fr./néerl./angl.), mar.-dim. 13h-18h - 5 € (visite du trésor comprise).

Visiter

Musée du Centenaire
Fermé pour durée indéterminée. ☏ *065 33 55 80 (Office de tourisme).*

Il abrite un musée consacré à la fois à la Grande Guerre et à la Seconde Guerre mondiale. Au 2e étage se trouve un musée d'Archéologie préhistorique et gallo-romaine.

Musée du Folklore et de la Vie montoise★ (Maison Jean Lescarts)

Le musée est fermé pour une durée indéterminée. Info : ℘ 065 33 55 80 (Office de tourisme).

La maison Jean Lescarts, isolée au fond d'un jardin lapidaire et accessible par un escalier, est un charmant édifice de 1636, ancienne infirmerie d'un couvent. L'intérieur évoque, par son mobilier, sa décoration rustique, ses collections et sa documentation, l'histoire et la vie traditionnelle de la région.

BAM - Beaux-Arts Mons

℘ 065 40 53 06 - tlj sf lun. 12h-18h, dim. 11h-18h - fermé 1er -2 janv., 25-26 déc. - 2,50 €.

Des œuvres d'art du 16e s. à nos jours y sont présentées par roulement. Expositions temporaires.

Le Vieux Logis : musées Chanoine-Puissant

Fermé pour durée indéterminée. ℘ 065 33 55 80 (Office de tourisme).

Avant sa mort en 1934, le chanoine Puissant, grand amateur d'art, avait rassemblé de riches collections hétéroclites : meubles anciens, statues, orfèvrerie, dessins, réunis dans une petite maison du 16e s., ainsi qu'à quelques pas, dans la chapelle Ste-Marguerite, bâtiment roman du 13e s. C'est dans cette chapelle de l'ancien cimetière paroissial de Ste-Waudru (appelé Attacat) qu'a été inhumé le chanoine.

Musée François Duesberg★

Entrée par la rue de la Houssière. Info sur les heures d'ouverture, le prix d'entrée et les visites en groupe : François Duesberg, conservateur. ℘ 065 36 31 64.

Installé dans les anciens bâtiments de la Banque nationale, l'intérieur de ce musée a été sobrement aménagé afin de faire ressortir l'éclat de la très belle **collection de pendules★★** dites « au nègre » (1795-1815) exécutées par les meilleurs fondeurs-ciseleurs parisiens. C'est de l'engouement pour l'exotisme d'écrivains comme Defoe *(Robinson Crusoé)*, Bernardin de Saint-Pierre *(Paul et Virginie)* ou Chateaubriand *(Atala)*, ainsi que sous l'influence des écrits philosophiques de Rousseau que naîtra l'inspiration créatrice. Dix corps de métiers différents devaient s'associer pour la création d'une seule pendule dont les bronzes étaient patinés (noir) ou dorés. Remarquer la superbe pendule *Paul et Virginie* qui aurait été commandée en 1802 au bronzier parisien Thomire par Bonaparte pour être offerte à l'écrivain dont il admirait le roman. Le musée comprend également une collection remarquable de **porcelaines** réalisées par des ateliers bruxellois et parisiens ainsi que des tableaux, gravures, livres ou d'autres témoignages inspirés des mêmes thèmes.

Mundaneum

Rue de Nimy 76 - ℘ 065 31 53 43 - tlj sf lun. 10h-18h - 2,50 €

Ce musée accueille l'œuvre gigantesque de deux avocats bruxellois P. Otlet et H. La Fontaine dans une mise en scène insolite des célèbres scénaristes et dessinateurs Peeters et Schuiten. En 1895, Otlet et La Fontaine fondent l'Office international de Bibliographie et créent un répertoire bibliographique universel afin de rassembler les notices de toutes les publications éditées dans le monde.

Aux alentours

Frameries

7 km au sud.

Le **Parc d'Attractions Scientifiques (PASS)** se situe sur le site de l'ancien charbonnage du Crachet aménagé autour d'un terril désaffecté. Tout en créant de nouveaux espaces, le célèbre architecte français Jean Nouvel a rénové les anciens bâtiments témoignant du riche passé industriel du Borinage. Le PASS propose par sa présentation ludique une introduction au développement de la science et de la technologie. L'objectif de la visite est d'apprendre tout en se divertissant.

Ch. Bastin et J. Evrard/MICHELIN

Le PASS.

℘ 070 22 22 52 - www.pass.be - &. - vac. scol. 10h-18h, période scol. tlj sf merc. 9h-16h - fermé sept., 24, 25 et 31 déc et 1ᵉʳ jan. - 12,50 €.

Havré
8 km à l'est.

Château d'Havré – *℘ 32(0)65 87 25 35 - fax 32(0)65 87 46 47 - chateau.havre@skynet. be - visites accompagnées pour visiteurs individuels et groupes sur réservation - visite de la roseraie juin-sept.*
Au 17ᵉ s., le domaine d'Havré était un poste avancé de la ceinture de défense de la ville de Mons. Le château des princes de Croÿ fut construit à l'origine sur les restes d'un château féodal du 12ᵉ s. Il fut agrandi au cours des années, principalement par les familles d'Enghien et de Croÿ. On y trouve aujourd'hui une vaste cour intérieure et quatre tours d'angle, le tout entouré de douves. Le château fut au cours de son histoire victime d'assauts menés par des vandales venant de Liège et du Brabant. Les Flamands qui occupèrent Mons en 1365 lui infligèrent d'importantes destructions. Aujourd'hui, il est un des plus anciens bâtiments historiques de la région montoise. La vieille tour octogonale est souvent appelée Tour d'Enghien.

Cuesmes
3,5 km au sud. Partir de la Grand-Rue.
Dans un joli site champêtre quelque peu marécageux s'élève la **Maison Van Gogh** où le célèbre peintre habita en 1879 et 1880 dans une famille de mineurs, les Decrucq. Il était arrivé en décembre 1878 dans le Borinage pour pratiquer l'apostolat. À Cuesmes, il commença à dessiner la campagne et la vie des mineurs. Le rez-de-chaussée accueille des reproductions de ses œuvres et présente un spectacle audiovisuel. *℘ 065 35 56 11 - tlj sf lun. 10h-18h - fermé 1ᵉʳ -2 janv., 25-26 déc. - 5 €.*

Blaugies
20 km au sud-ouest par la N 543, puis, à hauteur de Rieu-de-Bury, prendre une route à droite.
L'**église** renferme un petit retable du 15ᵉ s. en bois polychrome représentant une Mise au tombeau d'une facture mouvementée et des fonts baptismaux du 12ᵉ s. sur une face desquels figurent des dragons mordant une grappe de raisin.

Roisin
30 km au sud-ouest.
Au nord du village, près du **Caillou-qui-bique** s'élève la maison de **Verhaeren** où l'écrivain vécut, en compagnie de sa femme Marthe, les dernières années de sa vie de 1900 à 1916. Dans la cour de l'auberge du Caillou, petit **musée Verhaeren** comprenant en particulier la reconstitution du cabinet de travail du poète. *℘ 065 75 93 52 - visite uniquement sur réservation (fermé vend.).*

Mons pratique

Informations utiles

Code postal : *7000*.

Indicatif téléphonique : *065*.

Office du Tourisme – *Grand-Place 22, 7000 Mons -* ✆ *065 33 55 80 - fax 065 35 63 36 - ot3@ville.mons.be - www. monsregion.be.*

Se loger

🛏️🍴 **Infotel** – *Rue d'Havré 32 -* ✆ *065 40 18 30 - www.hotelinfotel.be - 20 ch. 65/95 € -* ☕ *8,50 € -* 🅿️. Dans une rue commerçante animée, près de la Grand-Place historique. Les chambres confortables de cet hôtel donnent sur une cour intérieure paisible. Plantureux petit-déjeuner et accès gratuit à Internet.

🛏️🍴 **Saint James** – *Place de Flandre 8 -* ✆ *065 72 48 24 - www.hotelstjames.be - 21 ch. 77 € -* ☕ *8 € -* 🅿️. Design moderne et confort urbain derrière une façade historique. Les chambres situées dans la nouvelle aile ne souffrent nullement de l'intensité du trafic. Le centre historique est à distance de marche, mais l'élégant bar de l'hôtel vous permet également de vous désaltérer.

À JURBISE

🛏️🍴 **Château St-Jean** – *Rue de Masnuy 261, 7050 Jurbise -* ✆ *065 39 64 90 - www. chateausaintjean.be - 6 ch. 70/85 €* ☕ *-* 🅿️. Petit hôtel de charme à la limite de la ville, où Winston Churchill descendit jadis. Les chambres sont entièrement rénovées et possèdent chacune un aménagement contemporain. Un restaurant intime et distingué, aux couleurs chaudes et modernes, est installé au rez-de-chaussée. Beau jardin et terrasse.

Se restaurer

🍴 **Le Carillon** – *Rue d'Havré 1 -* ✆ *065 34 73 47 - menus 15 €*. Grande taverne près de la Grand Place. Les murs en brique, les poutres en bois et les tapisseries créent une ambiance chaleureuse. Vous vous y rendrez pour manger un morceau sur le pouce ou pour un repas.

🛏️🍴 **La Petite Provence** – *Grand-Place 76 -* ✆ *065 33 70 75 - www.petiteprovence. be - menus 15/36 €*. Depuis des années une valeur sûre sur la Grand-Place de Mons. Vous trouverez dans ce restaurant à la fois des grillades, des fondues et des plats typiquement belges. Une bonne adresse

pour un déjeuner ou un dîner dans une ambiance décontractée.

🛏️🍴 **Le Marchal** – *Rampe Sainte Waudru 4 -* ✆ *065 31 24 02 - www.marchal.be - fermé lun., mar. et dim. soir - menus 24/38 €*. Dans une grande maison de maître stylée située au centre, le chef prépare depuis 25 ans déjà des plats gastronomiques mais abordables de cuisine française et belge. Cadre agréable pour un dîner intime.

Faire une pause

No Maison – *Grand-Place 21 -* ✆ *065 31 11 11 - tlj cuisine ouverte jusqu'à 23h le w.-end*. Agréable taverne, proposant deux étages et terrasse, avec, à la carte, un grand choix de petites préparations et de boissons. Cet établissement est réputé pour ses plats régionaux particulièrement savoureux, surtout à base de bière.

Tam-Tam – *Rue des Clercs 14 -* ✆ *065 35 52 50 - tlj à partir de 14h, heure de fermeture variable de 1 à 4h en fonction du jour de la sem*. Établissement horeca aménagé avec du bambou et du bois pour créer une atmosphère exotique. Très grand choix de délicieuses boissons et glaces à base de fruits exotiques et méridionaux.

Le Saint-Germain – *Grand-Place 12 -* ✆ *065 33 54 48 - tlj 8-24h*. Taverne-tearoom offrant un grand choix de petites préparations, de glace, de crêpes, etc. Vous pouvez également y acheter du pain ou des pâtisseries. Très grande terrasse sur la Grand-Place.

Achats

Fromager Dominique Vandoorne – *Rue d'Havré 8 -* ✆ *065 31 84 32 - merc.-sam. 9-14h, 14h30-18h*. Choix parmi plus de trois cents fromages, dont notamment tous les délicieux fromages wallons et flamands. Également grande sélection de vins et de pains d'accompagnement.

Événements

Les Fêtes de la Ducasse – *Maison de Tourisme, Grand-Place 22 -* ✆ *065 33 55 80 - www.paysdemons.be*. Le dimanche qui suit la Pentecôte, le « Car d'Or », un char revêtu d'or, traverse la ville avec les reliques de sainte Waudru, fondatrice de la ville. Pour ne pas porter malheur, ce char doit grimper d'une traite une dernière pente abrupte. Ensuite, le combat de saint Georges contre le dragon se joue à nouveau sur la Grand-Place.

Namur★★

Namen

107 173 HABITANTS
CARTES MICHELIN Nᵒˢ 716 H 4 ET 534 O 20 – NAMUR.

Sa position au confluent de la Sambre et de la Meuse, que franchit le beau pont de Jambes, en a fait jadis une place militaire de premier ordre. Dominée par son énorme citadelle couvrant la colline du Champeau, Namur est de nos jours une cité paisible, où il fait bon flâner dans les ruelles pittoresques du vieux centre. Capitale politique de la Wallonie, la ville accueille le Parlement wallon, situé sur le site du Grognon, l'un des plus anciens quartiers de Namur. Les facultés universitaires N.-D.-de-la-Paix, fondées en 1831, sont réputées.

- ▶ **Se repérer** – Fille de la Meuse, Namur se trouve entre Charleroi et Liège. On y arrive en empruntant l'A 15/E 42 ou l'E 411.
- 👁 **À ne pas manquer** – Citadelle; Musée Félicien Rops; Le Trésor du prieuré d'Oignies.
- 🕐 **Organiser son temps** – Compter une journée entière pour visiter la citadelle et les principaux musées.
- 👫 **Avec les enfants** – Le parc d'attractions Reine Fabiola.
- 👌 **Pour poursuivre le voyage** – Dinant et Huy.

Comprendre

Une ville maintes fois assiégée

L'histoire du comté de Namur est essentiellement guerrière. Sa situation stratégique vaut à la ville de subir une multitude de sièges. Dès l'époque romaine, César vient y investir les Aduatuques qui s'y étaient réfugiés. En 1577, le château est pris par Don Juan d'Autriche. À partir de la fin du 17ᵉ s., les attaques se succèdent. Le siège de 1692 dirigé par Vauban en présence de Louis XIV a un grand retentissement. Vauban renforce les fortifications, mais la ville est reprise en 1695 par Guillaume III d'Orange. En 1746, ce sont les armées de Louis XV qui investissent la ville. Celle-ci, en 1748, est rendue à l'Autriche et l'empereur Joseph II démolit ses fortifications. En 1792, les révolutionnaires s'emparent de Namur dont ils sont chassés l'année suivante par les Autrichiens. Le dernier siège de la ville, en 1794, la rend aux Français. En 1815, après Waterloo, l'arrière-garde du corps de Grouchy, installée à Namur, protège brillamment la retraite du gros des forces du maréchal vers la vallée de la Meuse et de Givet-Charlemont. En 1816, les Hollandais reconstruisent la citadelle. Pendant la guerre de 1914-1918, la ceinture de forts, construits à la fin du 19ᵉ s., oppose une héroïque résistance à l'ennemi. Cependant, la ville est envahie et, en outre, pillée et incendiée en partie le 23 août 1914. Prise en mai 1940, Namur est touchée jusqu'en 1944 par plusieurs bombardements.

La Citadelle.

Visiter

LA CITADELLE★
Accès par la route Merveilleuse (1,5 km) partant au pied de la Citadelle.

Route Merveilleuse
On découvre, à droite en montant, la **tour Joyeuse**, vestige de l'ancien château des Comtes. À la pointe Nord-Est de l'éperon rocheux, dans un virage, une terrasse offre un magnifique **panorama★★** sur la vallée de la Sambre et de la Meuse. Non loin, sur la gauche, un petit chemin descendant vers Namur surplombe les toits d'ardoise et les nombreux clochers.

La route atteint ensuite le **Donjon**, passe entre deux **tours** de l'ancien château et franchit le fossé isolant le Donjon de la forteresse de Mediane.

Domaine fortifié
𝒫 081 65 45 00 - www.citadelle.namur.be - avr.-oct. : visite accompagnée 11h-17h - nombreuses activités - entre 4 € et 12,50 €.

Le bastion de Mediane, dont la construction date de la fin du 15ᵉ s. et du 16ᵉ s., fut renforcé en 1640 par celui de **Terra Nova** réalisé par les Espagnols. Un large fossé sépare les deux appareils.

La visite du domaine fait découvrir l'architecture défensive complexe de chacun des bastions, tant à l'extérieur qu'à l'intérieur, avec la traversée de deux souterrains.

Fort d'Orange
Près du ⛹ **parc d'attractions Reine Fabiola**, le fort d'Orange, édifié en 1691 afin de protéger le bastion de Terra Nova, fut reconstruit en partie en 1816 par les Hollandais.

Route des Panoramas
Cette route sinueuse descend à travers bois, vers le centre de la ville.

LE CENTRE★

Cathédrale St-Aubain
Cet édifice de style classique, surmonté d'un dôme, a été construit en 1751 par l'architecte italien Pisoni, à l'emplacement de l'ancienne collégiale St-Aubain, fondée en 1047. L'intérieur renferme de belles œuvres d'art baroque, provenant pour la plupart d'églises ou abbayes de la région, tels les tableaux de l'école de Rubens surmontant les stalles provenant de l'église St-Loup.

En face de la cathédrale s'élève l'ancien palais épiscopal du 18ᵉ s., occupé par le Gouvernement provincial.

Musée diocésain et trésor de la cathédrale★
Sur réservation. 𝒫 081 44 42 85 - www.namurtourisme.be - 2,50 €.

Situé à droite de la cathédrale, le musée conserve une belle collection d'objets du culte : précieuse couronne-reliquaire, avec écrin décoré de disques d'émail (vers 1210), autel portatif orné de plaques d'ivoire (12ᵉ s.), bras-reliquaire de saint Adrien (vers 1238), statue de saint Blaise (vers 1260-1280) en vermeil, Vierge mosane (vers 1220), splendide « baiser de paix » d'un atelier parisien (début du 14ᵉ s.), en argent émaillé et doré, représentant notamment une crucifixion, orfèvrerie, sculptures.

Musée de Groesbeeck de Croix★
𝒫 081 24 87 20 - www.namurtourisme.be - tlj sf lun. 10h-12h, 13h30-17h - fermé de Noël au Nouvel An - 2 €. Il est installé dans un élégant hôtel du 18ᵉ s. construit dans le style Louis XV. On visite de nombreuses salles dont la superbe décoration intérieure s'intègre parfaitement à l'architecture : plafonds garnis de stucs, cage d'escalier monumentale éclairée par une petite lanterne, salon aux cuirs dorés. Le musée renferme d'intéressants objets d'art (peintures, tapisseries, sculptures, verrerie, orfèvrerie, meubles, clavecin de Ruckers datant du 17ᵉ s.). La cuisine somptueusement décorée de carreaux anciens a conservé son énorme fourneau ou « potager » du 18ᵉ s. La visite se termine par le jardin joliment aménagé.

Musée Félicien Rops★
𝒫 081 22 01 10 - www.namurtourisme.be - tlj sf lun. (sf juil.-août) 10h-18h - 3 €. Ce musée intéressant est consacré à l'illustre peintre, graveur et dessinateur Félicien Rops, né à Namur (1833-1898). Il présente une belle collection de peintures, lithographies, eaux-fortes (Les Sataniques) et dessins, souvent à caractère satirique ou érotique.

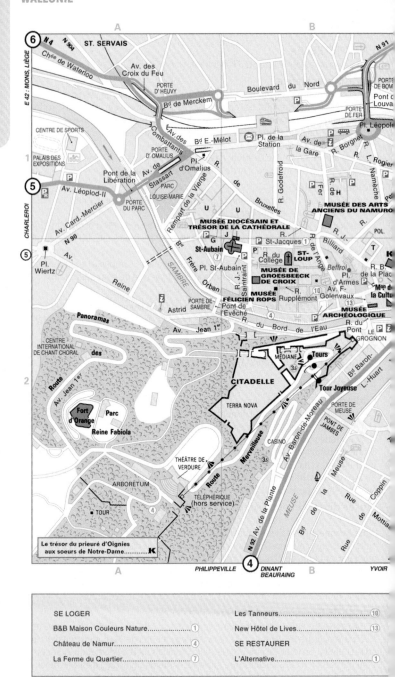

SE LOGER		Les Tanneurs	⑩
B&B Maison Couleurs Nature	①	New Hôtel de Lives	⑬
Château de Namur	④	SE RESTAURER	
La Ferme du Quartier	⑦	L'Alternative	①

Église St-Loup★

Visite accompagnée - ℘ 081 22 80 85 ou 081 74 34 61 - tlj sf w.-end sur demande préalable à Monsieur Albert Henriette.

Ancienne église du collège des Jésuites, c'est un remarquable édifice de style baroque, construit de 1621 à 1645 sur des plans de Pierre Huyssens. Des colonnes annelées, surmontées d'un entablement de marbre rouge et noir, supportent des voûtes magnifiques en pierre de sable montrant un abondant décor en haut-relief. On admire également le riche mobilier.

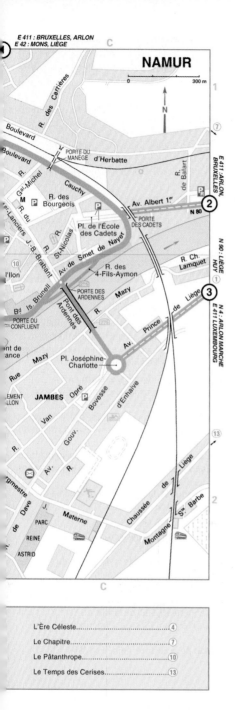

Musée des Arts anciens du Namurois★

☎ 081 22 00 65 - www.namurtourisme.be - tlj sf lun. 10h-18h - fermé de Noël au Nouvel An - 3 €.

Ce musée est installé dans l'**hôtel de Gaiffier d'Hestroy**, élégante demeure du 17e s. Il présente de façon intéressante une collection remarquable d'objets d'art, de sculptures et de peintures réalisés dans le Namurois, du Moyen Âge à la Renaissance.

La collection d'orfèvrerie est particulièrement riche : pyxides et reliquaires d'art mosan. Les magnifiques peintures sur bois, représentant *L'Annonciation* et *La Visitation*, datent d'environ 1400 et dénotent une indéniable influence du gothique international. Le *Couronnement de la Vierge* (Nord de la France) est joliment superposé à un fond

Voûte de l'Eglise St-Loup.

photographique. Des sculptures sur pierre et bois, dont de très beaux retables, et des objets de dinanderie témoignent de l'intérêt de la production artistique dans la région de Namur. À noter également de beaux objets de verre ainsi que quelques vitraux. On admirera quatre beaux paysages de Henri Blès, du début du 16ᵉ s.

Le trésor du prieuré d'Oignies aux sœurs de Notre-Dame★★

Entrée située au no 17 de la rue Julie Billiart. Visite accompagnée (50mn) - ℘ 081 25 43 00 - www.namurtourisme.be - tlj - fermé matin et j. fériés, mi-déc.-fin déc. - 3 €.

Une salle abrite le très riche **trésor** du prieuré d'Oignies qui a été sauvé des bombardements de 1940. On y voit les œuvres d'un délicat orfèvre mosan du début du 13ᵉ s., le frère **Hugo d'Oignies** : évangéliaires, reliquaires, etc.

La finesse du travail est remarquable, particulièrement dans les médaillons à fond noir, les filigranes et le décor du feuillage où l'on distingue souvent de petites scènes de chasse.

Passé le théâtre, on aperçoit à gauche la **tour St-Jacques**. Utilisée comme **beffroi** depuis le 18ᵉ s., elle est surmontée d'un clocheton octogonal.

Musée archéologique★

℘ 081 23 16 31 - www.namurtourisme.be - tlj sf lun. 10h (w.-end et j. fériés 10h40)-17h - fermé 24, 25 et 31 déc. et 1ᵉʳ janv. - 2 €.

Installé dans l'ancienne halle aux viandes, bel édifice de style mosan du 16ᵉ s., ce musée expose le produit des fouilles effectuées dans la province. Les collections d'antiquités romaines et mérovingiennes sont particulièrement riches. L'art de la bijouterie et de la verrerie du 1ᵉʳ au 7ᵉ s. y est représenté par de magnifiques spécimens. Le musée possède aussi une maquette (1/ 600) de la ville de Namur. Il s'agit d'une copie à échelle réduite du modèle réalisé au 18ᵉ s. par l'ingénieur de Louis XIV, Larcher d'Aubancourt.

En arrière du musée se dresse la **maison de la culture**, édifiée en 1964.

Aux alentours

Franc-Waret

12 km au Nord-Est. Sortir par 2 du plan en suivant la N 80.

Entouré de douves, le **château** est une imposante construction du 18ᵉ s., flanquée de deux ailes en retour. À l'arrière se dissimulent une tourelle et une tour carrée, vestiges du 16ᵉ s.

Namur pratique

Informations utiles

Codes postal : *5000.*

Indicatif téléphonique : *081.*

Maison du Tourisme du Pays de Namur – *Square Léopold, 5000 Namur - ☎ 081 24 64 49 - fax 081 26 23 60 - info@namurtourisme.be - www.namurtourisme.be.*

Se loger

⊜⊜🛏 **Les Tanneurs** – *Rue des Tanneries 13 - ☎ 081 24 00 24 - www.tanneurs.com - 28 ch. 40/215 € - ☲ 10 € - 🅿.* Hôtel confortable et original dans une ancienne tannerie et un enchevêtrement d'habitations du 17e s. dans le vieux centre. Même les chambres les moins chères sont aménagées avec style. Au choix, vous profiterez de la cuisine gastronomique inventive du restaurant ou d'un bistrot plein d'ambiance proposant des grillades.

⊜⊜🛏 **New Hôtel de Lives** – *Chaussée de Liège 1178 - ☎ 081 58 05 13 - www. newhoteldelives.com - 20 ch. 85/130 € ☲ - 🅿.* Près de l'autoroute et le long de la Meuse. Les chambres dans l'ancienne aile sont surannées, mais ont vue sur le fleuve. Privilégiez les chambres plus modernes et plus calmes dans l'aile nouvellement construite. Le restaurant propose une cuisine bourgeoise classique.

⊜⊜🛏 **Château de Namur** – *Avenue de l'Ermitage 1 - ☎ 081 72 99 00 - www. chateaudenamur.com - 29 ch. 120/170 € - ☲ 14 € - 🅿.* En haut de la citadelle de Namur trône ce petit château charmant du siècle dernier, dont toutes les grandes chambres ont été rénovées et décorées de façon chaleureuse et contemporaine. La plupart des chambres ont vue sur le jardin environnant ou offrent une magnifique vue sur la Meuse. Le restaurant gastronomique a lui aussi bénéficié d'une nouvelle décoration moderne, mais la qualité des préparations est restée tout aussi brillante.

À THON-SAMSON

⊜ **B&B Maison Couleurs Nature** – *Rue du Try 13, 5300 Thon-Samson - ☎ 081 21 06 38 - www.thon-samson.be - 5 ch. 50 € - ⊄ - 🅿.* Chambres d'hôtes charmantes dans un petit village qui l'est tout autant, à quelques kilomètres seulement de Namur. Les chambres très bien tenues de cette ferme rénovée proposent tout le confort moderne. Le soir, installé à la longue table, vous profiterez d'une délicieuse table d'hôtes. Un séjour calme et très convenable pour un prix doux.

À BOUGE

⊜ **La Ferme du Quartier** – *Place Ste-Marguerite 4, 5004 Bouge - ☎ 081 21 11 05 - fermé dernière sem. de déc. - 14 ch. 45/60 € - 🅿.* Grande ferme ancienne

en style mosan qui abrite un petit hôtel. Ne vous attendez pas au grand luxe mais à des chambres petites, simples et tranquilles. Restaurant proposant une cuisine traditionnelle.

Se restaurer

⊜ **Le Chapitre** – *Place du Carillon 1 - ☎ 0485 12 38 06 - fermé dim. - menu 15 €.* Dans ce sympathique estaminet, vous découvrirez ce que sont les « stoemp », les « ravioli al djote » ou les « ravioli à la bière trappiste » ! Petite restauration belge authentique dans le vieux centre de Namur. La carte des boissons propose 100 bières belges différentes, beaucoup en provenance de petites brasseries artisanales.

⊜⊜ **L'Alternative** – *Rue Haute Marcelle 18 - ☎ 081 23 13 49 - fermé lun. - menu 8/30 €.* Dans une zone piétonnière de la vieille ville. Le rez-de-chaussée abrite une brasserie bon enfant et le premier étage un restaurant au décor plus intime. La carte propose à la fois de la petite restauration, des classiques de la cuisine belge et française, ainsi que des spécialités irlandaises. L'un des rares restaurants de la ville qui vous permettra de manger tard le soir puisque la cuisine ne ferme pas avant 23h30.

⊜⊜ **Le Pâtanthrope** – *Place Chanoine Descamps 15 - ☎ 081 22 80 43 - www. lepatanthrope.be - fermé dim. et lun. (sf pdt les midi d'été) - menus le midi 32/40 €.* Cuisine fusion surprenante aux influences à la fois italiennes et françaises. Cadre très agréable où les murs en brique, les lustres en métal, l'abondance de bois et des éléments de décoration modernes apportent un cachet particulier. Service d'une grande cordialité dans un cadre agréable où l'assiette se mange aussi avec les yeux.

⊜⊜ **Le Temps des Cerises** – *Rue des Brasseurs 22 - ☎ 081 22 53 26 - www.cerises. be - fermé dim. et lun. - menu 26/35 € - ⊄.* Ce bistrot agréable s'est toujours trouvé dans la rue des Brasseurs, près du musée des Arts anciens. Plats traditionnels et menus à thème régulièrement renouvelés.

⊜⊜🛏 **L'Ère Céleste** – *Rue des Brasseurs 110 - ☎ 081 22 22 85 - www.lereceleste.be - fermé dim. et lun. - menu le midi 20 €, le soir 30/48 €.* Dégustez les délicieuses saveurs de cette cuisine gastronomique dans le centre de la ville. Le chef y met tout en œuvre pour titiller les papilles de tout un chacun. Le décor sobre mais distingué aux teintes et au mobilier bien choisis renforce le plaisir d'un déjeuner ou d'un dîner. En été, on mange également au jardin.

Faire une pause

La Maison des Desserts – *Rue Haute-Marcelle 17 - ☎ 081 22 74 51 - tlj sf lun. 8h30-19h.* Magasin agréable avec belle terrasse à l'arrière où l'on peut acheter et déguster des pralines, des tartes et des glaces, mais aussi des quiches, des salades et autres petits plats.

Pizzeria Marmaris – *Rue Émile Cuvelier 15 - ☏ 081 26 26 64 - tlj 11h-15h et 17h-24h.* Ce commerce d'une grande propreté et décoré essentiellement avec du bois, vend surtout des pitas et des durums. Les pitas sont servies avec du pain maison.

La Croustade – *Rue Émile Cuvelier 21 - ☏ 081 23 03 05 - j. ouvr.* Tea-room fleurant bon les pâtisseries. Également petit-déjeuner et petits pains fourrés. Bel intérieur et terrasse donnant dans une rue latérale.

Choix de terrasses – *Place du Marché aux Légumes.* Dès que le temps vire au beau, les terrasses fleurissent sur cette agréable place piétonne. Les chaudes soirées d'été y sont particulièrement appréciées.

En soirée

Théâtre Royal de Namur – *Pl. du Théâtre 2 - ☏ 081 22 60 26 - lun.-sam. 11h-18h.* Ce beau théâtre, restauré en 1998, propose toutes sortes de spectacles : concerts classiques, opéras, variétés internationales, pièces de théâtre, one man shows, etc.

Sports et loisirs

Promenades en bateau – En saison, on peut effectuer des promenades en bateau sur la Sambre et la Meuse. Durée : 50mn. Excursions fluviales de Namur à Dinant (9h) et à Wépion (1h45). Départ du Grognon.

Achats

La Cave de Wallonie - *Côté Terroirs – R. de la Halle 6 - ☏ 081 22 06 83 - cavedewallonie@skynet.be - lun. 12h-18h, mar.-sam. 10h-12h30, 13h30-18h.* Boutique spécialisée dans les produits du terroir. On y trouve des liqueurs et des vins de fruits

dont l'apéritif local appelé florange (macération d'oranges et d'épices dans le vin). Bons conseils personnalisés.

Parfumerie Guy Delforge – *Citadelle Médiévale - ☏ 081 22 12 19 - lun. 15h, sam. 9h-17h30, dim. et j. fériés 14h30-17h30.* Guy Delforge, unique créateur-parfumeur belge, vend sa gamme de produits riche de 250 références dans le cadre exceptionnel de la citadelle médiévale. Visite des ateliers le samedi à 15h30, et les autres jours sur rendez-vous.

Événements

Le Moyen Âge à la citadelle – *Place d'Armes - ☏ 081 24 64 49 ou www. namurtourisme.be - 2e w.-end de juil.* Reconstitution d'un village médiéval avec animations et produits gastronomiques d'époque. Spectacles pour enfants et concerts.

Visites guidées – Organisées de mai à sept., des visites pour individuels permettent de découvrir les quartiers anciens de la ville. L'Office de tourisme propose tous les dimanches des **visites guidées à thème**. Il est également possible de découvrir Namur à son gré, équipé d'un **baladeur**. Informations : Maison du Tourisme du Pays de Namur, ☏ 081 24 64 49.

Festivités – Festivités récurrentes annuellement: 'Namur en mai' et le 'Festival des Arts Forains' (semaine de l'ascension), le 'Festival Verdur Rock' (à la citadelle, en juin), et en septembre les **fêtes de Wallonie** permettent d'admirer plusieurs groupes folkloriques traditionnels. Les **échasseurs**, dont l'existence est connue depuis le 15e s., participent, vêtus de costumes du 17e s., à des combats sur échasses. Le bataillon des Canaris s'était distingué durant la Révolution brabançonne.

Nivelles ★

Nijvel

24 286 HABITANTS
CARTES MICHELIN N^{OS} 716 G 4 ET 533 L 19 – BRABANT WALLON.

Nivelles est une petite ville élégante dont la collégiale monumentale est le principal pôle d'attraction. Au 12ᵉ s., la cité s'entoure de remparts ; elle en conserve encore quelques tours comme la tour Simone dans la rue Seutin. Ravagée en mai 1940, sa collégiale et plus de 500 maisons ayant brûlé, la ville a été reconstruite. Le héros local est le jaquemart Jean de Nivelles, fils de Jean de Montmorency, auquel fait allusion la chanson populaire française « Cadet Rousselle ».

- **Se repérer** – Véritable nœud routier, Nivelles est proche de l'autoroute E 19 allant de Bruxelles à Mons et de l'A 54 qui la relie à Charleroi.
- **À ne pas manquer** – Collégiale Ste.-Gertrude.
- **Organiser son temps** – Quelques heures suffisent pour visiter la ville.
- **Avec les enfants** – La plaine de jeux dans le Parc de la Dodaine.
- **Pour poursuivre le voyage** – Waterloo, Villers-la-Ville et Canal du Centre.

Comprendre

Aperçu historique

Nivelles, berceau de la dynastie carolingienne, s'est développé autour d'une abbaye fondée vers 650 par Itte d'Aquitaine, femme de Pépin de Landen dit « le Vieux », maire du palais des rois d'Austrasie et ancêtre de Charlemagne. Leur fille, sainte Gertrude, deviendra la première abbesse d'une communauté religieuse mixte, qui se transformera en chapitre noble de chanoinesses et de chanoines dès le 9ᵉ s. Bientôt les chanoinesses, toutes d'origine noble, mèneront un train de vie fastueux. L'abbaye est très puissante jusqu'à sa suppression en 1798.

Traditions

Au début de l'automne se déroule le **tour de sainte Gertrude**, institué dès le 13ᵉ s le dimanche suivant le jour de la Saint-Michel (ancien patron de la ville). Le grand tour, long de 14 km, suit un trajet à travers les champs : le char du 15ᵉ s. portant la châsse de la sainte est tiré par six chevaux. Au retour, la procession des géants (Argayon, Argayonne et leur fils Lolô) se joint au cortège tout comme les chanoinesses en costumes du 17ᵉ s.

Visiter

Collégiale Ste-Gertrude★★

067 84 08 64 (Office de tourisme) - tlj sf dim. matin 9h-17h - visite guidée (crypte, sous-sol archéologique, cloître et trésor) 14h, w.-end 14h, 15h30 - 5 €.

L'abbatiale de style roman ottonien fut consacrée en 1046 par l'évêque de Liège en présence de l'empereur germanique Henri III. Son plan à deux transepts et deux chœurs opposés est l'expression architecturale du bicéphalisme de tradition carolingienne qui existait dans le Saint Empire, représentant la complémentarité de l'empereur et du pape.

Le chœur oriental est surélevé au-dessus d'une crypte à voûtes d'arêtes. Le chœur occidental, représentant l'autorité impériale, fait partie de l'avant-corps qui fut construit au 12ᵉ s.

L'**avant-corps** ou « Westbau » de style roman tardif se divise en cinq niveaux accessibles par deux tourelles d'escalier et frappe par son aspect massif. Il comporte une abside, deux chapelles-tribunes (chapelle Sainte-Agathe et chapelle Sainte-Gertrude), un petit espace où étaient confinés les prisonniers de passage, une vaste salle haute (19 m), dite « salle impériale », et est couronné d'un clocher octogonal abritant un carillon.

Les deux portes de l'avant-corps sont décorées de sculptures romanes du 12ᵉ s. : saint Michel au portail de droite en entrant et l'histoire de Samson au portail de gauche. Au Sud de l'église, le pignon du transept le plus élevé, nommé pignon St-Pierre, est décoré d'arcatures romanes.

Intérieur – Il frappe par ses dimensions et sa simplicité. La longue nef centrale (102 m) avait été couverte de voûtes d'ogives au 17ᵉ s. et parée d'une série d'éléments décoratifs au cours du 18ᵉ s. Une restauration lui a rendu son aspect primitif tout en lui assurant une protection grâce à un plafond de béton imitant le bois.

Remarquer la gracieuse **Vierge de l'Annonciation★**, statue en bois polychrome du 15ᵉ s., le panneau en chêne dit « de Charles-Quint », les belles stalles Renaissance, un retable du 16ᵉ s. dit « de Thonon » (artiste originaire de Dinant) en marbre et albâtre, la chaire de vérité, exécutée en chêne et en marbre, évoquant la rencontre de Jésus avec la Samaritaine au puits de Jacob, de Laurent Delvaux (18ᵉ s.), dont on peut aussi admirer différentes sculptures.

Dans le chœur oriental, un coffre-armoire en laiton du 16ᵉ s. surmonte le mausolée de sainte Gertrude. Une châsse contemporaine (1982), œuvre de Félix Roulin, a remplacé le magnifique reliquaire gothique du 13ᵉ s. (dont la « salle impériale » renferme une copie) en grande partie détruit par l'incendie dû aux bombardements de mai 1940.

Intérieur de la collégiale Ste-Gertrude.

La chapelle Sainte-Gertrude présente encore une série de fragments du reliquaire dévoré par les flammes. On observera également dans cette chapelle le « trou » de sainte Gertrude par lequel, selon la légende, ne peuvent passer que des personnes « en état de grâce ». La galerie qui relie la chapelle de sainte Gertrude à celle de sainte Agathe offre une magnifique vue sur la nef monumentale.

Crypte et sous-sol archéologique – Sous le chœur oriental, la crypte du 11ᵉ s. constituait le point d'arrivée des pèlerins qui faisaient leurs dévotions juste en dessous de la châsse de sainte Gertrude. Le sous-sol archéologique, situé sous la nef, comprend les ruines des cinq églises qui ont précédé l'église romane entre le 7ᵉ et le 10ᵉ s.

Cloître – Du 13ᵉ s., il reliait l'église aux bâtiments monastiques dont il ne reste rien, et témoigne de l'existence d'un chapitre de chanoinesses et de chanoines ayant peu à peu remplacé les moines et moniales des premiers temps. Seule la partie Nord a gardé toute son authenticité. En été, le cloître accueille des concerts de carillon ; en hiver s'y tient un marché de Noël.

À proximité de la collégiale, on peut voir le perron (19ᵉ s.) surmonté d'une effigie de saint Michel (l'un des patrons de la ville), le palais de justice de style néogothique, et la **porte de Saintes** commémorant le jumelage de Nivelles avec cette ville de Charente-Maritime.

Musée communal d'Archéologie, d'Art et d'Histoire

Rue de Bruxelles 27 - ✆ *067 88 22 80 - tlj sf mar. 9h30-12h, 14h-17h - fermé 1ᵉʳ janv., Pâques, 27 sept. (fêtes de la Wallonie), Noël - 1 €.*

Installé dans une maison du 18ᵉ s., ce musée présente d'intéressantes collections d'art régional et complète admirablement la visite de la collégiale. On y admire en particulier quatre statues d'apôtres en calcaire provenant du jubé gothique de cette dernière, une somptueuse tapisserie de Bruxelles (16ᵉ s.) et une belle collection de « bozetti » (projets en terre cuite) baroques du sculpteur Laurent Delvaux (1696-1778), dont les trois allégories pour la façade en hémicycle des appartements de Charles de Lorraine à Bruxelles. Au 2ᵉ étage, on découvre les salles d'archéologie s'échelonnant de la préhistoire à la civilisation gallo-romaine.

Parc de la Dodaine

Au sud de la ville.

Son jardin aux parterres fleuris et orné de sculptures entourent une pièce d'eau, ainsi que son grand étang composent un cadre attrayant à ce parc également doté d'une plaine de jeux pour enfants et de multiples installations sportives.

En suivant l'avenue de la Tour-de-Guet vers l'ouest, qui mène vers l'autoroute, on peut voir sur la droite la **Tourette**, une charmante tour carrée du 17ᵉ s.

Aux alentours

Rebecq
20 km au nord-ouest par la N533 et la N6.
Un train touristique tracté par une petite locomotive relie l'ancienne gare de Rebecq à la halte de Rognon, dans la vallée de la Senne. *Visite (1h) - ☎ 067 63 82 32 (Office du tourisme) - ♿ - mai-sept. : dim. et j. fériés 14h30, 16h, 17h30 ; roule aussi sam. pdt juil., août et sept. à 15h.*
Dans le moulin d'Arenberg, situé sur la Senne, sont organisées des expositions.

Ronquières
9 km à l'ouest par la N 533.
Village agréable connu pour sa belle échappée sur le canal de Charleroi, équipé ici d'un remarquable ouvrage technique.
Réalisé en 1968, le **plan incliné de Ronquières★**, long de 1 432 m, permet aux bateaux de franchir aisément la dénivellation du canal (67,58 m). Équipés chacun d'un contrepoids de 5 200 t, deux bacs longs de 91 m, remplis d'eau, transportent d'un bief à l'autre un bateau pesant jusqu'à 1 350 t, en roulant sur un train de 236 galets de 70 cm de diamètre. L'ensemble est complété en amont par un pont-canal de 300 m et une **tour** de 150 m de haut. L'intérieur de la tour présente un passionnant **parcours audiovisuel** sur la batellerie ; **vue** sur la salle des treuils. Du 11e étage, belle vue sur les environs. *Avr.-oct. : 10h-19h (dernière entrée 17h) - parcours-spectacle 7 €, bateau-mouche 3,50 €, combiné 8,50 €.*
La visite peut être complétée par une **promenade en bateau-mouche** sur le canal avec franchissement du plan incliné. *Fin avr.-déb. sept. : uniquement dim. ; embarquement en aval (en bas du plan incliné) 11h30 et 16h, en amont (au pied de la tour) 14h et 17h15, retour par un sentier touristique jalonné de panneaux didactiques (20mn de marche).*

Bois-Seigneur-Isaac
5 km au nord par la N 28.
Dans l'**abbaye**, la chapelle du St-Sang (16e s.) est décorée dans le style baroque : on remarque au maître-autel des sculptures et un bas-relief de Laurent Delvaux (Mise au tombeau). La sacristie à voûte gothique conserve un ostensoir-reliquaire contenant un corporal (linge sacré) teinté du sang du Christ ; fruit d'un miracle eucharistique lorsque en 1405 le sang coula d'une hostie consacrée sur le linge d'autel, il est devenu un objet de pèlerinage. Face à l'abbaye, le **château** de Bois-Seigneur-Isaac (18e s.) est un vaste édifice contenant de précieuses collections. *Visite accompagnée (45mn) - ☎ 067 21 38 80 - 2 derniers dim. de juin, 1er dim. de juil., w.-end des Journées du Patrimoine (2e w.-end de sept.) - 3,50 €.*

Braine-le-Château
12 km au nord par la N 28.
Près d'un moulin à eau (expositions), le château, entouré d'eau, appartint aux comtes de **Hornes**.

Galerie du Château de Seneffe.

Sur la Grand-Place voisine, le **pilori** a été érigé en 1521 par Maximilien de Hornes, chambellan de Charles Quint. L'église abrite son mausolée en albâtre, réalisé par Jean Mone.

Seneffe★★
8 km au sud-ouest par la N 27.

Une longue allée mène au **château de Seneffe**, construit entre 1763 et 1768 d'après les plans de Laurent Benoît Dewez, à la demande du comte Depestre, négociant originaire d'Ath qui avait fait fortune dans la banque et les finances.

Le fronton de la sobre façade néoclassique est décoré du blason polychrome de Depestre et de son épouse. Deux galeries, aboutissant chacune à un élégant pavillon, flanquent le corps de logis. Le parvis est délimité par une superbe grille en fer forgé. Le parc d'une superficie de 22 ha accueille un petit théâtre palladien, une orangerie, une glacière et quelques dépendances. Laissé à l'abandon pendant des années, l'édifice a subi une restauration importante et abrite aujourd'hui les **collections d'orfèvrerie** de la Communauté française.

L'intérieur doit beaucoup à ses splendides **parquets** en bois précieux. Le petit cabinet rond, jouxtant la salle de Compagnie et la salle de Billard, en possède un magnifique exemple en forme de fleur. Les murs des salons sont somptueusement revêtus de lambris et de stucs. Claude D'Allemagne, collectionneur passionné, offrit une partie de sa vaste collection d'argenterie au musée. Les vitrines exposent de très beaux objets d'orfèvrerie : coupes, pots, chandeliers, fermoirs de livres, vaisselle de table, dont quelques jolies soupières (1766) de J.-F. Beghin, aux couvercles finement ciselés. Dans la salle de Compagnie, le visiteur remarquera une coupe à moulin. Lorsque l'on souffle dans le petit tuyau, les ailes se mettent à tourner. Cette coupe qui, une fois remplie, devait être vidée d'un trait, n'était utilisée que pour des occasions spéciales, notamment des mariages. L'accès à l'étage, où sont organisées à intervalles réguliers des expositions temporaires, se fait par un escalier monumental orné de splendides marqueteries. *Rue Plasman 7-9, 7180 Seneffe -* ✆ *064 55 69 13 - www.chateaudeseneffe@ be - tlj sf lun. non férié 10h-18h - fermé 1ᵉʳ janv., 24, 25 et 31 déc. - 5 €.*

Nivelles pratique

Informations utiles

Code postal : *1400.*

Indicatif téléphonique : *067.*

Tourisme Nivelles – *Rue de Saintes 48, 1400 Nivelles -* ✆ *067 84 08 64 - fax 067 21 57 13 - info@tourisme-nivelles. be - www.tourisme-nivelles.be.*

Maison du Tourisme du Roman Païs – *Rue de Saintes 48, 1400 Nivelles -* ✆ *067 22 04 44 - fax 067 21 98 88 - info@ tourisme-roman-pais.be - www.tourisme-roman-pais.be.*

Se loger

🍴 **Chambre d'hôte La Ferme des Églantines** – *Chemin de Fontaine-l'Évêque 8 -* ✆ *067 84 10 10 - fermedeseglantines@ hotmail.com - www.fermedeseglantines. be - 5 ch. 67 € - repas 20 € -* 🍴. Ferme située dans un endroit calme juste à l'extérieur du centre historique de Nivelles et

transformée en chambres d'hôtes. Chambres agréables et confortables. Accueil chaleureux. Le soir, des plats belges et exotiques sont servis à la table d'hôtes.

🍴🍴 **Ferme de Grambais** – *Chaussée de Braine-le-Comte 102 -* ✆ *067 87 44 20 - ferme.de.grambais@proximedia.be - www. fermedegrambais.be - fermé de déb. janv.- mi-janv. - restaurant fermé dim. soir, lun. - 10 ch. 70/80 € - restaurant 32 € -* 🅿. Reposante étape campagnarde à 5 mn de Nivelles, cette ancienne ferme ordonnée autour d'une cour carrée dispose de dix petites chambres réunies dans les dépendances. Vous y dormirez au calme et passerez à table dans un cadre rustique.

Spécialités

Tarte al djote – Cette succulente tarte au fromage, aux bettes, fines herbes et oignons se mange chaude, accompagnée d'une bière ou d'un verre de vin rouge.

Abbaye d'**Orval** ★★

CARTES MICHELIN Nᵒˢ 716 J 7 ET 534 R 25 – LUXEMBOURG.

Retirée au milieu des bois de la Gaume, cette abbaye, fondée en 1070 par des moines bénédictins venus de Calabre, au Sud de l'Italie, devient dès le 12ᵉ s. un des plus célèbres et des plus riches monastères cisterciens d'Europe.

▶ **Se repérer** – Dans un cadre de verdure, l'abbaye se dresse, isolée, aux portes de la France. Vous y arrivez en empruntant la N 88 ou la N 840.

👁 **À ne pas manquer** – Les ruines et, si possible, la visite de la nouvelle abbaye.

🕐 **Organiser son temps** – Une heure suffit pour visiter les ruines.

👶 **Pour poursuivre le voyage** –Bouillon et Virton.

Comprendre

La légende et l'histoire

Le nom de l'abbaye, Orval (Val d'or), et ses armoiries, d'argent et représentant un ruisseau d'azur d'où sort une bague ornée de trois diamants, rappellent la légende selon laquelle la comtesse Mathilde, duchesse de Lorraine, protectrice de l'abbaye, avait perdu dans une source son anneau nuptial. Celui-ci lui fut rendu par une truite miraculeuse.

À la fin du 12ᵉ s. est construite, dans le style gothique mais avec des réminiscences romanes, l'église Notre-Dame. Elle est modifiée au 16ᵉ et au début du 17ᵉ s. En 1637, l'abbaye, incendiée et pillée par les huguenots, doit être reconstruite. Au 18ᵉ s., cependant, le monastère est si prospère qu'on entreprend une nouvelle construction, confiée à l'architecte Dewez. À peine réalisée, celle-ci est de nouveau dévastée par les sans-culottes (1793). L'abbaye est supprimée en 1796.

Le nouveau monastère

La résurrection du monastère a été entreprise en 1926 par les moines cisterciens de l'abbaye de Sept-Fons, dans le Bourbonnais. Le monastère, achevé en 1948, a été construit à l'emplacement des bâtiments du 18ᵉ s. Sobre et élégant, dans une pierre chaude et dorée, il reproduit le plan traditionnel cistercien.

Devant la cour des retraitants se dresse la façade de la nouvelle église abbatiale, d'une grande pureté de lignes, où s'inscrit une monumentale Vierge à l'Enfant.

Visiter

Les ruines

1h - suivre le parcours balisé et illustré - ♿ *- ✆ 061 31 10 60 - fax 061 32 51 46 - ruines@ orval.be - www.orval.be. juin-sept. : 9h30-18h ; mars-oct. : 9h30-18h ; nov.-fév. : 10h30-17h30 - 4,50 €.*

Ruines de l'ancienne abbaye d'Orval.

Y. Duhamel/MICHELIN

Après une présentation audiovisuelle sur la vie au monastère *(20mn)*, le circuit fait découvrir les ruines du Moyen Âge et du 18ᵉ s. Près de la fontaine Mathilde, les ruines gothiques de l'**église Notre-Dame** se dressent dans un cadre de verdure. La rosace du bras gauche du transept, les chapiteaux romans, gothiques ou Renaissance des piliers sont remarquables. Dans le chœur se trouve le tombeau de Wenceslas, premier duc de Luxembourg. Le chœur à chevet plat cistercien ayant été jugé trop petit, on lui adjoignit une abside au 17ᵉ s. On visite ensuite le cloître, rebâti au 14ᵉ s., et les caves du 18ᵉ s. Le musée de la pharmacie des moines est précédé d'un jardin de plantes médicinales.

Philippeville

8 317 HABITANTS
CARTES MICHELIN Nᵒˢ 716 G 5 ET 534 M 21 – NAMUR.

Petite cité agréable, Philippeville était jadis réputée pour ses exploitations de marbre rouge. Fondée en 1555 par Charles Quint pour faire face à Mariembourg, tombé aux mains des Français, cette place forte fut appelée Philippeville en l'honneur du fils de l'empereur, le futur Philippe II. Des fortifications, démantelées en 1860, il ne subsiste que les souterrains et un ancien magasin à poudre.

- ▶ **Se repérer** – Situé dans la région de l'Entre-Sambre-et-Meuse, Philippeville est accessible par la N 5 depuis Charleroi et par la N 97 au départ de Dinant.
- 🕒 **Organiser son temps** – Une heure et demie suffit pour visiter la petite ville.
- 👫 **Avec les enfants** – Les souterrains (surtout pour les enfants à partir de 12 ans).
- 🕯 **Pour poursuivre le voyage** – Couvin et Dinant.

Visiter

Souterrains
📞 *071 66 23 00 - juil.-août : visite accompagnée (1,5h) 13h30 et 15h ; sept.-juin : sur demande - fermé 21 juil., Assomption, 25 déc. - 3 €.*
👫 L'ancienne poudrerie, devenue la **chapelle N.-D.-des Remparts**, a conservé ses murs épais où était aménagé un système de ventilation.
On peut visiter une partie des galeries souterraines des 16ᵉ et 17ᵉ s. qui s'étendent sur 10 km au-dessous de la ville.

Aux alentours

Walcourt
13 km au nord-ouest par la N 40, puis à Silenrieux prendre à droite la N 978.

Basilique St-Materne.

Ce vieux bourg pittoresque est une ancienne place forte. Chaque année se déroule une procession en l'honneur de N.-D.-de-Walcourt ; elle accomplit un périple autour de la ville, appelé « **Le Grand Tour** ». Elle est rehaussée d'une escorte ou « **marche militaire** », comprenant des soldats de l'époque napoléonienne et des zouaves, accompagnés de fifres et de tambours. Au milieu de la journée, autour d'un bouleau, le « Jeu scénique du Jardinet » commémore le miracle de la statue de la Vierge qui, fuyant la basilique incendiée au 13ᵉ s., aurait été retrouvée sur un arbre. Située sur une butte, la **basilique St-Materne★** (13ᵉ-16ᵉ s.) est surmontée d'un amusant clocher à bulbe du 17ᵉ s. (reconstruit en 1926). L'**intérieur** sobre en pierre grise et brique possède un riche mobilier. Le remarquable **jubé★** (1531), offert, dit-on, par Charles Quint, est de structure gothique, mais sa décoration Renaissance prodigue des statues, des médaillons et des rinceaux. Les stalles (16ᵉ s.) très simples, sont sculptées aux miséricordes de motifs satiriques. Dans le bras gauche du transept se trouve la statue de N.-D.-de-Walcourt (10ᵉ s.). Conservé au presbytère, le **trésor★** contient de précieux objets d'art : Vierge en argent du 14ᵉ s., petit reliquaire-tourelle du 13ᵉ s., et surtout croix-reliquaire (13ᵉ s.), caractéristique du style du célèbre orfè-

Philippeville pratique

Code postal : *5600*.
Indicatif téléphonique : *071*.
Syndicat d'Initiative et du Tourisme – *rue des Religieuses 2, 5600 Philippeville - ℘ et fax 071 66 23 00 - tourisme.philippeville@swing.be - www.philippeville.be ou users.swing.be/tourisme.philippeville.*

Redu-Transinne

CARTES MICHELIN Nᵒˢ 716 I 5 ET 534 P 22 – LUXEMBOURG.

Dans une magnifique région vallonnée et boisée, le village de Redu accueille une station spatiale européenne de télémesure et de télécommande de satellites. Le bourg est également un paradis pour les amoureux de livres anciens. Une trentaine de bouquinistes y ont ouvert boutique. Le village vit à l'heure du livre et en été comme pendant les week-ends, les visiteurs se pressent dans les rues. Quelques artisans et restaurateurs ont suivi.

▶ **Se repérer** – Le petit village de Redu-Transinne est d'accès très facile par l'autoroute E 411 (sortie 24) reliant Bruxelles à Arlon ou par la N 40.

Avec les enfants – Plaisir garanti à l'Euro Space Center.

Pour poursuivre le voyage – Saint-Hubert, Han-sur-Lesse, Rochefort.

Visiter

Euro Space Center★
Situé au bord de l'autoroute E411 à la sortie 24. ℘ 061 65 64 65 - www.eurospacecenter.be. - avr.-oct. : tlj 10h-16h ; nov.-mars : se renseigner - 11 €.
Les techniques audiovisuelles les plus récentes ont été utilisées pour présenter la grande aventure de l'espace : projection de films sur les missions spatiales dans l'auditorium, explications sur le futur laboratoire Columbus dans l'holorama, évocation de l'histoire astronomique et des trous noirs dans le planétarium, visite de plusieurs vaisseaux et lanceurs, dont Ariane 4 et 5, reproduits grandeur nature, et, pour terminer, des sensations fortes dans le Space Show qui vous entraîne au moyen de sièges mobiles dans une terrible bataille de vaisseaux de l'espace. Ce centre sert aussi d'entraînement pour des jeunes qui veulent s'initier à l'espace (stages de plusieurs jours).

Redu pratique

Code postal : *6890*
Indicatif téléphonique : *061*
La Maison du Tourisme du Pays de la Haute-Lesse – *Place de l'Esro 63 - ℘ 061 65 66 99 – fax 061 65 65 16 - www.haute-lesse-tourisme.be - hautelesse@swing.be.*

La **Roche-en-Ardenne**★

5 075 HABITANTS
CARTES MICHELIN Nᴼˢ 716 J 5 ET 534 S 21 –
PLAN DANS LE GUIDE ROUGE BENELUX – LUXEMBOURG.

De longues croupes boisées séparées par des vallées profondes convergent vers cette station estivale très touristique dont le site★★, dans une bouche de l'Ourthe, est remarquable. Centre de nombreuses activités sportives, La Roche est un excellent point de départ pour sillonner la région qui propose un large éventail de promenades balisées et d'excursions.

▸ **Se repérer** – Au cœur d'une très belle région verdoyante, La Roche-en-Ardenne se trouve sur la N 89.

◔ **Organiser son temps** – Une heure suffit pour découvrir l'essentiel de la petite ville.

▵ **Pour poursuivre le voyage** –Saint-Hubert, Bastogne et Durbuy (cours moyen de l'Ourthe).

Visiter

Château
Accès par un escalier en face de l'hôtel de ville. ℘ 084 36 77 36 - *juil.-août : 10h-18h30 ; avr., mai, juin, sept. et oct. :11h-17h ; nov.-mars : 13h-16h (en semaine), 11h-16h30 (w.-end et vac. Noël et Carnaval) - fermé par temps de neige et/ou de verglas - 4 €.* À l'extrémité de l'éperon rocheux du Deister, les ruines romantiques de cet imposant château du 11ᵉ s., hérissées de sapins centenaires, dominent la ville.
Après le siège de 1680 par Louis XIV, les fortifications furent renforcées. Le château fut démoli sur ordre de Joseph II, au 18ᵉ s.

Les grès de La Roche – Terroir et Traditions
R. Rompré 28, par la place du Bronze. ℘ 084 41 18 78 - www.gdlr.be - *tlj 10h-12h et 13h30-17h ; nov.-mars : w.-end, j. fériés et vac. scol - fermé déb. janv.-déb. févr. - 4,90 €.*
Cette fabrique produit des objets en grès, au décor gravé rehaussé de bleu, spécialité de La Roche. On découvre l'ancien four à bois, puis on visite les ateliers de tournage et de décoration ainsi que le musée de la fabrique.

Aux alentours

Chapelle Ste-Marguerite
Suivre l'Ourthe vers Houffalize et prendre une route en montée à gauche.
La chapelle est accrochée à la colline de Deister, au-dessus du château. Plus haut, un belvédère accessible par un petit sentier suivant la crête de l'éperon offre un superbe **panorama**★★ sur la ville.

Parc Forestier du Deister
Poursuivre la route au-delà de la chapelle Ste-Marguerite jusqu'au sommet de la côte.
Sur le plateau du Deister s'étend, sur 15 ha, le **parc forestier** aménagé pour la promenade.

Houffalize
25 km à l'Est par la N 860.
Au cœur de l'Ardenne, à 370 m d'altitude, ce centre de villégiature animé occupe un joli **site**★ dans la verdoyante vallée de l'Ourthe orientale. Détruit en 1944 pendant la bataille des Ardennes, le bourg a été reconstruit. Les routes qui viennent du Sud et de l'Ouest offrent de beaux points de vue sur ses toits d'ardoise.

Circuits de découverte

L'OURTHE SUPÉRIEURE★★
Circuit de 36 km - 4h
L'Ourthe est le résultat de la réunion, vers Nisramont, de deux cours d'eau : l'Ourthe orientale, née près du village d'Ourthe à la frontière luxembourgeoise, et l'Ourthe occidentale, venue d'Ourt, village situé au Sud de St-Hubert. En amont de La Roche-en-Ardenne, c'est une rivière torrentueuse s'écoulant dans des paysages sauvages d'une grande beauté.
Quitter La Roche-en-Ardenne au Sud-Est par la N 834 en direction de Bastogne.
La route gravit les pentes du plateau d'où l'on bénéficie de vues dégagées sur la

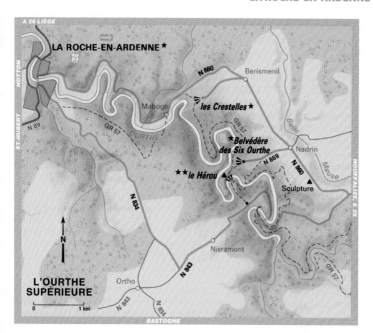

campagne vallonnée.

Tourner à gauche vers Nisramont. Franchir le pont sur l'Ourthe et prendre à gauche vers Nadrin.

À gauche de la route s'élève une **sculpture en marbre** représentant un portique stylisé en forme de cromlech. Cette œuvre du sculpteur portugais João Charters de Almeida fut réalisée en 1991 à l'occasion du festival Europalia Portugal.

À Nadrin, prendre à gauche la N 869. Laisser la voiture sur le parking du Belvédère des Six Ourthe.

Belvédère des Six Ourthe★

☏ 084 44 41 93 - fermé mar. hors sais., janv. - 1 €.

Une **tour** a été construite à la racine du Hérou, éperon schisteux de 1 400 m de longueur. Du sommet de la tour *(120 marches)*, on contemple un grandiose panorama d'une beauté sauvage, un des plus caractéristiques de l'Ardenne. Autour des éperons boisés, l'Ourthe a creusé une vallée aux méandres compliqués. Elle s'y engage, disparaît derrière les buttes, puis réapparaît scintillante en plusieurs endroits, ce qui a valu au belvédère son nom de Six Ourthe.

Le Hérou★★

Compter 30mn AR pour être en vue de l'abrupt. D'agréables sentiers de promenade balisés, dont le GR 57, parcourent cette masse formidable dont le sol rocheux, masqué par une abondante végétation, apparaît dans l'abrupt qui plonge dans la rivière à l'Est. Au pied du Hérou, la rivière s'écoule dans un paysage sauvage.

Regagner Nadrin, puis prendre à gauche vers Berismenil. Prendre la 2ᵉ route à gauche dans Berismenil, en direction des Crestelles.

Point de vue des Crestelles★

Un point de vue étonnant s'offre sur un méandre de l'Ourthe 200 m plus bas. C'est un point de départ pour les deltaplanes et les parapentes.

Regagner la N 860. On traverse Maboge (jolie vue du pont, puis l'on revient à La Roche-en-Ardenne.

L'OURTHE INFÉRIEURE★

95 km - compter une journée
Quitter La Roche-en-Ardenne par la N 833.

De La Roche-en-Ardenne à Liège, la vallée de l'Ourthe est riante et douce, çà et là bordée de rochers escarpés, parfois creusés de grottes calcaires.

La route suit l'Ourthe jusqu'à Melreux. Après Hampteau, un chemin à gauche mène aux grottes de Hotton.

Grottes de Hotton★★

Visite accompagnée (70mn) - ℘ 084 46 60 46 - www.grottesdehotton.be - 1ᵉʳ avr.-1ᵉʳ nov. : tlj 10h-17h (juil.-août : 18h) ; autres mois : sam. 14h, dim. 14h et 15h30 ; Noël-carnaval tlj 11h, 14h et 15h - 8 €.

Une partie des grottes, formées par une rivière qui s'est enfouie progressivement, a été découverte de 1958 à 1964. Seule la grotte des Mille et Une Nuits constituant la fin du réseau prospecté est ouverte au public. La succession des salles étroites offre des concrétions extrêmement variées. La délicatesse de leurs formes, macaronis transparents, excentriques, draperies ondulées, est remarquable, mais c'est surtout la splendeur de leurs coloris naturels qui retient l'attention : blanc pur de la calcite, rouge, orange éclatant, rose délicat des traces de fer. Dans la galerie de l'Amitié, cette féerie est accentuée par le reflet limpide des « gours ». Au terme du parcours, un balcon domine de 28 m un gouffre où gronde une lointaine chute d'eau, au fond du grand couloir du Spéléo-Club.

Hotton

Dans la plaine de Famenne, ce bourg typique aligne ses toits d'ardoise au bord de l'Ourthe qui forme ici une île.

En amont, sur la route d'Érezée, moulin à eau du 18ᵉ s. En aval du pont, un barrage retient un plan d'eau.

Suivre la N 833.

Durbuy★

On retrouve l'Ourthe vers Durbuy. Situé dans une belle région de forêts, Durbuy est l'un des lieux de villégiature les plus agréables de l'Ardenne. Cette bourgade, qui fut érigée au titre de ville dès 1331, fut jusqu'en 1977, date à laquelle elle fusionna avec d'autres communes, la plus petite ville du monde avec moins de 400 habitants. Durbuy a conservé son caractère ancien avec son dédale de ruelles médiévales, son château du 17ᵉ s., son vieux pont, sa halle aux blés à colombages. Au charme de ses rues et de ses maisons en pierre, où de nombreux artisans et artistes se sont installés, s'ajoute la beauté du site au pied d'une paroi rocheuse présentant un plissement très spectaculaire, la Falize.

Gagner Barvaux par la N 983.

Barvaux

Autre centre touristique de la vallée de l'Ourthe qui coule, en aval, au pied des fameux **rochers de Glawans**.

2 km après Barvaux, prendre une route à gauche vers Tohogne.

Tohogne

Ce village possède une **église romane** bien restaurée dans laquelle on peut admirer quelques œuvres d'art, dont une cuve baptismale de l'école mosane du 13ᵉ s. et un calvaire du 14ᵉ s.

Revenir à la N 86.

Les amateurs de vieux tramways et de monuments mégalithiques peuvent faire un crochet dans la vallée de l'Aisne. À Bomal prendre la N 806 en direction d'Aisne.

Durbuy.

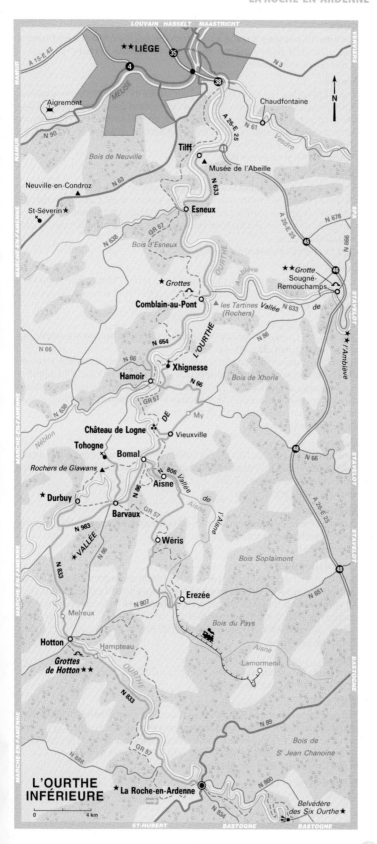

Aisne

Ce village qui a donné son nom à la rivière possède des sources thermales. On remarque, à gauche, la gigantesque muraille de grès de la **Roche à Frêne**.
La route emprunte la vallée de l'Aisne.

Erezée

Depuis Erezée, le pittoresque **Tramway Touristique de l'Aisne** remonte la vallée de l'Aisne jusqu'à Dochamps au milieu de paysages splendides et par les petits villages d'Amonines et de Forge-à-la-Plez. *Le tramway circule de début avr. à mi-oct. ; les horaires sont assez compliqués mais on peut facilement les consulter sur ww.tta.be. ⌀ 086 47 72 69 - Èrezée-Forge 7 € - Érezée-Dochamps 10 €.*
Prendre la N 841 pour gagner Wéris.

Wéris

À Wéris, la charmante **église Ste-Walburge**, fondée au 11ᵉ s., repose sur des piliers d'ardoise ; à droite du maître-autel, tabernacle sculpté du 16ᵉ s., nommé « théothèque ». Wéris conserve plusieurs mégalithes, en particulier un **dolmen**, dont les blocs sont taillés dans le poudingue local *(au Nord-Ouest, en allant vers Barvaux, non loin de la route à gauche).*
Regagner Bomal en passant par Barvaux.

Bomal

Le petit village est situé au confluent de l'Aisne et de l'Ourthe. Jolie **vue★** sur la vallée resserrée par un bloc rocheux derrière lequel sont perchées les ruines du château de Logne.

Château de Logne

⌀ 086 21 20 33 - www.palogne.be - juil.-août : tlj 10h30-18h (fermeture à 18h30) ; avr.-oct. : w.-end et j. fériés 13h-18h - 3 €.
Propriété des moines de Stavelot puis de la puissante famille de La Marck, ce « nid d'aigle » était l'un des premiers châteaux adaptés aux armes à feu. Il fut détruit en 1521 sur l'ordre de Charles Quint. Les objets trouvés lors des fouilles qui se poursuivent dans son enceinte sont exposés dans le **musée archéologique** à Vieuxville. Le village de Logne est un important centre de tourisme sportif.
Après My, tourner à gauche.

Hamoir

Petite cité sur les bords de l'Ourthe. Sur la place centrale se dresse une statue de Jean Delcour, né ici en 1627. L'hôtel de ville occupe un charmant manoir du 17ᵉ s. dissimulé sur la rive gauche dans un joli parc.
4 km aller-retour depuis Hamoir.

Xhignesse

L'église St-Pierre, de style roman mosan, est remarquable par son abside ornée d'arcatures aveugles surmontées de niches.
Suivre la N 654.

Comblain-au-Pont

Cette localité est située au confluent de l'Ourthe et de l'Amblève que surplombe un imposant rocher nommé les Tartines, en raison de sa forme en tranches bien particulière.
À 1 km à l'Ouest se trouve sur une petite colline la **grotte★** de Comblain. *Visite accompagnée (1h) : 10h30, 12h30, 14h, 15h30 et 17h - ⌀ 04 369 41 33 - mai-juin : w.-end et j. fériés ; juil.-août et vac. de Pâques et de Noël : tlj - 6 €.*
Poursuivre son chemin.

Esneux

Cette petite ville s'étage sur un versant contourné par une boucle de l'Ourthe.
Emprunter la N 633 pour gagner Tilff.

Tilff

Tilff possède un **musée de l'Abeille** situé dans une ancienne ferme du château. On y trouve une intéressante documentation sur l'apiculture, des collections d'instruments, de ruches (dans certaines, on peut observer des abeilles en activité), et des documents sur la biologie de l'abeille. *⌀ 04 388 16 30 - juil.-août :10h-12h, 14h-18h - avr.-mai, juin et sept. : w.-end et j. fériés 14h-18h - 2,50 €.*

Liège★★ *(voir ce nom)*

La Roche-en-Ardenne pratique

Informations utiles

Code postal : *6980.*

Indicatif téléphonique : *084.*

Syndicat d'Initiative – *place du Marché 15, 6980 La Roche-en-Ardenne - ✆ 084 36 77 36 - fax 084 36 78 36 - info@la-roche-tourisme.com - www.la-roche-tourisme.com.*

Se loger

Moulin de la Strument – *Petite Strument - ✆ 084 41 15 07 - www.strument.com - fermé en janv. - 8 ch. 76/82 € ☕ - P.* Cette grande auberge était jadis un moulin à eau, adossé à une colline et à son bois de pins, et à distance de marche du centre. Accueil hospitalier, belles chambres, salle petit-déjeuner avec cheminée. Le restaurant sert des préparations régionales.

À JUPILLE

Les Tilleuls – *Clos Champs 11, 6987 Jupille - ✆ 084 47 71 34 - www.les-tilleuls.be - fermé en janv. - 8 ch. 76/84 € ☕ - P - ⊘.* Au milieu de la verdure, en surplomb d'un méandre de l'Ourthe, les hôtes peuvent profiter d'un séjour agréable et de bons repas au restaurant. En saison, du gibier est au menu. Un grand jardin avec terrasse en été et pièce d'eau entoure la villa.

Hostellerie Linchet – *Route de Houffalize 11 - ✆ 084 41 12 23 - www.hostellerie-linchet.be - 13 ch. 87/124 € ☕ - P.* Hors du centre de La Roche, avec une magnifique vue sur la vallée de l'Ourthe. Michèle Linchet dirige depuis des années cette hostellerie traditionnelle, tandis que sa fille Sophie réalise des prouesses gastronomiques dans le restaurant classique. Les chambres confortables ont vue sur la rivière ou sur les bois environnants.

Se restaurer

L'Ardennais – *Rue Chamont 8 - ✆ 084 41 15 64 - menu 12/22 €.* Restaurant situé au centre, le long de l'Ourthe et à l'ambiance de salle de séjour. La carte propose des plats simples de l'Ardenne.

Hostellerie Relais de l'Ourthe – *Rue du Moulin 3, 6987 Jupille - ✆ 084 47 76 88 - www.relais-ourthe.be - menus 25/58 €.* Au centre du pittoresque village de Jupille. Restaurant intime dans une ancienne ferme transformée. La carte propose une cuisine française. L'hostellerie offre également 8 chambres charmantes, une piscine et un grand jardin.

À RENDEUX

Au Moulin de Hamoul – *Rue de Hotton 86, 6987 Rendeux - ✆ 084 47 81 81 - www.moulindehamoul.com - fermé dim. soir et lun. - menus le midi 25 €, le soir 33/46 €.* Une situation idyllique le long de l'Ourthe. Dans ce restaurant gastronomique à l'aménagement contemporain, le chef prépare des plats inventifs au gré des saisons. Un lieu est prévu pour les fumeurs.

Faire une pause

Café Le Central – Rue du Purnalet 4 - ✆ 084 46 82 82 - horaires variables selon la saison. Café à l'ambiance sympathique. Large choix de bières wallonnes, flamandes et luxembourgeoises. On peut également demander une glace ou un sandwich.

Spécialités

N'oubliez pas de goûter les baisers de La Roche, meringues fourrées de crème, qui rivalisent avec les excellentes tartes aux fruits ou au sucre. La traditionnelle poterie de grès bleu est réputée.

Boucherie Josse – *Rue du Pont 9 - ✆ 084 41 12 20 - www.boucherie-josse.be - tlj en saison.* Large choix de charcuteries ardennaises telles que jambons, saucisson de sanglier… Également gibier en saison, fromages et sandwiches garnis.

Rochefort★

12 040 HABITANTS
CARTES MICHELIN N°S 716 I 5 ET 534 Q 22 – NAMUR.

Dominée par les ruines du château comtal, la petite ville de Rochefort est un centre de villégiature très animé. À 2 km, les moines de l'abbaye Notre-Dame de St-Remy, fondée au 13e s., fabriquent encore la bière trappiste de Rochefort ; à proximité étaient exploitées les célèbres carrières de marbre de St-Remy (15e s.). En août 1792, La Fayette, menacé pour avoir défendu Louis XVI, quitte l'armée et prend la fuite. Il est hébergé, avec Chateaubriand, à l'ancien hôtel « Au Pélican » de la rue Jacquet, avant d'être arrêté par les Autrichiens. À côté, un monument a été élevé en l'honneur de La Fayette.

- ▶ **Se repérer** – Situé en bordure du Parc national de Lesse et Lomme, Rochefort est desservi par l'autoroute E 411 (sortie 22) ; ensuite prendre la N 911.
- 🕐 **Organiser son temps** – La visite guidée de la grotte dure environ 1 h.
- 👫 **Avec les enfants** – Visite de la grotte de Lorette.
- 👣 **Pour poursuivre le voyage** – Han-sur-Lesse, Dinant.

Visiter

Grotte de Lorette★

🖉 084 21 20 80 - Pâques-Toussaint - visite accompagnée - mars-juin et sept.-nov. : 10h30, 12h, 13h30, 15h et 16h30 ; juil.-août : toutes les 45mn de 11h à 17h - 7,25 €.

👫 Découverte en 1865, cette grotte, creusée par la Lomme, présente un aspect plus sauvage que celle de Han ; sa température est plus fraîche : 8 °C.

Après un couloir de marbre non poreux, percé artificiellement, apparaissent les premières concrétions. Sur un fond musical, un jeu de lumière fait surgir de l'ombre un chaos étonnant. Plus bas, on aperçoit le cours actuel de la rivière souterraine et ses lits successifs. La petite salle des Arcades est creusée à 80 m sous le château de Beauregard.

La **salle du Sabbat** est la plus impressionnante par ses dimensions : 60 m sur 125 m ; une montgolfière lumineuse lâchée jusqu'au sommet permet d'en apprécier la hauteur (85 m). On revient par une galerie artificielle s'ouvrant sur une jolie vue de la vallée de la Lomme.

Aux alentours

Grupont

10 km au sud-est par la N 803.

Grupont conserve une pittoresque **maison espagnole** dite aussi maison du Bourgmestre, à colombages et encorbellement, datée de 1590.

Chevetogne

15 km au nord-ouest par la N 949, puis à gauche par la N 929.

Monastère de Chevetogne – En 1939 s'installe, dans un château du 19e s., une communauté œcuménique célébrant la liturgie dans les rites latin et byzantin. Construite dans le style byzantin de Novgorod, l'**église orientale** (1957) est un édifice carré, précédé d'un vaste narthex et surmonté d'une petite coupole sur tambour. À l'intérieur, murs et voûtes sont couverts de peintures murales. Au sommet de la coupole domine l'effigie du Christ Pantocrator. L'iconostase, dont la fonction est d'isoler le sanctuaire, est ornée d'icônes. De l'église, on descend à la salle de vente : belle exposition de copies d'objets d'art religieux orthodoxe anciens.

Domaine provincial Valéry Cousin★ – Autour d'un château et d'un chapelet d'étangs, ce vaste parc récréatif, boisé et fleuri, est remarquablement équipé pour les sports, les distractions et les promenades (circuits fléchés). 🖉 083 68 72 11 - j. ouvr. 11h-17h, w.-end 10h-18h ; avr.-oct. : visite accompagnée (3 €) - sports : tlj de l'année.

Lessive

6 km au sud-ouest, par Éprave.

Un site boisé au sud du petit village de Lessive a été choisi pour l'installation de la **station terrienne belge de télécommunications par satellites**. Cette station, équipée de trois antennes et d'une tour hertzienne aux dimensions impressionnantes, joue, depuis 1972, le rôle d'échangeur entre le secteur spatial et le réseau de télécommunications national.

Château de Jannée

19 km au nord par les N 949, N 929 et N 4. ℘ 083 68 86 31 - visite du parc juil.-août : 10h-18h - 2,50€.

Le château de Jannée, entouré de son parc, remonte au 12ᵉ s. ; des reconstructions aux 17ᵉ et 19ᵉ s. lui ont donné son aspect actuel.

Circuit de découverte

LA FAMENNE
12 km au nord-est par la N 86.

Hargimont
Le **château de Jemeppe** a été construit au 17ᵉ s. autour d'un donjon massif du 13ᵉ s.
Suivre la N 86, puis prendre une petite route à droite.

Waha

Ce village possède une charmante **église romane** en grès dédiée à saint Étienne et consacrée en l'an 1050. Sa tour (12ᵉ s.) est surmontée d'un élégant clocher du 16ᵉ s. dont les plans carrés se superposent d'une manière originale. L'intérieur, sobre, aux piliers massifs, conserve d'intéressants objets d'art. Sous le porche se remarquent plusieurs pierres tombales. Au-dessus de l'arc triomphal, beau calvaire de la fin de l'époque gothique (16ᵉ s.). Dans le bas-côté droit, fonts baptismaux (1590) portant quatre têtes sculptées. Près de l'entrée du chœur se trouve, scellée à la paroi de l'un des piliers, la pierre dédicatoire de l'église, de 1050. Une vitrine renferme des reliquaires, des livres et missels anciens, des chasubles. L'église contient également de belles statues d'art populaire : saint Nicolas (15ᵉ s.), Madame sainte Barbe (16ᵉ s.) et saint Roch, en bois polychrome (17ᵉ s.).
Revenir sur la N 86.

L'église romane de Waha.

Marche-en-Famenne
C'est la capitale de la Famenne. En 1577, Don Juan d'Autriche, gouverneur des Pays-Bas, y signa l'Édit Perpétuel qui confirmait la Pacification de Gand, libérant le pays des troupes espagnoles.

Rochefort pratique

Informations utiles

Code postal : *5580.*
Indicatif téléphonique : *084.*
Syndicat d'Initiative de Rochefort – *Rue de Behogne 5, 5580 Rochefort - ℘ 084 21 25 37 - fax 084 22 13 74 - rochefort. tourisme@skynet.be - www.valdelesse.be.*
Maison du Tourisme du Val de Lesse – *Rue de Behogne 5, 5580 Rochefort - ℘ 084 34 51 72 - fax 084 36 79 30 - info@ valdelesse.be - www.valdelesse.be.*

Se loger

⊖🍽 **Le Vieux Logis** – *R. Jacquet 71 - ℘ 084 21 10 24 - levieuxlogis@skynet.be -* *www.levieuxlogis.be - fermé dim., mi-janv.-fin janv., mi-sept.-fin sept. – 10 ch. 76 € ☲.* Halte idéale pour rayonner dans le Parc national de Lesse et Lomme, ce « vieux logis » rochefortois (17ᵉ s.) établi au pied du château comtal abrite un hôtel familial de caractère. La proximité de la grotte de Lorette enchantera petits et grands.

Se restaurer

⊖🍽🍽 **La Calèche** – *Rue de Béhogne 46 - ℘ 084 21 09 86 - fermé merc. soir et jeu. - menus 25/50 €.* Ce relais de poste du 17ᵉ s. a été complètement transformé pour devenir un restaurant de charme avec grand jardin et terrasse. Menus goûteux de la cuisine française et vins appropriés. Également très bonne adresse pour passer la nuit dans des chambres aménagées avec goût et profiter de la piscine, du sauna ou du hamman.

🍴🍴🍴 **Aux Menus Plaisirs** – *R. du Manoir 2, 6900 Marche-en-Famenne - ☎ 084 31 38 71 - info@menusplaisirs.be - www.manoir.be - fermé lun., mar. (sf*

j. fériés) - 18 € déj. - 45 €. Vous clôturerez dignement la visite de la capitale de la Famenne en vous offrant quelques « menus plaisirs » de table dans ce vieux manoir agrémenté d'un délicieux jardin d'hiver coiffé d'une coupole. Registre culinaire de base classique.

St-Hubert ★

5 720 HABITANTS
CARTES MICHELIN Nᵒˢ 716 J 5 ET 534 L 22 – LUXEMBOURG.

Jolie petite ville touristique, St-Hubert se trouve sur un plateau (435 m) au centre des forêts étendues de l'Ardenne. Les maisons du bourg se groupent autour de la basilique, lieu de pèlerinage à saint Hubert, patron des chasseurs et des bouchers. St-Hubert est la ville natale du peintre Pierre Joseph Redouté (1759-1840), appelé « le Raphaël des Fleurs ».

- ▶ **Se repérer** – St-Hubert se niche dans une des plus belles régions que compte la Belgique. On y arrive en empruntant l'autoroute A 4/E 411 reliant Bruxelles à Arlon. Prendre la sortie 25, puis la N 89.

- 🕐 **Organiser son temps** – Comptez une demi-journée pour une promenade (balisée de panneaux intéressants) à travers la petite ville et la visite des musées du Fourneau Saint-Michel.

- 👪 **Avec les enfants** – Le parc à gibier de Saint-Hubert.

- 🌣 **Pour poursuivre le voyage** – Fourneau Saint-Michel, Han-sur-Lesse, La Roche-en-Ardenne et Bastogne.

Comprendre

Le saint et sa légende

Un Vendredi saint de l'an 683, **Hubert**, gendre du comte de Louvain, chasse dans les forêts. Les chiens lancent un grand cerf. Sur le point d'être forcée, la bête se retourne et dans sa ramure apparaît une image éblouissante du Christ en croix. Une voix reproche alors à saint Hubert sa passion immodérée pour la chasse et lui dit d'aller trouver son ami Lambert, évêque de Tongres-Maastricht, pour être instruit dans la prière et le sacerdoce.

À Rome, Hubert apprend le martyre de Lambert dont le pape lui propose la succession. Hubert refuse, alléguant son indignité. Un ange descend alors du ciel et lui remet l'étole blanche, insigne de l'épiscopat, tissée d'or par la Vierge elle-même. Hubert, devenu évêque de Maastricht, transfère à Liège le siège épiscopal.

La ville des chasseurs

Chaque année, le premier week-end de septembre, ont lieu les **Journées Internationales de la Chasse et de la Nature**. Dès le samedi après-midi, les sonneries de trompes de chasse retentissent. Le dimanche, après la messe solennelle et la bénédiction des animaux, a lieu l'après-midi un grand cortège historique qui raconte la vie de saint Hubert et l'histoire de l'abbaye. Plus de 500 personnes en costumes y participent. Le **3 novembre**, jour de la Saint-Hubert, la grand-messe solennelle est suivie par la bénédiction des animaux et des animations diverses.

Visiter

Basilique St-Hubert ★

Visite (30mn) - ☎ 061 61 23 88 - 9h-18h (hiver 17h).

C'est l'ancienne église de l'abbaye bénédictine fondée au 7ᵉ s. Les reliques de saint Hubert transférées ici au 9ᵉ s. attirèrent de tout temps de nombreux pèlerins. Plusieurs bâtiments se sont succédés à cet emplacement, et de l'église romane subsiste la crypte. L'église actuelle, de style gothique brabançon, a été reconstruite en 1526 à la suite d'un incendie. En contournant l'église par la droite, on peut voir cet ensemble flamboyant, mais la façade a été modifiée au 18ᵉ s. Ainsi les deux tours et la façade, au fronton sculpté d'une scène évoquant le miracle de saint Hubert, sont de style baroque.

Intérieur★★

Imposant avec ses 25 m de haut, l'intérieur à cinq nefs présente le plan des églises de pèlerinage avec son déambulatoire et ses chapelles rayonnantes. On est d'abord frappé par les coloris de l'appareil où se mêlent pierre rose, gris et ocre sous des voûtes en brique qui datent de 1683. Dans le transept gauche, le mausolée de saint Hubert (1847) par Guillaume Geefs est une majestueuse figure un peu hautaine. Dans le chœur sont disposées de belles **stalles** (1733) dont les panneaux évoquent la vie de saint Hubert *(à droite)* et celle de saint Benoît *(à gauche)*. La Vierge du maître-autel est de l'école du sculpteur liégeois Delcour. Dans le transept droit, sur l'autel de saint Hubert, se trouve la sainte Étole tissée de fils d'or au 10e s. Dans la 1re chapelle du déambulatoire, à droite, un retable, aux 24 émaux peints (Limoges) d'après la *Passion* de Dürer, a subi la fureur des Huguenots. La **crypte** romane, sous le chœur, contient des tombes d'abbés dont les visages ont été polis par les pèlerins. Les voûtes sont du 16e s. Avant de sortir, admirer les orgues baroques.

Le palais abbatial

Sur le côté gauche de la place quand on fait face à la basilique.
Construit en 1728, ce palais à la façade élégante et au fronton décoré de rinceaux, abrite le service des Affaires culturelles de la province. À l'intérieur, très belles boiseries.

Aux alentours

Fourneau St-Michel★★ *(voir ce nom)*

Parc à gibier

2 km au Nord. ☎ 061 25 68 17 - 1h30 - tlj sf vend. 10h30-17h ; juil.-août également vend. 10h30-18h - 3,50 €.

👥 Chevreuils, mouflons et sangliers peuvent être observés le long de trois circuits fléchés. La route traverse de belles forêts de hêtres et de résineux ; la forêt du roi Albert, puis le bois de St-Michel.

Val de Poix

9 km à l'Ouest jusqu'à Smuid. C'est une vallée tranquille et agreste où coule un petit ruisseau, affluent de la Lomme. À 3 km de St-Hubert, à gauche de la route, près d'un petit étang, se dresse une maison à colombages.

St-Hubert pratique

Informations utiles

Code postal : *6870.*
Indicatif téléphonique : *061.*
Maison du Tourisme du Pays de Saint-Hubert – *rue Saint-Gilles 12, 6870 Saint-Hubert - ☎ 061 61 30 10 - fax 061 61 54 44 - info@saint-hubert-tourisme.be - www. saint-hubert-tourisme.be.*

Se loger

🛌 **Hôtel 2G** – *Place du Marché 7 - ☎ 061 61 10 93 - www.hotel2g.net - 18 ch. 56/66 € ⊡ - 🅿.* Sur la place du marché centrale. Hôtel simple de style ardennais. Les chambres sont propres mais les moins chères d'entre elles ne possèdent pas de salle de bains privative. Restaurant dans une salle rustique.

🛌🍽 **L'Ancien Hôpital** – *Rue de la Fontaine 23 - ☎ 061 41 69 65 - www. ancienhopital.be - fermé mar. et merc. - 6 ch. 60/130 € ⊡ - 🅿.* Bâtiment historique au centre qui servit jadis d'hôpital et de résidence secondaire royale. Derrière la vieille façade, les propriétaires ont créé un intérieur jeune et urbain. Les chambres sont somptueusement aménagées et le rez-de-chaussée abrite un bar à vin confortable. Le petit-déjeuner est un véritable festin.

À NASSOGNE

🛌🍽 **Le Beau Séjour** – *Rue de Masbourg 30, 6950 Nassogne - ☎ 084 21 06 96 - www. lebeausejour.be - 24 ch. 85/105 € ⊡ - 🅿.* Charmante auberge ardennaise aux murs en pierres brutes dans un environnement champêtre et tranquille. Chambres confortables, attentives aux moindres détails. Piscine couverte, sauna et massages et beau jardin. Restaurant gastronomique dans un cadre distingué.

Se restaurer

🍽 **Le Basilic** – *Place de l'Abbaye 8 - ☎ 061 50 48 58 - www.lebasilic.be - fermé lun. - menu 30/40 €.* Choix entre la brasserie moderne au rez-de-chaussée ou le restaurant gastronomique au premier étage. Cuisine franco-belge et plats régionaux dans un cadre attrayant au centre de la ville.

🍽 **Le Cor de Chasse** – *Avenue Nestor Martin 3 - ☎ 061 61 16 44 - fermé mar. (sf pdt les mois d'été) - menu le midi 13 €, le soir 28/41 €.* Auberge à proximité immédiate de l'église St-Gilles-aux-Prés. Pendant la saison de la chasse, le gibier est le grand succès de la maison. Plats classiques et très correctement tarifés.

À NASSOGNE

⊖⊜🖫 **La Gourmandine** – *Rue de Masbourg 2, 6950 Nassogne -* ☎ *084 21 09 28 - www.lagourmandine. com - fermé lun. et mar. - menu 30/47 €.* Dans le beau village de Nassogne, entre Libramont et Saint-Hubert. Magnifique vue sur les environs. Restaurant classique à la cuisine franco-belge soignée et inventive proposant à la fois plats de viande et de poisson.

Faire une pause

Les Tables de la Fontaine – *Place du Marché 17 -* ☎ *061 68 95 50 - www. tablesdelafontaine.be - tlj sf merc. 9h30-19h.* Grand choix de crêpes, mais aussi de quiches, de pralines, de confitures, de nougat, de pain d'épices et de friandises en tous genres. Spécialité particulière : le tabac et les cigares de la Semois. Intérieur convivial.

La Cave de Saint-Hubert – *Place du Marché 13 -* ☎ *061 32 13 91 - horaires variables selon les saisons.* Cave à l'ambiance conviviale proposant une large gamme de bières régionales et autres. Plus quelques plats pour les petites faims.

Événements

Chaque été, dans le cadre du Festival de Wallonie, le **Juillet Musical** organise des concerts dans la ville et les villages voisins.

Vallée de la **Semois**★★

CARTES MICHELIN Nᵒˢ 716 H 6, J 7 ET 534 P, Q, S, T 24 – LUXEMBOURG-NAMUR.

Affluent de la Meuse, la Semois (en France : Semoy) prend sa source près d'Arlon, s'engage dans une dépression marneuse de la « Lorraine belge », puis s'aventure au-delà de Florenville, dans les schistes du massif ardennais, en des replis sinueux.

- **Se repérer** – À proximité de la frontière française, la Semois dessine des méandres dans un paysage pittoresque et verdoyant. Accès depuis Bouillon par la N 89.
- **À ne pas manquer** – Descente de la Semois à Chiny, panorama depuis le clocher de Florenville, Tombeau du Géant à Botassart.
- **Organiser son temps** – Prévoir au moins une journée pour découvrir les plus beaux endroits.
- **Avec les enfants** – Descente de la Semois (Chiny).
- **Pour poursuivre le voyage** – Bouillon et Orval.

Le Tombeau de Chevalier à Herbeumont.

Ch. Bastin et J. Evrard/MICHELIN

Circuits de découverte

DE LA GAUME EN ARDENNE★ 1
65 km - environ 1/2 journée

Chiny
La Semois, en contournant Chiny, s'insinue momentanément dans le massif ardennais boisé. La vallée prend un aspect plus encaissé et plus sauvage, qu'il n'est possible d'apprécier qu'en bateau.

Descente en barque de Chiny à Lacuisine★
8 km. Embarcadère à l'ouest du village, au lieu-dit « La Scierie ». ☎ *061 31 17 43 ou 0495 54 93 72 -* ☒ *- juil.-août : 9h-18h ; avr.-oct. : w.-end 9h-18h - 10 €.*
Le parcours en bateau *(durée : 1h15)* suit le défilé du Paradis en laissant la côte de l'Écureuil et le rocher du Pinco à droite, et le rocher du Hât à gauche. On peut revenir à pied *(45mn)* par des pistes balisées à travers bois.

Lacuisine
Ici, le cours bouillonnant s'est assagi ; l'eau coule, calme, entre les rives bordées de prairies ; on peut voir un ancien moulin à eau.

Point de vue sur le défilé de la Semois★
2 km au nord. Route de Neufchâteau puis, à 800 m au nord de la bifurcation vers Martué, juste après avoir passé un chemin à gauche, prendre un sentier à droite.

VALLÉE
DE LA SEMOIS

0   4 km

En suivant dans les bois les balises blanc et orange, on arrive, après un quart d'heure de marche, à un promontoire équipé d'un banc ; le site procure une vue plongeante sur le méandre boisé et sauvage où coule la rivière souvent couverte de fleurs blanches.
Gagner Florenville par la N 85.

Florenville
Proche de la frontière, et perché sur une « côte » gréseuse dominant la vallée de la Semois, c'est un centre de villégiature et d'excursions. Derrière le chevet de l'église se trouve une terrasse, équipée d'une table d'orientation. Cet endroit permet de découvrir la vallée de la Semois qui trace une très large courbe dans une vaste plaine dont les terres servent à l'agriculture. L'église, dévastée en 1940, a été reconstruite. Du **belvédère** au sommet, **vue** sur les toits d'ardoises, la large vallée de la Semois et la campagne environnante *(220 marches).* ✆ *061 31 12 29 - juil-août : 10h-12h (dim. de 11h), 14h-18h - fermé : 15 août - 1 €.*
Prendre la N 83.

Point de vue sur Chassepierre★
À 5 km de Florenville, un belvédère (où se trouve un globe métallique symbolisant la paix) offre une belle vue sur les toits d'ardoises du village dont les maisons se serrent sur un bloc rocheux, près de l'église à bulbe (1702) ; non loin, la Semois serpente dans la plaine.
Suivre la N 83. Au-delà de Ste-Cécile, on tourne à droite vers Herbeumont.
Avant de traverser la rivière, on aperçoit à droite de la route l'ancien prieuré de Conques (18e s.), qui était au Moyen Âge une dépendance de l'abbaye d'Orval. Il est actuellement occupé par un hôtel.
Gagner Herbeumont par la N 884.

Herbeumont
Les ruines de son château fort du 12e s. se dressent au sommet d'une butte. Il a été détruit par les troupes de Louis XIV. Du sommet, **vue★★** magnifique sur un double méandre de la rivière encerclant le **Tombeau du Chevalier**. Ainsi nommé en raison de sa forme

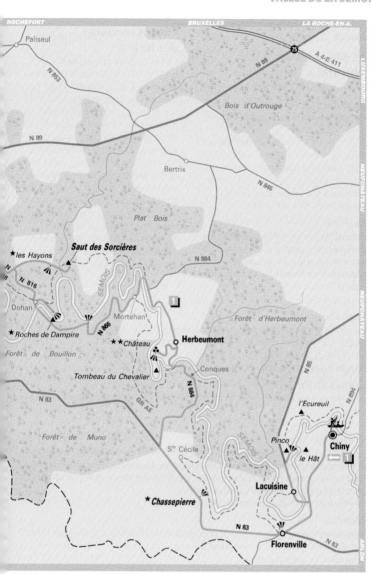

évoquant les tombes médiévales, c'est un éperon boisé très allongé autour duquel la Semois trace une boucle dans un paysage magnifique.

En arrivant sur Mortehan, on suit la rivière. Puis, en montant, avant un virage à droite, jolies vues sur un paysage vallonné et sauvage, et, à 2 km d'un belvédère situé à la pointe des **roches de Dampire, vue★** sur une belle boucle de la Semois.

2 km après Dohan, prendre à droite la route des Hayons.

Juste après **les Hayons** *(voir encadré ci-après)* , beau **coup d'œil★** sur la Semois dont la vallée se dessine dans un ample paysage boisé.

Saut des Sorcières

C'est en fait une suite de petites cascades entre des étangs.

Revenir sur la N 865. Par Noirefontaine, on gagne Botassart.

Botassart

À 2 km au-delà du hameau, un belvédère aménagé offre un **point de vue★★** remarquable sur un site des plus célèbres et des plus caractéristiques de la Semois : la rivière forme une magnifique boucle autour d'une longue colline boisée nommée Tombeau du Géant, car ses pentes rappellent, comme celles du **Tombeau du Chevalier**, les parois d'un sarcophage ; ses bords sont soulignés d'une couronne de pâturages d'un vert plus pâle.

Revenir sur ses pas pour descendre à Bouillon.

DE BOUILLON À BOHAN★★ ②

53 km - environ 1/2 journée.

Bouillon★ *(voir ce nom)*
Quitter Bouillon par la route de Corbion, au-delà du tunnel.
À 5 km, belvédère avec vue sur l'abbaye N.-D.-de-Clairefontaine - Cordemoy. Puis, 3 km plus loin, panorama sur les crêtes boisées entaillées par la vallée, notamment le Tombeau du Géant.
On atteint Corbion par la N 810.

Corbion
Accessible par un sentier, la **Chaire à prêcher** *(signalée)* est un belvédère naturel. La **vue★** embrasse un vaste panorama sur Poupehan, village dominant la Semois.
Suivre la N 893.

Fées et sorcières des Hayons
Ce petit village proche de Bouillon fut jadis habité par des fées et des sorcières. À la **Ferme des Fées**, on peut en voir et en acheter ainsi que des elfes, des nymphes des bois, d'autres personnages de légende et des friandises. Ces êtres magiques sont habillés selon la mode du 19e s. Soyez rassuré, ces figurines sont quatre fois plus petites que leurs illustres prédécesseurs vivants. Leurs attributs permettent de reconnaître les activités qu'elles sont censées exercer. *Mont de Zatrou 1 - ℘ 061 46 89 17 - tlj (w.-end et j. fériés) 10h-12h30 et 13h30-18h - fermé mar. juil.-août et mar.-merc. sept.-juin.*

Rochehaut
De ce village perché, très jolie **vue★★** : la rivière enserre un promontoire ourlé de prairies ; les maisons du village de Frahan s'étagent sur les pentes.
Sur la rive opposée, **Alle** est situé à la racine d'un méandre coupé.
Prendre à droite la route du Petit-Fays.

Gorges du Petit-Fays★
La route grimpe en longeant ces gorges très sauvages et noyées dans la végétation.
La N 819 conduit à Vresse-sur-Semois.

Vresse-sur-Semois
Ici, on retrouve la Semois où vient se jeter le ruisseau du **Petit-Fays**. Vresse était autrefois un important centre de la culture du tabac. C'est aujourd'hui un rendez-vous pour les vacanciers et pour de nombreux artistes. Entre Vresse et Bohan subsistent çà et là de typiques **séchoirs à tabac** en bois.
Prendre la N 914 en direction de Membre.

Membre
Près de cette localité commence le **parc de Bohan-Membre**. Il s'étend sur 177 ha, traversé par la Semois et encerclé par une route pittoresque.
Dans Membre, tourner à droite.
À 3 km, beau point de **vue★★** sur le site nommé **Jambon de la Semois**, échine étroite et boisée.

Bohan
Ce petit centre touristique est situé à proximité de la frontière.

Soignies ★

25 422 HABITANTS
CARTES MICHELIN Nᵒˢ 716 F 4 ET 533 J 19 – HAINAUT.

Située sur la Senne, la ville s'est créée autour d'une abbaye fondée vers 650 par Vincent Madelgaire. En l'honneur de ce saint se déroulent le lundi de Pentecôte le Grand Tour, cortège important, et la procession historique qui effectue un trajet de 15 km. La cité, formée de rues étroites et sinueuses dont les quatre principales convergent vers la collégiale, est un centre important d'extraction de petit granit.

▶ **Se repérer** – Dans la vallée de la Senne, Soignies est traversé par les N 6 et N 55.

🕐 **Organiser son temps** – Compter au moins une heure pour visiter la collégiale et le trésor.

🔆 **Pour poursuivre le voyage** – Mons, Canal du Centre, Enghien.

Visiter

Collégiale St-Vincent★★

℘ *067 33 12 10 - j.deveseleer@skynet.be - 8h-17h, dim. 14h-18h - l'église est fermée jusqu'à mai 2009 pour cause de travaux.*

Commencée vers 965 par les deux extrémités, narthex et chœur, de style encore carolingien, elle fut continuée dès le 11ᵉ s. dans le style roman scaldien, et s'acheva au 13ᵉ s. par la construction de la tour occidentale en style gothique. C'est un édifice sévère, principalement construit en moellons de grès, et sobrement décoré d'arcatures lombardes. Son plan en croix latine s'ordonne autour de la cour carrée du transept, ornée de clochetons d'angle. Au cours des siècles s'y sont greffés différents appendices dont la chapelle gothique de St-Hubert (15ᵉ s.) et les vestiges d'un cloître du début du 13ᵉ s. avec charpente apparente, tous deux situés sur le flanc Sud de l'église.

À l'**intérieur** *(entrée par le bas-côté Nord)*, la nef (28 m de haut et 78 m de long), est impressionnante par l'alternance de ses piliers ronds et tréflés, ses vastes tribunes s'ouvrant sur des arcades cintrées de même dimension, et sa charpente romane venue remplacer la voûte gothique lors de la restauration de 1898 qui visait à restituer à l'édifice son aspect primitif. Les seules voûtes d'origine sont celles des bas-côtés et de la travée carrée du chœur. Le mobilier, essentiellement du 17ᵉ s., est marqué par les styles Renaissance et baroque, comme l'atteste le jubé masquant le chœur et pris entre les massifs piliers antérieurs de la croisée du transept : sa conception architecturale formée de trois arcades surbaissées portant une tribune procède de la Renaissance, tandis que sa statuaire et sa décoration sont marquées par le baroque. Dans la niche de l'autel de droite, remarquer la belle Vierge allaitant en pierre blanche polychromée

Intérieur de la collégiale St-Vincent.

Ch. Bastin et J. Evrard/MICHELIN

du 14ᵉ s. Après avoir traversé la porte ajourée, on atteint le chœur et l'on découvre, au revers de la tribune de l'ambon, un grand bas-relief en marbre blanc représentant la Résurrection du Christ. Derrière le maître-autel s'ouvre une armoire où sont exposés la châsse de Saint-Vincent et son chef reliquaire du 19ᵉ s. qui peuvent descendre sur la table du maître-autel par le biais d'un ingénieux mécanisme.

Dans le couloir longeant le chœur au Sud, on peut voir dans un enfeu une **Mise au tombeau** (15ᵉ s.) en pierre, aux figures expressives se détachant sur les restes d'un fond de peinture à la détrempe illustrant une scène de la Passion.

Trésor – Environ 250 pièces : châsses, reliques, calices, ostensoirs, orfèvrerie et vêtements liturgiques sont exposés dans le cloître et l'ancien espace administratif du chapitre, transformés en musée.

À proximité de la collégiale, l'enclos du **Vieux Cimetière** (accès par la rue Henry Leroy), devenu jardin public, renferme une chapelle à la fois romane et gothique. Parce qu'il servait de lieu de repos aux anciens Sonégiens, ce cimetière est jalonné de pierres tombales et de monuments funéraires dont les plus anciens remontent au 14ᵉ s. À remarquer, le calvaire (17ᵉ s.), et la porte baroque (au fond du cimetière) ayant fait partie de l'ornementation de la collégiale durant deux siècles.

Aux alentours

Horrues
4 km au nord-ouest par la N 57.

L'église **St-Martin**, joli petit édifice roman du 12ᵉ s. dont le chœur a été construit au 13ᵉ s., a été bâtie en grès local tout comme la collégiale. Dans le bas-côté droit, un élégant retable en pierre, sculpté au 15ᵉ s. dans le style gothique, illustre la vision de saint Hubert.

Écaussinnes-Lalaing
15 km à l'est.

Un imposant **château fort**, perché sur le rocher, domine le bourg et la Sennette. Il a été fondé au 12ᵉ s., mais par la suite en partie transformé et agrandi de tours carrées et circulaires. Ses vastes salles aux cheminées sculptées et armoriées abritent des meubles de style, des œuvres d'art, des collections de porcelaines et de verres. La jolie **chapelle★** en brique renferme une Vierge à l'Enfant attribuée au Valenciennois Beauneveu (14ᵉ s.). La cuisine conserve son aspect du 15ᵉ s. ℘ 067 44 24 90 - juil.-août : tlj sf vend. 10h-12h, 14h-18h ; avr.-1ᵉʳ nov. : w.-end et j. fériés 10h-12h, 14h-18h - 5 €.

Le lundi de Pentecôte, depuis 1903, a lieu sur la Grand-Place d'Écaussinnes, au pied du château, un goûter de célibataires dit goûter matrimonial.

Le Rœulx
8 km au sud par la N 55. Fermé pour cause de restauration.

Héritier fastueux d'une forteresse du 15ᵉ s., le **château** des princes de Croÿ présente une façade classique du 18ᵉ s. en brique et pierre. Il vit passer des hôtes illustres comme Philippe le Bon, Charles Quint, Philippe II, Marie de Médicis. À l'intérieur, quelques salles voûtées en ogive subsistent des constructions des 15ᵉ et 16ᵉ s. Les collections sont intéressantes : mobilier ancien, souvenirs historiques, objets d'art, porcelaines, toiles de maîtres (Van Dyck, Van Loo). Le parc, très vaste, possède des arbres magnifiques et une belle roseraie. *Le château est momentanément fermé pour cause de restauration.*

Soignies pratique

Code postal : 7000.
Indicatif téléphonique : 067.
Tourisme Soignies – *Rue du Lombard 2, 7060 Soignies -* ℘ *067 34 73 76 - fax 067 34 73 78 - tourisme@soignies.be - www.soignies.be.*

Spa

10 545 HABITANTS
CARTES MICHELIN N°S 716 K 4 ET 534 U 20 – PLAN DANS LE GUIDE ROUGE BENELUX – LIÈGE.

Située dans une des plus belles régions de l'Ardenne, parmi les collines boisées qui prennent des tonalités somptueuses à l'automne, Spa est une station thermale renommée. Ses multiples distractions sportives et culturelles, ses agréables promenades balisées et ses circuits guidés, ses intéressantes excursions aux environs en font aussi un excellent lieu de villégiature.

- ▶ **Se repérer** – Nichée dans un superbe cadre de verdure, la petite ville de Spa se trouve près de l'autoroute A 27/E 42. Depuis la sortie 8, la N 629 mène au centre.
- 👁 **À ne pas manquer** – Le quartier thermal
- 🕐 **Organiser son temps** – Comptez une demi-journée.
- 👣 **Pour poursuivre le voyage** – Liège et Eupen.

L'Etablissement des bains de Spa.

Ch. Bastin et J. Evrard/MICHELIN

Séjourner

Hôtes de marque

Les eaux de Spa sont connues depuis l'époque romaine. À partir du 16e s., les bobelins (curistes, de « bibulus » en latin, grand buveur) ne se comptent plus : têtes couronnées comme Marguerite de Valois (la reine Margot), Christine de Suède, Pierre le Grand, Marie-Henriette, écrivains comme Marmontel et Victor Hugo.

Pendant la Première Guerre mondiale, le Kaiser Guillaume II vint s'y installer avec son état-major et c'est ici qu'il abdiqua en 1918. Deux ans plus tard, la conférence de Spa réunissait les Alliés et les Allemands pour une commission d'armistice.

Les sources

Spa possède de nombreuses sources : outre le Pouhon Pierre-le-Grand et le Pouhon Prince de Condé, citons la Géronstère, la Sauvenière, la Fontaine de Groesbeek, la Source de Barisart, le Tonnelet et la Source de la Reine fournissant de l'eau non gazeuse.

Ses eaux ferrugineuses, bicarbonatées, limpides et gazeuses sont employées essentiellement en bains et boissons pour soigner les affections cardiaques, rhumatismales et les troubles respiratoires.

Le quartier thermal

L'**architecture thermale** de la fin du 19e s. et du début du 20e s. est particulièrement bien représentée à Spa. Succès des styles néoclassique et rocaille, utilisation des armatures métalliques et grandes fresques peintes.

Les plus beaux exemples sont : l'**Établissement des bains** construit de 1862 à 1868, le **Casino** dont le bâtiment actuel (1919) a remplacé la « Redoute » construite au 18e s., l'élégante Galerie Léopold II (1878) donnant sur la Place Royale et le **Pouhon Pierre-le-Grand** abrité sous un pavillon néoclassique (1880). *✆ 087 77 20 52 (Office de tourisme) - ♿ - avr.-oct. : 10h-12h, 14h-17h30 ; nov.-mars : 13h30-17h ; w.-end et j. fériés 10h-12h, 13h30-17h - dégustation : 0,20 € par verre.*

Visiter

Musée de la Ville d'eaux

Av. Reine Astrid 77 B. ✆ 087 77 44 86 - juil.-sept., vac. Pâques, Toussaint : tlj sf mar. 14h-18h ; mars-nov. : w.-end 14h-18h - 3 €.

Il est situé dans le bâtiment central de la villa royale qui appartenait à la reine Marie-Henriette, princesse des Habsbourg et seconde reine des Belges décédée à Spa en 1902. Le musée renferme une riche **collection de « jolités »★**, bibelots de bois peint et spécialité de la ville. Des documents anciens et du mobilier provenant de l'établissement thermal témoignent du passé illustre de la ville.

Musée Spadois du Cheval

Dans les écuries de la villa Marie-Henriette. Mêmes conditions de visite que pour le Musée de la Ville d'eaux.

Ce musée présente à travers ses collections le « passé équestre » de Spa qui vit passer les plus beaux équipages d'Europe et organisa les premières courses.

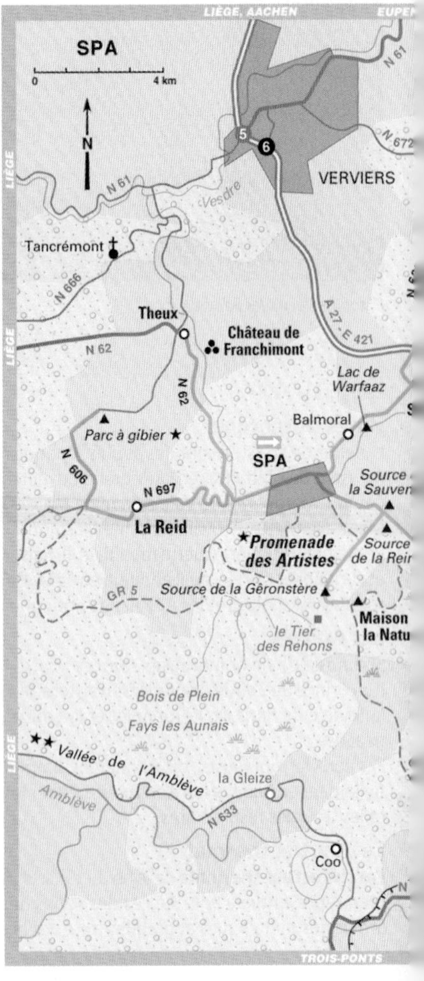

Aux alentours

Promenade des Artistes★
Sortir par la route de la Sauvenière, la N 62.
À gauche se trouve le faubourg de Neubois où l'empereur Guillaume II installa en 1918 son quartier général. Au carrefour où est située la **source de la Sauvenière**, prendre à droite le chemin des Fontaines. La **source de la Reine** se dissimule dans les bois, à gauche. À 1,3 km du carrefour, un petit ruisseau, la Picherotte, descend vers Spa. Le sentier qui longe ce vallon escarpé, parsemé de rochers, ombragé de magnifiques arbres, a été baptisé promenade des Artistes. En continuant le chemin des Fontaines, on gagne la **source de la Géronstère**.

Maison de la Nature et de la Forêt
6 km au Sud de Spa. ☎ 087 77 63 00 - juil.-août : sam. 14h-17h ; déb. mars-mi-nov. : merc., dim. 14h-17h - 2,50 €.
Situé en plein cœur de la forêt spadoise, ce musée, installé dans une ancienne ferme, présente les différents aspects de la nature : végétation, flore, exposition géologique, métiers de la forêt. La faune y est présentée dans de grands dioramas reproduisant le milieu naturel des animaux de l'Ardenne.

Sart
5 km au Nord-Est par la N 629.
Dominée par l'église flanquée d'une tour du 15ᵉ s., entourée d'austères maisons de pierre, la place du Marché s'orne d'un perron, symbole des libertés en pays liégeois.

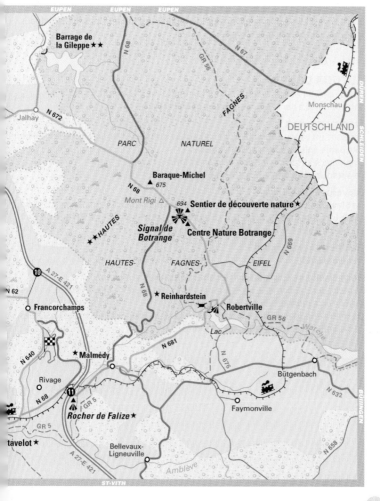

La vallée de la Hoëgne
8 km au Nord-Ouest par la N 62.

Château de Franchimont – *Allée du Château 17.* ℘ *087 53 04 89 - www.château-franchimont.be - mai-sept. : tlj. 10h-18h ; oct.-mars, w.-end et j. fériés 11h-17h - 3 €.*
Sur une butte dominant la vallée de la Hoëgne, les ruines du château de Franchimont rappellent le souvenir des princes-évêques de Liège qui y résidèrent en été à partir du 16e s. et des 600 hommes qui furent massacrés en 1468 par les troupes de Charles le Téméraire, en tentant de défendre les approches de Liège.
Les altières murailles du donjon sont protégées par une enceinte pentagonale munie de casemates à chaque angle. Le centre d'accueil donne accès à un petit musée. A droite, un escalier mène à une terrasse panoramique.

Theux – Un hôtel de ville des 17e et 18e s. et de vieilles maisons entourent la place où se dresse un perron du 18e s. surmonté d'une pomme de pin.
Non loin s'élève l'**église Sts-Hermès-et-Alexandre**. À l'emplacement d'une chapelle mérovingienne et d'une église carolingienne, dotée d'une tour occidentale dont on a retrouvé les vestiges, furent édifiées vers l'an 1000 une nef romane, et peu après une tour fortifiée, actuellement surmontée d'un hourd. Le chœur est gothique (vers 1500).
On remarque sous le porche des bénitiers gothiques sculptés. L'intérieur est particulier : avec ses trois nefs séparées par de hautes arcades sur piliers, c'est la seule église-halle à plafond plat d'époque romane subsistant entre la Loire et le Rhin. Le plafond de la nef centrale a été orné au 17e s. de 110 caissons peints de personnages et de scènes de la vie du Christ. Dans une chapelle à gauche du chœur, *Vierge de Theux* (fin 15e s.) et fonts baptismaux romans intéressants, à quatre têtes d'angle et dragons.

La Reid
5 km à l'Ouest par la N 697.
À l'Ouest du village a été aménagé le **parc à gibier★**. Dans un beau cadre forestier, on peut y voir les principales espèces de la faune ardennaise, ainsi que quelques spécimens de provenances diverses.

Circuit de découverte

AUTOUR DE SPA★
75 km - environ 2h
Sortir au Sud-Est par la N 62 en direction de Malmédy.

Francorchamps
Le village est connu pour son circuit national de vitesse de 7 km, au Sud de la localité. Une petite église moderne est à signaler.
Emprunter le circuit de vitesse pour gagner Stavelot.
Le **parcours★** traverse un magnifique paysage.

Stavelot★ *(voir ce nom)*
De Stavelot à Malmédy, on suit de nouveau le circuit de Francorchamps, dans un cadre très agréable. À gauche, les collines où est situé le village de **Rivage** portent encore de vieilles fermes traditionnelles à colombages.

Malmedy★ *(voir ce nom)*
Prendre la N 681.

Robertville et château de Reinhardstein★ *(voir Malmedy)*
La route, après Robertville, pénètre sur le plateau des Hautes Fagnes. À Jalhay, tourner à droite pour atteindre le barrage de la Gileppe.
On rentre à Spa par la N 629 au Nord et **Balmoral**, banlieue dont les villas luxueuses se disséminent dans la verdure des collines.

Spa pratique

Informations utiles

Code postal : *4900.*

Indicatif téléphonique : *087.*

Office du Tourisme – *Pavillon des Petits Jeux, place Royale 41, 4900 Spa – ℰ 087 79 53 53 - fax 087 79 53 54 - tourisme@spa-info.be - www.spa-info.be.*

Se loger

⊖⊖ **Le Relais** – *Place du Monument 22 - ℰ 087 77 11 08 - www.hotelrelais-spa.be - 12 ch. 75/85 € �.* En plein centre de la station thermale, derrière la façade rénovée fleurie tout l'été, les chambres bien entretenues vous offrent un sommeil enchanteur. Le restaurant propose des spécialités belges aux accents ardennais.

⊖⊖⊖ **B&B La Vigie** – *Avenue Professeur Henrijean 129 - ℰ 087 77 34 97 - www.lavigie.be - 4 ch. 100/130 € � - **P**.* Chambres d'hôte stylées dans un environnement calme en dehors du centre. La villa distinguée a été entièrement rénovée en accordant beaucoup d'attention à un aménagement contemporain où luxe et ambiance règnent dans des chambres spacieuses.

⊖⊖⊖**L'Auberge** – *Place du Monument 4 - ℰ 087 77 48 33 - www.auberge-spa.be - 32 ch. 77/149 € ⊆ - **P**.* Au centre de la ville à proximité des thermes et du casino. L'hôtel propose des chambres modernes munies de tout le confort ainsi qu'un restaurant de style brasserie servant une cuisine française.

Se restaurer

⊖ **Café de l'Europe** – *Place Royale 4-6 - ℰ 087 22 11 27 - www.cafedeleurope.be - fermé lun. - menu le midi 11 €.* Brasserie moderne et accueillante de style anglais au centre de la ville. Choix de salades, de plats belges et, bien entendu, également de moules en saison.

⊖⊖ **Brasseries des Sources** – *Rue du Marché 56 - ℰ 087 77 58 59 - fermé lun. et mar. - menu 35 €.* Cette brasserie vous propose une combinaison de préparations belges et méditerranéennes. Délicieuses préparations de différents plats de poissons et de fruits de mer, mais les amateurs d'agneau et de canard ne demeureront pas non plus sur leur faim.

⊖⊖⊖ **L'Art de Vivre** – *Avenue Reine Astrid 53 - ℰ 087 77 04 44 - www.artdevivre.be - fermé merc. et jeu. - menu le midi 35 €, le soir 50/70 €.* Restaurant gastronomique dans une maison du 19e s. aménagée avec charme. Gastronomie française classique raffinée dans un cadre élégant. Pendant les mois d'été, vous profiterez également du jardin et d'une vue sur le grand jardin d'herbes aromatiques sélectionnées avec soin par le chef pour parfumer ses plats exquis.

Faire une pause

La Gâterie – *Place du Monument 18 - ℰ 087 77 48 80 - tlj de 8 à 18h.* Dans un intérieur classique, on vous gâte avec le petit déjeuner, des gaufres, des crêpes, du café, de la glace maison et autres délices.

En soirée

Casino de Spa – *R. Royale - ℰ 087 77 20 52 - de 11h à l'aube - www/casinodespa.be.* On prétend que ce casino, qui date de 1763, serait le plus vieux du monde.

Sports et loisirs

Le **lac de Warfaaz** *(2,5 km au nord-est)* est apprécié pour la pêche et le pédalo. En outre, l'hiver, le ski de fond et le ski alpin sont pratiqués au Thier des Rexhons (au sud).

Achats

Manufacture des jolités de Spa – *Avenue reine Astrid 90 - ℰ 087 77 03 40 - tlj sf dim.-lun. 14h30-17h30.* Le travail artisanal du bois, pratiqué à Spa dès le 17e s., n'a pas encore entièrement disparu. On peut acheter ici des petites boîtes en bois peint destinées à contenir des bonbons, des bijoux, etc.

Événements

Parmi d'innombrables manifestations sont à signaler les célèbres **Francofolies de Spa** en juillet, le **festival de Théâtre** en août, l'**Automne musical**, et d'importantes expositions temporaires. Un **marché aux puces** se tient le dimanche matin à la Galerie Léopold II.

Stavelot★

6 671 HABITANTS
CARTES MICHELIN NOS 716 K 4 ET 534 U 20 –
SCHÉMAS VOIR VALLÉE DE L'AMBLÈVE ET SPA – LIÈGE.

C'est une petite ville agréable au centre de la magnifique région de la Haute Ardenne. On y découvre des maisons anciennes, certaines à colombages, et de charmantes places, dotées de fontaines. À l'origine de la ville se trouve une abbaye, aujourd'hui superbement restaurée après trois ans de travaux. Mais Stavelot est surtout connu pour son carnaval★★ traditionnel qui attire chaque année une foule de spectateurs.

- **Se repérer** – Située sur l'Amblève, l'ancienne principauté est desservie par l'autoroute A 27/E 42. Prendre la sortie 11, puis la N 68.

- **À ne pas manquer** – L'ancienne abbaye; la châsse de saint Remacle (église St-Sébastien).

- **Organiser son temps** – Compter une demi-journée. Pour assister au carnaval, prévoir une demi-journée en plus.

- **Avec les enfants** – Le cortège haut en couleur du carnaval.

- **Pour poursuivre le voyage** – Spa et Eupen.

Se promener

Place St-Remacle – La **fontaine du Perron**, datant de 1769, symbolise, comme à Liège, les libertés de la ville.
En bas de la place St-Remacle, prendre à gauche.

Église St-Sébastien – *9h-18h. Pour la visite guidée du trésor et de la châsse de saint Remacle :* ℰ 080 88 01 11.
Construite au 18ᵉ s., elle abrite dans le chœur la monumentale **châsse de saint Remacle★★** du 13ᵉ s. D'école mosane, longue de 2,07 m, en métal doré rehaussé de filigranes et d'émaux, elle est entourée de statuettes : saint Remacle, saint Lambert, les apôtres, d'une facture plus archaïque, et, aux extrémités, le Christ et la Vierge ; sur le toit, scènes du Nouveau Testament. Le **trésor** abrite le buste-reliquaire (17ᵉ s.) de saint Poppon, ancien abbé de Stavelot, présentant dans sa main droite une maquette de l'église abbatiale.
Au fond de la place St-Remacle, en haut à droite.

La châsse de saint Remacle (détail).

Ph. Gajic/MICHELIN

Rue Haute – C'est une des rues les plus pittoresques de Stavelot. Elle mène à une charmante placette où l'on peut voir une vieille fontaine et plusieurs maisons anciennes à colombages.

Visiter

Ancienne abbaye★
De l'esplanade aménagée en haut de l'ancienne abbaye, on a une très belle vue plongeante sur les vestiges archéologiques de l'église abbatiale du 11ᵉ s. Entourant

---

Treize siècles d'histoire
Fondée vers 650, par saint Remacle, en même temps que celle de Malmedy, l'abbaye suit bientôt la règle bénédictine. Elle devient avec Malmedy, sa rivale, le siège d'une petite principauté ecclésiastique. À l'instar des princes-évêques de Liège, les princes-abbés vivent dans une parfaite indépendance et ne relèvent que de l'Empire. Cependant, en 1795, Stavelot est rattaché à la France.

le jardin du cloître, les bâtiments conventuels, réaménagés au 18e s., sont occupés par trois musées.

Musée historique de la Principauté de Stavelot-Malmedy – *Au rez-de-chaussée.* De nombreux panneaux explicatifs, des présentations audiovisuelles, objets divers et reconstitutions en trois dimensions illustrent de façon claire et captivante les périodes-clés qui ont marquées l'histoire de l'abbaye. Au Moyen Âge, la principauté ecclésiastique fut, sous la

direction de l'abbé Wibald, un important centre d'art mosan dont témoignent encore plusieurs chefs-d'œuvre stavelotains actuellement dispersés dans le monde entier. ℘ 080 88 08 78 - www.abbayedestavelot.be - ₰ - tlj 10h-18h - fermé 1er janv., mi-carême, 25 déc. - 6,50 € pour les 3 musées et l'exposition.

Musée Guillaume Apollinaire – *Au 1er étage.* Un petit musée fort sympathique invite à la découverte de l'œuvre du célèbre poète français. Le salon de poésie permet même d'écouter quelques poèmes d'Apollinaire. ℘ 080 88 08 78 - ₰ - tlj 10h-18h - fermé 1er janv., mi-carême, 25 déc. - 6,50 € pour les 3 musées et l'exposition.

Musée du Circuit de Spa-Francorchamps – Dans les caves voûtées de l'ancienne abbaye, une exposition présente l'histoire du circuit de vitesse de Spa-Francorchamps de 1896 à nos jours. Voitures de course et motos victorieuses, photos, films ainsi qu'une maquette rappellent les grands moments du fameux circuit. ℘ 080 88 08 78 - ₰ - tlj 10h-18h - fermé 1er janv., mi-carême, 25 déc. - 6,50 € pour les 3 musées et l'exposition.

Circuit de découverte

LA VALLÉE DE L'AMBLÈVE★★

46 km - env. 2h.
Quitter Stavelot par la N 68 vers le sud-ouest (Trois-Ponts). Puis prendre à droite la N 633.
L'Amblève prend sa source aux confins du parc naturel Hautes Fagnes-Eifel. Capricieuse et champêtre à ses débuts, elle creuse ensuite dans son cours inférieur une large vallée en V : elle y forme d'amples méandres entre des versants couverts d'un épais tapis de verdure.
Gagner Coo par la N 633.

Coo

Dans un cadre montagneux, cette station de villégiature très touristique s'enorgueillit d'une magnifique **cascade★** Au 18e s., l'Amblève traçait ici un long méandre dont les racines se rejoignaient presque sous l'effet de l'érosion. Les moines de Stavelot ont complété le travail de la nature et une cascade finit par se former, à cause de la dénivellation. De la tour construite au sommet de la **Montagne de Lancre** *(accessible par un télésiège),* on découvre un vaste **panorama★** sur la vallée de l'Amblève et l'ensemble des installations électriques de pompage de Coo-Trois-Ponts.
Quitter Coo par la N 633 en direction de La Gleize et de Stoumont.

Peu après **Stoumont**, village perché au-dessus de l'Amblève, se trouve à gauche le belvédère Le Congo, offrant un remarquable **point de vue★** sur la vallée, si inhabitée et boisée, l'été, qu'elle a été comparée à la forêt équatoriale.
À partir de Targnon, la route accompagne la rivière jusqu'à son confluent avec l'Ourthe.
Juste après le village de Targnon, à gauche, la N 645 remonte la riante **vallée**

Ch. Bastin et J. Evrard/MICHELIN

La cascade de Coo.

de la Lienne.
Suivre la N 633.

Fonds de Quareux★

Un petit pont passant sous le chemin de fer permet d'atteindre *(à pied)* la rive de l'Amblève. La rivière dévale ici en bouillonnant sur un lit encombré de gros blocs de quartzite résistant, détachés du massif rocheux environnant.

Nonceveux

Localité établie sur la rive gauche, dans un méandre. La rive droite est devenue un centre de villégiature.

En suivant à pied le torrent du **Ninglinspo** *(départ du grand parking à droite, à l'entrée de l'agglomération)*, on atteint la Chaudière *(15mn)*, cuvette de pierre rougeâtre où se déversent deux petites cascades.

Avant de s'engager sous le viaduc de Remouchamps, on aperçoit, à gauche, le château de Montjardin, perché dans la verdure et dominant la rivière.

Poursuivre en direction de Sougné-Remouchamps.

Sougné-Remouchamps

Remouchamps est un centre de villégiature agréable sur les bords de l'Amblève, où l'on fête la marguerite le dernier week-end de juin. Découvertes en 1828, aménagées en 1912, les **grottes★★** offrent un parcours intéressant avec retour en barque, à travers les galeries creusées par le Rubicon, affluent de l'Amblève, et dont les 80 derniers mètres ont dû être creusés à la dynamite. L'entrée circulaire servit d'abri préhistorique ; un large couloir mène à un précipice où l'on descend les escaliers pour rejoindre la rivière. Cascade figée, gours pétrifiés de la Grande Galerie haute de 20 m, descente vers le Rubicon sous une voûte de stalactites étincelantes, « **Cathédrale** » de 40 m avec de belles cascades de cristaux aux trois couleurs se succèdent jusqu'au pont des Titans. C'est alors que s'amorce la descente vers l'embarcadère où les barques vont glisser au fil de l'eau sur 1 km jusqu'à la salle du Précipice, sous des voûtes étranges aux parois colorées *Visite accompagnée (1h15) - ℘ 04 360 90 70 - www.grottes.be - fév.-nov. : tlj 10h-17h30 ; déc.-jan. : w.-end et vac. de Noël 10h-16h - 10 €.*

Sur une hauteur en aval d'**Aywaille** se dressait jadis le château d'Amblève où, selon la légende, auraient séjourné les quatre fils Aymon.

On atteint bientôt Comblain-au-Pont et le confluent avec l'Ourthe.

Comblain-au-Pont *(voir La Roche-en-Ardenne, vallée de l'Ourthe inférieure)*

VALLÉE DE L'AMBLÈVE

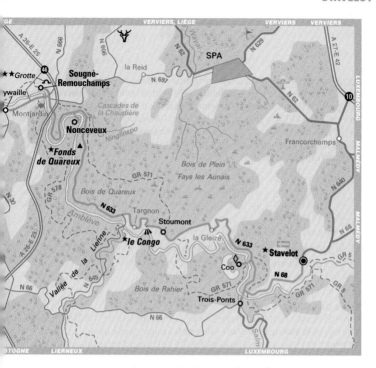

Stavelot pratique

Informations utiles

Code postal : *4970.*

Indicatif téléphonique : *080.*

Office du Tourisme – *Galerie vitrée de l'abbaye, 4970 Stavelot -* ℰ *080 86 27 06 - fax 080 68 56 09 - infotourismestavelot@ skynet.be - www.stavelot.be/tourisme.*

Se loger

⊝⊜ **Val de la Cascade** – *Petit Coo 1 (Coo) -* ℰ *080 68 40 78 - www.hotel-coo.be - 20 ch. 70/80 € ⊡ - 12 € - restaurant 30/40 € -* 🅿. Face à la célèbre cascade de Coo, où l'Amblève chute et bouillonne bruyamment en contrebas. Chambres sobres mais impeccables et restaurant doté d'un intérieur rustique. Repas traditionnels riches et cave à vin bien fournie. Terrasse en été.

⊝⊜ **Hôtel La Maison** – *Place Saint-Remacle 19 -* ℰ *080 88 08 91 - www.hotel-la-maison.be - restaurant 25/55 € - 12 ch. 89/99 € ⊡.* Charmant petit hôtel sur la place du marché de Stavelot. Le bâtiment date du 17e s. et est érigé en style liégeois typique. Chambres confortables récemment rénovées et proposant tous les équipements nécessaires. Restaurant de bon goût.

⊝⊜⊜ **Hôtel Dufays** – *Rue Neuve 115 -* ℰ *080 54 80 08 - www.bbb-dufays.be - 6 ch. 105/115 € ⊡.* Imposante maison de maître rénovée au centre de la petite ville, à distance de marche de l'ancienne abbaye. Chaque chambre est aménagée

selon un thème différent, avec une décoration et un mobilier adaptés. La salle petit-déjeuner confortable offre une belle vue sur le cadre verdoyant.

Se restaurer

⊝⊜ **Le Val d'Amblève** – *Route de Malmedy 7 -* ℰ *080 28 14 40 - www. levaldambleve.com - fermé lun. et mi-déc.-mi-janv. - menu 38 €.* Ce bel hôtel-restaurant installé dans une grande villa blottie dans un parc se trouve à distance de marche du centre. Cuisine franco-belge classique dans un environnement charmant.

Faire une pause

Boulangerie-Pâtisserie Artisanale-Brasserie Maréchal – *Avenue Ferdinand Nicolay -* ℰ *080 86 22 82 - tlj sf lun. 6h-19h.* Petits pains fourrés, excellentes pâtisseries, quiches, crêpes et glaces. Belle sélection de cafés et de bières. Cadre agréable avec terrasse côté rue et vue sur l'abbaye.

Pizzeria Brasserie Le Casino – *Avenue Ferdinand Nicolay 27 -* ℰ *080 86 23 57 - tlj en saison.* Large choix de pizzas et petite restauration. Grande terrasse côté rue.

Événements

Chaque année, Stavelot voit défiler plus de 1 500 participants lors du carnaval endiablé du Laetare. 🎭🎭 Le cortège aux très nombreux chars est animé par des centaines de **Blancs Moussis** au long nez rouge et au très grand habit blanc à capuchon.

Thuin

14 624 HABITANTS
CARTES MICHELIN Nᵒˢ 716 F 4 ET 534 K 20 – HAINAUT.

Occupant un joli site★, la capitale verte de la Thudinie ne manque pas de charme avec ses sentiers pittoresques reliant la ville haute à la ville basse, ses chemins de halage et ses beaux paysages vallonnés. Possession de l'abbaye de Lobbes, Thuin fut remise en 888 à la principauté de Liège. L'évêque Notger fit fortifier la cité au 10ᵉ s. En mai se déroule à Thuin la marche militaire de St-Roch qui remonte à 1654. La ville a pour spécialité les spantôles, biscuits portant le nom d'un canon pris aux Français en 1554.

▶ **Se repérer** – À mi-chemin entre Charleroi et Beaumont et près de la frontière française, Thuin est une bonne base de départ pour sillonner la Thudinie. S'étageant sur une butte qui sépare la Sambre de la Biesmelle, on accède à la ville par les N 59 et N 559.

👁 **À ne pas manquer** – Abbaye d'Aulne. Jardins suspendus.

🕐 **Organiser son temps** – Compter deux heures.

⚲ **Pour poursuivre le voyage** – Binche, Canal du Centre.

Visiter

Place du Chapitre

Dominée par son haut **beffroi** carré du 17ᵉ s., ancienne tour de la collégiale, la place offre une belle **vue** sur la sinueuse vallée de la Sambre, la ville basse, avec son port et ses péniches, ainsi que sur la pittoresque cité de Lobbes dont la collégiale se dresse au sommet d'un piton.

Non loin de la place, dans la **Grand-Rue**, le bureau de poste occupe l'ancien refuge de l'abbaye de Lobbes (16ᵉ s.).

Remparts du Midi

Dans la Grand-Rue, suivre la pancarte « Panorama », puis la petite rue pittoresque qui longe les remparts (15ᵉ s.) et le chevet de l'église.

À gauche, on aperçoit la **tour Notger**, seul vestige des remparts construits par le prince-évêque.

Jardins suspendus

Sortir de la ville en voiture en direction de Biesme. Du jardin public (parc du Chant des oiseaux), situé à droite, jolie **vue** sur les jardins en terrasses de Thuin, les remparts et le beffroi, surplombant la vallée de la Biesmelle. Les jardins, dont les origines remonteraient au 10ᵉ s., ont été revalorisés.

Écomusée de la Batellerie Thudo

Rive droite au pied du viaduc. ☎ 071 59 54 54 - tlj sf lun. et mar. 14h-18h - 3 €. Situé au bord de la Sambre dans le quartier des Bateliers, ce petit musée sympa est installé dans une ancienne péniche construite à Thuin dans les années 1950. La visite commentée par des anciens bateliers permet de découvrir la vie batelière et la construction navale d'antan. Avec 5 chantiers navals au bord de la Sambre, la ville de Thuin prospéra longtemps grâce au transport fluvial. Sur 5 000 habitants, Thuin comptait 1 104 bateliers en 1936.

Aux alentours

Ragnies

3 km au sud de Thuin.

Dans un havre de paix, ce petit village pittoresque possède une jolie **église** dont les origines remonteraient au 12ᵉ s. Les bâtiments de l'ancienne ferme de la Cour accueillent la **distillerie de Biercée** qui produit de façon artisanale plusieurs eaux-de-vie dont la célèbre Eau de Villée.

Circuit de découverte

VALLÉE DE LA SAMBRE

26 km - Quitter Thuin à l'ouest par la N 559.

Lobbes

Sa célèbre abbaye fondée, comme celle d'Aulne, au 7ᵉ s., par saint Landelin, s'élevait près de la Sambre et fut détruite en 1794. Au sommet de la colline, la **collégiale St-**

Ursmer a remplacé l'église funéraire élevée par saint Ursmer vers 713. Remontant à l'époque carolingienne, elle a été agrandie au 11e s. : le chœur et la crypte sont romans, ainsi que le porche et la tour ouest, qui se rattachent à l'école mosane. Au 19e s. a été édifiée la tour de croisée. Dans la crypte dont les piliers ont été refaits au 16e s., remarquer les tombeaux de saint Ursmer et saint Erme.

Prendre la N 59 vers La Louvière, puis une petite route à droite en direction de Hourpes.

Abbaye d'Aulne★

℘ 071 51 52 98 - avr.-fin oct. : tlj. sf lun. et mar. 11h-18h30 - 3 € (4,50 € avec audioguide). La visite est commentée et agrémentée de panneaux et d'audioguides.

Au fond de la verdoyante vallée de la Sambre se dressent les ruines imposantes de l'**abbaye d'Aulne**. Fondée au 7e s. par saint Landelin, parmi les aulnes, le monastère dépendait de l'abbaye de Lobbes. Une communauté de cisterciens, venus de Clairvaux, s'y installa en 1147. Incendiée en 1794, l'abbaye fut restaurée pour abriter, en 1896, l'hospice Herset, du nom de son fondateur, le dernier abbé d'Aulne.

Cour centrale – On voit à gauche les écuries encadrant la remise des carrosses, à arcades (18e s.), puis la salle de réception des princes-évêques de Liège (18e s.) ; à la suite et au fond se trouvait le quartier des hôtes, palais abbatial avant 1767 dont il ne subsiste qu'une tour.

À droite, on remarque les arcades du palais abbatial (fin 18e s.) et la façade de l'église.

Église abbatiale – Derrière une façade classique (1728) se dissimule l'imposante église gothique construite au 16e s. Elle conserve un chœur et un transept très beaux : remarquer le remplage de la baie du croisillon droit. Communiquant avec le croisillon gauche, la sacristie, puis la salle capitulaire (18e s.) donnant sur le cloître, dont il reste peu de traces, étaient surmontées par les dortoirs.

Prendre à droite l'allée qui desservait le quartier des vieux moines (à gauche) et l'infirmerie (au fond à droite) : vue remarquable sur l'ensemble élancé et majestueux formé par le **chevet** et le **transept★★** aux immenses baies lancéolées.

En reprenant l'allée en direction du cloître, on aperçoit à droite l'un des réfectoires (18e s.) : très jolies voûtes de briques sphériques, portées en leur centre par des colonnes renflées. C'était le réfectoire régulier dit du maigre, car on n'y consommait pas de viande.

Poursuivre la route pour atteindre Gozée.

En s'élevant au-dessus de l'abbaye, on a une belle vue d'ensemble des ruines.

Gozée

Au passage, voir la *pierre de Zeupire (à gauche en allant vers Beaumont, près d'un grand café)*. Ce mégalithe en grès rose, pesant 20 t, serait le seul vestige d'un ancien cromlech.

Revenir sur ses pas et prendre la N 59 pour regagner Thuin.

Thuin pratique

Informations utiles

Code postal : *6530*

Indicatif téléphonique : *071*

Office du Tourisme de Thuin – *Place du Chapitre, 6530 Thuin* - ℘ *071 59 54 54* - *fax 071 59 54 53 - thuin@office-tourisme. org - www.thuin.be.*

Se restaurer

⊗☺ **Les Caves de la Source** – *R. d'Anderlues 55 -* ℘ *071 59 31 44 - http://users.skynet.be/ag/caves/ - annickgoffin@hotmail.com - fermé lun., mar., merc. midi, sam. midi -* 🚫 *- 30 €.* Ce sympathique petit restaurant établi à l'entrée de la ville présente une carte associant un choix de plats traditionnels à une ribambelle de « pastas » et de « pizzas ». Les repas se prennent dans les caves voûtées héritées du 17e s. Accueil gentil.

Tournai★★

Doornik

67 500 HABITANTS
CARTES MICHELIN Nᵒˢ 716 D 4 ET 533 F 19 – HAINAUT.

Dominée par les cinq tours de sa vaste cathédrale, la ville de Tournai s'est développée le long de l'Escaut qui la sépare en deux parties presque égales. Située au centre d'une région essentiellement agricole, elle a connu un passé prestigieux. C'est la plus vieille cité de Belgique avec Tongres. Tour à tour romaine, franque, anglaise, française et autrichienne, elle fut un foyer d'art important.

▶ **Se repérer** – Sur l'Escaut, Tournai se trouve près de la frontière française. On y arrive par l'autoroute E 429 depuis Bruxelles ; au départ de Lille, on emprunte l'A 27/E 42.

👁 **À ne pas manquer** – Cathédrale Notre-Dame ; beffroi ; Pont des Trous et l'Escaut ; Musée des Beaux-Arts.

🕐 **Organiser son temps** – Tournai est une ville d'art d'une richesse exceptionnelle. Compter au moins une journée pour en visiter ses principaux atouts.

👪 **Avec les enfants** –Musée d'Histoire naturelle avec vivarium, lézards, serpents, poissons et tortues.

🌀 **Pour poursuivre le voyage** – Mons et Courtrai.

Comprendre

Le Berceau de la monarchie française

Tournai est déjà une cité importante au temps des Romains. Au 3ᵉ s., saint Piat évangélise la ville qui passe au 5ᵉ s. sous la domination des Francs Saliens. C'est le berceau de la dynastie mérovingienne : Childéric y meurt en 481 et **Clovis**, son fils, y naît en 465. Ce dernier fait de Tournai le siège d'un évêché.

Les rois de France ont toujours considéré Tournai comme le berceau de leur monarchie et la ville porte le lys royal dans ses armes. C'est au cours du 9ᵉ s. qu'un chapitre de chanoines vint s'installer dans la ville, et que son siège épiscopal fut uni à celui de Noyon (jusqu'en 1146).

Philippe Auguste visita la ville en 1187 et acquit à sa politique l'évêque suzerain. Le 12ᵉ s. et le 13ᵉ s. sont de grandes époques de construction dont il subsiste des maisons romanes, des édifices religieux et certaines parties de la deuxième enceinte.

Tournai reste fidèle à la France pendant la guerre de Cent Ans. La ville, qui a reçu le titre de « Chambre du Roy », est isolée dans une Belgique gagnée à la cause anglaise. Les Tournaisiens sont conviés par Jeanne d'Arc à venir assister au sacre de Charles VII à Reims (1429) en tant que « gentilz loiaux Franchois ». Lorsque Jeanne sera faite prisonnière, Tournai lui enverra une escarcelle remplie d'or pour adoucir sa captivité.

Un intense rayonnement artistique

Déjà connue pour son orfèvrerie à l'époque mérovingienne, la ville devint à la fin du Moyen Âge un centre artistique de grande importance. Avec la châsse de saint Éleuthère (13ᵉ s.), les orfèvres tournaisiens se distinguent de nouveau dans l'art des métaux ; au 15ᵉ s., les dinandiers de Tournai concurrencent ceux du pays mosan.

Dès le 12ᵉ s., l'emploi de la pierre locale dans l'architecture a donné naissance à une florissante école de sculpture : au 15ᵉ s, fonts baptismaux et monuments funéraires sont taillés de façon magistrale dans cette pierre au grain très fin et à la couleur gris bleuté, voire dans une pierre blanche importée.

Au 15ᵉ s., **Robert Campin** (mort à Tournai en 1444), contemporain de Van Eyck, et que certains identifient avec le **maître de Flémalle**, est l'auteur anonyme d'un groupe de peintures découvertes dans cette localité vers 1900. Les œuvres de cet artiste charment par leur coloris, par la précision avec laquelle sont dépeints les intérieurs et les objets, et par leur sérénité. Dans ses sujets les plus graves apparaît une expression plus dramatique, qui a fait rapprocher Robert Campin de son élève **Rogier de La** (ou Le) **Pasture**. Connu également sous le nom de **Van der Weyden**, ce dernier, né à Tournai (1399-1464), devint peintre de la ville de Bruxelles en 1436. Né à Tournai en 1855, le poète belge **Georges Rodenbach** s'installera à Paris dès 1887.

Une place forte disputée

De 1513 à 1518, Tournai passe à Henri VIII, roi d'Angleterre, qui y fait construire un quartier fortifié par un donjon, actuelle **tour Henri VIII**.

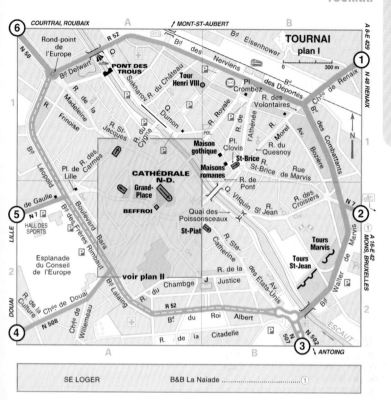

TOURNAI plan I

TOURNAI
plan II

SE LOGER

SE RESTAURER

Puis la ville passe sous la tutelle de Charles Quint et perd nombre de privilèges.

En proie à des troubles religieux, Tournai résiste deux mois, en 1581, à Alexandre Farnèse sous le commandement héroïque de **Christine de Lalaing**.

Sous le règne de Louis XIV, de 1667 à 1709, la ville est rattachée à la France. Ses fortifications sont renforcées et les remparts du 13e s. bastionnés par Vauban. De cette époque datent de nombreuses maisons en brique et chaînage de pierre à grandes baies et toits débordants. Malgré les bombardements de 1940, il en subsiste par endroits, notamment sur le quai Notre-Dame.

Tournai est alors le siège du Parlement de Flandre, représentant la justice du souverain. Tombée aux mains des Autrichiens après le traité d'Utrecht (1713), elle revient aux Français après la bataille de **Fontenoy** (1745) *(8 km à l'est)*, puis de nouveau aux Autrichiens en 1748.

Au 18e s., Tournai se signale par la renaissance de son industrie du cuivre et de la fabrication de la tapisserie.

Sa manufacture de porcelaine, fondée en 1751 par François-Joseph Peterinck, connaît une vogue exceptionnelle. On y fabrique une porcelaine tendre aux riches coloris et aux décors les plus variés, où le style chinois intervient pour une large part. La manufacture disparaît en 1891.

Découvrir

CATHÉDRALE NOTRE-DAME★★★

Cathédrale : nov.-mars : tlj 9h15-12h et 14h-17h ; avr.-oct. : tlj 9h15-12h et 14h-18h - 1 €. Trésor : mêmes horaires, mais fermé le matin w.-end et j. fériés.

Le 14 août 1999, les parties hautes du chœur de la cathédrale furent lourdement endommagées par une tornade. Pendant les travaux de restauration, qui peuvent s'étendre sur une longue période, le chœur gothique est partiellement ou entièrement fermé au public. On peut toutefois l'observer depuis le transept et la nef.

En plein centre de Tournai, non loin du beffroi, s'élève le plus imposant, le plus original monument religieux de la Belgique. Figurant depuis l'an 2000 sur la liste du patrimoine mondial de l'Unesco, il a influencé de nombreuses églises de la ville, puis, le diocèse de Tournai couvrant jadis la plus grande partie de la Flandre, s'est répandu dans toute la vallée de l'Escaut, donnant naissance à l'art scaldien. Extérieurement, les proportions gigantesques de l'édifice (134 m de longueur, 66,5 m de largeur au transept) et les silhouettes massives de ses cinq célèbres tours produisent un effet impressionnant.

Les cinq **tours**, toutes différentes, se dressent à la croisée du transept ; la plus ancienne, au centre, repose sur les piliers de la croisée qu'elle devait éclairer.

La nef et le transept aux extrémités en hémicycle datent du 12e s. Plus élevé que la nef et presque aussi long, un chœur gothique très élancé a remplacé au 13e s. le chœur roman. Cette différence de style est perceptible tant à l'extérieur qu'à l'intérieur de l'édifice.

De la place P.-E. Janson, on a une des meilleures vues d'ensemble de la cathédrale.

Porte Mantile

Située au nord, elle doit son nom à Mantilius, un aveugle guéri par saint Éleuthère en ces lieux. Ce portail latéral conserve de remarquables sculptures romanes, principalement sur le bandeau encadrant le sommet de la porte (lutte entre les rois Sigebert et Chilpéric) et les montants (combat des vices et des vertus).

Contourner ensuite l'église par le chevet.

Porte du Capitole

De style roman, semblable à la porte Mantile, elle est malheureusement très détériorée, et l'on devine à peine le cycle de la fin du monde sculpté sur le bandeau. L'archivolte est soutenue par deux chevaliers munis d'un haut bouclier.

Passer sous la « Fausse Porte » surmontée de la chapelle St-Vincent : arche reliant la cathédrale au palais épiscopal.

Détail d'un vitrail : l'impôt sur la bière.

Façade principale

Elle est entourée d'une part de l'Hôtel des Anciens Prêtres (18e s.) et de l'autre par l'Évêché. Remaniée au 14e s., elle est masquée par un **porche** (modifié au 16e s.), sous lequel se superposent trois registres sculptés : en bas, des hauts-reliefs du 14e s. ont trait au drame du paradis terrestre ; au milieu, du 16e s., des bas-reliefs, à gauche la procession de Tournai, à droite la lutte entre Sigebert et Chilpéric ; au sommet, une rangée de statues d'apôtres et de saintes du 17e s. Au pilier central, une belle statue de la Vierge (14e s.), patronne de la cathédrale, est vénérée sous le nom de Notre-Dame-des-Malades.

Intérieur

Vaste vaisseau de dix travées, la nef centrale s'élève sur quatre étages : ses grandes arcades à triples rouleaux sont supportées par de courts piliers aux beaux chapiteaux sculptés. Au-dessus, les tribunes sont surmontées d'un triforium à arcatures en plein cintre abritant une baie aveugle en leur centre. Le dernier étage est percé de fenêtres hautes. Les voûtes du 18e s. ont remplacé un plafond de bois. Un jubé, exécuté en 1572, coupe la perspective de la nef centrale. Le mur du **collatéral droit** est orné d'épitaphes.

Remarquer les **chapiteaux** jadis polychromés des piliers de la nef : décoration végétale, animale, figures humaines, souvent fantaisistes.

Dans la chapelle St-Louis ou chapelle du St-Sacrement, *Crucifixion* de Jordaens et panneaux en bois finement sculptés au 18e s., provenant d'une abbaye (scènes de la vie de saint Benoît et de saint Ghislain). Dominé par une haute lanterne, le transept est d'une majesté et d'une ampleur imposantes ; c'est une « cathédrale au travers d'une cathédrale ».

Son plan est très original : les croisillons se terminent par un hémicycle qu'entoure un déambulatoire. L'ordonnance à quatre étages superposés reprend celle de la nef. Le transept contient des vestiges de fresques (12e s.) et de précieux vitraux du 16e s.

Dans le **bras droit du transept**, les vestiges d'une fresque représentent la Jérusalem céleste au-dessus de l'autel de Notre-Dame de Tournai. Les vitraux racontent la lutte entre Sigebert et son frère Chilpéric, qui est à l'origine du pouvoir temporel de l'évêque (à l'étage supérieur, privilèges épiscopaux, comme l'impôt sur la bière).

Le **jubé**, œuvre de Cornelis Floris De Vriendt, est une pièce magnifique de la Renaissance anversoise aux marbres polychromes : des médaillons et des panneaux en albâtre mettent en parallèle des épisodes de l'Ancien et du Nouveau Testament.

Très long, le **chœur** (1243), à sept travées, contraste par sa légèreté avec la robustesse un peu austère de la nef. L'influence française est manifeste (Soissons).

Le **déambulatoire** est terminé à son extrémité par cinq chapelles rayonnantes. Sont à signaler dans la 1re chapelle latérale droite la châsse dite *des Damoiseaux* (1572), puis dans une petite chapelle une *Résurrection de Lazare* par Pourbus le Vieux et une peinture de Coberger ; dans la chapelle axiale des *Scènes de la Vie de la Vierge*, par Martin De Vos, offrant un décor italianisant. À l'arrière du jubé, la 1re partie du chœur est occupée par des stalles des chanoines (18e s.), et le sanctuaire proprement dit par un maître-autel (1727) de style classique. Dans les chapelles du déambulatoire nord sont conservés des monuments et dalles funéraires de l'école tournaisienne des 14e et 15e s. Au-dessus de la porte donnant accès à la salle d'accueil ou « chauffoir des pèlerins », le *Purgatoire* (1635) de Rubens, et lui faisant face, trois tableaux superposés en grisaille de Piat Sauvage (18e s.).

Dans le **bras gauche du transept**, les restes de fresques narrent la vie et le martyre de sainte Marguerite. Ici, les vitraux représentent la séparation du diocèse de Tournai de celui de Noyon en France auquel il avait été rattaché au 7e s.

Parmi les chapiteaux du **collatéral gauche**, on remarque des cygnes, des animaux fantastiques ; une femme dévorée par un monstre, au verso, (visible seulement sous le porche), Frédégonde et Chilpéric et des oiseaux buvant.

Trésor★★

La salle voûtée (15e s.) est dominée par les deux grands coffres reliquaires du 13e s. : la **châsse de Notre-Dame** (1205) en argent et cuivre doré, œuvre de Nicolas de Verdun, ornée de sujets en relief au superbe modelé, placés sous de riches arcatures et des médaillons évoquant la vie et la Passion du Christ. La **châsse de saint Éleuthère** (1247) est décorée avec une profusion et une finesse extraordinaires de statues d'apôtres ressortant sur un fond de filigrane, d'émaux et de pierres précieuses ; aux pignons, on voit, le Christ et saint Éleuthère portant dans sa main la cathédrale. Parmi de nombreuses œuvres d'art se distinguent : *Les Sept Joies de Marie* (vers 1546) de Pierre Pourbus ; le reliquaire de la vraie croix dit « croix byzantine » d'origine orientale du 5e ou 6e s. ; un coffret à reliques en ivoire dit « de Cologne » (13e s.) gardant des traces de polychromie ; un fermail de chape avec jeune femme symbolisant la ville fortifiée de Tournai (15e s.) ; le manteau impérial porté dans la cathédrale par Charles Quint en 1531.

Dans la chapelle du St-Esprit (17e s.), une longue **tapisserie** illustre la légende de saint Piat, apôtre du Tournaisis, et de saint Éleuthère, premier évêque de la ville ; tissée à Arras, elle fut offerte en 1402 par un ancien chapelain du duc de Bourgogne. Dans la **salle du chapitre**, les lambris en chêne d'époque Régence (18e s.) ont été ciselés avec élégance et minutie et retracent la vie de saint Ghislain.

Se promener

Grand-Place

Triangulaire, elle est dominée par les tours de la cathédrale. Au centre, une statue de Christine de Lalaing ainsi qu'une fontaine conçue de façon originale. À une extrémité se dresse le beffroi, à l'autre l'**église St-Quentin**, qui abrite dans sa chapelle circulaire gauche un tombeau au gisant (14e s.) surmonté d'une statue en argent de Notre-Dame-de-la-Treille, portée en procession lors de la fête de la Nativité.

Détruite en 1940, la place a retrouvé quelques belles maisons, réédifiées, telles la **halle aux draps** (1610), d'un style composite allant du gothique au baroque, et plus loin, à droite, une demeure baroque de brique, l'**ancienne grange des dîmes**.

Prendre la rue de l'Yser qui part de la Grand-Place ; s'engager dans la rue de la Tête d'Argent et tourner à gauche dans la rue du Bourdon St-Jacques.

Église St-Jacques

C'est un édifice de transition entre le roman et le gothique dont le porche est surmonté d'une épaisse tour carrée à tourelles. À l'extérieur de la nef court une galerie à arcades ; à l'intérieur, cette galerie forme, au-dessus de la croisée du transept, un pont ajouré d'un gracieux effet et se prolonge dans la nef par un triforium.

Prendre la rue du Cygne qui mène à l'Escaut. Traverser le pont et tourner à gauche.

Pont des Trous★

Porte d'eau, vestige de l'architecture militaire, il faisait partie de la seconde enceinte communale (13e s.) et défendait l'entrée de la ville par l'Escaut, qui la traverse. Du pont voisin *(boulevard Delwart)*, on a une belle **vue★** sur cet ouvrage qui présente de ce côté les faces arrondies de ses tours (plates du côté de la ville) et la silhouette de la cathédrale qui se détache au loin. En 1948, il a été rehaussé de 2,40 m pour faciliter la circulation fluviale.

Revenir sur ses pas et un peu avant le pont prendre la rue du Château.

Tour Henri VIII

Cette puissante tour du 16e s. fut construite sous Henri VIII.

Suivre la rue du Rempart et traverser la place Verte. Par la rue du Sondart, on arrive à la rue Royale. Tourner à droite, puis, prendre immédiatement à gauche. On passe devant une maison gothique (13e-15e s.).

Y. Duhamel/MICHELIN

Pont des Trous.

Maisons romanes

Près de l'**église St-Brice**, deux maisons ont conservé leur façade de la fin du 12e s. Avec leurs fenêtres à colonnette centrale, alignées entre deux cordons de pierre, elles sont un des rares exemples d'architecture civile romane scaldienne.

Prendre la rue des Puits d'Eau, traverser le pont et prendre à gauche. S'engager dans la rue des Clairisses.

Église St-Piat

Cette église du 12e s. a été édifiée à l'emplacement d'une basilique mérovingienne (6e s.). Elle doit son nom à saint Piat, premier missionnaire chrétien à Tournai, qui fonda la première église de la ville, dont l'évêque sera saint Éleuthère.

Prendre la rue Madame, franchir l'Escaut par une passerelle, longer l'eau vers la droite, s'engager dans la rue ST-Jean et prendre la 1ère rue à droite..

Tours Marvis et tours St-Jean

Sur le boulevard Walter de Marvis, ces quatre tours, vestiges de l'enceinte du 13e s., dominent de jolis jardins.

Visiter

Beffroi★★

Nov.-fév. : tlj sf dim. matin 10h-12h, 14h-17h, fermé 1er et 2 janv., 1er, 2, 11 et 15 nov., 24, 25, 26 et 31 déc. ; mars-oct. : tlj 10h-13h, 14h-18h30, fermé lun., Vend. saint et jour de la braderie - 3 € (Office de tourisme).

C'est le plus ancien de Belgique. Le soubassement date du 12e s. ; en 1294, le beffroi est rehaussé et renforcé par des tourelles polygonales. Les parties hautes sont reconstruites après un incendie survenu en 1391. Jusqu'en 1817, une partie du beffroi servait de prison. Une petite exposition et une présentation audiovisuelle illustrent l'histoire de cette tour municipale inscrite sur la liste du patrimoine mondial de l'Unesco depuis 1999. Dès le 1er étage, on a une **vue** intéressante sur la cathédrale. Du sommet *(70 m de hauteur, 257 marches)*, belle **vue** sur la ville. Un carillon de 44 cloches donne de beaux **concerts**. Le beffroi a été restauré entre 1992 et 2003 et abrite maintenant cinq salles thématiques accessibles au public. Un spectacle audiovisuel de 10mn retrace l'histoire de l'édifice.

Musée des Beaux-Arts★

069 22 20 45 (Office de tourisme) Horaires : voir encadré pratique - 3 €. Ce musée (1928) fut conçu par le célèbre architecte Art nouveau **Victor Horta** qui lui donna un plan en étoile dont les salles rayonnantes convergent vers le hall de sculptures. Ce plan central, recouvert de larges verrières, est délimité par une façade aux formes souples, surmontée d'un groupe en bronze de Guillaume Charlier, « La Vérité, impératrice des Arts ». Devant le flanc gauche du musée, une sculpture féminine de Georges Grard (20e s.). Il abrite des œuvres du 15e s. à nos jours, et en particulier les **collections impressionnistes** du mécène bruxellois Henri Van Cutsem.

Parmi la série de **peintures anciennes** se distinguent *La Vierge et l'Enfant* de Rogier de La Pasture (Van der Weyden), le *Saint Donatien* de Gossaert, et de délicats paysages de Bruegel de Velours.

Une section didactique présente, avec des photographies du format des originaux, tout l'œuvre peint de Rogier de La Pasture à travers le monde.

Du 17e s., des toiles de Jordaens, et une nature morte de Snyders ; et du 18e s., deux petites pastorales de Watteau. Une salle entière est réservée aux tableaux romantiques, historiques et sombres du Tournaisien Louis Gallait (1810-1887). La peinture belge des 19e et 20e s. est bien représentée : Henri De Braekeleer et son intimisme réaliste, Charles De Groux, Meunier, Joseph Stevens (peintre animalier), Hippolyte Boulenger (paysagiste), Ensor et Émile Claus ; tout comme la sculpture (Charlier, Rousseau, Van der Stappen). Les œuvres impressionnistes sont dominées par deux compositions célèbres de **Manet** : *Argenteuil* (1874) et *Chez le Père Lathuille* (1879). Dans la même salle figurent aussi des œuvres de Monet, Fantin-Latour et Seurat. Le musée possède également une importante collection de dessins (Van Gogh, Toulouse-Lautrec, Khnopff).

Musée des Beaux-Arts.

En face du musée, on pénètre dans la cour d'honneur de l'**hôtel de ville** qui occupe l'emplacement de l'ancienne abbaye St-Martin (11ᵉ s.), dont il subsiste la crypte romane. L'ancien **palais abbatial** (1763), édifié sur les plans de Laurent Dewez, présente de belles façades néoclassiques.

Musée d'Histoire naturelle et vivarium
069 22 20 45 (Office de tourisme) - Horaires : voir encadré pratique - 2,50 €.
Donnant dans la cour d'honneur de l'hôtel de ville, son architecture intérieure néoclassique est celle des cabinets d'histoire naturelle propres au 19ᵉ s. De belles collections d'animaux naturalisés sont réunies dans la grande galerie. La salle carrée du fond est occupée par une série de dioramas, et l'on terminera volontiers la visite par l'observation de certaines espèces vivantes (lézards, serpents, poissons, tortues…) regroupées au sein d'un vivarium.

Musée de la Tapisserie
069 23 42 65 - &. - Horaires : voir encadré pratique - 2,50 €.
Derrière une élégante façade donnant sur la place Reine Astrid, ce musée évoque une activité qui fut florissante à Tournai du 15ᵉ au 18ᵉ s. L'apogée de la tapisserie tournaisienne se situe entre 1450 et 1550, et les quelques tapisseries de cette période exposées ici en montrent les principales caractéristiques : les thèmes variés (histoire, mythologie, héraldique) sont traités avec des coloris éclatants et une grande élégance de trait. De nombreux personnages en costumes du 15ᵉ s., rivalisant de magnificence, se pressent dans des compositions très animées où plusieurs scènes se superposent comme dans la **Bataille de Roncevaux** ou la **Famine à Jérusalem**.

Une large part est laissée à la tapisserie moderne avec le groupe « Force murale » des années 1940 (Louis Delfour, Edmond Dubrunfaut et Roger Somville), ainsi qu'à la tapisserie contemporaine où les jeux de texture évoquent souvent la sculpture. Le musée possède aussi un atelier où l'on peut voir des liciers au travail.

> ## Une tapisserie réputée
> La **tapisserie** de haute lisse de Tournai supplante celle d'Arras sa rivale et des autres ateliers flamands. Ses réalisations sont appréciées dans toute l'Europe. Elles se caractérisent par de vastes compositions sans bordure aux nombreux personnages et au dessin très stylisé.

Musée du Folklore
De la Grand-Place, on y accède par le Réduit des Sions. 069 22 40 69 - Horaires : voir encadré pratique - 2,50 €.
Présentées dans la « Maison tournaisienne » (façades de 1673), caractéristique de l'architecture espagnole, les collections évoquent les arts et traditions populaires de la ville et du Tournaisis, ainsi que la vie quotidienne. Au rez-de-chaussée, on voit d'intéressantes reconstitutions : estaminet, atelier du « balotil » (avec sa machine à tricoter), et la salle des métiers dont les mannequins nous font revivre la multiplicité

des métiers artisanaux d'autrefois. Au 1er étage, on remarquera la salle du carnaval et la pharmacie. Au 2e étage, la maquette de Tournai au 17e s. est la reproduction de celle exécutée pour Louis XIV.

Non loin se trouvent la **tour St-Georges**, élément de la première enceinte communale (11e-12e s.), et le **musée d'Armes**. *℘ 069 22 20 45 (Office de tourisme) - avr.-oct. : tlj sf mar. 10h-13h, 14h-17h30 ; nov.-mars : tlj sf mar. et dim. matin 10h-12h, 14h-17h - fermé 1er-2 janv., Vend. saint, 1er, 2, 11 et 15 nov., 24, 25, 26 et 31 déc. - 2,50 €.*

Musée d'Histoire et des Arts décoratifs

℘ 069 33 23 53 - Horaires : voir encadré pratique - 2 €.

Il possède une importante collection de porcelaines provenant de la manufacture impériale et royale établie à Tournai au 18e s. Remarquer le service aux oiseaux d'après Buffon, commande du duc d'Orléans. Au 1er étage, une collection de monnaies de Tournai, et de remarquables pièces d'argenterie, dont une soupière et sa rarissime doublure en vermeil datant de 1787.

Musée d'Archéologie

℘ 069 22 16 72 - Horaires : voir encadré pratique - 2 €.

Il occupe l'ancien Mont-de-Piété construit par Cobergher au 17e s. Au rez-de-chaussée, l'époque gallo-romaine est évoquée par des objets trouvés lors des fouilles : on y remarquera un riche ensemble de céramique, de verrerie, dont un biberon (4e s.), et un **sarcophage en plomb★** du 3e-4e s. découvert en 1989 dans une rue voisine du musée, ainsi qu'un **puits romain** creusé dans un tronc de chêne évidé. Au 1er étage, la section mérovingienne présente des objets trouvés autour de la tombe royale de Childéric découverte en 1653, dont le squelette d'un des chevaux sacrifiés lors des funérailles. Au 2e étage, préhistoire et protohistoire.

Aux alentours

Château d'Antoing

6 km au sud-est par la N 507. ℘ 069 44 17 29 - mi-mai-fin sept. : visite accompagnée (2h) dim. 15h, 16h - 3 €.

Quelques vestiges de l'enceinte du 12e s., le donjon du 15e s. et la façade Renaissance rappellent l'origine ancienne de ce château reconstruit au 19e s. dans le style néo-gothique. Une partie des communs fut prêtée aux Jésuites lorsqu'ils durent quitter la France ; Charles de Gaulle y fut leur élève en 1907-1908. La **chapelle** conserve une riche collection de pierres tombales sculptées, notamment celles des de Melun (début du 15e s.). Du haut du **donjon**, dont on visite les salles, on bénéficie d'une belle **vue** sur la région.

Mont-St-Aubert

6 km au nord.

Cette butte s'élevant à 149 m d'altitude est devenue un centre de villégiature. Du cimetière près de l'église, on a un beau **panorama★** sur la plaine des Flandres. On distingue, au sud derrière les arbres, Tournai et sa cathédrale, à l'horizon à l'ouest, l'agglomération de Roubaix-Tourcoing.

Pierre Brunehault

10 km au sud par la N 507 ; à la sortie de Hollain, tourner à droite.

Près de l'ancienne voie romaine ou « chaussée Brunehault », allant de Tournai à Bavay, la pierre Brunehault est un menhir de 4,50 m en forme de trapèze.

Leuze-en-Hainaut

13 km à l'est par la N 7.

La vaste **collégiale St-Pierre** a été édifiée en 1745 à l'emplacement de l'ancienne église gothique détruite par un incendie. À la sobriété de sa façade s'oppose la majesté de son intérieur. On y admire en particulier de belles boiseries du 18e s. : les lambris de style Louis XV où s'incorporent les confessionnaux, et qui sont sculptés de motifs tous différents, la chaire sous laquelle est représenté un saint Pierre enchaîné et le buffet d'orgue.

Tournai pratique

Informations utiles

Code postal : *7500*.

Indicatif téléphonique : *069*.

Tourisme Tournai – *Vieux Marché-aux-Poteries 14, 7500 Tournai - ☏ 069 22 20 45 - fax 069 21 62 21 - tourisme@tournai.be - www.tournai.be.*

Se loger

L'Europe – *Grand Place 36 - ☏ 069 22 40 67 - 7 ch. 63 € ☖*. Ce petit hôtel de la Grand-Place se distingue par son pignon à redans. Chambres simples à l'aménagement moderne. Au rez-de-chaussée, salon de glaces en journée et bar à cocktails le soir.

Hôtel Cathédrale – *Place St-Pierre 2 - ☏ 069 21 50 77 - www.hotelcathedrale.be - 59 ch. 94/105 € - ☖ 11 € - ⊡*. Cet hôtel est une grande maison de maître à la façade blanche située près de l'imposante cathédrale. Toutes les chambres ont été rénovées récemment et offrent tout le confort moderne. Le visiteur a le choix entre une chambre standard ou une suite, plus luxueuse. Le restaurant n'est ouvert que le soir, mais il organise un brunch le dimanche.

Hôtel d'Alcantara – *Rue des Bouchers Saint-Jacques 2 - ☏ 069 21 26 48 - hotelcantara@hotmail.com - 17 ch. 88/108 € - ☖ - ⊡*. Cette demeure patricienne du 18e s. se trouve dans le centre ancien et a été profondément transformée pour devenir un hôtel. Derrière sa superbe façade, elle recèle des chambres spacieuses et modernes. Salon et bars accueillants et terrasse dans la cour intérieure.

À PÉRUWELZ

B&B La Naiade – *Boulevard Léopold III 75, 7600 Péruwelz - ☏ 069 78 06 72 - www.naiade.be - 4 ch. 63 € ☖ - ⊡*. Chambres d'hôte dans une grande villa du siècle dernier au milieu d'un superbe parc. Certaines des chambres, toutes très confortables, donnent sur le parc et l'étang. La chaleur de l'accueil et sa situation sont les grands atouts de cette maison à quelques kilomètres de Tournai.

Se restaurer

L'Écu de France – *Grand-Place 55 - ☏ 069 54 67 00 - www.lecudefance.com - fermé dim. soir, lundi et merc. soir - menus 12 € à midi, 20 € le soir*. Grande taverne rénovée ouverte toute l'année et ne fermant ses portes qu'après le départ du dernier client. La carte propose des snacks mais aussi des spécialités françaises et belges. Pendant les mois d'été : terrasse ouverte sur la Grand-Place.

Le Beffroi – *Grand Place 15 - ☏ 069 84 83 41*. Brasserie belge donnant sur la Grand-Place avec vue sur le joli beffroi. À la carte : lapin aux pruneaux, tomates aux crevettes, steak frites, mais aussi salades fraîches. Modérez vos commandes car les portions sont généreuses.

Le Resto d'a Côté – *Grand-Place 1 - ☏ 069 23 20 39 - menu 28 €*. Ce restaurant gastronomique se trouve tout à côté du beffroi, sur la Grand-Place. Cuisine française inventive dans un cadre agréable aux tons chauds et à des prix abordables. Plats succulents et présentation soignée.

Le Pressoir – *Vieux Marché aux Poteries 2 - ☏ 069 22 35 13 - fermé mar., vac. de carnaval et août - menu 28 €*. Bel immeuble du 17e s. à la façade fleurie. Recettes traditionnelles, vins excellents et intérieur soigné : meubles de style, vieilles pierres, hauts plafonds à poutres de bois. Belle vue sur la cathédrale.

L'Olivier – *Quai Notre-Dame 19 - ☏ 069 84 34 73 - fermé merc., jeu. soir - www.restololivier.be - menu 25/40 €*. Gastronomie française. Carte limitée, le chef s'attachant surtout à l'authenticité des goûts et à la légèreté des préparations. Trois salles au choix, à la décoration différente : rustique, moderne ou provençale.

Faire une pause

L'Amphytrion & son Jardin des Orchidées – *Rue de la Wallonie 28 - ☏ 069 22 50 44 - horaires changeant en fonction de la saison*. Cette brasserie souscrit à un nouveau concept : on peut y admirer et acquérir toutes sortes d'orchidées. Agréable intérieur et petite terrasse. La carte propose un large choix de boissons et de plats de petite restauration. Le service est cordial et multilingue.

Le Pinacle – *Vieux Marché aux Poteries 1 - ☏ 069 54 85 50 - horaires variables en fonction de la saison*. Brasserie magnifiquement située à l'angle d'une placette au pied de la cathédrale, près de la statue de Roger de la Pasture. L'établissement propose boissons et petite restauration tant dans le bel intérieur qu'en terrasse.

Aux Amis Réunis – *Rue Saint-Martin 89 - ☏ 069 55 96 59 - 10h-22h en sem., parfois également sam*. Agréable intérieur désuet avec beaucoup de bois. Bonne sélection de bières et autres boissons.

Achats

Coup de cœur – *Rue des Maux 9 - ☏ 069 44 53 55 - mar., merc. et sam. 9h30-18h30, jeu. et vend. à partir de 14h*. Vous trouverez dans ce bel établissement toutes sortes d'idées de cadeau, comme par exemple des chandeliers et bougeoirs, de jolies boîtes, toutes sortes de bibelots, etc.

Événements

Journée des Quatre Cortèges – *Office du Tourisme, Vieux Marché aux Poteries 14 -*

☎ 069 22 20 45 - www.tournai.be - deuxième w.-end de juin. Ce cortège haut en couleurs, accompagné de chars fleuris et de musique, évoque les souvenirs de grandes figures qui ont joué un rôle dans l'histoire de la ville. Notamment Clovis et Louis XIV.

Lors de la **fête de la Nativité** de Notre-Dame (*2ᵉ dim. de sept. 15h*) qui a pour origine la grande peste de 1090, la châsse de saint Éleuthère et les pièces du trésor de la cathédrale sont portées en procession.

Trois-Ponts

2 439 HABITANTS
CARTES MICHELIN Nᵒˢ 716 K 4 ET 534 U 20 – LIÈGE.

À proximité de Coo et de Stavelot, Trois-Ponts est un petit village pittoresque au confluent de la Salm et de l'Amblève. Centre d'activités sportives, le bourg est un excellent point de départ pour découvrir les richesses paysagères de la région.

- ▶ **Se repérer** – Les pieds dans l'eau, ce lieu de villégiature se trouve sur la N 68 allant de Stavelot à Vielsalm.
- 🕐 **Organiser son temps** – Compter une demi-journée pour la visite du village et les deux circuits.
- ♨ **Pour poursuivre le voyage** – Malmedy, Spa.

Circuits de découverte

VALLÉE DE LA SALM
13 km au sud par la N 68.
Cette vallée champêtre constituait autrefois une principauté sur laquelle régnaient les princes de Salm et qui dépendait du duché de Luxembourg. La Salm, sinueuse et rapide, dans une vallée encaissée, est longée par la route bordée de beaux arbres.

Grand-Halleux
À proximité se trouve le **domaine de Monti**.
En sortant de Grand-Halleux, prendre un chemin à gauche en suivant la signalisation.
Ce domaine présente dans un vaste cadre forestier la faune de l'Ardenne luxembourgeoise (cerfs, daims, chevreuils, sangliers) ainsi que des mouflons.
Suivre la N 68.

Vielsalm
Le 20 juillet, le sabbat des Macralles (sorcières) se déroule le soir dans un bois proche de la localité. Il est suivi, le lendemain, de la fête des Myrtilles.
Si vous n'êtes pas pressés, vous pouvez faire un crochet jusqu'à Reuland. Continuer sur la N 68. À Beho, prendre à gauche la N 827, puis la N 62.

Reuland
Ce village pittoresque est dominé par les ruines de son « Burg » du 11ᵉ s. Du donjon, **vue★** ravissante sur les maisons blanches aux lourdes toitures d'ardoise, groupées autour du clocher à bulbe. Reuland se trouve dans les limites du Parc naturel Hautes Fagnes-Eifel.

CIRCUIT DES PANORAMAS★
44 km. Une brochure détaillée est disponible auprès de l'Office de tourisme.
Cet itinéraire touristique balisé est formé de deux boucles et serpente à travers les collines, offrant des panoramas étendus, des vues tantôt sur l'Amblève, tantôt sur la Salm. Au Sud-Est, la « **boucle de Wanne** » *(23 km)* suit la Salm dans son cours inférieur. La route quitte la forêt aux abords de Henumont, avant de descendre puis remonter à Wanne parmi d'agréables paysages. On gagne ensuite Aisomont ; avant ce village a été aménagée à droite une piste de ski (Val de Wanne). Puis on descend sur Trois-Ponts. À l'Ouest, par la « **boucle de Basse-Bodeux** » *(21 km)*, on s'élève entre les vallées de la Salm et du Baleur (direction Basse-Bodeux), puis on tourne à gauche vers Mont-de-Fosse. Après St-Jacques, Fosse et Reharmont, traverser la nationale pour gagner Haute-Bodeux. Un peu avant d'atteindre Basse-Bodeux, tourner à gauche. La route traverse une belle forêt près des deux bassins supérieurs de la centrale d'accumulation par pompage. On redescend sur Trois-Ponts en traversant le hameau de Brume.

Trois-Ponts pratique

Informations utiles

Code postal : *4970.*

Indicatif téléphonique : *080.*

Royal Syndicat d'Initiative – *place Communale 1, 4980 Trois-Ponts - ℰ 080 68 40 45 - fax 080 68 52 68 - troisponts@skynet.be - www.troisponts-tourisme.be.*

Se restaurer

😋😋 **La Métairie** – *Wanne 4, 4980 Trois-Ponts - ℰ 080 86 40 89 - www.lametairie.be - fermé lun. et mar. - menus 20/40 €.* Vielle bâtisse dans le centre du petit village de Wanne, où le chef mitonne, depuis dix ans déjà, de fines préparations à base de produits de saison issus de la région. Carte limitée mais raffinée. L'hostellerie dispose de 6 chambres d'hôtel et d'une terrasse en été.

Verviers

53 570 HABITANTS
CARTES MICHELIN N⁰ˢ 716 K 4 ET 533 U 19 –
PLAN D'AGGLOMÉRATION DANS LE GUIDE ROUGE BENELUX – LIÈGE.

Située sur les rives de la Vesdre, Verviers est une ville industrielle jadis spécialisée dans l'industrie textile et le commerce de la laine. Après des années de déclin économique, la cité prend petit à petit un nouvel élan. Reconnue comme ville en 1651 seulement, elle renferme peu de monuments anciens. Au sud, la ville haute forme un beau quartier aux maisons cossues dispersées dans la verdure. Verviers est la ville natale du violoniste Henri Vieuxtemps (1820-1881) et de Henri Pirenne (1862-1935), auteur d'une « Histoire de la Belgique ».

▶ **Se repérer** – À proximité des Fagnes, on atteint Verviers par l'A 27/E 42 (sortie 4).

👁 **À ne pas manquer** – Musée des Beaux-Arts et de la Céramique. Centre touristique de la Laine et de la Mode.

🕐 **Organiser son temps** – Compter 2 h pour visiter la ville.

👣 **Pour poursuivre le voyage** – Spa, Hautes-Fagnes.

Visiter

Hôtel de ville

18ᵉ s. Situé sur une butte, cet élégant édifice aux nombreuses fenêtres rehaussées est précédé d'un **perron**.

Musée des Beaux-Arts et de la Céramique★

ℰ 087 33 16 95 - lun., merc. et sam. 14h-17h, dim. 15h-18h - fermé 1ᵉʳ janv. - 1,75 €. Installé dans un ancien hospice des vieillards du 17ᵉ s., il abrite de riches collections de porcelaines, faïence belge et étrangère, grès anciens de Raeren, des peintures et sculptures du 14ᵉ s. à nos jours, notamment un *Paysage avec St-Christophe*, aux tons bleuâtres et un très joli panneau attribué à Pietro Lorenzetti. Des gravures liégeoises du 16ᵉ s. à nos jours sont classées dans un meuble à tiroirs. À l'étage, collection d'œuvres modernes (Tytgat, Magritte).

Musée d'Archéologie et du Folklore

ℰ 087 33 16 95 - mar. et jeu. 14h-17h, sam. 9h-12h, dim. 10h-13h - fermé 1ᵉʳ janv. 1,75 €. Situé dans un hôtel particulier du 18ᵉ s., aux meubles de styles variés (Louis XIII et Charles X), il renferme un ensemble hollandais (Grand Salon) et

Maison fleurie à Limbourg.

A.Kouprianoff/MICHELIN

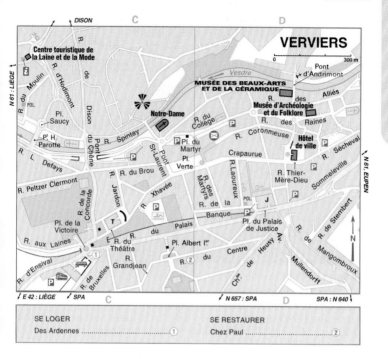

SE LOGER	SE RESTAURER
Des Ardennes .... ①	Chez Paul .... ②

des souvenirs du violoniste Henri Vieuxtemps ; au 1er étage, un salon Louis XV liégeois ; au 2e étage, des objets provenant des fouilles de la région. Une intéressante section de **dentelles**★ est présentée par tiroirs et des agrandissements photographiques permettent d'apprécier la finesse du travail.

Église Notre-Dame
Reconstruite au 19e s., elle est depuis le 17e s. le siège d'un pèlerinage à la Vierge noire des Récollets, dont la statue, lors d'un tremblement de terre (1692), se retrouva dans une attitude étrangement modifiée.

Centre touristique de la Laine et de la Mode
𝒞 087 35 57 03 - avr.-oct. : 10h-18h ; nov.-mars : tlj sf lun. 10h-17h - fermé 1er janv., 25 déc. - 5 €.
Construite au début du 19e s., l'ancienne manufacture Dethier, joliment restaurée, abrite un musée dynamique évoquant le passé prestigieux de Verviers comme métropole de la laine. Le centre permet au visiteur de suivre à l'aide d'un audioguide le processus de fabrication du drap de laine. Le 2e étage accueille des métiers, machines, outils, gravures et présentations audiovisuelles illustrant le travail de la laine, du fil et du tissu. Le 1er étage présente l'histoire de la mode, de l'Antiquité à nos jours (extraits de films, mannequins, planches de BD).

Aux alentours

Limbourg★
7,5 km au nord-est par la N 61.
Perchée sur un rocher au-dessus de Dolhain qui s'étale dans la vallée de la Vesdre, Limbourg fut la capitale d'un duché jusqu'au 13e s. : après la bataille de **Worringen**, en 1288, le Limbourg est rattaché au Brabant dont il partage le destin jusqu'à la fin du 18e s. Importante place forte, Limbourg fut maintes fois assiégé, notamment par Louis XIV. Ses remparts, sa vieille église St-Georges, de style gothique, ses ruelles tranquilles et sa place centrale pavée et plantée de tilleuls forment un ensemble très pittoresque.

Barrage de la Gileppe★★
13 km à l'est par la N 61, puis la N 620.
Il a été édifié sur cet affluent de la Vesdre, de 1869 à 1876, et surélevé de 1967 à 1971. Haut de 67 m, long de 320 m sur une base rocheuse de 235 m, il a vu sa capacité doubler et s'élever à 26 millions de m³. Il alimente la région en eau potable et industrielle.
Du belvédère, **vue**★★ splendide sur ce vallon boisé, le lion qui domine la crête du barrage et la retenue (activités sportives interdites sur le lac et ses rives).

Barrage de la Gileppe.

DE VERVIERS À VAL-DIEU

15 km au nord. Sortir par l'E 42. À Battice, prendre la N 627, puis à droite vers Charneux. À Charneux, se diriger vers Thimister et tourner à gauche 1 km après un petit pont.

Croix de Charneux

Cette grande croix en béton a été édifiée sur une colline de 269 m d'où la vue sur la région est belle. À côté subsiste la coupole d'un poste d'observation (1932-1935) du fort de Battice qui défendait Liège.
En continuant vers le nord, gagner le Val-Dieu.

Abbaye du Val-Dieu

Située dans la charmante vallée de la Berwinne, cette abbaye, fondée vers 1216, est occupée par des cisterciens depuis 1844. La vaste cour de la ferme abbatiale précède l'ancien quartier des hôtes de 1732, à gauche duquel s'étendent les bâtiments abbatiaux et l'église. Reconstruite en 1934, celle-ci conserve un chœur gothique. À l'intérieur, belles stalles Renaissance.

DE VERVIERS À DEIGNÉ

11 km au sud-ouest. Quitter Verviers par la N 61. À Pepinster, prendre la N 666.

Pepinster – L'église néogothique des Saints-Antoine-Ermite-et-Apolline (1893) a été bâtie en moellons de grès du Condroz. La simplicité des lignes et des matériaux ne laisse pas présager de la richesse de la décoration intérieure qui recèle plus de 593 personnages peints ou sculptés. À remarquer aussi l'exceptionnel chemin de croix composé de tapisseries réalisées en 1909 d'après d'anciennes tapisseries de Bruxelles des années 1500 à 1515. *Rue Neuve, 3, 4860 Pepinster - renseignements :* ℘ *087 46 01 06 - sam. 9h-17h, dim. 11h-18h - visites guidées : sam. accueil et commentaires et dim. conférence - visite à 16h.*

Tancrémont – Une chapelle, lieu de pèlerinage, abrite une belle **statue**★ du Christ en bois, fort vénérée. Découverte dans la terre vers 1830, cette effigie couronnée, vêtue d'une robe à manches traduisant une influence orientale, remonterait au 12ᵉ s.

Banneux-Notre-Dame – C'est un lieu international de pèlerinage à la Vierge des Pauvres depuis les huit apparitions faites à Mariette Beco, âgée de 11 ans, pendant l'hiver de 1933. La source miraculeuse, les chemins de croix, les chapelles sont dispersés dans la forêt de pins avoisinante.

Deigné – À Deigné a été aménagé le **parc safari du Monde Sauvage**. La partie de ce parc où hippopotames, zèbres, chameaux, girafes, buffles, rhinocéros et gazelles vivent en liberté se visite en voiture ou en petit train *(toutes les heures à côté de la ferme)*. La section composée d'enclos et d'îlots se parcourt à pied. Le parc comprend en outre un bassin avec des otaries, une ferme pour enfants avec une plaine de jeux, une volière exotique et une salle de projection pour films en trois dimensions. ℘ *04 360 90 70 - www.mondesauvage.be - ⛶ - mi-mars-mi-nov. : 10h-18h - 14 €.*

Verviers pratique

Informations utiles

Code postal : *4800*

Indicatif téléphonique : *087*

Office du Tourisme – *rue de la Chapelle 30, 4800 Verviers -* ℘ *087 30 79 26 - fax 087 31 20 95 - info@paysdevesdre.be - www.paysdevesdre.be.*

Se loger

☞ **des Ardennes** – *Pl. de la Victoire 15 -* ℘ *087 22 39 25 - 10 ch. 48/58 € -* ☑ *5,60 €.* Hôtel de confort simple, mais bien commode pour les utilisateurs du rail, car situé à un jet de vapeur de la gare. Chambres fonctionnelles distribuées sur trois étages et café au rez-de-chaussée. On petit-déjeune sous le regard des trophées de chasse.

Se restaurer

☞☞🍽 **Chez Paul** – *Pl. Albert I er 5 -* ℘ *087 23 22 21 - fax 087 22 76 87 - www. restaurantchezpaul.be - chezpaul@skynet. be - fermé 1 sem. en fév. ; mi-juil.-fin juil., dim. soir, lun. - 28/45 € - lunch 18 €.* Cette belle demeure néoclassique entourée d'un parc paisible est un ancien cercle littéraire ayant tourné la page pour devenir restaurant ! Pimpante salle à manger au décor « classico-actuel » assez léché ; chambres d'un luxe discret et terrasse d'été.

Spécialités

A Verviers n'oubliez pas de goûter la succulente **tarte au riz**, le **gâteau de Verviers**, sorte de cramique brioche et le **leftgot**, un boudin de foie aux raisins !

Villers-la-Ville★★

9 566 HABITANTS
CARTES MICHELIN Nᵒˢ 716 G 4 ET 533 M 19 – BRABANT WALLON.

Au cœur d'une région vallonnée et verdoyante, la petite ville paisible de Villers est surtout connue pour son abbaye cistercienne dont les admirables ruines sont les plus importantes de Belgique. En été, le site abbatial accueille des représentations théâtrales et des concerts.

- ▶ **Se repérer** – Situé sur la Thyle, Villers se trouve à mi-chemin entre Bruxelles et Charleroi. Accès par la N 25, puis la N 275.
- 👁 **À ne pas manquer** – Les ruines de l'abbaye.
- 🕐 **Organiser son temps** – Prévoir 2h pour visiter le village.
- ⏱ **Pour poursuivre le voyage** – Bruxelles et Waterloo.

Visiter

Ruines de l'abbaye★★

℘ *071 88 09 80 - avr.-oct. : 10h-18h ; nov.-mars : tlj sf mar. 10h-17h - fermé 1er janv., 24, 25 et 31 déc. - 5 €.*
Dès 1147, saint Bernard avait posé les fondations de l'abbaye. Mais c'est seulement de 1198 à 1209 que furent construits église et cloître. Le couvent, ravagé au 16e s. par les Espagnols et les Gueux, s'entoura d'une enceinte fortifiée en 1587. En 1789, les Autrichiens mirent à sac les bâtiments qu'occupèrent les Français en 1795.
Face à l'entrée des ruines se trouve l'ancien **moulin** à eau du 13e s. transformé en restaurant.
Suivre le circuit fléché.

Cour d'honneur – Elle est bordée de bâtiments du 18e s., en ruine : à droite, le palais abbatial.

Cloître – Immense, remanié au 14e s. puis au 16e s., il est d'une élégance robuste avec ses arcades surmontées d'un oculus.

Y. Duhamel/MICHELIN

Ruines de l'abbaye de Villers-la-Ville.

Les bâtiments qui l'entourent sont disposés suivant la formule presque immuable des maisons cisterciennes : à l'Est, la **salle capitulaire** refaite au 18e s., non loin de laquelle se voit le gisant de Gobert d'Aspremont (13e s.) ; au-dessus, les dortoirs également refaits au 18e s. ; au sud, le chauffoir, le réfectoire, perpendiculaire au cloître, et la cuisine ; à l'ouest, les celliers au-dessus desquels se trouvent les dortoirs des convers dont le nombre s'élevait à 300 au 13e s.

Église – Du début du 13e s., elle s'est effondrée en 1884. Elle est d'une sobriété à la fois robuste et émouvante, tout à fait cistercienne. L'abside et le transept étaient éclairés par des oculi de l'école d'Île-de-France, d'un effet original.

Sortant de l'église par la façade, on visite l'**hôtellerie/brasserie** (13e s.), puis on contourne le chevet pour traverser le **quartier abbatial** des 17e et 18e s.

Église de la Visitation

Visite accompagnée et sur demande préalable auprès de l'Animation Chrétienne et Tourisme, r. du Sart 20, 1495 Villers-la-Ville - ☎ 071 87 72 85.

Elle abrite en particulier deux beaux **retables** brabançons des 15e et 16e s. ; une chaire du 17e s. ; un Christ au tombeau de 1607 ; des portraits des abbés de Villers ; le monument funéraire des seigneurs de Marbais (17e s.). Les onze vitraux modernes sont signés F. Crickx et G. Massinon.

Villers-la-Ville pratique

Informations utiles

Code postal : *1495.*

Indicatif téléphonique : *071.*

Office du Tourisme – *rue de l'Abbaye 55, 1495 Villers-la-Ville - ☎ 071 88 09 80 - fax 071 87 84 40 - accueil@villers.be - www.villers.be.*

Se restaurer

⊖⊖ **Le Cigalon** – *Avenue Arsène Tournay 40 - ☎ 071 87 85 54 - www.cigalon.be - fermé lun. - menus 18,50 € le midi, 30/50 € le soir.* Ce restaurant, à l'intérieur provençal, est situé à brève distance des ruines remarquables de l'abbaye. Cuisine bourgeoise accompagnée de quelques bons vins français. Terrasse en été.

Virton

11 165 HABITANTS
CARTES MICHELIN Nᵒˢ 716 J 7 ET 534 S 25 – LUXEMBOURG.

Tout au Sud de la Belgique, aux confins de la Lorraine française, Virton est une localité pittoresque, capitale du pays de Gaume, région accidentée dont le climat est plus doux que dans le massif ardennais voisin. Contrairement aux zones situées à l'Est, on parle en Gaume un dialecte roman.

▶ **Se repérer** – Près de la France, la petite ville sympathique de Virton se niche dans un joli paysage vallonné. Elle est accessible depuis Montmédy par la D 981 et la N 871 ou par l'autoroute A 4/E 25 qui va de Namur à Arlon. Prendre la sortie 29, puis la N 87.

🕐 **Organiser son temps** – Prévoir 1h30 pour visiter le village.

👶 **Pour poursuivre le voyage** – Arlon et Orval.

Visiter

Musée gaumais

Rue d'Arlon 38 - ☎ 063 57 03 15 - info@musees-gaumais.be - www.musees-gaumais.be - avr.-nov. et vac. de Noël et de carnaval : tlj. 9h30-12h, 14h-18h - fermé mar. sf juin-août - 3 €.

Installé dans l'ancien couvent des Récollets qui possède un jaquemart, ce musée régional est consacré à l'archéologie et à l'ethnographie locales. On peut y voir des reconstitutions d'intérieurs (cuisine gaumaise) et d'ateliers d'artisans. Parmi les collections d'art populaire industriel, on remarquera celle des pièces de fonte ornementales (taques, chenets), rappelant que la Gaume était jadis connue pour ses forges.

Aux alentours

Montauban

10 km au nord. Prendre la N 82 en direction d'Arlon, puis, dans Ethe, une route à gauche vers Buzenol.

Au sud de Buzenol, près d'anciennes forges installées au bord du ruisseau, ce promontoire boisé de 340 m d'altitude a été occupé pendant les époques préhistorique et romaine et au Moyen Âge. On y voit les vestiges des différentes fortifications. Le petit **musée des Sculptures romaines** renferme de nombreux bas-reliefs gallo-romains découverts sur le site. Le plus célèbre représente la partie avant du « vallus », moissonneuse celtique décrite par Pline l'Ancien. Sa reconstitution a pu être effectuée d'après un bas-relief du Musée luxembourgeois d'Arlon où figure le conducteur d'un « vallus ».

De Virton à Torgny

9 km au sud par la route de Montmédy. Tourner à droite à Dampicourt.

Montquintin – Le village est perché sur une crête à plus de 300 m d'altitude. Près de l'église, une ferme de 1765 abrite le **musée de la Vie paysanne**. Ce témoin de l'architecture rurale traditionnelle évoque la vie d'antan en Gaume. Outre l'habitation, on visite la grange et l'étable surmontée du fenil abritant des véhicules ruraux et des instruments agricoles. *☎ 063 57 03 15 - juil.-août : 14h-18h ; mars-oct. : sur demande - 1,50 €.*

Rejoindre la route de Montmédy puis prendre à gauche vers Torgny.

Torgny – C'est la localité la plus méridionale de Belgique.

Très fleuries, ses maisons en pierre un peu dorée, parfois crépies, au toit de tuiles romaines, s'alignent sur le versant bien exposé d'une vallée dont le climat, particulièrement doux, permet la culture de la vigne.

Virton pratique

Code postal : *6760.*
Indicatif téléphonique : *063.*
Maison du Tourisme de la Gaume – *rue des Grasses Oies 2b, 6760 Virton - ☎ 063 57 89 04 - fax 063 57 71 14 - mtg@soleildegaume.com - www.soleildegaume.com.*

Waterloo ★

29 314 HABITANTS
CARTES MICHELIN Nᵒˢ 716 G 3 ET 533 L 18 – BRABANT WALLON.

« Waterloo ! Waterloo ! Waterloo ! morne plaine ! … » Comme a si bien su l'ex-primer Victor Hugo dans ses « Châtiments », c'est le 18 juin 1815 que les Alliés anglo-hollandais, commandés par le duc de Wellington, et les Prussiens, dirigés par le feld-maréchal Blücher, surnommé le maréchal « En-Avant », mirent un terme à l'épopée napoléonienne.

▶ **Se repérer** – Au sud de Bruxelles, les monuments et le champ de bataille se trouvent sur le territoire de Waterloo, Braine-l'Alleud, Lasne et Genappe. Accès depuis Bruxelles par la N 5.

👁 **À ne pas manquer** – Champ de Bataille 1815; Hameau du Lion.

🕐 **Organiser son temps** – Une journée entière est nécessaire pour visiter tous les souvenirs de 1815.

👪 **Avec les enfants** – Le champ de bataille de Waterloo.

🚶 **Pour poursuivre le voyage** – Bruxelles et Louvain.

Comprendre

La bataille

Menacée d'encerclement par le traité de Vienne du 25 mars, la France voyait le danger se préciser, surtout au nord où deux armées alliées étaient déjà présentes. **Napoléon**, à marches forcées, s'avance à leur rencontre et conçoit le plan audacieux de les écraser séparément. Le 14 juin, il s'arrête à Beaumont. Le 16, l'Empereur remporte sa dernière victoire sur Blücher, à **Ligny** *(au nord-est de Charleroi)*. Le maréchal Ney s'est battu sans succès contre les Anglais aux Quatre-Bras. Le 17, Napoléon part à la rencontre de Wellington, arrive dans la plaine du mont St-Jean et, la nuit tombée, occupe la **ferme du Caillou**. Wellington a installé son quartier général au village de **Waterloo**. Le 18 juin, le mauvais temps ayant retardé l'arrivée de certaines troupes françaises, le combat ne s'engage que vers midi.

Tandis que près du relais de la **Belle Alliance** sont installés l'artillerie française et le poste d'observation de Napoléon, la ferme au Goumont dite **Hougoumont** est le lieu d'une rencontre meurtrière entre les Anglais et les Français, qui durera jusqu'à la nuit. Puis c'est le tour de la **ferme de la Haie-Sainte**, remportée par les Français après des combats acharnés, et de la **ferme de la Papelotte**. Enfin, vers 16 h, sous un soleil de plomb, les Français s'engagent dans le fameux « **chemin creux** » où se brisent les furieuses charges de cavalerie conduites par Ney et Kellerman. Napoléon attend le renfort de 30 000 hommes de Grouchy, devant arriver de Wavre à l'Est. Mais Blücher, ayant regroupé ses troupes et échappant à Grouchy, tourne la droite

La butte de Lion.

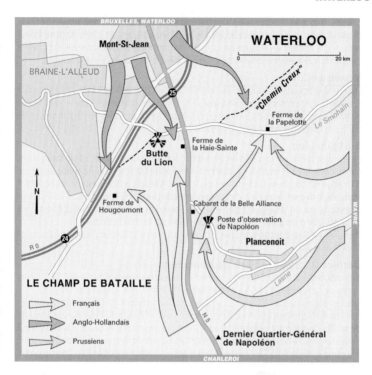

française pour opérer sa jonction avec l'armée anglaise : les premières troupes prussiennes s'emparent alors de **Plancenoit**. Napoléon, cerné, envoie la Vieille Garde à la rencontre des troupes anglaises. Au passage du chemin creux, c'est le massacre. À la nuit tombante, dans un champ de bataille jonché de 49 000 morts et blessés, s'effectue la retraite des troupes françaises, en déroute malgré les efforts héroïques de Ney. Dans la nuit, Napoléon disparaît vers Genappe et Wellington rencontre Blücher à la Belle Alliance.

Visiter

LE CHAMP DE BATAILLE

Un ticket commun « Pass 1815 » permet de visiter le Hameau du Lion, le Dernier Quartier Général de Napoléon et le Musée Wellington. 12 €.
Le ticket commun « Summer Pass 1815 » comprend le Battlefield Tour. 14,60 €.
Battlefield Tour : *le champ de bataille en véhicule touristique avec explications sonores, 45mn - mars-oct. (en hiver en fonction des conditions climatiques) - 5,50 €.*

En 1861, Victor Hugo séjourna à l'hôtel des Colonnes à Mont-St-Jean, aujourd'hui disparu, pour écrire le chapitre des *Misérables* concernant la bataille, déjà évoquée par Stendhal dans les premières pages de *La Chartreuse de Parme* (1839).
Le paysage du champ de bataille a subi de nombreuses transformations depuis 1815 (une autoroute et une nationale le traversent), il est constellé de bâtiments historiques et de monuments commémoratifs. Tous les cinq ans a lieu une reconstitution à laquelle participent entre 1 000 et 4 000 figurants.

Champ de bataille de Waterloo, Hameau du lion

Route du Lion 315, 1410 Waterloo. ☎ 02 385 19 12 - tlj (même le 25 déc. et le 1ᵉʳ janv.) - avr.-oct. : 9h30-18h30 ; nov.-mars : 10h-17h - plusieurs tarifs possibles en fonction des souhaits du visiteur.
En entrant par le Centre du visiteur (billetterie, boutique de souvenirs), vous découvrirez un **spectacle audio-visuel** qui illustre le déroulement de la bataille au moyen d'une maquette électronique de 10 m. Un **court-métrage**, tiré du film *Waterloo* du réalisateur russe Bondartchuk, met en scène des enfants au cœur de la bataille *(âmes sensibles, s'abstenir)*.

Panorama de la Bataille de Waterloo

Inauguré en 1912, il est un exemple remarquable des ces Panoramas qui permettaient aux visiteurs de découvrir paysages et événements historiques avant l'arrivée du cinéma. Une toile circulaire de 110 m de long et de 12 m de haut, due au peintre Louis Dumoulin, décrit la situation des combats, vers 16h, le 18 juin 1815. Sur une plate-forme centrale, le visiteur se retrouve au cœur de l'action, entouré de fantassins et cavaliers qui s'affrontent en grandeur nature. Ce bâtiment est en cours de rénovation.

Musée de Cire

Dans un bâtiment situé au pied du célèbre Lion, les personnages emblématiques de la bataille sont présentés à travers une série de scènes réalistes : Napoléon Ier, le duc de Wellington, le Prince d'Orange ou le célèbre Cambronne, fidèlement représentés par les artistes du musée Grévin de Paris.

Butte du Lion

Le Lion est juché sur un cône de terre de 169 m de diamètre que les Hollandais ont élevé, entre 1823 et 1826, à l'endroit présumé où le futur roi des Pays-Bas, le Prince d'Orange fut blessé, sur le territoire de Braine-l'Alleud. Le Lion pèse 28 tonnes et fut transporté depuis les ateliers de Seraing (près de Liège), d'abord par bateau à vapeur et ensuite sur un chariot tiré par vingt chevaux. On peut grimper les 225 marches pour profiter d'un point de **vue** superbe (45m) sur le champ de bataille.
Prendre la N 5 en direction de Charleroi pour atteindre le Dernier Quartier-Général de Napoléon à 4 km.

Dernier Quartier-Général de Napoléon

4 km par la N 5, direction Charleroi. Ferme du Caillou, chaussée de Bruxelles 66, 1472 Vieux-Genappe. 02 384 24 24 - - tlj avr.-oct. : 10h-18h30 ; nov.-mars : 13h-17h - 2 €.
Située tout au sud du champ de bataille, l'ancienne ferme du Caillou fut le quartier général de Napoléon à la veille des combats. La chambre de l'Empereur conserve un de ses lits de camp et quelques souvenirs (masque mortuaire en bronze de l'Empereur à Ste-Hélène). Les autres salles abritent des autographes de généraux français relatifs à la campagne de 1815, des cartes, et des reliques du champ de bataille. Dans le jardin, outre un ossuaire datant de 1912, on remarquera la présence du véritable balcon de l'hôtel des Colonnes où séjourna Victor Hugo en 1861. Dans le verger, un monument rappelle l'ultime veillée du bataillon de la Garde Impériale.
Reprendre la N 5 en direction de Waterloo.

LA VILLE

Du 15e au milieu du 17e s., ce hameau se forme le long de la voie reliant Genappe à Bruxelles.

Wellington Museum (Musée Wellington)

Chaussée de Bruxelles 147 (N 5). 02 357 28 60 - tlj avr.-sept. : 9h30-18h30 ; oct.-mars : 10h-17h - 5 €.
Le quartier général de Wellington occupe une vieille auberge brabançonne datant de 1705, ancien relais de poste, au cœur de Waterloo. Le duc de Wellington y séjourna les 17 et 18 juin 1815. Le soir de la bataille, il y rédigea son communiqué de victoire paru dans le Times de Londres. C'est ainsi que le nom de Waterloo fut associé à cette terrible bataille. De salle en salle, on découvre le rôle des différentes nations impliquées dans le combat, à travers documents, gravures, armes et souvenirs authentiques. Dans la dernière salle, les phases successives de la bataille sont illustrées par une série de diagrammes lumineux, et par une collection d'armes, qui recèle quelques exemplaires rares. Il est recommandé de visiter le musée avant de se rendre sur le champ de bataille, pour mieux comprendre les événements.

Église Saint-Joseph

En face du musée Wellington.
À l'origine, cette église n'était qu'une chapelle forestière (1690) de plan central. Toujours debout, elle sert d'entrée à la nouvelle église qui renferme de nombreuses dalles commémoratives d'officiers et de soldats tombés à Waterloo.

Waterloo pratique

Informations utiles

Code postal : *1410.*

Indicatif téléphonique : *02.*

Maison du Tourisme – *Chaussée de Bruxelles 218, 1410 Waterloo - 02 352 09 10 - fax 02 354 22 23 - info@waterloo-tourisme.be - www.waterloo-tourisme.be.*

Se loger

⊖⊜ **Hôtel Le 1815** – *Route du Lion 367 - 02 387 01 60 - www.le1815.be - fermé lun., sam. midi et dim. soir - 12 ch. 100 € - - menu rest. 40 €.* Cet hôtel de charme est tourné vers la plaine où fut livrée la célèbre bataille. Chaque chambre, luxueusement équipée, porte le nom d'un général français, anglais ou hollandais qui participa au combat. Le restaurant, rénové et décoré de couleurs chaudes, propose une cuisine française et méditerranéenne.

⊖⊜ **Le Joli Bois** – *Rue Sainte-Anne 59 - 02 353 18 18 - www.hoteljolibois.be - 14 ch. 99/112 € - .* Hôtel familial aménagé dans une petite villa au cœur d'un quartier résidentiel tranquille. Les tons pastel des chambres modernes sont aussi reposants que la vue sur le grand jardin. Le petit-déjeuner est servi dans une belle serre, de sorte que l'on est toujours environné de verdure.

⊖⊜⊜ **Grand Hôtel Waterloo** – *Chaussée de Tervuren 198 - 02 352 18 15 - www.waterloo-belgium.com - fermé sam. midi et dim. midi - 79 ch. 250 € - - menu rest. 15/40 €.* Cet hôtel de luxe a été aménagé dans une ancienne sucrerie. Les vastes chambres offrent tout le confort auquel on peut s'attendre dans un établissement de cette catégorie. Le caractère 19e siècle de cet ancien établissement industriel a été

soigneusement préservé dans le restaurant gastronomique « La Sucrerie » : voûtes en briques rouges et murs élevés.

Se restaurer

⊖⊜ **Le Jardin de Délices** – *Chaussée de Bruxelles 253 - 02 354 80 33 - fermé dim. soir, lun. et mar. - menu 12 € à midi, 35 € le soir.* Restaurant discret établi dans le centre et présentant une cuisine française raffinée. L'intérieur a été entièrement rénové ; l'atmosphère y est agréable et contemporaine. Terrasse pendant les mois d'été.

⊖⊜ **Le Chypre** – *Rue François Libert 39 - 02 353 16 51 - fermé mar. soir et merc. - menus 15/32 €.* Le nom est une référence à l'origine des propriétaires, qui proposent depuis des années une carte superbe où se côtoient des mets chypriotes, grecs et français. Cadre accueillant et classique au cœur de la petite ville.

⊖⊜ **Le Seigneur** – *Chaussée de Tervuren 389 - 02 354 07 50 - www.leseigneur.be - fermé dim. et lun. - menus 9 € à midi, 30 € le soir.* Décor tendance et chic où une clientèle jeune vient prendre un lunch ou dîner à des prix abordables. Cuisine du monde, fusion et plats de pâtes. Le week-end, le bar reste ouvert jusqu'aux petites heures.

Événements

Animations d'été - Au Hameau du Lion, l'Histoire prend également vie à Pâques et pendant les week-ends de juillet et août. Des animations (artilleurs, tirs au canon, parades d'infanterie, exercices de cavalerie) et des reconstitutions en costumes d'époque font revivre les armées napoléoniennes de façon spectaculaire et authentique. Ces animations à caractère pédagogique s'adressent à tous les publics. Elles sont comprises dans le prix d'entrée.

Le château de Vianden.
S. Van den Bossche

Berdorf

850 HABITANTS
CARTES MICHELIN N^{OS} 716 M 6 ET 717 X 24 –
SCHÉMA VOIR PETITE SUISSE LUXEMBOURGEOISE.

Berdorf est un centre d'excursions situé au cœur de la Petite Suisse luxembourgeoise, sur un plateau dont les rebords en « côtes » dominent la vallée de la Sûre et le Mullerthal. Une école d'escalade s'y exerce. Dans l'église, le maître-autel a pour socle un bloc sculpté romain où sont représentées quatre divinités : Minerve, Junon, Apollon et Hercule.

- **Se repérer** – Berdorf se trouve à 6 km d'Echternach par la N 10 et la CR 364.
- **Organiser son temps** – Compter une demi-journée pour visiter le petit village.
- **Pour poursuivre le voyage** – Echternach, Larochette et Petite Suisse luxembourgeoise.

Se promener

De nombreux sentiers de promenade peuvent être empruntés au départ de Berdorf. Ils sont indiqués sur un panneau installé au Centre récréatif, près du minigolf.

Promenade B

Ce sentier, qui au nord-ouest de Berdorf suit le rebord de la « côte » puis descend vers Grundhof, est ici particulièrement remarquable. Il relie des points de vue qu'on peut atteindre également par des routes venant de Berdorf :

Île du Diable★★ – *Laisser la route de Mullerthal à gauche et continuer vers le cimetière. Au-delà, prendre à gauche un chemin pédestre longeant à droite le terrain de camping.*

En traversant à pied d'agréables pinèdes, on atteint *(5 min.)* le rebord de la « côte » : **vues magnifiques** sur le Mullerthal et un arrière-pays boisé et sauvage où se situe Beaufort.

Sieweschluff★ (Les Sept Gorges) – *Prendre la route de Hammhof (ferme de Hamm) au Nord, puis à gauche.*

Suivre la promenade F 2, puis le sentier menant au plateau *(10 mn)* : magnifique **point de vue** sur la vallée de la Sûre et ses abords boisés.

Kasselt★ – Au nord des Sept Gorges, c'est un promontoire de 353 m d'altitude offrant une vue étendue sur la vallée de la Sûre, qui forme ici un méandre à son confluent avec l'Ernz Noire, et sur le site du Grundhof.

Werschrumschluff★

2 km au sud par la route de Mullerthal.
À gauche, un rocher surplombant la chaussée porte le nom de **chaire à prêcher** (« Predigtstuhl » en allemand et « Predigstull » en luxembourgeois). Au-delà, on peut parcourir la **Werschrumschluff★**, immense crevasse entre deux hautes parois rocheuses.

Berdorf pratique

Code postal : *6550.*
Office du Tourisme – *Tourist Info, an der Laach 7, 6550 Berdorf -* ☎ *79 06 43 - fax 79 91 82 - berdorf.tourisme@pt.lu - www.berdorf.net.*

Clervaux ★

1 796 HABITANTS
CARTES MICHELIN N°ˢ 716 L 5 ET 717 V 22.

Clervaux est un important centre touristique, bâti dans un site★★ remarquable au cœur de la région très boisée de l'Oesling. Ses toits d'ardoise se groupent sur un promontoire formé par la Clerve, autour de son château féodal et de l'église paroissiale Sts-Côme-et-Damien, construite en 1910 dans le style roman rhénan. À l'ouest, sur la colline, l'abbaye de St-Maurice-et-St-Maure domine la vallée de ses toits enfouis dans les arbres. Clervaux est intégré dans le Parc naturel germano-luxembourgeois.

- **Se repérer** – Niché dans un paysage idyllique et vallonné, Clervaux se trouve près de la Belgique. Accès depuis Bastogne par la N 874 et la N 18 ou par la N 7 au départ de Luxembourg. De la route venant de Luxembourg, deux belvédères offrent de bonnes **vues★★** d'ensemble sur le site de la ville.

- **Organiser son temps** – La visite de la petite ville demande environ 2 heures.

- **Avec les enfants** – Le château de Clervaux.

- **Pour poursuivre le voyage** – Bastogne.

Visiter

Château ★

Cette forteresse du 12ᵉ s. a été remaniée au 17ᵉ s. Elle est flanquée de plusieurs tours : au sud, la tour de Bourgogne, surmontée d'un tout petit clocheton, et la tour de Brandebourg, plus trapue, à droite. Détruit en grande partie lors de la Bataille des Ardennes, le château a été restauré après la Seconde Guerre mondiale.

Dans l'aile Renaissance, **exposition de maquettes★** des manoirs et forteresses du Grand-Duché. ☏ 92 96 86 - déb. juil.-mi-sept. : 11h-18h ; mai : dim. 11h-18h ; juin : 13h-17h, dim. 11h-18h ; mi-sept.-fin avr. : dim. 13h-17h - 2,50 €.

Les 1ᵉʳ et 2ᵉ étages abritent l'exposition des photographies, **The Family of Man★**. Cet ensemble de photos en noir et blanc a été rassemblé par Edward Steichen, artiste américain d'origine luxembourgeoise. Plusieurs thèmes universels (naissance, mort, travail, joie) évoquent de manière très émouvante « l'humanité » des années 1950. ☏ 92 96 57 - ♿ - 1 mars-fin déc. : tlj (mi-sept.-fin déc. fermé le lundi) 10h-18h - fermé Noël - 4,50 €.

Dans l'aile sud se trouve le petit **musée de la bataille des Ardennes**. ☏ 92 10 48-1 - déb. juil.-mi-sept. : 11h-18h ; mai : dim. 11h-18h ; juin : 13h-17h, dim. 11h-18h ; mi-sept.-fin avr. : dim. 13h-17h - fermé janv.-mars - 2,50 €.

Abbaye St-Maurice-et-St-Maur

Fondée en 1910 par des bénédictins de Solesmes (abbaye française de la vallée de la Sarthe), c'est un vaste ensemble néo-roman en schiste brun reconstruit en 1945.

L'**église abbatiale** est précédée d'une belle tour octogonale d'aspect roman bourguignon, rappelant le clocher de l'Eau-Bénite de l'ancienne abbaye de Cluny.

L'intérieur, qui a la sobriété caractéristique des édifices romans, s'éclaire de vitraux chatoyants. À gauche, près de l'entrée, une Pietà du 15ᵉ s. Le maître-autel a été réalisé par le sculpteur français Kaeppelin. Dans les croisillons, deux retables rhénans du 16ᵉ s., mais encore gothiques, finement travaillés, se font face. Dans la crypte, une exposition fait connaître la vie monastique jusqu'au 21ᵉ s.

L'abbaye St-Maurice-et-St-Maur.

A. Kouprianoff/MICHELIN

Aux alentours

Vallée de la Clerve

11 km au sud jusqu'à Wilwerwiltz.

Agréable vallée où la rivière, qui a donné son nom à Clervaux, coule parmi les prairies au pied de collines boisées.

De Clervaux à Troisvierges par Hachiville

23 km au nord-ouest par la N 18, suivre la N 12 puis une route à gauche.

Hachiville – Près de la frontière belgo-luxembourgeoise, Hachiville est un village typique de l'Oesling.

Dans l'église paroissiale, on verra le **retable** sculpté au début du 16e s. dans le style brabançon. Il représente, en des scènes d'une facture pittoresque, les joies et les souffrances de la Vierge.

À 2 km au nord-ouest, dans les bois, la **chapelle-ermitage**, construite près d'une source, est, depuis 500 ans, un lieu de pèlerinage à la Vierge.

De Hachiville, rejoindre la N 12 et la prendre en direction de Troisvierges.

Troisvierges – Située sur le plateau à plus de 400 m d'altitude, traversée par la Woltz (qui devient la Clerve à Clervaux), la localité est dominée par une **église** à bulbe, édifiée par les récollets au 17e s. L'intérieur est orné d'un beau mobilier baroque : chaire, confessionnaux. La nef est séparée du chœur par deux autels monumentaux. Dans le retable de gauche, des niches abritent les statues de trois Vierges – l'Espérance, la Foi, la Charité – que l'on vénère lors d'un pèlerinage. Au maître-autel, *Érection de la Croix*, de l'école de Rubens.

Clervaux pratique

Informations utiles

Code postal : 9712.

Syndicat d'Initiative – *Château de Clervaux, 9712 Clervaux -* ℰ *92 00 72 - fax 92 93 12 - info@tourisme-clervaux.lu - www.tourisme-clervaux.lu - Courrier : B.P. 53, 9701 Clervaux.*

Se loger

⊖⊖⊜ **Hôtel Koener** – *14, Grand-Rue, 9710 Clervaux -* ℰ *92 10 02 - www.hotelkoener.lu - 48 ch. 70/133 € ⊊ -* 🅿. Hôtel familial situé dans la rue piétonne, près du château de Clervaux. L'établissement a été entièrement rénové et certaines chambres sont équipées d'un jacuzzi. Outre un restaurant et une brasserie, l'hôtel comprend une piscine et un centre de fitness.

À RODER

⊖⊖⊜ **Hôtel Restaurant Kasselslay** – *Maison 21, 9769 Clervaux Roder -* ℰ *95 84 71 - www.kasselslay.lu - rest. fermé lun. et mar. - 6 ch. 100/130 € ⊊ -* 🅿 *- menu 34/50 €.* Petit hôtel situé au calme, au cœur du parc naturel. Les chambres, d'allure contemporaine, ont reçu comme noms ceux des herbes utilisées dans le restaurant gastronomique. L'endroit idéal pour profiter de la nature et de la cuisine luxembourgeoise et française.

Se restaurer

⊖ **Restaurant du Vieux Château** – *4, Montée du Château, 9710 Clervaux -* ℰ *92 00 12 - fermé de mi-nov.-mi-déc. - menu 20 €.* Petit café-restaurant aménagé dans l'ancienne tour de garde du château de Clervaux. Le midi, on peut s'attabler dans la rustique salle à manger ou à la terrasse dans la cour intérieure.

À DERENBACH

⊖ **Eislecker Stuff** – *Maison 41, 9645 Derenbach -* ℰ *99 45 73 - www.eisleckerstuff.lu - menu 14 €.* Cette auberge située en bordure du village propose sur une carte limitée d'excellents plats de poisson et de viande à des prix abordables. La formation de pâtissier du chef se remarque à l'originalité des desserts. L'auberge loue aussi quelques chambres.

Faire une pause

Brasserie Centrale – *Grand-Rue 9 -* ℰ *92 11 05 - tlj en saison.* Établissement installé au rez-de-chaussée de l'hôtel du même nom. Intérieur classique où domine le bois. À la carte : bières et vins luxembourgeois, cocktails, crêpes et glaces.

Café-Restaurant Corcovado – *Grand-Rue 42 -* ℰ *26 91 09 95 - tlj en saison.* Établissement calme et agréable. Service convivial. À la carte : pâtes, salades et diverses spécialités portugaises.

Diekirch

6 252 HABITANTS
CARTES MICHELIN Nᵒˢ 716 L 6 ET 717 V 23.

Diekirch, centre culturel et commercial, est situé aux confins du Gutland et de l'Oesling, dont le Herrenberg (394 m d'alt.) dominant la ville, représente le premier contrefort. La localité est connue pour sa brasserie produisant la fameuse bière de Diekirch. C'est aussi un agréable centre touristique doté d'un quartier réservé aux piétons. Les berges de la Sûre ont été aménagées en parc et les environs de la ville comptent de nombreuses promenades balisées.

▶ **Se repérer** – Dans la basse vallée de la Sûre, Diekirch est desservi par la N 7 depuis Luxembourg.

♿ **Pour poursuivre le voyage** – Berdorf, Echternach et Petite Suisse luxembourgeoise.

Visiter

Musée municipal des Mosaïques romaines – *Le nouveau siège du musée existant est en construction (près de la vieille église St-Laurent)* ☏ *80 30 23.* Ce petit musée renfermera en particulier des **mosaïques romaines** du 3ᵉ s. Le plus remarquable de ces pavements (3,50 m sur 4,75 m) montre au centre une tête de Méduse, à deux faces.

Église St-Laurent

Accès à pied au départ de l'église décanale par l'Esplanade et la 4ᵉ rue à droite - ☏ *80 30 23 - toute l'année 10h-12h, 14h-18h.*

Dans les vieux quartiers, cette petite église se dissimule derrière une couronne de maisons. Dès le 5ᵉ s. se trouvait ici un lieu de culte. La nef droite, romane, est construite sur un édifice romain ; la nef gauche, gothique, renferme des fresques des 15ᵉ s. (au-dessus de l'autel) et 16ᵉ s. (dans le chœur). On a découvert dans le sous-sol de l'église, en 1961, lors de fouilles, une trentaine de sarcophages, datant pour la plupart de l'époque mérovingienne.

Aux alentours

Deiwelselter (Autel du Diable)

2 km au sud par la route de Larochette.

Après un virage en épingle à cheveux et avant la route de Gilsdorf, emprunter à droite le sentier de la promenade D. Il mène, à travers bois, à ce petit monument dont les pierres proviendraient d'un ancien dolmen.

En dehors du bois, on a de belles vues sur la ville.

Brandenbourg

9 km par la route de Reisdorf à l'est, puis la première à gauche.

Dans la vallée de la Blees, affluent de la Sûre, c'est une pittoresque localité dominée par les ruines d'un château du 12ᵉ s. qui couronnent une colline.

Un petit musée rural a été aménagé dans la maison **Al Branebuurg** : documents sur la région et collection d'objets de la vie quotidienne d'autrefois. *Fermé pour cause de travaux.* ☏ *80 38 03.*

Diekirch pratique

Code postal : *9255.*

Syndicat d'Initiative – *Place de la Libération 3, 9255 Diekirch -* ☏ *80 30 23 - fax 80 27 86 - tourisme@diekirch.lu - www.diekirch.lu.*

Echternach ★

5 200 HABITANTS
CARTES MICHELIN N°s 716 M 6 ET 717 X 24 –
SCHÉMA VOIR PETITE SUISSE LUXEMBOURGEOISE.

Située sur la Sûre, aux confins de l'Allemagne, la petite ville jouit d'une position attrayante. Centre touristique animé, elle est la capitale de la Petite Suisse luxembourgeoise. Le bourg est dominé par son abbaye, fondée en 698 par saint Willibrord. Cet Anglo-Saxon, nommé archevêque des Frisons par le pape, réside à Utrecht aux Pays-Bas, puis se retire à Echternach où il meurt en 739. La rue des Redoutes, la rue Hoovelecker Burchmauer et la rue Brimmeyer (près d'un hospice) conservent encore quelques tours des remparts du Moyen Âge.

- ▶ **Se repérer** – Située à la frontière germano-luxembourgeoise, Echternach se trouve au croisement des N 10 et N 11.

- 👁 **À ne pas manquer** – Villa romaine et Wolfschlucht.

- 👪 **Avec les enfants** – Balade pédestre dans la nature (rochers aux formes capricieuses) et procession dansante le mardi de Pentecôte.

- ⏱ **Pour poursuivre le voyage** – Luxembourg et Vallée de la Moselle luxembourgeoise.

Visiter

Place du Marché ★

Sur l'un des côtés de cette pittoresque place bordée de maisons traditionnelles se dresse l'ancien palais de justice ou **Dënzelt**, charmant édifice du 15e s., avec arcades, statues et tourelles d'angle. La croix de justice est une reconstruction du monument d'origine médiévale.

Abbaye ★

Ce monastère bénédictin, qui eut un grand rayonnement culturel au Moyen Âge grâce à son célèbre scriptorium, fut abandonné en 1797. Les bâtiments abbatiaux (1727-1731) constituent avec la basilique et les dépendances un ensemble majestueux.

La place du Marché.

A.Kouprianoff/MICHELIN

Basilique St-Willibrord – Elle fut édifiée au 11e s. à l'emplacement d'une église carolingienne dont elle conserve la crypte. Détruite en grande partie en décembre 1944 lors de la bataille des Ardennes, elle a retrouvé, après sa reconstruction, son allure d'origine. Dans la crypte, une châsse néogothique en marbre surmonte le sarcophage en pierre contenant les reliques de saint Willibrord. La voûte en berceau du chœur présente des vestiges de fresques illustrant des scènes de la vie de la Vierge.

Musée de l'Abbaye – Installé en sous-sol, il évoque le riche passé d'Echternach depuis l'époque romaine, la personnalité de St-Willibrord et surtout le rôle du scriptorium de l'abbaye dont les moines réalisèrent de très beaux manuscrits enluminés du 9e au 11e s. Une exposition montre les différentes étapes de l'élaboration de ces manuscrits dont on peut voir quelques fac-similés. Le plus célèbre était le « *Codex Aureus Epternacensis* », célèbre évangéliaire d'or d'Echternach (11e s.), conservé aujourd'hui au Musée germanique de Nuremberg. Dans l'atelier d'écriture, les scribes copiaient scrupuleusement les textes, tandis que les enlumineurs dotaient les manuscrits de somptueuses miniatures et de lettrines très fines. Comme les premiers moines étaient originaires des îles anglo-saxonnes, le style du scriptorium d'Echternach est proche de l'enluminure insulaire, caractérisée par de nombreux entrelacs de motifs abstraits. ✆ 72 74 72 - avr., mai, oct. : 10h-12h, 14h-17h ; juin et sept. : 10h-12h ; juil.-août : 10h-18h - 3 €.

En face de l'abbaye, un square abrite une belle orangerie, dont les statues de la façade représentent les quatre saisons. Au nord-est, un parc s'étend jusqu'à la Sûre, près de laquelle s'élève un élégant pavillon de style Louis XV.

Villa romaine

1 km par N11, direction Luxembourg. Quitter Echternach par la rue de Luxembourg ; suivre les panneaux Lac/See. A la sortie de la ville, tourner à gauche sur un grand parking. Tlj sf lun. Rameaux-juin et sept.-oct. : 11h-13h et 14h-17h ; juil.-août : 11h-18h.

Il s'agit de vestiges d'un important palais romain dont les phases de construction s'étendent du 1er au 5e s. On y accède par l'**Infoforum**, un petit musée didactique sur la vie des Romains.

Aux alentours

Wolfschlucht★★ (Gorge du Loup)

Promenade à pied (45mn AR). En voiture, suivre la rue André Duscher qui part de la place du Marché, puis après le cimetière, tourner à droite vers Troosknepchen. Accès à pied par un sentier partant de la rue Emersinde près de la gare des autobus.

Le sentier suit le tracé de la promenade B. Il monte au pavillon du **belvédère de Troos-knepchen** : belles **vues★** sur Echternach dans sa vallée. En suivant les indications de la promenade B, on atteint, à travers la forêt de hêtres, la gorge du Loup. À l'entrée, à gauche, se dresse un grand roc pointu surnommé l'aiguille de Cléopâtre. Un escalier traverse de part en part cette crevasse impressionnante et sombre, découpée entre deux parois rocheuses ruiniformes de 50 m de haut. À la sortie de la gorge, à droite et à gauche, des escaliers conduisent à des belvédères d'où l'on a une jolie vue sur la Sûre qui coule dans un paysage verdoyant et sur les collines boisées en face.

Echternach pratique

Informations utiles

Code postal : 6460.

Tourisme Echternach – *Porte St.-Willibrord, Parvis de la Basilique, 6460 Echternach -* ☎ *72 02 30 - fax 72 02 30 - info@echternach-tourist.lu - www.echternach-tourist.lu.*

Se loger

🛏 **Hôtel Le Petit Poète** – *13, Place du Marché, 6460 Echternach -* ☎ *72 00 72 1 - www.lepetitpoete.lu - fermé 01/12 - 15/01 - 12 ch. 59 €* ⌭. Hôtel situé dans le centre de la petite ville, en face de l'ancien palais de justice. Chambres sobrement aménagées, réparties sur trois étages, sans ascenseur. Le rez-de-chaussée est occupé par un café-restaurant très fréquenté.

🛏🍴 **Hôtel de la Basilique** – *7-8, Place du Marché, 6460 Echternach -* ☎ *72 88 90 - www.hotel-basilique.lu fermé fin nov.-mi-mars - 14 ch. 94/110 €* ⌭ *-* 🅿 *- menu 25/30 €.* Hôtel confortable situé dans le centre-ville. Chambres à la décoration classique et restaurant raffiné qui offre le choix entre des spécialités luxembourgeoises et une large gamme de plats de poisson. Quand le temps le permet, le petit-déjeuner est servi en terrasse.

À GRUNDHOF

🛏🍴 **Hôtel Restaurant l'Ernz Noire** – *route de Beaufort, 6360 Grundhof -* ☎ *83 60 40 - www.lernznoire.lu - fermé 29 déc.-15 janv. - 11 ch. 77/99 €* ⌭ *-* 🅿 *- menu 45 €.* Cet hôtel de charme à la façade rouge est le point de chute idéal pour qui désire parcourir le Mullertal. Chambres de style classique, mais confortables. Le restaurant, à la décoration raffinée, propose une carte française, accompagnée des meilleurs vins luxembourgeois et français. Une adresse pour gastronomes.

Se restaurer

🍴 **Café de la Poste** – *3, Place du Marché, 6460 Echternach -* ☎ *72 02 31 - menu 10 €.* Ouverte du matin au soir, cette brasserie propose le petit-déjeuner, une petite restauration ou un goulasch roboratif. Grâce à une décoration nouvelle, avec beaucoup de bois et de verre, cet établissement a pris un look moderne.

À LAUTERBORN

🛏🍴🍴 **Au Vieux Moulin** – *Maison 6, 6562 Lauterborn (Echternach) -* ☎ *72 00 6 81 - www.hotel-au-vieux-moulin.lu - fermé lun. et mar. midi - menu 30/60 €.* Ce bel hôtel campagnard était à l'origine un moulin. Les gastronomes de la région apprécient sa cuisine attrayante, dans laquelle le poisson et le gibier jouent les premiers rôles. On appréciera aussi le cadre verdoyant de la terrasse, tandis que les enfants pourront s'amuser dans l'aire de jeu.

À MULLERTHAL

🛏🍴🍴 **Le Cigalon** – *1, rue de l'Ernz Noire, 6245 Mullerthal -* ☎ *79 94 95 - www.lecigalon.lu - fermé 1ère sem. de janv. - menu 35/69 €.* Au milieu d'un environnement de verdure, Le Cigalon propose une cuisine française et provençale raffinée. Cela n'a rien d'étonnant, car le chef, un Français, parvient à combiner à merveille les arômes du Midi avec des ingrédients luxembourgeois de première fraîcheur.

Événements

👥 Echternach est renommé pour sa **procession dansante** qui se déroule le mardi de Pentecôte depuis le haut Moyen Âge en l'honneur de saint Willibrord. Les danseurs traversent la ville en sautillant, reliés entre eux par des mouchoirs blancs, sur un air de marche-polka. Au début de l'été, pendant le Festival international d'Echternach, des manifestations musicales se déroulent dans la basilique ou dans l'église Sts-Pierre-et-Paul.

Vallée de l'**Eisch** ★

CARTES MICHELIN Nᵒˢ 716 K 6-L 6 ET 717 U 25-V 24.

La rivière déroule ses replis sinueux au milieu des prairies, des forêts et de hautes murailles rocheuses boisées. La route longe la rivière, permettant de découvrir les six châteaux qui subsistent dans cette vallée appelée aussi vallée des Sept Châteaux. Un sentier pédestre et un itinéraire cycliste la parcourent également de Koerich à Mersch.

▶ **Se repérer** – La vallée traverse un paysage vallonné, parsemé de petits villages. Accès depuis Luxembourg-ville par la N 6 et la CR 110.

👁 **À ne pas manquer** – Septfontaines et Ansembourg.

🖐 **Pour poursuivre le voyage** – Arlon et Luxembourg.

Circuit de découverte

26 km – environ 1h30

Koerich

Perchée sur la colline, l'**église** possède un beau mobilier baroque, en particulier dans le chœur. Près de la rivière se dressent les ruines du **château** féodal remanié à la Renaissance (remarquer la cheminée).
Prendre la CR 110, puis à la bifurcation, prendre à droite la CR 105

Septfontaines

Pittoresque localité accrochée aux pentes qui dégringolent vers l'Eisch et dominée par les ruines de son **château** (13ᵉ-15ᵉ s.).
L'**église** abrite une intéressante Mise au Tombeau.
Dans le **cimetière** autour de l'église ont été placées plusieurs stèles d'un chemin de croix baroque élégamment sculpté. Au pied du château coulent les sept fontaines qui ont donné leur nom au village.
Poursuivre par la CR 105.

Ansembourg

Le bourg possède deux **châteaux** : sur la colline, celui du 12ᵉ s. a été remanié aux 16ᵉ et 18ᵉ s. ; dans la vallée, le château du 17ᵉ s., ancienne demeure d'un maître de forges, est précédé d'un portail à tourelles et entouré de beaux jardins du 18ᵉ s. On aperçoit ensuite, au sommet d'une crête, le **château de Hollenfels**, agrandi au 18ᵉ s. autour d'un donjon du 13ᵉ s. Il est occupé par une auberge de jeunesse.
Après le pont sur l'Eisch, prendre un chemin à droite.

Hunebour

Au pied d'un haut rebord rocheux, le Hunebour est une source située dans un **cadre**★ ombragé reposant.
Continuer sur la CR 105.

Mersch

Son château féodal, très restauré, est un haut édifice carré précédé d'un portail flanqué de petites tourelles. À proximité se dresse la **tour St-Michel**, à bulbe, vestige d'une église disparue.

Vallée de l'Eisch pratique

Code postal : *7556.*
Syndicat d'Initiative – *Mairie (château), Place Saint-Michel, 7556 Mersch -* ☎ *32 50 23-1 - www.mersch.lu - Courier : B.P. 35, 7501 Mersch.*

Esch-sur-Alzette

29 000 HABITANTS
CARTES MICHELIN Nᵒˢ 716 K 7 ET 717 U 26 – PLAN DANS LE GUIDE ROUGE BENELUX.

Deuxième ville du Grand-Duché, Esch-sur-Alzette est la capitale des « Terres rouges », région qui doit son nom à la présence de minerais de fer en son sous-sol. Jadis grand centre sidérurgique du pays, cette ville cosmopolite – plus de 30 % de ses habitants sont des étrangers – connaît une importante activité commerciale. La rue de l'Alzette dans le centre-ville est bordée de belles demeures de style Art nouveau et Art déco.

- **Se repérer** – Au sud de la capitale et à un jet de pierre de la frontière franco-luxembourgeoise, on arrive à Esch-sur-Alzette en empruntant l'A 4, l'A 13 ou la D 16.
- **Organiser son temps** – Prévoir une demi-journée pour visiter la ville et les environs.
- **Avec les enfants** – Le Galgenberg et le parcours en train depuis Fond-de-Gras.
- **Pour poursuivre le voyage** – Luxembourg et Mondorf-les-Bains.

Visiter

Parc de la ville
Par la route de Dudelange, puis prendre la 1ʳᵉ rue à droite après le tunnel.
Ce vaste parc fleuri de 57 ha est étagé sur la colline qui domine la ville à l'est de la gare. Au sommet (alt. 402 m), dans le centre de plein air **Galgenberg**, petit parc à gibier.

Musée de la Résistance
Pl. de la Résistance - ☎ 54 84 72 - jeu., w.-end et j. fériés 15h-18h – gratuit.
Ce petit musée a été édifié en 1956, au cœur de la ville, pour commémorer l'héroïsme des Luxembourgeois face à l'occupant (1940-1944) : le travail dans les mines et les usines, la grève générale de 1942, la lutte des maquisards, les déportations sont évoqués par des bas-reliefs, des fresques, des statues et des documents.

Aux alentours

Rumelange
6 km au sud-est par la N 33.
Près de la frontière, cette cité minière possède un intéressant musée **national des Mines**, récemment rénové. Une partie des mines de fer exploitées jusqu'en 1958 dans la colline traversée par la frontière est accessible au public. La visite de 900 m de galeries (par 12 °C de température), qui se fait partiellement en petit train, documente sur les différentes opérations d'extraction et sur l'évolution des techniques et du matériel utilisés depuis l'origine de la mine. *Rue de la Bruyère - ☎ 56 56 88 - visite accompagnée - avr., mai, juin, sept. : jeu.-dim. 14h-18h (dernière entrée 16h30) ; juil.-août : mar.-dim., mêmes heures - 8,50 €.*

Rodange
12 km au nord-ouest. Prendre la N 31, la route de Differdange, puis la N 5.
Située au point de rencontre des frontières belge, luxembourgeoise et française, cette petite localité industrielle est dominée par le **Tëtelbierg**, colline d'où un sentier pédestre descend vers le site d'archéologie industrielle de **Fond-de-Gras**. Dans un très joli cadre naturel sont disséminées plusieurs vieilles machines et anciens trains de mine. Là se situe aussi l'entrée de la mine abandonnée de Gras. À Fond-de-Gras, deux trains touristiques circulent encore sur les vieilles voies de marchandises : le **Train 1900** part de la gare de Rodange, tandis que le **Minièresbunn** roule de Dhoil à Rodange via Fond-de-Gras. *☎ 50 47 07 - www.fond.de-gras.lu - mai-sept. : dim. et j. fériés.*

Bascharage
14 km au nord-ouest par l'A 13 ou la CR 110.
La **Brasserie nationale**, installée dans cette localité, fabrique de la bière blonde, distribuée principalement dans le Grand-Duché. *Visite ☎ 50 90 111.*

Esch-sur-Alzette pratique

Informations utiles

Code postal : *4044.*

Esch City Tourist Office – *4044 Esch-sur-Alzette - ℘ 54 16 37 - fax 54 73 83 678 - tourist.info@esch-city.lu - www.esch-city.lu.*

Se loger

⊜⊜ **Hotel Acacia** – *10, rue de la Libération - ℘ 54 10 61 - www.hotel-acacia.lu - fermé 2e sem. de déc. - 23 ch. 92/109 € ☕ -* 🅿. Cet hôtel situé dans le centre, près de la gare, est géré depuis plus de 20 ans par la même famille. Il compte plusieurs types de chambres, toutes très fonctionnelles. Le restaurant propose une cuisine traditionnelle.

Se restaurer

⊜⊜ **Postkutsch** – *8, rue Xavier Brasseur - ℘ 54 51 69 - fermé lun. et sam. midi - menu 20/33 €.* Tant la décoration que la carte sont d'inspiration classique, mais les menus sont régulièrement adaptés à la saison.. Un cadre agréable pour un excellent repas.

Faire une pause

Namur – *rue de l'Alzette 64 - ℘ 54 17 78 - lun.-sam.* Large choix de tartes, gâteaux, glaces et salades, le tout de première qualité. Terrasse dans la rue piétonne. Service aimable.

Brasserie Le Journal – *rue de l'Alzette 3 - ℘ 26 53 01 33 - lun.-sam.* Brasserie bordée d'une terrasse tournée vers l'hôtel de ville. Intérieur classique. Boissons chaudes et froides, mais pas de carte disponible.

Achats

Cado & Deco – *rue de l'Alzette 103 - ℘ 54 73 39 - tlj 9h-12h et 14h-18h.* Boutique intéressante de cadeaux, notamment des objets en pierre, en bois et en verre.

La Cave « Rommes » – *rue des Jardins 54 - ℘ 54 05 91 - www.rommes.lu - tlj sf dim. et lun. matin 9h-18h.* Large choix de vins luxembourgeois et de bourgognes. Également des champagnes, des mousseux et des cigares.

Événements

Festival Terres Rouges – *℘ 900 75 100 - www.festival-terresrouges.lu.* Ce festival de rue à caractère international se déroule fin août - début sept. Au programme : théâtre de rue, clowns, danse acrobatique, jongleurs… L'entrée est payante.

Larochette ★

1 979 HABITANTS
CARTES MICHELIN N^{OS} 716 L 6 ET 717 W 24.

Dans la vallée de l'Ernz Blanche, la petite ville de Larochette est dominée par de hautes parois rocheuses en grès de Luxembourg dont l'une porte les ruines impressionnantes de deux châteaux. Ce centre de villégiature agréable est un excellent point de départ pour découvrir la région dotée de paysages boisés et de nombreux sentiers de promenade.

▶ **Se repérer** – En bordure de la Petite Suisse luxembourgeoise, Larochette est traversé par la N 14 vers Diekirch et par la N 8 en direction de Mersch.

👥 **Avec les enfants** – Promenade dans les Nommerlayen.

🕑 **Pour poursuivre le voyage** – Echternach, Petite Suisse luxembourgeoise et Diekirch.

Visiter

Château

Accès par la route de Nommern - 📞 *26 87 02 06 - Pâques-fin oct. : tlj 10h-18h - 2 €.* Construit sur un éperon rocheux, le château remonte au XIVe siècle. Un logis et une baille furent insérés respectivement au XVIIIe et XXe siècle. Le donjon à cinq étages est le plus bel exemple d'habitation médiévale de la région. Une auberge de jeunesse est aménagée dans l'enceinte du château et un centre écologique est installé dans le donjon.

Aux alentours

LES ROCHERS EN GRÈS

Circuit de 12 km. Environ 30 min. Prendre la direction de Nommern.
En sortant des forêts de conifères, on trouve à gauche une réserve naturelle : dans les landes à genêts se dissimule, à environ 150 m de la route, le **Champignon**, beau rocher en grès de Luxembourg. En descendant sur **Nommern**, vues sur la localité.
À Nommern, prendre la route de Larochette.
👥 Dans un virage à gauche s'amorce le sentier du circuit auto-pédestre no 2. Il permet d'atteindre, dans la forêt, les magnifiques roches dites **Nommerlayen★**, murs de grès aux formes les plus variées, dispersés parmi les arbres.
On rentre à Larochette par la N 8.

Larochette pratique

Code postal : *7626.*
Syndicat du Tourisme – *chemin J.A.Zinnen 33, 7626 Larochette -* 📞 *83 76 76 - info@larochette.lu - www.larochette.lu - lun.-vend. 8h-12h et 14h-17h.*

Luxembourg ★★

77 325 HABITANTS
CARTES MICHELIN N°s 716 L 7 ET 717 V 25.

Établie sur un plateau entrecoupé de ravins franchis par une multitude de ponts, Luxembourg suscite une curieuse impression : la ville apparaît tantôt citadine, tantôt campagnarde ou militaire selon l'angle d'où on la découvre. Cette ville où les places ressemblent à des décors de théâtre, avec leurs élégantes façades peintes de couleurs pastel, où l'on a sans cesse des points de vue sur des vallées verdoyantes, cache sous son air tranquille toutes les activités et l'animation qui vont de pair avec son rôle de capitale, de place financière et sa fonction de siège d'institutions européennes.

▶ **Se repérer** – On arrive à Luxembourg-ville par l'E 25 depuis Thionville, par l'autoroute A 6 (l'A 4/E 25/E 411 en Belgique) depuis Arlon.

👁 **À ne pas manquer** – Chemin de la Corniche; les Casemates; Musée national d'Histoire et d'Arts.

🕐 **Organiser son temps** – Une visite approfondie de la ville demande deux jours pleins.

👫 **Avec les enfants** –City Safari - Adventure Tour *(voir Luxembourg pratique)*, Casemates.

⏱ **Pour poursuivre le voyage** – Arlon, Echternach et Clervaux.

Comprendre

L'histoire de la ville se confond avec celle du pays. À l'époque romaine, Luxembourg est situé à l'intersection de deux voies romaines, l'une allant de Trèves à Reims par Arlon (actuelle Grand-Rue), l'autre reliant Metz à Aix-la-Chapelle. Le rocher du Bock est déjà fortifié. Au 10e s., un château est édifié près de la ville haute, sur le Bock, par le comte mosellan Sigefroi qui s'intitule comte de Luxembourg. La ville haute reçoit sa première enceinte qui sera doublée au siècle suivant.

Au 12e s., la ville passe avec le comté de Luxembourg sous la domination de Henri V l'Aveugle, comte de Namur. Son petit-fils **Henri VII** devient **empereur germanique** en 1308. La maison de Luxembourg occupe le trône impérial jusqu'en 1437. En 1346, le fils de l'empereur Henri VII, **Jean l'Aveugle**, roi de Bohême et comte de Luxembourg, est tué à la bataille de Crécy, dans les rangs français. Au 14e s., une troisième enceinte est construite autour de la ville haute tandis que les villes basses sont fortifiées.

Un territoire convoité

Au 15e s., le Luxembourg passe à la maison de Bourgogne. Il échoit ensuite à Charles Quint (1555) qui fortifie la ville, puis à Philippe II.

La ville devient française en 1684, après le siège savamment conduit par **Vauban** qui en consolide les fortifications. Retombée en 1698 aux mains des Espagnols, elle est occupée de nouveau en 1701 par les Français qui à leur tour sont remplacés par les Autrichiens de 1714 à 1795. Malgré le renforcement considérable des fortifications et le creusement des casemates, la ville se rend à Carnot en 1795 et fait partie du département des Forêts jusqu'en 1814. Après la défaite napoléonienne, le traité de Vienne érige le duché en **grand-duché**, relevant de la Confédération germanique, mais appartenant à la maison d'Orange-Nassau et gouverné par Guillaume Ier, roi des Pays-Bas. La ville est alors occupée par une garnison prussienne qui quitte Luxembourg seulement en 1867 : le traité de Londres ayant proclamé la neutralité du pays, les trois ceintures de fortifications sont démantelées.

En 1914 comme en 1940, le Luxembourg, bien que neutre, fut envahi par les armées allemandes, puis libéré le 10 septembre 1944 par l'armée américaine du général Patton.

Les institutions européennes

Luxembourg devient en 1952 le siège de la CECA, Communauté européenne du charbon et de l'acier, premier organisme devant ouvrir la voie à une fédération européenne. L'homme d'État français **Robert Schuman** (1886-1963), né à Luxembourg, en est le promoteur, **Jean Monnet** (1888-1979) l'animateur. Six nations y participent : Belgique, Luxembourg, Pays-Bas, Allemagne, Italie, France.

Depuis la signature du traité de Rome en 1957, Luxembourg héberge le **Secrétariat du Parlement européen** dont les sessions se tiennent à Strasbourg et à Luxembourg.

En 1966 est inauguré sur le Kirchberg le Centre Européen, édifice destiné à réunir les divers services du Secrétariat du Parlement européen.

Depuis 1967, date de la fusion des exécutifs des trois communautés – CECA, Euratom, U.E. – en une Commission siégeant à Bruxelles, de nombreuses institutions se sont installées sur le plateau du Kirchberg : Banque européenne d'investissement, services de la Commission de l'Union Européenne (notamment l'Office de statistique), école européenne, Cour de justice (créée en 1952) et Cour des comptes de l'Union Européenne. L'Office des publications officielles de l'Union Européenne est quant à lui implanté à Luxembourg-Gare.

Depuis 1965, le Conseil des ministres, organe suprême de décision de l'Union Européenne, tient ses sessions à Luxembourg trois mois par an (avril, juin, octobre).

Un site exceptionnel

La ville et les fortifications occupent le sommet d'un rocher de grès aux bords escarpés, que contournent deux rivières, l'Alzette et la Pétrusse. La vieille ville est séparée de la nouvelle au sud par la profonde entaille du ravin de la Pétrusse que franchissent des ponts, tel le fameux **pont Adolphe** (1899-1903), d'une hardiesse impressionnante. Au nord, elle est reliée au plateau de Kirchberg par le pont **Grande-Duchesse Charlotte** (1964), peint en rouge, qui enjambe l'Alzette. Trois quartiers occupent les vallées : Grund, Clausen et Pfaffenthal. Au détour des corniches se révèlent de magnifiques **points de vue** sur les différents aspects de la ville.

Se promener

LA VIEILLE VILLE★★ Plan II

visite : 1/2 journée – Partir de la place d'Armes.

Place d'Armes

Carrée et ombragée, c'est le centre animé de la ville. En saison, elle est garnie de terrasses de café. À l'arrière du kiosque, une colonne en l'honneur de Michel Lentz, auteur du texte de l'hymne national, et d'Edmond de la Fontaine, auteur et compositeur luxembourgeois. La place est dominée par le **palais municipal**, élevé en 1907.
En empruntant la rue du Curé, un agréable passage donne accès à la place Guillaume.

Place Guillaume II

Ici se dresse la statue équestre de Guillaume II des Pays-Bas (1792-1849), grand-duc de Luxembourg. L'**hôtel de ville** a été édifié à partir de 1830 dans le style régional.
Prendre la rue Chimay qui mène à la place de la Constitution.

Place de la Constitution

De cet ancien bastion Beck où s'élève un obélisque (monument du souvenir) s'offrent des **vues★★** remarquables sur le ravin de la Pétrusse, aménagé en jardins, et sur le pont Adolphe. C'est là que se situe l'entrée des casemates de Pétrusse.
Par le boulevard Roosevelt, gagner le plateau St-Esprit.

La Place d'Armes.

A.Kouprianoff/MICHELIN

Sur le boulevard Roosevelt, on longe les bâtiments de l'**ancien collège des jésuites** comprenant la nouvelle partie de la cathédrale Notre-Dame.

Plateau St-Esprit

Sur cette formidable citadelle dessinée par Vauban se trouve le monument de la Solidarité nationale. De la crête de la citadelle, **vues★★** sur les vallées de la Pétrusse et de l'Alzette ainsi que sur le plateau de Rham et la ville basse de Grund avec l'église St-Jean.

Du plateau St-Esprit, descendre vers le parking. Là, prendre l'escalier ou, dans un bâtiment moderne, l'ascenseur qui rejoint le niveau du chemin de la corniche et le faubourg du Grund.

Chemin de la Corniche★★

Appelée « le plus beau balcon d'Europe » pour ses **vues★★**, cette promenade passe d'abord devant la vieille bâtisse abritant les Archives de l'État, puis atteint le chemin qui suit les anciens remparts, en bordure de l'escarpement de l'Alzette, et parvient à l'immense **porte de Grund** (1632). Ce chemin est bordé d'élégantes façades de maisons nobiliaires faisant face à la vallée où se situe la ville basse du Grund avec la flèche de l'église St-Jean.

Le Bock

Cet éperon rocheux relié jadis à la ville par un pont-levis (actuel pont du Château) a été un peu aplani par la création de la montée de Clausen. Il supporte les ruines du château de Luxembourg, édifié au 10ᵉ s., démoli en 1555 et transformé en fortin au 17ᵉ s. Détruit en 1684, lors du siège de la ville par les Français, il fut reconstruit par Vauban.

En 1745, les Autrichiens entreprirent l'aménagement des fortifications et creusèrent des casemates. Le Bock a été rasé en 1875 : il ne subsiste en surface que la tour nommée « **Dent Creuse** ». Du sommet des ruines, **vues★★** sur le plateau du Rham où était située une villa gallo-romaine. À gauche, la massive porte carrée est la **tour Jacob** ou Dinselpuert, ancienne porte de Trèves, qui faisait partie de l'enceinte du 14ᵉ s. Les bâtiments à droite sont des casernes construites par Vauban (hospices). Au pied du Bock, côté nord, s'étend l'ancien couvent du St-Esprit (17ᵉ s.).

Casemates du Bock★★

☎ 22 28 09 - mars-oct. : 10h-17h - 2 €.

On peut parcourir une section de ce labyrinthe défensif creusé en 1745 dans le grès constituant le sol de la ville. C'est l'infime partie d'un réseau de 23 km qui permettait la communication entre les différents ouvrages de la forteresse. Ces couloirs servirent aussi d'abri pendant la Seconde Guerre mondiale. Dans la crypte archéologique, des vestiges, ainsi qu'un montage audiovisuel retracent l'histoire du site. Certaines ouvertures offrent des vues sur le ravin et sur le quartier du Rham.

À l'entrée de la ville haute, à droite, un **monument** a été érigé en l'honneur de plusieurs célébrités qui séjournèrent à Luxembourg, notamment Goethe en 1792. À proximité se trouve le bâtiment à portique du **Conseil d'État**.

Par la rue Sigefroi, on gagne le Marché aux Poissons.

Marché aux Poissons

Jadis carrefour de voies romaines, cette place, ancien Marché-aux-Poissons, est entourée de demeures anciennes. La maison dite « Sous les piliers » présente, au-dessus d'un portique Renaissance, des baies de style gothique flamboyant et une niche de même style abritant une statue de sainte Anne, la Vierge à l'Enfant. Plus à gauche se trouve une pittoresque maison à tourelle en encorbellement.

Boulevard Victor Thorn

Il offre des **vues★** sur la vallée de l'Alzette où se blottit le faubourg de Pfaffenthal et que franchit le pont Vauban. Au-dessus, le pont Grande-Duchesse Charlotte relie la ville au plateau de Kirchberg où se dresse le Centre Européen ; on aperçoit le fort des Trois Glands à travers une trouée dans les bois.

Porte des Trois Tours

Située à l'emplacement de la deuxième enceinte de la ville, elle est composée en fait d'une porte flanquée de deux tours.

On entre ensuite en ville par la première **porte de Pfaffenthal** (17ᵉ s.).

Prendre la rue de la Boucherie et la rue du Marché-aux-Herbes pour gagner la place Clairefontaine.

Place Clairefontaine

Sur cette jolie place s'élève le monument dédié à la grande-duchesse Charlotte.

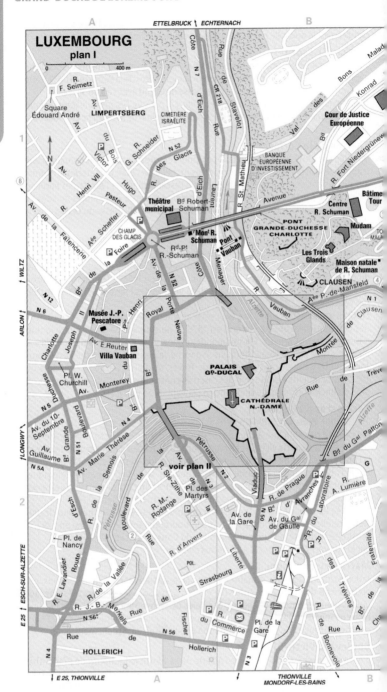

SE LOGER

Le Châtelet .... ②

Les Jardins du Président .... ④

Sieweburen .... ⑥

SE RESTAURER

Brasserie Mansfeld .... ①

Papila .... ③

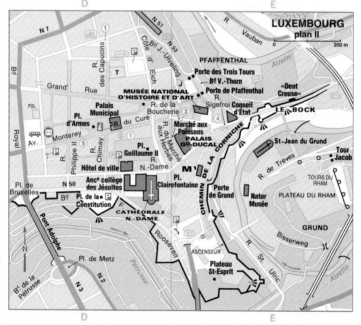

SE LOGER

Hotel Casanova .... ①
Hotel Parc Beaux Arts........ ④

SE RESTAURER

Art Café .... ①
L'Apoteca .... ③

L'Entracte .... ⑤

Musée d'Histoire de la
Ville de Luxembourg.......... **M¹**

Cathédrale Notre-Dame★

Avec ses fines flèches du 20e s., cette ancienne église des jésuites date du 17e s. et s'ouvre au nord par un intéressant **portail** aux motifs Renaissance et baroques.

Ses trois nefs de la même hauteur sont un bon exemple d'église-halle. L'ensemble reste gothique, mais les piliers sont ornés d'originales arabesques en relief et la tribune au-dessus de l'entrée est finement travaillée dans un style mi-Renaissance mi-baroque. À gauche de la nef, on remarque la tribune réservée à la famille grand-ducale. Le chœur, de style néogothique, a été ajouté au 20e s. La statue miraculeuse de la Consolatrice des Affligés (patronne nationale depuis 1678) fait l'objet d'une dévotion toute particulière, et un grand pèlerinage a lieu pendant la troisième semaine après Pâques.

En sortant par la porte à droite du chœur, on accède à la chapelle du Trésor et à la crypte. La première contient le cénotaphe de Jean l'Aveugle, mort à Crécy en 1346. Ce tombeau réalisé en 1688 représente une Mise au tombeau. La crypte abrite d'intéressantes œuvres d'art moderne. C'est à Notre-Dame qu'eut lieu, en avril 1953, le mariage de Joséphine-Charlotte de Belgique avec Jean de Luxembourg, devenu grand-duc en 1964 à la suite de l'abdication de sa mère la grande-duchesse Charlotte.

Le collège des jésuites, contigu à la cathédrale, est devenu Bibliothèque nationale.

De la cathédrale, on rejoint la place d'Armes.

LE KIRCHBERG Plan I

Visite : 30mn

Sur le plateau de Kirchberg, traversé par une autoroute, se sont installées les institutions européennes, ce qui a entraîné un important mouvement d'urbanisation (hôtels, école européenne, etc.). Au-delà, à l'extrémité de l'autoroute, se trouve le parc des expositions.

Avant d'emprunter le pont conduisant au Kirchberg, remarquer à gauche le **Théâtre municipal**. Construit en 1964, il présente une longue façade dont les baies forment une composition géométrique.

À l'entrée du pont, à droite, le monument érigé en l'honneur de Robert Schuman a été réalisé par l'architecte Robert Lentz.

Pont Grande-Duchesse Charlotte★

En acier, symbole de la CECA, hardiment peint en rouge, il a été inauguré en 1966. Il franchit l'Alzette sur 300 m.

Prendre à la sortie du pont la 2e route à droite vers le Centre Européen.

Centre Européen du Kirchberg

Le **bâtiment-tour** de 22 étages, inauguré en 1965, est occupé par le Secrétariat du Parlement européen ; le Conseil des ministres y siège trois mois par an. Il a été doublé d'un bâtiment plus petit, le **Centre Robert Schuman**. Une troisième construction, l'**Hémicycle**, terminée en 1979, sert de centre de conférences.

Par la route qui s'enfonce dans le bois derrière le Centre Européen, gagner les Trois Glands.

Les Trois Glands

C'est, dans un bois, l'ancien fort Thungen, aux tours surmontées de pierres en forme de gland.

À l'extrémité de la pelouse, obliquer vers la gauche.

Un petit belvédère domine Clausen et son église : sur la gauche, une maison à tourelle est celle où naquit Robert Schuman. À droite, **vue**★ sur la ville de Luxembourg, le Bock et le quartier du Rham avec ses tours.

Revenir vers le Centre Européen et passer sous l'autoroute pour gagner la Cour de justice.

Cour de justice de l'Union Européenne

Le bâtiment à quatre étages de la C.J.C.E., construit en 1970, étale ses structures d'acier peint en marron foncé, sur une vaste terrasse où se remarquent deux sculptures de Henry Moore et Lucien Wercollier.

À proximité, le bâtiment Jean Monnet, aux parois de verre fumé, abrite des services administratifs.

Visiter

LES GRANDS MUSÉES ET MONUMENTS

Musée national d'Histoire et d'Art★ Plan II

℘ 47 93 30-1 - www.mnha.lu - tlj sf lun. 10h-17h (jeudi 20h) - fermé 1er janv., 1er nov., 25 déc. – 5 €.

Section gallo-romaine★ – Installée principalement au rez-de-chaussée, elle est extrêmement riche. Les fouilles effectuées dans le sud du pays (Dalheim, Titelberg) ont révélé une intense occupation à l'époque romaine. Les objets sont bien mis en valeur : bronzes, terres cuites, verreries délicates. De nombreux monuments funéraires sont à comparer avec ceux de Trèves et d'Arlon. Les petites stèles en forme de maison, qui abritaient peut-être des urnes et les pierres sculptées de quatre divinités, étaient très répandues au sud du Luxembourg. L'époque mérovingienne a laissé en particulier des armes et de beaux bijoux. La **salle des médailles** ou trésor présente des pièces rares de toutes les époques et le remarquable **masque en bronze de Hellange** datant du 1er s.

Section des Beaux-Arts – Une série de sculptures religieuses (11e au 18e s.) se trouve répartie dans diverses salles de cette section, ainsi que dans la section gallo-romaine et dans la section de la Vie luxembourgeoise.

L'**art ancien** *(3e étage)* est représenté essentiellement par les œuvres provenant de trois collections : la collection Edmond Reiffers (peintures italiennes du 13e au 16e s.), la collection Wilhelmy-Hoffmann (écoles du Nord et œuvres flamandes des 16e et 17e s. ; remarquer une *Charité* de Cranach l'Ancien et une copie du retable de Hachiville) et la collection Bentinck-Thyssen (exposée temporairement). L'**art moderne** *(1er et 2e étages)* comprend, outre quelques sculptures (Rodin, Maillol, Lobo, Hadju), des toiles, des tapisseries figuratives ou abstraites de l'école de Paris (Bertholle, Bissière, Borès, Chastel, Estève, Fautrier, Gilioli, Lurçat, Pignon, Soulages, Tàpies, Vieira da Silva) et des œuvres du peintre expressionniste luxembourgeois Joseph Kutter (1894-1941).

Section Vie luxembourgeoise★★ (arts décoratifs, arts et traditions populaires) – *Accès par le 1er étage du musée d'Histoire et d'Art.* Cette section remarquable, aménagée dans quatre anciennes maisons bourgeoises, évoque la vie au Luxembourg du 17e au 19e s. : intérieurs ornés d'un beau mobilier, faïence Boch (Septfontaines) et poteries de Nospelt, étains, importante collection de peintures sous verre. Dans les caves voûtées sont exposées des taques de cheminée. Une partie des caves est consacrée à la viticulture mosellane réputée pour son vin blanc, ses vins mousseux et ses crémants.

Palais Grand-Ducal★ Plan II

℘ 22 28 09 - mi-juil.-fin août : visite accompagnée (45mn) dim.-vend. (sf merc.) ap.-midi et sam. matin - pour plus d'information, prière de se renseigner auprès du Tourist Office. Le visiteur individuel doit acheter son ticket d'entrée au Tourist Office, Place Guillaume II - 6 €.

L'aile gauche, ancien hôtel de ville, remonte au 16e s. Sa façade flanquée de gracieuses tourelles est décorée de bas-reliefs aux motifs géométriques.

L'aile droite, ou « la Balance », a été ajoutée en 1741 et l'aile arrière, donnant sur le jardin, en 1891. L'édifice situé à droite de la Balance (1859) abrite la Chambre des députés.

Depuis 1895, une grande partie des activités officielles se déroulent dans ce palais. Dans la salle des gardes sont conservées de belles armes. L'escalier d'honneur, dont l'élégante balustrade s'orne du monogramme d'Adélaïde-Marie, épouse du grand-duc Adolphe, mène aux appartements.

L'ancienne salle des Nobles, ou **salon des Rois**, où sont exposés les portraits des grands-ducs du passé, est utilisée pour les audiences officielles. Dans la salle à manger, quatre tapisseries, offertes par Napoléon après son séjour au palais en 1804, illustrent l'histoire de Télémaque.

Musée d'Art Moderne Grand-Duc Jean (MUDAM) Plan I

Parc Dräi Eechelen 3 - ℘ 453 78 51 - www.mudam.lu - tlj sf mardi 11h-18h - nocturne merc. jusqu'à 20h.

À deux pas de l'époustouflante philharmonie et au beau milieu du quartier européen du Kirchberg, le Musée d'Art Moderne Grand-Duc Jean (Mudam) est un nouveau lieu d'art contemporain qui présente un programme d'expositions temporaires ouvert à tous les domaines de la création actuelle.

Le Mudam est le premier musée d'art contemporain au Luxembourg. Entièrement conçu par des artistes, sa vocation est d'être à l'écoute de la création internationale et de l'évolution des pratiques artistiques.

Le bâtiment est l'œuvre de l'architecte sino-américain Ieoh Ming Pei. Il est implanté sur le site du Fort Thüngen, dans un parc aménagé par Michel Desvigne. D'une superficie totale de 10.000 m², il dispose de près de 4.800 m² de surfaces d'exposition sur trois niveaux et abrite, entre autres, un auditorium, une boutique et un café.

Le musée possède ses propres collections, qu'il propose au public non pas de manière permanente, mais dans le cadre d'expositions temporaires.

Musée d'Histoire de la Ville de Luxembourg★ Plan II

47 96 30 61 - tlj sf lun. 10h-18h (jeu. 20h) - fermé 1er janv., 1er nov., 25 déc. – 5 €.
De conception remarquable, ce musée est installé dans 4 maisons restaurées depuis peu, datant des 17e, 18e et 19e s. Les origines des bâtiments remontent au Moyen Âge ; au 18e s., ils abritèrent un refuge de l'abbaye d'Orval. Le musée présente d'une façon passionnante l'histoire de la ville de Luxembourg. Bornes interactives, présentations audiovisuelles, documents anciens, plans manuscrits, sceaux, armes, heaumes, dont un magnifique morion gravé (16e s.), et peintures retracent l'évolution de la ville depuis ses origines à nos jours. Six très belles maquettes en érable (1/666) illustrent le développement urbain de la cité. L'accent est mis sur la ville-forteresse que se disputent les puissances européennes. Le parcours insiste également sur les aspects économique (entre autres ARBED), politique (indépendance du Luxembourg en 1890), religieux (culte marial) et culturel (de nombreux artistes se sont passionnés pour la ville fortifiée) de la capitale du Grand-Duché. Les étages supérieurs sont consacrés aux changements remarquables qu'a subis la société depuis le siècle dernier, notamment la naissance de la bourgeoisie moderne, la vie quotidienne dans la capitale, les loisirs et la scolarité.

Casemates de la Pétrusse

*Pl. de la Constitution - *22 28 09 - pdt vac. de Pâques, de Pentecôte, d'été : visite accompagnée (50mn) 11h-16h – 2 €.*
Créées en 1746 par les Autrichiens pour améliorer les défenses sur le flanc sud du plateau, elles forment un important réseau souterrain ouvrant sur la vallée de la Pétrusse.

Villa Vauban Plan I

En rénovation jusque fin 2008.
L'intérieur raffiné du 19e s. de la villa Vauban abrite trois legs de collectionneurs concernant la peinture belge, hollandaise et française du 17e s. à nos jours.
Après quelques tableaux attribués à Canaletto (salle 3), on remarque parmi les toiles flamandes des œuvres de David Teniers le Jeune, du 17e s. (*Scène d'intérieur, Le Fumeur*).
La riche collection hollandaise du 17e s. comprend plusieurs scènes de genre (*L'Empirique* de Gérard Dou, *La Fête des Rois* de Jan Steen) et une marine de Van de Capelle.
La peinture française du 19e s. est représentée notamment par un Delacroix (*Jeune Turc caressant son cheval*) et un Courbet (*Marine*).
Le musée organise également des expositions temporaires.

LES FAUBOURGS

Une promenade en voiture en longeant la rive droite de l'Alzette, à travers les faubourgs du bas Grund, Pfaffenthal et Clausen, permet de découvrir un tout autre aspect de la ville avec ses quartiers les plus populaires, ses maisonnettes, ses brasseries où sont encore confectionnées les bières locales. De ces quartiers installés au fond des ravins, des points de vue très différents s'offrent sur la ville ancienne et ses fortifications.

Natur Musée Plan II

46 22 33-1 - &. - tlj sf lun. 10h-18h - fermé 1er janv., 1er nov., 24, 25 et 31 déc. - 5 €.
Superbement situé dans le quartier ancien du Grund inscrit sur la liste du patrimoine mondial de l'Unesco, l'hospice St-Jean (14e s.) abrite le musée national d'Histoire naturelle. Servant à l'origine d'asile et d'orphelinat, l'hospice fut transformé en prison de femmes au 19e s. Au rez-de-chaussée, des bornes interactives et des vitrines didactiques fournissent des informations sur le corps humain dans toute sa complexité, l'évolution de l'homme de la cellule œuf à la naissance, la position que l'homme occupe dans le monde. Des dioramas aux animaux naturalisés et des écrans interactifs présentent les différentes régions luxembourgeoises. Le 1er étage est consacré aux planètes de notre système solaire, au big bang, ainsi qu'à la parenté entre homme et animal.

Église St-Jean-du-Grund Plan II

Cette église appartint jusqu'à la Révolution française à l'abbaye bénédictine de Munster. L'édifice actuel date de 1705. L'intérieur est rehaussé par les trois retables du chœur, de style baroque flamand. Sont à signaler également : un chemin de croix en émail de Limoges du 16e s., signé Léonard Limosin, des orgues du 18e s., des fonts baptismaux gothiques, et, dans une chapelle à gauche de la nef, une gracieuse Vierge noire à l'Enfant, de l'école de Cologne, sculptée vers 1360 et objet d'une grande vénération.

Aux alentours

Cimetières militaires
5 km à l'est. Sortir par le bd du Général Patton.
Parmi les treize cimetières américains de la Seconde Guerre mondiale aménagés outre-Atlantique, celui de **Hamm** (Luxembourg American Cemetery), aux portes de la capitale, rappelle la gratitude du Grand-Duché pour ses libérateurs. Au milieu des bois, cet ensemble impressionnant de 20 ha, dominé par une chapelle-mémorial érigée en 1960, groupe 5 076 tombes. Face aux croix blanches alignées en arc de cercle, celle du général Patton, mort en décembre 1945, se dresse identique aux autres.
Plus à l'Est (*accès par la route de Contern*), le **cimetière allemand de Sandweiler**, inauguré en 1955, se découvre au détour d'une allée forestière. Sur 4 ha s'ouvrent de vastes pelouses plantées d'arbres où des groupes de cinq croix trapues, en granit sombre de la Forêt-Noire, sont disséminés. Une croix monumentale surmonte la fosse commune où reposent 4 829 soldats sur les 10 885 inhumés dans cette nécropole.

De Luxembourg à Bettembourg
15 km au sud, direction Thionville.
Hespérange est un pittoresque bourg situé au bord de l'Alzette et dominé par les ruines de son château des 13e et 14e s. entre lesquelles se sont édifiées de petites habitations précédées de jardinets.
Bettembourg possède un important parc récréatif, le **Parc Merveilleux**. Des animaux, de nombreuses attractions pour enfants, en particulier des reconstitutions de contes de fées, animent ce vaste jardin de 30 ha. *℘ 51 10 48-1 - &. - fin mars-mi-oct. : 9h30-18h - 7 €.*

De Luxembourg à Junglinster
13 km au nord, direction Echternach.
Par une belle route tracée au cœur d'une épaisse forêt, on atteint Eisenborn, sur l'Ernz Blanche, et à droite **Bourglinster**, pittoresque village au pied d'un vieux château restauré.
Junglinster possède une charmante **église** du 18e s. en pierre crépie de beige, rehaussée de peintures aux tons pastel. Elle est entourée d'un ancien **cimetière** dont les croix, pour la plupart du 19e s., conservent un aspect archaïque.

Luxembourg pratique

Informations utiles

Code postal : 1648.

City Tourist Office – *Place Guillaume 30 II, 1648 Luxembourg -* ✆ *22 28 09 - fax 46 70 70 - touristinfo@lcto.lu - www.lcto.lu - Courrier : B.P. 181, 2011 Luxembourg.*

Visites

City Promenade by day – Ce tour à pied d'une durée d'environ deux heures vous fera découvrir plusieurs attraits spécifiques de la ville en compagnie d'un guide expérimenté. *Les billets ainsi qu'un descriptif du circuit sont disponibles au Luxembourg City Tourist Office. Vend. saint-31 oct. : tlj à 14h ; 1er nov.-jeu. saint : lun., merc., sam. et dim. à 14h - 7 €.*

City Safari – 👤👤 Adventure Tour pour enfants et familles. Un tour de ville ludique de 2 heures pour enfants et familles à travers le centre-ville. Retour guidé des enfants non accompagnés par les parents au point de départ. En collaboration avec le Natur Musée. *Les billets sont disponibles au Luxembourg City Tourist Office.*

Petit train touristique – Le Petrusse Express effectue de mi-mars à octobre un circuit à travers la ville basse et la vallée de la Pétrusse. Départ et billets : place de la Constitution.

Se loger

⊜⊜⊜ **Le Châtelet** – *2, bd de la Pétrusse -* ✆ *40 21 01 - www.chatelet.lu - 42 ch. 88/129 € - 🅿️*. Hôtel familial situé à 10 min. de marche du centre et de la gare. Il se distingue par la tourelle d'angle typique de sa façade. Sauna à la disposition des clients. Chambres modernes et confortables.

⊜⊜⊜ **Hôtel Casanova** – *10, place Guillaume -* ✆ *22 04 93 - www.hotelcasanova.lu - rest. fermé dim. - 17 ch. 110/130 € 🍽️ - 🅿️*. Les propriétaires italiens ont rénové et repeint les chambres et les ont dotées de tout le confort. Situation centrale sur la place Guillaume. Le restaurant offre un large choix de spécialités italiennes. Terrasse en été.

⊜⊜⊜ **Sieweburen** – *36, rue des Septfontaines -* ✆ *44 23 56 - fermé 25 déc.-7 janv. - 14 ch. 115/135 € 🍽️ - 🅿️*. Cette grande maison à colombages se trouve à quelques minutes de voiture de la capitale, dans un environnement calme et boisé. Chambres impeccables et restaurant traditionnel.

⊜⊜⊜ **Hotel Parc Beaux Arts** – *1, rue Sigefroi -* ✆ *26 86 76 1 - www.hpb.lu - 10 ch. 160/350 € 🍽️ - 🅿️*. Hôtel de charme aménagé dans un bel immeuble du 19e s. situé près du palais grand-ducal, au centre de la ville haute. Vastes chambres avec salon et équipement moderne. Un lunch à prix abordable est servi à midi.

⊜⊜⊜ **Les Jardins du Président** – *2, place Ste-Cunégonde -* ✆ *26 09 07 1 - www.jardinspresident.lu - fermé mi-déc.-mi-janv. - 7 ch. 350 € 🍽️ - 🅿️ - rest. menu 50 €*. Situé au calme de la ville basse, dans le quartier Clausen, cet hôtel donne l'impression d'être à la campagne. Doté d'un restaurant gastronomique, ce petit hôtel est ceinturé d'un beau jardin. Les chambres cosy sont décorées à l'anglaise ou à la française et dégagent un confort raffiné.

Se restaurer

⊖⊜ **Art Café** – *1a, rue Beaumont -* ✆ *26 27 06 52 - menu 10 €*. Brasserie entièrement placée sous le signe du théâtre. Les sièges eux-mêmes ont été recouverts de l'ancien rideau du Théâtre municipal. On peut y commander une salade, un plat au wok ou une quiche.

⊖⊜ **L'Entracte** – *7, avenue de Moterey -* ✆ *22 81 32 - menu 20/40 €*. Ce restaurant familial moderne se trouve près de la Place d'Armes. Carte classique et vins à des prix intéressants. Service très agréable dans un cadre accueillant.

⊖⊜ **Papila** – *1, place de l'Europe -* ✆ *26 68 78 88 - www.papila.lu - fermé sam. midi et dim. - menu 20/30 €*. Situé derrière le bâtiment de la Philharmonique et près du MUDAM, ce restaurant propose une cuisine inventive dans un intérieur design original. Plats constamment renouvelés flattant les papilles.

⊖⊜ **L'Apoteca** – *12, rue de la Boucherie -* ✆ *26 73 77-1 - www.apoteca.lu - fermé dim. et lun. - menu 20/48 €*. Ce restaurant est rempli chaque soir d'un public jeune appréciant la bonne chère. Cuisine fusion. Les murs sont couverts de graffitis et un dj assure l'ambiance pendant le week-end. Également petite restauration au bar.

⊖⊜ **Brasserie Mansfeld** – *3, rue de la Tour Jacob -* ✆ *43 34 86 - fermé sam. midi et dim. - menu 25/60 €*. Ce restaurant populaire au décor extrêmement accueillant propose des plats luxembourgeois et internationaux très goûteux. La qualité de la cuisine et du service contribuent à l'ambiance sympathique des lieux. Terrasse en été.

Faire une pause

Kaempff-Kohler, Espace Fromages & Vins – *rue du Curé 18 -* ✆ *26 86 86 - www.kaempff-kohler.lu - 8h-18h en saison, en autre temps à partir de 9h - menu 10 €*. Menu dégustation à partir de 10 € comprenant une assiette d'excellents fromages et du vin de qualité. Terrasse dans la rue piétonne. Dans les établissements voisins appartenant au même propriétaire, on peut acheter ou consommer des plats de poisson, de la pâtisserie, des vins et autres denrées.

La Table du Pain – *avenue Monterey 19 -* ✆ *24 16 08 - 7h-19h*. Excellentes tartes, quiches,… servies dans un intérieur chaleureux.

Café Club Skyline – *rue de l'Eau 1 -* 𝒫 *47 11 48 - lun.-sam.* Café bénéficiant d'une terrasse donnant sur une place agréable de la vieille ville. L'intérieur se distingue par un panorama de Luxembourg sur un des murs.

Sports et loisirs

Utopolis – *Av. J.-F. Kennedy 45 -* 𝒫 *22 46 11 - www.cinema.lu.* Au Kirchberg, quartier en pleine mutation, vaste complexe voué au septième art et aux loisirs. Boutiques, restaurants et bars à thème, dont le Bistropolis et le Coyote Café (où vous croiserez Alien et Predator), se regroupent autour d'un cinéma « high tech ». L'ensemble jouxte un immense centre commercial.

Achats

👁 BON À SAVOIR

Commerces – Réservées aux piétons, les rues commerçantes autour de la place d'Armes (Grand-Rue, rue des Capucins, rue Chimay, etc.) incitent à la flânerie. Le quartier de la gare se prête également au shopping. Attention : de nombreux magasins sont fermés le lundi matin.

Scarabaeus – *rue de la Boucherie 11 -* 𝒫 *26 26 22 01 - www.scarabaeus.lu - tlj sf dim. et lun. matin 10h-18h.* Librairie spécialisée dans la spiritualité, mais on y trouve aussi des accessoires et des cadeaux variés.

Événements

Festivals et festivités – La fête populaire ancestrale de l'**Emais'chen**, où les jeunes amoureux s'échangent des objets en terre cuite vendus à cette occasion, se déroule le lundi de Pâques sur la place du Musée. À partir de la fin août a lieu, sur la place du Glacis, la grande kermesse du Luxembourg ou **Schueberfouer** qui remonte à l'an 1340.

Printemps Musical – *Luxemburg City Tourist Office, place Guillaume 30 -* 𝒫 *22 28 09 - www.lcto.lu.* Festival musical annuel se déroulant les premières semaines de mai et qui jette un pont entre la musique « sérieuse » et la musique « légère », avec une attention spéciale pour le jazz.

Mondorf-les-Bains★

3 839 HABITANTS
CARTES MICHELIN N^{OS} 716 L 7 ET 717 W 25.

Près de la frontière française, Mondorf-les-Bains est une ville d'eaux fréquentée dont les sources sortant à 24 °C, conviennent surtout aux affections hépatiques, intestinales et rhumatismales. Édifiée à l'est de l'ancien village, son établissement thermal est équipé d'installations modernes. L'avenue des Bains qui mène au domaine thermal présente quelques belles façades de style Art nouveau.

▶ **Se repérer** – Au sud-est du pays, jouxtant la petite ville de Mondorff en France, Mondorf-les-Bains est reliée à la vallée de la Moselle par la N 16 et à Thionville par la D 1.

👣 **Pour poursuivre le voyage** – Luxembourg et Esch-sur-Alzette.

Visiter

Domaine thermal★

Un parc de 50 ha, libre d'accès, a été aménagé sur le flanc d'une colline et agrémenté d'espaces ouverts, de parterres de fleurs et de très beaux arbres. Dans ce parc se dresse l'établissement, réparti en quatre sections, dont un luxueux hôtel. Les bains sont réputés bénéfiques contre les affections hépatiques, intestinales et rhumatismales. Au centre du parc se trouve le pavillon de la source Kind (1963).

Église St-Michel

Sur une colline dominant le vieux bourg, cette église au crépi rose, élevée en 1764 et entourée d'un cimetière, possède un riche **mobilier★** Louis XV. Orgues sur tribune sculptée d'emblèmes musicaux, confessionnaux, autels, chaire étonnante sont en harmonie avec les stucs et fresques peints en trompe-l'œil par Weiser (1766), originaire de Bohême.

Mondorf-les-Bains pratique

Informations utiles

Code postal : *5610.*
Syndicat d'initiative – *Avenue des Bains 26, 5610 Mondorf-les-Bains - ℘ 66 75 75 - fax 66 16 17 - contact@mondorf.info - www.mondorf-info.lu.*

Se loger

⊖⊖🛏 **Domaine Thermal** – *Avenue des Bains - ℘ 23 66 60 - www.mondorf.lu - fermé dernière sem. de déc. - 104 ch. 118/255 € ⊡ - 🅿. Cet hôtel paisible, entouré d'un grand jardin, donne directement accès au pavillon de fitness et* à la piscine du domaine thermal. Chambres vastes et confortables à la décoration moderne.

Se restaurer

⊖⊖🛏 **Lea Linster** – *17, route de Luxembourg - ℘ 26 66 84 11 - www.lealinster.lu - fermé lun. et mar., dernière sem. d'août et 20/12-05/01 - menu 50/90 €.* La grande dame de la gastronomie luxembourgeoise propose ici, dans son petit mais élégant restaurant, une cuisine de très haute qualité : des préparations françaises classiques avec une touche méditerranéenne. Le long menu baptisé « Bocuse d'Or » est un pur plaisir pour la plupart des gastronomes.

Vallée de la **Moselle luxembourgeoise** ★

CARTES MICHELIN N^{OS} 716 M 6-7 ET 717 X 25-26.

Depuis la frontière française jusqu'à Wasserbillig, la Moselle (du romain Mosella, petite Meuse), dont la largeur atteint une centaine de mètres, sépare le Luxembourg de l'Allemagne. Un paysage lumineux, de nombreux coteaux plantés de vignes et de pittoresques villages viticoles sont les principaux attraits du parcours. Dans les principales caves coopératives, on peut déguster les bons crus de la Moselle luxembourgeoise : vins blancs (rivaner, auxerrois, pinot blanc, pinot gris, riesling, gewürztraminer, elbling), crémants, vins mousseux et quelques vins rosés (pinot noir).

- **Se repérer** – Accès depuis Mondorf-les-Bains par la CR 152, depuis Luxembourg par l'E 29 et la N 2.
- **À ne pas manquer** – Les vignobles et une halte dans les caves à vin.
- **Avec les enfants** – Jouets anciens au musée de Bech-Kleinmacher.
- **Organiser son temps** – Prévoir une demi-journée pour parcourir la Route du Vin.
- **Pour poursuivre le voyage** – Mondorf-les-Bains, Luxembourg.

La vallée de la Moselle luxembourgeoise.

Comprendre

Faisant suite à une convention internationale signée par la France, l'Allemagne fédérale et le Grand-Duché de Luxembourg, des travaux de canalisation, achevés en 1964, ont considérablement amélioré la navigabilité de la rivière. Elle est ainsi devenue accessible aux bateaux de 3 200 t entre Thionville et Coblence.
Les deux barrages de Grevenmacher et de Stadtbredimus, équipés chacun d'une écluse et d'une centrale hydro-électrique, interrompent le cours de la rivière. Afin de ne pas défigurer les sites, ils ont été construits au ras de l'eau.

Circuit de découverte

LA ROUTE DU VIN
46 km – environ 1/2 journée – La N 10 longe la Moselle sur tout le trajet.

Schengen
C'est dans ce village-frontière, première localité viticole de la Moselle luxembourgeoise (caves), que, le 14 juin 1985, se réunirent à bord du bateau de plaisance *Marie-Astrid* les représentants des gouvernements luxembourgeois, allemand, français, belge et néerlandais. Ils signèrent alors les **accords de Schengen** reconnaissant l'abolition progressive des frontières intérieures entre ces États. Au début des années 1990, l'Italie, l'Espagne, le Portugal et la Grèce se sont joints à cette convention.

Remerschen

Un peu à l'écart de la rivière, ce bourg est situé au pied des coteaux du Kapberg, couverts de vignes sur échalas, dont un calvaire, desservi par un escalier raide, escalade la pente.

Schwebsange

À droite de la route, dans un jardin, a été installé un pressoir du 15ᵉ s. et un broyeur à fruits. Quelques pressoirs sont également à signaler, face à l'église, ainsi qu'une charmante fontaine des Enfants aux raisins où se déroule chaque année la fête du vin. Schwebsange possède l'unique port de plaisance du Grand-Duché.

Bech-Kleinmacher

Les anciennes maisons de vignerons « A Possen » (1617) et « Muedelshaus » ont été transformées en ▮▮ **Musée du folklore, de la viticulture et du jouet**. De petites pièces au mobilier rustique (cuisine à feu ouvert) y évoquent la vie d'antan. Les activités traditionnelles sont présentées dans des ateliers, une laiterie, un musée viticole et une cave conservant une cuve à fouler le raisin. ℰ 23 69 73 53 - www.musee-possen.lu - mars-oct. : tlj sf lun. 11h-19h ; nov.-déc. : vend.-dim. 14h-19h - fermé 25 déc. - 4 €. Prendre la route du Vin qui passe devant le musée.

Wellenstein

À l'entrée de ce beau village, entouré de 70 ha de vignobles, se trouvent les plus grandes **caves coopératives** du Grand-Duché. ℰ 23 6966-1 - ♿ - mai-août : visite accompagnée (1h) tlj sf lun. 9h-12h, sam. 11h-18h, dim. et j. fériés 14h-19h - 1,75 €. La route gravit le **Scheuerberg** (vues sur les vignobles), puis descend sur Remich : vues sur la Moselle. À Remich, regagner la Moselle.

Remich

La ville de Remich possède plusieurs caves. À la sortie Nord de la ville, les **caves St-Martin** creusées dans le roc sont consacrées à l'élaboration d'un vin champagnisé. ℰ 23 69 97 74 - ♿ - fév.-nov. : visite accompagnée (1h) 10h-12h, 13h30-18h - 2,55 €. Ici, la rive de la Moselle, aménagée, constitue une longue promenade pour piétons.

Stadtbredimus

Importantes caves coopératives. Peu après Stadtbredimus, prendre à gauche la route de Greiveldange. Elle offre, à la montée, de belles **vues★** sur le méandre de la Moselle, le coteau luxembourgeois abrupt couvert d'échalas, et la rive allemande, vers Palzem, plus adoucie mais également plantée de vignobles. Après le village de **Greiveldange** qui possède une grande cave coopérative, revenir dans la vallée.

Ehnen

Ce village de vignerons cerné par les échalas conserve un quartier ancien aux rues pavées, au centre duquel se dresse une église de plan circulaire, construite en 1826, et flanquée d'une tour romane. Une maison vigneronne a été aménagée en **musée du Vin**. Des outils, en usage jusqu'aux années 1960, et des photos illustrent agréablement les travaux de la vigne et du vin mosellans d'autrefois. Les métiers annexes (tonnelier) sont également évoqués et la visite se termine par une dégustation. ℰ 76 00 26 - avr.-oct. : tlj sf lun. 9h30-11h30, 14h-17h - 3 €.

Wormeldange

C'est la capitale du riesling luxembourgeois. À la sortie à gauche se situent ses grandes **caves coopératives**. ℰ 23 69 66-1 - www.vinsmoselle.lu - mai-oct. : visite accompagnée (1h) tlj sf dim. 13h-18h - fermé j. fériés - 2 €. Au sommet du plateau, au lieu dit **Koeppchen**, à l'emplacement d'un ancien burg, se dresse la chapelle St-Donat. Belle **vue** sur le fleuve et Wormeldange.

Machtum

Petite localité située dans un coude de la rivière. Sur une pelouse sont disposés un pressoir et un broyeur à fruits. À la fin du méandre se trouve le grand **barrage-écluse** de Grevenmacher, doté d'une centrale électrique.

Grevenmacher

Entourée de vignobles et de vergers, cette petite ville est un important centre viticole doté de caves coopératives et d'une cave privée. Les **caves coopératives** sont situées au Nord de la localité (rue des Caves). ℰ 23 69 66-1 - ♿ - mai-août : visite accompagnée (1h) tlj sf dim. 10h-17h. 1,75 €. Au Sud du pont, les **caves Bernard Massard**, fondées en 1921, produisent du vin mousseux méthode champenoise. La visite des caves inférieures est complétée par la projection d'un film documentaire sur le Grand-Duché, la Moselle, le travail de la vigne et l'élaboration du vin mousseux. *℘ 750 54 51* - 🚹 - *avr.-oct. : visite accompagnée (1h) 9h30-18h - 2,50 €.*

Mertert

Port fluvial actif, relié à Wasserbillig par un sentier pour piétons bien aménagé au bord de la Moselle.

Wasserbillig

Au confluent de la Moselle et de la Sûre, ce nœud routier international est aussi un centre touristique. C'est le point de départ des promenades en bateau.

Vallée de la Moselle luxembourgeoise pratique

Informations utiles

Entente touristique de la Moselle Luxembourgeoise – *www.moselle-tourist.lu.*
Toutes les informations concernant sports et loisirs, culture, caves et vins, visites guidées et le Wäistroos-Bus (bus de la Route du Vin).

Direction Gérance Musée du Vin Ehnen – *115, route du Vin, 5416 Ehnen - ℘ 75 88 88 - fax 76 84 51 - centre.mosellan@netdsl.lu.*

Coordinatrice Touristique – *114, route du Vin, 5416 Ehnen - ℘ 75 84 12 – fax 76 84 51 - jzeimet@pt.lu.*

Visites

Promenades à pied – Le sentier de la Moselle longe, sur 40 km environ, le cours de la rivière, du Stromberg, colline située au Sud de Schengen, à Wasserbillig.

Promenades en bateau – Une descente de la Moselle entre Wasserbillig et Schengen permet d'admirer le joli paysage de cette région parsemée de villages viticoles.

Bureau Bateau M.S. «Princesse Marie-Astrid» – *10, route du Vin, B.P. 33, 6701 Grevenmacher - ℘ 75 82 75 – fax 75 86 66 - sitg@pt.lu.*

Se loger

⊖ **Hôtel Restaurant de l'Écluse** – *29, route du Vin, 5450 Stadtbredimus - ℘ 23 61 911 - www.hotel-ecluse.com - fermé 13/12-04/01 et dernière sem. de juin - 18 ch. 58/64 €* ⊒ - 🅿. Cet hôtel familial reçoit depuis deux générations ses clients près de l'écluse de la Moselle. Chambres petites et fonctionnelles, certaines avec balcon. L'hôtel possède aussi un restaurant et un jardin.

⊖⊖ **Hôtel Restaurant de l'Esplanade** – *5, Esplanade, 5533 Remich - ℘ 23 66 91 71 - www.esplanade.lu - 18 ch. 75/90 €* ⊒ - 🅿 - *menu 34/50 € - rest. fermé lun. et mar.* Hôtel avec vue sur la Moselle, situé à quelques minutes de marche du centre. Chambres sobrement aménagées, dont certaines donnent sur la rivière. Salle à manger à la décoration classique. Cuisine luxembourgeoise et française.

⊖⊖ **Hôtel des Vignes** – *29, rue de Mondorf, 5552 Remich - ℘ 23 69 91 49 - www.hotel-vignes.lu - fermé mi-déc.-mi-janv. - 24 ch. 102 €* ⊒ - 🅿. Implanté au milieu des vignes, cet hôtel est depuis longtemps synonyme de charme, de qualité et d'hospitalité. Depuis le restaurant et la plupart des chambres, on jouit d'une vue superbe sur la vallée de la Moselle. Chambres luxueuses. Repas gastronomique au Restaurant du Pressoir.

Se restaurer

⊖ **Dolce Vita** – *55, rue de Macher, 5553 Remich - ℘ 26 66 07 80 - menu 20 €.* Situé le long de la Moselle, ce restaurant italien dispose en été d'une belle terrasse. L'établissement est réputé dans les environs pour ses pizzas fraîches, mais les pâtes et les plats de poisson sont également préparés selon les règles de la cuisine italienne.

⊖⊖ **Rothaus** – *Vis à vis Remich, 5533 Remich (Perl Nenning) - ℘ 26 66 02 22 - www.rothaus.lu - fermé mar. - menu 29 €.* Ce restaurant à la façade rouge se trouve sur les bords de la Moselle, mais juste en face de Remich. La carte comporte des spécialités, mais on peut se contenter d'une petite restauration en jouissant de la vue sur la Moselle.

⊖⊖ **Côté Moselle** – *3, route du Vin, 5445 Schengen - ℘ 266 66 21 - fermé mar. - menu 25/40 €.* Restaurant français situé le long de la Moselle et spécialisé dans les brochettes et les poissons de la rivière. La carte des vins comprend les meilleurs crus luxembourgeois et une sélection de vins du monde entier. Pendant les mois d'été, la terrasse permet de jouir de la vue sur la rivière, qui forme ici la frontière entre le Luxembourg, la France et l'Allemagne.

Faire une pause

Boulanger Fischer – *Grand-Rue 50, Wasserbillig - ℘ 74 82 90 - lun.-vend. 7h-17h, w.-end jusqu'à 11h30.* Boulangerie disposant d'un petit salon de consommation. Boissons, petites pizzas et sandwiches (sur demande).

Caves des Vignerons de Grevenmacher – *rue des Caves 12, Grevenmacher - ℘ 75 01 75 - www.vinsmoselle.lu - ouvert j. ouvr. entre 1er mai et 31 août 10h-17h - les autres mois sur rendez-vous.* La visite, qui comprend un verre de vin ou du jus de raisin, coûte 2,50 €.

Petite Suisse luxembourgeoise★★★

CARTES MICHELIN Nᵒˢ 716 L 6-M 6 ET 717 X 24.

Cette région très pittoresque, qu'on nomme Petite Suisse luxembourgeoise à cause de son paysage accidenté et verdoyant, est riche en beautés naturelles. Forêts touffues de hêtres, charmes, pins, bouleaux, chênes, sous-bois couverts de fougères, bruyères, myrtilles, mousses, torrents bouillonnants dévalant leur lit encombré de rochers, pâturages humides, telle est la physionomie de la Petite Suisse luxembourgeoise. La présence de rochers étranges, dissimulés au cœur de la forêt, ajoute au charme du paysage.

- **Se repérer** – Appartenant au Parc naturel germano-luxembourgeois, cette région, où éperons rocheux alternent avec forêts étendues, se situe entre Echternach, Beaufort, Larochette et Consdorf. Accès depuis Echternach par la N 10.
- **À ne pas manquer** – Le château de Beaufort et le Müllerthal.
- **Organiser son temps** – Prévoir au moins une demi-journée.
- **Avec les enfants** – Promenade par les massifs rocheux.
- **Pour poursuivre le voyage** – Echternach, Larochette.

Ph. Gajic/MICHELIN

Rochers de la Petite Suisse luxembourgeoise.

Circuit de découverte

34 km au départ d'Echternach – compter une journée

Echternach★ *(voir ce nom)*
Sortir d'Echternach par la N 10 en direction de Diekirch.
La route, qui longe la Sûre, passe à proximité de la gorge du Loup.
Prendre tout de suite à gauche vers Berdorf.
À 1 km de la bifurcation, la route est longée par le sentier de la **promenade B** qui, descendant de la Gorge du Loup, s'engage dans la vallée de l'Aesbach.

Le Perekop
C'est un rocher ruiniforme d'environ 40 m de haut surplombant la route, à droite. Un escalier aménagé dans une crevasse mène au sommet : vue sur les bois.

Promenade à pied★★ – Au Perekop, le sentier de la **promenade B** (d'Echternach à Grundhof) se retrouve au niveau de la route. Le parcours vers l'ouest, le long du ruisseau Aesbach jusqu'à l'endroit où le sentier s'en éloigne, *(30 min.)* est des plus pittoresques.
On remarque des rochers travaillés par l'érosion : la tour Malakoff, puis le Chipka-pass.
La route, émergeant des bois, fait découvrir Berdorf, sur le plateau.

Des rochers multiformes

Le grès de Luxembourg, conglomérat de sable et de calcaire, appartenant à l'une des principales « côtes » du Gutland, a été sculpté par la nature de façon étonnante.

Striées par l'érosion, les roches présentent souvent l'aspect d'une muraille ruiniforme. Lorsque, désagrégé par l'eau, le plateau gréseux s'est fendu, formant des « diaclases », d'énormes blocs se sont détachés et se sont mis à glisser sur leur assise argilocalcaire vers la vallée.

La nappe d'eau qui s'est formée à la partie inférieure du grès a donné naissance à des sources nombreuses. Entre les parois du bloc peut apparaître alors une sorte de gorge ou de crevasse dite « **Schluff** » ; si les parois sont inclinées, il se crée une véritable grotte (schlucht).

Une quinzaine de promenades pédestres balisées permettent de parcourir la

Berdorf *(voir ce nom)*

À Berdorf, prendre la direction du Müllerthal.

À gauche de la route apparaît bientôt le **Predigstull**, rocher en arrière duquel se dissimule en particulier la **Werschrumschluff**★.

La route descend rapidement vers le Müllerthal. À Vugelsmullen (ou Vogelsmuhle) dans le Müllerthal, prendre à droite, puis aussitôt après à gauche vers Beaufort.

Beaufort

Située sur une éminence, c'est une petite localité où est fabriquée une liqueur au cassis nommée Cassero.

Château de Beaufort★

☎ 83 60 02 - avr.-oct. : 9h-18h - 3 €.

Dans un vallon boisé, près d'un étang, s'élèvent les ruines romantiques de ce château fort (12e-16e s.) dont Victor Hugo écrivait en 1871 : « Il apparaît à un tournant, dans une forêt, au fond d'un ravin ; c'est une vision. Il est splendide. » Le château ancien est une énorme tour-donjon se rattachant à une forteresse. Une restauration en 1930 en a dégagé les abords et consolidé les accès. Le château voisin a été construit en 1647 par le seigneur de Beaufort. Le sentier pédestre qui s'amorce à l'Ouest de l'étang conduit vers le Hallerbach.

Revenir en voiture à Vogelsmuhle. Peu avant d'atteindre ce hameau s'embranche à droite une petite route longeant le Müllerthal. À 300 m, laisser la voiture et prendre le sentier du Hallerbach.

Hallerbach★

À travers les bois, ce torrent dévale parmi les éboulis moussus où s'égrènent de charmantes cascatelles *(30 min. AR environ)*.

Revenir à Vogelsmuhle et tourner à droite.

Château de Beaufort.

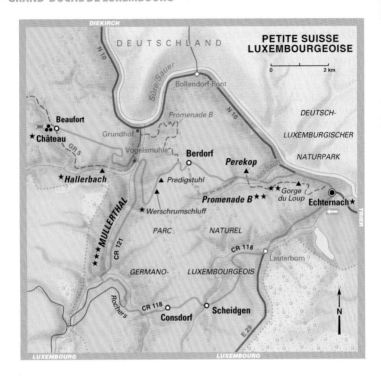

Müllerthal★★★ (Vallée des Meuniers)

C'est le nom donné à la **vallée de l'Ernz Noire**. La rivière y coule, coupée de cascades, entre deux rives tapissées de prairies, et encaissées entre des versants boisés où surgissent de spectaculaires amoncellements de grès.

À 200 m du Müllerthal, tourner à gauche vers Consdorf.

Pour remonter sur le plateau, la route emprunte une petite vallée bordée de part et d'autre par un pittoresque alignement de rochers.

Consdorf

À l'orée du bois, c'est une localité touristique fréquentée l'été.

Scheidgen

Centre de villégiature. *Par Lauterborn, on regagne Echternach.*

Petite Suisse luxembourgeoise pratique

Informations utiles

Porte St-Willibrord– Parvis de la Basilique 9-10, 6456 Echternach - ℘ 72 02 30 - info@ echternach-tourist.lu - www.echternach.lu.

Se loger

◌◌ **de la Station** – Rte d'Echternach 10, 6250 Scheidgen - ℘ 79 08 91 - www. hoteldelastation.lu - info@hoteldelastation. lu - hébergement fermé 15 nov.-1 mars - rest. fermé lun., mar., merc. midi, jeu. midi, vend. midi - 25 ch. 78/85 € ◌ - ⤧ - rest. 50 €. Vous serez hébergés dans des chambres bien tenues. Leur bonne isolation phonique fait vite oublier la rumeur de la route passante. Jardin arboré. Salle à manger typiquement luxembourgeoise.

Se restaurer

◌◌ **Reilander Millen** – Rte Juglinster-Müllerthal, 7639 Reuland - ℘ 72 91 23 - fermé mi-août-mi-sept., lun. (sept.-mai) et sam. midi - 40 €. Un moulin du 18ᵉ s. et sa vallée boisée servent d'écrin à ce restaurant. On prend place dans une jolie salle rustique où une carte assez succincte, mais appétissante et recomposée au fil des saisons, s'emploie à combler votre appétit. Bonne sélection de vins..

◌◌◌ **Le Cigalon** – R. Ernz Noire 1, 6245 Müllerthal - ℘ 79 94 95 - www.lecigalon.lu - le cigalon@internet.lu ou cigalon@pt.lu - hébergement fermé janv.-fév. - rest. fermé mar. - 60 €. Blottie dans un environnement forestier, hostellerie dont les chambres et le restaurant sont agencés dans l'esprit provençal, « Cigalon » oblige ! Belle terrasse et parc dévoilant une vue plaisante sur les alentours verdoyants. Salle de fitness.

Rindschleiden★

750 HABITANTS
CARTES MICHELIN Nᵒˢ 716 PLI 18 ET 717 U 23 – SCHÉMA VOIR VALLÉE DE LA SÛRE.

Au sud d'Esch-sur-Sûre, dans un havre de paix, ce hameau se niche au creux d'un vallon verdoyant, autour de son église d'origine romane dont l'intérieur est remarquable pour ses peintures murales. Dans un petit jardin proche de l'église, le puits miraculeux de saint Willibrord est le but d'un pèlerinage annuel. À côté ont été placés d'anciens fonts baptismaux, datés du 15ᵉ s.

⊙ **Se repérer** – Rindschleiden se trouve sur la CR 308, entre Martelange en Belgique et Ettelbrück.

◉ **À ne pas manquer** – Les fresques de l'église paroissiale.

◷ **Pour poursuivre le voyage** –Vallée de la Sûre.

Visiter

Église paroissiale★
Le chœur de l'église a été modifié à l'époque gothique tardive. La nef fut agrandie au 16ᵉ s. et pourvue de trois voûtes d'égale hauteur.
À l'**intérieur**, toutes les voûtes, ainsi que les parois du chœur, sont couvertes de **fresques**. Datant de la 1ʳᵉ moitié du 15ᵉ s. (chœur) et du 16ᵉ s. (nef), elles représentent, dans des teintes claires, rehaussées d'un contour noir, une multitude de personnages, saints ou personnages royaux, et des scènes religieuses.
On remarque également des statues en bois des 17ᵉ et 18ᵉ s., et quelques sculptures en pierre : l'armoire eucharistique surmontée d'un oculus (15ᵉ s.), des clefs de voûte, des chapiteaux et des statues à la retombée de la voûte (16ᵉ s.).

Vallée de la **Sûre**★★

CARTES MICHELIN Nᵒˢ 716 K 6- L 6-M 6 ET 717 PLIS 3, 4.

La Sûre, née en Belgique entre Neufchâteau et Bastogne, traverse le Grand-Du-ché jusqu'à la Moselle et la frontière allemande dont elle marque les limites de Wallendorf à Wasserbillig. Une grande partie de la vallée peut être parcourue en suivant des sentiers pédestres balisés.

- ▶ **Se repérer** – Au cœur des Ardennes luxembourgeoises, la vallée de la Sûre est accessible par la N 15 reliant Bastogne en Belgique à Ettelbrück.
- 👁 **À ne pas manquer** – Barrage et lac. Esch-sur-Sûre.
- 🕐 **Organiser son temps** – Prévoir une journée entière.
- 👫 **Avec les enfants** – Nombreuses possibilités sportives et récréatives, sur le lac et dans les environs.
- 👍 **Pour poursuivre le voyage** – Rindschleiden. Wiltz et Diekirch.

Circuits de découverte

LA HAUTE VALLÉE★★ ①

68 km – environ 1/2 journée
C'est la partie la plus spectaculaire où la rivière entaille profondément le massif ancien de l'Oesling. La vallée, dans laquelle s'enfonce la route, est suivie également par le sentier pédestre de la Haute-Sûre qui relie Martelange, à la frontière, à Ettelbruck, 60 km plus loin.

Hochfels★

Des abords du chalet situé sur cette crête de 460 m d'altitude, on a une **vue plon-geante** sur la vallée sinueuse aux versants boisés. Par Boulaide, on gagne Insenborn, en traversant la Sûre à **Pont-Misère** dans un joli paysage.
En remontant sur le plateau, on découvre de jolies **vues** sur une partie du lac de la Haute-Sûre, en aval du pont, puis sur la rivière en amont, au pied du Hochfels, avec Boulaide à l'horizon.

Insenborn

Située sur le **lac de la Haute-Sûre**★, cette localité est un centre de sports nautiques (*voile, planche à voile, canotage, baignade, pêche, plongée sous-marine*) qui y sont autorisés en amont de Lultzhausen.
D'Insenborn à Esch-sur-Sûre, la route longe le lac de la Haute-Sûre : **points de vues**★ remar-quables sur ses rives sinueuses et verdoyantes couvertes de genêts et hérissées de sapins.

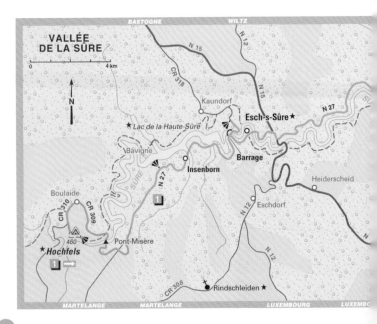

Esch-sur-Sûre.

Barrage d'Esch-sur-Sûre

Haut de 48 m, d'une capacité de 62 millions de m³, le barrage comprend une usine hydro-électrique située à la base ; il se complète de deux barrages secondaires : celui de Bavigne (*au nord-ouest*) et celui de Pont-Misère (*en amont*), destinés à régulariser les crues de la rivière.

On a une bonne **vue★** sur le lac depuis la route de Kaundorf, dans un virage à 800 m au-delà du barrage.

Esch-sur-Sûre★

C'est une localité pittoresque dont les maisons étagées, couvertes d'ardoise, composent un joli site à l'intérieur d'un méandre presque recoupé, autour d'un promontoire portant les ruines d'un château. Depuis la tour de guet circulaire au sommet de la colline, **vue★** superbe sur le site avec, au premier plan, le donjon et la chapelle du château. Celui-ci remonte au 10e s. et fut démoli en 1795. Le bourg conserve quelques vestiges de son enceinte médiévale. D'Esch-sur-Sûre à Göbelsmuhle, on retrouve la Sûre par endroits, dans des gorges très boisées.

Après avoir pénétré dans le parc naturel de la Haute-Sûre et avoir traversé Göbels-muhle, on arrive en vue du château de Bourscheid, perché sur la hauteur.

Prendre la route à gauche au départ de Lipperscheid.

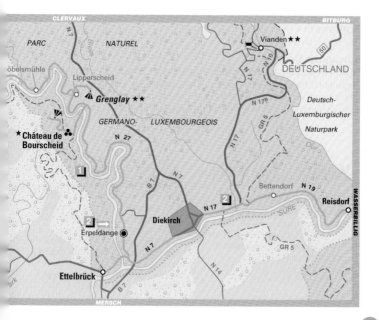

Point de vue de Grenglay★★
15 min. à pied AR par un chemin à travers champs signalé « Point de vue ».
Du haut de cet escarpement impressionnant, un belvédère permet d'admirer un beau
point de vue sur le site du château de Bourscheid, perché sur un long promontoire
contourné par un méandre de la Sûre.
Revenir à la N 27, puis prendre à droite la route vers le château de Bourscheid.

Château de Bourscheid★
ℛ 99 05 70 - www.bourscheid.lu - avr.-sept. : 9h-18h ; vac. Toussaint/Noël/carnavalPâ-
ques : tlj 10h-17h ; nov.-mars : w.-end et j. fériés 10h-17h - 3,50 €.
A 150 m au-dessus de la Sûre se dressent les **ruines★** du château de Bourscheid.
Du vieux burg ou château supérieur, il subsiste un donjon du 11ᵉ s. et une cheminée
gothique. Le château inférieur comprenant la maison de Stolzembourg a été édifié au
14ᵉ s. et maintes fois remaniées jusqu'au 18ᵉ s. Au 19ᵉ s., la maison tombait en ruine ;
restaurée depuis 1972, elle abrite un musée qui présente les résultats des fouilles
du château (poteries, fragments architecturaux) et des expositions temporaires. Au
rez-de-chaussée, on remarque des reproductions de dessins du château.
Des tours d'enceinte et du donjon, **points de vue★** variés sur la vallée et le plateau.
A 800 m au-delà du château, on peut gagner, sur un terrain de camping, (tout de
suite à gauche de l'entrée), une petite terrasse aménagée procurant un joli **coup
d'œil★★** sur les ruines et la vallée.
Regagner la vallée.
La rivière descend désormais vers le Sud en direction d'Erpeldange. Le **cadre★** de
bosquets et de prairies est ravissant.

LA BASSE VALLÉE★ ②
57 km – environ 1/2 journée
La Basse-Sûre est moins austère et plus champêtre. Au sortir du massif ardennais,
les versants de la Sûre s'adoucissent et les prairies se font plus larges. La route longe
presque continuellement la rivière jusqu'à son confluent avec la Moselle.
Après Erpeldange, on remarque au-delà du pont sur la Sûre, vers Ettelbruck, le monument au général Patton.

Ettelbruck
Au confluent de la Sûre et de l'Alzette, c'est un nœud routier et ferroviaire, ainsi qu'un
centre commercial et agricole.

Diekirch *(voir ce nom)*
Prendre la N 17, puis la N 19 en direction de Reisdorf.

Reisdorf
Ce coquet village est bâti au débouché de la jolie vallée de l'Ernz Blanche.
Peu après, l'Our se joint à la Sûre, près de Wallendorf.
Par la N 10, on gagne Echternach.

Echternach★ *(voir ce nom)*
Poursuivre son chemin sur la N 10.

Barrage de Rosport
En aval de Rosport, la Sûre forme une gigantesque boucle. Elle est retenue par un
important barrage équipé d'une centrale hydroélectrique, alimentée par une conduite
forcée installée à la racine du méandre. Le cours de la rivière est ainsi accéléré par une
dénivellation artificielle. À **Wasserbillig**, la Sûre se jette dans la Moselle.

Vallée de la Sûre pratique

Informations utiles
Office du Tourisme – *Maison du Parc,
route de Lultzhausen 15, 9650 Esch-sur-
Sûre -* ℛ *899 33 11 - www.naturpark-sure.lu
(poste 200, Tessy Weiler - tessy.weiler@
naturpark-sure.lu).*

Se loger
⌚ **Naturpark-H. Zeimen** – *Am
Enneschtduerf 2, 9662 Kaundorf -* ℛ *83 91 72 -
www.naturparkhotel-zeimen.lu - hozeimen@
pt.lu - 9 ch. 66 €* ⊔ *-* ⇿ *- rest. 35 €. Dans le
village typique de l'Oesling, près du lac de la
Haute-Sûre, hôtel où la même famille se
relaye depuis quatre générations derrière le
comptoir de la réception. Chambres
actuelles, salle à manger classiquement
aménagée et vue champêtre.*

Vianden★★

1 600 HABITANTS
CARTES MICHELIN N^{OS} 716 L 6 ET 717 W 23.

Dans un site remarquable★★, la petite ville pittoresque de Vianden se dresse au bord de l'Our. Accrochées aux pentes, les vieilles maisons sont dominées par la silhouette romantique et impressionnante du château des comtes de Vianden. C'est là que Victor Hugo séjourna quelques temps en mai 1871 après avoir été expulsé de Belgique.

 **Se repérer** – Aux confins de l'Allemagne, on accède au village par la N 10 (depuis Clervaux) qui longe l'Our ou par la N 17 en venant de Diekirch. Les collines dominant la ville à l'ouest offrent de belles vues sur le site de Vianden. Ainsi, par la route du mont St-Nicolas, on atteint un intéressant belvédère, accessible également par télésiège et par un sentier partant du château : vaste **panorama★★** sur la ville, le château et la vallée.

À ne pas manquer – Le château.

Organiser son temps – La visite de la petite ville demande une demi-journée.

Pour poursuivre le voyage – Diekirch, Petite Suisse luxembourgeoise.

Visiter

Château★★

84 92 91 - mars et oct. : 10h-17h ; avr. et sept. : 10h-18h ; janv. et fév. : 10h-16h - fermé 1er janv., 2 nov., 25 déc. - 5,50 €.

Construit par les comtes de Vianden, le château fut propriété de la famille d'Orange-Nassau dès 1417, excepté un court intermède, au début du 19e s., pendant lequel il fut racheté par un spéculateur qui le dévasta. En 1977, le grand-duc Jean le céda à l'État luxembourgeois, et depuis, il a fait l'objet d'une remarquable restauration lui rendant son aspect à la fin du 18e s.

Les fouilles ont permis de découvrir la présence d'un fortin construit sous le Bas-Empire et une première enceinte médiévale carolingienne élevée au 9e s. L'apogée des comtes de Vianden se situe du 12e au 13e s., et c'est de cette période, transition entre roman et gothique, que datent la plupart des bâtiments du château.

Visite – *Un parcours fléché où les salles sont numérotées conduit le visiteur dans le dédale de couloirs, d'escaliers et de terrasses du château.*

Le château comprend le Petit Palais (12e s.) et l'impressionnant Grand Palais. Les salles romanes du premier édifice présentent des fenêtres en ogive gothique (salle d'armes et salle byzantine). Une exposition dans la crypte archéologique évoque les différentes étapes de la construction du château. La base à dix pans de la chapelle, d'époque carolingienne, est surmontée d'un étage hexagonal à colonnettes polychromes. Le Grand Palais abrite la gigantesque **salle des Chevaliers** et, au-dessus, la salle des Comtes comprenant une belle collection de tapisseries.

Du chemin de ronde et du jardin, **vues★** sur la vallée de l'Our et sur la ville.

Musée d'Art rustique

Grand-Rue 98 - 83 45 91 - mi-avr.-déb. oct. : tlj sf lun. hors sais. 11h-17h - 3 €.

Dans une vieille maison bourgeoise, c'est un ravissant intérieur régional garni d'un mobilier rustique. On y voit une belle collection de « taques » de cheminée et une collection de poupées.

Église des Trinitaires

Grand-Rue.

De style gothique, cette ancienne abbatiale à deux nefs, date du 13e s. La nef gauche abrite le gisant de Marie de Vianden. Le joli cloître du 13e s. est également restauré.

Pont sur l'Our

De ce pont protégé par une statue de saint Jean Népomucène, protecteur des ponts, la vue sur la ville et le château est agréable.

Maison de Victor Hugo

Rue de la Gare 37 - 26 87 40 88 - www.victor-hugo.lu - tlj sf lun. 10h-17h - 4 €.

Après plusieurs passages à Vianden, Victor Hugo, exilé, séjourna ici en 1871 du 8 juin au 22 août. Transformée en musée, la demeure reconstruite après la Deuxième Guerre mondiale présente la vie et l'œuvre du grand écrivain. En face de la maison, buste de Victor Hugo par Rodin.

Aux alentours

LE BARRAGE ET SA CENTRALE
visite : 2h

Barrage de Lohmühle
1 km au nord.

Il constitue le bassin inférieur d'une importante installation hydroélectrique. La retenue, d'une capacité de 10 millions de m³, s'allonge sur 8 km. Sur la rive droite, au pied du barrage, se blottit l'**église Neuve**, construite en 1770 dans l'ancien quartier des pestiférés.

Centrale hydro-électrique de pompage
5 km au nord du barrage, au-delà de Bivels.

Creusée dans la roche, la salle des machines assure la liaison souterraine entre les bassins supérieurs du mont St-Nicolas et la retenue inférieure de l'Our. Aux heures creuses, l'eau de la retenue est pompée dans les bassins supérieurs et réutilisée aux heures de pointe. La production annuelle d'énergie peut atteindre 1 600 millions de kWh.

La **galerie des visiteurs** abrite des maquettes et des tableaux lumineux explicatifs.

Bassins supérieurs du mont St-Nicolas
5 km à l'ouest par la route de Diekirch, puis à droite.

Après le carrefour, on jouit d'une belle **vue★★** sur le château et les toits de la ville. Entourés de 4,6 km de digue, les **bassins supérieurs** forment un lac artificiel étranglé en son milieu. Profond de 14 à 35 m, il a une capacité de 6,6 millions de m³.

On accède par un escalier à une section de la digue : **vue** sur le bassin et sa tour de prise d'eau, reliée au bord par une passerelle. Du pied des bassins, **vue★** sur la vallée de l'Our, creusée dans le plateau cultivé de l'Oesling et sur les collines en Allemagne.

Circuit de découverte

VALLÉE DE L'OUR★★
20 km jusqu'à Dasburg en Allemagne.

Des environs d'Ouren en Belgique à Wallendorf, l'Our forme frontière entre l'Allemagne et le Grand-Duché. Il creuse dans le massif ancien une vallée profonde et sinueuse, parfois resserrée entre des rochers abrupts.

Quitter Vianden par le nord.

La route passe d'abord sur la crête du **barrage de Lohmühle** (*voir dans « Aux alentours »*).

Bivels – Ce village occupe un **site★** remarquable au centre d'une gigantesque boucle de l'Our.

Centrale hydro-électrique de pompage (*voir dans « Aux alentours »*)

Stolzembourg – Au-dessus du village se perchent les ruines romantiques d'un château.

Dasburg – Bourg coquet, agréablement situé sur le versant allemand.

Vianden pratique

Informations utiles

Code postal : 9419.

Syndicat d'Initiative – rue du Vieux Marché 1A, 9419 Vianden - ℘ 83 42 57-1 - fax 84 90 81 - viasi@pt.lu - www.vianden.lu of www.tourist-info-vianden.lu.

Se loger

🛏 **Victor Hugo** – R. Victor Hugo 1 - ℘ 83 41 60-1 - www.hotel-victor-hugo.lu - info@hotelvictorhugo.lu - 14 ch. 70 € ⏥ - rest. 35 €. L'enseigne rappelle que l'auteur des Misérables passa quelque temps à Vianden. Choix de préparations au goût de Monsieur Tout-le-monde. Dès l'arrivée des beaux jours, la salle à manger d'esprit brasserie s'agrandit, à l'arrière, d'une agréable terrasse.

🛏🍴 **Heintz** – Grand-Rue 55 - ℘ 83 41 55 - hoheintz@pt.lu - www.hotel-heintz.lu - ouv.

mi-avr.-déb. nov. - rest. fermé merc. et jeu. midi sf juil.-août - 30 ch. 70/84 € ⏥ - 🚳 - rest. 30 €. Juste à côté de l'église des Trinitaires, hôtellerie traditionnelle exploitée de longue date en famille. Les chambres situées à l'arrière profitent d'un balcon avec vue sur la colline. Par beau temps, jardinet et terrasse d'été invitant au farniente.

Se restaurer

🍴 **Auberge Aal Veinen Beim Hunn** – 114, Grand-Rue, 9420 Vianden - ℘ 83 43 68 - fermé fin nov.-début déc. et lun. et mar. sf pdt les mois d'été - menu 10/20 €. Auberge typique proche du château historique. Le restaurant propose des grillades dans un cadre rural et convivial. Les 8 chambres de l'auberge ont été rénovées récemment. Pour ceux qui ne connaissent par le luxembourgeois, le nom signifie : « Le Vieux Vianden - Au Coq ».

Wiltz

4 500 HABITANTS
CARTES MICHELIN N^{OS} 716 K 6 ET 717 U 23.

Située à 315 m d'altitude, sur le plateau de l'Oesling, Wiltz est une localité commerçante, un centre touristique et une cité internationale de scoutisme. La ville basse s'allonge sur les rives de la Wiltz, tandis que la ville haute forme un quartier pittoresque serré sur un éperon rocheux, entre son église et le vieux château. Les jardins du château servent de cadre, chaque année, à un festival européen de théâtre en plein air et de musique.

- **Se repérer** – Située dans la vallée du Wiltz, au cœur des Ardennes luxembourgeoises, cette petite ville est accessible par la N 15 depuis Bastogne et Ettelbrück, puis par la N 26 ou la N 12.
- **Pour poursuivre le voyage** – Clervaux et Vallée de la Sûre.

Visiter

Église décanale

Dans la ville basse, cette église du 16e s. a été agrandie et restaurée au 20e s. Ses deux nefs de style gothique abritent les pierres tombales des seigneurs de Wiltz. Une belle grille de style Louis XV ferme la chapelle comtale.
En montant vers la ville haute, on remarque au passage à gauche un **monument** rappelant que c'est à Wiltz que débuta la première grève générale contre l'occupant allemand en septembre 1942.

Château

Le château des comtes de Wiltz conserve une tour carrée du 13e s., remaniée en 1722. L'aile principale date de 1631. Au pied de l'escalier d'honneur ajouté en 1727 a été aménagé en 1954 un amphithéâtre où se déroulent les représentations du festival.

Croix de justice

Du 16e s., elle s'est substituée à la croix érigée au Moyen Âge pour symboliser les droits obtenus par la ville (justice, franchise, marché). On y voit les statues de la Vierge et de saint Jean Népomucène, qui aurait sauvé la ville d'un incendie.

Monument N.-D.-de-Fatima

Accès par la route de Noertrange, à l'ouest, la CR 329.
On passe devant une brasserie dont les chaudières en cuivre sont visibles. Du monument (1952), **vue** intéressante sur la ville blanche aux toits d'ardoise étagés sur le versant de la colline. Le sanctuaire est un lieu de pèlerinage des immigrés portugais.

Aux alentours

Vallée de la Wiltz

11 km à l'est par la N 25 jusqu'à Kautenbach.
Agréable vallée sinueuse, encaissée entre des collines boisées.

Wiltz pratique

Informations utiles

Code postal : *9516.*

Syndicat d'Initiative et de Tourisme – *Château, 9516 Wiltz - ✆ 95 74 44 - fax 95 75 96 - siwiltz@pt.lu - www.touristinfowiltz.lu.*

Se loger

⊖⊖⊖ **Aux Anciennes Tanneries** – *42a, rue Jos Simon, 9501 Wiltz - ✆ 95 75 99 - www.auxanciennestanneries.com - 18 ch. 98/115 €* ☕ - 🅿. Ancienne tannerie transformée en hôtel de charme sur les rives de la Wiltz, juste à l'extérieur du centre. Cuisine traditionnelle, servie dans un restaurant au plafond voûté.

A

INDEX

CARTES ET PLANS

MES ADRESSES

Nom ....

Adresse ....

Lieu .... ☎ ....

😊 ....
....
....
....

☹ ....
....
....
....

Nom ....

Adresse ....

Lieu .... ☎ ....

😊 ....
....
....
....

☹ ....
....
....
....

Nom ....

Adresse ....

Lieu .... ☎ ....

😊 ....
....
....
....

☹ ....
....
....
....

Nom ....

Adresse ....

Lieu .... ☎ ....

😊 ....
....
....
....

☹ ....
....
....
....

Nom ....

Adresse ....

Lieu .... ☎ ....

😊 ....
....
....

☹ ....
....
....
....

Nom ....

Adresse ....

Lieu .... ☎ ....

😊 ....
....
....

☹ ....
....
....
....

Nom ....

Adresse ....

Lieu .... ☎ ....

😊 ....
....
....

☹ ....
....
....
....

Nom ....

Adresse ....

Lieu .... ☎ ....

😊 ....
....
....

☹ ....
....
....
....

MES ADRESSES

Nom ....

Adresse ....

Lieu .... ☎ ....

☺ ....
....
....

☹ ....
....
....
....

Nom ....

Adresse ....

Lieu .... ☎ ....

☺ ....
....
....

☹ ....
....
....
....

Nom ....

Adresse ....

Lieu .... ☎ ....

☺ ....
....
....

☹ ....
....
....

Nom ....

Adresse ....

Lieu .... ☎ ....

☺ ....
....
....

☹ ....
....
....

Nom ....

Adresse ....

Lieu .... ☎ ....

☺ ....
....
....
....

☹ ....
....
....
....

Nom ....

Adresse ....

Lieu .... ☎ ....

☺ ....
....
....
....

☹ ....
....
....
....

Nom ....

Adresse ....

Lieu .... ☎ ....

☺ ....
....
....
....

☹ ....
....
....
....

Nom ....

Adresse ....

Lieu .... ☎ ....

☺ ....
....
....
....

☹ ....
....
....
....

MES ADRESSES

Nom ....

Adresse ....

Lieu .... ☎ ....

☺ ....
....
....
....

☹ ....
....
....
....

Nom ....

Adresse ....

Lieu .... ☎ ....

☺ ....
....
....
....

☹ ....
....
....
....

Nom ....

Adresse ....

Lieu .... ☎ ....

☺ ....
....
....
....

☹ ....
....
....
....

Nom ....

Adresse ....

Lieu .... ☎ ....

☺ ....
....
....
....

☹ ....
....
....
....

Nom ....

Adresse ....

Lieu .... ☎ ....

☺ ....
....
....

☹ ....
....
....
....

Nom ....

Adresse ....

Lieu .... ☎ ....

☺ ....
....
....

☹ ....
....
....
....

Nom ....

Adresse ....

Lieu .... ☎ ....

☺ ....
....
....

☹ ....
....
....
....

Nom ....

Adresse ....

Lieu .... ☎ ....

☺ ....
....
....

☹ ....
....
....
....

MES CONTACTS

Nom ....
Adresse ....

.... Ville ....

☎ .... ✆ ....

@ ....

Nom ....
Adresse ....

.... Ville ....

☎ .... ✆ ....

@ ....

Nom ....
Adresse ....

.... Ville ....

☎ .... ✆ ....

@ ....

Nom ....
Adresse ....

.... Ville ....

☎ .... ✆ ....

@ ....

Nom ....
Adresse ....

.... Ville ....

☎ .... ✆ ....

@ ....

Nom ....
Adresse ....

.... Ville ....

☎ .... ✆ ....

@ ....

Nom ....
Adresse ....
.... Ville ....
☎ .... ✆ ....
@ ....

Nom ....
Adresse ....
.... Ville ....
☎ .... ✆ ....
@ ....

Nom ....
Adresse ....
.... Ville ....
☎ .... ✆ ....
@ ....

Nom ....
Adresse ....
.... Ville ....
☎ .... ✆ ....
@ ....

Nom ....
Adresse ....
.... Ville ....
☎ .... ✆ ....
@ ....

Nom ....
Adresse ....
.... Ville ....
☎ .... ✆ ....
@ ....

MES CONTACTS

Nom ....
Adresse ....
.... Ville ....
☎ .... ✆ ....
@ ....

Nom ....
Adresse ....
.... Ville ....
☎ .... ✆ ....
@ ....

Nom ....
Adresse ....
.... Ville ....
☎ .... ✆ ....
@ ....

Nom ....
Adresse ....
.... Ville ....
☎ .... ✆ ....
@ ....

Nom ....
Adresse ....
.... Ville ....
☎ .... ✆ ....
@ ....

Nom ....
Adresse ....
.... Ville ....
☎ .... ✆ ....
@ ....

Nom ....

Adresse ....

.... Ville ....

☎ .... 📞 ....

@ ....

Nom ....

Adresse ....

.... Ville ....

☎ .... 📞 ....

@ ....

Nom ....

Adresse ....

.... Ville ....

☎ .... 📞 ....

@ ....

Nom ....

Adresse ....

.... Ville ....

☎ .... 📞 ....

@ ....

Nom ....

Adresse ....

.... Ville ....

☎ .... 📞 ....

@ ....

Nom ....

Adresse ....

.... Ville ....

☎ .... 📞 ....

@ ....

MES CONTACTS

Nom ....

Adresse ....

.... Ville ....

☎ .... ✆ ....

@ ....

Nom ....

Adresse ....

.... Ville ....

☎ .... ✆ ....

@ ....

Nom ....

Adresse ....

.... Ville ....

☎ .... ✆ ....

@ ....

Nom ....

Adresse ....

.... Ville ....

☎ .... ✆ ....

@ ....

Nom ....

Adresse ....

.... Ville ....

☎ .... ✆ ....

@ ....

Nom ....

Adresse ....

.... Ville ....

☎ .... ✆ ....

@ ....

Nom ....
Adresse ....
.... Ville ....
☎ .... ✆ ....
@ ....

Nom ....
Adresse ....
.... Ville ....
☎ .... ✆ ....
@ ....

Nom ....
Adresse ....
.... Ville ....
☎ .... ✆ ....
@ ....

Nom ....
Adresse ....
.... Ville ....
☎ .... ✆ ....
@ ....

Nom ....
Adresse ....
.... Ville ....
☎ .... ✆ ....
@ ....

Nom ....
Adresse ....
.... Ville ....
☎ .... ✆ ....
@ ....

MES COUPS DE CŒUR

Nom ....

Date de la visite .... Lieu ....

😊 ....
....
....
....
....

Nom ....

Date de la visite .... Lieu ....

😊 ....
....
....
....
....

Nom ....

Date de la visite .... Lieu ....

😊 ....
....
....
....
....

Nom ....

Date de la visite .... Lieu ....

😊 ....
....
....
....
....

Nom ....

Date de la visite .... Lieu ....

😊 ....
....
....
....
....

Nom ....

Date de la visite .... Lieu ....

😊 ....
....
....
....
....

Nom ....

Date de la visite .... Lieu ....
🙂 ....
....
....
....
....

Nom ....

Date de la visite .... Lieu ....
🙂 ....
....
....
....
....

Nom ....

Date de la visite .... Lieu ....
🙂 ....
....
....
....
....

Nom ....

Date de la visite .... Lieu ....
🙂 ....
....
....
....
....

Nom ....

Date de la visite .... Lieu ....
🙂 ....
....
....
....
....

Nom ....

Date de la visite .... Lieu ....
🙂 ....
....
....
....
....

MES COUPS DE CŒUR

Nom ....

Date de la visite .... Lieu ....

😊 ....
....
....
....
....

Nom ....

Date de la visite .... Lieu ....

😊 ....
....
....
....
....

Nom ....

Date de la visite .... Lieu ....

😊 ....
....
....
....
....

Nom ....

Date de la visite .... Lieu ....

😊 ....
....
....
....
....

Nom ....

Date de la visite .... Lieu ....

😊 ....
....
....
....
....

Nom ....

Date de la visite .... Lieu ....

😊 ....
....
....
....
....

Nom ....

Date de la visite ....   Lieu ....
😊 ....
....
....
....
....

Nom ....

Date de la visite ....   Lieu ....
😊 ....
....
....
....
....

Nom ....

Date de la visite ....   Lieu ....
😊 ....
....
....
....
....

Nom ....

Date de la visite ....   Lieu ....
😊 ....
....
....
....
....

Nom ....

Date de la visite ....   Lieu ....
😊 ....
....
....
....
....

Nom ....

Date de la visite ....   Lieu ....
😊 ....
....
....
....
....

MES DÉPENSES

date	objet	montant

date	objet	montant

MES DÉPENSES

date	objet	montant

date	objet	montant

Manufacture française des pneumatiques Michelin
Société en commandite par actions au capital de 304 000 000 EUR
Place des Carmes-Déchaux - 63000 Clermont-Ferrand (France)
R.C.S. Clermont-Fd B 855 200 507

Impression et brochage : Aubin à Ligugé
Dépôt légal : 02-2008
Imprimé en France 01-2008

QUESTIONNAIRE
LE GUIDE VERT

VOTRE AVIS NOUS INTÉRESSE...
TOUTES VOS REMARQUES NOUS AIDERONT À ENRICHIR NOS GUIDES.

Merci de renvoyer ce questionnaire à l'adresse suivante :
MICHELIN
Questionnaire Le Guide Vert
46, avenue de Breteuil
75324 PARIS CEDEX 07

En remerciement,
les 100 premières réponses recevront en cadeau
la carte Local Michelin de leur choix !

VOTRE GUIDE VERT

Titre acheté : ....

Date d'achat : ....

Lieu d'achat *(point de vente et ville)* : ....

VOS HABITUDES D'ACHAT DE GUIDES

1) Aviez-vous déjà acheté un Guide Vert Michelin ?

     O oui   O non

2) Achetez-vous régulièrement des Guides Verts Michelin ?

     O tous les ans   O tous les 2 ans

     O tous les 3 ans   O plus

3) Si oui, quel type de Guides Verts ?

– des Guides Verts sur les régions françaises : lesquelles ? ....

....

– des Guides Verts sur les pays étrangers : lesquels ? ....

....

– Guides Verts Thématiques : lesquels ? ....

....

4) Quelles autres collections de guides touristiques achetez-vous ?

....

5) Quelles autres sources d'information touristique utilisez-vous ?

O Internet : quels sites ? ....

....

O Presse : quels titres ? ....

....

O Brochures des offices de tourisme

VOTRE APPRÉCIATION DU GUIDE

1) Notez votre guide sur 20 : ....

2) Quelles parties avez-vous utilisées ?...
....

3) Qu'avez-vous aimé dans ce guide ? ....
....

4) Qu'est-ce que vous n'avez pas aimé ? ....
....

5) Avez-vous apprécié ?

	Pas du tout	Peu	Beaucoup	Énormément	Sans réponse
a. La présentation du guide (maquette intérieure, couleurs, photos...)	O	O	O	O	O
b. Les conseils du guide (sites et itinéraires)	O	O	O	O	O
c. L'intérêt des explications sur les sites	O	O	O	O	O
d. Les adresses d'hôtels, de restaurants	O	O	O	O	O
e. Les plans, les cartes	O	O	O	O	O
f. Le détail des informations pratiques (transport, horaires, prix…)	O	O	O	O	O
g. La couverture	O	O	O	O	O

Vos commentaires ....
....

6) Rachèterez-vous un Guide Vert lors de votre prochain voyage ?
      O oui   O non

VOUS ÊTES

O Homme   O Femme   Âge : ....

Profession :

O Agriculteur, Exploitant   O Artisan, commerçant, chef d'entreprise

O Cadre ou profession libérale   O Employé   O Enseignant

O Étudiant   O Ouvrier   O Retraité

O Sans activité professionnelle

Nom ....

Prénom ....

Adresse ....
....
....
....

Acceptez-vous d'être contacté dans le cadre d'études sur nos ouvrages ?
       O oui   O non

Quelle carte Local Michelin souhaitez-vous recevoir ?
Indiquez le département : ....

Offre proposée aux 100 premières personnes ayant renvoyé un questionnaire complet.
Une seule carte offerte par foyer, dans la limite des stocks disponibles.